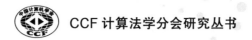
CCF 计算法学分会研究丛书

计算法学与数据伦理

季卫东　主编

商务印书馆
创于1897　The Commercial Press

图书在版编目（CIP）数据

计算法学与数据伦理 / 季卫东主编. -- 北京：商务印书馆，2024. -- （CCF 计算法学分会研究丛书）.
ISBN 978-7-100-24545-6

Ⅰ. D90；B82-057

中国国家版本馆 CIP 数据核字第20241GS892号

CCF 计算法学分会研究丛书

计算法学与数据伦理

季卫东　主编

商　务　印　书　馆　出　版
（北京王府井大街36号　邮政编码100710）
商　务　印　书　馆　发　行
北京中科印刷有限公司印刷
ISBN 978 - 7 - 100 - 24545 - 6

2024 年 10 月第 1 版　　　开本 710 × 1000　1/16
2024 年 10 月北京第 1 次印刷　印张 41½

定价：198.00 元

CCF 计算法学分会研究丛书

目　　录

序　计算法学的愿景 ……………………………… 季卫东　1

第一编　计算法学的内涵、历史与未来

计算法学的疆域 ………………………………… 季卫东　9

法学研究新范式：计算法学的内涵、范畴与方法

　　　　　…………………………… 申卫星　刘　云　45

中国计算法学的未来：审思与前瞻 ……………… 左卫民　88

数量法学基本问题四论 ………………………… 屈茂辉　115

计算法学：展开维度、发展趋向与视域前瞻 ……… 于晓虹　135

计量法学、计算法学到认知法学的演进 …… 张　妮　蒲亦非　180

计算法学：作为一种新的法学研究方法 …… 邓矜婷　张建悦　194

第二编　基于大数据和机器学习的法律信息学

迈向大数据法律研究 …………………………… 左卫民　239

从法律计量学到法律信息学——法律人工智能 70 年（1949—2019）

　　　　　…………………………………… 熊明辉　264

法律信息学大要 ………………………………… 熊明辉　287

信息化与智能化：司法语境下的辨析 ……… 刘奕群　吴玥悦　318

大数据证据在刑事司法中的运用初探 ················ 林喜芬 346

论法律大数据"领域理论"的构建 ················· 王禄生 372

非线性递推辨识理论在量刑数据分析中的应用

··············· 王　芳　张蓝天　郭　雷 418

第三编　数据伦理与算法公正

构建数字化世界的伦理秩序 ············· 王国豫　梅　宏 451

人工智能开发的理念、法律以及政策 ············· 季卫东 468

探讨数字时代法律程序的意义

　　——聚焦风险防控行政的算法独裁与程序公正 ··· 季卫东 490

数字权利体系再造：迈向隐私、信息与数据的差序格局

··············· 申卫星 527

论数据安全的等保合规范式转型 ············· 杨　力 561

数据科技伦理法律化问题探究 ············· 黎四奇 585

计算正义：算法与法律之关系的法理建构 ············ 郑玉双 625

序
计算法学的愿景

　　最近三十年间，因为物联网、大数据、人工智能的合力效应，形成了崭新的法律生态系统。新冠疫情防控进一步促进了信息通信技术的普及和迭代，甚至实现了日常生活和社会秩序的数字全面覆盖。在这个过程中诞生了大量法律科技公司，为律师和法官各种类型业务提供技术支持，例如在线谈判、人工智能合同审核、电子签约、数据追踪管理、区块链存证等，以及专业化的"服务软件"等，从而导致许多法律流程外包。近来，不少法律科技公司根据现实需求顺势豹变为"替代性法律服务提供商"，作为应对之策，很多大型律师事务所也开始加强自身对科技的投入并向客户提供法律业务之外的关联服务，法律与科技以及企业经营、金融、公共政策形成犬牙交错、跨界融合之势。同样的趋势也反映在智慧法院和在线纠纷解决平台的建设方面。在2020年的中国，作为"数字土著"的所谓"Z世代"人口规模已经达到近两亿六千万，并且产生第一批大学毕业生。这种生源构成正在引起法学教育模式的革新，文理交叉的多元方程式将改变课程的设置和选择，创造出继政法学、法教义学之后而起的"法科3.0"的格局。在我们看来，所有这一切，构成了计算法学应运而生的时代背景。所有这一切，也构成了推动中国计算机学会计算法学分会成立的动力和充分理由。

回溯历史可以发现，从莱布尼茨对罗马法的数学改造，到边沁对道义的计算器设计，整个欧洲法制现代化进程的本质在于概念计算。也就是通过公理体系和形式逻辑来克服主观任意性，确保判断的客观公正，实现市场和社会的可计测性。从19世纪后期开始，这条思路通过法律数学构想、司法统计分析、计量法学、法律和案例的信息检索、涉法涉讼大数据建模、网络空间的代码框架设计等不同的中介环节，延伸到科学技术条件高度成熟的阶段，势必促成法律人工智能的广泛应用。当然，法律思维并不限于逻辑推理，更重要的还有利益考量和价值判断，还有围绕公共政策的博弈，以及基于常识、道德以及正义的沟通，这些都很难完全转写为二元编码的算法。在这个意义上可以说，计算机科学和人工智能技术在法学领域的应用理当面临所谓"框架问题"和"符号接地问题"的更严峻挑战。但反过来也可以断定，计算法学的各种探索还将对计算机科学和人工智能技术做出重要贡献，特别是为复杂系统中的数据和机理融合建模、AI与跨媒体强度融合、利用数据优势推进大规模深度学习技术创新提供难能可贵的机遇。无论如何，计算法学能够纵跨法教义学、法律实证研究、数据权利关系、法律科学技术以及通过脑机接口进入的VR"元宇宙"，贯穿法学的昨天、今天和明天，横断立法、司法、执法、法律服务、公司合规以及选择性纠纷解决方式，足以形成独立的文理交融型学科，无论研究领域还是教学科目都具备非常丰富的内容。因此，以中国计算机学会计算法学分会的成立为契机，我们特向社会各界郑重宣告一个具有广袤疆界、自成体系的法学交叉学科的诞生。

如果对计算法学的概念做出最宽泛的表述，可以把它界定为以信息通信技术和计算机系统为主要方法，对法律、权利以及社会现象进行研究和模拟的学科集群。择其荦荦大端而言，第一，计算法学包括对于借助计算机科学和技术为手段开展的任何法学研究，其中包括利用司法统计资料进行判决分析和预测的计量法律学、作为智慧法院建设重点的自动化法律推理、以法律知识工程为目标的法律信息学等子学科。第二，计算法学包括对于计算机技术应用引起的新兴法律问题的研究，比如万物互联背景下的互联网和物联网规制、个人信息安全和隐私保护、数据交易和利益分配的公正性、巨型网络平台的治理与反垄断、人工智能算法伦理体系的构建和落地，等等。第三，由于计算机技术展现了颠覆性改造社会秩序的潜力，因此计算法学的范围甚至应当包括自监督学习、技术制衡、去中心化网络协议等变化趋势的研究。计算法学这种多元一体的特征决定了中国计算机学会计算法学分会兼容并蓄、自由创新的宗旨。我们欢迎不同的专攻领域、不同的学术流派以及不同的研究方法之间开展竞争与合作，我们尊重不同的主张、意见以及建议的提出与试行，我们期待通过大跨度的学术对话来拆除既有的专业壁垒和藩篱，突破信息茧房现象。

计算法学作为计算机科学与法学相嫁接的产物，需要培养贯通理工科和人文社科知识、兼具解决问题和批判思考能力的复合型人才，虽然有些院校近年来已经在进行"新法科"的可贵尝试，涌现了一些关于计算法学的出色研究成果，但我国在总体上对计算机技术人才和法律专业人才的培养轨道还处于相互平行、互不交叉状态，跨学科人才的培养能力相对于潜在的社会需求而言还远远不够，知识创新和制度创新的能力还有待增强。鉴于这样的现实条件，有必要积极推动法学界与计算机科学界之间更加制度化的学术互动，有必要采取产学研一体化的方式进行更有组织性、更体系化的理论建构和技术创新，有必要通过文理交融的协作平台来促进复合型、创新型人才的培养。由此可见，中国计算机学会计算法学分会应该也有可能成为沟通法学界、计算机科学界、法律实务界、新兴科技企业界以及各种行业协会的重要桥梁，通过不同方面的交叉赋能，让实践成为学术研究的灵感来源，让研究成为产业升级的智力基础，让大批创新型人才也在人工智能物种爆发的"寒武纪"不断涌现出来。

我们将凝心聚力，重点推动以下几个方面的研究、交流、合作以及实践：(1)基于中国大数据优势的预测式侦查和警务以及电子证据，同时开展关于判决预测和法律文书自动生成的实证研究；(2)立法、司法、执法以及纠纷解决的智能化，在重点场景形成深度应用创新的产学研一体化生态社区，不断开发新型法律科技和服务软件；(3)计算机语义系统以及规则本位和案例本位的自动法律推理，致力于提升计算法学应用基础研究和科学理论研究的水准；(4)数字经济发展中涌现的各种法律科技问题和知识产权问题的解决，探索数据信托功能的不同机制设计；(5)加强关于数据伦理、数据合规、算法公正、算法透明的国际对话，健全人工智能治理体系。归根结底，中国计算机学会计算法学分会今后将逐步形成上述五大增长点，努力通过共同研究项目、教学合作网络、年会、国际论坛、社交媒体、期刊、丛书等各种方式，为法治中国搭建一个真正跨业界、跨国界、跨生态圈协作的开放性大平台。

总之，在数字覆盖与法治覆盖的交错重合处，我们正迎来计算法学的时代！

季卫东

2021 年 12 月 17 日

于深圳中国计算机学会计算法学分会成立大会

第一编

计算法学的内涵、历史与未来

计算法学的疆域

季卫东[*]

内容简介：本文试图在宏大的时空架构里定位计算法学，首先根据史实梳理了法学为了限制权力任意性而尝试的各种机制设计，概括为如下两条基本思路：一条是法教义学的推理与概念计算，另一条是科学技术指向的实验与制度演算。在第二种思路的延长线上，作者以现代化过程中出现的"法律数学"构想为背景和线索，具体分析了计算法学在信息与通信技术时代应运而生的契机和发展阶段，从中发现五个主要维度：(1)基于统计和预测模型的计量法律学；(2)法律推理电脑化和专家系统算法；(3)法律信息学的大数据挖掘与机器学习；(4)对法律网络结构的图

---

　　* 季卫东，上海交通大学文科资深教授、计算法学与 AI 伦理研究中心主任，教育部"长江学者"特聘教授。

　　本文系国家社科基金重大项目"大数据与审判体系和审判能力现代化研究"（项目编号：17ZDA130）的阶段性成果。上海交通大学法学院秦裕林访问特聘教授（认知神经科学与心理学专业）、人工智能研究院杨小康教授（图像通信与模式识别专业）和金耀辉教授（网络测量与控制专业）以及博士研究生衣俊霖（计算机工程与科技法律专业）等阅读了初稿并提供了若干建设性意见，特此致谢。当然，倘若其中仍然存在失误则完全由作者负责。

谱和矩阵演算以及(5)包括数据伦理和算法公正在内的人工智能治理等不同组成部分之间交叉和相辅相成的关系。最后这一维度反映了计算法学的超越性,也揭示了深入研究关于价值排序和价值函数的元算法的重要意义。

一、问题意识:如何克服权力的任意性

中国的国家治理体系现代化,关键在于法治。因为权力结构的合理性取决于限制恣意的规范思维以及社会的和谐稳定。为此,法学必然对决策和执行机制设计提出中立、客观、公正的要求,必然尽量提高审判的可预测程度。这种努力涉及价值与事实这两个根本方面:在价值层面,应该立足于沟通、共识以及承认,主要解决法律与案例的正当性保障问题;在事实层面,应该立足于勘验、调查以及推理,主要解决证据与功能的真实性保障问题。与价值判断相关的知识形态是法律的实践技艺,与事实认知相关的知识形态是法律的科学体系。

在现代化过程中,为了限制法律适用过程中的裁量权,人们试图借助自然科学乃至社会科学的分析框架,特别是数学思维方法来重新认识法律的经验睿智,试图建构规范的公理体系,并通过逻辑演绎三段论和涵摄技术来厘清各种规则之间的关系,以确保在概念计算和利益衡量的基础上做出理性而公正的判断或决定。这是一种理性主义的法律范式,产生了广泛而深远的影响[①]。当然,这种基

---

① 关于理性主义法律范式的不同侧面,参见季卫东:《法律议论的社会(接下页)

于推理或计算的科学法律观也遭遇到来自空间复杂性、时间复杂性以及人群复杂性的挑战，作为应对之策也引发了实践哲学、决疑术、论题术、修辞术、辩证术的回潮甚至复兴①。显而易见，本文讨论的信息与通信技术（Information and Communications Technology，简称 ICT）时代的计算法学②，当然也是科学法律观的一种必然结果或者新型表现形态，具有公理体系和逻辑推理或计算的特征。然而计算法学与人工智能结合在一起，就不得不面对计算机在模仿人类思维和判断时常识储备残缺的框架问题（the frame problem，由人工智能的巨匠约翰·麦卡锡在 1969 年提出）和价值符号接地问题（the symbol grounding problem，由认知科学家斯特万·哈纳德在 1990 年提出）。因此，计算法学要突破发展的上述瓶颈，必须在算法，特别是机器学习算法不断生成和进化的新型生态系统中寻找质变的契机，进而把法律与社会带进 AIoT 网络共生的混沌、数字形态多样性的爆发以及代码框架不断创新和进化的智能"寒武纪"。

本文首先将分别考察法学在克服复杂性、不确定性方面的规

（接上页）科学研究新范式》，载《中国法学》2015 年第 6 期，第 25 页以下，特别是第 27—32 页；季卫东：《法律与概率——不确定的世界与决策风险》，载《地方立法研究》第 6 卷第 1 期（2021 年），第 1—17 页。

① 舒国滢：《法学的知识谱系》，商务印书馆 2020 年版，第 1185 页。

② 钱宁峰：《走向"计算法学"：大数据时代的法学研究的选择》，载《东南大学学报（哲学社会科学版）》2017 年第 2 期，第 43—50 页；邓矜婷、张建悦：《计算法学：作为一种新的法学研究方法》，载《法学》2019 年第 4 期，第 104—122 页；于晓虹：《计算法学：展开维度、发展趋向与视域前瞻》，载《现代法学》2020 年第 1 期，第 158 页以下；申卫星、刘云：《法学研究新范式：计算法学的内涵、范畴与方法》，载《法学研究》2020 年第 5 期，第 3—23 页。另见蔡维德主编：《智能合约：重构社会契约》，法律出版社 2020 年版。

范主义与科学主义这两种完全不同的思路，侧重在从莱布尼茨对法律知识的数学化尝试到当今的"数字黥刑"的历史进程中，通过算数监控、几何布局、机器思维、符号演算等多彩多姿的思想实验和试错的实践活动来分析计算法学的来龙去脉。然后在这样的条件设定以及信息技术普及的背景下，笔者将具体论证计算法学拓展的四个专业维度，即 1960 年以来流行的基于案件数据资料的计量法律学（Jurimetrics）、1970 年以来的法律推理计算机化（Computerization of Legal Reasoning）、1980 年以来的法律信息学（Legal Informatics）、1990 年以来的互联网发展和网络空间法（Cyberspace Law）。另外，从 2016 年开始，各国开始意识到人工智能不仅仅是计算机科学的问题，像人那样进行推理和判断的信息系统不得不吸纳人的复杂性和不确定性，因而不得不把社会价值观也嵌入其中，同时还应该为算法设计提供伦理框架以防止算法偏见。这意味着计算法学还有一个伦理之维，即具有超越性的第五维度，我们必须认真对待。

二、法律的回应：从决疑术的概率计算到逻辑学的概念计算

古罗马人在开疆拓土的过程中不断建立管理机构、完善法律制度，显示了一种广域统治的天才。但是，只有在从被征服者希腊人那里汲取哲学和艺术的营养之后，罗马才形成了真正意义上的法学理论。特别是著名的哲人政治家和法学家西塞罗（Marcus T. Cicero, 前 106—前 43）关于开题、演说、论题术的著作，不仅把亚

里士多德的修辞学发扬光大，还把关于决疑和裁决的论题学也引进了法学领域。西塞罗应古罗马法律家特雷巴求斯之请而撰写的《论题术》，为司法实务提供了具有可操作性的技术指引和重要论题的清单。这份格式化论题目录的应用包括两个方面：一个是特定主题本身及其组成部分或者直接相关部分的内部论证，另一个是与主题没有直接联系的关于权威或条件的外部论证。所以，西塞罗认为论题术的本质就是一种寻找判断前提的程序。[①] 换言之，这种程序就是要建立论题目录并确定论点的位置，根据对立、近似、层级进行议论，并通过在多样性中进行排序和选择的决疑术（casuistry）为法律判断赋予"随机的确定性"，寻找"或然的真理"。论题术和决疑术通常与盖然说（probabilism）联系在一起，所以也不妨理解为根据经验和睿智进行的一种初级概率计算。西塞罗在《论共和国》（*De republica*, 3.22.33）以及《论开题》（*De inventione*, 2.53.161）中还对自然法给出了一个著名的斯多葛学派的定义，即"真正的法是服从自然的正确理性"[②]，因而法与宗教、真理同样铭刻在人们心中，但前提是必须在整理争点的基础上进行充分的论证以解决各种"意见"（价值）之间的冲突，同时还要通过案件分类的方法寻找实践理性和类推的依据。

到了后古典时代，古罗马帝国最后的统一者优士丁尼皇帝为了实现一个帝国、一部法典、一个领袖的新秩序构想，试图把既定的

---

① 舒国滢：《法学的知识谱系》，商务印书馆 2020 年版，第 226 页。

② Paul Foriers & Chaim Perelman, "Natural Law and Natural Rights", in Philip P.Wiener (Editor in Chief), *Dictionary of the History of Ideas: Studies of Selected Pivotal Ideas*, New York: Charles Scribner's Sons, 1973, 转引自野嶌一郎（訳）：《自然法と自然権》，东京：平凡社 1987 年版，第 22 页。

所有条规敕令都改编为成文法典，并通过权威学者的解释和著述使之升华为法学原理的体系。后面这种法学经典构建的重大成果就是法学百科全书式的《学说汇纂》和法学入门统编教材式的《法学阶梯》。从公元529年到534年颁布的《优士丁尼法典》《法学阶梯》《学说汇纂》，再加上535年到575年间颁布的《新律》，构成了浩瀚的《民法大全》(Corpus Iuris Civilis)（罗马法大全），呈现出法律的"成文理性"和"有说服力的权威"等特征，旨在树立一整套确定不变的规范以及类似电话号码簿那样明晰的操作细则。[①] 这种法典结构设计的结果，使得学说汇纂式的法学理论有可能明确地指导司法实务，因而法律规范的书卷气、师承性非常强，并形成一体遵循的"共同法"(Ius Commune)传统作为欧洲大陆中西部规范制定的基本模型。

但是，由于日耳曼部族和拜占庭王朝基于宗教、语言以及本土法律的抵制，罗马《民法大全》在颁布完毕之后就基本上被束之高阁乃至篡改，在一直到11世纪的漫长岁月里渐次湮没消逝。这五百余年在历史上被称为中世纪的法律文明黑暗时代。时至11世纪末《学说汇纂》才以"博洛尼亚手抄本"的形式被神秘地重新发现，接着通过博洛尼亚大学法律学校的注解、传授以及研究，还有15世纪末以后人文主义学者对《学说汇纂》文本的鉴别、校勘、评释以及重构，引发了罗马法在西欧的文艺复兴。其结果是，一些主要国家开始推行"罗马法的综合继受"(Rezeption in complexu)以及

① Alan Watson, *Roman Law & Comparative Law*, Athens: The University of Georgia Press, 1991, 转引自アラン・ワトソン:《ローマ法と比較法》，瀧澤栄治、樺島正法訳，东京：信山社2006年版，第99—103页。

注释的标准化和体系化①。尤其是16世纪中叶之后两百年间的德国"学说汇纂的现代应用运动"（usus moder018nuspandectarum），进一步彰显了罗马法在私人领域自由进行民商事法律推理的技术优势，加强了对职业法律家的吸引力和影响，形成了作为公理体系而构建的法教义学。法教义学的宗旨是实现判断的确定性，在规范适用过程中严格进行逻辑三段论演绎，并且强调把具体事实都逐一纳入法律要件之中的涵摄技术。在这种"逻辑法学"的基础之上，法律判断和决定实际上完全可以理解为概念计算的作业。因此我们也不妨说，法教义学的本质就是发明了现代社会规则之治的算法。

法教义学的公理体系指向，在萨维尼（Friedrich Carl von Savigny, 1779—1861）早期关于几何学的法律技术性表达、以概念进行推理和计算的论述中已经显现，在普赫塔（Georg F. Puchta, 1798—1846）的概念法学中则表现得尤其突出，乃至趋于极端化。普赫塔认为法律家无论进行理论思考还是进行实务操作，都必须按照科学原理进行纯粹的逻辑演绎，并且认为法律规范应该屈从逻辑结构的概念，为此他建构了极具特色的金字塔式"概念的谱系"。通过这种形式主义的逻辑方法，他试图让事实都符合概念的界定，从而缩减事实的复杂性，实现极其精密的概念计算；并且通过层级化的概念来以小驭大、以少驭多，从而达到法律支配社会的目标，进而实现法律的确定性、明晰性以及公正性。早期的耶林（Rudolf von Jhering, 1818—1892）也是概念法学的提倡者，他把法律的概念体系想象为"化学元素表"，可以按照逻辑进行排列、配对、合并

---

① 舒国滢:《法学的知识谱系》,商务印书馆 2020 年版,第 466 页。

以及重组，在这个意义上他认为概念具有孕育和创新的功能，可以赋予法律条文以生生不息的活力。这种立场在他的代表作《罗马法的精神》第一部和第二部里表现得非常明确。但从该书第三部（1860年代前期）开始，他进行了一个大回旋，强调概念取决于现实生活而不是相反，在法律判断之际经验比逻辑更重要。[①]

在耶林转变学术立场的这种思路上，后来又出现了以黑克（Philipp von Heck，1858—1943）为代表的利益法学派，认为法律是互相竞争的各种利益的产物，法学的意义就在于厘清各种利益之间的关系，根据生活需要找出解决具体案件的法律规范，并据此形成社会秩序。因而在法学方法论中应该嵌入利益及其衡量的概念，这也意味着法官不能盲目地严格服从法律，司法实践的方式势必在相当程度上从概念计算转移到不同利益的评价、比较以及衡量，并且注重法律共同体的价值判断，而不限于逻辑三段论和涵摄技术。从概念计算到利益计算，也意味着逻辑法学的范围被扩展到涉及实质性价值判断的辩证推理层面。另外，凯尔森（Hans Kelsen，1881—1973）的纯粹法学体系虽然与概念法学有类似的层级结构，呈现出以根本规范为顶点的金字塔几何学形状，但他明确否定具体规范可以按照逻辑或数学原理从根本规范演绎出来的观点，因为特别法的制定行为是一种意志表达，而不是基于推理的思考。[②] 换言

---

① 田中成明ほか：《法思想史》，东京：有斐閣1988年版，第116—127页；笹倉秀夫：《法思想史講義（下）——絶対王政期から現代まで》，东京：东京大学出版会2007年版，第145—168页。

② Hans Kelsen, *Reine Rechtslehre*, 1934, S.64, 转引自ハンスケルゼン：《純粋法学》，横田喜三郎訳，东京：岩波书店1935年版，第104—105页。

之，在这里目的和手段的计算取代了概念的计算。

三、科学的回应：逻辑机器、组合算术以及法律数学

从基于论题目录和决疑术的概率计算，演变到以公理体系和形式逻辑为前提的概念计算，正是上述演变导致法教义学的盛行。这种法律学发展的趋势固然反映了科学主义的影响，与此同时，试图直接运用自然科学（尤其是数学）的概念、符号、公式以及方法重构法律学科的各种努力也长盛不衰。早在 14 世纪初叶，西班牙哲学家卢勒（Raimundus Lullus, 1235—1315）就构想了一种"逻辑机器"，由五个可以围绕同一轴心旋转的圆盘构成，每个圆盘包含九个基本概念或问题，通过机械操作各个圆盘得出互相交错的不同组合方式来进行自动化的推理和判断。[①] 在这里，我们可以发现根据最简朴的、具有某些神秘色彩的问题组合术尝试人机对话以及构建专家系统的雏形。从 17 世纪开始，在科学和技术的范式里解决法律和正义问题的尝试越来越频繁，直到 19 世纪还有英国功利主义哲学家边沁（Jeremy Bentham, 1748—1832）认为伦理就是对幸福（效用）总量的计算，试图把数学作为道德的指针；为此他提出了测量痛苦（恶）与快乐（善）的不同指标以及幸福计算程序（felicific calculus）的设计方案，把最大多数人的最大幸福作为立法的基本原理。[②] 在这条思

[①]　舒国滢：《法学的知识谱系》，商务印书馆 2020 年版，第 611 页。

[②]　〔英〕杰里米·边沁：《道德与立法原理导论》，时殷弘译，商务出版社 2011 年版，第 87 页。

路的延长线上，有些心理学家（例如积极心理学之父塞利格曼）和经济学家（例如诺贝尔奖得主萨缪尔森）还在经验考察的基础上提示了幸福计算公式（Happiness Calculation Formula）。时至今日，在福利经济学以及政策科学的效益成本分析方法中，我们仍然可以依稀看到幸福计算的影子。①

二进制和计算器的发明者、17 世纪德国伟大的数学家、哲学家以及法学家戈特弗里德·莱布尼茨（Gottfried W. Leibniz, 1646—1716）乃视理性法律为近代科学产物的第一人，并且试图对《民法大全》以及法律学进行彻底的数学化改造和重构，使罗马法的所有内容都能够从极其简洁的基本原理中根据逻辑的传递方法推导出来。在他的法学博士论文《论组合术》中，莱布尼茨把几何学图形以及组合算数应用到法律现象，把法学理解为"一门由简单术语构成的复杂化组合技艺"。他还认为根据决疑术和论题目录进行的法律议论完全可以置于算法的监控之下，因而可以消除法律当中的不确定性。② 这种雄心勃勃的"新罗马法大全"（Novum Corpus Juris）革新方案可以称之为法学的"莱布尼茨公理"（Leibnizian axiom），与两百年后边沁在英国推出的法制改革宏大计划，特别是暗喻现代权力结构本质属性的全景一览式监狱建筑（Panopticon）的蓝图、万全法（Pannomion）的概念以及幸福计算器的立法学思路相映成趣。

---

① 宫川公男：《政策科学の基础》，东京：东洋经济新报社 1994 年版，第 97—105 页。例如 2007 年设立效益成本分析学会（The Society for Benefit-Cost Analysis, 简称 SBCA）是一个理论界与实务界进行交流的国际平台，旨在推动关于成本与效益、成本与效率、风险与回报的分析、计算、研究以及损失评估，不仅致力于福利经济学的发展，而且还支持实证的政策决定。

② 舒国滢：《法学的知识谱系》，商务印书馆 2020 年版，第 734—743 页。

　　进入 20 世纪后，美国在"作为科学的法学"口号鼓舞下，采取经验科学的方法研究法律现象的学术活动蔚然成风。最有影响力的法学理论家罗斯科·庞德（Roscoe Pound，1870—1964）从社会控制（social control）以及社会工程学（social engineering）的角度来理解法律的本质，创立了社会学的法理学流派。[①]他还重视不同利益的竞争以及国家机关在比较评价的基础上进行选择，为此必须在调整社会关系的过程中实现有序化。由于实验产生了自然科学的程序性秩序，所以有些法学家也试图通过科学实验的程序来推进法律制度的合理化。例如现实主义法学的代表弗兰克（Jerome Frank，1889—1957）就认为"实验的方法在法律领域特别有用，因为法律实务就是调整人际关系和解决人际纠纷的一连串的实验或者探险"。[②]实际上，美国联邦司法中心、州的立法机构、兰德公司都曾进行过法律方面的实验，当然这种实验的概念应该从广义来理解。[③]正是在这样的背景下，彪特尔（Frederick K. Beutel）提出了他的实验主义法学体系，重点在立法领域，即对被认为在理性上、逻辑上都很健全的法案应该施行实验（例如地区对照的实验），在社会中观察其效力和效果。[④]把科学实验方法应用于个人或群体行为及其动

---

　　① 〔美〕罗斯科·庞德：《通过法律的社会控制》，沈宗灵译，商务印书馆 1984 年版；王婧：《庞德：通过法律的社会控制》，黑龙江大学出版社 2010 年版，第三章，第三节。

　　② Jerome Frank, *Law and the Modern Mind*, New York: Coward-McCann, 1930, 转引自 J. フランク：《法と現代精神》，棚瀬孝雄、棚瀬一代訳，东京：弘文堂 1974 年版，第 158—159 页。

　　③ J. Monahan & L. Walker, *Social Science in Law: Cases and Materials*, 2nd ed., New York: The Foundation Press, 1990, p.61.

　　④ Frederick K. Beutel, "Relationship of Natural Law to Experimental Juris-（接下页）

机的研究（例如刺激-反应式的行为实验和定量分析），就形成了法与行为科学、法心理学以及与法律有关的认知科学等专业领域；到现阶段，认知神经科学以及相关数学方法已经是人工智能开发的重要基础。

　　实际上，早期耶林的"法律数学"（Mathematik des Rechts）[①]之梦也并没有破灭，德国出生的社会学家盖戈（Theodor J. Geiger，1891—1952）提出了独特的现实主义规范理论，试图建立一个可以进行符号演算的模型。[②]在他看来，关于规范产生效力的逻辑关系不妨归纳为如下公式：

$$(s \to g)V\frac{AA}{\div} = s\!-\!\!\begin{array}{l} \to g \\ \to \bar{g} \to r\dfrac{\Omega}{Ac} \end{array}$$

公式左边意味着状况 s 中的行为 g 对属于对立阶级 A 的人们具有约束力（V），作为分母的 ÷ 是包括经济基础和上层建筑在内的社

（接上页）prudence", *Ohio State Law Journal,* Vol.13, No.1 (1952), p.172, Cf. F. K. Beutel, *Some Potentialities of Experimental Jurisprudence as New Branch of Social Science,* Lincoln: University of Nebraska Press, 1957；及川伸：《法社会学と実験主義法学》，京都：法律文化社 1980 年版；杜宴林：《法理学实验研究的兴起与中国法理学观念的更新》，载《法制与社会发展》2020 年第 1 期，也做了详细的阐述和分析。

　　① Rudolf von Jhering, *Scherz und Ernst in der Jurisprudenz,* Darmstadt: Wissenschaftliche Buchgesellschaft, 1964, S.274, 转引自ルードルフ・フォン・イェーリング：《法律学における冗談と真面目》，眞田芳憲、矢澤久純訳，東京：中央大学出版部 2009 年版，第 307 頁。

　　② Cf. Theodor J. Geiger, *Vorstudienzueiner Soziologie des Rechts,* 1947, 4 Auflage, Berlin: Duncker & Humblot, 1987, S.33—55；東大ガイガー研究会：《法律学の経験科学の基礎：デオドール・ガイガー著『法社会学のための準備研究』の紹介①～⑩》，载《法学セミナー》第 160 号以下（1964—1965 年）。

会关系整体，公式右边意味着属于阶级 A 的成员或者在状况 s 中采取行为 g，或者在采取非 g 的行为 ḡ 而成为越轨者 Ac，结果接受制裁性反应（r）。在这里，人们是按照合法与非法的两项对立方式进行选择，制裁 r 是通过公众 Ω 来进行的。根据盖戈的分析，现实中制裁 r 未必总是起作用，所以规范的约束力应该表示为不同程度的变量。因此，V=e／s，且 e=b+(c → r)。在这里，e 表示实效性的比率，s 表示作为前提的状况，b 是在状况 s 中行为 g(s → g) 发生的频度，c → r 是非 g（越轨行为 ḡ）和 r 出现的频度。也就是说，规范的效力就是在状况 s 中出现越轨行为 ḡ、或者 ḡ 出现后进行制裁 r 的数量与状况 s 出现的整个频度的比值。在这里，状况 s 中进行越轨行为 ḡ 制裁性的反应 r 是盖然性的，因而势必产生预测性解释。[①] 显而易见，盖戈规范学说的出发点是奥斯丁式的法律实证主义概念，并且留下了在法学思考中生搬硬套数学模型的明显痕迹。

与此形成鲜明对照的是，斯蒂芬·图尔敏（Stephen Toulmin，1922—2009）试图从法律本身的思维方法、特别是"可撤销性"（defeasibility）概念出发，把议论样式内在的逻辑关系和正当性论证机制通过符号而图式化，建立起具有普遍意义的推理演算模型。图尔敏模型的问题切入点是形式逻辑关于大前提、小前提以及结论的简单化推理结构并不能适当而充分地反映法律实践。他认为法律的理由论证其实是以某个主张及其潜在的反驳意见为前提的，在

---

① 这个符号演算模型的内容，东京大学法学院六本佳平教授进行了非常具体的介绍和说明。参见六本佳平：《法社会学》，东京：有斐阁 1986 年版，第 118—122 页。但我在引用时进行了若干补充和调整，即追加了关于 AA 表述、÷ 符号、作为前提的 s 状况与 s→g 行为频度的区分等含义解释。

遭遇异议时主张者必须对自己的论点进行正当化，举出作为根据的事实；如果用 C（claim/conclusion）来表述主张或结论，那么举证的话语就可以表述为 D（data），即数据或事实资料。因此，区别 C 和 D 就是法律议论的第一步。对立的那方势必关注从 D 到 C 的证成过程，追问究竟根据什么、如何才能得出相应的结论，这时议论的要求不是追加新的事实（数据），而是要对论证过程进行正当化，即为暂定命题提供保证 W（warrants）。因此，区别 C 和 D 以及 W 就是法律议论的第二步。图尔敏认为，在法律议论中对数据的要求是明示的，而对保证的要求是默示的；对事实正确性的数据是特指的，而对论证正确性的保证是泛指的；所以两者应加以区别——这正是在审判程序中区别事实问题与法律问题的理由所在。

从上面分析可以发现法律议论的理由论证图式比形式逻辑推理复杂得多，但仍然不止于此，图尔敏还要强调保证 W 对从数据 D 到结论 C 的论证过程进行正当化的程度问题，确实准确无误还是带有例外、保留、推测等限定条件。表述正当化保证的程度差异的符号是限制保证可信度的 Q（qualifier〔限定词〕乃至 modal qualifier〔模态限定词〕）与否认保证一般正当性的 R（rebuttal〔抗辩〕）。在这里图尔敏又进行了两种重要的概念区别：一种是区别保证的言说与关于保证适用可能性的言说（与抗辩发挥同样的功能），这种区别不仅对法律适用而且对自然法则的应用也具有重要意义；另一种是区别为论证而提出事实的目的，这种区别表明不同的言说也许都与某个要件事实相关，但关系样式各不相同——或者使某个推定得以正当化，或者使某个抗辩被推翻。在这里能够支撑和加强保证的正当性及权威性的言说是 B（backing〔佐证〕）。根据上述分析，图尔敏描绘了一个比较复杂的论证模型：

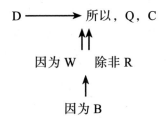

与上述论证模型相比较，图尔敏认为形式逻辑的论证模型实际上只采取了单一的概念区别，即前提与结论的区别，导致推理具有过分的雷同性，而无法正确地推敲实际的议论；特别是三段论的大前提作为"普遍性前提"会导致话语空间变得非常贫匮。[①]需要特别指出的是，最近三十余年来，由主张或结论、要件事实、论据、证明、反驳这五个因素以及可靠性程度变量构成的这种图尔敏论证模型在法学界声誉日隆，尤其是对司法人工智能的推理算法研究产生了重要的影响。

另外，如果我们把博弈理论也应用于法律领域，那么不仅可以建立宏观结构的分析模型，而且还可以对法律原则和具体规则的效果进行数量计算，有利于在不确定的状况下进行预测和决策。例如关于交通事故的侵权责任，不同的制度设计导致利害关系的不同计算结果，会影响到相关各方的动机和行为方式，这意味着数学方法有可能对行为与结构进行塑形。根据芝加哥大学道格拉斯·拜尔等人在《法律的博弈分析》一书中的矩阵示例，过失责任原则、严

① Stephen Toulmin, *The Uses of Argument*, Cambridge: Cambridge University Press, 1958, pp.146ff.；〔英〕斯蒂芬·图尔敏：《论证的使用》，谢小庆、王丽译，北京语言大学出版社 2016 年修订版，第 135 页。

格责任原则以及比较过失原则对司机和行人履行注意义务的程度
会分别导致非常微妙的变化。①中国的民事审判高度重视并广泛应
用公平责任原则，在比较过失的基础上让当事人适当分担责任或损
失，其结果也的确很像该书图 1.5 所描述的那样（下图所示）。

		司机		
		不谨慎	有点谨慎	高度谨慎
行人	不谨慎	−50,　−50	−99,　−2	−100,　−3
	有点谨慎	− 2,　−99	−51,　−51	−101,　−3
	高度谨慎	− 3,　−100	−3,　−101	−5,　−3

在这里，假设高度谨慎的成本是司机和行人都承担 3 元，有点
谨慎的成本是 1 元。当双方都高度谨慎时，事故发生的概率大幅度
降低，而行人承担的事故预期成本为 2 元。如果双方都不谨慎，每
人承担 50 元损失。如果双方都有点谨慎，那么他们都承担 50 元的
事故损失加上 1 元有点谨慎成本。如果一方不谨慎而另一方有点
谨慎，那么前者承担 99 元的事故损失，而有点谨慎一方则只承担 1
元的事故责任和 1 元的有点谨慎成本。于是，对相关各方的激励机
制变得相对化了，任何一方都很难采取显著占优的行为策略。②因
而司机和行人往往都倾向于采取高度谨慎的态度，这也或许正是中
国民法公平责任原则的宗旨所在。无论如何，在博弈理论用于法律
现象分析的场合，以及法律经济学的一些微观研究成果上，我们可
以看到"法律数学"构想的演进及其不同的崭新版本。

---

① 〔美〕道格拉斯·G.拜尔、罗伯特·H.格特纳、兰德尔·C.皮克:《法律的博
弈分析》，严旭阳译，法律出版社 1999 年版，第 1 章。

② 同上书，第 16—17 页。

四、数字化信息通信技术与计算法学

基于图灵(Alan M. Turing, 1912—1954)提出的关于智能机器的数理逻辑模型,世界上第一台庞然大物的通用计算机 ENIAC(Electronic Numerical Integrator and Computer)终于在 1946 年情人节诞生于美国宾夕法尼亚大学。十年之后,在达特茅斯研讨会上,经过长达两个月的探讨,出席者们虽然未曾达成普遍共识,但却一致同意把模仿人类思考和判断的计算机系统称为"人工智能"。从此信息与通信技术(ICT)不断发展和普及;到 1995 年之后,计算机还使互联网和物联网以及社会的智能网络化成为现实,让人类真正进入了算法的时代。不言而喻,所谓"法律数学"的构想也随之开始具有完全不同的含义:计算机不仅大幅度提高了信息处理和检索的效率,还试图使法律推理的过程自动化,甚至在一定程度上让代码框架和算法逐步取代法律发挥行为规范的作用;计算机科学要求的是对数据或信息进行精确的处理,但机器学习却要求统计思维,使人工智能系统可以进行概率计算,这意味着使推理和判断的自动化本身也能自动化。

正是在这样的背景下,"计算法学"(computational law or computational legal studies)的概念应运而生,并成为一个颇受重视的文理交叉学科。迄今中国已经涌现了一些关于计算法学的研究和教育活动,[①] 但不得不承认这些努力仍然处于初级阶段,还需要进行

---

① 初步的研究成果和教材可以举出张妮、蒲亦非:《计算法学导论》,(接下页)

更有组织的、更体系化的理论建构以及技术实践，还需要法学界与计算机学界乃至相关的科技企业进一步加强交流与合作。我以为，从专业的角度来看，与物联网、大数据、人工智能交织在一起的"计算法学"的基本架构应该具备四个不可或缺、相辅相成的维度，即计量法律、自动推理、数据算法、网络代码。实际上，这些维度也与数字信息技术在法律领域中运用的历史阶段相对应，并非纯理论的假设。以下沿着实际状况展开的过程，对计算法学的四个维度逐一进行简要的叙述和分析。

（一）数量分析方法的应用与计量法律学

英国的威廉·配第（William Petty）在 1676 年完成的著作《政治算术》中，通过数据对比的方式分析英国与其他主要欧洲国家的国力，可谓统计学的一脉滥觞。他还建议通过调查犯罪者人数以及民事诉讼案件数来测量公民的守法和道德水准。[①] 从 19 世纪 30 年代开始，以曼彻斯特和伦敦设立跨界性质的统计协会为标志，欧洲出现了"社会的统计化"现象，数据资料的洪水汹涌而来，犯罪和司法的统计数据也被大量印刷和公布，为改变法与社会的认识方式和记叙方式创造了前提条件。实际上，现代统计学的创立者之一朗博·凯特勒（Lambert A. Quetelet, 1796—1874）在代表作《论人》（1835 年）中就运用了当时刚开始发表的西欧各国的刑事司法数据，

（接上页）四川大学出版社 2015 年版。另外，清华大学法学院在 2018 年正式启动计算法学方向全日制法律硕士教育项目。

① Sir William Petty, *The Petty Papers: Some Unpublished Writings of Sir William Petty*, London: Constable & Co., 1927, Vol. I, p.197, No.17 and No.18.

西摩恩·泊松（Simeon-Denis Poisson, 1781—1840）也是在分析法国刑事司法统计的基础数据之际发现著名的"大数定律"的。[1] 另外，借助科学的方法来确保法律判断的客观性和公正性的想法，也推动了对法律现象的田野调查、对照实验、统计分析以及法社会学的发展。对于重视定量研究的学者而言，正因为法与社会现象非常复杂多变，才有必要通过定量的语言来描述和说明，从而可以缩减其复杂性，使事物的本质及其规律变得更加清晰可见。例如在1950年代，威廉·艾德洛克（William O. Aydelotte）利用电子计算机研究英国议会在制定谷物法时议员们的投票行为，把815名议员对114个提案进行表决的结果记录在卡片上，采取古特曼尺度构成法进行分析，发现对政党的归属性比通常认为具有决定意义的阶级、出身等因素更重要。[2] 又如在1980年代，沃尔舒雷戈（Wollschläger）通过考察德国19世纪民事诉讼案件数变化来研究经济增长与民事诉讼类型之间的关系，开拓了"计量法律史学"（quantitative Rechtsgeschichte）这一新的专业领域。[3]

在数据资料呈几何级数增加的基础上，利用统计学的方法、数

[1]　Ian Hacking, *The Taming of Chance*, Cambridge: Cambridge University Press, 1990, 转引自イアン・ハックング：《偶然を飼いならす》，石原英樹、重田園江訳，东京：木鐸社1999年版，第138页。

[2]　宋成有、沈仁安译：《数量方法与美国历史学》，载《国外社会科学动态》1983年第8期，第37页。参见 William O. Aydelotte (ed.), *The History of Parliamentary Behavior*, Princeton: Princeton University Press, 1977。

[3]　佐藤岩夫：《19世紀ヨーロッパと近代司法統計の発展》，和田仁孝、樫村志郎、阿部昌樹（編）：《法社会学の可能性》，京都：法律文化社2004年版，第334页以下、第343—349页。

学模型以及算法等在复杂性中寻找最优或次优的解答，从而为决策提供客观的科学根据、提高系统运行的效率就是政治算术的题中应有之意，其结果在 20 世纪 30 年代运筹学（operations research, OR）应运而生。运筹学的主要认识框架是系统论（包括一般系统分析、系统工程、组织论、信息论、管理控制论），主要分析工具是定量方法（包括线性规划方法、动态规划方法、对列理论、马尔科夫链、网络分析、博弈理论、模拟）。与此相关的还有作为概率分析图解方法的决策树预测框架"似曾相识燕归来"，让我们联想起传统法律推理的"二叉树形图"①。随着计算机技术的发达，对包含大量变数的复杂系统进行模拟并预测各种影响的操作也成为可能。在一定意义上也可以说，运筹学的本质其实就是作为指令和标准的算法，尤其要把数据转变成算法；模仿配第"政治算术"的表述，也就是"政治算法"或者"法律算法"。

以统计学与运筹学的发达为背景，在计算机技术的推动下，基于判例分析的计量法律学（Jurimetrics，也译作判例法理学或司法统计学）在 1940 年代末出现，②从 1960 年代初开始获得广泛承认。③

----

① 舒国滢:《法学的知识谱系》，商务印书馆 2020 年版，第 691 页。

② Lee Loevinger, "Jurimetrics: the Next Step Forward", *Minnesota Law Review*, 1949, Vol. 33, No. 5, pp.33ff.

③ Lee Loevinger, "Jurimetrics: Science and Prediction in the Field of Law", *Minnesota Law Review*, Vol.46, No.1 (1961), pp.255ff.; Lee Loevinger, "Jurimetrics: The Methodology of Legal Inquiry", in Hans W. Baade (ed.), *Jurimetrics*, New York and London: Basic Books, 1963, pp.5—35; Layman E. Allen, "The American Association of American Law Schools Jurimetrics Committee Report on Scientific Investigation of Legal Problems", at https://digitalcommons.law.yale.edu/do/discipline_browser/disciplines (visited on March 14th, 2021)。参见屈茂辉:《计量法学基本问题四论》，载（接下页）

这种研究方向属于对法律问题的科学探究，重点是司法行为的定量分析，包括采取电子的和机器的手段对案件的数据资料以及相关的信息进行检索、统计、分析、评价并对判决进行预测，同时还把信息和沟通理论运用于法律表达，在法律系统运作中贯彻数学逻辑以及对可能的结果进行计算和建立公式。[①] 在计算机技术进一步发达之后，计量法律学还尝试对司法程序建模，分析和评价判决的合理性、合法性以及预测政策性调整的影响[②]，并且注重对证据的证明力进行测量和计算。不言而喻，计量法律学构成计算法学的重要支柱。

（二）计算机与法律推理智能系统

法律推理的计算机化尝试，应该以 1970 年布鲁斯·布坎南和托马斯·黑德里克合作发表的一篇代表性论文为标志[③]。当时计算机可以通过推理和探索解决一些比较简单的技术性的特定问题，但却很难应对复杂的社会现实中层出不穷的法律现象，所以在人工智能第一波热潮退去之后，法律推理的计算机处理并无显著的起

（接上页）《太平洋学报》2012 年第 1 期，第 26—33 页；屈茂辉、匡凯：《计量法学的学科发展史研究》，载《求是学刊》2014 年第 5 期，第 98—106 页。

① Cf. Lee Loevinger, "Jurimetrics: The Methodology of Legal Inquiry", *Law and Contemporary Problems,* Vol.28, No.1 (1963), pp.5—35.

② 屈茂辉：《违约金酌减预测研究》，载《中国社会科学》2020 年第 5 期，第 108—134 页。

③ Bruce G.Buchanan and Thomas E. Headrick, "Some Speculation about Artificial Intelligence and Legal Reasoning", *Stanford Law Reviewiew,* Vol. 23, No.1 (1970), pp.40—62, 中译本参见〔美〕布鲁斯·布坎南、托马斯·黑德里克：《人工智能与法律推理之展望》，陆幸福译，载《法律方法》2019 年第 2 期。关于这方面的世界最新动向，参见〔美〕凯文·阿什利：《人工智能与法律解析——数字时代法律实践的新工具》，邱昭继译，商务印书馆 2020 年版。

色。到 1980 年代，把知识储存到计算机里以提高智能化程度的方法迅速普及，于是人们开发了大量的知识应用软件，被称为"专家系统"，其中也包括一些法律专家系统，例如兰德公司民事司法中心的研究人员 D.A. 沃特曼和 M. 皮特森开发的审判辅助系统（Legal Decision-making System，简称 LDS）[①]，可以用计算机的信息处理算法对案例或者规则进行法律推理。但是，在专家系统研发过程中，庞大而复杂的知识如何记叙和管理等问题的严重性逐渐明朗化，到 1995 年左右人工智能第二波又开始退潮。直到检索引擎的发明以及运用大数据进行机器学习的技术成熟，才使得包括法律专家系统在内的应用软件开发再度繁荣起来。

由于行政力量的推动，中国在法律专家系统的软件开发和应用、智慧法院建设方面步伐很快，但是对法律推理及其计算机化的研究和技术操作还不很深入、细致，最后颇有可能导致"人工智能加简易审判"的司法方式成为主流，降低法学思考的水平。因此，计算法学在中国的一个重要目标应该是改进智能化法律推理的机制，其具体内容包括法律专业知识的整理和计算机语言表达、语义

---

① D.A. Waterman and M. Peterson, "Models of Legal Decision Making", *Report R-22727-ICJ*, Rand Corporation, Institute for Civil Justice, 1981, and their "Evaluating Civil Claims: An Expert Systems Approach", *Expert Systems,* Vol.1, No.1 (1984), pp.65—76; D. A. Waterman, J. Paul and M.Peterson, "Expert Systems for Legal Decision Making", *Expert Systems,* Vol.3, No.4 (1986), pp.212—226。关于其他国家动向的概述以及日本的成果，参见吉野一：《法適用過程における推論へのコンピュータの応用》，载《法とコンピュータ》第 3 号（1984 年），第 77—99 页；吉野一（编著）：《法律エキスパートシステムの基礎》，东京：ぎょうせい 1986 年版。关于中国的进展，参见季卫东："人工智能时代的司法权之变"，载《东方法学》2018 年第 1 期（创刊十周年纪念特刊），第 125—133 页。

网络的构建、从各种数据中发现概念之间的关系并生成轻量本体的机器学习、训练数据的特征量设计、符号接地问题的解决等等。一般而言，法律推理中涉及演绎式理由论证和基于要件事实的证据推理部分还是相对比较容易处理的[①]，因为逻辑法学与计算机语言的契合度比较高。但是，法律推理除了三段论和涵摄技术以外，还有情节复杂性和疑难案件等例外事项（涉及裁量、选择以及价值判断的符号接地问题），以及调整、统筹兼顾、大致判断等实践智慧（涉及常识库贫匮的框架问题），都很难通过既有的人工智能系统进行处理，需要大力推动复杂系统智能技术的研发。尽管图尔敏论证模型由主张或结论、要件事实、论据、证明、反驳这五个因素以及可靠性的强度变量构成，比形式逻辑的论证方式更能反映法律议论复杂性，也更有利于法律推理的计算机化作业，但是，涉及价值的辩证推理以及对不同价值取向进行排序和判断的可撤销性推理等仍然构成智慧司法以及智慧法律服务的巨大障碍。

　　需要指出的是，虽然价值判断具有主观性、反映着个人的选择偏好甚至特定意识形态的成见，但仔细推敲后可以发现：人们对价

---

　　① 例如於兴中：《人工智能、话语理论与可辩驳推理》，载《法律方法与法律思维》2005 年卷，第 115—129 页；栗峥：《人工智能与事实认定》，载《法学研究》2020 年第 1 期，第 117—133 页；罗纳德·艾伦：《人工智能与司法证明过程：来自形式主义和计算的挑战》，汪诸豪译，载《证据科学》2020 年第 5 期，第 588—599 页；熊明辉：《法律人工智能的推理建模路径》，载《求是学刊》2020 年第 6 期，第 89 页以下。与复杂的叙事、解释以及论证相关的混合式证据推理，参见查罗特·维尔克、亨利·普拉肯、斯尔加·瑞杰、巴特·维黑杰：《犯罪情节的贝叶斯网络建模》，杜文静译，载《法律方法》2014 年（第 16 卷）第 2 期，第 224—243 页；秦裕林、葛岩、林喜芬：《波斯纳写错了贝叶斯公式吗？》，载《交大法学》2016 年第 4 期，第 97—100 页；〔荷〕弗洛里斯·贝克斯：《论证、故事与刑事证据——一种形式混合理论》，杜文静等译，中国政法大学出版社 2020 年版。

值进行评价的标准其实在相当程度上是可以客观化的。另外，作为
价值判断的基础的原则、命题、共同意见也会体系化、形成某种具
有一定客观性的结构，甚至可以被设计、塑造以及重构，因而也可
以通过道义逻辑（deontic logic）以及霍菲尔德（Wesley N. Hohfeld,
1879—1918）式的八种相对概念（权利、义务、无权利、特权、权力、
责任、无资格、豁免）的法律关系矩阵进行处理[①]。但是，在复杂的
人际关系和具体语境中对不同的利益和主张进行评价、选择，势必
凸显社会价值的复数性和相互冲突，需要进行价值取向的排序和取
舍。怎样才能从知识数据库中抽取那些决定某个价值群的优先劣
后次序的元规则并适当地描述法律的价值函数，这也是法律推理的
计算机化必须认真思考的问题。从理论上来说，根据法律推理的主
体、语境以及价值判断的功能之间的关系，基本上就可以确立法的
价值函数；为了进行排序就要对价值进行数值化处理和加权比较。
参考专家排名、信任评级、搜索引擎结果排序等确定价值权重的算
法，我们也不妨通过西塞罗-舒托卢克式的论题目录（法律价值群）
中不同论题（主张）之间的连线关系、各种一般条款（例如后法废除
前法）或原则（例如诚信原则）在法律议论和司法文书中的不同引用
频度、价值命题在法律知识网络中的中心性指标等等，形成一套对
法律价值进行排序的程序，输入电脑信息系统。[②]

　　不言而喻，法律推理的计算机化，目的是要让机器像法官、律

---

　　① 王涌：《道义逻辑、人工智能与法律——霍菲尔德法律关系形式理论的应用》，
载《经贸法律评论》2020 年第 2 期，第 73—83 页。

　　② 关于论题目录与智能化法律推理以及计算机对价值问题进行处理的可能性，这
里无法具体展开，可参见季卫东：《人工智能时代的法律议论》，载《法学研究》2019 年
第 6 期，第 32—49 页，尤其是第 40—46 页。

师那样进行信息处理、思考以及判断，如果把逻辑法学与利益衡量以及正义原则都纳入视野之中，那么法律推理的计算机建模以及算法的设计和执行就是一个前景广阔的研究领域。实际上，在以庭审为中心的智慧法院建设中，文理交叉融合的方法不仅可以加深对法律论证活动的理解，明确法律知识体系的结构和所有组成部分，而且还有可能尽量按照芬兰法学家阿尔尼奥（Aulis Aarnio, 1937—　）所说的"演算的制度"（an institution of calculus）[①]的设想来倒逼那些与法律解释、法律议论、利益评价、利益权衡相关的机制改革。反过来也可以说，只有当法学界关于解释、推理、辩驳、议论的研究提升到更高阶段时，人工智能系统的开发才能水涨船高。总之，随着法与人工智能的快速发展和迭代，原先未曾实现计算机化的深层法律推理活动——例如经验归纳、数据学习、假说生成、类推适用、模糊推理、关系结构型思考、规范和权利的创造等等——也都可以渐次纳入人工智能的范围内进行研究和应用算法的开发，真正达到智慧法院建设的目标。

（三）多媒体时代的法律信息学与大数据挖掘

在 1980 年之后，计算机开始小型化和普及，各种信息与通信技术也进入综合应用阶段，人们欢呼"计算机时代""多媒体时代""高度信息化时代"已经来临。当个人持有计算机时，突然发现它不仅具有打字、复制、编辑、检索、计算等极其方便的功能，还能大幅度提高学习、研究以及从事实务的效率，并且可以储存大量的

---

① 舒国滢：《法学的知识谱系》，商务印书馆 2020 年版，第 1526 页。

文书资料和数据，使工作的条件发生了质的飞跃。如果把大量的法规、案例、学术文献都储存在计算机里，无异于拥有一座可以移动并且不断扩容的个性化图书馆，更重要的是可以灵活地进行利用，俨然成为应对 20 世纪后期的"知识爆炸""诉讼爆炸"局面的一件强大利器。正是以这样的基础设施为前提，法律信息学成为大学法学院的教学科目以及研究对象。[①] 在这里，我们特别重视的是法律信息学与计量法律学密切相关的一个侧面：如何在大量的法律文件数据中进行检索和研究，如何对司法以及法律服务相关的数据进行统计学分析和概率计算。

　　根据宾夕法尼亚大学沃顿商学院阿德里安·马可多诺（Adrian M. McDonough, 1919—2000）教授广为人知的梳理和 DIKW 等级化说明，数据（data）是指没有进行评价的消息（message）；信息（information）是指数据加特定状况下的评价，即在特定状况下提供给决策者的消息；知识（knowledge）是数据加将来的一般性应用的评价；智能（wisdom or intelligence）则是具有解决实际问题的能力、获得深刻理解的知识。[②] 由此可见，法律信息学的目标是在收集、储存、分析数据的基础上进行应用，以改进法律运行的机制、提高

---

　　① たとえば、加賀山茂、松浦好治（编）：《法情報学——ネットワーク時代の法学入門》，东京：有斐阁 1999 年版。参见王金祥：《法律信息学研究概述》，载《法律文献信息与研究》1995 年第 2 期，第 1—3 页、第 7 页；雄明辉：《从法律计量学到法律信息学——法律人工智能 70 年（1949—2019）》，载《自然辩证法通讯》2020 年第 6 期，第 1—9 页。

　　② 大澤光：《社会システム工学の考え方》，东京：オーム社 2007 年版，第 32 页。实际上，DIKW 模型的渊源是复数的，甚至可以追溯到英国诗人托马斯·艾略特在《岩石》第一段的句子。在管理学方面的发展，米兰·泽勒尼（Milan Zeleny）和鲁瑟尔·艾克夫（Russell L. Ackoff）有开拓之功。

辩护和审判的效率、实现社会正义。在过去很长一段时期,数据是通过统计、问卷调查、对照实验等严格控制的方式收集的高度结构化的样本数据,这也是法律实证研究或者经验法社会学的基础。但在 20 世纪后期电子数据的海量生成和多样化,使得分析小型结构化数据的技术已经不能满足"数据爆炸"时代的需要。数字化技术的发达和普及使我们能收集到现存的所有数据、从其整体来读取信息和获得知识,而不必完全依赖于抽样数据。当然,小数据与大数据之间仍然存在相当程度的互补关系。

根据美国加特纳(Gartner)咨询公司市场分析师道格·莱尼(Doug Laney)在 2001 年给出的著名定义,所谓大数据,是以数量大、种类多、速度快为基本特征[①]。在数字化信息通信技术不断升级的同时,数据量也随之成倍增长,因为计算机在高效处理数据的同时也快速生产数据。互联网构成一个全球化的信息通信系统,其结果是大幅度提高了数据形成、积累以及流转的能力。尽管八成左右的大数据是非结构化的,但通过适当的数据挖掘技术和方法,任何形式的数据都可以转化成有用的信息,发挥作为资源的价值。通过人工智能系统对大数据的机器学习以及相应的算法设计,可以从大数据提炼各种知识,对行为趋势和选择偏好进行预测,从而做出更正确的决策。因此,大数据对法律机制的合理运作以及司法判断也具有重要的意义。[②]当今的法律信息学已经与大数据密切结合在

---

① 〔美〕道恩·霍尔姆斯:《大数据》,李德俊、洪艳青译,译林出版社 2020 年版,第 16—18 页。

② 白建军:《大数据对法学研究的些许影响》,载《中外法学》2015 年第 1 期,第 29—35 页;白建军:《法律大数据时代裁判预测的可能与限度》,载《探索与争(接下页)

一起，可以通过计算机建模以及机器学习算法不断把数据转化为信息并进行计算和预测。由于中国在数据收集和利用方面具有体制优势以及规模优势，使得法律人工智能的算法精确度不断提高，在数据向信息和知识的转化以及法律增强可预测性等方面形成了某种正比例关系。甚至可以说近年来中国的司法改革以及法律服务的跨越式发展是由大数据驱动的。人工智能与大数据结合在一起，导致法律信息学发生质变，进而也使计算法学有了极其广阔的用武之地。

（四）智能网络的离散数学与矩阵演算

随着万维网（1989 年出现）、互联网（1995 年出现）的不断发展，形成了一个超越各种物质疆界的巨大数据空间。在这里，通过信息通信技术，万物逐渐互联互通，并在数字全面覆盖和计算机进行数据处理的过程中生长出智能物联网（AIoT）。[①] 在物联网上，大数据呈几何级数增长，需要人工智能系统进行分析；不同的智能系统互相作用，促成物联网进一步伸张和密集化，也使机器学习变得越来越重要，并且很容易导致算法黑箱化。无论如何，物联网、大数据以及人工智能形成一种相辅相成的大三角架构，不断强化社会与秩

（接上页）鸣》2017 年第 10 期，第 95—100 页；左卫民：《迈向大数据法律研究》，载《法学研究》2018 年第 4 期，第 139—150 页；王禄生：《论法律大数据"领域理论"的构建》，载《中国法学》2020 年第 2 期，第 256—279 页。

　　① 福田雅樹、林秀弥、成原慧（编著）：《AI がつなげる社会——AI ネットワーク時代の法・政策》，东京：弘文堂 2017 年，第 2—31 页，中译本参见〔日〕福田雅树、林秀弥、成原慧：《AI 联结的社会：人工智能网络化时代的伦理与法律》，宋爱译，社会科学文献出版社 2020 年版本，第 3—24 页。

序的网状结构和关系性，并使社会网络分析的方法能够广泛应用于行为与结构之间互动关系以及位置、语境、重要度的测算。从计算法学的角度来观察网络空间，图谱是不可或缺的、最基础的数学模型，距离矩阵则是最常见的演算方法，借助马尔科夫链过程模型还可以进行统计学上的概率计算，推测不同因素结合关系的倾向性，进而在贝叶斯理论框架下通过蒙特卡洛模拟的方法来实施法律风险管理。由此可见，计算法学与社会网络分析、法社会学研究以及企业和政府法务的智能化之间也存在很高的亲和度。

作为全球化关系结构的"数据空间"（Cyberspace，或译为电脑空间、网络空间）的概念最早出现在赛博朋克运动之父、科幻小说家威廉·吉布森的《神经漫游者》（1984 年）之中，现在已经成为广为人知的表达电子网络社会本质的术语。关于数据空间在法律秩序方面的特征，劳伦斯·莱斯格教授在《代码》（1999 年）及其修改版（2006 年）中做了开创性的考察。[①] 多语言翻译软件对通信障壁的突破、以互联网协议为产业基础的电商等新经济形态的繁荣、网民以及电子群众构筑的舆情公共空间、在信息高速公路上猖獗的国际犯罪、黑客之流无政府主义的蔓延、计算机上瞬间行为的管辖权之争……这一系列新的现象，要求国家采取网络征税、网络自治、网络服务提供者归责等新的政策以及承认网络权、数字人格权、电

---

① Lawrence Lessig, *Code and Other Laws of Cyberspace*, New York: Basic Books, 1999, his *Code Version 2.0 and Other Laws of Cyberspace*, New York: Basic Books, 2006, 中译本参见〔美〕劳伦斯·莱斯格：《代码 2.0：网络空间中的法律》，李旭、沈伟伟译，清华大学出版社 2009 年版。参见 David R. Johnson and David G. Post, "Law and Borders: The Rise of Law in Cyberspace", *Stanford Law Reviewiew,* Vol.48, No. 5 (1996), pp.1367—1404。

子隐私权等新的权利，势必进一步推动国家治理以及法律范式的创新。随着计算机科学和技术的飞速发展，数据空间中人工智能系统之间的互动和机器学习算法的迭代正在不断导致网络结构的自生变异、带来混沌以及脱轨和失控风险，为此需要不断改进代码架构以及法律规制方式，尤其是开发更好的学习算法以及类脑计算系统。这就是我们当下所处的大变局。

为了开发更好的算法乃至探索所谓"终极算法"[1]，人类的大脑如何学习、神经如何布线和反馈受到越来越多的关注。如果说知觉就是在包围自己的光影中寻找出不变因素，并在情动的理解与共鸣的前提下进行沟通，进而形成同频共振，那么人工智能的目标无非就是通过信息处理的算法来再现这样的机制。1970年代以来，脑科学的发展进一步揭示了反射脑、情动脑（两者构成生存脑）、理性脑（社会脑）与共鸣的神经线路，得以解析沟通以及形成认知地图的原理，因此对人工智能的研发产生了逐渐增强的影响。[2]既然人工智能是要模仿人的观察、思考、判断以及行动，那么在一定意义上也可以说，脑的神经网络其实就是让人工智能在数据空间里加速进化的算法。众所周知，利用神经网络进行的机器学习就是深度学习，即人类不事先设计数据的特征量，电脑可以从输入的数据自动抽出数据特征量的技术。正是深度学习构成了目前这一轮人工智能热的主要驱动装置。

然而，在这里我们不得不指出的是，深度学习带来了一个深刻

---

① 〔美〕佩德罗·多明戈斯：《终极算法》，黄芳萍译，中信出版集团2017年版。

② 松田雄馬：《人工知能の哲学——生命から紐解く知能の謎》，东京：东海大学出版部2017年版，第14—25页、第82—86页。

问题,即算法变得难以理解和说明,很容易形成黑箱,[①]甚至还会导致作为法制基础的问责机制瓦解。这就涉及数据和算法的正义原则的确立、伦理底线的划定。由此可见,如何对网络混沌和失控风险进行评价、管控正在成为智能网络社会的治理以及制度设计的一个核心问题。

五、数据伦理与计算法学的超验之维
——代结语

概而论之,通过物联网收集的大数据势必被过去的行为和偏好支配,造成系统偏误;同时也导致新的信息无法反映,造成所谓"过滤气泡"(the filter bubble)[②]。如果人们都被封闭在数据空间的过滤气泡里,那就逃不出既有代码架构的如来佛掌心。换句话来说,过滤气泡将形成一个信息被控制的完全世界,与无限定环境不能建立适当的对应关系。但是,在这里却俨然可以生产出一架法学的万能机器——自我完结、自我准据,在数据空间里进行永无止境的推理或计算,或者无限循环的语言游戏,直到我们意识到图灵停机问题的发生。一般而言,为了对抗这种熵增定律,必须致力于系统的开放、信息的自由,这就涉及社会价值问题。因此,必须把网络治理、数据治理、人工智能治理以及与数据、算法、算力的伦理相关的原

① 沈伟伟:《算法透明原则的迷思——算法规制理论的批判》,载《环球法律评论》2019年第6期,第20—39页。

② Cf. Eli Pariser, *The Filter Bubble: What the Internet is Hiding from You*, New York: The Penguin Press, 2011.

则性问题纳入研究的射程，由此构成计算法学的超越之维。

非常巧的是，世界各国从 2016 年开始不约而同地注意到逻辑推理、机器决策之外的复杂性，开始把社会价值编织到人工智能研发过程之中，试图形成一个多样化的新型生态系统。例如美国政府从 2016 年 5 月开始研讨、在 10 月白宫就发表了题为《为人工智能的未来做好准备》的报告书，提出人工智能的相关系统必须可控、公开透明可理解、有效发挥功能、与人类的价值和愿望一致等原则。2016 年 10 月美国的国家科学技术会议网络和信息技术研究开发委员会发表关于运用联邦政府预算研究人工智能的方针《美国人工智能研究开发战略》，提出了副作用最小化的要求。欧洲议会法务委员会在 2016 年 4 月召开关于机器人和人工智能的法律和伦理问题的听证会，并在 5 月公布了与机器人相关的民事法律规则的报告书草案，在 2017 年 2 月正式通过这项提案，准备设立专门的机构负责相关事宜、采纳智慧机器人登记制、明确严格的损害赔偿责任、确立研发者的伦理行动规范。日本政府的总务省信息通讯政策研究所通过系列研讨会在 2016 年 10 月起草了《人工智能开发指针方案（征求意见稿）》，在 2017 年 7 月正式公布，标题改作《提供国际讨论的人工智能开发指针方案》。欧美的产业界也在 2016 年 9 月缔结关于人工智能的伙伴关系，发表了关于确保社会责任、采取防护措施等信条。美国电气电子学会还在 2016 年 12 月发表了关于人工智能设计伦理标准的报告书①。

---

① 福田雅樹、林秀弥、成原慧（编著）：《AI がつなげる社会——AI ネットワーク時代の法・政策》，东京：弘文堂 2017 年，第 78—98 页。

　　中国几乎同步推动了人工智能治理和伦理的规范体系构建。2017 年 7 月，国务院发布《新一代人工智能发展规划》，指出制定人工智能发展的伦理规范是促进人工智能发展的重要保证措施，将构建泛在、安全、高效的智能化基础设施体系等作为重点任务，明确提出人工智能治理"三步走"战略目标：到 2020 年部分领域的人工智能伦理规范和政策法规初步建立；到 2025 年初步建立人工智能法律法规、伦理规范和政策体系，形成安全评估和管控能力；到 2030 年建成更加完善的人工智能法律法规、伦理规范和政策体系。在 2017 年 12 月，工业和信息化部发布《促进新一代人工智能产业发展三年行动计划（2018—2020 年）》，旨在以信息技术与制造技术深度融合为主线，构建标准测试及知识产权服务平台、智能化网络基础设施、网络安全保障等产业公共支撑体系，进一步完善人工智能发展的制度环境。到 2019 年 6 月，国家新一代人工智能治理委员会发布了《新一代人工智能治理原则——发展负责任的人工智能》，宣告以促进新一代人工智能健康发展，人工智能安全可靠可控，更好服务经济发展和社会进步，增进人类社会福祉为使命，确立了人工智能研发必须遵循和谐友好、公平正义、包容共享、尊重隐私、安全可控、共担责任、开放协作、敏捷治理这八项基本原则。

　　从计算法学的角度来考察可以发现，关于数据和算法研发的原则和政策，国际社会已经达成了如下基本共识：（1）对国际通用的指针、标准、规格采取合作态度。具体包括为了确保数据空间互联互通，必须共有相关信息；参照国际标准和规格进行人工智能系统以及算法的设计；数据格式的标准化；应用程序编程接口以及协议的公开；知识产权的特许合同条件的公开。（2）实现技术的中立性以及透明性。为此需要实现人工智能系统输入和输出的检验可能性，并对演算结果要履行说明义务。(3)实现可控性。主要举措是由其他人工智能系统进行监视和警告，实现技术与技术之间分立和制衡的结构；为系统的停止、人工智能网络的切断和修理预做准备。(4)优先保护人的安全。具体的价值取向优先劣后的顺位为生命、身体、财产；对于数据和算法的安全性要对利用者和利益相关者履行充分说明的义务。(5)数据和信息的机密性、安全性的保障。(6)在数据收集和计算过程中要切实维护隐私权。包括私生活的平稳、个人信息保密、通讯保密等原则在算法设计阶段就要充分考虑。(7)在推理和计算过程中贯彻以人为本的精神。人工智能的研发必须始终慎重对待生命伦理，不得毁损人性的价值，并且要确保算法公正。(8)保障客户进行选择的自由。在逻辑演算的数据空间，没有严密描述的算法就无法开始动作，但也要通过模糊计算等方法把复杂性、盖然性纳入人工智能系统的研发。(9)确保问责机制的有效运行，关键在于有效防止算法的黑箱化。

现在需要进一步思考的问题是如何使人工智能治理的原则具体化和落到实处。① 为了检测法律规则是否符合原则，应该在国际比较的基础上拟订与物联网、大数据以及人工智能相关的问题清单和权利目录，并在执法和司法层面形成解决问题、保障权利的合理

---

① 杨庆峰：《从人工智能难题反思 AI 伦理原则》，载《哲学分析》2020 年第 2 期，第 137—150 页；丁晓东：《论算法的法律规制》，载《中国社会科学》2020 年第 12 期，第 138—159 页；〔荷〕玛农·奥斯特芬：《数据的边界：隐私与个人数据保护》，曹博译，上海人民出版社 2020 年版；中国信息通信研究院、中国人工智能产业发展联盟：《人工智能治理白皮书》(2020 年 9 月)。

机制。鉴于人工智能治理与人工智能产业发展之间存在微妙的紧张关系，哈佛大学法学院桑斯坦（Cass R. Sunstein）教授曾经主张的"助推"（nudge）方法对于行为变化的数据空间乃至国家的治理都具有特别重要的意义 [①]，这其实就是注重综合治理、因势利导以及渐进主义的中国感到驾轻就熟的一种秩序原理。在这个过程中，既需要重视数据安全、隐私保护、算法公正、互惠共享等实质性价值，也需要重视对大型网络科技公司的反垄断、大数据中心的中立化、以技术制衡技术等结构性价值，并应该在规则约束、企业试错以及政府协调之间达成不同价值取向的最优化组合，或者设计某种基于程序主义价值的算法。

正如佩雷尔曼早就指出的那样，离开价值判断，我们根本无法理解法律思考。[②] 如果围绕价值存在争论，那就势必以争取价值共识或者达成适用价值的妥协为目的开展沟通，这时的法律议论通常具有辩证推理的特征。作为围绕价值判断的复合型话语博弈的法律议论，必然是一种对规范解释的预测以及对事实认知的预测，并且还有对上述两种预测的预测乃至"预测的预测的预测"等不断反馈过程。在对规范解释的预测与对事实认知的预测这两个系列之间，还存在相互作用以及不断递进、无限选择的互动关系，导致追求无限多样化的长尾效应。因而人工智能系统对法律判断的过程

---

① Richard H. Thaler and Cass R. Sunstein, *Nudge: Improving Decisions About Health, Wealth, and Happiness*, New Haven: Yale University Press, 2008. Cf. Will Leggett, "The Politics of Behaviour Change: Nudge, Neoliberalism and the State", *Policy & Politics,* Vol.42, No.1 (2014), pp.3—19.

② ペレルマン:《法律家の論理——新しいレトリック》，江口三角訳，東京：木鐸社 1986 年版，第 15 頁。

进行模拟时，为了克服复杂性的挑战，应该采取核心价值最大化方法。这意味着法的基本价值判断应优先于逻辑推理或者说概念计算，以确保在具体场景中的法律议论可以摆脱无穷反复的语言游戏而顺利进行。[①] 为此，计算法学必须留意价值的数值化处理和加权比较，确立关于价值排序和价值函数的元算法或者"结构性元规则"（structural meta-rule）。

　　（本文原载《社会科学辑刊》2021 年第 3 期，第 115—128 页）

---

① 季卫东：《人工智能时代的法律议论》，载《法学研究》2019 年第 6 期，第 32—49 页。

法学研究新范式：计算法学的内涵、范畴与方法

申卫星　刘云*

内容简介：信息技术的本质是计算。计算的内涵已经超越传统的数学运算，扩展到逻辑推理乃至成为观察世界的一种方法论。计算法学是传统法学面对"计算无处不在"的时代现象和"计算主义"认识论所形成的一种新范式。计算法学是基于计算的对象、方法以及能力等方面的差异而产生不同的法律问题以及与法律相关的技术问题，从而融入计算思维研究法律问题，利用计算方法开展法律大数据分析，以及结合计算技术研究法律科技的一门学科。法学的"计算范式"转变有利于去除"法律+信息技术"的碎片化问题，同时促进计算空间的治理结构从过去的权威法治规范向多元治理转变，促进法学研究方法从规范分析向

* 申卫星，清华大学法学院教授、智能法治研究院院长；刘云，清华大学法学院博士后、清华大学智能法治研究院院长助理。

本文系国家社科基金重大项目"互联网经济的法治保障研究"（项目编号：18ZDA149）和科技部国家重点研发项目"热点案件和民生案件审判智能辅助技术研究"（项目编号：2018YFC0831900）的阶段性成果。

数据分析拓展,并有利于形成计算化社会所需要的法律与
技术融合治理模式。计算法学的发展需要构建跨学科融
合的学术共同体,以提升我国普适计算时代的法律科学研
究水平和现代化的法治能力。

　　自 2009 年 15 位科学家在世界著名的《科学》杂志联合发文宣
告"计算社会科学"诞生以来,[①] 很多研究者推断"计算法学"也将
成为一门新兴学科并不断发展壮大。[②] 事实上,近年来许多国内外
法学院都将与信息科技的融合作为一个重要的学科发展方向予以
建设,[③] 法学领域和计算科学领域交叉的研究论文和著作也不断面

---

　　① 　David Lazer, et al., "Computational Social Science", 323 *Science* 721—722(2009).

　　② 　相关研究包括但不限于张妮、蒲亦菲:《计算法学导论》,四川大学出版 2015 年版;钱宁峰:《走向"计算法学":大数据时代法学研究的选择》,载《东南大学学报(哲学社会科学版)》2017 年第 2 期;于晓虹、王翔:《大数据时代计算法学兴起及其深层问题阐释》,载《理论探索》2019 年第 3 期;张妮、徐静村:《计算法学:法律与人工智能的交叉研究》,载《现代法学》2019 年第 6 期;张妮、蒲亦菲:《计算法学:一门新兴学科交叉分支》,载《四川大学学报(自然科学版)》2019 年第 6 期;邓矜婷、张建悦:《计算法学:作为一种新的法学研究方法》,载《法学》2019 年第 4 期。

　　③ 　例如,2019 年 10 月,牛津大学法学院和斯坦福大学法学院的官网首页不约而同地将跨学科建设作为主题呈现,特别突出了法学与信息科学的交叉研究。斯坦福大学法学院首页主题为"面向未来的法学教育:创造无限可能的跨学科与前瞻性思维"(Legal Education for Tomorrow's World, Forward-thinking, Across disciplines, Without boundaries)。牛津大学法学院提出要让专家和学生共同在跨学科教育领域进行探索(Oxford Brings Together Experts and Students from Law and Computer Science to Start a New Era of Interdisciplinary Education)。荷兰教育部在 2018 年发布了 2019—2024 年的法学创新发展计划,每年额外资助 600 万欧元用于法学院的跨学科研究和人才培养,设立 Sectorplan Digital Legal Studies 项目推动荷兰法学教育向新的方向发展。参见 https://www.sectorplandls.nl/wordpress/(最后访问日期:2020 年 9 月 5 日)。

世。在信息技术相关的各类法律问题研究大繁荣之际，传统的民法、行政法、刑法等部门法都在积极回应信息技术的发展带来的机遇与挑战，同时也出现了计算机法学、互联网法学、信息技术法学、数据法学、人工智能法学、机器人法学、未来法学、法律科技等新的学科概念。然而，这种碎片化的发展致使法学研究对于社会需求的应对不足，亟需构建一个具有科学基础的信息社会的法学理论体系。计算技术给法学研究方法和法治运行模式带来了计算主义的本体论和认识论，即通过计算思维、计算方法和计算技术丰富法学研究的方法和内容。本文将探究计算法学概念的历史渊源与内涵演进，并对计算法学的基本范畴、研究方向、研究方法等进行深入分析，从而为计算法学成为一门新兴学科提供理论基础。

一、一种源于计算主义的法学发展趋势

在西方传统中，法律和计算一直是相互依赖的，法律文化也被称为计算文化。[①] 尽管"计算"是人类文明很早就发现并经常应用的一个认识工具，但是我们对计算的科学认识一直处于不断深化的过程中。早期的"计算"主要是日常生活中最为常见的纯粹数学意义上的加减乘除等数学运算，这种计算是运用绳结、算盘、算筹或者人类简单的计算经验，通过四则运算法则获得纯数学上的结论。

---

① Simon Yuill, "Section Editorial: Critical Approaches to Computational Law", *Computational Culture*, Issue 7, October 2019, available at http://computationalculture. net/section-editorial-critical-approaches-to-computational-law/, last visited on 2020-09-05.

随着计算科学的发展，"计算"在文艺复兴时期开始应用到人文社会科学领域。[①] 以哲学为代表的人文社会科学中存在很多缺乏准确答案的争议问题，培根和笛卡尔在其自然哲学中对此进行反思并提出了通过演绎计算来认识社会真理的科学方法。[②] 这种具有包容性的"计算"在当时的法律领域主要是指计算逻辑学。霍布斯在此基础上提出了"推理即计算"的经典论断，[③] 并以此追求社会纠纷解决规则的精确和科学化，这与法律的最终发展方向在很多方面是一致的。

随着计算工具的不断进步，人们对"计算"的应用和想象空间也在不断扩展，早期的手动计算工具、机械式计算工具、机电计算工具正在逐步退出历史舞台，电子计算机、并行与分布式计算、高性能集群计算、云计算已经日益普及，而量子计算、社会计算、生物计算、海计算等新型计算也必将不断走向成熟。[④] 社会的生产生活正在从简单计算向复杂计算、有限计算向普适计算进化。随着可计算范围的扩展和普适计算理论的提出，美国著名的计算机专家魏泽尔曾做出预测：我们将进入一个计算无处不在的"普适计算"

---

① 近现代科学革命包含"实验性"和"数学化"两大传统，"计算"在文艺复兴后期就已经不仅仅指数学运算，而是兼具人文科学和自然科学的双重意义，也正是"计算"搭建了不同学科之间的科学共识。

② 李猛：《经验之路：培根与笛卡尔论现代科学的方法与哲学基础》，载《云南大学学报（社会科学版）》2016年第5期，第18页。

③ 〔英〕霍布斯：《利维坦》，黎思复、黎廷弼译，商务印书馆2009年版，第27页以下。

④ 唐培和、徐奕奕编著：《计算思维——计算学科导论》，电子工业出版社2015年版，第3页。

（ubiquitous computing）时代。[①]麻省理工大学媒体实验室创始人尼葛洛庞帝也提出，"计算不再只和计算机有关，它决定我们的生存"。[②]普适计算致力于信息空间与物理空间的高度融合，将从根本上改变人们对"什么是计算"的思考，也将全方位改变人类的生活和工作方式。[③]与之相关联的是计算主义世界观的出现，其代表性观点认为物理世界复杂的问题都可以科学化、简化、计算化。处在 21 世纪科技前沿的人们已经开始生活在一个高度计算化的社会，此时兴起的一种"计算主义"思想指出：宇宙是一台蕴含计算逻辑的巨大自动机，人的大脑是一种超复杂的神经网络系统，从宇宙到人的大脑均可以通过认知计算的方法得到理解和分析。[④]这一思想反映出"计算"在现代科学发展中的地位。随着计算科学技术的发展，计算化的社会本身也开始成为专门的研究对象，我们需要从本体论和认识论的角度研究计算空间的关系结构和行为规范，从而构建一个有序的计算社会。事实上，从图灵机的产生到新一代信息技术的发展，可以总结为信息技术所做的一切都是一种"计算"，但计算的问题、方法、介质、领域以及能力均有不同。不同的技术问题由此产生，并带来不同的社会以及法律问题，包括信息技术引发的

---

① Mark Weiser, "The Computer for the 21st Century", 265 *Scientific American* 94—104(1991).

② 〔美〕尼葛洛庞帝:《数字化生存》，胡泳、范海燕译，海南出版社 1997 年版，第 15 页。

③ 徐光档、史元春、谢伟凯:《普适计算》，载《计算机学报》2003 年第 9 期，第 1042 页。

④ 李建会、符征、张江:《计算主义:一种新的世界观》，中国社会科学出版社 2012 年版，第 227 页。

法律问题、法律问题的大数据分析和法律科技创新问题。

当前，"计算+X"已经成为"计算"与相关学科交叉融合的一个范式，在国内外出现了计算数学、计算力学、计算化学、计算医学、计算语言学、计算社会科学等新学科。国内外正在日益广泛开展的计算法学基础理论研究和学科建设，也是在计算范式之下涌现的"计算+X"学科家族的一员。美国哈佛大学和康奈尔大学的研究者近期发表的《计算在社会变革中的作用》一文指出："计算"可以分别作为诊断（diagnostic）、形式（formalizer）、辩驳（rebuttal）和提喻（synecdoche）的工具，以此利用计算的特殊优势为社会变革提供服务。也即，利用计算分析工具可以帮助诊断社会问题，通过计算程序的形式建立的网络社会可以塑造人们理解社会问题的方式，计算技术的可计算领域和限度有助于技术和社会的辩证反馈，计算技术的应用可以使得一些长期存在的社会问题重新凸显。[①] 可以认为，计算时代已经从"未来"变成了"当下"，各类主体的行为和社会关系都开始进入计算空间，计算技术本身也带来了很多传统社会所没有的新问题，法学作为对社会行为准则进行研究的社会科学，也必然要适应计算范式的转变。

法学作为社会科学的重要组成部分，总是在与社会发展需求的互动中不断发展，从而日益复杂和精细。马克思曾经在法庭上拿着《法国民法典》指出："社会不是以法律为基础的，那是法学家的幻

---

① Rediet Abebe, et al., "Roles for Computing in Social Change", Proceedings of the 2020 Conference on Fairness, Accountability, and Transparency, January 2020, pp.252—260, available at https://dl.acm.org/doi/abs/10.1145/3351095.3372871, last visited on 2020-09-05.

想，相反地，法律应该以社会为基础。"① 法学从来不是也不可能是一个封闭的体系，而是要与时俱进。很多在今天被我们认为理所当然的独立法律部门或二级法学学科，无不经历在其产生之初面临重重质疑而后逐步借由社会发展登堂入室的过程。法学的这种扩张、革新不仅促成了法学学科体系的科学化，同时也因其密切回应社会发展的需求而自我完善。当前，计算技术的全面应用引领人类社会步入了数字经济时代，计算不再只和计算机有关，它引发了社会治理模式和法治范式的根本变革。这不仅从形式上极大地改变了社会的生产、生活方式，也在根本上塑造了新的社会格局。② 计算技术在与法律和法学的交叉、碰撞、融合中，一方面引发了法治规则的变革，从计算机犯罪、网络隐私、数据确权与利用、网络欺凌，到网络主权、网络空间独立宣言③、在线生活宣言④乃至"代码就是法律"⑤，反映出信息技术对法治所形成的重大冲击；另一方面，计算技术给法学研究和法律治理带来了新的方法论——计算主义。计算主义与信息法治相结合，促成了计算法学的诞生与衍变。

---

① 《马克思恩格斯全集》，第 6 卷，人民出版社 1961 年版，第 291 页以下。

② 〔英〕曼纽尔·卡斯特：《网络社会的崛起》，夏铸九、王志弘等译，社会科学文献出版社 2001 年版，第 589 页。

③ John Perry Barlow, Declaration of Independence of Cyberspace, Davos, Switzerland, February 8th, 1996, available at https://www.eff.org/cyberspace-independence, last visited on 2020-08-30.

④ 〔英〕卢恰诺·弗洛里迪：《在线生活宣言——超连接时代的人类》，成素梅等译，上海译文出版社 2018 年版，第 1 页。

⑤ 语出约尔·雷登伯格，参见〔美〕劳伦斯·莱斯格：《代码 2.0：网络空间中的法律》，李旭、沈伟伟译，清华大学出版社 2018 年版，第 3 页以下。

二、计算法学的衍变：概念由来与内涵演进

（一）从法律计量学、法律信息学走向计算法学

计算法学的形成具有深厚的历史渊源，特别是随着电子计算机的发明和应用，走过了理论设想、实验探索和内容不断丰富的发展过程。早在 17 世纪，霍布斯和莱布尼茨就提出将计算逻辑学和普遍数学应用于法律领域的想法，希望通过科学计算的方式解决充满争议的法律纠纷。莱布尼茨及其之后的实证主义相信，法学乃是一门科学，它自在于其理由与体系之中，而非陷身于杂乱无序的价值泥潭。这些早期思想反映出法哲学家很早就意识到"计算"与法律实践具有密切的联系。

在电子计算机发明前夕，时任美国律师协会科学技术法委员会主席的李·洛文格借鉴生物统计学（biometrics）和计量经济学（econometrics）的做法，在 1949 年首次提出法律计量学（jurimetrics）的概念，致力于通过统计学等方法对数量庞大和日益复杂的法律问题进行定量研究。代表法律计量学研究旗帜的《法律计量学：法律与科学、技术杂志》在持续至今的六十多年里聚焦于法律与科技交叉的广泛领域。我国部分学者将"法律计量学"翻译为"计量法学""数量法学"等概念引入中国，致力于通过计算技术辅助法学研究和法治模式的完善。但是，由于法律计量学起源于计算技术尚不发达的历史时期，"计量"的内涵也难以与人文社会科学在本质上相融合，导致目前的法律计量学已经被法律信息学、计算法学等概念所替代。

　　自香农创立"信息论"以来，信息成为计算技术的核心研究对象，信息学开始成为一个跨越各个学科的新理念，法律信息学这一概念也在世界各地被广泛采用。德国的威廉·施泰米勒教授领导的研究小组在 1970 年首次采用法律信息学来概括信息科技在法律领域的应用研究所形成的新学科。[1] 赫伯特·菲德勒教授指出：法律信息学在德国是一个独立学科，其内容不仅包括信息技术在法律领域的应用，也包括计算机相关法律问题的研究。[2] 法律信息学此后在北欧和美国等国家和地区取得了长足发展。斯德哥尔摩大学、斯坦福大学、印第安纳大学等高校分别成立专门的法律信息学研究机构和教学项目，致力于在法律领域推动信息技术的应用，同时也研究与信息技术相关的法律问题。然而，美国有学者通过论文数据库检索 1997—2005 年的相关研究发现，以法律信息学为关键词所能获得的相关文献非常匮乏。但这并不是说没有相关研究，而是相关研究并没有使用法律信息学这一概念。这种结果与美国没有专业的法律信息学协会、没有专业的法律信息学杂志、以法律信息学为名开设课程的法学院也只有寥寥几家不无关系。[3] 法律信息学在美国一直没有发展壮大，随着"计算法学"概念的提出并为斯坦福大学、麻省理工学院等高校广泛采用，计算法学取代法律信息学而

---

① Vgl. Wilhelm Steinmüller, *EDV und Recht-Einführung in die Rechtsinformatik*, Berlin,1970, S.1; Carl-Eugen Eberle, *Organisation der automatisierten Datenverarbeitung in der öffentlichen Verwaltung*, Berlin, 1976, S.13.

② Vgl. Herbert Fiedler, "Forschungsaufgaben der Juristischen Informatik", in Kaufmann Arthur (Hrsg.), *Münchner Ringvorlesung EDV und Recht-Möglichkeiten und Grenzen*, Berlin, 1973, S.236 ff.

③ Christopher L. Hinson, "Legal Informatics: Opportunities for Information Science", 46 *Journal of Education for Library and Information Science* 136(2005).

逐渐在世界范围内得到广泛发展。

（二）计算法学概念的确立及其传播

计算法学[①]不是国内生造的概念，而是从域外研究文献翻译而来，是在法律信息学基础之上不断发展而来的一个新概念。早在1977年，瑞典法律信息学领域的彼得·塞佩尔完成的博士论文就以"计算法学"（computing law）为题，认为计算法学将成为一门新学科，[②]其主要内涵是以计算技术为支撑的法学教育、法律信息检索、法律数据库、法律信息安全及相关的个人权利保护。此后，这一概念在一些关于法学研究范式和信息法学等类别的文章中被引用，但在相当长的一段时间内并没有得到足够的重视。

在计算法学概念的现代发展过程中，斯坦福大学发挥了积极的推动作用。该校计算机系教授迈克尔·吉勒赛瑞斯于2005年的第10届人工智能与法律国际研讨会上发表了题为"计算法学"（computational law）的论文，[③]积极倡导计算法学的学科发展；其所在的斯坦福大学法律信息学中心（CodeX）专门设立了计算法学研究项目和课程；斯坦福大学法学院自2013年开始举办的未来法学

---

① "计算法学"一词在英文中的表达形式包括 "computational law" "computational jurisprudence" "computing law" "computable law" "computational legalstudies" 等。本文将上述英文表达统一译为"计算法学"，并且建议采用最为普遍使用的 "computational law" 作为计算法学未来学科发展的统一英文名称。

② Peter Seipel, *Computing Law: Perspectives on a New Legal Discipline*, Stockholm: Liber Förlag, 1977, pp.155—156.

③ Nathaniel Love & Michael Genesereth, "Computational Law", New York: Proceedings of the 10th International Conference on Artificial Intelligence and Law, 2005, pp.205—206.

国际论坛成为计算法学理论与实践的交流中心，广泛推动了计算法学在全世界的传播。时隔十年，吉勒赛瑞斯于 2015 年 5 月再次发表"计算法学：后座上的警察"的主题演讲，[①] 更加清晰地阐释了计算法学的发展环境和趋势。此后，以计算法学为主题的国际会议、课程设置在世界各地纷纷出现，[②] 越来越多的学者撰写计算法学的专题论文并将自己的专业领域确定为"计算法学"。在计算法学广泛传播的过程中，尤以欧盟根据《欧洲 2020 战略》[③] 在 2019 年资助了两个以"计算法学"为主题的研究项目[④] 为里程碑和标志，正式确

---

① Michael Genesereth, "Computational Law: The Cop in the Backseat", *White Paper, CodeX—The Stanford Center for Legal Informatics* (2015), available at https://law.stanford.edu/publications/computational-law-the-cop-in-the-backseat/, last visited on 2020-08-30.

② 举其要者，德国海德堡大学欧洲和国际税法研究所与乌尔姆大学分布式系统研究所联合主办了"大陆法系地区的计算法学发展：欧洲视角"的研讨会议（2016 年 11月 6 日在德国乌尔姆大学）；美国麻省理工学院媒体实验室和德国布塞留斯法学院自 2018 年开始分别创办计算法学课程；荷兰阿姆斯特丹大学法学院的 Alexander Boer 于 2009 年取得了计算法学理论方向的博士学位，其所在的法学院在 2011—2016 年启动了专项的计算法学理论建构研究计划；香港大学法学院于 2018 年 6 月组织召开了新兴计算法学研究会议并组织出版了《计算法学研究》一书；弗吉尼亚大学自 2018 年 8 月开始定期举办计算法学在线研讨会；新加坡管理大学也将自 2020 年 8 月开办理学（计算与法律）学士学位项目（Bachelor of Science〔Computing & Law〕）。

③ European Commission, Europe 2020: A Strategy for Smart, Sustainable and Inclusive Growth, Brussels, COM (2010)2020, March 3,2010, http://eur-lex.europa.eu/legal-content/en/ALL/?uri=CELEX%3A52010DC2020, last visited on 2020-09-06.

④ 第一个项目"计算法学时代的类人算法"（Counting as a Human Being in the Era of Computational Law）是自 2019 年 1 月至 2023 年 12 月出资约 256 万欧元开展计算法学时代的认识和应对策略研究，研究即将到来的计算法学时代对法治机理的影响，包括计算法学的含义，特别是关注基于人工智能、大数据和区块链的计算法学如何改变法律的许多假设、运作和结果，如何维护个人在计算法学时代的法律救济权利。该项目明确提出了"计算法学时代"的概念并将其作为研究项目的标题，揭示了计算（接下页）

立了欧美分别推进计算法学发展的世界格局。欧盟的这两个官方
资助项目分别以计算法学的内涵与计算法学的方法作为研究主题，
打出了"计算法学时代"（Era of Computational Law）的旗帜，宣告
具有重要影响力的欧盟已经正式布局计算法学的发展。

　　计算法学这个概念在中国的传播，以系列计算法学专题研究论
文和中国计算法学发展联盟的成立为标志，[①]由此开启了我国计算
法学基础理论研究和学科发展工作。计算法学这一概念逐渐为国
人所认知、接受。

（三）计算法学的内涵演进

　　尽管"计算法学"的概念已经被广泛采用，"计算"一词也日益
彰显出其科学的内涵，但是"计算法学"尚未形成统一的内涵。吉
勒赛瑞斯指出：有些人使用"计算法学"这个短语来指代任何与计
算机和法律有关的东西，但是斯坦福大学法律信息学中心选择在狭
义的层面使用这个短语，[②]即仅指法律科技的研究。这种狭义上的

（接上页）法学的美好发展前景。第二个项目"可计算的法律"（Computable Law）是自
2019 年 11 月至 2024 年 10 月出资约 227 万欧元开展计算法学的方法和路径研究，致力
于通过创新的法律和技术框架解决计算过程和计算系统的管理问题，为开发可计算的
法律和符合法律的信息计算提供认识性、技术性和规范性指导。

　　① 　在国内学者积极研究计算法学的同时，清华大学于 2018 年 4 月创办"计算
法学全日制法律硕士学位项目"，于 2019 年 9 月发起成立中国计算法学发展联盟，同
时于 2018—2020 年连续举办了三届计算法学国际论坛等，进一步提高了计算法学在
国内外的知名度。该学科建设已经被收入新加坡法学会和新加坡管理大学共同发布的
《2019 年亚太地区法律创新发展报告》，参见 https://www.flip.org.sg/post/state-of-legal-
innovation-in-asia-pacific-report（最后访问日期：2020 年 9 月 5 日）。

　　② 　Michael Genesereth, et al., The Role of Rules in Computational Law:（接下页）

"计算法学"可以理解为"法律的可计算理论与实践"。这意味着，计算法学具有广义和狭义之分，计算法学可以区分为作为法律科技的计算法学、作为数量分析的计算法学和进行综合研究的计算法学等多种类型。

其一，以美国斯坦福大学为代表的科研机构认为，计算法学是指自动化法律推理的方法。此种认识将计算法学列为法律信息学的一个分支，其目标是通过技术嵌入的方式落实法律的要求，以此建立可以根据业务场景即时提示法律要求的显性行为约束，避免复杂的法律规则难以让人知晓、理解和执行。吉勒赛瑞斯认为，计算法学特别适宜用于在电子媒介上进行各类行为合规提示，因为在电子媒介上的交易行为、电子合同、业务规则等数据都能够被完整地记录和分析，法律规则可以通过可计算的法律系统自动适用于这些具体的业务场景。[①] 根据这种狭义理解，计算法学是法律信息学中的一个对法律进行编码的研究子集，也被称为"法律科技"；编码简化了法律，让非法律人士更容易理解法律，因此被认为是一种可取的追求。[②] 基于此开展的计算法学研究将随着数字化场景的普及而拥有广阔的应用前景。

其二，我国部分学者在其研究成果中选取作为数量分析的狭义

（接上页）Summary of a Panel on Computational Law at Future Law 2017, available at http://complaw.stanford.edu/readings/rules.html, last visited on 2020-08-30.

[①] Nathaniel Love & Michael Genesereth, "Computational Law", New York: Proceedings of the 10th International Conference on Artificial Intelligence and Law, 2005, p.205.

[②] Eran Kahana, "Rise of the Intelligent Information Brokers: Role of Computational Law Applications in Administering the Dynamic Cybersecurity Threat Surface in IOT", 19 *Minn. J. L. Sci. & Tech.* 338 —354 (2018).

计算法学内涵。我国的计算法学概念分别从法律计量学和计算社会科学发展而来。过去十年,计算社会科学蓬勃发展,研究人员利用观察数据、实验设计和大规模仿真发表了海量论文。[1] 受此影响,我国学者提出了计算法学的研究方向。钱宁峰指出:大数据时代法学研究的发展方向是走向基于社会计算的法学,即"计算法学",其内容包括动态法律数据的整合分析,基于法律大数据开展法律社会分析和发展预测。[2] 于晓虹也指出:计算法学是计量法学进入大数据时代的产物,属于实证法学的范畴,计算法学在兼容并蓄地吸纳了定性与定量、规范与实证方法的基础上,呈现出复合式、开放型构造,突出了复合研究方法的重要意义。[3] 上述计算法学的研究内容集中在法律信息的数据挖掘,与国外早期法律计量学、法律信息学的研究内涵比较接近,但与前述以法律科技研发为内涵的计算法学概念存在一定的差异。

其三,香港大学法学院和我国部分学者提出了"数量分析 + 法律科技"的中观计算法学内涵。香港大学法学院在 2018 年 6 月组织召开新兴计算法学学术会议的公告中指出:我们对计算法学研究的定义是广泛的,使用的计算科学技术包括机器学习、自然语言处理、大数据集分析、网络分析、计算机模拟和建模、计算数据收集等。具体包括:(1)将计算数据处理或分析方法应用于法律学者感兴趣

---

[1]　David Lazer, et al., "Computational Social Science: Obstacles and Opportunities", 369 *Science* 1060—1062 (2020).

[2]　钱宁峰:《走向"计算法学":大数据时代法学研究的选择》,载《东南大学学报(哲学社会科学版)》2017 年第 2 期,第 49 页。

[3]　于晓虹、王翔:《大数据时代计算法学兴起及其深层问题阐释》,载《理论探索》2019 年第 3 期,第 110 页。

的问题的研究；(2)探索计算法学研究作为独立的分支学科；(3)开发或评估法律学者感兴趣的计算方法的方法论工作。[①] 张妮、蒲亦菲从国内外法律计量学的发展历史和内涵中，总结认为："计算法学是以具有数量变化关系的法律现象作为研究的出发点，采用统计学、现代数学、计算智能等技术方法对相关数据进行研究，旨在通过实证研究评估司法的实际效果、反思法律规范立法的合理性，探究法律规范与经济社会的内在关系。"[②] 在最近的研究中，其进一步指出："计算法学是使用建模、模拟等计算方法来分析法律关系，让法律信息从传统分析转为实时应答的信息化、智能化体系，旨在发现法律系统的运行规律。"[③] 也即，利用计算技术收集和分析法律信息，最终辅助法律系统的完善。邓矜婷认为，计算法学是将计算机科学运用于研究或解决法学问题的方法，其目前的价值集中体现在让计算机自动提取、处理大量数据上。[④] 这表明，他们所采用的计算法学内涵较为折中，计算法学被定位于计算科学在法学研究和法律实践中的应用方法。这种理解虽然可以在一定程度上将法学专家和技术专家的力量聚集到法律业态的创新之中，但是一个统计学、数学或者计算机科学等技术知识占主流的内涵。

---

① The Emergence of Computational Legal Studies Conference 2018, available at http://www.lawtech.hk/the-emergence-of-computational-legal-studies-2018/, last visited on 2020-08-30; Ryan Whalen, *Computational Legal Studies: The Promise and Challenge of Data-driven Research*, Cheltenham: Edward Elgar Publishing, 2020, p.1.

② 张妮、蒲亦菲：《计算法学导论》，四川大学出版社 2015 年版，第 5 页。

③ 张妮、徐静村：《计算法学：法律与人工智能的交叉研究》，载《现代法学》2019 年第 6 期，第 77 页。

④ 邓矜婷、张建悦：《计算法学：作为一种新的法学研究方法》，载《法学》2019 年第 4 期，第 104 页。

其四，麻省理工学院创新计划（MIT Innovation Initiative）在其课程中选取综合研究的广义计算法学概念。现有的很多研究将法律规则研究和法律科技研究作为两个截然不同的领域，而在德国、北欧等地区，两者长期以来被统合在法律信息学之下进行融合、互促式研究。为了推动计算法学的发展，麻省理工学院媒体实验室自 2018 年起开设计算法学课程，在课程中致力于通过跨学科的方法探索新兴技术对法律及其实施过程的影响。课程内容包括规则驱动的法律人工智能系统研发，数据驱动的复杂法律关系可视化，数据资产的法律问题，智能合约及数字化身份的法律问题。这一做法是将新一代信息技术与法律之间的交叉研究都纳入计算法学的范畴，将法学问题和计算机科学问题共同置于计算法学这一名义之下，尝试一种跨学科的融合概念。但是，麻省理工学院的计算法学项目负责人和合作专家尚未对计算法学做出一个清晰的界定，因为他们认为计算法学尚在不断发展的过程中。①

三、何为计算法学：计算法学的范畴体系与研究方向

（一）计算法学的范畴体系

计算法学的发展历史表明，计算法学的内涵是在发展变化的，并且与计算科学的发展状况密切相关。但是，计算法学所包含的内

---

① 在清华大学举办的第一届计算法学国际论坛中，作者就计算法学的定义与麻省理工学院计算法学项目负责人 Dazza Greenwood 及其合作专家作了充分的交流。

容必须具有一致性，才能成为一门独立的学科，并成为能够不断累进发展的科学。法律领域的一致性主要表现为内部逻辑一致，强调线性发展体系，能够抽象总结出成体系的法律结构和核心的制度规范，并由此可以通过法律释义学的研究实现知识在整个法律部门发挥作用，而不仅仅是在特定领域解决具体问题。[①] 一般认为，各个方向的法学学科都是通过基本范畴来凝聚知识、深化思想、联结实践、引导学术进步，[②] 如我国 1988 年召开的"法学基本范畴研讨会"将权利义务确立为法理学的基本范畴，[③] 使法理学提升了其科学化程度。民法学则通过主体平等、意思自治、诚实信用、公序良俗等基本原则和民事主体、民事法律行为、民事权利、民事责任等核心概念构建了基本范畴体系，由此形成了民法学的科学体系和基础性地位。本文所倡导的计算法学，一方面必然会承继法理学和部门法学中的一些既有范畴，同时也必须具备自成体系的基本范畴，才能证成计算法学的独立性。

计算法学的发展基础是承认计算技术的广泛应用是一个必然趋势，这会形成有别于现实社会的计算空间身份、行为和关系，而传统的法学理论、法学方法和制度规范不足以应对这种革命性变革。计算法学是基于计算的对象、方法以及能力等方面的差异而产生不同的法律问题以及与法律相关的技术问题，从而融入计算思维研究法律问题，利用计算方法开展法律大数据分析，以及结合计算

---

① Theoodore W. Ruger, "Health Law's Coherence Anxiety", 96 *Geo, L. J.* 629 (2008).

② 张文显：《论法学范畴体系》，载《江西社会科学》2004 年第 4 期，第 22 页。

③ 蒋安杰：《"法学范畴与法理研究"学术研讨会在长春举行》，载《法制日报》，2018 年 7 月 25 日，第 9 版。

技术研究法律科技的一门学科。在这一基本设定基础上，可以初步明确计算法学在不同维度上的范畴体系，以此确立计算空间法治发展的基本原则，总结计算技术运行在法律上的基本范畴，明确计算社会的规范工具、应用格局，进而可总结出计算法学的知识体系如下图所示。

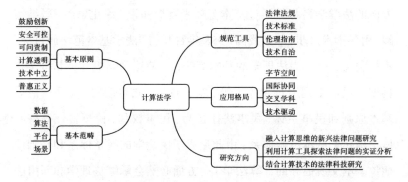

计算法学以鼓励创新、安全可控、可问责制、计算透明、技术中立和普惠正义为基本原则。类似于合同法上的"合同自由"和"鼓励交易"原则，鼓励创新应当成为计算空间的基本原则，据此要求对计算技术的合法性评判遵循谦抑性原则，在不违反法律禁止性规定且没有损害公共利益或者他人合法权益时，对其应当予以承认和保护。此处的法律禁止性规定需要通过一定的原则或者程序进行限缩来给予创新力量以变革式发展的空间。在创新发展的同时，需要确保计算空间的安全可控，不仅要保障国家利益和社会秩序的安全可控，同时也要确保利用计算空间的用户的个人法益安全和风险可控。可问责制则是在创新发展和安全可控基础上所设计的责任机制，技术的研发、生产、使用者需要对各自行为所引发的风险承担责任，由此为应用计算技术引发的各种社会问题提供救济。计算

透明是在计算技术日益复杂的背景下所提出的必要信息公开原则，通过平台运行规则透明、算法可解释性透明等方式，为用户的使用决策和追责溯源提供参考依据。技术中立要求对计算技术中的法律问题进行专业定性，减少法律对技术的不当监管，同时要求技术运营方一视同仁地对待网络用户。[①] 普惠正义则是适应智能化、个性化的计算技术发展所必须重视的基本原则，一方面要求为中小企业和用户提供公平参与的环境，另一方面则要求通过技术手段降低法律实施的成本并提高公民对法律正义的可及性。

　　计算空间以数据、算法、平台和场景为基本范畴，由此构成了计算法学的结构体系。数据是计算空间的底层元素，在技术上体现为进位制数，原码、反码和补码，字符、字符串和文字，图像数据的表示，声音数据的表示等，[②] 同时在经济上成为与劳动、资本、土地、知识等同等重要的生产要素。数据可划分为个人数据、企业数据和公共数据，建立数据的利用秩序并对其财产价值、人格利益进行分配，是计算法学的重要研究内容。此外，各类法治相关数据的增加和开放，也为法学研究和法律行业的创新发展带来了科技创新的机遇。算法是一种有限、确定、有效并适合用计算机程序来实现的解决问题的方法，一般认为编程形成的代码仅仅是实现了一种已有的算法来解决某种问题。[③] 因此"代码即法律"（code is law）仅仅是一种表象，本质上是算法而非代码构成了计算空间的运行规则，所

---

　　① 郑玉双：《破解技术中立难题——法律与科技之关系的法理学再思》，载《华东政法大学学报》2018 年第 1 期，第 85 页以下。

　　② 董荣胜：《计算思维与计算机导论》，载《计算机科学》2009 年第 4 期，第 50 页。

　　③ 〔美〕Robert Sedgewick, Kevin Wayne：《算法》，谢路云译，人民邮电出版社 2012 年版，第 1 页。

谓的人工智能也主要是算法与数据相融合所实现的功能，算法规制、算法解释、算法责任等构成了计算法学的基本命题。平台是计算空间的"数字门卫"，[①] 它们是计算空间中的"二政府"，决定了各类组织进入市场的规则，同时也对电子化运行的消费者服务产生重要影响。各国政府越来越多地依赖平台实现社会治理目标，平台规则、平台竞争、平台安全、平台责任、平台纠纷解决机制等也成为计算法学研究的基本制度。场景是计算空间的各个分支领域，如电子商务、智慧政务、自动驾驶、精准医疗等，其中电子商务可以划分为互联网销售、互联网医药、互联网金融、即时配送等，这反映出场景的多样性。法律实践和法律场景是研究法律体系的两个重要维度，[②] 普适计算背景下的法学研究也需要特别重视不同场景的法律问题研究。康奈尔大学的尼森堡姆在研究隐私权问题时曾指出，场景的各种组成要素都可能影响该特定场景的信息规范。[③] 计算空间的不同场景原则上都应当遵循计算法学的基本原则和数据、算法、平台等方面的基本规则，通过场景理论的研究可以验证一般规则的有效性，也可以发现一般规则的缺漏，区分一般规则和不同场景下的特殊规则是计算法学基础理论研究的内容。

　　计算空间的规范工具包括法律法规、技术标准、伦理指南和技

① Orla Lynskey, Regulating "Platform Power", LSE Legal Studies Working Paper No.1/2017, available at http://eprints.lse.ac.uk/73404/1/WPS2017-01_Lynskey.pdf, last visited on 2020-09-05.

② Philip Selznick,"Law in Context Revisited", 30 *Journal of Law and Society* 177(2003).

③ Helen Nissenbaum, "Privacy as Contextual Integrity", 79 *Wash. L. Rev.* 119 (2004) .

术自治四种主要方法，其规范效力、规范方法和规范作用均存在差异。法律法规在其中发挥国家基础性和国家强制性规范的作用；技术标准可以利用利益相关方共同制定的统一规范将法定要求或者市场需求具体化、技术化；伦理指南则是面对不确定性风险所要自觉遵守的指导性原则；网络运营者还可以自行采取技术性措施维护自身权益、避免伤害他人权益。

计算空间的应用格局是计算技术发展所形成的新样态，主要包括字节空间、国际协同、交叉学科和技术驱动。字节空间是代码、算法、数据等计算要素所构成的技术社会，是未来法治发展需要拓展的新维度；万物互联、国际融通的计算空间有鲜明的国际协同需求，在相关领域推动国际治理组织和国际治理规范的形成是网络空间治理协调性发展的重要趋势；计算技术在各个领域的推广应用是普适计算的发展方向，需要包括法学在内的各个学科与计算技术等学科进行交叉融合；技术驱动创新的同时也在塑造新的社会运行逻辑，这需要我们更加全面地研究技术发展与社会治理之间的关系。

基于所针对信息技术面向的不同，计算法学可以形成三个具有一定独立性的研究方向：作为研究对象的计算法学，即融入计算思维的新兴法律问题研究；作为研究工具的计算法学，即利用计算工具探索法律问题的实证分析；作为研究技术的计算法学，即结合计算技术的法律科技研究。

（二）融入计算思维的新兴法律问题研究

计算思维已经成为一种与实证思维、理论思维相并列的解决问题的思考方式，其内涵是运用计算科学的基本理念来解决问题、设计系统以及理解人类行为，但其并不是编程，也不是计算机的思考方式，而是立足于计算空间的人类思维方式。[①]计算思维目前是现代各个学科都积极引入的研究方法，由此也不断拓宽计算社会的范围，产生了电子商务法、网络安全法、电信法、个人信息保护法、数据安全法等新兴法律领域，还出现了人工智能法、自动驾驶法、云计算法、互联网信息服务法、互联网竞争法等新的发展方向。对于这些问题的理解，都必须融入计算思维才能做出符合社会发展规律的科学解释。与此同时，在"法律即计算"（Law-as-Computation）成为趋势的背景下，我们更需要研究法律的计算机技术化是否可取以及法律科技实现的规范问题，这里面不仅仅是自然语言处理等相关的信息科技问题，还存在很多传统法学领域的问题。[②]因此，对于计算法学的研究，需要在计算技术应用的背景下，结合传统法学与计算思维进行法律基础理论和新兴问题的研究。

　　计算技术的发展和应用塑造了许多新的行为、资源和新的社会关系。这些新的行为、资源和社会关系如何在法律上进行评价，是法学研究必须与时俱进并予以解决的基本问题，也是计算法学研究的重要任务。在计算技术相关问题产生的初期，有些观点认为这些虚拟空间的问题是现实社会问题在另一个空间的投射，按照类比适用的方式就可以解决所有问题。但是，新一代信息技术引发的信息

---

① Jeannette M. Wing, "Computational Thinking", 49 *Communications of the ACM,* March 33—35(2006).

② Michael A. Livermore, "Rule by Rules", in Ryan Whalen (ed.), *Computational Legal Studies: The Promise and Challenge of Data-Driven Legal Research*, Cheltenham: Edward Elgar Publishing, 2020, available at https://papers.ssrn.com/sol3/papers.cfm?abstract_id=3387701, last visited on 2020-09-05.

科技革命改变了全球的生产方式、生活方式和社会治理模式，产生了数据这一新的生产资料，创造了机器智能这一高度自动化的行为主体，还进一步强化了互联网平台的支配地位和社会影响力；对相关的社会治理结构、权利义务分配、法律上的因果关系、技术风险的预防等产生了一系列的影响；引发了新的数据保护与利用需求、新的平台治理问题、新的经济竞争模式、新的技术风险和新的利益平衡等基础问题，需要掌握必要的计算理论、计算思维和计算实践基础方能做出更深入的法律分析。这些研究内在地需要跨学科的知识，这与计算法学本身的交叉学科属性相一致。

传统法律规范的对象是人的行为，传统的法学研究也是着眼于人与人之间的关系进行制度安排研究。随着现代社会从信息化走向智能化，计算成为独立性日益增强的一类社会行为，数据、算法、平台和具体的计算场景都成为需要独立研究的对象。计算空间的法律及其执行者只能借助技术规则进行操作，这导致传统的法治模式只能授权给网络平台的运营者来实现法律的基本目标。对于这种现象，一种做法是继续确立传统法律主体的行为规则，所有的计算行为最终须溯源到传统的法律主体进行规制。然而，直接确立传统法律主体的行为规则已经与计算空间的实际情况日益脱节，其后果是导致法律实施的抽象化增强而具体化缺失，具体的社会运行规则制定权从代表民主的立法机关手中流失。出现这种结果的原因在于，将传统上着眼于人类行为的立法转移到计算空间，只能是一种责任担保机制的立法，其目标在于解决由谁承担责任，但是无法为具体的计算行为提供准确的行为规则。因此，现在的立法更加强调对具体的计算行为进行区别对待，法学研究也需要融入计算思维以增加对计算行为的认识，对计算行为的种类、行为机制和规范方式等进行具体研究，才能适应我们正在进入的数字化社会，从而直接为计算行为提供行为规范。

（三）利用计算工具探索法律问题的实证分析

利用计算工具探索法律问题的实证分析，是指变传统的规范法学研究为以事实和数据为基础的实证研究，特别是在大数据时代，利用大数据挖掘技术对传统法律问题进行实证分析将成为探究法律问题的新方向。法律大数据分析是一个高度依赖研究工具的研究方向，日益扩张的计算空间是一个被全面记录留痕的数字化环境，非常适合研究人员开展计算分析和实验。法律大数据分析是利用数学建模等信息技术的方法，以足量的法律数据为支撑寻找法律实践的量化和趋势规律。这种研究方法是计算社会科学的主要思路，也是国内计算法学现有研究成果的主要聚焦点。这一方向的研究可以涵盖传统法学关注的各类问题，充分利用科学的计算方法挖掘大数据的价值，探索数据视角下的法学研究方法和内容。

目前的法律实证研究在一定范围内存在研究选题乏味、理论应用不力、量化数据不足和统计操作随意的技术缺陷，[1] 这反映出，开展计算社会科学研究需要将社会科学和数据科学的思想结合起来，才能充分利用数字时代带来的研究机遇。[2] 着眼于计算方法的计算

---

① 程金华:《迈向科学的法律实证研究》，载《清华法学》2018 年第 4 期，第 149 页。

② 〔美〕马修·萨尔加尼克:《计算社会学 : 数据时代的社会研究》，赵红梅、赵婷译，中信出版集团 2019 年版，第 8 页。

法学实则是以问题为导向、以计算工具为基础、以法律数据为轴心展开的"数据密集型科学"，实现了法律数据与规范理论的深度融合。其要义是借助计算分析工具对数据进行采集与分析、交互与整合、结构化与类型化，进而试图通过计算复杂的数量关系变化来表征潜藏在法律现象背后的社会性构成要素和生成路径，透过数据科学因果关系的推论以探知法律事实的内在结构和外部联系，并将数据分析结果用于裁判预测、立法评估、法律实施质效评估等领域，借此实现法学研究与应用的转型升级。[1]

利用计算工具的法律大数据分析将在法律数据的可视化分析和社会仿真实验等领域不断扩展。法律数据的可视化一般很难通过传统的法律分析或实证分析实现，它能够使专业人员和非专业人士直观地分析复杂的法律关系和逻辑趋势，成为法律印证和关系图谱构建等领域常用的表现方式。例如，以美国法典不同年份的 XML 格式数据为基础，可以通过数学建模来可视化地展示包含有 2200 多万字的美国法典在结构层次、内部引用关系和语言使用等方面的变化幅度。[2] 又如，可以将我国公司法领域的全部案例数据样本、评估有效及纵横交错的法律关系等挖掘结果以可视化的方式进行分析。[3] 此外，社会科学领域的虚拟仿真实验也被称为社会科

---

[1]　于晓虹、王翔：《大数据时代计算法学兴起及其深层问题阐释》，载《理论探索》2019 年第 3 期，第 110 页。

[2]　Michael J. Bommarito & Daniel M. Katz, "A Mathematical Approach to the Study of the United States Code", 389 *Physica A: Statistical Mechanics and Its Applications* 4195—4200(2010).

[3]　马俊彦：《案例归约模式——公司法案例指导与知识图谱》，法律出版社 2018 年版，第 27 页。

学计算实验，是区别于定量分析、定性分析的一种实验分析。其可以在计算机系统中依托历史经验数据构建虚拟仿真的社会环境，基于计算技术进行可控、可复现的实验，从而解决社会科学领域的复杂性和不确定性难题。社会仿真实验不仅在法律谈判、选举、量刑和离婚等实践中具有价值，[①] 在税法等法律政策的预期目标评估等领域也有重大价值。[②] 社会科学的研究者可以用计算机的标准化程序语言来描述自己的思想，并且通过计算机的辅助来讨论过去、分析现状和预测社会系统的未来。[③] 利用计算工具的法律大数据分析基于科学数据构建社会仿真模型，继而可以在科学可控的环境中研究法律政策和理论的社会效果。

（四）结合计算技术的法律科技研究

计算技术的发展不仅给法律带来了挑战，也为法治模式创新发展和法学的"硬科学"转型提供了机遇。法律行业本身是一个利用法律规则建立秩序、解决纠纷并追求正义的服务领域，在法律领域

①　Nicola Lettieri & Sebastiano Faro, "Computational Social Science and Its Potential Impact upon Law", 3 *European Journal of Law and Technology* (2012), available at http://ejlt.org/index.php/ejlt/article/view/175, last visited on 2020-09-05.

②　Ghanem Soltana, "A Model-Based Framework for Legal Policy Simulation and Legal Compliance Checking", IEEE International Conference on Model-Driven Engineering Languages and Systems, 2015, available at http://158.64.76.181/handle/10993/21799, last visited on 2020-08-30.

③　盛昭瀚等：《社会科学计算实验理论与应用》，上海三联书店 2009 年版，第 93 页。目前常用的建模软件（语言）包括 NetLogo，Vensim，Swarm 和 RePast 等。参见盛昭瀚等：《社会科学计算实验案例分析》，上海三联书店 2011 年版，第 26 页以下；〔美〕克劳迪奥·乔菲·雷维利亚：《计算社会科学：原则与应用》，梁君英等译，浙江大学出版社 2019 年版，第 247 页。

出现内容纷繁复杂、适用成本高等现实问题之际，如何利用计算技术促进法律更好地实现其既定目标，是我们长期以来的一个重要研究方向。将既有的计算技术直接应用到法律工作中，固然是计算技术给法律行业带来的最基本的影响，其带来的司法公开、司法便民和司法效率等问题值得深入研究，但与此同时，越来越多的观点认为，以汉谟拉比法典为代表的成文法开启了对法律规则进行文字编码的历史，随着成文法数量的急剧增加，需要通过新的信息编码技术推动法律的可计算发展，这是法律演变趋势中会自然出现的下一步。[1] 这种观点的理论和实践推动了法律人工智能的发展。耶鲁大学法学院教授莱曼·艾伦早在 1957 年就提出了运用符号逻辑技术起草和解释法律的设想，[2] 人工智能技术的发展则为信息化时代的法律可计算性提供了强大的推动力。许多计算科学家和法学家都在探索法律的智能化发展。[3] 在法律逻辑学领域，有不少研究分别基于哈特、霍菲尔德、阿列克西等学者的理论，建立了各种法律执行程序的计算模型。[4] 研究者开始在法律计算模型构建的基础上，

---

[1]　Eran Kahana, "Rise of the Intelligent Information Brokers: Role of Computational Law Applications in Administering the Dynamic Cybersecurity Threat Surface in IOT", 19 *Minn. J. L. Sci.& Tech.* 338—354(2018).

[2]　Layman E. Allen, "Symbolic Logic: A Razor-Edged Tool for Drafting and Interpreting Legal Documents", 66 *Yale L. J.* 833(1957).

[3]　1987 年，在美国波士顿的东北大学举办的首届国际人工智能与法律会议（ICAIL），旨在推动人工智能与法律这一跨学科领域的研究和应用，并最终促成了国际人工智能与法律协会（IAAIL）在 1991 年成立。与此同时，美国匹兹堡大学法学院 1992 年创办《人工智能与法律》杂志，已经出版了 80 余期，推动了法律人工智能理论与技术的持续研究。

[4]　〔德〕托马斯·F. 戈登：《诉答博弈：程序性公正的人工智能模型》，周志荣译，中国政法大学出版社 2018 年版，第 2 页。

利用不断增强的计算技术和信息化系统实现辅助法律实施的各种具体目标，研究的议题涉及法律推理的形式模型、论证和决策的计算模型、证据推理的计算模型、多智能系统中的法律推理、自动化的法律文本分类和概括、从法律数据库和文本中自动提取信息、针对电子取证和其他法律应用的机器学习和数据挖掘、概念上的或者基于模型的法律信息检索、自动化执行重复性法律任务的法律机器人、立法的可执行模型等。

　　目前，构建可计算法律系统最实用的方法是基于计算逻辑，其本质是以符号主义为基础的法律推理过程机械化，也即规则驱动的法律人工智能。法律是专业人士通过严格程序对各类行为活动所作的抽象性总结，其运用过程具有较强的逻辑性，这为法律的符号表示和自动化推理创造了良好的条件。早在 1958 年，在英国国家物理实验室举行的思想机械化会议上，法国法学家卢西恩·梅尔（Lucien Mehl）就阐述了法律思维过程机械化的可能性。在 20 世纪 80 年代人工智能中兴的时期，就一直有人尝试使用符号主义的方法将法律翻译成可执行代码，也有人提出了辅助法律决策的实现路径。[①] 早期可计算法律系统研发的一种方法是直接从法律文本对法律语言进行编码，例如伦敦帝国理工学院的一个小组用编程语言PROLOG 对英国国籍法的一部分进行了可计算系统的建模。[②] 随着可扩展标记语言（XML）的发展，阿姆斯特丹大学莱布尼茨法律中

---

　　① Anne vonder Lieth Gardner, *An Artificial Intelligence Approach to Legal Reasoning*, Cambridge, Massachusetts: The MIT Press, 1987, p.1.

　　② M. J. Sergot, et al., "The British Nationality Act as A Logic Program", 29 *Communications of the ACM* 370—386(1986) .

心在 XML 标准下创建了通用的 MetaLex 可扩展交换框架，[①] 用于建立法律规则文本的统一机读标准。该框架在 2010 年前后已经被采纳为欧洲标准并被许多欧洲国家采用，其法律文本已经可以提供结构化的 XML 格式的元数据。这种通用机读格式的法律数据可以用来快速构建和分析数据库，而不需要先进的文本处理技术。连接主义人工智能技术的繁荣为法律的可计算性提供了新的思路，形成了一种数据驱动的法律人工智能。法律行业高度重视文本，积累了反映经验知识的大量文本数据。连接主义的技术本质是利用数据之间的相关性发现规律，通过机器学习的方式处理大量裁判案例等法律数据，并配合一些人工标注数据和可计算规则训练计算模型的法律工作能力。数据驱动的法律人工智能之所以具有可行性，是因为这样一个规律：将法律规则应用于一组社会事实就是一个依赖于概念和规则之间的相互作用的算法过程，这些概念和规则在不同的概括性级别上表达，原则上与神经分层和将相对权重分配给新的信息输入没有什么不同，这些新的信息输入具有深度学习中使用的人工神经网络的特征。[②] 与此同时，构建符合特定法律工作场景需求的知识图谱，提高数据驱动模型的可解释性，将是法律人工智能未来发展必须完成的基础性工作。

　　规则驱动和数据驱动两条技术路线并非是相互矛盾的，未来的

---

　　① Alexander Boer, *Legislation as Linked Open Data: Lessons from MetaLex XML*, Amsterdam: Leibniz Center for Law, University of Amsterdam, 2014, pp.1—8.

　　② Christopher Markou and Simon Deakin, "Ex Machina Lex: The Limits of Legal Computability", available at https://ssrn.com/abstract=3407856, last visited on 2020-08-30.

技术需要在两个维度并行发展、互相补充,乃至寻找第三条出路。面对法律的模糊性、开放性和法律人工智能实践中出现的问题,长期以跨学科的方法研究法律与计算机科学的凯文·阿什利教授提出前端信息化和后期计算模型的相互配合,并建议使用本体论来恰当地描述特定法律领域内的相关关系。①Wolfram 编程语言的开发者则提出通过高度自然语言化的符号语言来建立一套可计算法律系统。② 还有学者结合量子计算最近的技术突破,阐述了量子计算机的诞生将超越经典计算机 0 和 1 的精确计算,通过量子纠缠理论为模糊乃至可能发生内部冲突的法律提供新的可计算方法。③ 在实践应用和法学教育方面,中国、英国、澳大利亚等先后启动数字法庭建设,④ 斯坦福大学、牛津大学、新加坡管理大学、荷兰教育部等众多高校和教育部门开始加强法律科技的教育工作,还有更多的政府部门、民间机构启动法律科技的革新项目,法律科技产业也进入高速发展的历史时期。⑤ 为此,在法律科技的未来发展中,已经过

①　Kevin D. Ashley, *Artificial Intelligence and Legal Analytics: New Tools for Law Practice in the Digital Age*, Cambridge: Cambridge University Press, 2017, p.210.

②　Stephen Wolfram, "Computational Law, Symbolic Discourse, and the AI Constitution", in Edward J. Walters (ed.), *Data-Driven Law: Data Analytics and the New Legal Services*, New York: CRC Press, 2019, pp.103—126.

③　Jeffery Atik & Valentin Jeutner, "Quantum Computing and Algorithmic Law", 38 *Los Angeles Legal Studies Research Paper* 1—23(2019).

④　〔美〕伊森·凯什、〔以色列〕奥娜·拉比诺维奇:《数字正义:当纠纷解决遇见互联网科技》,赵蕾、赵精武、曹建峰译,法律出版社 2019 年版,第 235 页以下。

⑤　根据荷兰法律科技网站 legalcomplex.com 的统计,2010—2019 年 7 月,全球新成立的法律科技公司达到 3081 家。根据彭博(Bloomberg)的统计,全球法律科技领域年度融资总额在 2018 年达到 16.63 亿美元,较 2017 年实现了 713% 的爆炸式增长;2019 年 1 月至 10 月初,全球法律科技投资总额为 12.29 亿美元,将继续维持(接下页)

了"是否可以"的疑虑时期，进入到"如何更好实现"的探索时期。

四、计算法学的意义：面向"计算主义"的法学研究范式变革

（一）通过计算法学去除"法律＋信息技术"的碎片化

法律和信息技术的交叉是一个发展了数十年的研究分支，在部门法研究以外出现了科技法学、计算机法学、信息技术法学、网络法学、数据法学、人工智能法学等众多所谓的新兴学科，但是这些领域尚未形成一个具有科学理论支撑的学科体系。[①]从国内外的学科发展史来看，科技法学、计算机法学、信息技术法学因为基本范畴不足或者不适应时代趋势而被淘汰或边缘化，数据法学和人工智能法学则是处于前途未卜的热点前沿之列，网络法学经过二十年的发展取得了较大成绩，但无法满足法律与信息科技深度融合发展的需求，无法涵盖普适计算下的法律新领域，特别是智能化时代的新问题。计算法学的价值不仅在于研究内容的拓展，它还带来了新的法学研究基础，是一个打破传统部门法学划分方式的新兴学科，代表的是一种基于"计算范式"的法学研究的范式变革。范式在学科

（接上页）繁荣发展的态势。而在科技发展方面，根据汤森路透（Thomson Reuters）2017年发布的报告，新法律科技的全球专利申请量在五年内增长了484%，其中美国和中国的专利申请量最多。

① Michael Guihot, "Coherence in Technology Law", 11 *Innovation and Technology* 311—342(2019).

的发展和形成中至关重要，因为范式确立了一个学科公认的基础框架和研究视角，形成一个研究范式是任何学科在发展中达到成熟的标志，范式转变则会带来对于传统问题的新认识和研究的新方法。[①] 计算社会科学的发展中专门提出了"计算范式"，[②] 其内涵主要包括信息加工范式的内容和方法两个方面，给社会科学研究提供了全新的视角，可以新颖而深刻地洞察社会宇宙的本质。[③] 这一总结也适用于计算法学领域。

国内外法学界对于信息时代的新法学范式作了多种不同的解读：再复兴的网络时代应当树立去中心化的治理范式，[④] 通过"代码即法律"将网络空间纳入法律轨道，利用代码空间的分析范式来构建网络时代的民事权利，[⑤] 以及近年来兴起的法律程序工程范式对于未来法律职业的设想，[⑥] 都是学者在面对计算空间的新兴问题时所作的大胆探索。库恩认为，范式表现出两种基本素质：此类范式

---

① 〔美〕托马斯·库恩：《科学革命的结构》，金吾伦、胡新和译，北京大学出版社2003年版，第10页，第46页。

② Ray M. Chang, Robert J. Kauffman & Young O. Kwon, "Understanding the Paradigm Shift to Computational Social Science in the Presence of Big Data", 63 *Decision Support Systems* 67—80(2014).

③ 〔美〕克劳迪奥·乔菲·雷维利亚：《计算社会科学：原则与应用》，梁君英等译，浙江大学出版社2019年版，第2页以下。

④ Orly Lobel, "The Renew Deal: The Fall of Regulation and the Rise of Governance in Contemporary Legal Thought", 89 *Minn. L. Rev.* 343(2004).

⑤ 吴伟光：《构建网络经济中的民事新权利：代码空间权》，载《政治与法律》2018年第4期，第111页以下。

⑥ 於兴中：《法律工程师：一种新兴的法律职业》，载《法治周末》，2019年11月21日，第10版；〔英〕理查德·萨斯坎德：《法律人的明天会怎样？——法律职业的未来》，何广越译，北京大学出版社2019年版，第155页。

的成就空前地吸引了一批坚定的拥护者，并且能够为各种争论问题提供统一的解决方案；同时，这一范式成就又足以无限制地为重新组成的一批实践者留下有待解决的种种问题。[1] 有学者认为，法学研究范式的形成需要具备三个条件：相对于已经建立范式的其他学科而言，新范式具有比较特殊的研究对象；可以根据研究对象集合的某些特征构建具有连贯性的理论，这意味着这些对象必须表现出某种可以分析的行为；研究对象表现出一种潜在的秩序，没有这种秩序就没有理论或范式，因为范式的首要目的就是阐明在人们感兴趣的现象背后的可感知的秩序。[2] 由此可知，一个新的研究范式应当在体系上形成共识以解决基本问题，同时又为具体问题保留开放的讨论空间。当前，仅仅对信息技术的局部进行抽象总结无法形成理论秩序，反而由于缺乏体系共识而加重了知识碎片化问题。计算法学是从技术的本质和思维方法层面进行体系设计，有利于摆脱信息技术的具体应用形式，能够在普适计算时代确立法学研究范式的新体系。

（二）计算法学研究范式变革的具体体现

计算法学学科背景下的"计算范式"，立足于计算空间的数据、算法、平台和场景，将鼓励创新、安全可控、可问责制、计算透明、技术中立和普惠正义作为基本原则。通过计算思维认识法律现象

---

① 〔美〕托马斯·库恩：《科学革命的结构》，金吾伦、胡新和译，北京大学出版社2003 年版，第 10 页。

② Peter Ziegler, "A General Theory of Law as a Paradigm for Legal Research", 51 *Modern Law Review* 586(1988).

及其蕴含的科学规律成为研究的新内容,通过计算方法进行大数据的挖掘和量化分析成为研究的新方法,通过计算技术辅助法律的理解和实施成为研究的新手段。从范式转变的角度而言,"计算主义"至少对传统的法学研究范式产生了三个方面的影响:

第一,计算空间的治理结构从过去的权威法治规范向多元治理转变。大陆法系国家长期受到法释义学研究的影响,将国家立法机关制定的法律规则划分为不同的部门并进行解释成为法学研究的主要方法。对于这种法学研究的视角,有学者将其总结为权威范式(authority paradigm)。这一范式具有稳定性、确定性和可预测性的优势,但是也导致法学研究更加接近神学而不是社会科学,因为法治及其法学研究成为一个封闭的体系,它的结构、概念和基本范畴都只是用来解释和重新解释这个封闭系统。① 随着社会的高度技术化和平台化,权威范式下的法学研究方法已经无法满足计算空间的治理需求,法治的各个方面都需要融入数字化时代,故而我们必须以问题为导向扩展法学研究的视野,将多元治理作为法学研究的定位基础。2019 年,英国上议院发布《数字化时代的规制》,明确将互联网空间的规制分为政府规制、合作治理和自我规制三种类型。② 对计算空间的法律进行研究,一方面需要认识到法律的有用性和局限性,从而让法律有所为有所不为;另一方面需要认识到制定法之

---

① Geoffrey Samuel, "Interdisciplinarity and the Authority Paradigm: Should Law Be Taken Seriously by Scientists and Social Scientists", 36 *Journal of Law and Society* 431—459(2009).

② House of Lords Select Committee on Communications, "Regulating in a Digital World", 2019, p.9, available at https://publications.parliament.uk/pa/ld201719/ldselect/ldcomuni/299/29902.htm, last visited on 2020-09-06.

外的其他治理工具也可以为法治提供支撑，故而应当积极利用合作治理和自我规制的机制，引入多方主体、多元工具进入现代化的治理体系。

第二，计算时代的法学研究从规范分析向数据分析拓展。随着计算存储和处理能力的提升，现代社会的大量行为和关系通过数据的形式反映出一系列可测量的有用信息，现代数据科学成为可在各领域提供辅助的研究方法。[①]法律是规范人类行为的准则，传统的法学研究主要依靠定性分析，对各类社会问题进行价值判断和规范分析从而得出相关结论。随着经济学、社会学等众多人文社会科学采用定量分析的研究方法提高学科的科学性，越来越多的法学家也在积极倡导以定量分析为代表的法律计算分析，如倡导开拓中国的法律实证研究，打造"定量法学"的广阔前景。[②]在"计算无处不在"的时代，法律及其实施的电子化记录积累了许多数据，这些数据种类的增多、数量的增加、质量的提高以及处理能力的提升为法律问题的定量分析创造了良好的条件。[③]建立在大数据基础之上的法学研究将在很多方面改变法学的理解方式。[④]数据分析将引导法学研

[①]　S. C. Olhede & P. J. Wolfe, "The Growing Ubiquity of Algorithms in Society: Implications, Impacts and Innovations", 376 *Phil. Trans. R. Soc. A.* 2128(2018).

[②]　左卫民：《一场新的范式革命？——解读中国法律实证研究》，载《清华法学》2017 年第 3 期，第 45 页。

[③]　需要说明的是，大数据对应的英文为 bigdata，而不是 hugedata，largedata，vastdata。这里的大数据的规模量级是"抽象的大"，能实现统计学意义上置信度的量级数据即可称为大数据。在简单的统计分析任务下，数百个数据也可以称为大数据。

[④]　Catalina Goanta, "Big Law, Big Data, Law and Method", December 2017, available at https://www.bjutijdschriften.nl/tijdschrift/lawandmethod/2017/10/lawandmethod-D-17-00007, last visited on 2020-09-06.

究更加关注法律现象的经验维度，并在与其他学科的对话中更加开放，这也是与知识社会的复杂性和动态性有关的正确法律决策的两个基本要求。特别值得一提的是，从方法论的角度来看，计算范式还可能促进法律实验分析中的科学思维模式，培养一种解决法律问题的计算方法，并为他们提供更有科学依据和基于证据的答案。[1]总之，计算时代必将促进计算工具的发展和法律大数据的积累，最终通过计算分析方法丰富法学研究的方法和内容。

第三，计算化社会需要法律与技术融合的治理模式。计算化社会的很多行为都是电子化行为，相应的治理方法也需要采用数字技术来主动发现和防范危险行为。[2]法律和技术都是人类社会发展中的文明成果。其中，法律历来被视为社会治理的有效工具，但是技术在社会治理体系中的地位却长期被忽视。许多传统的法学研究不把技术细节纳入研究学习的范畴，或者仅仅将技术作为对立面进行批判，这就导致法律和技术仅仅是监管和被监管的关系。十九届四中全会的决议提出了"科技支撑、法治保障"的现代化国家治理体系，科技必将成为与法律相并列的治理工具。在这种认识视角下，法学研究者从事社会治理的研究，需要重新确立与技术的关系，把对于技术知识的学习作为法学研究的重要内容，引导技术成为社会治理的一环，甚至利用信息技术创新纠纷解决机制。随着计算空间的发展，我们所制定的法律法规也不应当仅仅面向物理世界，而

---

① Nicola Lettieri & Sebastiano Faro, "Computational Social Science and Its Potential Impact upon Law",3 *European Journal of Law and Technology* (2012), available at http://ejlt.org/index.php/ejlt/article/view/175, last visited on 2020-09-05.

② Patrice Dutil & Julie Williams, "Regulation Governance in the Digital Era: A New Research Agenda", 60 *Canadian Public Administration* 562(2017).

是需要同时面向网络空间，也即需要在特定领域将为人类书写的法律规则转化成为计算机可读的计算规则。[1] 例如，在高度电子化的金融交易领域，复杂的金融监管法规也需要按照计算行为的方式进行可计算化的立法或解释，才能得到全面的实施。与此同时，抽象的法律规则需要法律专家来细化、解释，才可能变成可计算执行的技术规则，这一工作无法仅仅交给程序员来完成。[2] 因此，法律与技术融合的认识视角，既鼓励法律人积极学习技术，又鼓励技术专家积极学习法律，通过科技的方法改善法治化的实现方式，让计算技术赋能法治国家建设。

五、计算法学的未来：构建交叉融合的计算法学共同体

（一）计算法学反映了法学与计算科学交叉的本质

新一代计算技术的快速发展开启的不仅是新的商业模式，而且是一轮具有颠覆性的信息科技革命，引发了社会治理模式和法治范式的转变。计算法学的提出，是法学教育应对这一重大社会变革所作的科学而全面的应对。陆续展开的国家治理体系和治理能力现

---

① Javier Vazquez-Salceda, et al., "From Human Regulations to Regulated Software Agents' Behavior", 16 *Artificial Intelligence and Law* 73—87（2008）.

② Vytautasyras & Friedrich Lachmayer, "Technical Rules and Legal Rules in Online Virtual Worlds", 1 *European Journal of Law and Technology*（2010）, available at https://ejlt.org/index.php/ejlt/article/view/27, last visited on 2020-09-06.

代化建设，以及网络强国、科技支撑平安中国建设等，必将为我国的计算法学发展带来巨大的政策机遇。与此同时，互联网产业的繁荣发展为计算法学的发展创造了客观条件，互联网产业中日益增长的技术与治理风险则为计算法学的发展创造了需求，高校一流学科和新文科建设也为计算法学的发展提供了方向。

在法学研究不断走向成熟的过程中，专业化、细致化发展是法学研究的必然趋势，但是这种趋势并不意味着学者必须将自己禁锢在术业专攻的那一领域。[①] 未来的法学研究应当步入知识融合时代，融合法学和相关学科的知识以及法学内部各学科的知识，并尽量付诸法学实践，即从学科分立到知识融合，以此夯实学术发展的创新点。[②] 我们必须意识到，法学作为一门学科的独立性不是建立在法律规范与其他事务严格分离的基础之上的。相反，法律研究就是要深入到社会生活的所有领域去识别问题，只有通过法学与非法学方法的结合，才能给出完整的答案。[③] 站在科技时代的前沿，我们应该以一种开放的心态和开阔的胸怀，不断聚焦计算法学这一法律与计算科学交叉融合的新方向。

随着计算机的诞生，在信息技术发展、互联网普及、大数据应用、人工智能繁荣等一系列热门社会现象出现的过程中，法律不仅成为了一个研究工具，同时也成为了一个研究对象。计算机法学、

[①]　王利明：《"饭碗法学"应当休矣》，载《法学家茶座》2003 年第 4 期，第 28 页。

[②]　王利明、常鹏翱：《从学科分立到知识融合——我国法学学科 30 年之回顾与展望》，载《法学》2008 年第 12 期，第 66 页。

[③]　Jan M. Smits, "Law and Interdisciplinarity: On the Inevitable Normativity of Legal Studies", 1 *Critical Analysis of Law* 85—86(2014).

互联网法学、信息技术法学、数据法学、人工智能法学、机器人法学等概念，都是历史上或者当下被广泛聚焦的研究方向，但是其中一部分已经被束之高阁而弃之不用，一部分陷入边界模糊不清而互相交叉，还有一部分由于新现象的出现而正当勃兴发展之时。通过对法律与信息科技交叉研究过程中不断涌现的诸概念的比较可以发现，现有的命名大多取自计算机技术的应用形式，因而具有与生俱来的局限性。随着信息技术发展的不断迭代更新，它们都存在以偏概全的缺点，难以涵盖新技术带来的法律问题。在一定意义上，希冀从计算机技术的应用形式中选取一个涵盖广泛的命名，既包括传统的作为工具的互联网技术，又包括基于机器学习的智能信息技术，本身就是一件不可能完成的任务。于是，人们转而采用"未来法学"等描述性的界定，但其内涵模糊、覆盖面过宽，会导致学科概念功能的丧失。

学科发展应该是对社会现象背后的本质理论问题进行抽象，从而具有相当的概括性和科学延展性。故而本文建议，应转换思路，透过不断迭代的信息科技发展现象，从新的研究方法和研究对象的本质来提炼学科概念。计算法学同时反映了计算技术相关法律问题的本质和计算思维在法学研究中的应用，是参考"计算范式"发展背景下"计算 +X"跨学科家族 ① 的一种通用命名方式。计算法学

① 根据《中华人民共和国学科分类与代码国家标准》（GB/T13745—2009），教育部已经普遍认可的目录类二级学科包括计算数学（学科代码：11061）和计算物理学（学科代码：14075）等依托计算所形成的学科。根据教育部发布的《学位授予单位（不含军队单位）自主设置二级学科和交叉学科名单》（截至 2020 年 6 月 30 日），在国家标准目录之外，结合计算方法形成的自主设立二级学科已经有计算语言学、计算力学、计算化学、计算生物学、计算医学、计算材料学等学科。

不仅有很强的概括力、包容性，而且与传统的民法学、刑法学命名一样简洁，是一个具有很强传播力的学科概念。

（二）计算法学代表了法学与计算科学相互赋能的趋势

法律的普适性决定了法学研究要进入到社会生产生活的各个方面，同时也需要或多或少地利用各个相关学科的知识，并需要随着各个学科知识的变革而做出必要的调整。传统的法学研究在计算科学领域面临着治理工具不足、应对效率不高、社会效果不佳等多维度的困境，未来在新一代信息技术相关的法律教学和研究中，需要更多地引入计算科学的概念和方法，不仅为法学研究提供新的研究视角和研究工具，而且可以丰富我们对于法律规则在现代社会中的形成机理和作用机制的认知。计算与人文科学交叉形成的数字人文，其研究既包括使用计算机从而以新方式理解人文材料，又包括将人文学科的理论和方法应用于解释新技术。[①] 本文以立足过去、展望未来的态度提出计算法学的新内涵，也是认识到法学与计算科学相互赋能的重要性。计算法学的发展需要构建融合法学、计算机科学和计算社会科学等领域的跨学科学术共同体，才能培养出适应计算社会发展趋势的复合型人才，才能提供满足计算社会需求的研究成果。

法律科技的发展史告诉我们，法律科技需要一个法学家和计算科学家相互协作的共同体。在 20 世纪 80 年代，随着信息技术的第

---

① Lewis Levenberg, Tai Neilson and David Rheams (eds.), *Research Methods for the Digital Humanities*, Palgrave Macmillan, 2018, pp.1—13.

一次推广，法律专家系统经历了繁荣发展的十年，许多计算机科学领域的专家和律师投入到法律专家系统的研发之中。这种法律专家系统的热潮，实际上是在赫伯特·哈特所倡导的那种简单化的、以规则为导向的法律理论的影响下成长起来的。但是，这种依据一个法哲学理论所进行的研发，在实践中必定会遭遇各种复杂的法律问题，因为逻辑编程无法反映法律运行的真正逻辑；我们必须重视实体法的具体问题，但是这些研发者缺乏足够专业的法律知识。[①]此后，部分计算机科学家的关注点变得对法律学科而不是技术发展更感兴趣。"法律专家系统"这一术语在 2000 年后被"法律决策支持系统"所替代，也间接反映了预期的下降。可以说，20 世纪 80年代的计算法学实践，是由计算机科学领域的专家主导发起的，其从繁荣到衰落的发展过程，揭示了培养复合型人才的重要性。自2015 年以来，由于人工智能技术的突破以及政策、社会和商业机构的关注、投入，法律科技市场再次繁荣，热门法律科技产品问世、法律科技学位项目创设、法律科技国家政策出台、高校专门研究机构成立，但是目前通用人工智能技术仍有缺陷，人工智能法律科技产品依然依赖于大量的知识图谱和数据标注，亟需发展法律科技的基础科研平台和数据资源并培养专门的法律科技人才。

　　计算科学相关的法律问题也证明，将法学定位为文科、将法学生定位为文科生，是存在局限的。计算法学所根植的技术密集型社会存在大量复杂、紧迫的问题，利用计算科学赋能法学发展的价值

---

① Philip Leith, "The Rise and Fall of the Legal Expert System", 30 *International Review of Law, Computers & Technology* 94—106(2016).

也在此得到了充分的体现。无论是在学术研讨会、立法论证会上，还是在研究论文和法律文本的形成过程中，精通法律和技术的人都需要进行有意义的交流，通过跨学科的方法寻找问题的破解路径。在美国，以"我们机器人"（We Robot）为主题的机器人法律和政策年度会议，每年都能吸引与法律人几乎一样多的机器人专家，雷恩·卡罗认为这一现象归功于将网络法学作为一个独立学科，通过跨学科的方法建立了一个跨专业的学术共同体。① 概而言之，计算科学相关的法律问题是一个深度跨学科的领域。例如，法律上的术语定义、自动化代理程序的本质、个性化推荐原理、云平台的法律责任、算法治理、数据确权、无人机监管、自动驾驶汽车高精地图数据的收集与使用，如果不运用跨学科的知识，恐怕连问题都无法理解。这里谈论的不是生搬硬套地借用计算技术的知识来说明法律，而是通过跨学科的方法解决实际问题。法律治理与技术自治成为解决社会问题的两个并列方案。

　　日益计算化的社会需要建立一个法学家和计算科学家相互赋能的共同体，仅仅依靠新兴计算科学，或者仅仅依靠传统法律规则，均无法适应计算社会发展的需要。计算技术使得计算法学的理论能够付诸实施，但是实践也证明，徒有计算科学的发展，不足以发展法律科技。在计算技术应用于法律实践的过程中，法学基础知识的规则总结和实践需求提炼越来越重要，这是保障计算技术能够在法律领域得到科学且规范应用的条件。与此同时，计算技术相关法

---

① Ryan Calo, "Robotics and the Lessons of Cyberlaw", 103 *California Law Review* 561(2015).

律制度问题的研究需求也越来越突出，这是保障法律科技有序发展的条件，也是保障计算技术本身长远发展的基础，以此来保障计算技术为包括法律行业在内的全社会带来整体福利。计算法学具有深厚的历史渊源和理论基础，同时计算法学仍是一个处于发展变化中的概念。本文所倡导的计算法学新内涵符合时代需求和学科趋势，是"计算+X"交叉学科趋势在法学领域的必然结果，有助于通过新兴法学学科建设应对计算科学革命触发的国家治理体系和治理能力现代化的机遇与挑战。

（本文原载《法学研究》2020年第5期，第3—23页）

中国计算法学的未来：审思与前瞻

左卫民 *

内容简介： 作为一门尚处于概念凝练、知识酝酿阶段的新学科，计算法学的实践效果还未充分显现，其前景有着不确定性。充分应用统计学知识、机器学习方法的计算法学与法律实证研究本质上是"一体两面"的关系，两者在研究对象和方法等方面具有共通性。计算法学应该在法律实证研究基础上衍生与拓展，成为实证研究的 2.0 版。具备公开且定量化、可以模式识别、具有相对确定数量关系的数据才能被有效计算，计算法学的核心方法应是统计学与机器学习方法，其关键是获得较高的数据拟合度，通过分析历史数据，"预测"法律的运行现象。此类预测虽然可以揭示法律现象之间的"相关性"，但难以发现法律实践的"因果律"。相比法律人的决策，机器学习式的计算在视角、效率、成本收益等方面存在局限性。未来，计算法学需要结合我国法律数据的"本土资源"，探索可行的

＊ 左卫民，四川大学法学院教授、院长，实证法学与智慧法治四川省社科重点实验室主任，教育部"长江学者"特聘教授。

感谢博士研究生潘鑫同学、郭松教授、詹小平副教授提出修改意见。

法律计算思路与计算方法，致力于揭示法律实践规律，验证、补充和修正法学理论，以打造中国计算法学的"拳头产品"，促进计算法学的落地生根。

近年来，"计算法学"逐渐成为法学界的高频热词。例如，若干法学院校开设了计算法学课程、法学与计算机的双学位专业，甚至开始在计算法学相关领域招收研究生。[①] 中国计算机协会（CCF）也成立了计算法学分会以促进计算法学的发展。[②] 伴随数据时代来临，法律实践更容易被数据记录、捕获，奠定了法律计算的数据基础。随机森林、聚类算法、神经网络等机器学习方法的出现，为法律计算的实现提供了可能。上述种种，似乎预示计算法学正在兴起。然而，关于计算法学的发展却存在着两种声音：其一，计算法学正在兴起。在国内，已有文章开始探讨计算法学的概念与内涵。[③] 计算法学似乎正成为一种新的发展趋势。其二，计算法学并未成为

---

　　① 如 2017 年西南政法的大学成立的人工智能法学院积极开设计算法学、Phython 语言等专业课程，2019 年清华大学法学院开设了法律硕士（非法学）的计算法学方向专业课程，四川大学 2021 年设立法学与网络空间安全双学士学位本科专业。2022 年清华法学博士研究生招生简章中则开始招收计算法学方向"创新领军工程博士"。参见《西南政法大学成立人工智能法学院》，载新华网，http://www.xinhuanet.com/2017-12/07/c_1122074344.htm（最后访问日期：2021 年 11 月 17 日）。

　　② 资料来源：《CCF 计算法学分会成立大会暨计算法学研讨会成功举办》，载中国计算机学会，https://www.ccf.org.cn/Media_list/cncc/2021-12-30/752430.shtml（最后访问日期：2022 年 1 月 8 日）。

　　③ 典型的如季卫东：《计算法学的疆域》，载《社会科学辑刊》2021 年第 3 期，第 113—126 页；申卫星、刘云：《法学研究新范式：计算法学的内涵、范畴与方法》，载《法学研究》2020 年第 5 期，第 3—23 页；于晓虹：《计算法学：展开维度、发展趋向与视域前瞻》，载《现代法学》2020 年第 1 期，第 158—178 页，等等。

独立且成熟的学科。在部分学者看来,国内尚未有成熟的计算法学概念、成果涌现,计算法学既没有有效的计算方法,又缺乏可行的计算思路,计算法学的发展可能受到诸多质疑,似乎难以成为一个独立的学科。[①]

笔者认为,中国的计算法学的前景如何,取决于其是否能够完整经历从知识酝酿或引介,到概念凝练和学科构建,再到研究方法成熟的过程。对于刚刚走在知识酝酿阶段的新学科而言,其研究前景还有诸多的不确定性。关于计算法学在中国的未来,我们需要讨论三点:第一,计算法学的概念范畴。什么研究才能称为计算法学研究?抑或是计算法学的概念与定义是什么?第二,计算法学应当如何计算。可以计算的法律经验数据是什么?用以法律计算的方法是什么?第三,计算法学的前途。即法律的计算效果究竟如何?未来的计算法学学科应该如何发展?

一、计算法学:概念为何?

何谓计算法学?这是一个尚未充分明确的问题。在域外,理论界实际上较少直接使用计算法学的称谓,相邻概念主要涉及计算社会科学(computational social science)、法律计量学(jurimetrics)、法律信息学(legal informatics)等。[②]具体而言,可从以下方面把握

---

① 相关文献论析参见刘艳红:《人工智能法学的"时代三问"》,载《东方法学》2021年第5期,第32—42页。

② 根据笔者的相关检索,同中文中"计算法学"之概念具有文字语义上相同性的英文概念包括:"computational law" "computational jurisprudence" "compu-(接下页)

域外计算法学的相关概念。

第一，从计算社会科学角度把握。按照克劳迪奥·乔菲雷维利亚（Claudio Cioffi-Revilla）的定义："计算社会科学是以计算为媒介，对社会学领域开展的跨学科研究，使用大数据、云计算和智能机器人等计算机技术进行的数据挖掘。"[①]2009 年，由 15 位学者在自然科学领域内权威期刊《科学》（*Science*）杂志刊发的《网络生活：计算社会科学时代即将到来》指出：通过大量社会信息，计算和预测人类的交流、互动将成为计算社会科学的主要研究领域。[②] 据此，

（接上页）ting law" "computable law" "computational legal studies"，等等，在具体内涵上也有一定的内容差别，如若采用实质解释的方法则同计算法学相似的概念即包括"computational social science" "jurimetrics" "legal informatics"。国内文献也在对计算法学内容的实质解释范畴下分析计算法学的邻近概念，相关文献论析参见钱宁峰：《走向"计算法学"：大数据时代法学研究的选择》，载《东南大学学报（哲学社会科学版）》2017 年第 2 期，第 43—49 页；申卫星、刘云：《法学研究新范式：计算法学的内涵、范畴与方法》，载《法学研究》2020 年第 5 期，第 7 页；邓矜婷、张建悦：《计算法学：作为一种新的法学研究方法》，载《法学》2019 年第 4 期，第 104—122 页；于晓虹、王翔：《大数据时代计算法学兴起及其深层问题阐释》，载《理论探索》2019 年第 3 期，第 110—117 页，等等。

① 〔美〕克劳迪奥·乔菲雷维利亚：《计算社会科学：原则与应用》，梁君英等译，浙江大学出版社 2019 年版，第 2 页。

② David Lazer, et al., "Life in the Network: The Coming Age of Computational Social Science", 323 *Science* 721,721—723(2009)。我国也有学者指出，充分使用大数据从事社会科学研究可以让理论的触手跳出传统理论的极简框架，可能探索更多的新颖议题，验证、修正和发现更多的社会科学理论。相关论析参见凌昀、李伦：《计算社会科学研究：范式转换与伦理问题》，载《江汉论坛》2020 年第 9 期，第 26—27 页；韩军徽：《计算社会科学中"守旧"与"维新"的方法论探讨》，载《理论探索》2020 年第 4 期，第 11—17 页；孟小峰、张祎：《计算社会科学促进社会科学研究转型》，载《社会科学》2019 年第 7 期，第 3—10 页；苏毓淞、刘江锐：《计算社会科学与研究范式之争：理论的终结？》，载《复旦学报（社会科学版）》2021 年第 2 期，第 195 页。

计算社会科学被视为一种充分使用大数据和依托计算科学方法的社会科学研究。计算法学的概念自然也需要放在计算社会科学的框架下把握。

第二，从量化研究角度把握。法律计量学的最早倡导者洛文杰（Loevinger）在《法律计量学：前进的下一步》一文中主张，将量化思维引入法律分析过程，强调使用概率统计方法来测量证人、法官与立法者行为。[①] 我国有学者则将其翻译为"计量法学"或"数量法学"。所谓"计量法学"是一种使用法律实证分析，以数据建模为方法，从事判决预测与制度评价的研究。[②] 计算法学便应当从法律量化的角度加以理解。

第三，从法律信息的角度阐释。自从香农创立信息学以来，信息就成为计算机技术研究的对象。[③] 法律信息学开始成为信息学的分支之一，如根据美国斯坦福大学法律信息中心杰内塞雷斯（Michael Genesereth）的论断，计算法学是法律信息学的组成部分，而法律信息学是法律推理的一种方法，依托现代信息技术的法律分析可以极大地改变法律行业，提高法律服务的质量和效率，从而提高获得司法公正的机会，并改善整个法律体系。[④] 据此，计算法学

---

① Lee Loevinger, "Jurimetrics: The Next Step Forward", 33 *Minnesota Law Review* 455, 455—493(1949).

② 屈茂辉、匡凯：《计量法学的学科发展史研究——兼论我国法学定量研究的着力点》，载《求是学刊》2014 年第 5 期，第 98—106 页。

③ 申卫星、刘云：《法学研究新范式：计算法学的内涵、范畴与方法》，载《法学研究》2020 年第 5 期，第 7 页。

④ Michael Genesereth, "Computational Law: The Cop in the Backseat", 2015, http://logic.stanford.edu/publications/genesereth/complaw.pdf, last visited on Dec.8th, 2021.

的概念应当在法律信息学的范畴内理解与把握。然而，法律信息学的概念似乎还没有获得理论界的普遍性认可，域外代表性的研究成果尚不多见。

　　整体上，具备成熟研究思路和方法的计算社会科学（computational social science）已在数据与人工智能风起云涌的欧美社科界蔚然成风。[①] 在笔者看来，其原因可能与域外社会科学界包括法学界如美国实证研究已经成为主流研究范式有关。欧美社科界很多研究者具备很强的统计分析能力，并在多领域开展实证研究包括法律实证研究。同时，当前域外研究者包括实证研究者通过长期关注并不断吸收机器学习等计算科学的方法，展开新的科学研究包括新的实证研究，相关研究成果甚至可能促进法学与人工智能技术的跨界融合。[②] 实际上，我们已经见到域外司法人工智能技术的发展往往伴随着法律实证研究成果的实践应用，美国 COMPAS 软件与法国 Predictice 软件对裁判结果预测的实践应用即是最好的例子。[③] 以

---

　　① 　从计算社会科学论文的数量与规模方面即可一窥计算社会科学的发展现状。如今，计算社会科学的相关成果，笔者统计"谷歌学术"中以"计算社会科学"（computational social science）为主题的 SSCI 论文：2019 年 68 篇，2020 年 43 篇，2021 年 18 篇。我国近年来已经有不少政治学、社会学学者逐步涉猎该领域。根据笔者的统计中国知网中以"计算社会科学"为题的 CSSCI 期刊论文：2018 年有 12 篇，2019 年有 11 篇，2020 年有 15 篇，2021 年有 11 篇（统计截至 2021 年 12 月 7 日）。可见，计算社会科学研究在世界范围内的兴起。

　　② 　左卫民：《从通用化走向专门化：反思中国司法人工智能的运用》，载《法学论坛》2020 年第 2 期，第 23 页。

　　③ 　如在威斯康星州诉卢米斯一案（*Wisconsin v. Loomis*）中，美国威斯康星州法院使用"风险评估工具"（Correctional Offender Management Profiling for Alternative Sanctions）智能量刑系统。法国司法系统于 2017 年在雷恩和杜埃两家上诉法院进行了司法人工智能判决结果预测软件 Predictice 的试点。相关论析参见左卫民：（接下页）

"做实证研究"来促进法律人工智能技术的发展，进而寻求在重大问题上的研究共识，正在成为美国式法律实证研究（计算法学）发展的新方向。

与域外不同，计算法学在中国的出现，可能与新文科的兴起，相关学术组织的成立，[①] 以及计算法学论文的发表有关。具体来看，国内对计算法学概念的研讨，大致可以分为两种进路。第一种进路中的计算法学是"法律与计算、科技"的结合，认为使用计算机技术研究传统法学问题即是计算法学。应用计算机技术实现对海量裁判文书中的数据提取、要素输出和准确率检查等就是计算法学的研究成果。[②] 这种理解往往将"计算法学"简单理解为"法律与科技、计算"的结合，并进一步认为，在法律数据完备、真实、精确的前提下，通过计算方式研究法律数据，从而设计出一系列智能化产品，为立法与司法活动提供重要参考。据此来看，这种进路将法律人工智能相关技术作为焦点，在识别、转换法律文本为法律数据方面做了不少努力，如应用自然语义识别、裁判文书提取等，但在文

（接上页）《热与冷：中国法律人工智能的再思考》，载《环球法律评论》2019 年第 2 期，第 56—59 页；王禄生：《司法大数据应用的法理冲突与价值平衡——从法国司法大数据禁令展开》，载《比较法研究》2020 年第 2 期，第 133—146 页。

①　2019 年，由清华大学法学院、上海交通大学凯原法学院、东南大学法学院、四川大学法学院、华中科技大学法学院和西南政法大学人工智能法学院等 6 所高校共同发起的中国计算法学发展联盟在北京正式成立，成为中国计算法学开始的标志。参见靳昊：《6 所高校发起成立中国计算法学发展联盟》，载光明网，https://edu.gmw.cn/2019-09/24/content_33185300.htm（最后访问日期：2021 年 10 月 13 日）。

②　邓矜婷、张建悦：《计算法学：作为一种新的法学研究方法》，载《法学》2019 年第 4 期，第 104—106 页；申卫星、刘云：《法学研究新范式：计算法学的内涵、范畴与方法》，载《法学研究》2020 年第 5 期，第 3—23 页。

字转换成为数据之后，如何展开数据式研究，却并未有多少应用统计学和机器学习方式展开的研究，也缺乏在此之上的法律人工智能开发，最常见的仅仅是知识图谱式的显示而已。同时，这种定位还将法律与科技的结合问题，如法律如何规制大数据、人工智能应用的相关问题作为学术研究的关切点。不过，这种学科定位与发展模式仅是"科技"与"法律"简单交叉的研究定位，可能导致计算法学与法律人工智能、司法人工智能的研究内容重叠。当法律人工智能的发展在技术层面需要经历漫长过程，技术应用还可能遭受法律伦理质疑之时，这恐怕难以支撑"计算法学"成为一门充分展开的独立学科。

　　第二种进路认为，计算法学是一种应用数学、统计学、计算科学的相关知识、方法展开的法律实证研究。[1] 笔者比较认同此种进路，但更明确地认为：计算法学其实是传统实证研究的新阶段，它是一种从量的层面研究社会现象的方法与学科。作为社会现象的一种，法律现象也具有量的属性，可以从量的方法进行观察和研究。[2] 根本上，法律实证研究与计算法学的研究对象有着天然共性。如法律实证研究与计算法学都强调使用统计学方法进行数据的收集、分析，进而发现法律现象的相关性和因果性。显然，计算法学与法律实证研究都是一种基于经验数据的量化研究。至于是否应用计算机技术、计算思维和计算方法，并不能成为法律实证研究与

---

　　① 于晓虹：《计算法学：展开维度、发展趋向与视域前瞻》，载《现代法学》2020年第1期，第158—178页。

　　② 左卫民：《法学实证研究的价值与未来发展》，载《法学研究》2013年第6期，第14页。

计算法学的"分水岭"。当前,法律实证研究成果同样重视法律大数据与计算机技术结合,主要基于法律现象的经验数据,使用统计学与计算机科学的相关知识来阐释法律实践。例如,王禄生开发了分段、分词检索工具,实现对303万份判决书的自然语义挖掘,形成了一系列的法律实证研究成果。[①] 笔者所著的《刑事辩护率:差异化及其经济因素分析》一文,应用"爬虫"软件对54409份裁判文书进行了数据挖掘,使用Python语言参与数据挖掘和分析工作。[②] 同时,美国的实证研究学者更是已经将决策树、随机森林以及神经网络等机器学习方法应用于法律的实证研究。通过分析法官经验和法律决策模式,使用机器学习方法构造和模拟出同人类决策类似的决策模型,[③] 并依据决策模型的研究成果研发出风险评估和预测案件裁判结果的人工智能系统。[④]

如图1所示,科学意义上的计算法学与法律实证研究呈现"一体两面"的关系。计算法学与法律实证研究在研究对象、研究方法和研究领域上相通,其本质上是实证研究在新材料、新方法兴起后

[①] 相关论析参见王禄生:《论刑事诉讼的象征性立法及其后果——基于303万判决书大数据的自然语义挖掘》,载《清华法学》2018年第6期,第124—147页;王禄生:《人民陪审改革成效的非均衡困境及其对策——基于刑事判决书的大数据挖掘》,载《中国刑事法杂志》2020年第4期,第137—154页。

[②] 左卫民、张潋瀚:《刑事辩护率:差异化及其经济因素分析——以四川省2015—2016年一审判决书为样本》,载《法学研究》2019年第3期,第167—189页。

[③] 相关文献论析如 Jon Kleinberg, et al., "Human Decisions and Machine Predictions", 133 *The Quarterly Journal of Economics* 237, 237—293(2018); Harry Surden, "Machine Learning and Law", 89 *Washington Law Review* 87, 87—115(2014),等等。

[④] 相关文献论析参见左卫民:《AI法官的时代会到来吗——基于中外司法人工智能的对比与展望》,载《政法论坛》2021年第5期,第3—13页。

的应用与拓展。计算法学处于统计学、计算机技术与法学的交叉领域，并非单纯强调计算科学方法与计算机技术在法学领域内的推广，更不是那种既不使用数据，也不运用统计学方法，更没有决策树、梯度算法等机器学习方法应用，仅简单将法律问题与科学技术简单组合的"伪"计算研究。至少计算法学研究的其中一种应是基于法律经验现象的数据分析与定量研究，以统计学、机器学习为主要研究方法，实质上是法律实证研究的最新表述，可以视为法律实证研究的衍生或者 2.0 版本。

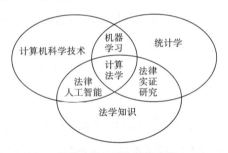

图 1　计算法学相关学科关系图

二、计算方法：如何计算法律？

如何计算法律？一方面，法律的计算需要有成熟的计算法学，使用机器学习计算法律实践或法律现象或许正在成为法律计算的一种新方向。另一方面，有了成熟的计算方法，还需要具备丰富的法律数据来源。可是计算的法律数据则诞生于法律的实践，静态的法律条文既不可能反映数量变化情况，更无法自我呈现法律条文背后复杂的权力关系，因此，动态变化的法律实践才是法律量化数据

的重要源泉。下文将从可以计算的法律量化数据特征与计算法学
如何使用机器学习方法两个方面展开分析。

（一）计算法律的方法

计算法学的基本方式是什么？这是一个十分重要但尚未厘清
的问题。笔者以为，以统计学为根基的机器学习应成为法律计算的
主要方式。在美国，已经有学者开始探索、使用机器学习相关方法
研究法律问题。如美国学者乔恩·克莱因伯格（Jon Kleinberg）等
人以此分析了美国15万余件重罪案件的法官假释结果，他们对法
律的计算思路与方法值得关注，[①]可据此从计算法律的设计思路，法
律决策树与随机森林的组成以及梯度提升算法的应用方面把握计
算法律的方式。

首先，使用机器学习的法律计算是以概率论、数理统计、最优
化理论等为基础，核心要素是法律数据的计算模型。机器学习的
结果与统计学的相关性分析类似，都是一种法律数据拟合度很高
的计算模型，可以实现通过机器学习方法对法律结果的预测。如乔
恩·克莱因伯格等人利用美国司法部（1990年至2009年）审前保

[①]　虽然机器学习的具体方法拥有较多种类，但是目前已经实际应用于法学研究
的主要是决策树与随机森林。此类方法中 Jon Kleinberg 等人对法官的审前释放决定的
研究充分使用了决策树、随机森林、梯度提升等机器学习方法，并且通过比较法官决策
与机器预测之间的差异，进而探索形成差异的原因。机器学习算法的基础即是"决策
树"，其研究思路与研究方法具有对于使用机器学习的法律计算来说具有一定的典型性
与代表意义。参见 Jon Kleinberg, et al., "Human Decisions and Machine Predictions",
133 *The Quarterly Journal of Economics* 237, 237—293(2018);Harry Surden, "Machine
Learning and Law", 89 *Washington Law Review* 87, 237—293(2014)。

释决定的相关数据，并将其分为法官决定组与机器学习预测组，对影响释放决定的因素，如再犯风险、逃避审判风险、保释金数额等决定性要素量化处理。通过决策树、梯度提升算法等机器学习方法构建和训练计算模型，使用梯度算法提高计算模型的精确性，通过对比法官决策结果与机器学习算法预测结果的差异，分析影响差异产生的"不具有观察性"的要素。[1]

其次，利用法律经验数据的特征与法律决策分类结果之间的数量关系建构出具有分类关系的决策树，即让不同法律关系特征落入对应分类的模型。为避免单一法律特征可能被过度放大，造成不必要的偏差，其随机挑选部分法律数据特征建构多棵决策树形成随机森林。决策树与随机森林是常用的机器学习分类方法，在法律样本数据中，依据结果变量与自变量之间的对应关系可以构建多棵决策树组成随机森林。[2] 如再犯风险、逃避审判可能和保释金额同审前释放决定之间的对应关系即可构成不同类别的决策树。获得一种对同类数据相同方法处理的"学习分类器"，使得新出现的案例数据对应预测分类。例如，在乔恩·克莱因伯格等人的研究中使用决策树对释放风险予以评估，将观察因素（影响决定的因素）映射到结果（逃避审判风险）的函数，建立一系列"二元决策树"。如决策树根据先前是否有犯罪记录进行第一次分叉，直至没有办法再找到

---

[1]　Jon Kleinberg, et al., "Human Decisions and Machine Predictions", 133 *The Quarterly Journal of Economics* 237, 237—293(2018);Harry Surden, "Machine Learning and Law", 89 *Washington Law Review* 87, 237—293(2014).

[2]　决策树与随机森林的原理论析参见〔英〕汉娜·弗莱：《算法统治世界》，李英松译，贵州人民出版社 2021 年版，第 62—63 页。

新的属性来进行节点分割时分叉停止,每个叶节点都形成对应的结果。上述方法将审前释放决定与各类影响因素之间构成不同的决策树,并使用由决策树构成的"预测模型"实现对同类问题的分类预测,使得机器学习具备初步的结果分类预测功能。[1]

再次,使用梯度算法提升模型预测结果的精确性,对比预测结果与法官决定的差异,分析影响人类法官决策的潜在因素。如若构建出多个决策树模型,让重要的法律关系在法律决策的结果中占有更重要的比重,从而形成精度更高的决策树,需要使用梯度提升法。利用梯度提升方法将法律数据进行迭代,在决策树的特定分叉中结合深度学习方法应用损失函数,减少偏差和方差来提升预测结果的精确性。不仅如此,还会不断使用估计与评估的相关算法,避免因使用相同数据造成过度拟合与标签缺失问题,确保训练树(输入值)的数据与评估树的数据之间没有缺漏。[2] 如在美国法官的审前释放决定中,被告人是否出庭相比被告人是否具有前科,对于评估逃避审判责任的风险可能就是一组更为重要的关系。将机器学习的输出结果与现实答案(法官释放结果)代入损失函数,可以对比出人类法官决策与机器学习预测之间的差异。此外,在处理选择性标签与潜在混淆因素问题之后,机器学习预测的释放结果与法官释放结果的差异化因素即会被捕获。乔恩·克莱因伯格等人的研究即发现:"相比机器学习算法,人类法官决策似乎释放了一些高

---

[1] Jon Kleinberg, et al., "Human Decisions and Machine Predictions", 133 *The Quarterly Journal of Economics* 237, 237—293(2018);Harry Surden, "Machine Learning and Law", 89 *Washington Law Review* 87, 237—293(2014).

[2] 同上。

犯罪率的人群。这似乎表明人类法官可能错误预判了部分被告人的释放风险或者考虑过其他不具备观察条件的影响因素。"结合这类差异，进一步发现，法官不当运用"不具有观察性"因素对释放风险进行了不当评估。如被告是否出庭或庭上举止等因素，使得法官假释决定可能存在尚未被发现的系统性偏差，使用机器学习方法得出的解释决定反而可能有助于减少监禁率与犯罪率。[①]

　　分析域外文献中使用机器学习方法计算法律过程旨在说明，决策树、随机森林、梯度提升算法等机器学习方法已在相关法律实证研究与计算法学中广泛应用，机器学习的法律计算具备相当的实际应用价值。如苏尔登（Surden）等人的专题文章详尽介绍机器学习算法在法律实证研究中的实践应用，[②]张永健等人使用聚类算法等机器学习方法分析法律渊源的分类，[③]利布曼（Benjamin Liebman）等人应用深度学习方法分析中国法官规避司法责任的规律性特征，[④]等等，皆是如此。可以说，计算法学（实证研究的机器学习版）的核心方法即是通过收集真实、客观的法律运行数据，使用 logistic

---

①　Jon Kleinberg, et al., "Human Decisions and Machine Predictions", 133 *The Quarterly Journal of Economics* 237, 237—293(2018);Harry Surden, "Machine Learning and Law", 89 *Washington Law Review* 87, 237—293(2014).

②　Jon Kleinberg, et al., "Human Decisions and Machine Predictions", 133 *The Quarterly Journal of Economics* 237, 237—293(2018);Harry Surden, "Machine Learning and Law", 89 *Washington Law Review* 87, 87—115(2014).

③　Yun-chien Chang, Nuno Garoupa & Martin T. Wells, "Drawing the Legal Family Tree: An Empirical Comparative Study of 170 Dimensions of Property Law in 129 Jurisdictions", 13 *Journal of Legal Analysis* 231, 231—282(2021).

④　Benjamin L. Liebman, et al., "Mass Digitization of Chinese Court Decisions: How to Use Text as Data in the Field of Chinese Law", 8 *Journal of Law and Courts* 177, 177—201(2020).

回归、相关性分析等统计学方法，结合决策树、随机森林、梯度提升算法、聚类算法等典型的机器学习方法对法律实践与法学现象展开研究或进行观察，并总结、归纳法律运行规律。这些研究方法便是当下域外相当成功的实证研究与计算法律的最新方式，值得我们观察、借鉴与尝试运用。

（二）可供计算的法律数据特征

当然，拥有了成熟的计算方法以后，法律的计算还需要有大量符合计算要求的法律数据。首先，可以计算的法律是公开化而非半公开化的法律数据。理想的、可计算的法律数据要全景式展现法律规律（现象）产生、发展及其运作结果的全过程。实际上，公开化、完全理想的法律数据并不太多。我国裁判文书网公布的裁判文书是可公开获取的法律数据，但公开的仅仅是裁判结果与清单式的证据材料，而没有公开裁判形成过程的相关信息。例如，审判委员会的决策可能对裁判结果产生实质性影响，但是此类信息往往又不会被裁判文书所完整记载。[1] 又如可以影响量刑的法官的价值取向、主观偏好、司法潜见等因素似乎也未充分公开。[2] 此外，大量案外（如社会结构、经济水平和环境等）因素对司法裁判的影响程度，也未以法律数据的形式量化。因此，可以被外界计算的法律数据往往是已被数据记录的、公开化的法律经验（现象）数据，而非尚未被收集

---

[1]　有关实践中审判委员讨论案件的程序、范围、内容及其过程公开性问题，参见左卫民：《审判委员会运行状况的实证研究》，载《法学研究》2016年第3期，第166—170页。

[2]　白建军：《法律大数据时代裁判预测的可能与限度》，载《探索与争鸣》2017年第10期，第96页。

的法律数据，当前可以计算的法律也往往处于法律规范、法律实践的内部。

其次，可以计算的法律是一种具备普遍性、共通性以及类型化特征的法律量化数据。计算法律的前提是将法律经验、法律规律从法律的文本语言转化为计算机可以识别的数字，其过程实际上就是法律信息的模式识别，需要对法律信息进行划分和归类处理。[①] 目前运用较多的方法是"自然语义挖掘"技术。通过这种技术可以使得外在表述不同，但内涵相对一致的法律文本语言划分为相同或者相似的类别。[②] 换言之，可以计算的法律经验数据需要具备一定的类型化特征，具备模式化识别的条件。极为罕见的法律现象、法律经验往往可能无法形成有规模的类型化法律数据，并且概括的分类必然会失去或忽略那些可能相关的特征。[③] 这可能减损数据本身所蕴含的信息量。在样本的数据量不足或数据失真的情况下，即便存在好的计算方法，也难以产生可靠的计算结果。

此外，基于法律人法律推理和思维判断所获取的主观性法律经验或法律感受往往无法进行类型化处理，更难以客观量化。例如，"排除合理怀疑"作为刑事证明标准，往往是法官自由心证之结果，具有一定法律推理及其主观经验累积判断的特征，而"合理怀疑"

[①]　白建军：《法律实证研究方法》（第 2 版），北京大学出版社 2014 年版，第 27 页。

[②]　例如王禄生及其团队所研发的专门工具可以分段、分词检索，并识别检索词的语义（并非关键词匹配），以提升检索精确度。参见王禄生：《论刑事诉讼的象征性立法及其后果——基于 303 万判决书大数据的自然语义挖掘》，载《清华法学》2018 年第 6 期，第 126 页。

[③]　〔美〕詹姆斯·C.斯科特：《国家的视角：那些试图改善人类状况的项目是如何失败的》（修订版），王晓毅译，社会科学文献出版社 2011 年版，第 99 页。

的内涵来源又具有丰富的神学、宗教色彩。[1] 所以，"排除合理怀疑"
很难通过数字指标予以类型化分析和量化，更不是具备量化特征的
法律关系。

再次，可计算的法律还应当具备相对确定的数量关系特征。建
构量刑模型即是一种典型的应用。刑罚中的刑期作为统计学意义上
的连续变量，往往受到犯罪动机、犯罪手段以及认罪态度等因素的
影响，前述量刑情节本身又属于统计学意义上的定性变量。通过分
析若干量刑情节的定性变量对量刑幅度的影响，可以发现各类量刑
情节对刑期影响程度的大小，进而得出量刑实践的规律性特征。换
言之，量刑幅度与量刑情节是具备数量变化特征的法律关系，特别
在最高法院积极推动的量刑规范化改革影响下，我国量刑程序公开
化、透明化程度已经取得长足进步，由相对确定的法定刑与法官自
由裁量权共同构成的量刑程序构造，更有利于排除非法律因素的干
扰，[2] 使量刑结果与量刑情节之间的数量关系特征更为明显。不过，
如果一项判决就是规则与事实相结合的产物，司法人员的工作模式
便宛如数学公式的计算，[3] 这属于非常理想化的法律计算过程。实际
上，有研究表明："只有在寻求的目标很简单、有清晰的定义和可以

---

① 〔美〕詹姆士·Q.惠特曼：《合理怀疑的起源——刑事审判的神学根基》（修订
版），佀化强、李伟译，吴宏耀校，中国政法大学出版社 2016 年版，第 202 页。

② 熊秋红：《中国量刑改革：理论、规范与经验》，载《法学家》2011 年第 5 期，
第 41 页。

③ 弗兰克根据法律规则的传统理论认为：一项判决即为一条规则和一个事实的产
物，法院如何运作的传统理论可以用公式表示：R × F = D，其中 R 代表法律规则（rule），
F 代表案件事实（facts），D 则代表法院关于某个案件的判决（decision），参见〔美〕杰
罗姆·弗兰克：《初审法院——美国司法中的神话与现实》，赵承寿译，中国政法大学出
版社 2007 年版，第 15—17 页。

测量的情况下，效率公式、生产函数和理性行动才能被具体指明。"[①]
然而，不少法律语言都存在模糊不清的"半影地带"。[②]尤其是我国
定罪量刑所依据的法律条文可能因法律语言的融合和变迁形成语言
的复杂、多元性变化。即使相同的法律条文，在具体适用的场合往
往可能产生不同的理解，使用不同的法律解释方法也可能产生截然
相反的结果。[③]例如，法律条文中的"认罪态度良好""犯罪情节极
其恶劣""手段极其残忍"等内容，虽然文本表述明确，但是相同文
字表述可以含有相当丰富和多元的内容，可能影响数据量化的精准
性。因此，量刑幅度与量刑情节这类相对确定的数量变化关系，因
相关量刑情节在法律概念、法律语言方面的模糊性，也只能得出大
致的量刑范围，而不能得出具体的精确计算结果。法律计算还不能
如"自动售货机"那般输入案情与法条便得出判决的结果。[④]

　　最后，计算法学所计算的是具有一定数据质量要求的全样本大
数据或大量数据，这与传统实证研究有所差异。传统实证研究所处
理的数据在代表性方面可能更好，但在数量与质量方面不如计算法
学所处理的数据。不过，两者之间并没有一个非此即彼的区分。实
际上，传统法律实证研究往往也能够处理较大数量的有代表性的数
据，但完美的全样本大数据在法律计算时并不多见，因而计算法律

---

　　① 〔美〕詹姆斯·C.斯科特：《国家的视角：那些试图改善人类状况的项目是如何
失败的》（修订版），王晓毅译，社会科学文献出版社 2011 年版，第 413—414 页。

　　② 〔英〕蒂莫西·A.O.恩迪科特：《法律中的模糊性》，程朝阳译，北京大学出版
社 2010 年版，第 10 页。

　　③ 张明楷：《实质解释论的再提倡》，载《中国法学》2010 年第 4 期，第 49—69 页。

　　④ 〔德〕马克斯·韦伯：《支配社会学》，康乐、简惠美译，广西师范大学出版社
2010 年版，第 52 页。

的实践或许还会遭遇一定的数据质量难题。

三、前路漫漫：计算法学的春天会到来吗？

计算法学的出现使得学界甚至资本都摩拳擦掌，一时间"计算法学"变得炙手可热，冠以"计算法学研究""计算法学方法""计算法学技术"的成果开始涌现。在笔者看来，此种热闹繁荣的景象并非意味着计算法学即将步入正轨。恰好相反，计算法学还需经历漫长的实践探索。虽然机器学习已经应用于法律计算和法律实证研究，机器学习对法律的计算效果或许具有积极意义，但是也存在一定的局限性。从积极层面而言，使用机器学习方法对法律经验数据的分析，可以获得一种数据拟合性较高的回归分析结果，能够客观揭示复杂法律实践之间所蕴含的法律运行规律，从而改变了传统依据主观先验式经验，通过法律逻辑推理并且创造法学理论的传统法学知识生产方式。[1] 这有助于我们发现立法与实践的悖反之处，将法律中的模糊表达量化为具有客观参考价值的法律数据。[2] 此外，这种方法还可以揭示从前我们可能无从获知的某些法律实践之间存在事实上的相关性与关联程度，[3] 并且在条件相同的情形下，机器

---

[1] 左卫民、王婵媛：《基于裁判文书网的大数据法律研究：反思与前瞻》，载《华东政法大学学报》2020年第2期，第64—76页。

[2] 张妮、蒲亦非：《计量法学、计算法学到认知法学的演进》，载《四川大学学报（自然科学版）》2021年第2期，第1—3页。

[3] 通过量化法律数据可以进行因果推断的方法包括：实验、断点回归、双重差分、工具变量、配对、事件研究法。参见张永健：《量化法律实证研究的因果革命》，载《中国法律评论》2019年第2期，第136—141页。

学习算法将始终给出相同的答案，从而能够减少法律系统内部所存在的主观盲目性，遏制法官因行使自由裁量权导致的错误。①

　　然而，机器学习对法律的计算并不是一种"全方位、无死角"的计算，使用机器学习的法律计算存在两方面的局限性。一方面，机器学习的法律计算仅仅是一种依托历史数据的"预测"，仅能发现法律世界的"相关性"，难以解释法律世界中的"因果律"。使用机器学习方法对法律结果的"预测"，其作用主要是发现各类影响因子、作用因素与法律实践现象之间的相关性。当然，法官的司法决策过程涉及大前提（法律规则）、小前提（法律事实）和法律结果的"三段论"推理过程，此类决策推理是一种"反事实推理"的过程。即便是法律数据拟合度很高的机器学习"模型训练"也仅是一种相关性分析，对于需要"反事实推理"得出法律的因果推断过程，机器学习方法尚处于"知其然，而不知其所以然"的阶段。单纯的机器学习方法本身可能难以直接发现因果关系，揭示现象背后更深层次法律实践之"因果律"。

　　另一方面，机器学习的法律计算难以充分把握、模拟人类的思维和意识。法律人的决策推理过程、决策结果往往与机器学习的法律现象预测具有明显差异，这在复杂案件中更是如此。有研究就指出，"人类区别于其他灵长类动物的典型特征即是拥有意识"。② 由"硅元素"组成的计算机能否如同由"碳基"组成的人类那般拥有意

---

① 决策树与随机森林的原理论析参见〔英〕汉娜·弗莱：《算法统治世界》，李英松译，贵州人民出版社 2021 年版，第 59—63 页。

② 〔法〕斯坦尼斯拉斯·迪昂：《脑与意识：破解人类思维之谜》，章熠译，浙江教育出版社 2018 年版，第 293—296 页。

识，像人类那样思考？这一直是人工智能界与哲学界争议不休的话题。[①]计算机技术的先驱阿兰·麦席森·图灵在进行"图灵测试"时，也有意或无意地回避机器是否具备意识的问题。姑且不论前述争议的结局如何，法律人的思维推理模式与机器学习的计算之间始终存在"隔阂"，而这些不同是由人类的自然基础不同于机器所决定的。如法律人决策与推理的过程往往涉及无罪推定、排除合理怀疑、内心确信等带有人类主观评价色彩的复杂概念，许多无法量化输入、客观认知的法律知识，恐怕难以被尚不具备人类思考和意识的计算机理解。即便理论上使用"强化学习"的方法可应对没有历史数据输入的学习场景，但是此类学习方法还处于"有多少人工，方有多少智能"的尴尬局面。[②]因此，它自然就难以胜任对主观性法律概念的理解和把握。

实际上，感知领域才是机器学习与人工智能技术主要突破的方向，图像识别、语音转化是人工智能技术的主要应用场景，如人脸识别技术、自动驾驶、棋类（AlphaGo）游戏是其主要应用成果。[③]这在相当程度上是一种基于历史经验数据、对客观物体的感知技术。相比机器学习面对单一客观关系的"预测"结果，法律人决策面对的更多是未来不确定性的主观性法律关系，复杂的人类法律决

[①]　相关争议问题参见周昌乐、刘江伟：《机器能否拥有意识——机器意识研究及其意向性分析》，载《厦门大学学报（哲学社会科学版）》2011年第1期，第1—21页。

[②]　左卫民：《从通用化走向专门化：反思中国司法人工智能的运用》，载《法学论坛》2020年第2期，第22页。

[③]　〔法〕杨立昆：《科学之路：人、机器与未来》，李皓、马跃译，中信出版集团股份有限公司2021年版，第266—270页。

策夹杂人类常识、情感与主观价值判断等因素，机器学习等人工智能技术是一种"站在第三人"视角观察现象、总结规律、建立理论的方法，实际上难以模仿和学习人类常识和主观性认知，更不擅长模拟法律人的决策与内心推理过程，[①] 至少在复杂案件中难以模拟、超越人的决策机制的效果。相比人类意识和人类大脑所具备的"自监督学习"机制，机器学习方法在法律的预测能力、学习效率、成本收益方面不尽如人意。目前，最先进的人工智能系统可能还不如一只猫聪明，猫的大脑有大约 7.6 亿个神经元和 1 万亿个突触，人脑则具有 860 亿个神经元但功耗仅为 25 瓦。人脑的计算量大约是每秒可执行 1.5×1018 次计算，现在一块 GPU 每秒可执行 1013 次计算，功耗约为 250 瓦。为了达到人脑的计算能力，必须将 10 万处理器链接并且至少消耗 25 兆瓦的巨型计算机才能实现。前述能耗是人脑消耗的 100 万倍。[②] 即便未来机器的处理能力变得同人类一般强大，但是机器是否也具备人类基于生理的共情能力仍然未知。况且，法律人的决策过程实际上是对未来不确定性法律关系的评判，而非简单基于已知法律数据的"预测"，这其中的差异也决定了机器学习方法与当前开发出的人工智能技术并不擅长模拟人类常识和逻辑推理过程。[③] 总之，计算机难以深度介入与模仿法律人的决策。

面对法律计算的上述局限，尚处于学科凝练与基础建构阶段的

---

① 〔法〕杨立昆：《科学之路：人、机器与未来》，李皓、马跃译，中信出版集团股份有限公司 2021 年版，第 12 页。

② 同上书，第 264 页。

③ 同上书，第 271—274 页。

计算法学，需要在未来理清学科发展脉络，突破发展进程中的困难与瓶颈。

第一，结合我国法律数据的"本土资源"，探索可行的法律计算思路与机器学习方法。当前，我国裁判文书、检察文书的公开已初具规模，各类司法文书的电子化与法律运作过程的数据化正在成为现实。但是，可公开获取裁判文书所呈现的内容往往只是法官自由心证的结果及其支撑裁判结果的材料及理由。这类数据可能已受到人类选择性认知的影响，[1]难以全面展现裁判结果形成的完整过程与全部考量因素。真实法律世界的某些部分包括重要而"隐秘"的部分是可获得的法律数据尚未充分反映的。[2]即便是从司法机关内部获取的法律数据，因其数据本身主要满足诉讼管理之需要，还不能完全呈现司法实践的全貌，更难以充分满足精确计算法律的需要。总的来说，我国所公开的司法数据大多是一种结果性材料，对于研究一些诸如司法人员推理、决策等过程性问题的作用相当有限。据此，计算法学的未来发展，一方面需要吸收、借鉴域外实证研究中既有的机器学习、神经网络等计算机技术与方法，结合本土法律数据，探索有效的法律计算思路与机器学习方法，促进中国计算法学的落地实施；另一方面，需要不断扩宽法律数据的来源渠道，客观记录司法实践的运行过程，保障法律数据来源渠道、形成过程

---

①　有关选择性认知影响的相关论述，参见〔美〕斯科特·普劳斯：《决策与判断》，施俊琦、王星译，人民邮电出版社 2004 年版，第 14 页。

②　左卫民：《实证研究：中国法学的范式转型》，法律出版社 2019 年版，第 25—26 页。

与经验现象产生的真实性，为计算法学的繁荣奠定数据基础。

第二，计算法学应致力在更多问题、更广阔领域内，探索、应用机器学习，并与传统法律实证研究以及其他研究方法共同揭示法律实践规律与匡正法学理论。作为法律实证研究的衍生和拓展，计算法学同样以法律实践的经验现象作为理论关切点，通过收集、整理、分析和应用数据，尝试使用统计学、机器学习的相关知识进行相关研究。[①] 计算法学运用机器学习方法进行法律结果"预测"，是一种数据拟合程度较高的相关性分析，在相当程度上也是统计学知识与方法的实践应用。相比传统的法律实证研究，充分使用机器学习方法的计算法学或者说"未来版的实证研究"将倡导使用决策树、随机森林、梯度提升算法、神经网络架构等机器学习、深度学习方法来分析法律关系，[②] 从而更有利于在大量散乱分布的法律数据中发现零散数据之间的相关性与关联程度，最终发现司法实践或法律事件的发展或运行规律。同时，为了弥补机器学习方法在"因果推断"领域的缺憾，归纳法律现象背后的内在规律与成因，还需要创新传统的实证研究方法，这主要是使用诸如随机实验、断点回归、双重差分、工具变量等方法，在实验室条件下或者随机田野试验的条件下不断探索法律规范、法律政策与法律实践之间的"因果律"。如2021 年诺贝尔经济学奖得主书亚·安格里斯特（Joshua D. Angrist）

---

① 左卫民：《一场新的范式革命？——解读中国法律实证研究》，载《清华法学》2017 年第 3 期，第 45—61 页。

② 张妮、蒲亦非：《计算法学：一门新兴学科交叉分支》，载《四川大学学报（自然科学版）》2019 年第 6 期，第 1187 页。

和吉多·因本斯（Guido W. Imbens）的贡献即在于对因果关系分析方法的创新，即使用"自然实验"来模仿随机控制实验，评估反事实结果从而推断经济变量之间的因果关系。[①]2019年诺贝尔经济学奖获奖者阿比吉特·班纳吉（Abhijit V. Banerjee）、埃斯特·迪弗洛（Esther Duflo）、迈克尔·克雷默（Michael Kremer）在"减轻全球贫困方面的实验性方法"做出了杰出贡献，发现了全球贫困原理以及各种扶贫政策的因果效用。[②]前述方法对于判断法律规范与实践之间的因果关系具有启发和借鉴意义。因此，未来实证研究还应持续探索随机试验、双重差分、工具变量等统计学的因果推断方法，从而形成各类揭示"因果关系"的成熟方法。

当然，计算法学虽然是法律实证研究的最新范式转型，但不是唯一的创新方式，其范式"转型"也不意味着研究方法的替代。计算法学的发展绕不开法律实证研究方法的推广，更无法取代法律实证研究的知识贡献。即便是一种在原有方法上的部分创新也不应该直接否定或摒弃原有方法的知识贡献，否则极易陷入研究方法上的"独断论"错误。事实上，机器学习方法的主要原理依然是统计学领域内相关性分析的数学知识。对于需要发现法学理论"因果律"的领域，通过法律文本的法教义学研究仍然是未来法学理论建

---

① 李宝良、郭其友：《因果关系评估的准实验设计与实证经济学的可信性革命——2021年度诺贝尔经济学奖得主主要经济理论贡献述评》，载《外国经济与管理》2021年第11期，第140—152页。

② 相关方法与原理论析参见易红梅：《减少全球贫困的实验性方法——2019年诺贝尔经济学奖得主的贡献与评析》，载《中央财经大学学报》2019年第12期，第134—140页。

构的重要源泉，结合司法实践的法律实证研究与社科法学研究在揭示法律实践规律方面也依然占有一席之地。尤其是传统实证研究通过对统计学方法的创新应用，在因果推断等方面也可以做出创新性研究，其价值与意义不亚于甚至可能高于不少计算法学的成果。可以说，法教义学、社科法学与法律实证研究（包括计算法学）的方法在学术志趣、研究对象与实现路径方面尽管存在差别，但是它们都各自具备着独特的方法论价值，相互之间彼此共生，共同促进法学研究的繁荣。使用统计学、机器学习方法的计算法学也应当结合现有法律实证研究等方法，共同揭示法律实践之间的关联性与因果律，客观把握法律实践规律，探索出一种补充、修正法学理论的新模式。计算法学与法律大数据的到来从未叫嚣"理论已死"，而只是可能"从根本上改变了我们理解世界的方式"。①

　　换言之，使用机器学习方法的计算法学的出现或许将会为我们带来观察法律现象的全新方法，但是我们更应理性看待其未来发展：既不能高估机器学习方法所带来的法律预测能力，也不能低估不断发展的统计学理论与方法在主流实证研究中的独特魅力与价值，更不能忽视结合统计和计算的实证研究与机器学习在发现法律实践规律方面的贡献。无论如何，现阶段我们需要更多地夯实法律研究的"计算能力"，正确认识法律数据的欠缺性与机器学习法律计算的局限性，培养具备交叉学科背景的法律计算人才，摸索可应用于中国法律数据的计算思路与计算方法，打造中国计算法学

---

　　①　相关论述参见〔英〕维克托·迈尔-舍恩伯格、肯尼思·库克耶：《大数据时代：生活、工作与思维的大变革》，盛杨燕、周涛译，浙江人民出版社 2013 年版，第 94 页。

的"拳头产品"。尝试并推进以实证研究方法为底色的计算法学学科建设,促进计算法学研究的落地生根,将是未来中国新型法律人的责任与使命。计算法学的春天已经来临了吗? 就让未来告诉未来吧!

(本文原载《清华法学》2022 年第 3 期,第 196—208 页)

数量法学基本问题四论

屈茂辉 *

内容简介：数量法学是指通过收集大样本数据，对具有数量变化关系的法律现象进行运用定量研究的交叉学科。它是一门独立的法学分支，其研究对象是具有数量变化关系的法律现象，研究方法是定量实证分析方法。数量法学既是对我国当前法学研究方法的创新，使得中国法学向科学化方向发展，也是中国法学的国际化接轨的途径之一。其实践价值体现在数量法学自身确定的客观标准，可以作为社会控制和监督的工具。

一、数量法学概念溯源

数量法学（Jurimetrics）这个名称和概念是李·洛文杰（Lee Loevinger）在其 1949 年发表的《计量法学：展望新纪元》一文中首

---

* 屈茂辉，湖南大学法学院教授、智慧司法交叉研究中心主任。

本文原题为《计量法学基本问题四论》，考虑到国家专门制定有"加强计量监督管理，保障国家计量单位制的统一和量值的准确可靠"的《中华人民共和国计量法》，为避免引起误解，故将题名做出修改并对正文内容做了适当修正。

创。[1] 其中前缀 Juri 原意为陪审团，表示的是对具有客观属性的法律事实进行研究；metric 则意味着度量。国内将之译作"法律计量学""运用法院判例研究的法理学""应用科技的法学研究"。同样的，数量法学也曾经有 Legal Statistics，Forensic Statistics 等对应的英文词。但是后两个词语仅仅是将法律与统计结果相联系，并没有涉及到现代数量法学最主要的模型建立。[2] 而复合词 Jurimetrics 不但体现了研究的现象、方法，而且强调了应当保持的客观精神，另外也体现了学科类词语的构造。例如，Econometrica 译作"计量经济学"，Cliometrics 译作"历史计量学"，Biometrics 译作"生物计量学"，等等。"数量法学"不是指研究计量单位、计量标准的法制化、规范化等问题，而是指法理学测量技术，包括检验、分析、试验技术所进行的方法。它将计量的方法引入到法学的研究领域中，对传统的以定性分析为主的法学研究方法和处理问题的视角带来了很大冲击，它对传统的法理学（Jurisprudence）是一次很大的挑战。

最初洛文杰教授对于数量法学的定义只是简单地表述为"运用自然科学的方法解决法律问题"。[3] 到了 1984 年，荷兰教授理查德·德·穆勒（Re chatd De Mulder）将数量法学定义为："以运用

---

[1]　Lee Loevinger, "Jurimetrics: the Next Step Forward", *Minnesota Law Review*, 1949, Vol. 33, No. 5.

[2]　Jurimetrics 在欧洲一般被写作 Legismatics, 前者被视为是在美国使用 (Anglo-American), 参见 Milan Veträk, Jurimetrics in Slovakia, *European Public Law*, No. 2, 2009。

[3]　Lee Loevinger, "Jurimetrics: the Next Step Forward", *Minnesota Law Review*, 1949, Vol. 33, No. 5.

数据建模为方式，包括对法律形式的实证研究，对政府组织发布的文件中的授权性内容和命令性内容的语义学和目的研究，以及对语义学和目的之间关系的研究。"① 在此基础上，数量法学的定义又不断得到修改和补充。1997 年，穆勒教授和契司·范·诺维茨基（Kees van Nortwijk）博士在第 12 届比利塔会议提交的论文中就将数量法学重新定义为："运用科学的和实证的方法来对法律内涵和形式的研究。"②2004 年，穆勒教授在鹿特丹伊拉姆斯大学授课时将数量法学定义为："基于理性主义，以数理建模为工具对法学现象的实证研究。"③2010 年，穆勒教授与契司·范·诺维茨基博士等将计算法学的定义更加明确的表述为"在数学模型的帮助下，利用个人主义方法论作为解释和预测人类行为的基本范式，对国家组织发出的要求和规范的形式、含义和语用学（以及它们之间的关系）进行的实证研究"，并强调数学模型（mathematical models）是计算法学的核心要素之一。④ 从新的定义中，我们可以看出，数量法学的发展已经体现出了新的特征——即需要建立模型。这种方式排除了单纯的语言描述，而转向了运用数字、图形来说明。这也就逐渐

---

① R. De Mulder, *Een model voor juridische informatica Ver-mande*, Lelystad, 1984, p.239, 转引自 Johanna Visser, "Jurimetrics, Safety and Security", *International Review of Law Computers*, Vol. 20, 2006.

② Rechatd De Mulder and Kees van Noortwijk, "More Science than Art: Law in the 21st century", 12th BELETA Conference, 1997.3.25.

③ http://www.law.washington.edu/lct/subtech2004/program/3_papers/presentations/DeMulder.pd.

④ De Mulder, Richard, Kees Van Noortwijk, and Lia Combrink-Kuiters, *"Jurimetrics please!", A History of Legal Informatics* (2010): 147—178.

形成了数量法学的方法："以数据建模为方式，对各种现象（包括法律现象在内的社会现象）进行实证分析。"

从上面的定义可以看出，学者们对数量法学还没有完全的认识，忽略了数据库的建立这个进行研究的重要前提。另外，盛行实用主义思潮的西方国家偏重于数量法学的具体运用，这也就使得其基础理论的研究相对薄弱，所以很难说已经形成了一门独立的学科。通过对其研究对象与研究方法的梳理，并且通过借鉴计量经济学的理论成果，我们认为，数量法学（Jurimetrics）是指通过收集大样本数据，对具有数量变化关系的法律现象进行计量研究的独立交叉学科。

二、数量法学作为独立法学分支的理由

一般来说，构成一门独立学科必须具有两个基本要素：一是研究的对象或研究的领域，即独特的、不可替代的研究对象；二是研究方法，即学科知识的生产方式。而数量法学完全具备这两个要素。

（一）数量法学具有独立的研究对象

首先，数量法学独立的研究对象是法律现象。数量法学对于法律现象是一种广义的理解，其中不但包括狭义上的法律现象，同时也包括政府政策制定、犯罪现象以及诸多与规范有关的现象。与数量法学的法律现象相对应的概念不是社会现象，而是人类学现象、生物学现象或病理学现象，等等。这里将法律理解为规范和控制的手段，而法律现象则是与规范和控制有关的现象，包括法律现象（狭义）、政治现象（主要是政策制定、执行和最终的政策评估）、犯罪现象等。[①]

当然，也可以从法学理论的角度来理解法律现象。因为事实只有成为法律规范的内容时才能为法学所考虑。虽然具体运用时较多体现的是社会学或者是公共管理的方法，但是实际上，我们在定义变量之前就已经开始运用了法学的理论。例如，在评价地区法治状况时，确定法治内容便需要依靠法学理论；在对刑法中罪名所体现的公正状况进行考量时，也需要有刑法理论的支持。应当说，法学理论是对于其研究范围限定的一个重要方面。

其次，数量法学的研究对象是具有数量变化关系的法律现象。对于"具有数量变化的现象"在实践中也有两种理解：第一种是直接在法律中体现出来的数量现象。对于数理的研究，最为简单的就是从现象本身体现出来的数字或者数理中寻找到规律。一般来说，具体的技术操作性条文中对于人行为的规范都会涉及具体的数理问题。诸如在经济法中有关数额的确定（税率、个税起征点等），在侵权法中有关赔偿的数额的确定，在刑法中法定刑与宣告刑的确

---

① 在政治学或者行政管理学的观点看来，法律现象是属于政治领域的，但却与政府的政治决策相分离。通过对国外计量法学的研究来看，计量法学的研究范围应当包括政治决策。对于政治内容理论上的建构应当包括在法律中，但是计量法学对于法律现象和法律关系的分析，却不是从行政管理学方法中"国家行政机关及其行政人员，为贯彻管理思想和执行行政职能，以达到行政目标的各种措施、手段、方法、技巧"的角度出发的（定义参见黄达强：《行政管理学》，高等教育出版社 1990 年版，第 250 页）。所以在这里可以作一个广义的解释，其中就应当包括政府的行为、政府进行的政策制定和政策评估。

定，等等。第二种是需要从具有大样本数量变化的现象中抽象出数理关系的法律现象。众所周知，当收集到足够数量的某些形式的数据时，就能揭示出其中所隐含的模式或规律。[1] 当用数量模型对这部分模式或规律进行表达时，即成为数量关系。而这一部分用于解释模式或规律的数据所涉及的法律现象，即作为计算法学研究对象的"具有数量变化关系的法律现象"。并且，对于样本独立，但需要从长期性观察可以得出一定规律的现象，一般都需要借助数理统计来进行研究。数量关系没有直接体现，但是通过一定的技术我们可以将之揭示出来，通过将存在的现象划分为不同的等级或者是赋予不同的数值，就像是在平面或者立体中将各个现象视作不同的点，然后将各个点的坐标表示出来一样。

在以上两种数理现象中，第一种为客观的数量关系，第二种则偏向于主观的数量关系。学者能够成功地转化为数量关系，则可以运用后者。数量法学的目标是将理论性的或者"纯粹"的抽象法学理论，限定在实证验证和数值验证上，从而能够使我们所研究的法学转化成为严格意义上的科学。

（二）数量法学具有独立研究方法

数量法学的独立研究方法体现在对法律现象的研究中运用了实证和计量的方法。从实证的角度而言，对于现象的观测都需要客观的态度，只有这样才能够真正收集到不偏颇的数据和了解到事情的真相。但是，在将法律定义于社会控制之后，就不能以纯粹客观

---

① S. Ulmer, "Quantitative Analysis of Judicial Processes: Some Practical and Theoretical Applications", *Law and Contemporary Problems*, 1963, 28(1): 164—184.

的态度来自始至终地对待法律现象。① 观察者通过对现象的描述，并在此基础之上再对之进行评价，实际上是对政策或者法律效用进行反思，于此之中更多的是加入了观察者主观性的内容。在此我们需要对"效用"予以界定，在这里，价值是以"有用性"为其标准贯穿始终，而对法律现象效用的反思标准则表现为最终的结果是否与设计制度时的初衷一致，或者是对制度效果和结果的观测之后，对初衷进行的反思。这两个方面的反思是数量法学区别于其他学科的一个重要方面，对于其他的以观测为主的学科而言，例如社会学，仅仅只是对现象进行描述即可，即使是运用了主观的赋予数值的方法，但是最终还是以客观的态度来展现，并且仅此而已。而数量法学在此却更近一步，能够将主观的评价加入到其中。

　　将实证分析作为一种方法来看待的话，首先就应当与作为形而上的实证主义哲学区别开来，虽然这两者都强调去除形而上的分析，但后者是一种哲学范畴中的世界观；而实证分析方法是一种研究方法，是获得知识和认识的途径，他与哲学中的实证主义划分标准不一样，所以其不但可以包括指导思想，同样也可以包括具体的运用技巧。数量法学中的实证分析方法在对所观察到的现象进行描述之后，需要对数据进行解释和深入探讨，也就是需要从数据规律对现象进行解构、评价。此时则需要借助理性分析，甚至是需要运用规范的方法（例如，在进行评价时采用的标准便可以看作是带有价值判断的），虽然这两者是矛盾的双方，但是把规范和实证完

――――――――――

　　① 我们对于政府的行为如果从法律规范的角度来理解的话，就可以把政策的目标看成是一种对于社会的控制。

全地剥离开来是不可能的。毕竟数量法学还是属于社会科学的范畴，不可能像自然科学那样能够通过揭示客观自然规律来实现学科的发展。在进行实证研究的时候，我们不可能忽视作为具有数量关系法律现象基础的人和社会，从而也就无法避免受到社会的影响。

所谓的计量方法，是一种运用数学方法或数学模型探索、认识自然现象和社会现象，揭示事物变化中的定量关系，为预测和规划事物的发展提供科学依据的方法。[①] 这种方法主要有两种思维前提：一是事物的发展是一个过程。我们现在所观测到的现象只不过是过程中的某个环节而已。这种思维对我们预测事物的发展具有意义，当处于过程之中的时候，能够从现象中发现问题，从历史中追溯相同的现象，然后在一种纵向发展的过程中寻找到原因，从而对于将来的现象进行预测。二是经验的可信性。由于行为具有惯性和延续性，因而运用计量的方法来进行观测的现象都是具有一定随机性的事件，这就可能导致一种结果，即虽然对现象的观测和数据收集合理，但是最后并没有出现所预测的事实。所以我们说，运用计量的方法只是能够科学地推测出较大概率事件。另外，这种方法的运用还有一个共识，即产生事件的行为是具有连续性的。当行为失去惯性的时候，我们运用计量方法也就失去了建立模型的基础。因为如果事件的发生在图形上呈现的是无规律点状，并且无法寻找出其离散的偏离的中心线，那么就无法根据图形来建立模型，也就无法进行理论预测。

---

① 石磊、崔晓天、王忠（编著）：《哲学新概念词典》，黑龙江人民出版社 1988 年版，第 53 页。

综上所述，数量法学具有独立的研究对象和独特的研究方法，所以数量法学是一门独立的学科。

三、数量法学的认识论基础

从牛顿经典力学体系创立以来，理论的内部逻辑推导（一系列假说及其结论）与客观事实的一致，成为检验其学科理论科学性的一个基本要求。面对实在现实的复杂性和变动性，学者们为了学术研究和对象化的便利，他们会采取一些技术性的处理方式。例如，对实在的现象世界进行高度抽象和类型化处理，对不完全了解的事情做出假设，抽象掉不重要的变量，等等。通过这些方式可以把关键性的因素或者是研究者关注的因素突显出来，为后来的论证提供一个平台和限定有效的范围。只要保证了研究工作中演绎推理的自洽性，便能够在假设平台上立足，这样才能保证研究的深入和扩展，成果也才会呈现体系的状态。对于数量法学来说，则需要接受以下假设作为其认识论的基础。

假设一：因素或关系存在性已知。

这主要是针对法律现象中行为人的分析。数量法学已经从传统形而上学本质论和终极论之中脱离出来，走向了现代科学的关系论。而关系论包括了至少两种确定关系的方法：一是各个因素在整体研究对象中所占的比例，这主要体现在对于因素权重的获取上；另一个是因素之间关系的密切程度，这主要体现在因素之间关系的比率上。而这两者正好又是对应于数量法学的两种假设。

在数据收集完成之后，研究者面临的问题是如何运用数据来建立模型。此时，如果我们需要运用公式表达人的行为关系，经常会假设行为关系的参数是已知的，这也就是意味着已经假设各个因素的权重。这种假设主要是在探讨因素之间的关系或者是探求模型图形形状时采用，通过观察赋值于参数，然后通过数据最终得出关系式。

当我们在估计参数的时候，我们又将因素关系假定为是已知的、给定的，重在对因素权重的确定。根据法学理论得知因素之间的关系，便可初步确定模型的图形形状，但是对于模型形状的具体偏向的探究，就需要通过代入数据得出。这个假设可以说对决策者和政策制定者有着非常重要的作用。通过最终得出的关系式和图形，不单单是要预测在当时趋势下研究对象的发展状况，更重要的是如何在改良法律和政策过程中做到把握好重点和恰当的度。

假设二：影响因素具有的稳定性。

诺贝尔奖获得者劳伦斯·克莱因（Lawrence klein）在其文中提到："模型是试图从历史观测到的记录和可量度的事实中，提供与这些记录和事实同样多的关于未来或其他一些未知现象的信息。人们再围绕着继续着他们过去的行为模式，从这种意义上来说，统计模型提供了未来的数据特征信息。"[1] 这可以从两个方面来理解：第一，从行为分析和预测的角度来看，只有在其具有可持续性的时候才能够实现。在研究中不可能将影响行为的所有因素都确定下来，但是至少研究对象中的几个因素还是应当具有一定稳定性的。在

---

[1] Lawrence Robert Klein, "The Use of Econometric Models as a Guide to Economic Policy", *Econometrica*, April, Vol. 15, 1947.

这里，我们其实可以借鉴经济学中对于行为偏好的稳定性来理解。所谓偏好稳定性，就是在经济学研究中，通常假定消费者明确其偏好，并能根据他们满足消费者偏好的能力大小，排列出物品和劳务的各种可供选择的组合。[①] 如果我们将法律现象中行为人的行为类比消费者的行为，将行为人选择的情况视作是消费偏好的时候，那么他们在一定的情况下会如何做，就应当是被理解为"在一定情况会一直如何做"。并且，还应当假设，即使行为人意识到选择中存在问题也还会一如既往的行为。只有这样，我们通过数据收集到而最终得出的结果才会有可靠性。[②] 第二，从对政策的分析、评价与政策本身的稳定性上来说，后者所指的是在一定时期内，政策以及对政策的理解不会改变，类似于同等情况同等处理；而前者的稳定性假设指的是对于政策在不同的背景下所产生效果评价的因素不变，对于不同政策进行评价时所选取的因素不变，而这才是数量法学所言的稳定性假设。

在进行实证研究的时候，一般都是先对收集到的部分数据进行拟合，然后再运用剩余的数据对公式进行检验。我们其实可以将此理解为从偏好稳定的角度对其检验。如果通过检验，那么此公式就可以看作是通过部分数据成功地"预测"了剩余数据的正确性。剩余数据是历史数据，不需要有稳定性的假设，而在实际运用公式进行预测的时候，因为未来数据的不可知，故而需要有此假设。这要

---

① 冯玉军：《法经济学范式》，清华大学出版社 2009 年版，第 183 页。

② 当然，在现实生活中不会出现这种情况，法官在意识到自身问题的时候肯定会有所改变。那么计量法学也会相应的在模型建立的过程中引入一个随机变量。

求估计模型结构时,样本数据必须是从同一个总体中抽出来的。如果样本是从不同总体中抽取出来的,估计(和预测)预计会有偏差。[①]此时,进行时间序列模型数据时,应当考虑到技术进步、罢工、政府经济政策、战争等因素的影响。

假设三:适用的法学理论前提具有正确性。数量法学模型所要描述的是法学变量之间的数量关系,其实主要是关注观测变量之间的因果关系,这就决定了数量法学研究必须以一定的法学理论和法律运行机制作为建立模型的理论依据。

在数量法学的运用过程中,对于不同对象的研究会涉及不同的法学理论。当然,这些理论之间很可能存在不协调,但是我们在确定需要预测的目标之后寻找到的法律理论应当是假设其具有正确性的。这在我们收集数据的过程中十分重要,因为依据所假设的理论,我们会有目的性地去收集所需要的数据,也即将法学理论中的要素作为数据取舍的标准。这样才可以建立计量模型中最为常见的时间序列关系式,并通过数据关系再解释经济理论和实现数量法学的定量预测。理查德·波斯纳(Richard A. Poser)在对法官的司法行为进行预测的时候,总结了司法行为中的理论:态度理论、战略理论、社会学理论、心理学理论、经济学理论、组织理论、实用主义理论、现象学理论,当然还有他所谓的法条主义理论。[②]可以说,对这些理论模型我们是在假设其为正确的前提下才进行有目的性

---

①〔美〕劳伦斯·克莱因著,杰姆·马奎兹编:《经济理论与经济计量学》,沈利生等译,首都经济贸易大学出版社2000年版,第497页。

②〔美〕理查德·波斯纳:《法官如何思考》,苏力译,北京大学出版社2009年版,第17页。

数据的收集，而这目的主要是提供数据的取舍标准——例如，态度理论主张最好用法官带进案件的政治偏好来解说法官的决定。这样，在数据收集的时候便会主要从任命法官的总统所属党派来推断他们的政治偏好。

这种正确性的假定应当看作是数量法学偏向于定量的一个方面。这种定量分析应当被看作是对理论的数理模型的解释。从这个角度来说，它还不是数量法学的主要依赖于模型的预测的计量分析方法。在现代的计量分析中，有些研究已经放弃了这个假设，而转向了动态模型主导。[①] 在这种理论中，研究者承认时间序列是一系列极其复杂的过程这一个事实。在这种思想的指导下，研究者首先尽一切可能收集较多的信息。然后借鉴法学理论，在不丢失重大信息的前提下进行数据和公式的简约，最终尽可能得出间接的时间序列关系式。正如波斯纳所谈到的"实证的审判决策理论"那样，虽然他没有进行真正的定量建模，但是却有了这种综合和系统的思想。[②] 这种方式在对宏观法治评价中显得尤为重要了。

---

① 与此相对应的计量经济学流派中的亨得里学派就是在从一般到特殊的哲学思维指导下，提出了建立模型的新步骤。参见汪同三、谷丽娟、朱运法：《经济计量学变革中的亨德里学派》，载《数量经济技术经济研究》1991 年第 12 期。

② 这种思想不同于多变量的研究，例如，在高德曼对 1961—1964 年间 2510 个上诉案件和 2776 份上诉书的分析中，运用了法官背景中的四个变量：政治背景、社会经济背景、职业背景以及法官的兴趣爱好（Joel B. Grossman, "Social Backgrounds and Judicial Decision-Making", an article from the Symposium: Social Science Approaches to the Judicial Process, *Harvard Law Review*, Vol. 79, 1966）。前者是系统的思想，后者只不过是一种多变量理论的指导。

四、数量法学的应用价值

在我国发展数量法学，有着十分重要的学科价值和社会实践价值。就学科价值而言，主要体现在三个方面。

首先，数量法学是对我国当前法学研究方法的创新。我国目前传统法学中适用的主要是哲学和分析的方法。这两种方法都默认现象背后存在终极本质，并且通过已知现象遵循决定链来探寻具有普遍性本质也是传统法学的任务所在。而探寻本质则需要运用归纳的方法来进行，但在受到休谟命题"如何从过去的经验推导到将来"的质问时，传统法学便有些力不从心。所以，可以说传统法学方法在其理论上便存在缺陷。但是数量法学借鉴同为社会科学的经济学和计量经济学思想，通过统计和概率论回避了休谟的命题。约瑟夫·熊彼特（Joseph Schumpeter）曾经总结到，"现代经济学必须包含三个事实和他们的推论：一是对于统计和其他材料的运用；二是能够随意地使用统计工具（统计工具的发展完全是独立于经济学的发展的，而对于它的使用就如同是一个在尘烟滚滚的大道中行走的人搭上了别人的顺风车）；三是具有超越之前的经济理论的新理论"[①]。可以看出，对于经济学从传统向现代转型的过程中，统计学作为一门工具科学占据了重要的地位，而作为统计学成果运用的计量经济学方法就是在这个基础上发展起来的。反观法学的

---

① Joseph Schumpeter, "The Common Sense of Econometrics", *Econometrica*, Vol. 1, No. 1, Jan. 1933.

发展历程,自从霍姆斯(Holmes)法官在《法律的道路》中提出,"理性地研究法律,当前的主宰者或许还是'白纸黑字'的研究者,但未来属于统计学和经济学的研究者",计量方法作为统计学的延伸理所当然地被看作是现代法学的一个重要标志。[①]之后,美国等西方国家在法学理论和法律实践中运用统计和计量方法进行研究取得了显著的成果。相比较而言,我国还是处于传统分析法学方法的道路上,对问题还是处于定性的研究之中,分析法学对于理论的正确性无法验证,因而成为中国法学发展举步维艰的重要因素之一。所以,当前中国法学需要通过采用定量的方法来加深对现象的认识,需要通过计量的方法来形成对理论的检验。

其次,数量法学使得中国法学向精细化方向发展。目前,中国的法律体系已经基本建成,法学的任务应当从立法划定粗框架,到解释法律的科学性和实效性。具体包括:一是如何贯彻实施已经制定的法律;二是如何使得社会管理纳入到法律的框架之内。对于制定法的解释应当保证其科学性才能得到真正的贯彻。这种科学性,不仅是指解释过程的正当性和逻辑的自洽性,而且还包括了符合法治社会的规律性。这就必须通过对事实的真实观察和描述才能得出,而数量法学运用定量的方法把现象还原为数字和模型的形式,然后再通过科学的方法预测事物发展的趋势并保证所得的解释能够把握住客观的规律。要将社会纳入到法治的框架之内就要首先保证法律的稳定性,防止对法律的肆意解释。这就需要在法官的

---

① Oliver Wendell Holmes Jr., "The Path of the Law", *Harvard Law Review*, Vol. 10, 1897.

判决书中对于事实认定以及法律运用做出充分的说明。为了使法官的背景不致成为相同案件判决的差异所在，同时也为了保证案件的判决具有合理性，运用指数化的方法将法律中的模糊条款明确、将条文中的定性词语转化为可以直接适用的操作性内容是非常必要的。通过以上这些方式，能够不断细化和明确化立法时的粗大线条，使得中国法学逐渐向精细化方向发展。

再次，数量法学是实现中国法学的国际化途径之一。1971 年 2 月，哈佛大学的卡尔·多伊奇（Karl Deutsch）和两个同事在《科学》杂志上发表了一项研究报告，列举了从 1900 年到 1965 年的 62 项"社会科学方面的进展"。在他们的研究中，引人注意的是早期的成就全部都是理论性的和定性的。而后来的成就，或者甚至某些早期发现的后来发展，都主要是数学和统计方法的革新，或者是由定量分析推导出来的理论。[①]数量化研究已经成为社会科学取得突破性研究成果的一个至关重要的方法，特别是统计学和模型方法的发展以及计算机的广泛运用，更加凸显了这一方法的作用。目前，国际上运用定量方法研究社会、法律问题已经成为一种潮流和趋势，中国法学要真正走向国际化也必须密切关注这种研究动向。

就社会实践而言，数量法学的价值主要有以下几方面：

首先，数量法学自身确定的客观标准可以作为社会控制和监督的工具。数量法学从微观出发、关注具体的案件，但并不仅仅局限在某个单纯的权力领域内，而是运用一种系统的、实证的观测对其

---

① 〔美〕丹尼尔·贝尔：《第二次世界大战以来的社会科学》，范岱年等译，社会科学文献出版社 1982 年版，第 1—2 页。

他权力的运用方式进行监督和控制。例如在立法上，排除对法律宏观的制定，将关注点集中在法律法规中年限、起征点、罚款倍数等数字如何科学地确定才符合中国自身的国情。在司法领域中，对于法官判决的预测就是对司法透明度的监督，也就是对司法权运行的监督。通过将研究预测与实际结果相比较，甚至能够分析得出司法权运行的透明度。在美国，有学者对最高院的法官判决进行跟踪研究，为的是了解个人的行为偏好，寻求各人的偏好因素影响率，从而对法院判决进行预测，并对法院的透明度进行分析。如果预测由判决结果进一步延伸到社会后果的话，那么这一研究的范围会超出法院的限制，而成为走向司法效果的社会现象。通过对社会现象的分析，我们可以把握其发展可能带来的消极后果。这样就能够事先预防，提前控制，而这种预防方式也正是通过规范其程序来达成。

其次，数量法学通过得到控制和监督的结果进而反思效用。国外在制定政策时，民间团体和政府机构往往会通过收集发布政策前后的案例对政策效果进行评估。最为显著的是，对于税率的提高或降低问题都有一种计量方法的论证作为依据。另外，在美、日、韩等国家都有类似的"行政评价法"，这都是对一个政府的行政绩效具体在哪些方面进行评估来规定，行政中对于行政绩效的评估等各个方面都需要用到计量的方法。通过对评估主体多样化的肯定，一方面缩小了政府与公众在信息不对称方面的差距，提高政府公信力；另一方面通过定量的方法来对政府政策绩效进行评估，使评估结构具有直观性和客观性的特点，从而使政策的改进具有可行性。在我国，虽然有《环境影响评价法》，但是其内容实际上只是一种程序性的法律，并没有对怎么样进行评估，选取什么手段，运用何种具体的统一的标准进行论述。可见，我国的政策绩效评价属于起步阶段，数量法学在其中的运用大有可为之处。

再次，数量法学改变了传统方式的法学体系。传统法学以对法律文本的解读为基础，运用三段论的方法解决法律问题。但是数量法学打破传统法学对法律的规范分析和封闭结构，将法律更多地视为一门科学。例如，在法学教育方面，数量法学注重引入统计、计量和社会效果的预测评估方法，更加强调法学的定量、实证和技术性。在运用的前提上，因为数量法学的分析是建立在大样本数据的收集之上，所以更加注重数据库的建立，而不是像传统法学那样关注于大前提的寻求。在对待法律现象的态度上，数量法学则以开放的态度和现实的目光来观察、描述，不是像传统法学一般局限在"法律事实"之上。所以，通过运用数量法学的方法，我们能够适应千变万化的社会现实，使法律的制定、法学研究的成果转化更能够符合社会发展的需要。

最后，计算法学拓展了法学研究成果的应用领域。正如李·洛文杰所言，法律规则中使用的模糊语言只是"形式"，没有任何法律术语可以直接输入机器（或专家系统）。[1]真正的法律预测，必须基于经验数据。[2]李·洛文杰对于计算法学的理论建构，将精确的科学范式、将信息科学、计算科学引入法学领域的同时，又促使定量法律预测（quantitative legal prediction）等核心研究成果应

---

[1]　Lee Loevinger, "Jurimetrics: the Next Step Forward", *Minnesota Law Review*, 1949, Vol. 33, No. 5.

[2]　Lyria Bennett Moses, "Artificial Intelligence in the Courts, Legal Academia and Legal Practice", *Australian L.J.*, 91 (2017): 561.

用于法律专家系统（legal expert system）、法律人工智能（artificial legal intelligence）等重要领域。[①] 人工智能时代，机器学习虽然颠覆了传统的统计推断逻辑，但其同样不能脱离人类的参与。机器学习依赖于规则，所以只有在存在一定程度的规律性可以建模的情况下，才有可能得出有用的推论。[②] 而数据背后所隐藏的"规律性"，正是计算法学所能取得的典型研究成果。可以说，计算法学对于"规则"的突破与扩展，在一定程度上实现了对于法学研究成果应用领域的扩展。

五、结语

"在当代，任何一种法律理论的产生都是在激烈的学术争论中发展和壮大的。"[③] 每个学科从萌芽到发展最后壮大都是经过了一个漫长的过程。数量法学囊括了各种以"定量关系研究数理现象"的学科。在过去的几十年里，这个学科之所以没有得到应有的广泛的重视，是因为它实际上以此理念和方法为指导所进行的工作具有高度的发散性，被分散到法律社会学、法经济学、政治学等学科之内。但是，现在的研究抛开了广而博的领域，开始逐渐聚焦于具体问题

---

① Trasberg, Henrik, "Quantitative Legal Prediction and the Rule of Law", Tilburg University Law School, *Law and Technology LLM*, Tilburg (2019).

② Lyria Bennett Moses, and Janet Chan, "Using Big Data for Legal and Law Enforcement Decisions: Testing the New Tools", *University of New South Wales Law Journal*, 37.2 (2014): 643—678.

③ 吕世伦主编：《现代西方法学流派（上）》，中国大百科全书出版社 2000 年版，第 153 页。

的研究，这就不可能是单一学科知识能完整、科学地解释清楚的，需要多个具有不同学科背景或领域的专家来协同解决。

数量法学作为一门新兴的学科，其以实证和计量的方法来研究具有数量和数理变化关系的法律现象，可以说是颠覆了传统法学的研究方法。但是这门新兴的学科却以其国际化的眼光和精细化发展而备受关注。目前，虽然数量法学在我国还不是处于主流的地位，但是以其发展的趋势来看，必定会有一个美好的前景，正如同李·洛文杰所说的"将来的法学将会是数量法学的时代"。

（本文原题为《计量法学基本问题四论》，原载《太平洋学报》2012年第 1 期，第 26—33 页，现在原文基础上略有修改）

计算法学：展开维度、发展趋向与视域前瞻

于晓虹[*]

内容简介： 在大数据时代的开放结构中，计算法学延伸了实证法学研究的知性体系和学科范畴，使法学研究迈向了更为纵深、更为宽广的畛域。计算法学在方法论上的基本立场深嵌于法学与社会科学的交叉研究范式中，如司法政治学、法社会学、犯罪学等。在计算法学方兴未艾之际，对这些学科研究主题及其理念分殊进行梳理和总结也就尤有意义。从既有的域外研究成果来看，计算法学研究的方法运用逐渐趋向科学成熟，研究视域不断拓宽，数据驱动与算法驱动多维推进，研究模式呈现出跨学科合作趋

---

    * 于晓虹，清华大学社会科学学院政治学系副教授、清华大学法学院法律与大数据研究中心副主任。

    本文得到国家社会科学基金重大项目（项目编号：16ZDA059）、北京社会科学基金项目（项目编号：19ZGB006）、清华大学自主科研计划项目（项目编号：2019THZWJC48）的资助。

    感谢清华大学社会科学学院政治学系张小劲教授对本文的悉心指导，感谢课题组成员王翔和杨惠、舒怡、马超等人对本文初稿提供的帮助。

向。计算法学研究虽然在中国尚处于起步阶段，但是法律实务界和各大高校追摹大数据前沿的脚步从未停歇，计算法学在中国未来的发展也是可期可盼的。

导　言

在大数据时代的开放结构中，计算法学在尊重和保留传统法学研究范式的基础上，主张使法学研究深耕融汇于数据、算法和模型的普适性叙述中，通过计算复杂的数量关系变化以表征潜藏在法律现象背后的社会性构成要素和生成路向，透过数据科学因果关系的推论以探知法律事实的内在结构和外部联系[①]。在一定意义上，计算法学延伸了法学实证研究的知性体系和学科范畴，带动了相关研究方法的革新与发展。同时，也为我们认知、分析和理解法律问题提供了全新的思路和视角，更提供了一种颇具解释力的研究路径。2015 年，党的十八届五中全会首次提出"国家大数据战略"，同年国务院印发《促进大数据发展行动纲要》，系统部署大数据发展工作。2017 年，工信部出台《大数据产业发展规划（2016—2020 年）》，"国家大数据战略"写入了"十三五"规划。党的十九大报告进一步指出："推动互联网、大数据、人工智能和实体经济深度融合"。计算法学作为大数据时代发展的因应产物，所包含的理论认知和现实探索概括了大数据时代所呈现的机遇挑战、崭新思维与关键命题，潜藏着法学发展与变迁的时代课题与内在动力，也在一定程度上契

---

① 于晓虹、王翔：《大数据时代计算法学兴起及其深层问题阐释》，载《理论探索》2019 年第 3 期。

合了国家大数据战略的发展趋向与前景特征。

在认识论和方法论意义上，计算法学可归属为实证法学的基本范畴。计算法学从法律现实问题出发，其思辨与论述逻辑处于科学的方法论谱系中。计算法学通过兼收并蓄的统合吸纳了定性研究和定量研究各自的优长，以混合研究方法作为探索问题、解释问题以及验证已有知识的重要工具，并在一定程度上对实在法的内容和适用提供客观依据和评介原理。同社会科学一样，计算法学建立在量化分析的本体论和多元化技术积累的基础上[①]，并且具有丰富的"工具箱"，计量研究方法、聚类分析技术、机器学习、人工智能、自然语言处理等"计算"维度的分析工具可以在不同的研究场景下派生和调用。Alarie认为，法学研究将会逐渐进入到计算法学的研究阶段（computational legal research），计算机计算能力将会逐渐增强，计算成本也会逐渐降低，计算法学研究将会基于前沿的算法做出法律判断和法律预测，并且逐渐覆盖到法律各个领域中。[②]质言之，计算法学作为一种具有"科学"性格的研究体系，强调以社会科学的解释模型识别法律关系间的因果性与时序性，以科学主义的立场辨明法律事实间的差异性和类同性，并在数据、模型和算法的延长线上，使法学研究迈向更为纵深、更为宽广的畛域（见图1）。

---

① 张小劲、孟天广：《论计算社会科学的缘起、发展与创新范式》，载《理论探索》2017年第6期。

② B. Alarie, A. Niblett & A. Yoon, *Computational Legal Research and the Advocates of the Future*, 2017.

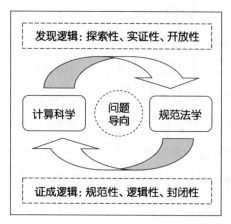

图 1　计算法学的逻辑原理

　　有鉴于此,计算科学在当代法学研究中的渗透,不仅开阔了法学研究的研究视野和考察视角,也在一定程度上使法学研究经历了一次科学性与系统性的"洗礼",并且对我国法治建设也有着积极的启示作用。既然计算法学已然成为可能,那么随之便生发出一系列未尽问题:计算法学何以区别于传统法学研究?计算法学与法学实证研究的区别与联系何在?计算法学可能拥有怎样的研究前景?要回答这些问题,需要超越遥相隔绝的国界,放宽学术研究的视界,对标跟踪国际计算法学研究的前沿与趋势,对国内外学术界的应用状况进行框架性梳理与总结,不求面面俱到,但求连贯性的剖析澄清计算法学基本立场的相位和要义,并从中找寻与提炼计算法学发展的学理框架与建构思路。本文随后切入我国理论研究与实践应用场景,探寻计算法学在中国发展的结构性动因和发展前景。

一、计算法学研究的基本发展格局

当前，"计算"与"法学"的融合已经成为学术发展的重要趋势，对这一研究领域的格局特征与演变态势进行梳理与总结便显得尤有意义。在切入计算法学研究状况之前，首先需要交代的问题是：什么样的研究称得上是计算法学研究？提出这一问题并非冗余，目前各国计算法学的研究仍处于起步阶段，相应的知识积累和技术运用也未臻成熟。如果采取严格意义上的计算法学范畴界定，即限定为基于大数据分析技术和计算机模拟算法展开的研究，则会丢失相当数量的分析"样本"。倘若将分析考察的"半径"拓宽，采取内涵最大化的界定，将立基于有限样本的科学计量分析的研究纳入分析范畴，那么相关研究的性格和风貌也会借此清晰可辨。实际上，从学科变迁的意义上讲，计算法学实是法学实证研究进入大数据时代的产物，计算法学也难免会秉承法学实证研究的深厚传统。本文主张适度返回法学实证研究情境，一方面是为了使研究对象更加丰富可及，另一方面在一定程度上也可为尚处于探索阶段的计算法学提供不断走向成熟的线索思路，其中的方法论立场和研究策略也值得计算法学在自身学科建构过程中参酌与反思。

20世纪早期，法学作为社会科学的一个分支的理念逐渐树立，政治学、社会学、经济学等社会科学从固有的学科视角出发，系统的运用实证研究方法研究法律以及法律实施（司法制度与司法行为），从而生发出一系列交叉学科：司法政治学、法社会学、法经济学等。司法政治学的学者从决策角度看待法律与司法制度，探讨法律文本之外影响法官决策的因素。法社会学，乃至后来逐渐派生为独立学科的犯罪学（criminology）则主要审视法律及其实施的社会情境。而立基于社会资源有效配置这一假设的法经济学，其研究范畴更为宽广。各分支学科虽然各有"看家"杂志，但其关注的问题时常交叉，采用的方法论基本同一，因此又日益化归于"法律实证分析"（empirical legal study）这一研究范畴。本文首要考量司法政治学与法社会学（包括犯罪学）的学科发展与传统及其对计算法学发展的意义所在。在一定程度上，法经济学的发展兼具规范法学与法学实证研究的特点，与计算法学的关系更为纠缠复杂，囿于篇幅，本文不过多探讨。[①]

从研究扩散的角度看，20 世纪早期，受行为主义革命的影响，美国学者首先在法学研究中采用量化研究方法。芝加哥政治学系教授 Herman Pritchett 通过建构计算模型分析 1937—1947 年间美国最高法院未达成全体一致意见的判决，认为法官政策偏好和法官角色认知会影响司法的裁判行为[②]。Pritchett 的量化研究可以说是革命性的，他开启了法学研究在理论进路、研究取向、建构模式和研究方法等方面的巨大变革。此后，以 Glendon Schubert（1958 年，1965 年）和 Martin Shapiro（1964 年）为代表的大批政治学者纷纷涌入法学领域，他们认为作为社会科学构成部分的法律科学，同样

[①]　张永健：《法实证研究：原理、方法与应用》，新学林出版股份有限公司 2019 年版；魏建、宁静波：《发经济学在中国：引入与本土化》，载《中国经济问题》2019 年第 4 期。

[②]　C. H. Pritchett, *The Roosevelt Court: A Study in Judicial Politics and Values, 1937—1947*, Quid Pro Books, 2014.

具有充分的可以"渗入"实证要素的空间，借助行为主义的研究范式可以探究法院与政治之间的纠葛关系。在他们的共同努力下，基于实证主义的司法政治学确立为美国政治学的独立分支学科[①]。

这样的研究思潮逐渐扩张到欧洲法院研究。Kommers（1992年）在《法国司法政治的诞生》（*The Birth of Judicial Politics in France*）一书中首次运用政治科学方法研究欧洲法院。此后诸多美国政治学者开始将欧洲法院作为研究对象，并且致力于研究方法的科学性发展。受到美国学界的长期影响，欧洲学者 Meunier（1994）、Landfried（1984年、1988年，1992年）、von Beyme（1997年，2001年）、Troper 与 Desplats（2005年）开始思考如何妥当的处理法院决策的多重面向，也意识到司法行为难以回避政治与法律之间的微妙关系，而基于实证分析的因果关系研究也逐渐成为主流[②]。

几乎与此同时，20世纪上半期，立基于法律现实主义（legal realism）的"法与社会运动"（law and society movement）在美国和欧洲同时兴起，并经历了差距研究（gap studies）和文化转向（cultural turn）等不同时期，虽然法社会学大量运用了社会科学研究方法，强调理论模型、统计方法、假设检验等定量研究方法，但法社会学的理论核心也受到了诸多学者的质疑，在一定程度上，法社会学研究多聚焦于具体而琐碎的经验问题上，"几乎没有纯粹的

---

① A. Dyevre, "Unifying The Field of Comparative Judicial Politics: Towards a General Theory of Judicial Behaviour", *European Political Science Review*, Vol.2:2, pp.297—327(2010).

② 同上。

理论"。[①]

　　返观中国,新一代法学家们提出了与"法教义学"相对的"社科法学"概念,试图将法社会学、法经济学、法律心理学、法律认知等各种理论问题与研究都纳入到新的学科领域中,也取得了可观的成绩。但仔细检视既有的成果,其中运用定量分析的研究寥寥可数[②]。21世纪初期,以白建军、左卫民等为代表的刑事法学研究领域的学者最早开始运用实证研究方法开展实证研究[③],白建军抽取了100个金融诈骗案例进行分析,指出定量研究可以发现诸多肉眼观察不到的关系,也有助于对犯罪原因的深入探索[④]。随着裁判文书网上公开的深度和广度日益加深,学界在研究方法革新方面呈现出一些可喜的脉动。马超等对裁判文书公开的全面性、及时性及其内容的妥当性进行了大数据层面的综合考察[⑤];唐应茂运用定量分析研究外部因素是否以及如何影响司法公开程度[⑥];乔仕彤、毛文峥整理了2014—2015年568份征收和拆迁行政判决书,通过回归分析比较了公共利益、合理补偿和正当程序在约束地方政府征收权上的不

[①]　刘思达:《美国"法律与社会运动"的兴起与批判》,载《交大法学》2016年第1期。

[②]　左卫民:《一场新的范式革命?——解读中国法律实证研究》,载《清华法学》2017年第3期。

[③]　同上。

[④]　白建军:《刑事学体系的一个侧面:定量分析》,载《中外法学》1999年第5期。

[⑤]　马超、于晓虹、何海波:《大数据分析:中国司法裁判文书上网公开报告》,载《中国法律评论》2016年第4期。

[⑥]　唐应茂:《司法公开及其决定因素:基于中国裁判文书网的数据分析》,载《清华法学》2018年第4期。

同效果[①]；习超等检验了证券监管机构人员离任后进入上市公司担任董事、监事、高管职务对证券监管执法行为和结果的影响[②]。此外，陈卫东及其学术团队首次将实验方法运用于刑法研究领域，通过综合比对与配对测试隔离式量刑程序的实施效果，从而探究隔离式量刑程序的可行性[③]。王禄生对超过 303 万份一审刑事裁判文书进行了自然语义挖掘，探讨了 2012 年修正的《刑事诉讼法》实施后刑事程序方面的变化[④]。总之，我国基于数据与定量分析的法学研究尚处于初步阶段，如何立足于中国法治现实，采用科学的研究程序和分析方法迈入法学研究的基本题域，还有相当的发展空间。

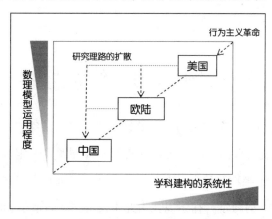

图 2　计算法学的学科发展格局

① 乔仕彤、毛文峥：《行政征收的司法控制之道：基于各高级法院裁判文书的分析》，载《清华法学》2018 年第 4 期。

② 习超、曹宁、龚浩川：《"旋转门"影响证券监管执法吗?》，载《清华法学》2018 年第 4 期。

③ 陈卫东、程雷：《隔离式量刑程序实验研究报告——以芜湖模式为样本》，载《中国社会科学》2012 年第 9 期。

④ 王禄生：《论刑事诉讼的象征性立法及其后果——基于 303 万判决书大数据的自然语义挖掘》，载《清华法学》2018 年第 6 期。

　　质言之，法学实证分析作为计算法学的"前身"，基本的研究范式发端于美国，尔后逐渐蔓延于欧洲（见图2），个中包含的理论期待、理论资源、研究进路、研究方法等在一定程度上拓展了法学研究的可能空间，并且在揭示客观现象、探索因果关系方面彰显出独特的优势。相形之下，囿于学术研究传统和学科发展阶段的限制，中国在计算法学研究方面还处于相对滞后的状况，基于大数据的法律研究也还处于探索阶段，一些研究的方法和过程是建立在某些误识上的[①]。如何与国际法学界进行有效的"接轨"，积极借鉴和吸收国外前沿发展成果并在方法论层面形成自觉，是今后我国法学研究中面临的一个重要课题。

二、计算法学研究的展开维度

　　如上文所述，广义来讲，计算法学主要是从法律实证分析的知识谱系发展而来的。法律实证分析的学理渊源在一定程度上又来自20世纪上半期政治学、社会学、经济学、心理学等传统社会科学"不约而同"的跨学科探索以及由此生发的司法政治学、法社会学、法经济学等新的学科领域。本节主要探讨司法政治学和法社会学（以及相对独立的犯罪学）（见图3）。

　　司法政治学的研究迄今积累的成果颇丰，多重理论界说与争鸣主要是围绕司法决策过程展开[②]，逐渐形成了挑战传统法律模型

---

　　① 左卫民：《迈向大数据法律研究》，载《法学研究》2018年第4期。

　　② 〔美〕杰弗瑞·A.西格尔等：《美国司法体系中的最高法院》，刘哲玮等译，北京大学出版社2011年版，第20—39页。

（legal model）的态度模型（attitudinal model）、分权模型（strategic model〔又译作策略模型〕）和更关注宏观制度的制度主义模型（institutional model）。

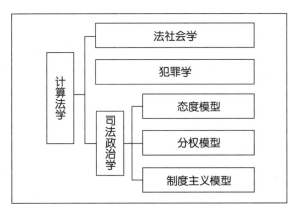

图 3　计算法学的展开维度

（一）态度模型（Attitudinal Model）

20 世纪 20 年代，在法律现实主义运动和政治学行为主义革命的双重驱动下，集合了法律现实主义、政治学、心理学和经济学核心概念的态度模型得以发展。在一定程度上，态度模型是法律模型的延伸。所谓法律模型是指司法决策主要取决于案件事实和法律文本，更细节的考究法律文本，又可以细分为宪法和法律、立法者原意、先例等。[①]但主张态度模型的学者认为法律模型普遍存在缺乏解释力、不可证伪等问题。态度模型强调个人偏好在司法决策中

---

① 〔美〕杰弗瑞·A. 西格尔等：《美国司法体系中的最高法院》，刘哲玮等译，北京大学出版社 2011 年版。

的意义，认为美国最高法院大法官主要是根据自身态度取向和价值判断来审理案件的[1]。如前文所提及的，Pritchhett 是态度模型的先驱，率先提出法官的个人价值偏好对司法决策的重要影响[2]。舒伯特（Schubert）进一步将法官的政策偏好简化为自由与保守（秩序）的意识形态谱系，从而从态度偏好的维度度量法官具体的裁判行为[3]。舒伯特曾将古特曼量表、因子分析运用于法学研究领域，通过统计分析将法官的判决进行类型化分析，以此探究大法官态度的变化[4]。

　　态度模型自 20 世纪 60 年代以来一直主导着司法政治学研究，其核心关切是如何衡量法官态度。早期研究主要以法官的社会背景或个人特征等变量表征法官的态度立场，比如 Ulmer 以法官的宗教信仰、出生家庭、政治出身等作为表征法官社会背景的自变量，以法官的投票结果作为因变量，认为法官的投票行为很大程度上是由法官的社会背景所决定的[5]。Danelski 对大法官任职前的公开讲话进行了文本分析，以此测量法官的态度立场[6]。Nagel 通过问卷调

---

①　王彬：《法律现实主义视野下的司法决策——以美国法学为中心的考察》，载《法学论坛》2018 年第 5 期。

②　C. H. Pritchett, *Civil Liberties and The Vinson Court*, University of Chicago Press, 1969.

③　K. E. Whittington, R. D. Kelemen, G. A. Caldeira, *The Oxford Handbook of Law and Politics*, New York: Oxford University press, 2008, p.25.

④　G. A. Schubert, *The Judicial Mind: The Attitudes and Ideologies of Supreme Court Justices, 1946—1963*, Northwestern University Press, 1965, pp.143—144.

⑤　S. S. Ulmer, "Dissent Behavior and The Social Background of Supreme Court Justices", *The Journal of Politics*, Vol.32:3, pp.580—598(1970).

⑥　D. J. Danelski, "Values as Variables in Judicial Decision-Making: Notes Toward a Theory", *Vanderbilt Law Review*, Vol.19, p.721(1965).

查的方式，收集了 119 份法官的问卷资料，分析法官对于不同政策
的价值趋向以及过往任职经历与司法判决之间的关系。[①] 也有学者
通过法官的投票记录来辨识其基本的态度立场，Segal 和 Cover 以
1953—1988 年涉及公民自由案件的法官投票记录作为研究对象，
通过回归分析证实了法官偏好与其投票行为的相关性[②]。

　　但这些早期研究，特别是用法官前期判决来测量法官态度的
方法，难免陷入"用表决决定态度，再用态度解释表决"的循环论
证。[③]Segal 和 Speath 改用外部标准，如提名大法官的总统所属的
党派、被题名时四份主要报纸的相关评论、大法官在下级法院任职
时的早期表决等来测量法官的意识形态。两位学者在《正义背后的
意识形态：最高法院与态度模型》一书中用法官态度系统检测，阐
释了美国最高法院大法官任命程序、意见撰写分配、实质判决等制
度，并且围绕态度模型理论进行了系统的论说和阐释。[④]

　　法官的政策偏好是固定不变的么？著名的沃伦法院出乎意料
的司法能动主义似乎说明事实并非如此。以马丁（Martin）为代表
的学者提出了新的测量法官态度的方法。马丁运用马尔可夫链蒙

[①]　S. S. Nagel, "The Relationship Between The Political and Ethnic Affiliation of Judges and Their Decision-Making", *Judicial Behavior*, pp.234—264(1964).

[②]　J. A. Segal, A. D. Cover, "Ideological Values and The Votes of US Supreme Court Justices", *American Political Science Review*, Vol.83:2, pp.557—565(1989).

[③]　〔美〕杰弗瑞·A. 西格尔、哈罗德·J. 斯皮斯：《正义背后的意识形态：最高法院与态度模型》，刘哲玮译，北京大学出版社 2012 年版；陈林林、杨桦：《基于"态度"的司法决策》，载《浙江大学学报》2014 年第 3 期。

[④]　〔美〕杰弗瑞·A. 西格尔、哈罗德·J. 斯皮斯：《正义背后的意识形态：最高法院与态度模型》，刘哲玮译，北京大学出版社 2012 年版。

特卡罗方法(Markov chain Monte Carlo methods)拟合了 1953—1999 年美国最高法院所有任职大法官态度的贝叶斯测度模型,研究结果表明,多数法官并没有恒定的态度理想点(ideal point),法官的态度会随着时间的推移而改变[①]。此后,马丁运用数理模型再次印证了这一观点,认为法官的态度取向决定着法官的任职和此后的司法行为,但是这样的意识偏好并非稳定,也会随着时势的变迁而改变。[②]2012 年马丁进一步建构了司法决策模型,通过实证分析表明,法官在审理案件时,对支持哪方当事人也有自身的偏好,而且当法官不满意其他法官的观点时,也往往可以自由地写出自己的偏好倾向,不受外部压力的影响[③]。

随着社会科学的发展,态度模型的相关研究在方法意识、方法内容和方法价值方面正在经历着深刻的变革,态度模型的研究议题也不断迈向纵深。Glynn 与 Sen(2014 年)讨论了法官的个人经历和心理因素在多大程度上会影响到他的裁判决定。该研究对美国上诉法院 224 名法官审理的 1000 起与性别有关的案件进行了分析,发现与家中有儿子的法官相比,有女儿的法官在性别问题的投票上

---

① A. D. Martin, K. M. Quinn, "Dynamic Ideal Point Estimation Via Markov Chain Monte Carlo for the US Supreme Court, 1953—1999", *Political Analysis*, Vol.10:2, pp.134—153(2002).

② L. Epstein, A. D.Martin, K. M. Quinn, et al., "Ideological Drift Among Supreme Court Justices: Who, When, and How Important", *Northwestern University Law Review*, Vol. 101, p.1483(2007).

③ C. Carrubba, B. Friedman, A. D. Martin, et al., "Who Controls the Content of Supreme Court Opinions?", *American Journal of Political Science*, Vol.56:2, pp.400—412(2012).

更加有女权主义倾向，这也在一定程度上验证了同理心在法官裁判中的重要影响[①]。

（二）分权模型（Strategic Model）

态度模型挑战了法律模型的主导地位，将法官的价值偏好而非单纯的法律文本（案件事实）看作是理解司法决策的重要线索，然而，法官投票一定是真诚的么？分权模型挑战了态度模型这一潜在的假设。广义上的分权／策略模型将法官看作是政治行为者之一，其行为受到政治场域中其他行为者的影响与制约。本节主要探讨在权力分立与制衡的场域下对法官决策的研究，下一小节（制度模型）探讨更广意义上的策略模型，亦即影响法官决策的内外部制度因素。

Marks（1988年）是分权模型的先驱者，他指出在权力分立与制衡的制度安排下，司法行为受到其他行为者——如总统和国会的制约，一般情况下，美国最高法院会通过策略的（不真诚的）行为顺从立法者意见，以防止自己的判决被国会推翻[②]。Spiller 和 Gely（1992年）第一次实证检验了美国最高法院在劳动关系领域中决策的策略性考虑，该研究先后收集了1949年以来美国最高法院的所有决定、最高法院民主党人的比例以及美国劳工协会（ADA）的分

---

① A. N. Glynn, M. Sen, "Identifying Judicial Empathy: Does Having Daughters Cause Judges to Rule for Women's Issues?", *American Journal of Political Science*, Vol.59:1, pp.37—54(2015).

② B. A. Marks, "A Model of Judicial Influence on Congressional Policy Making: Grove City College V. Bell", *The Journal of Law, Economics, and Organization*, Vol.31:4, pp.843—875(2012).

数等数据，验证了国会与法院互动的方式在一定程度上决定着司法策略。[①]Ferejohn 和 Weingast（1992 年）以及 McNollgast（1992 年，1994 年）等又进一步在理论上证成了立法机关对司法决策的影响。[②]

　　此后分权模型的拓展主要来自对分权与制衡的制度安排的理解，由此，司法政治学与议会政治产生了紧密的勾连。在美国式参众两院分享决策权，同时总统拥有否决权的制衡体系中，究竟谁拥有在某些政策议题中的最终话事权——是参众两院的中位投票者（floor median voter）、专业委员会的中位投票人（committee median）还是拥有否决权的总统？ Segal 等（2011 年）推导了诸多博弈模型，并采用 1954 年到 2004 年美国最高法院的司法审查案件，在控制法官态度的前提下，验证了虽然法院并不总是理性估计议会推翻其判决的可能，但在法院与其他行为者政策偏好差距较大时，法院倾向于约束自己的行为。[③]

　　态度模型与分权模型孰优孰劣？虽然两派学者之间不乏分歧甚至直接争锋，但多数学者都承认两个模型之间存在相当的互补性。在司法权保障较好的司法环境中态度模型极具解释力，而在缺乏法

　　① P. T. Spiller, R. Gely, "Congressional Control or Judicial Independence: The Determinants of US Supreme Court Labor-Relations Decisions, 1949—1988", *The RAND Journal of Economics*, pp.463—492(1992).

　　② J. A. Ferejohn, B. R. Weingast, "A Positive Theory of Statutory Interpretation", *International Review of Law and Economics*, Vol.12:2, pp.263—279(1992); McNollgast, "Legislative Intent: The Use of Positive Political Theory in Statutory Interpretation", *Law & Contemp.Probs*, Vol.57, p.3(1994).

　　③ J. A. Segal, C. Westerland, S. A. Lindquist, "Congress, the Supreme Court, and the Judicial Review: Testing a Constitutional Separation of Power Model", *American Journal of Political Science*, Sept. (2010).

治传统的转型社会，分权模型则具有更强的解释力。Iaryczower 等（2002 年）对阿根廷 1935—1997 年间 1646 件涉及政府司法审查的案件进行了分析，验证了法院的策略性选择，在总统可以控制议会的情况下法官判决政府败诉的可能性降低，反之则增强[①]。Helmke（2002 年）以分权模型为基础，并以阿根廷最高法院 1976—1995 年间 7562 项法官裁决意见为分析数据，发现即便是在缺乏司法保障的国家，法官也会判决政府败诉。法官的判决与政府的选举情态相关，在政府相对软弱的时期，判决政府败诉的比例会显著增加，从而产生逆向的法律-政治循环[②]。类似的，Epstein 等人（2001 年）通过模型假设对俄罗斯宪法法院进行了分析，指出随着俄罗斯政治环境趋向统一和稳定，宪法法院对政治机构趋向于顺从。[③]

（三）制度主义模型（Institutional Model）

严格来说，制度主义模型也属于更广泛意义上的策略模型，制度主义同样强调制度环境对法官行为的规范与限制。外部制度环境为法官追求政策目标提供了基础的秩序，内部制度结构要素也在

[①] M. Iaryczower, P. T. Spiller, M. Tommasi, "Judicial Independence in Unstable Environments", Argentina 1935—1998, *American Journal of Political Science*, pp.699—716(2002).

[②] G. Helmke, "The Logic of Strategic Defection: Court-executive Relations in Argentina under Dictatorship and Democracy", *American Political Science Review*, Vol.96:2, pp.291—303(2002).

[③] L. Epstein, J. Knight, O. Shvetsova, "The Role of Constitutional Courts in the Establishment and Maintenance of Democratic Systems of Government", *Law and Society Review*, pp.117—164(2001).

相当程度上影响着法官决策的动力①。早期以罗伯特·达尔（Robert Dahl）和马丁·夏皮罗（Martin Shapiro）的研究为代表，达尔（1957年）侧重于分析制度本身而非法官个体，认为美国法院多数情形是与其他政治联盟站在一起的，美国的政治体系是多种利益团体相互合作的结果。②夏皮罗是司法政治学的重要先驱，主张法学研究不应该仅仅局限于案件本身，还应该注意到法院的政治功能，以及在政治体系中结构性位置（夏皮罗，1963年）③，司法机关和行政机关之间既是竞争关系，又是互补关系（夏皮罗，1968年）④。司法权力同样受到政治体系的限制，法院可以通过议会多数派和上诉机制了解民意，从而实现更为精细的社会控制（夏皮罗，1980年）⑤。总之，制度主义强调制度塑造了司法行为的目的和意义，透过制度考察司法行为，可以进一步理解司法行为的行动逻辑。在一定程度上，关于制度主义模型的研究可以从内部制度和外部制度两个维度展开。

内部制度研究侧重于强调法院系统内部的决策以及审级间关系。早期内部制度研究主要集中于美国最高法院九位大法官之间的互动与合作。在大法官共同裁决的制度设置下，从案件选择、投

① H. Gillman, C. W. Clayton, "Beyond Judicial Attitudes: Institutional Approaches to Supreme Court Decision-Making", *Supreme Court Decision-making: New Institutionalist Approaches*, pp.1—12(1999).

② R. A. Dahl, "Decision-Making in a Democracy: The Supreme Court as a National Policy-Maker", *J. Pub. L.*, Vol.6, p.279(1957).

③ M. Shapiro, "Political Jurisprudence", *Kentucky Law Journal*, Vol. 52, p.294 (1963).

④ M. Shapiro, *The Supreme Court and Administrative Agencies*, New York: Free Press, 1968.

⑤ M. Shapiro, "Islam and Appeal", *California Law Review*, Vol. 68, p.350(1980).

票到判决写作都充满了法官之间的互相牵制与策略选择。[①]Owens
与 Wedeking（2011 年）对美国最高法院的判决意见进行了文本识
别和量化分析，研究发现法官书面意见陈述的详略程度往往受到其
他法官意见的影响。[②] 研究者在下级法院决策过程中也同样发现了
策略性行为。Miller 与 Curry（2017 年）通过对 1995—2012 年间美
国上诉法院多个法律领域案件进行了回归分析，发现专门研究特定
法律领域的法官更加倾向于做出符合其态度偏好的决定，此外，当
合议庭中有专家型法官时，其他法官的投票结果往往与他们保持一
致。这一结论也在一定程度上表明了专业化法官在许多法律政策
领域具有潜在的影响力。[③] 类似的策略性互动也同样发生在美国陪
审团决策过程中。Lynch 和 Haney（2011 年，2015 年）先后两次进
行模拟陪审实验，发现经过陪审期间的协商和讨论，大部分的陪审
员都改变了自己的最初的选择，陪审团的人员构成、内部情绪氛围、
协商讨论的模式等均是影响陪审员决策的可能因素。[④]

---

① L. Epstein, J. Knight, *The Choices Justices Make*, Washington DC: CQ Press, 1998.

② R. J. Owens, J. P. Wedeking, "Justices and Legal Clarity: Analyzing the Complexity of US Supreme Court Opinions", *Law & Society Review*, Vol.45:4, pp.1027—1061(2011).

③ B. Miller, B. Curry, "Small-Group Dynamics, Ideology, and Decision Making on the US Courts of Appeals", *Law & Policy*, Vol.39:1, pp.48—72(2017).

④ M. Lynch, C. Haney, "Mapping The Racial Bias of The White Male Capital Juror: Jury Composition and the 'Empathic Divide'", *Law & Society Review*, Vol.45:1, pp.69—102(2011); M. Lynch, C. Haney, "Emotion, Authority, and Death:(Raced) Negotiations in Mock Capital Jury Deliberations", *Law & Social Inquiry*, Vol.40:2, pp.377—405(2015).

　　在不同层级的法院之间也存在策略性行为。具体来说，上级法院和下级法院之间存在一定的委托代理（Principal-agent）关系，上级法院判决确立的法律原则是否一定得到下级法院的遵从，在下级法院漠视上级法院的判例时，上级法院是否可以通过改判或改判的威胁予以规范？ Songer（1994 年）等人以 1961—1990 年查封和扣押案件（search and seizure）为分析对象，他们发现整体而言上诉法院倾向于做出与最高法院一致的判决，但是上诉法院并非对最高法院绝对服从，由于案件事实的复杂性，上诉法院也会对最高法院的判决进行模糊性解释，从而扩展了表达本院自身意愿的空间。[①]Lax则从最高法院调卷令的角度（certiorari）探讨为何最高法院采取四人裁决（rule of four）而非多数裁决的规则决定是否调卷，通过模型建构，他认为四人裁决方式增强了最高法院的策略空间，这种不确定性也强化了下级法院受到的审查以及改判的威胁。[②]

　　与内部制度主义对应，相当一批研究者探讨更广泛意义上的外部制度，如选举制度、公民认同等。研究全球司法治理现象（judicialization）的学者们认为执政的政治精英在面临不容乐观的选举前景时，倾向于向法院赋权从而寻求政策议程的长期化。Ginburg（2003 年）探讨了东亚国家与地区的宪法法院发展，提出了"保险理论"的解释框架，认为政党的分立以及政治不确定性会

---

　　① D. R. Songer, J. A. Segal, C. M. Cameron, "The Hierarchy of Justice: Testing a Principal-Agent Model of Supreme Court-Circuit Court Interactions", *American Journal of Political Science*, pp.673—696(1994).

　　② J. R. Lax, "Certiorari and Compliance in the Judicial Hierarchy: Discretion, Reputation, and the Rule of Four", *Journal of Theoretical Politics*, Vol. 15:1 (2003).

影响宪法法院权力的行使。[①] 类似的，Finkel（2005 年）[②] 和 Rios-Figueroa（2007 年）[③] 都用墨西哥的政党轮换案例探讨司法改革进程与司法权行使之间的关系，认为政治机关之间的分权程度在一定程度上影响司法系统运行的有效性。

还有研究者进一步将公众舆论引入司法决策研究。Vanberg（2011 年）在考察德国立法与司法关系的博弈模型中加入了议题透明度的考量，发现议题透明度可以显著增强司法权。[④]Gibson（2008 年）通过嵌入式实验调查对美国最高法院的合法性进行了讨论，发现政治赞助和攻击性的广告会削弱最高法院的合法性，而政策声明或者以某种方式做出决定的声明，并不会对法院的合法性造成影响[⑤]。Canes-Wrone 等（2014 年）研究了法官选任制度对司法判决的影响，通过对 1980—2006 年间州最高法院判决的 2000 多起死刑案件和 12000 多项司法决定的分析，验证了在不分党派选举和再选制度中，法官面临着维护死刑判决的巨大压力，法官需要对公民意

---

①　T. Ginsburg, *Judicial Review in New Democracies: Constitutional Courts in Asian Cases*, Cambridge University Press, 2003.

②　J. Finkel, "Judicial Reform as Insurance Policy: Mexico in the 1990s", *Latin America Politics and Society*, Vol. 47, No. 1 (2005).

③　J. Ríos-Figueroa, "Fragmentation of Power and the Emergence of an Effective Judiciary in Mexico, 1994—2002", *Latin American Politics and Society*, Vol.49:1, pp.31—57(2007).

④　G. Vanberg, "Legislative-Judicial Relations: A Game-Theoretic Approach to Constitutional Review", *American Journal of Political Science*, Vol. 45(2) (2001).

⑤　J. L. Gibson, "Challenges to the Impartiality of State Supreme Courts: Legitimacy Theory and 'New-Style' Judicial Campaigns", *American Political Science Review*, Vol.102:1, pp.59—75(2008).

见做出反应。此外，公民投票对司法行为的影响只在利益集团开始锚定法官作为其战略目标时才会显现出来[①]。Madonna 等（2016 年）对 1967—2010 年的总统政策议程项目（presidential policy agenda items）和参议院每天通过的议案进行编码，探讨美国最高法院大法官提名背后的政治博弈。经由描述性统计分析、离散形式的风险模型（Discrete Hazard Model）等检验方式，证明总统对最高法院提名人的公开支持发言往往会使重要政策通过的可能性降低[②]

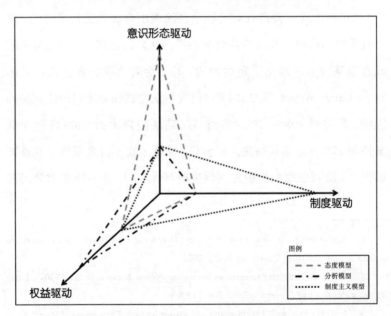

图 4 司法政治学中三种类模型的驱动方式

---

① B. Canes-Wrone, T. S. Clark, J. P. Kelly, "Judicial Selection and Death Penalty Decisions", *American Political Science Review*, Vol.108:1, pp.23—39(2014).

② A. J. Madonna, J. E. Monogan Ⅲ, R. L. Vining Jr., "Confirmation Wars, Legislative Time, and Collateral Damage: The Impact of Supreme Court Nominations on Presidential Success in the US Senate", *Political Research Quarterly*, Vol.69:4, pp.746—759(2016).

　　由是观之，上述三种彼此竞争的理论模型分别在各自的理论框架内挖掘出特定的分析维度和技术路线，对计算法学研究的展开具有相当的启示意义（见图4）。在方法论层面，三种模型都接受了行为主义所提示的研究范式和理论预设，数理模型、科学量化分析成了主要的研究技术。总之，态度模型、分权模型和制度模型之间的对立和分歧不仅规定了特定的研究取向，更为重要的是，它们构成了司法政治学的知识脉络和思考传统。

（四）深嵌于犯罪学与法社会学中的计算法学

　　犯罪学和法社会学的研究是另一个认知计算法学研究场景的重要面向（见图3）。就学科特征而言，犯罪学以减少、控制和消灭社会犯罪行为作为理论建构的逻辑起点和价值追求，它脱开了法律条文编织的概念框架，试图从社会基础视角观察、研究整体的犯罪现象[1]；而法社会学试图将法律现象视为社会现象，并置于社会学的研究框架内进行考察，其主体思维方式可以概括为整体性思维、民间立场、经验研究和法益分析。[2] 从某种意义上讲，两个学科的基本面向也是联系在一起的，经验性和实证性的学科基因使犯罪学和法社会学在研究过程中需要整合调动多重方法论资源，从而对法律事实和法律制度形成整体性、综合性和科学性的认识。从既有的研究成果来看，数理模型和计量研究方法已经不同程度的运用于这两个学科领域的研究中，然而囿于篇幅所限，本文难以对犯罪学和法社会学进行全面系统的梳理，故作者仅就部分代表性的研究进行分

---

　　① 　王牧：《犯罪学与刑法学的科际界限》，载《中国法学》2004年第1期。

　　② 　胡平仁：《法社会学的思维方式》，载《法制与社会发展》2006年第6期。

析，重在推介这些研究在方法技术上所展开的尝试。

1.围绕犯罪学展开的实证研究

西方犯罪学兴起于19世纪，是在社会调查统计活动中发展起来的，此后逐渐转向犯罪社会学[①]。盖里(1833年)对1825—1830年的数字材料进行统计分析，发现犯罪率高发的人群主要集中在25—30岁，认为贫困仅是犯罪成因的次要方面[②]。统计学家凯特勒(1829年)对犯罪行为的统计分析成功预测了1830年法国发生犯罪行为的总数和种类。他的研究还发现年龄、性别、气候、人种与犯罪有一定的相关性，南方更易发人身方面的犯罪，而北方易发财产方面的犯罪[③]。迈尔(1867年)发现谷物价格的变动和犯罪率之间具有显著的相关性[④]。罗伯特(1863年)在《爱尔兰的事实和维克菲尔的数字》一文中发现"现存犯罪阶层"导致了习惯性犯罪，"犯罪是自行繁殖的"。[⑤]经由上述分析可以看出，犯罪学自产生以来就蕴含着"计算"的基因，并且为此后犯罪社会学的形成与发展奠定了基础。

19世纪中叶以后，实证犯罪学派开始兴起。与古典犯罪学派相比，实证犯罪学倡导以客观因素和主观因素相结合的理念解释犯罪，并且肯定了某些客观因素对于导致犯罪所起的决定性作用。实证犯罪学派强调对经验事实的观察与分析，并倾向于运用量化分析

---

① 吴鹏森：《犯罪社会学》，社会科学文献出版社2008年版，第50页。

② 〔德〕汉斯·约阿希姆·施奈德：《犯罪学》，吴鑫涛、马君玉译，中国人民公安大学出版社1990年版，第103页。

③ 吴鹏森：《犯罪社会学》，社会科学文献出版社2008年版，第51页。

④ 张旭、单勇：《犯罪学基本理论研究》，高等教育出版社2010年版，第81页。

⑤ 〔美〕理查德·昆尼、约翰·威尔德曼：《新犯罪学》，陈兴良等译，中国国际广播出版社1988年版，第38—39页。

和统计方法论证犯罪学的基本命题。龙勃罗梭（1876 年）对 1279
名意大利罪犯的人体测量和相貌分析，发现罪犯与正常人在生理构
成上有很大不同，并由此提出了"天生犯罪人"的观点 [1]。菲利（1881
年）根据大量的犯罪人类学和犯罪统计资料，指出不能仅从生理因
素的角度解释犯罪，自然因素和社会因素也是影响犯罪生成的重要
因素 [2]。加罗法洛（1885 年）在龙勃罗梭研究的基础上，对犯罪人作
了进一步类型划分，亦即"自然犯"和"法定犯"，并指出这两种犯
罪产生的原因是不同的，应以不同的对策来应对 [3]。总之，实证犯罪
学派先驱们开创的实证研究方法逐渐成为犯罪学的基本研究方法，
即使是最新的研究成果，也依旧延承着这样的研究风格，以下试举
几例缕述之：

犯罪趋势变化及其因果性解释是犯罪学研究的重要方面。美
国进入 20 世纪 90 年代后，犯罪率骤然降低。诸多学者对这一现
象给出了不同的解释，Donohue Ⅲ 和 Levitt（2011 年）通过汇集多
方面数据证明了联邦最高法院 1973 年判决堕胎合法化是美国整
体犯罪率降低的重要原因，因为法律一旦禁止堕胎，孕妇则会不得
已将孩子生下来，孩子可能无法接受更好的教育，那么潜在的犯罪
率会提升。[4] 对于这一现象，也有学者识别了其他的原因，Wright
等（2017 年）收集了美国某地从 1990 年到 2011 年每月的犯罪数
据，综合考察了美国实施电子福利支付系统（Electronic Benefit

①　〔意〕切萨雷・龙勃罗梭：《犯罪人论》，黄风译，北京大学出版社 2011 年版。

②　〔意〕恩里科・菲利：《犯罪社会学》，郭建安译，商务印书馆 2017 年版。

③　〔意〕加罗法洛：《犯罪学》，耿伟、王新译，中国大百科全书出版社 1996 年版。

④　J. J. Donohue Ⅲ, S. D. Levitt, "The Impact of Legalized Abortion on Crime",
The Quarterly Journal of Economics, Vol.116:2, pp.379—420(2001).

Transfer Program）后金融犯罪率的变化，研究发现非现金化的支付方式是犯罪率降低的重要因素。[1]

　　如何有效地预防和治理犯罪，也是犯罪学研究的重要课题。Cohen（2018 年）运用量化分析方法对性侵案件进行研究，旨在分析联邦定罪后风险评估工具（PCRA）在多大程度上可以准确预测性侵罪再犯的可能，这项研究的数据来自于 94 个联邦司法辖区，其中包括了 5437 名被判性侵犯罪的男性罪犯，这些罪犯均被监管释放或者判决缓刑，并且都接受了 PCRA 的风险评估。通过比例风险回归模型（Cox Regression）、敏感性和特异性分析等量化分析方法，证明 PCRA 能够准确地预测罪犯的再犯行为，包括重罪或轻罪、暴力罪和缓刑，同时，研究也指出了 PCRA 的局限性[2]。Fagan 与 Piquero（2007 年）的研究收集了大量青少年犯罪样本，并且对他们进行了持续两年的定期访谈。研究发现法律社会化和理性选择往往会影响到青少年的犯罪模式，当犯罪的风险和惩罚的力度提升后，相应的犯罪率也会随着时间的推移而降低。研究者认为程序正义而非理性选择是法律社会化的基本前提，心理健康和发育程度也会在一定程度上消解犯罪成本和风险对犯罪行为的影响。[3]

---

[1]　R. Wright, E. Tekin, V. Topalli, et al., "Less Cash, Less Crime: Evidence from the Electronic Benefit Transfer Program", *The Journal of Law and Economics*, Vol.60:2, pp.361—383(2017).

[2]　T. H. Cohen, "Predicting Sex Offender Recidivism: Using The Federal Post Conviction Risk Assessment Instrument to Assess the Likelihood of Recidivism Among Federal Sex Offenders", *Journal of Empirical Legal Studies*, Vol.15:3, pp.456—481(2018).

[3]　J. Fagan, A. R. Piquero, "Rational Choice and Developmental Influences（接下页）

青少年犯罪是世界各国普遍关注的社会问题，由此也产生了大量的理论成果。Longshore（1996年）运用实验研究法对623名犯罪人员进行了研究，研究发现冒险性和冲动性是预测暴力犯罪最为重要的维度。[1]Peter和Lagrange（2003年）以加拿大2000名学生为研究对象，经过问卷调研和实证分析，验证了青少年犯罪的紧张理论与自我控制理论的基本假设，认为低度的自我控制是青少年犯罪的重要原因。[2]在方法论推进的意义上，Osgood（2000年）主要介绍了如何将统计学上的泊松回归模型运用于分析总体犯罪率。为了说明这种研究方法的优劣，Osgood用泊松回归模型分析了四个州中264个非大都市县的青少年抢劫案逮捕率，泊松回归的负二项变量有效地解决了一般最小二乘分析中常出现的问题。[3]

2. 围绕法社会学展开的实证研究

如前所述，法社会学是一个议题广泛，方法论多样，与各社会科学领域普遍挂钩的学科，这也导致了法社会学议题的分散与理论在一定程度上的"琐碎"。[4]本节沿用了季卫东老师"经验主义"与

（接上页）on Recidivism Among Adolescent Felony Offenders", *Journal of Empirical Legal Studies*, Vol.4:4, pp.715—748(2007).

[1]　D. Longshore, S. T. Rand, J. A. Stein, "Self-Control in a Criminal Sample: an Examination of Construct Validity", *Criminology*, Vol.34:2, pp.209—228(1996).

[2]　T. Peter, T. Lagrange, R. Silverman, "Investigating the Interdependence of Strain and Self-Control", *Canadian Journal of Criminology and Criminal Justice*, Vol.45:4, pp.431—464(2003).

[3]　D. W. Osgood, "Poisson-Based Regression Analysis of Aggregate Crime Rates", *Journal of Quantitative Criminology*, Vol.16:1, pp.21—43(2000).

[4]　刘思达：《美国"法律与社会运动"的兴起与批判——兼议中国社科法学的未来走向》，载《交大法学》2016年第1期。

"功能主义"的论说方式，试图从法律与司法在法社会学研究中的位置——自变量还是因变量对纷繁的法社会学研究做一个挂一漏万式的简述，侧重法社会学文献对计算法学发展的助推作用。[①]

从学科发展史来讲，法社会学"主要的奠基人和宏观理论都来自西欧，但是饶有趣味的是这一学科在美国比在其他国家更加繁荣"。[②]机械论时代法社会学创始人之一贡普洛维奇（Gumplowicz）继承了实证主义社会学传统，首次提出把法学作为社会科学的一个分支，并且力主法学是一门社会科学。[③]20 世纪 20 年代以来是法社会学的重要建设时期。法律现实主义是这一时期最为重要的思想流派之一，这一时期的法社会学研究更加务实，更加向实证主义靠拢，倡导运用实用科学技术研究法律现实问题，被视为法学界的"激进之翼"[④]。布兰代斯（1908 年）以大量数据事实为研究对象，确证了工人长时间劳动与健康具有显著的相关性[⑤]。庞德主张重视法律的实际运行效果，提出了"书本上的法律"（Law in Books）和"行动中的法律"（Law in Action）的区分，从而促生了早期法社会学研

[①]　季卫东：《从边缘到中心：20 世纪美国的"法与社会"研究运动》，载《北大法律评论》1999 年第 2 辑。

[②]　同上。

[③]　汤唯：《法社会学在中国：西方文化与本土资源》，科学出版社 2007 年版，第 7 页。

[④]　〔美〕博登海默：《法理学：法律哲学与法律方法》，邓正来译，中国政法大学出版社 1999 年版，第 152 页。

[⑤]　上海社会科学院法学研究所编译：《法学流派与法学家》，知识出版社 1981 年版，第 146—148 页；〔美〕彼得·G. 伦斯特洛姆编：《美国法律辞典》，贺卫方等译，法律出版社 1998 年版，第 36 页。

究中"差距研究"（gap studies）。[①]弗兰克（1974 年）强调法律的不确定性，并认为法官的个性、脾性、偏见和习惯等常常决定了判决结果[②]。罗伊温格（1949 年）最早提出了"量化法学"的概念，主张要将量化思维融入法学分析中。[③]总之，法律现实主义以及后期的法与社会运动秉持以事实为中心的研究方法，倾向于运用数理统计、模型建构的方法开展研究，强调法学研究的精细化和实证化[④]。法律现实主义所尝试的方法论创新，无疑为计算法学的建构与发展提供了丰厚的知识基础与方法论资源。

新晋的法社会学发展并没有脱出"经验主义"和"功能主义"二分的框架。所谓功能主义，是指主要把法律作为进行社会控制的工具，从而在分析中把法律及其实施看作是研究的自变量。而所谓经验主义，是指法学领域中基于可以验证的客观事实的研究，在本节的讨论中，我们特别关注将法律及其实施看作是因变量的研究。

一方面，从经验主义视角，将法律及其实施作为因变量的研究。这一脉络的文献共同关注影响法律及其实施的因素。Cane-Wrone 等（2014 年）探讨了影响立法效果的因素。这项研究搜集了 1973—2000 年间美国平等就业委员会提交的所有关于就业歧视指控的数

[①]　刘思达：《美国"法律与社会运动"的兴起与批判——兼议中国社科法学的未来走向》，载《交大法学》2016 年第 1 期。

[②]　B. A. Ackerman, *"Law and the Modern Mind" by Jerome Frank*, Daedalus, pp.119—130(1974).

[③]　Cf. Lloyd of Hampstead and Michael Freeman, *Lloyd's Introduction to Jurisprudence*, London: Stevens & Sons, 1985, pp.701—705.

[④]　王彬：《法律现实主义视野下的司法决策——以美国法学为中心的考察》，载《法学论坛》2018 年第 5 期。

据,研究发现法官的选任方式在很大程度上影响了反歧视立法的司法实施,以任命方式选任法官的州对种族、年龄、性别的歧视相对较少。⑤Rorie(2018年)重点讨论了在何种情形下企业会遵守法规。作者运用了阶乘的调查方法(Factorial Survey Methods)检验企业合规与否和专业人士对程序正义和合法性认知的关系。研究发现,只有在企业管理者与监管当局有直接接触时,程序公正和合法性对企业合规才有促进。这也在一定程度上证明了程序正义理论需要微观层面的互动。⑥

　　资源与权力在诉讼中的表现如何? Galanter在1974年发表的经典论文区分了经常打官司的"重复诉讼人"(repeat player)与很少打官司的"一次性诉讼人"(one-shotter),他认为前者与后者相比在诉讼中具有明显优势,因为前者更容易获得律师等法律专业人士的服务,而且在不同案件中选择性地投入不同的精力和资源,一次性诉讼人却没有这样的选择。⑦这一理论在过去几十年中引发了大量的实证研究,在不同类型的法院乃至不同国家都得到了验证。贺欣等(2013年)对上海法院2724件判决做了梳理,发现资源贫乏型当事人不仅赢的更少,而且输赢之间的差距很大。贺欣等进一步

---

　　⑤ B. Canes-Wrone, T. S. Clark, J. P. Kelly, "Judicial Selection and Death Penalty Decisions", *American Political Science Review*, Vol.108:1, pp.23—39(2014).

　　⑥ M. L. Rorie, S. S. Simpson, M. A. Cohen, et al., "Examining Procedural Justice and Legitimacy in Corporate Offending and Beyond-Compliance Behavior: The Efficacy of Direct and Indirect Regulatory Interactions", *Law & Policy*, Vol.40:2, pp.172—195(2018).

　　⑦ M. Galanter, "Why the 'Haves' Come Out Ahead: Speculations on the Limits of Legal Change", *Law & Society Review*, 9 (1974).

假设这种差距不仅来自于当事人之间的资源不平等，更来自于法律的偏差以及法院的行为。[①] 在一定程度上，Ang 与 Jia（2014 年）的研究部分验证了贺欣的假设。两位作者利用中国 3980 家私营企业数据分析民营企业会采用何种方式解决商业纠纷，经由非线性回归模型（Nonlinear Model），研究发现有政治关联的企业更倾向于通过法院诉讼而不是通过非正式的渠道解决纠纷，其内在动力在于政治优势（Know who）而非知识优势（Know how）。[②]

　　种族、民族等社会因素影响社会公正么？ King（2010 年）探讨了法律职业多样化构成对刑事正义的影响。研究运用分层线性模型（Hierarchical Linear Modeling）对 1990—2002 年州法院处理统计调查（SCPS）的 5 万多件案件进行了分析，发现随着区域内黑人律师数量的增加，白人和黑人在量刑上的差距会逐渐缩小，法律职业的多样化在一定程度上会缓解因种族和民族差异造成的量刑差异。[③] 多数民族会歧视少数民族么？ Corren（2017 年）等分析了以色列国家法草案，研究并没有发现多数民族对少数民族的偏见，相反，国家法律反而对不同少数民族产生了溢出效应。[④]

----

① X. He, and Y. Su, "Do the 'Haves' Come Out Ahead in Shanghai Courts?", *Journal of Empirical Legal Studies*, 10 (2013).

② Y. Y. Ang, N. Jia, "Perverse Complementarity: Political Connections and the Use of Courts among Private Firms in China", *The Journal of Politics*, Vol.76:2, pp.318—332(2014).

③ R. D. King, K. R. Johnson, K. McGeever, "Demography of the Legal Profession and Racial Disparities in Sentencing", *Law & Society Review*, Vol.44:1, pp.1—32(2010).

④ Barak-Corren Netta, Yuval Feldman, and Noam Gidron, "The Provocative Effect of Law: Majority Nationalism and Minority Discrimination", *Journal of Empirical Legal Studies*, Vol.15,No.4, pp.951—986(2018).

另一方面，从功能主义的角度，将法律及其实施作为自变量的研究。这一脉的文献主要探讨法律与司法的社会效应。Gallager（2006年）研究了上海的劳工法律动员，指出了中国法律意识的"知情去魅"现象，一方面普通民众热衷于运用法律知识维护自身利益，另一方面又对法律动员的效果感到失望，但这种失望并没有使他们放弃行使法律武器。[1]Whiting（2017年）借由准实验研究方法进一步探讨了中国的法律意识问题。作者在被选为实验组的县进行了为期一年的普法宣传活动，对照完全不施加任何干预的控制组，发现普法宣传在一定程度上增加了当地居民对地方政府的信任，当然，这种正面效应会随着政府层级的降低而递减。[2]

法治环境如何影响经济发展？ Porta（1994年）以49个国家为样本进行了定量研究，发现对投资者法律保护力度较弱的国家（凭借法律规则的性质和执法的质量来测量），那么市场的规模也会相对较小，这个结论同样适用于股票和债券市场。法国就是这样的典型代表，与其他普通法国家相比，法国的法律对投资者采取最弱的保护力度，同时相应地也拥有最不发达的资本市场[3]。

综上所述，无论是司法政治学，还是法社会学与犯罪学，它们在方法论层面的努力与尝试，在根本上确立了计算法学作为社会科

---

[1] M. E. Gallagher, "Mobilizing the Law in China: 'Informed Disenchantment' and the Development of Legal Consciousness", *Law and Society review*, 40(4) (2006).

[2] S. H. Whiting, "Authoritarian 'Rule of Law' and Regime Legitimacy", *Comparative Political Studies*, Vol.50:14, pp.1907—1940(2017).

[3] R. La Porta, F. Lopez-de-Silanes, A. Shleifer, et al., "Legal Determinants of External Finance", *The Journal of Finance*, Vol.52:3, pp.1131—1150(1997).

学领域内一门分支学科存在与发展的基础，使得法学与社会科学其他学科形成了紧密的互动。计算法学力主的法学"科学化"的基本立场，也在相当程度上预示着实证法学研究的未来发展方向。同时，在之前"挂一漏万"式的综述中，我们不难看出，前述各交叉学科分享了同一的社会科学研究方法，从不同的学科议题切入法律实证分析，但在核心变量的衡量方面有着相当的差异，仍有进一步融合的可能，而这正是大数据时代计算法学发展可资期待的前景之一。

三、计算法学研究的研究层次和发展脉络

如前所述，社会科学和计算科学研究方法已经不同程度地贯穿于法学研究中，使法学研究穿越了规范研究的藩篱，在基础规范和制度事实之间的关联互动中，法学研究的议题领域和分析层次也得以延伸和扩张，并且在学科发展中逐渐形成了科学、客观的风格、品味和特色。那么，在大数据与计算科学蔚然发展之际，相较于传统法学研究，计算法学学科体系的建构和整合的实践中呈现出怎样的格局特征和发展脉络？基于计算社会科学的分析方法在推动法学研究方面发挥了怎样的作用？计算法学发展的动力基础有哪些方面？从现有的研究状况来看（见图5），可以表现为以下几个方面：

（一）研究方法层次：方法运用趋向科学成熟

在斑驳丰富的学术状况中，计算法学逐渐形成科学稳健的方法论框架。这些方法论框架有助于面向司法运行实态进行结构性与

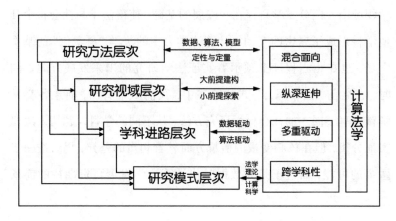

图 5 计算法学推进的动力学模型

整体性的分析，评估现况、分析走向、预测趋势，并为深度认知法治发展提供了有益的参考依据。从目前学术发展状况来看，随着方法论技术的不断提升，计算法学正在逐渐实现从封闭式思维到开放式思维、从单案例到海量数据、从片段式探索到系统性分析、从描述性研究到因果性解释、从单一研究方法到混合研究方法等方面的递转与发展，其分析工具和技术手段亦日趋专业成熟。从既有的文献来看，在庞大数据来源的支持下，各种前沿的统计模型、计算机模型、形式模型已经在认知、解释和预测法律行为和司法实践方面发挥了重要的作用。

在法官决策方面，Ethayarajh 等（2018 年）利用文本挖掘技术对 1950—2010 年印度最高法院做出的 48079 件判决进行识别与分析，试图探讨超过半数的最高法院判决不援引先例的原因，研究发现即使是不援引先例的案件也依然受到先例影响，普通法仍然在发挥作用。多数判决不直接引用先例的原因是时间与资源方面的限制。[1] 在司法政策评估方面，Wang（2017 年）采用准实验研究的方法，收集了 1998—2013 年间 4275 件上市公司商业诉讼数据，巧妙地利用了 2008 年最高法院的司法政策调整，并以此为分割线将研究样本区分了实验组和控制组，经由双重差分法（Difference-in-Difference）检验了利益集团俘获的层级性（relative capture），研究发现国有企业在上级法院更容易胜诉，而非国有企业在基层法院更容易胜诉。[2] 在犯罪防控预测相结合方面，Berk 等（2016 年）结合大数据分析技术探讨家庭暴力案件审讯前被告人是否可以保释问题。他们的方法成功预测了 90% 的再犯案例。[3] 此外，实验方法也更多地运用到相关研究中，Lynch 和 Haney（2011 年）运用了模拟陪审团实验的研究方法，他们将 539 名参与者随机分配到 100 个小陪审团中，研究发现相较于女性和非白人陪审员，白人男性陪审员更可能判处黑人被告死刑，研究者认为这样的倾向性是多个要素共同作用的结果，其中包括陪审员的个人特质、陪审团构成的差异以及审议程序。[4] 2015 年，两位研究者又推进了自己的模拟陪审实验

---

[1] K. Ethayarajh, A. Green, A. H. Yoon, "A Rose by any other Name: Understanding Judicial Decisions that Do Not Cite Precedent", *Journal of Empirical Legal Studies*, Vol.15:3, pp.563—596(2018).

[2] Yuhua Wang, "Relative Capture: Quasi-Experimental Evidence from the Chinese Judiciary", *Comparative Political Studies*, Vol.51:8, pp.1012—1041(2018).

[3] R. A. Berk, S. B. Sorenson, G. Barnes, "Forecasting Domestic Violence: A Machine Learning Approach to Help Inform Arraignment Decisions", *Journal of Empirical Legal Studies*, Vol.13:1, pp.94—115(2016).

[4] M. Lynch, C. Haney, "Mapping the Racial Bias of the White Male Capital Juror: Jury Composition and the 'Empathic Divide'", *Law & Society Review*, Vol.45:1, pp.69—102(2011).

研究，发现陪审员的情感状态实则形塑着最终的裁判结果，也进一步证实了种族歧视在死刑审判中依旧发挥着影响。[①]

（二）研究视域层次：三段论推理模式的升级

司法实践运作，其外在特征主要体现为三段论式的推理模式。得益于社会科学研究方法的指引，计算法学的研究视域将不局限于概念、判断、推理等逻辑意义上的规范架构，法律制度与司法实践将纳入到政治与社会的场域中进行分析，那些制约法律解释和事实认定的构成要素将以不同的研究方式加以辨识，那些影响司法过程和司法政策的外部前提和内部要素也将以不同的研究策略加以廓清，这也在一定程度上延伸了我们考察法律推理模式的视角和空间。

在法律逻辑推理大前提生成的维度上，前述司法政治学的学者从态度与策略两个角度挑战单纯的法律模式；法社会学，特别是法经济学的学者则或者从更广的社会题域，或者从法律的目的（公正还是效率）重新审视乃至挑战既有法学规范。[②]Owens 与 Wedeking（2011 年）首次系统地测量了判决意见的清晰度。两位作者认为法律规范的明晰性与法治建设紧密联系，因此他们对美国最高法院1983—2007 年间的全部判决意见进行了系统检视。研究发现法官的法律意见的清晰程度是有差异的；清晰度与法官的态度取向无

---

① M. Lynch, C. Haney, "Emotion, Authority, and Death:(Raced) Negotiations in Mock Capital Jury Deliberations", *Law & Social Inquiry*, Vol.40:2, pp.377—405(2015).

② T. Miceli, "Economic Models of Law", in *The Oxford Handbook of Law and Economics*, Oxford University Press, 2017.

关；所有法官异议都更加清楚，以微小优势胜出的多数人意见也更清楚；在刑事诉讼案件中，大法官们的意见表述更清晰。[①]

在法律逻辑推理小前提的建构维度上，聚焦于法官决策的司法政治学挑战了案件事实与判决结果之间的当然联系，态度、分权程度、乃至司法系统内外部制度等都会系统性影响法官决策。前述法社会学研究也揭示了其他案外因素的影响，如陪审团的情绪氛围、诉讼参与人的能力（party capability）、种族、民族因素等。对于司法场域内的司法技术规则和三段论推理模式的研究，伴随着社会科学研究方法向精致化、多元化和科学化的发展，也将会迈向全新的研究发展阶段。

（三）学科进路层次：数据驱动与算法驱动多维推进

计算法学在与其他相邻学科"竞合"发展中，逐渐形成了多维的逻辑进路和驱动方式。计算法学作为计算社会科学的支流，其学科发展同样依赖于数据驱动和算法驱动的双重影响[②]，两种驱动方式均在不同维面和脉络上探寻着法学研究的问题意识和处境判断，并且在因果关系的把握中重塑着法律规范的事实基础。在数据驱动方面，前述诸多研究经历了从案例研究、小数据研究到大数据研究的历程，新的量级数据的出现使我们可以系统地检视既有理论，

---

①　R. J. Owens, J. P. Wedeking, "Justices and Legal Clarity: Analyzing the Complexity of US Supreme Court Opinions", *Law & Society Review*, Vol.45:4, pp.1027—1061(2011).

②　张小劲、孟天广：《论计算社会科学的缘起、发展与创新范式》，载《理论探索》2017 年第 6 期。

推进法律实证分析中进一步的学科融合。在算法驱动方面,前述研究大量运用了社会科学的方法论,包括统计分析、因果关系识别、随机试验、博弈分析等。Ayal 和 Kenan(2010 年)采用随机自然试验(Randomized Natural Experiment)的方法巧妙地识别了种族差异与司法偏差的关系,两位作者巧妙地借助以色列法院在周末随机分配案件的设置,避免了过去研究中选择性偏差,特别是因为遗漏变量导致的偏差。他们发现法官假释决定中存在系统性种族偏见。但这种偏见并不影响监禁时间①。随着新兴研究议题的不断拓展,数据驱动与算法驱动时常在法学研究的不同题域和层次上达成基本默契,并且在计算法学的理论建构和问题阐释上彼此也形成了互赖关系。

(四)研究方式层次:法学研究的跨学科合作趋向

计算法学是建立在量化分析和多元技术积累之上的学科,计算法学的方法论特征与学科意涵,决定了其研究本身包容了复杂且多样化的立体性课题,这在一定程度上刺激了进一步整合不同学科资源的现实需求。Liebman(2018 年)认为中国的司法公开为法学或社会科学研究提供了重要的契机,运用计算机挖掘和识别海量裁判文书中的重要信息,无疑需要跨学科知识和人才的集聚②。Levitt

---

① O. Gazal-Ayal, R. Sulitzeanu-Kenan, "Let My People Go: Ethnic In-Group Bias in Judicial Decisions—Evidence From a Randomized Natural Experiment", *Journal of Empirical Legal Studies*, Vol.7:3, pp.403—428(2010).

② B. L. Liebman, M. Roberts, R. E. Stern, et al., *Mass Digitization of Chinese Court Decisions: How to Use Text as Data in The Field of Chinese Law*, 2017.

（2011 年）等运用文献计量学的研究方法分别识别了 1980 年、1990 年、2000 年社会科学引文索引（SSCI）的跨学科演变，研究发现法学领域跨学科研究也呈现出波动上升的趋向。[①] 将其他学科的研究思维和方法论特征寓于法学研究范式中，推动法学与其他学科的对话与合作，这对于计算法学的发展具有尤为重要的现实意义。

四、计算法学在我国的初步展开：
从实践应用到人才培育

正如上文所探讨的，从学科发展的意义上讲，中国计算法学在当下大抵处于初期成长阶段。虽然目前学界初步形成了以法律现实问题为逻辑起点、以数据资源为分析基础的方法论自觉态势，但是既有的知识储备和技术条件难以满足急剧发展的时代诉求，也不断面临着来自分析方法和思维模式的双重叩问，何海波（2018 年）指出，"对局部裁判文书的手工统计是目前最为流行的方式"。[②] 但是，当学界还在来势汹涌的大数据狂潮面前"踌躇犹疑"之时，法律实务界追摹大数据前沿的脚步俨然称得上是"铿锵矫健"，围绕法治建设的应用大数据技术已然全面展开，立基于大数据、信息化的发展理念也逐步深植于法律各个领域内，业已形成了自身的发展

---

① J. M. Levitt, M. Thelwall, C. Oppenheim, "Variations Between Subjects in the Extent to Which the Social Sciences Have Become More Interdisciplinary", *Journal of the American Society for Information Science and Technology*, Vol.62:2, pp.1118—1129(2011).

② 何海波：《行政诉讼法研究 3.0》，载《北京航空航天大学学报（社会科学版）》2018 年第 5 期。

生态(见图 6)。也正是在这样的意义上,计算科学、大数据技术在法律实务界的实践与应用,也为计算法学的学科建构提供了更多的经验镜鉴和现实指引。更进一步讲,全新的时代课题也在一定意义上刺激了高校不断调整自身的人才培养模式和目标,并力图整合内外优势资源,全方位推进多专业渗透的复合型人才培养模式。

如何将大数据科学纳入到国家治理现代化发展的情境下,使科学化、系统化的治理手段成为法治建设的优势话语,这是社会各界尤为关切的议题。2016 年 7 月底,中共中央办公厅、国务院办公厅印发《国家信息化发展战略纲要》,将建设"智慧法院"列入了国家信息化发展战略。智慧司法旨在将现代科学技术、大数据思维寓于司法工作中,目前,浙江、江苏、山东、贵州等多个省份依托大数据、云计算、神经网络、机器学习、人工智能等现代科技方法,已经初步建设了业务和管理平台,并且具备了数据汇聚、业务集成、智能分析、研判处置、工作监督等核心功能,并且致力于实现智能化办案、智能化管理和智能化服务。[①] 在智慧检务方面,2017 年 7 月,最高人民检察院印发《检察大数据行动指南(2017—2020 年)》,确

---

① 相关信息介绍可参见王恬、贵州:《大数据跑出智慧司法"加速度"》,载《法制生活报》,2018 年 5 月 18 日,第 1 版;沈泽宇:《"智慧法院"为公正高效权威司法插上翅膀》,载《江苏经济报》,2018 年 5 月 9 日,第 B03 版;汤维建:《智慧司法,让司法工作插上信息化翅膀》,载《团结报》,2017 年 4 月 29 日,第 2 版;刘德宝:《依托司法大数据打造智慧法院》,载《人民法院报》,2017 年 2 月 13 日,第 2 版;罗书臻:《充分运用司法大数据,加快"智慧法院"建设》,载《人民法院报》,2016 年 11 月 11 日,第 1 版;《江苏司法行政全面开启"智慧法务"新格局》,载《法制日报》,2016 年 8 月 25 日,第 12 版;张全连:《我省司法行政开启"智慧法务"新格局》,载《江苏法制报》,2016 年 8 月 19 日,第 1 版;邢婷:《大数据时代,山东如何实现"智慧司法"》,载《中国青年报》,2015 年 12 月 18,第 6 版。

立了检察机关要遵循科学化、智能化、人性化三大原则推进智慧检务建设。[①]目前，覆盖全国四级监察机关涵盖司法办案、监察办公、监察决策支持等服务在内的电子检务工程"六大平台"已经初步建成，全国四级监察机关3600多个检察院、20多万名监察人员也借此实现了信息互联互通，实现了计算科学与检查工作的有效融合。[②]

以华宇、国双、元典、把手科技、科大讯飞、幂律等为代表的数据科技公司，也不断开拓云计算、人工智能、大数据等技术在法律领域的应用，深耕于自然语言处理、数据挖掘和分布式计算等技术，开发了法律大数据分析系统、同案智能推送系统、知识产权案例指导服务平台、智能语音庭审系统、智能文书生成系统、类案文书预警系统、司法数据可视化平台、司法舆情系统等[③]。目前诸多数据工作已经和司法机关、高校科研院所达成合作协议，试图打造法律大数据与人工智能领域的产学研用一体化体系。

鉴于计算思维在法学研究中的应用尚处于起始阶段，立基于传统规范解释的单线思维逻辑在一定程度上会遮蔽法律认知视野。最高人民法院院长周强强调："加强司法大数据研究，加快'智慧法院'建设，急需培养一批高素质人才。"[④]那么，如何突破学科界

---

① 张昊、董凡超：《2020年底全面构建新时代智慧检务生态》，载《法制日报》，2018年7月21日。

② 戴佳：《3600多家检察院一个平台办案杜绝"暗箱操作"》，载《检察日报》，2017年2月17日。

③ 王海蕴：《国双与合作伙伴共建大数据生态圈》，载《财经界》，2017年8月1日。

④ 罗书臻：《充分运用司法大数据加快"智慧法院"建设》，载《人民法院报》，2016年11月21日，第1版。

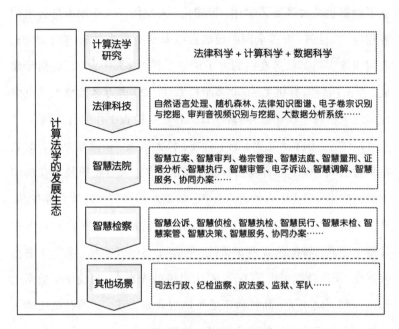

图 6　计算法学的发展生态

限性思维，实现多学科知性体系间的有机渗透，培养具备数据分析技术和法学理论基础的跨学科、复合型人才委实成为一项重要的现实课题。有鉴于此，肇源于计算法学学科发展所面对的沉疴，亦出于更为深远的实践应用动机，各个高校在原有学科体系的范畴架构上，以培养法律和前沿科技交叉融合的多学科背景综合性人才为主线目标，开启了一系列课程教学改革。

　　清华大学试图改革现有教学和科研机制，2018 年设立了"计算法学全日制法律硕士"项目，在原有法学课程设置的基础上，增设网络、大数据与人工智能等跨专业课程，旨在培养熟练掌握信息技术和法学理论的复合型、国际化高端法律人才，从而更好地服务于国家大数据战略、人工智能战略和相关学科建设。① 中国人民大学法学院在法律＋科技教学领域进行改革，开设了一系列跨学科课程。② 中国政法大学也建设了法治信息管理专业。③2018 年 7 月，四川大学计算机学院、数学学院、法学院联合开办的"法律大数据分析"课程，讲授机器学习、深度学习、人工智能的司法应用等内容，并展示了法律与大数据结合的理论基础与应用前景。④ 东南大学法学院依托自身"司法大数据基地"，在开展大数据研究的同时，也培养了相应的复合型人才。⑤ 各大高校在计算法学学科建构方面所进行的自觉努力，既承载着国家数据战略的宏伟发展蓝图，也在一定程度上预示着未来法治发展方向。

五、简单结论与延伸讨论

计算法学的兴起与发展，其底色离不开大数据与信息技术的时代背景。展望计算法学未来发展，不仅需要了解计算法学的学科性质和发展现状，还需要从科学客观的立场出发，将学科发展与方法

① 《阿里法学院诞生！清华开设计算法学硕士！如何追赶法律＋科技的浪潮？》，载《网络大数据》，http://www.raincent.com/content-10-11276-1.html。

② 同上。

③ 罗书臻：《充分运用司法大数据加快"智慧法院"建设》，载《人民法院报》，2016 年 11 月 21 日，第 1 版。

④ 《"法律大数据分析"课程：计算法学概论》，载四川大学法学院官方网站，http://law.scu.edu.cn/info/1161/8585.htm。

⑤ 《司法大数据基地》，载东南大学法学院官方网站，http://law.seu.edu.cn/19861/list.htm。

体系寓于时代课题中。大数据与不同学科知识体系进行融合已经成为趋势，如果不自足于法学内部封闭性的知识结构，尝试适度开放法学研究的视野格局，那么，法学作为一门社会科学，完全有能力从自身的知识框架出发对这个时代进行认知和适应，并且在学科发展可以形成颇具自身特点的理论意识与时代感觉。

诚如上文所述，放眼寰宇，计算法学研究已然在世界范围内的不同议题领域得以延伸扩展，并在科学探究的基本过程中形成了自觉的方法论意识。反观当下中国，受制于研究主体的知识结构、认知形态与学术研究模式的限制，采用科学计量分析的法学研究在数量方面其实并不可观，并且有相当一部分研究存在量化数据不足和统计操作随意的技术缺陷。[①] 在实践层面上，法律实务界已经并且正在持续性的跟随大数据时代的潮流，大数据和相关技术正在被广泛地运用于法律多个机构领域中。值得欣慰的是，以清华大学为代表的高等院校已经开始培养兼具计算科学和法学知识的复合型人才，适应时代需要的人才资源开发体系也将会逐渐成形。这样看来，计算法学在中国未来的发展也是可盼可期的。

在一定意义上讲，计算法学是一门不断追问和关切方法论意义的学科，但是并不意味着法学研究将就此陷入技术主义的滥觞，计算法学及其相关研究范式不会仅仅安置在技术和方法的形式架构之中，问题意识和学理意识依旧是法学研究的灵魂与动力，规范主义的研究传统依旧在混合研究方法的思维框架内发挥或明或暗的作用。未来计算法学的研究，依旧需要围绕法治建设形成自身的问

---

① 程金华：《迈向科学的法律实证研究》，载《清华法学》2018 年第 4 期。

题意识，恪守科学客观的理性立场，推动实证研究方法与法教义学的理性对话[①]；需要增加强化法律数据收集和挖掘能力，更加重视研究设计和研究程序的科学性和严谨性，研究者之间应该建立新型的合作模式，推动学术共同体建设，侧重多学科背景要素的整合协调。[②] 总之，如何使计算法学更加适切的嵌入法治发展的情境，并且以科学的研究方法认识、评价、预测和推进中国法治建设，这委实需要更多声气相求的学界同仁戮力耕耘，这也是今后法学研究与理论建构无法绕开的历史课题。

（本文原载《现代法学》2020 年第 1 期，第 158—178 页）

[①]　程金华：《当代中国的法律实证研究》，载《中国法学》2015 年第 6 期。

[②]　吴江、张小劲：《大数据国际政治研究的回顾与展望》，载《华中师范大学学报（人文社会科学版）》2016 年第 4 期。

计量法学、计算法学
到认知法学的演进

张妮　蒲亦非[*]

内容简介：本文从技术发展和学科交叉的角度，论述了一般量化方法、计算智能和认知智能先后被应用于法学系统对法学理论与司法实践产生的重要推动作用，首次提出了认知法学的理论和概念，分析了认知法学的内容、研究意义与学科分支，并梳理了计量法学、计算法学与认知法学的发展脉络。自然科学的方法引入法律领域对减少法律系统中的主观性、为法律中的模糊表达提供客观参考具有积极意义，然而，法律信息语义模糊、法规冲突、司法解释具有开放性、司法裁判需要常识，各种隐性知识、过程知识、模糊知识等难以用计算机符号体系表达。认知智能重在提高智能系统对数据理解、知识表达、逻辑推理和自我学习能力，将更好地理解法学规则和分析法律行为。从

　　* 张妮，四川大学图书馆副研究员；蒲亦非，四川大学计算机（软件）学院教授，四川大学法学院法律大数据实验室副主任。

　　本文系国家重点研发计划"高质高效的审判支撑关键技术及装备研究"基金项目（项目编号：2018YFC0830300）研究成果。

计量法学、计算法学发展到认知法学是人工智能技术发展的必然趋势，认知法学运用认知智能将提高智能系统对法学问题的理解和认知能力，增强智能裁判的可解释性。作为认知社会科学的一部分，认知法学将完善和发展传统法学理论，促进英美法系和大陆法系的深度融合，并有望成为法学研究的新交叉学科分支。

一、引 言

自 1956 年召开达特茅斯会议以来，人工智能发展经历了三起两落，有过曲折，亦有大发展，正螺旋式的上升。人工智能技术特别是视频监控、语音识别、图像识别等智能技术已渗透到各个学科，对经济和生活带来了深刻的变革。[①]2011 年 IBM 公司研发的Waston 在 Jeopardy 游戏中战胜了人类冠军，以及 2016 年 AlphoGo击败了人类围棋高手李世石，进一步激发了以数据密集化为特征的计算社会科学的发展。法律可被看成是维持社会秩序和规范人们行为的动态规则体系，法律法规的制定与司法系统的运行无疑都与科学技术的发展休戚相关。一方面法律会促进或延缓科学技术的发展，另一方面科学技术如系统论、信息论、控制论等在法律系统中的应用又对法学研究和司法实践带来了巨大的变化。

正义如普罗米修斯的脸变幻莫测，人们试图借助科学技术的方法让法律变得更为客观，减少法律体系中的主观性，在此思想的驱

---

① 曹东：《国外认知智能发展趋势》，载《上海信息化》2000 年第 8 期，第 53 页。

动下，出现了一系列法律与技术的交叉学科。司法审判是在案情的
基础上，依据法律法规、过去的司法判决和个人学习生活的经验做
出的综合性判断，机器可否学习法官的判案方法，进行案情分析、
司法预测与辅助判断？一般量化方法用于法律中数量问题的分析
催生了计量法学，语义处理、机器学习、多主体模拟等计算智能的
发展催生了基于实时法律数据的计算法学，伴随人工智能技术从初
级阶段的计算智能进入高级阶段的认知智能带来的质的飞跃，那么
法学研究是否有望从计量法学、计算法学走向认知法学呢？

二、认知智能——人工智能研究的下一站

得益于多层人工神经网络的深度学习算法，当前人工智能迎来
了第三次研究高潮。从技术的发展路径来看，人工智能的发展可简
单分为计算智能和认知智能。计算智能是以数值数据计算为基础，
实现快速计算、记忆与存储功能，并以模仿人类感知环境信息为基
础，可识别处理语音、图像、视频。认知智能是脑科学与计算科学
的交叉学科，与人的语言、知识、逻辑相关，旨在赋予机器数据理解、
知识表达、逻辑推理、自主学习的能力。

神经生物学、计算机科学以及其他学科的交叉融合，加强了人
类对自身认知机制的理解。"认知智能"是对人的思维的模拟，其
研究内容广泛，包括语义理解、知识表示、小样本学习甚至零样本
学习、联想推理和自主学习等[1]。人类具有时空感知的序列记忆与预

---

① 曹东：《国外认知智能发展趋势》，载《上海信息化》2000 年第 8 期，第 53 页。

测能力，信息进入人的大脑会进一步进行信息加工，并进一步形成思维策略①，怎样让机器通过学习获得类似于人类的分析与判断的能力？人类的思维策略是寻找"满意"解决方式的过程，并非寻找最优的方法，也不需要将所有的方法进行一一尝试，换言之，人类思维可以从小样本中找寻到可接受的方案，这个方案也并非一成不变，而是不断变化和调试的方案。人通过启发式搜索解决问题，能满足多重需求，并能处理突发事件。②

三、构建法律模型面临的问题

人工智能技术无所不在，应用于法律信息的储存、传播与检索③，法律文件自动生成、司法管理、法律教育、在线纠纷处理、合规性分析软件等已给司法领域带来了极大的便利，法律人也对人工智能技术具有较高的期望④。然而，法律规则具有开放性且语义模糊不清，研究者尽量将价值选择融入法律模型⑤，建构模拟司法实务的法律模型，但人工智能缺乏常识且上下文理解不足，因此，目前法律模型对处理较简单明确的法律事务效果较好，而在司法预测等涉

---

① 〔美〕H. A. Simon：《认知：人行为背后的思维与智能》，荆其诚、张厚粲译，中国人民大学出版社 2020 年版。

② 同上。

③ B. G. Buchanan, T. E. Headrick, "Some Speculation about Artificial Intelligence and Legal Reasoning", *Stanford Law Review*, 1970, 21: 40.

④ B. Verheij, "Artificial intelligence as law", *Artif. Intell. Law*, 2020, 28:181.

⑤ K. Ashley, "Case-based Reasoning", *Information Technology and Lawyers*, Springer, 2016.

及诸多因素的复杂事务中表现欠佳。这既有数据本身的原因，也有技术的阻碍。

（一）法律数据结构不规则

大规模获取法律数据本身具有一定难度，即便能够获取，由于数据特征隐藏较深，使得倚赖司法数据建立的人工智能模型的可靠性大打折扣。首先，由于法律与经济社会生活密切相关，出于司法数据安全和隐私的考虑，各地法院的司法数据不易获取。其次，从我国公布的司法判决书来看，判决书的质量良莠不齐，使用之前需要专业人士的清洗与标注。再次，法院判决书特别是民事赔偿往往与地域、事件发生的时间有关，用统一的标准进行大样本或全样本的学习显得困难重重。最后，法律数据涉及面广，可能是判决文书结构不规范，多为半结构化、非结构化的多源异构数据，法庭的审判是多种信息和知识的融合，从单一法律数据如司法判决书，很难发现法官做出判决的真正理由，或许其他法律数据如合议庭的会议记录更能窥探法官断案的真实想法，但这些数据并非可以公开获取。

（二）智能模型输出结果不具可解释性

基于人工智能建立的智能模型，系统的输入与输出是可见的，至于内部多层神经网络的具体运行、系统的分析与决策过程并不为所知，智能系统被认为是"黑箱"运行，因此，智能模型输出的结果说理性不足，难以用法律语言进行解释。司法系统是一个定分止争的机构，控辩双方的辩论与司法调解是裁判的重要依据，司法判决重在以理服人。由于知识与数据融合进行复杂推理技术的不足，从而导致智能模型对司法判决过程描述不足，加之智能模型是对已有案例的融合和折中，缺乏不确定问题的处理能力，因此智能系统很难做出让人信服的判决。

（三）司法判定理由具有一定的开放性

AlphoGo 在下棋中表现成功的一个主要因素是下棋规则事先确定，不需要用到其他开放性的知识，而司法裁判的依据并非一个闭合的系统，法官给出的判决意见包含价值观念，受到法官的政治、宗教、种族关系、所受的教育、职业、家庭等复杂因素的影响，与法律规则的选择、受害人的偿债能力、社会影响等都具有一定关联。法律规则体系并非清楚详细地指明了法官裁量的方法，而是法官根据自己对于法律条文的理解以及长期浸润法学思想而形成的公平正义观念做出的判断，法官学习背景和经历不同，即便依据相同的法规，做出的判决也可能相去甚远。

（四）司法裁判满意度的判定具有主观性

司法判断要求法官及时给出一个合理的判断，尽管这个判断并非唯一或是最优的，也可能随时间而改变的。司法裁判效果的判定是多方利益的平衡和妥协的结果，在司法庭审的过程中双方利益的诉求有所改变，智能模型输出的结果是依据现有的法律法规与案件事实通过编程、数据拟合处理得出的结果，但由于智能模型的处理过程中缺少诉讼参与人的互动与博弈过程，所以控辩双方难以对智能模型输出的裁量结果达成妥协。

四、认知法学——法学研究的发展趋势

随着自然科学特别是人工智能技术的突飞猛进，法律研究者跟随技术的步伐，不断地更新着法学研究方法，期待用自然科学的理性来减少法学研究中的不确定性。然而，关联对比、模型构建和仿真实验都无法揭示法律关系的本质，无法构建真正意义上的具有认知和推理能力的智能模型。法律模型不具备普通常识和认知思维，机器学习犹如鹦鹉学舌，尚不具备思考与应变的能力，其在模拟法律行为人思维上效果始终不甚理想。

人类智慧是多种信息的融合分析和判断，不是纯粹语言符号能闭环自洽的。法官的司法裁量过程既是基于法律规则和过往案例的逻辑推理，也是结合自己对法规的理解和自身经验以及当前社会舆情的利益平衡。司法裁判的过程包括了感性直觉与理性逻辑两方面的因素，首先，法官依靠"法感"——长期法学知识沁润产生的直觉，对案件有一个初步的认定，再利用各种技术手段和证据，进行逻辑推理，并形成最终判决意见。当前法律预测模型效果堪忧，除了人工智能技术尚未进入认知智能阶段，也有法律信息自身的特点。(1)法律语言本身不足以全面表述社会生活中的各种隐性知识、过程知识、模糊知识。司法实务中法律模型数据大多来自司法判决书，而判决书本身经过了法律语言的二次处理，对案件结果描述较多，但丢失了部分法律行为的过程信息。(2)语义处理技术将这些知识转化为计算机符号体系，而机械逻辑推理难以揭示社会关系的复杂本质，大量有可能影响判决的有用信息被丢失。(3)当前我国法院较多采用审判要素方式，由专家提炼案例特征、裁判规则并进行标注，不仅主观性比较强，且由于智能系统对法律规则的理解不充分和法律行为过程的信息描述不充足，导致输入法律数据细微变化将使智能系统输出的判决结果相差很大，类案推荐的效果不甚理想，反而浪费法官大量时间进行阅读和厘清。

认知智能是人工智能技术发展的高级阶段，以模仿人类认知理解记忆思维等能力为基础，强调知识、推理等技能，希望赋予机器认知推理能力，实现模型的可解释性、具有小样本学习能力的新智能[①]。尽管人工智能还处于计算智能的发展阶段，但可以预见，伴随机器的判断、强化与迁移能力等认知智能的发展，以及人工智能在记忆能力与行为过程描述能力的提高，智能模型对知识和规则的理解能力必将获得极大提高。认知智能是未来数十年人工智能领域重要的研究方向，技术的发展必然将带来法学研究方法的进步。认知法学通过模拟法律行为人的认知思维，提高智能系统对法律数据理解、知识表达、逻辑推理和自我学习能力，是计算法学研究的下一阶段。

认知法学的研究内容广泛，涉及法学研究与司法实务的各个方面，不仅通过模拟法官审判思维，让机器习得法官做出判断的规则，完善司法预测，同时也通过寻找个人感受的物质基础，为司法裁判中法律赔偿责任和公平正义提供了新的认知思路。认知法学已取得一些前沿研究成果，自 2007 年以来，已有国内外的学者关注认

---

① 〔美〕H. A. Simon：《认知：人行为背后的思维与智能》，荆其诚、张厚粲译，中国人民大学出版社 2020 年版。

知智能与法学的结合[1]，认知神经法学运用认知神经科学（脑科学）的知识借助于以核磁共振等仪器对人的神经与大脑进行研究[2]，试图发现立法、司法、犯罪的神经基础，并通过脑部多巴胺或内啡肽的分泌情况来衡量受害人的痛苦水平[3]。认知神经法学是认知法学早期的探索，研究涉及犯罪预测、精神病辩护、脑死亡、测谎技术、指纹纠正错案等。我们团队正试图将分数阶忆阻应用于内脑技术，并进一步用于法律规则和法学知识的理解，如加强敲、打、抢等具体法律行为的过程细节描述[4]，后续研究成果将陆续发表。

　　行为法学学者川岛武宜认为法学是一种围绕裁判行为，通过对法的内容、关系、结构、功能、变迁等进行理性分析的经验科学[5]。司法裁判不仅是逻辑推理的结果，也会受到一些非理性观念的影响，譬如法官的价值、观念和态度，陪审团对法律事实的认定，网络上个人对司法判例的评价等。人工智能技术和数据挖掘工具成为助推器，透过微博、微信、QQ、论坛等交流平台以及其他自媒体工具，无疑加速了司法裁判行为的反馈机制，甚至这种评价可能会影响到法官的司法判决。例如，于欢刺死"辱母"恶人被判无期徒刑符合我国刑法规定，但有违"人伦"，与我国古代形成的天理、国

---

① O. R. Goodenough, M. Tucker, "Law and Cognitive Neuroscience", *Annu Rev. Law Soc. Sci.*, 2010, 6:61.

② 郭春镇：《法律和认知神经科学：法学研究的新动向》，载《环球法律评论》2014 年第 6 期，第 146 页。

③ S. L. Chorover, "The Pacification of the Brain", *Psychol Today*, 1974, 7:59.

④ 蒲亦非、余波、袁晓：《类脑计算的基础元件：从忆阻元到分忆抗元》，载《四川大学学报（自然科学版）》2020 年总第 57 期，第 49 页。

⑤ 胡震、韩秀桃：《行为主义法学》，法律出版社 2008 年版。

法、人情三位一体的法律观念不符，迫于社会影响最后法官将于欢由无期徒刑改为 5 年有期徒刑[①]。大浪淘沙始见金，透过案例援引、法律法规使用等法律数据的认知学习，将沉淀出广泛认可的、更符合道德社会风俗和国情的正义观念，有利于发现法律运行的本质社会规律和自然规律，拓展传统法学理论。人们关注司法判决是否符合内在的公平观念，但并不在意，案例判决依据的是成文法的规定还是过去案例确定的判例原则，甚至案例中映射出的稳定规则也有望转变为成文法规，认知法学这一理论框架无疑将促进英美法系与大陆法系的深度融合。

随着认知智能研究的进一步深入，不仅会产生认知法学，可以进一步大胆预测，还会促进认知社会科学的发展，催生包括认知社会学、认知经济学、认知语言学、认知音乐学等一系列社会科学交叉学科，乃至认知数学、认知化学、认知生物学等一批自然科学的交叉学科。

五、计量法学、计算法学和认知法学的发展脉络

计量法学、计算法学与认知法学都是法律与技术关系最为密切的一脉，都尝试用客观的标准减少法律体系中的主观性，增强立法和司法的科学性和实用性，三类研究内容上有承继、交叉，与人工智能技术相伴相生，其研究基础、研究的侧重点和采用的技术路线

---

① 凌昕：《论网络舆论监督与司法裁判的冲突与平衡》，华东师范大学 2020 年硕士学位论文。

有所不同，但都对法律系统的科学化产生了积极意义。近年来，法学正在经历近两百年来发展未有之大变革，由求解数学期望的计量法学到重在计算模拟和预测的计算法学，再到构建具有认知和推理能力的智能模型的认知法学，这也是法学跟随技术脚步不断发展的过程。

上世纪 50 年代，随着统计和符号科学的发展，计量法学出现。计量法学主要采用抽样、问卷调查等简单数理统计方法对法律中涉及的数量问题进行量化分析，并计算相应的数学期望[①]。符号逻辑的发展，使得人工智能技术用于处理法律数据，陆续出现了 CATO、IBP、CABARET、BankXX 等一系列法律辅助专家系统。[②]

计算智能不仅使计算机的计算能力呈级数倍增长，而且能够抽取信息特征，进行比对，从而进行数据的判断分类。个人收入、银行存款、按揭利息、房产价值、失信记录、犯罪卷宗等数据的获得为个人行为分析提供了基础，通过获取大量的学习样本和应用深度学习技术，计算机获取信息的能力大大增强，人工智能在语音识别、自然语言处理、数据挖掘、计算机视觉等法律应用场景中取得了一些良好的效果，基于实时更新数据的计算法学在法学特别是司法领域取得长足发展。[③] 计算法学使用建模、模拟、神经网络等量化研究方法来分析法律关系，让法律信息从传统分析转为实时应答的信

---

① Lee Loevinger, "Jurimetrics: the Next Step Forward", *Minnesota Law Review*, 1949, Vol. 33, No. 5, p.495.

② 张妮、蒲亦非：《计算法学导论》，四川大学出版社 2015 年版。

③ B. G. Buchanan, T. E. Headrick, "Some Speculation about Artificial Intelligence and Legal Reasoning", *Stanford Law Review*, 1970, 21: 40.

息化、智能化体系。[①] 人工智能技术被用于审核合同、法律信息查询、法律文件自动化处理和庭审结果的预测等，对于提高立法与司法效率、促进英美法系和大陆法系的融合、应对和规避技术风险等均具有积极的作用。计量法学以"自然数据"挖掘为中心，是当前法学研究的一个热点，不仅计算法学相关理论有如春笋发芽，计算法学在司法实务中也积极进行探索。我国"智慧法治"建设是法律与技术深度融合，取得了令世界瞩目的成绩。我国法院已基本实现司法审判数据资源的电子化，法院系统应用人工智能技术建设智慧法院，提供如智能分案、自动生成案宗、精准推送办案法规及相似案例等信息、聚焦争议焦点、提出裁判建议、生成裁判文书等智能服务化，为法官、律师和其他司法参与者的司法活动带来了快捷和便利。2018 年最高人民法院正式上线运行了以案情事实、争议焦点、法律适用等为要素的"类案智能推送系统"，2019 年 1 月上海"206系统"推出"刑事案件智能辅助办案系统"，安徽、贵州、重庆等地方法院纷纷推出了针对某类案件的类案指引。

认知法学是在计算法学的基础上发展而来，与技术的发展密切相关。当人工智能技术由强调计算能力、感知能力的计算智能，发展为强调对自身认知机制的理解的认知智能，法学研究自然也将随之由计量法学、计算法学发展到认知法学。认知法学的研究内容偏向于内脑与神经科学的研究，将涉及法学研究的各个领域，并将完善传统法学理论，也将促进两大法学的融合。

---

① 张妮、蒲亦非:《计算法学:一门新兴学科交叉分支》，载《四川大学学报（自然科学版）》2019 年总第 56 期，第 1187 页。

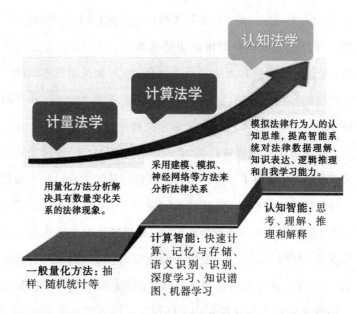

图1　计量法学、计算法学和认知法学的随人工智能技术的发展演进图

六、结语

计算法学的相关理论已获得法学、技术、数学等领域研究人员的广泛关注，司法实务中法院系统、检察院系统和警察系统正在开发相关智能平台。认知智能的研究方兴未艾，技术层面尚未取得突破性进展，实现具有分析判断能力的认知智能还有很长的路要走。但技术推动法学理论的演进浩浩荡荡，从计量法学、计算法学的发展历程以及结合技术发展的趋势来看，认知法学运用认知智能的知识，采用小样本学习，利用已有的法学知识，提高对法学问题的理解和认知能力，将是计算法学发展的下一阶段和必然趋势。

　　值得注意的是，法学不仅关注新兴技术为法律系统服务，也要在最大程度上降低技术对人类发展带来的风险。由人工智能技术驱动的学科基础是数据，但不少数据涉及国家机密、个人隐私，需要严格控制，有的还需进行伦理合规性审核。在认知法学建立法律模型的过程中，数据的取得、选择、偏好等都隐藏在信息处理过程中，如一份关于美国法院再犯罪系统 COMPAS 的报告表明，在佛罗里达州黑人比白人更易被判定有罪[①]。人工智能无形中也在传递种族歧视和其他偏见，甚至参与法律的制定，这也正是法律学者亟待思考的问题。

（本文原载《四川大学学报（自然科学版）》
2021 年第 2 期，第 1—6 页）

---

① 陈邦达：《人工智能在美国司法实践中的运用》，载《中国社会科学报》，2018年 4 月 11 日，第 005 版。

计算法学：作为一种新的
法学研究方法

邓矜婷　张建悦 *

内容简介：计算法学方法是一种新的法学研究方法。它是这样一个过程，即以研究或解决某一法学问题为任务，通过运用已有的计算机方法，在已有的计算机能力基础上培养或发展完成任务所需要的计算机能力，再通过这一能力完成任务，并通过任务完成的好坏检测和完善计算机能力。它需要融合计算和法学思维。对它独立性的学术认可是计算法学发展的基础。形成开源、去商业化的计算法学生态才能充分发挥计算法学的优势，使法学研究在计算机标准化司法实务的过程中发挥指导作用。运用计算法学方法处理海量判决书可以分为判决书获取、数据预处理、要素提取、要素输出和准确率检查等步骤。提取要素时，应将判决书信息分为三类要素，针对每类要素采用合适的算法予以提取。详细的程序代码已经开源在网络平

---

　* 邓矜婷，中国人民大学法学院教授，未来法治研究院数据法学研究中心主任；张建悦，中国人民大学刑事法律科学研究中心。

本文由"国家重点研发计划"资助，项目编号：2018YFC0830905。

台上, 供后面的研究者使用和检测。。

一、计算法学方法的提出

从 20 世纪 80 年代到 21 世纪初, 中国法学研究经历了从 "政法法学" 到 "诠释法学", 再发展到 "社科法学", 并形成了三种流派并存的基本格局。这一观察由我国学者朱苏力提出, 并被普遍接受。[①] 近些年来, 更是出现了 "社科法学" 与 "教义法学" 相互争论、评价比较的局面。[②] 然后, 随着互联网向社会各方面的不断渗透, 互联网技术的指数级发展, 一类新型法学研究方法, 即计算法学开始出现。2009 年, 15 位学者在《科学》杂志上发表题为《计算社会科学》的文章正式提出了计算社会科学和社会计算的概念, 指出在大数据时代要结合计算机使得社会研究智能化。[③] 受益于数据处理、存储能力的提高及判决文书的公开, 近期我国的法学研究也建立在越来越大量的文书处理基础上。褚红丽、魏健在研究财产刑对贪污

[①]　苏力:《也许正在发生——中国当代法学发展的一个概览》, 载《比较法研究》2001 年第 3 期。

[②]　侯猛:《社科法学的传统与挑战》, 载《法商研究》2014 年第 5 期; 陈柏峰:《社科法学及其功用》, 载《法商研究》2014 年第 5 期; 张翔:《形式法治与法教义学》, 载《法学研究》, 2012 年第 6 期; 孙海波:《论法教义学作为法学的核心——以法教义学与社科法学之争为主线》, 载《北大法律评论》2016 年第 1 期。

[③]　David Lazer, Alex(Sandy)Pentland, Lada Adamic, Sinan Aral, Albert Laszlo Barabasi, Devon Brewer, Nicholas Christakis, Noshir Contractor, James Fowler, Myron Gutmann, Tony Jebara, Gary King, Michael Macy, Deb Roy, and Marshall Van Alstyne, "Life in the Network: The Coming Age of Computational Social Science", *Science*, 2009 February, 323(5915): 721—723.

受贿罪量刑的影响时就分析了近两万份判决书[①]；白建军在研究量刑中的法官集体经验时利用计算机处理了十四万余件交通肇事罪判决书[②]；雷鑫洪在讨论中国法律实证研究的演进时运用 BICOMB 2.0 软件智能化处理了四千余篇文献。[③]最高法、最高检也相继公布了发展大数据在实务中的运用计划，有关智慧法院、智慧检务的研发、试点实验和推广落地都在不断地推进。[④]法律教育界也是反响热烈，各大知名院校都争先恐后地成立了类似法律＋科技的旨在培养计算法律人才的研究院所。[⑤]

　　法学研究方法一般被认为有三种：价值判断、规范研究、实证研究。[⑥]计算法学目前的价值集中体现在让计算机自动提取、处理大量数据上；而三种法学研究方法中似乎唯有实证法学中的定量研究是需要描述、分析法律在实践中产生的大量数据来进行，所以部分学者认为计算法学是定量实证法学的一种新型研究方法。[⑦]不过

---

①　褚红丽、魏健：《刑期与财产双重约束下的腐败惩罚》，载《社会科学战线》2018 年第 1 期。

②　白建军：《基于法官集体经验的量刑预测研究》，载《法学研究》2016 年第 6 期。

③　雷鑫洪：《方法论演进视野下的中国法律实证研究》，载《法学研究》2017 年第 4 期。

④　更多信息参见左卫民：《如何通过人工智能实现类案类判》，载《中国法律评论》2018 年第 2 期。

⑤　北京大学、中国人民大学、清华大学、中国政法大学等几十所大学纷纷成立了法律＋科技相关的实验室、研究所等，参见 http://www.xinhuanet.com/legal/2017-09/11/c_129701280.htm; http://www.raincent.com/content-10-11276-1.html; http://news.cupl.edu.cn/info/1011/26207.htm（最后访问日期：2019 年 3 月 13 日）。

⑥　陈柏峰：《法律实证研究的兴起与分化》，载《中国法学》2018 年第 3 期。

⑦　陈柏峰：《法律实证研究的兴起与分化》，载《中国法学》2018 年第 3 期；左卫民：《一场新的范式革命？——解读中国法律实证研究》，载《清华法学》2017（接下页）

这些学者对于定量实证法学能否独立于"社科法学"，或者"广义上的实证法学"，而自成一派还存在争议。[①] 其中也有些学者认为计算法学，或数量法学[②] 或计量法学，[③] 是以定量研究的方法（含计算机的方法）研究具有数量变化关系的法律现象。[④] 另有部分学者则认为，计算法学代表着大数据时代数据科学在法学领域的运用，是计算社会科学中的一种，拥有独特的计算思维和研究手段。[⑤] 本文讨论的计算法学，指的是将计算机科学运用于研究或解决法学问题的方法，所以区别于意指计量法学的计算法学。

事实上，计算法学方法的运用已经呈现出一些问题。比如，对海量文书是如何提取、处理的，没有交代，仅说明经过人工检测，达到统计精度要求，但具体如何检测，没有说明。[⑥] 计算机检测错误的方法多种多样，不同的方法得到不同的结果。即使是运用现成

（接上页）年第 3 期；白建军：《大数据对法学研究的些许影响》，载《中外法学》2015 年第 1 期。

① 左卫民认为，实证法学研究仅指定量实证法学研究，其独特性和重要性可以独立于社科法学研究之外而自成一派。陈柏峰则认为，实证法学研究也包括定性实证法学研究，与社科法学具有类似的含义。详见左卫民：《一场新的范式革命？——解读中国法律实证研究》，载《清华法学》2017 年第 3 期；陈柏峰：《法律实证研究的兴起与分化》，载《中国法学》2018 年第 3 期。

② 刘瑞复：《当代市场经济与数量法学》，载《中外法学》1996 年第 4 期。

③ 屈茂辉、张杰：《计量法学本体问题研究》，载《法学杂志》2010 年第 1 期；屈茂辉、张杰、张彪：《论计量方法在法学研究中的应用》，载《浙江社会科学》2009 年第 3 期。

④ 张妮、蒲亦非：《计算法学导论》，四川大学出版社 2015 年版，第 21—24 页。

⑤ 钱宁峰：《走向"计算法学"：大数据时代法学研究的选择》，载《东南大学学报（哲学社会科学版）》2017 年第 2 期。

⑥ 白建军：《基于法官集体经验的量刑预测研究》，载《法学研究》2016 年第 6 期。

的软件来处理,这些软件的底层代码也不是公开的,其结果的准确度也是不确定的。又如,有些文献研究类似的判决书,运用类似的模型但得到了相互矛盾的结果,使人怀疑底层数据提取的准确性,这些研究因为涉及大量数据的处理而极有可能是运用了智能提取的方法。[①] 而且,涉及大量数据处理的法学研究都没有对其底层程序进行开源,导致后来的类似研究无法重复利用,不能在已有的程序基础上进一步完善,也无法检测原程序。如此则浪费时间和资源,重复劳动。比如随着裁判文书的公开上网,很多学者都在对已公开的文书进行全样本提取、分析,这些工作有很多都是相同的,并且耗时耗力的,正如已有学者指出的,实证研究的成本是很高的。[②] 这使得这类研究容易止于表面,各自为阵,难以深入和持续。[③]计算机科学与生俱来的优势在于通过开源,能够让程序在不同的计算机上重复运行,使得后面的研究得以轻松地在前人的基础上向前进,也使得后人可以检测前人的程序,更好地实现优胜劣汰,促进知识成果之间的竞争。本文旨在通过对独特性的讨论,加深对作为研究方法的计算法学的理解,尝试提出该方法在处理大量判决书时的一些通用方法、基本步骤和要求,希望能促进此类研究的规范化,提倡程序代码的开源,提高对已有研究的检测和再利用。

---

① 王剑波、过勇和李松锋均是研究在裁判文书网上公开的 2015 年左右的受贿罪判决书,但在地区差异是否显著影响量刑时得到了矛盾的结果。详见王剑波:《我国受贿罪量刑地区差异问题实证研究》,载《中国法学》2016 年第 4 期;过勇、李松锋:《贪污受贿案件刑事量刑的实证研究》,载《经济社会体制比较》2018 年第 1 期。

② 雷鑫洪:《方法论演进视野下的中国法律实证研究》,载《法学研究》2017 年第 4 期。

③ 陈柏峰:《法律实证研究的兴起与分化》,载《中国法学》2018 年第 3 期。

二、计算法学方法的独特性
及其可能产生的价值

计算法学方法之所以能称为一种新的法学研究方法，而不仅是定量法学研究方法中的一种处理数据的方法，一方面是因为从计算社会科学延伸而来的计算法学具有独立的研究对象、研究方法和研究领域；另一方面是计算法学方法具有迥异于其他法学研究方法的运用计算机处理海量数据的显著特点。正因如此，计算法学方法除了能够获取、处理海量判决书外，还可以在非定量法学研究问题中发挥作用。

（一）计算法学具有独立的研究对象、研究方法和研究领域

计算法学从计算社会科学延伸而来，而计算社会科学并不仅指一种新的研究方法。正如导言中提及的 2009 年在《科学》杂志上发表的那篇文章所述，它是指现代计算技术与社会科学之间的一门交叉学科，与通过调查问卷或抽取小样本进行分析的传统社会科学不同，是由现代网络生活催生的，能够通过各种新技术获取长时间的、持续的、大量人群的行为和互动数据，从而为研究动态的大型的网络社会演化等问题提供坚实的基础。① 它因为具有独立的研究

---

① 张鉴、孔丽华：《Science 杂志发表关于计算社会科学的文章：Computational Social Science》，载《科研信息化技术与应用》2010 年第 2 期。

对象、研究方法、研究领域和目的而得以成为一个新的学科。其实在自然科学、经济学、社会学等领域已先后出现了计算物理学、计算经济学、计算社会学等学科概念。[①]与之相应，计算法学也具有超过研究方法的更为广泛的含义。它具有新的研究领域，包括政法舆情分析、法治国情调查、法律数据库分析等[②]；具有新的研究对象，包括数据获取的正当途径、数据及数据库的权利属性、代码程序软件等的权利属性等；具有新的研究手段，包括各种计算机语言、不断涌现的计算方法和开源程序；具有新的研究思维，即让计算机智能化处理大量数据的计算思维。本文讨论的是计算法学的研究方法。广义上来讲，本文所指的计算法学方法和计算法学的研究方法是不同的。因为研究计算法学，特别是数据等权利属性，也会用到价值判断、规范研究和传统实证研究的方法。不过计算法学的研究方法中最主要、最具特点的方法还是本文所指的运用计算机科学智能化处理大量法律数据以解决法律问题的方法。也正是因为这种方法的能力，使得计算法学可以具有其他法学方法难以研究的新的研究对象和研究领域。

（二）计算法学方法的独特性

计算法学方法与其他法学研究方法有两点显著不同。一是，它能处理大量的数据。这里的大量既指超过人类手工能够处理的数量，比如十几万、几十万甚至几百万份判决书，也指能够高效地处

---

① 钱宁峰：《走向"计算法学"：大数据时代法学研究的选择》，载《东南大学学报（哲学社会科学版）》2017年第2期。

② 同上。

理手工可以处理的数量，比如用一台普通电脑在一两周的时间内处理几千份文书。而事实上对于同类的文书，处理的时间主要花在编写和调试程序上，所以处理少量和多量的判决书所花的时间相差不多，计算法学方法因而更倾向于处理大量的数据，所以往往会对全样本进行分析，而不再受限于随机抽样的要求。[①] 诸如"截止到某日之前的所有在裁判文书网上公开的某一类罪名的判决书"就成为运用计算法学方法的文章的常用表述。[②] 而且这里的"处理"不仅指让计算机从法律文书中提取数据，还包括获取、打开、清洗/格式化、输出、存储、检索、更新大量文书，以及对所提取的信息进一步批量处理等一系列的操作。二是，它对数据的处理主要是通过计算机而非人类来完成的，所以它需要项目人具有能够与计算机沟通的能力，能够理解计算机运行的情况，并将对大量文书的处理要求转化成计算机可以理解和执行的命令。这要求项目人掌握一门高级计算机语言和理解计算机的运行思维。高级计算机语言，并不是复杂、难懂的语言，而是指与人类语言最为接近的计算机语言；它便于人类掌握，从而与计算机沟通。常见的有 python, java 等。[③] 人类可以通过这类语言编写程序，进而被编译器转换成汇编语言，

---

① 白建军：《大数据对法学研究的些许影响》，载《中外法学》2015 年第 1 期。

② 褚红丽、魏健：《刑期与财产双重约束下的腐败惩罚》，载《社会科学战线》2018 年第 1 期；白建军：《基于法官集体经验的量刑预测研究》，载《法学研究》2016 年第 6 期；雷鑫洪：《方法论演进视野下的中国法律实证研究》，载《法学研究》2017 年第 4 期。

③ 详见嵩天：《Python 语言程序设计》慕课课程，教学课件 PPT1.1，第 19 页；关于 Python 的介绍详见 https://docs.python.org/3/tutorial/index.html（最后访问日期：2019 年 3 月 13 日）。关于 Java 的介绍详见 https://www.runoob.com/java/java-intro.html（最后访问日期：2019 年 3 月 13 日）。

再由计算机来执行。所以法律人掌握这类高级语言是很容易的,它有远比中文、英语等人类语言更为简单的语法层次和结构,需要记忆的内容也非常少。[①]掌握语言之后还需要能够将法律研究问题形式化为可以被计算的问题,或者由计算机进行演算的过程,就像在法律实证研究中都需要把抽象的理论问题转化为可以被验证的具体的假设一样,只是计算法学方法中要求转化过来的是计算机能够演算的以计算机语言表达出来的问题和操作步骤。掌握这些能力是在计算法学应运而生后对法律人的基本要求,不应再被当作是非法律的技术问题而拒之千里。[②]

(三)计算法学方法可以在定量法学研究之外的领域产生价值

计算法学方法在本质上是将一个法律研究问题的一部分或全部形式化为可以计算的问题,或者由计算机演算的过程;它往往是抽象、模拟人们思考和解决这一法律问题时的过程,再由计算机执行这一过程予以解答。所以虽然计算法学方法因其主要用于处理大量法律数据而与定量实证法学研究联系颇紧,但若因此而认为计算法学方法是传统定量研究方法的分支,并将其局限于传统定量研究的领域则未免狭隘了。比如,以规范研究为主的教义法学素来强调法律概念、形式法治、法律体系的自洽,排斥以非法律因素为由

---

①　像常用的高级计算机语言 Python 就只有 33 个保留字是需要记忆其具体含义的。

②　钱宁峰:《走向“计算法学”:大数据时代法学研究的选择》,载《东南大学学报(哲学社会科学版)》2017 年第 2 期。

对法律规范的随意解读。但是由于语言天然的模糊性、可解释性、语义的变迁等特点，要实现同一时期人数众多的社会群体对法律规范的统一理解是非常困难的，更别说是不同代人的理解了。其实就是要让同一个法学家完成我国当今所有法律，或者某一部门法律的所有法条的全部梳理，建立起法律体系，确定每个法条在其中的坐标与其他法条之间的联系，消除矛盾和歧义，并能保持更新，都是过于理想化了。但是计算机在完成这类工程里却有先天优势，因为计算机有巨大的存储空间，知识可以不断累加，不受记忆的限制，可以完美地传递和更新知识。而且计算机运行要求百分之百的准确，不允许有歧义和矛盾，对体系和结构的要求更是不容有错，否则就无法运行。

所以虽然暂时计算机还未用于规范研究，但可以预见随着法律人更为深刻地理解计算法学方法，这类方法被用于规范研究是完全可能的。另外，目前政法实务界正在如火如荼进行的运用算法建立定罪量刑模型[①] 其实也是运用计算法学方法来研究和确定法律规范或概念的可解释边界。

（四）计算法学方法在定量法学研究中的价值

具体到定量法学实证研究中，计算法学方法的作用可以细分为三大类。

一是自动获取大量判决文书。虽然自最高院积极推行法院判

---

① 亦有法律学者开始关注如何建立这些模型。参见白建军：《基于法官集体经验的量刑预测研究》，载《法学研究》2016 年第 6 期；张妮、蒲亦非，《计算法学导论》，四川大学出版社 2015 年版，第 2、3 章。

决文书上网以来，越来越多的判决书公布在中国裁判文书网上，也进而被 openlaw、无讼、北大法宝等第三方平台收录和转载，但是若要手动从网上下载则费时无效。每篇文书下载的过程都是重复的，所以可以通过代码让计算机自动重复这一过程，完成大量文书的下载。

二是自动提取文书信息。这是将定量研究中对文书进行编码的过程由人力转变为计算机完成。计算机能够提取的信息按其完成的难度和准确度可以分为三类。第一类是在相对固定位置有相对固定表述的信息，比如案件名称、当事人及代理人信息、法院 /公诉人信息、审判时间 / 地点、审判人员等。这些信息出现的位置一般在判决书标题、开头或结尾，表述都有特定的词汇，虽然偶有变化，但是可以通过少量列举的方法让计算机辨别。第二类是位置不太固定、表述较多变化的信息，比如受贿罪判决书处理中的受贿次数、受贿金额、行贿人数等信息。这些信息有的出现在总结句中，有的散落在整个文书中需要计算；信息的表述多种多样，跨度很大。以受贿金额为例，可以有多种货币，还可能包括多类财物。所以难以用简单的列举让计算机通过搜索文书来完成，需要抽象人在阅读文书时获取这些信息的思考过程来让计算机模拟进而不断重复，遍历所有文书予以提取。第三类是不能直接提取、需要通过构建可提取的要素的算法或组合才能获得的信息，比如受贿人的职级、是否积极为他人谋利、法官对证据确实充分的内心确信程度、嫌疑人的社会危险性等。这些信息不会直接在文书中载明；有些本身就足以成为一个法学研究子命题。这些信息需要转换成若干可从文书中直接提取的信息（本文称之为"要素"）的某种组合或者算法来由计算机获得。① 这一转换需要有法学理论的支持和引导，亦是模拟符合条件的法律人思考该法律问题的过程来得到。② 与定量研究中将抽象理论形式化为可操作、可验证的具体假设类似，这里则是将这些更为抽象的信息转化为可直接提取的要素的组合或算法。

三是自动更新文书、提取的信息和用以提取抽象信息的算法。大数据时代数据的特点之一就是实时、持续更新；裁判文书网上的判决书也每天在增加。虽然法学研究都是针对截止某日期之前的固定的样本库，但是如果计算机能够自动更新已有样本库，增加新公布的判决书，并及时自动从中提取信息，那么过一段时间后研究新公布判决书与旧样本库之间的变化就变得非常轻松了。另外，机器学习的方法还使得计算机能够根据新判决书的信息自动或者提示项目人更新对抽象信息进行提取的算法，包括发现新的要素和修

---

① 本文将可以从文书中直接提取的构成某一更为抽象信息的信息称为要素，将抽象信息具象化为要素的具体算法的过程称为要素化过程。这也是目前智慧司法开发软件的几大公司通用的说法。比如元典、法信、国双等公司在分析判决文书、构建人工智能定罪量刑／类案推送模型时都是通过要素化过程将一些比较抽象的情节转换成可直接提取的要素来进行的。这些信息是由笔者在 2018 年 4 月到 5 月期间于北京、上海、浙江等地在上述公司和运用这些公司研发的智慧司法软件的法院、检察院进行调研时获得的。

② 笔者曾在调研北京某区级法院的某套司法辅助断案软件，并访谈该软件开发的负责人员时了解到这样一个例子，可以较好地说明这一过程。该例子中要提取的是既有判决中法官们是如何确定肖像权损害的赔偿数额这一信息。为了提取这一信息，首先需要根据法条梳理和访谈多个法官确定法官们一般会遵守的思考这一问题的过程，将它要素化为若干可直接提取的要素的算法，比如被侵权人的身份、被侵犯的照片的性质、有多少人看过侵权的照片等，以及这些信息的影响权重。再通过对既有判决中这些要素的提取和分析，来增删要素、检验和修改它们的影响权重，最终得到合适的算法，并通过计算机从大量既有判决中提取这一信息。该调研由笔者在 2018 年 4 月中旬于北京某信息学院完成。

改已有要素的影响权重。

三、计算法学方法的基本思维

前文已经解释了计算法学方法的含义。不过，一种新的研究方法应当具有独特的不同于其他研究方法的基本思维。那么，计算法学方法的基本思维是怎样独特的呢？本文认为，计算法学方法体现了计算思维和法学思维的融合，而不是简单地拼接。计算法学思维具有独立的复杂性和学术价值，一般有四个基本步骤：将法学问题形式化为可计算的问题，选择合适的计算方法，设计需要的计算机功能，以及编写程序实现设计的功能。

（一）计算思维是区别于逻辑思维和实证思维的第三种思维模式

由于计算法学方法目前主要用于智能化编码大量法律文书，从中提取信息，所以很多时候计算法学方法体现的是一种搜索思维，即遍历所有文档检索项目人输入的词语，然后存储、计算和输出。如此直观和简单以至于难以称得上是一种思维。如此，计算法学方法似乎不算拥有自己独特的思维了。显然这种理解只停留在计算机发展初期。经过半个多世纪指数级的发展，计算机的计算能力即将在 2020 年达到一个成人大脑的水平。[1] 计算机能够完成的任

---

① 王文敏：《人工智能原理》慕课课程，教学课件 PPTA-1-2，第 11 页，转引自 http://waitbutwhy.com/（最后访问日期：2019 年 3 月 13 日）。

务、进行的思考和处理的问题的复杂度都足以将其与机械化机器区
别开来，而被称为智能化的机器，又称人工智能。而通过充分利用
和发展计算机的能力来解决问题的思维也被计算机科学界称为人
类历史上区别于逻辑思维和实证思维的第三种思维模式，即计算思
维。[①] 这种思维目前可以细分为对计算机四种能力的开发和运用，
即检索、推理、规划和学习的能力。[②] 随着计算科学的不断发展，计
算思维也会不断深化和扩展。本质上讲，计算思维就是一种通过发
展和运用计算机能力来解决问题的思维，它需要将问题形式化为能
被计算的问题，进而将其求解过程抽象出来，并由计算机模拟和执
行予以解决。这里的"能被计算"并不是指数学或者统计学运算，
而是指能被计算机运算。计算机科学的基础不仅有数学、统计学，
还有逻辑学、哲学、心理学等。

（二）计算法学思维是计算思维和法学思维的融合，具有四个基本步骤

根据上文所述，由于计算法学思维是计算思维在法学问题中
的体现，所以本文认为计算法学思维是这样一种思维，它以研究或
解决某一法学问题为任务，通过运用已有的计算机方法，在已有的
计算机能力基础上培养或发展完成任务所需要的计算机能力，再通
过这一能力完成任务，并通过任务完成的好坏检测和完善计算机能
力。它是计算机科学与法学思维的结合。它要求法律人在解析法

---

① 嵩天：《Python 语言程序设计》慕课课程，教学课件 PPT1.1，第 32 页。

② 王文敏：《人工智能原理》慕课课程，教学课件 PPTA-2-1，第 2 页。

学研究问题时能够意识到怎样的法学问题有可能并且适合通过计算机实现，设想出将问题分解为计算机可实现问题的路径，并能进一步了解实现需要的方法和条件是否存在，以及掌握建立条件、运用方法让计算机实现研究的能力。它的基本步骤可以分为四步。

第一步，将法学问题形式化为可计算问题。什么是可计算的问题至今没有统一确定的答案。不过，第（一）点讨论的当前计算机具有的四种能力在法学问题中皆有用武之地。首先是常见的检索能力，即在大量法律文书中自动检索需要的信息。这种能力也是目前计算机发展得最丰富的一种，包括有条件和无条件检索、有启发和盲目检索、单个和群检索等，[①] 可以用来处理不同数量、属性、状态和结构的数据，提取所需的信息，以及分析直接提取的信息以发掘出隐蔽的信息。判决书只是一种法律文书，还有比判决书更大量、更动态、更交互的法律数据，比如政法舆情、法治国情等领域研究的数据，[②] 需要有更高级、复杂、丰富的检索方法才能更有效地完成相关研究的任务。然后是与规范法学研究思维最接近的计算机推理能力。这种能力是建立在计算机知识库工程建设的基础上。通过计算机逻辑语言将知识表示出来，形成知识图谱，让计算机能够掌握，再通过以计算机逻辑模型表达的规则，让计算机知道如何检索、关联、运用和更新这些知识。这其实就是前一部分所说的要素化过程：要素就是知识，基于要素的算法就是规则。这正是目前智慧司法及类案智能推送软件开发的基本思路，即先建立法律知识

---

① 王文敏：《人工智能原理》慕课课程，教学课件 PPT，第 3、4 章。

② 钱宁峰：《走向"计算法学"：大数据时代法学研究的选择》，载《东南大学学报（哲学社会科学版）》2017 年第 2 期。

图谱，然后让计算机根据图谱对判决文书进行要素化，再根据规则分析提取的要素，从而判断法律争议点，是否为类案，以及如何判罚。[①]计算机规划的能力在法学研究中的运用尚不明显，但是计算机学习的能力已经得到了很多法学学者的关注，这种能力多被称为机器学习。[②]机器学习是指机器从数据或数据的计算中积累经验获取技能。[③]被普遍认为是这样一种能力，即一个针对某类任务 T 和性能度量 P 的计算机程序，如果它在完成 T 任务中的性能，如 P 度量所示，随经验 E 而改善的话，它就被认为具有从经验 E 中学习的能力。[④]机器学习目前的运用场景主要是分类、回归分析、聚类、对数据降维等。[⑤]这些场景里都有各种各样的法律问题。比如确定某一法律概念的内涵和外延、将某一法律现象归类等就属于分类和集合的场景。又如前一部分所述，机器学习既可以用来让计算机掌握知识图谱，又可以让其自动提示或直接更新已有的要素或算法。

换言之，这些法学问题都可能转化为可计算的问题，让计算机能够派上用场，所以不要认为只有定量法学研究问题才是可计算的问题。目前学界认为，可计算问题的核心特点是其表述明确无歧

---

① 左卫民：《如何通过人工智能实现类案类判》，载《中国法律评论》2018 年第 2 期。

② 左卫民：《关于法律人工智能在中国运用前景的若干思考》，载《清华法学》2018 年第 2 期；王利民：《人工智能时代对民法学的新挑战》，载《东方法学》2018 年第 3 期。

③ 王文敏：《人工智能原理》慕课课程，教学课件 PPT9-1，第 14 页。

④ Tom Mitchell, *Machine Learning*, published by McGraw-Hill Education:1 edition (March 1, 1997), Introduction.

⑤ 王文敏：《人工智能原理》慕课课程，教学课件 PPT，第 10 章。

义，其解决过程自洽无矛盾。[①]比如，要让计算机编码判决书，则要明确要提取的具体情节，对于可以直接提取的情节，则明确给出要提取的字段或表述；对于不能直接提取的，则明确给出具体的要素和算法。又如，要通过判决书研究法官理解的受贿罪保护的法益是公权力的不可收买性还是廉洁性[②]，则要明确不可收买性和廉洁性的具体含义和不同，表现为可计算的问题则是二者对应的案件集的不相交元素的集合，再对判决书的案情和结果做归类处理。将法学问题转变为可计算问题的难点在于法学问题往往是不明确、存在变化、可能出现矛盾的。特别是法学理论问题，法律人对其的理解也是局限的、不充分的。所以在转换时需要采取假设—检验或者观察—归纳的方法，这两种也是通用的计算机推理方法。或者在面对茫然无知、变化多端的情形时，可以采取盲目检索或机器学习的方法让计算机自行发现一些特点，启发法学问题的形式化。

第二步，选择合适的计算方法。经过半个多世纪的发展，目前存在着丰富多样的计算方法。同一问题通过计算机实现的路径也有很多。应当根据任务的性质、所需数据和可获取数据的特点、任务完成好坏的检测指标选择合适的方法或方法的组合。比如对于

---

① Joshua Kroll, et.al., "Accountable Algorithms", 165 *University of Pennsylvania Law Review* 633(2017), pp.695—696; Cary Coglianese & David Lehr, "Regulating by Robot: Administrative Decision Making in the Machine-Learning Era", 105 *Geo. L. J.* 1147(2017).

② 由于学界关于受贿罪保护的法益到底是公权力的不可收买性还是廉洁性存在争议，所以这一研究是有现实意义的。参见张明楷：《受贿犯罪的保护法益》，载《法学研究》2018 年第 1 期；黎宏：《受贿犯罪保护法益与刑法第 388 条的解释》，载《法学研究》2017 年第 1 期。

像判决书这类较规范文书信息的提取运用正则表达式进行简单、直接的检索可以比使用如自然语言处理等更复杂高级的技术更加有效和准确。[①] 但是对于涉及法律概念的理解等对语义要求更高的问题则需要借助更加复杂的语言处理技术。对于像舆情实时分析等数据海量、及时更新的情形则需要运用大数据的处理方法。方法的选择是一个不断尝试、检测、更新的过程。方法中具体算法的选择和优胜劣汰更是一个需要群体性力量有效叠加的过程。这也要求并且促使计算法学思维比其他法学思维更加开放、更加广阔、更加需要群体力量。

第三步，设计需要的计算机功能。以造房子为例，形式化问题、选择好方法后只能说是确定了房子的基本框架，获得了可用于造房子的工具和原材料，但是房子具体怎么建起来、每一层/每个房间的具体构造、层间的联结等则是第三步的工作。比如：在确定需要计算机直接提取的字段后，就要对判决文书分词；在确定运用第三方开发的 jieba 中文分词模块来对文书进行分词后，[②] 则要在该模块基础上进一步编写提取指定字段的具体功能（function），包括如何确定字段在文书中出现的位置、如何确定是要提取的字段而非同字异义的情况等。只有设计好具体的功能，给定这些具体的条件，才能实现对被选择的方法的运用。设计功能是将问题与方法相连的过程。通过方法，构造出具体的功能，一步一步地将问题的求解路径明确出来。

第四步，编写程序，实现设计的功能。程序是功能在计算机中

①　详见本文第四部分。

②　关于 jieba 中文分词模块的介绍详参见 https://github.com/fxsjy/jieba（最后访问日期：2019 年 3 月 13 日）。

具体实现的形式。设计好的功能需要通过程序，给定参数，予以调用，确定调用的先后顺序和条件，让计算机具体执行。实现功能的过程是非常烦琐、细致的，不仅是对功能的具体调用，还需要做好至少三方面的工作。一是系统环境、编程环境、方法的调试。一套用高级计算机语言编写好的功能放在某个特定的操作系统、编译环境中需要与这个环境衔接好才能顺利被该计算机理解和执行。同样的，第三方研发的方法和模块也需要与编程环境衔接好后才能被顺利调用。二是清洗输入数据，设定输出数据的格式。程序化的功能如同造好的机器，输入的数据就像原材料，输出数据则是原材料经过机器运转加工后得到的产品。就像不合格的原材料无法让机器正常运转一样，不符合程序要求的数据，包括格式、属性、结构等，是无法被计算机正常打开和读取的。程序还要告诉计算机如何处理新增数据，以实现数据更新。功能运转后得到的结果是否要输出、输出的形式、存储的路径等也要在程序中设置清楚，以便人工查找和阅读。三是设定错误检测和处理。由于计算机要求百分之百的准确和自洽，所以极易因为难以预见的问题或瑕疵而无法运转。错误检测可以将错误的信息捕捉并反馈给项目人，以便有针对性地修改程序，提高效率。

（三）计算法学思维不是计算思维和法学思维的简单拼接，具有独立的复杂性和学术价值

虽然计算法学思维有上述特性，但是它目前还没有被认为是独立于其他法学研究方法之外的思维。虽然法学界对计算机科学技术，特别是机器学习表现出浓厚的兴趣，但是这种兴趣还停留在实

践摸索和高谈阔论的阶段。在严肃的学术讨论中，计算法学方法仍被认为是定量法学研究方法中编码文书的一种方法。因其只关乎数据处理，或因其涉及具体的代码编程，而不被认为是一种独立的法学方法。涉及计算机运用的法学研究的思维被认为是将计算思维和法学思维简单地拼接，由法律人提出问题，由计算机专业人员负责编写代码、让计算机执行，返回数据，再由法律人分析数据完成研究。这几部分被认为是相互独立，可以分离的。这种观点进一步认为，法律人只需要具有以往的法学思维即可，涉及计算机的部分只需通过跨学科合作研究、聘请第三方专业公司、组织计算机专业学生等来完成即可，从而否定计算法学思维的独立性，否定针对算法设计、计算机功能选择以处理基础的法律问题的研究独立的学术价值。结合前文的定义和解释，这种认识显然是不对的。原因如下：

首先，在法律人与计算机专业人员的合作研究中，各自负责的部分之间不是独立分离的，而是互相融合的。不具有计算思维的人难以意识到怎样的法学问题是可计算的问题，而没有法学思维的人根本就提不出有法学研究意义的问题。如此，计算机在法学研究中的运用就只能靠偶然的机会来产生，只能局限在狭窄、表面的领域。即使在有限的运用中，不懂计算思维的法律人无法检测功能设计、程序编写的正确性和合理性，无法判断数据的可靠性，只能被动地接受返回的数据，再进行人工检测。但对于海量的数据，即使抽取百分之一的样本量进行检测，也是人力难以完成的。而没有法学思维的人在设计功能时难以正确理解法学问题的丰富内涵，在具体化的过程中很容易出现偏差、存在偏见而不自知。这些都进一步限制了计算科学在法学中的运用。

其次，由于法学、计算机科学是两个都很复杂、有各自话语体系、相差甚远的学科，让法学学者再去掌握计算机技术实在艰难，所以当下提倡跨学科合作研究，希望由此来解决这一困难。但是由于计算法学思维的独立性并没有得到法学界或计算机科学界的认可，相关的交叉学科尚未真正建立，所以涉及计算机运用的法学文章要么因为涉及具体的功能设计和程序编写而被认为不属于法学问题，要么因为研究的问题法学价值不高而被拒绝。毕竟，在发展初期，能够运用计算机完成的法学研究还是比较简单的；这类文章的价值更多是体现在该研究是通过计算机完成的，而不在于其解决了怎样的法学问题；但这一价值目前不被学界认可。同理可得，这类合作研究的成果也不被计算机科学界认可。所以此类合作研究的困境在于其成果往往具有实践意义，但却不被认为具有学术价值，因为认可这类学术价值的学科和学术圈尚未形成。

再者，实践先行，理论单薄。虽然理论文章难以发表，但是不影响此类合作项目的日益增多。正如导言所述，根据大数据、人工智能的国家战略部署，政法实务界对智慧司法、检务的热情高涨，相关程序的开发在政法部门的领导下由大数据企业具体负责；一些已经开发好的程序都已经在某省或某市范围内开始运行。但是由于严谨的学术讨论、体系的理论研究的缺位，这些程序到底情况如何，功能设计是否合理，可能存在的问题等都没有得到充分的讨论，更缺少形成共识的平台。由于这些程序是商业化开发的结果，所以更不可能开源和接受检测，也不利于之后的再开发和再利用。这些程序，比如正在研发的定罪量刑模型，既应符合规范法学研究中对法条的解释，又应满足实证法学研究中对模型合理性的要求。如果在研发过程中能够经过严谨的学术讨论，得到理论上的指导，则能形成更加成熟、稳定的模型，也能减少研发过程中的弯路。而这些都要求学界能够认可计算法学研究的独立价值，促进计算法学思维的发展，产生指导计算机在法学中运用的理论成果。

最后，计算法学思维独立性的学术认可对于计算法学良性生态的形成至关重要。计算生态其实早已形成，即世界各地的程序员都可以自由选择某一合适的操作系统或编程环境，在其上进一步开发自己设想的更高级的程序，后人又能在其开发的程序上向前进；已有的程序在被后人的使用过程中得到检测、完善或淘汰，实现程序的优胜劣汰和快速更迭。由于计算法学尚未形成有生力量，其生态自然难以形成。另外，由于计算法学研究主要以商业化的形态存在，所以成果都是商业产品，很难开源。而开源是前述计算生态得以形成的基础，所以如果放任计算法学研究继续以商业化形态存在，则前述的良性生态将不可能形成。必须承认计算法学思维的独立价值，形成能够认可计算法学研究独立学术价值的学术圈，才能促使这些研究学术化，相关研究成果才能以学术文章的形式公布，程序代码才可能被学者公开，进而推动企业开源，如此才能更好地促进计算法学研究的有效叠加和良性竞争。

四、计算法学方法在司法实践中的具体运用
——对海量判决书的处理

既然计算法学方法具有独特的基本思维，其独立性得到认可具有重要意义，那么那些讨论如何培养计算机能力以解决某一或某

类法学问题的文章就不应因其关注具体的算法设计或技术实现而被认为是没有价值的。相反，应当提倡此类文章具体地讨论这些问题，提出解决某一或某类法学问题的通用模块和算法。学界其实已有学者开始讨论具体的计算模型。[①]只有通过学术性的公开、具体的讨论，才能让后人在前人研究的基础上继续开发计算机能力解决更复杂的法学问题。本文也向着这一方向努力，所以在本部分进行具体的讨论。目前计算法学尚在发展初期，万事开头难，能够实现计算机在一些直观、简单的法学问题中的运用已不容易，而且底层数据的计算化处理对于后续更深入的研究具有打基础的意义，应当尽可能地进行充分、严肃的学术推敲和讨论。因而本部分就当前计算法学的主要运用场景——智能处理判决书展开详细地讨论，并以两万余份受贿罪判决书的处理为例，提出一些具体的功能、模型设计和通用的方法、程序编写，以便后续研究使用、检测和批评。不论是处理哪类案由的判决书，运用计算机处理都包括五个步骤。下文对各个步骤如何进行、需要注意的问题，以及具体情形的处理方法展开讨论。

（一）判决书的获取

众所周知，中国裁判文书网是全国各地法院在互联网公开裁判文书的唯一官方途径，因此，中国裁判文书网理论上是首选的数据源。此外，互联网上还存在一些司法案例搜索引擎，例如北大法宝、威科先行、无诉案例等，它们通常能够提供更大下载量的批量下载

---

① 白建军：《基于法官集体经验的量刑预测研究》，载《法学研究》2016 年第 6 期；张妮、蒲亦非：《计算法学导论》，四川大学出版社 2015 年版，第 2 章。

功能，但是为了避免在短时间内被大量下载致使"脱库"[1]，一般都会限制对单日最大下载量和单次下载的时间间隔，这对学术研究而言无疑提高了获取数据的人力和时间成本。如果研究所需的判决书数量达到数万级别甚至更多，这种手工采集的方式可以说根本不可能完成任务。

　　评价获取判决书的手段有三个维度：一是获取数据的完整性，即通过该种手段所能获取的判决书数量应当尽可能达到可被互联网检索的全部判决书的数量；二是获取数据的效率，即获取一份判决书的人力、时间成本应当尽可能低，直至可以顺利地采集超大数量的判决书；三是获取手段可重复，任何研究者都可以通过该手段获得相同的数据，从而使相关的实证研究可被验证。本文采用一种使用电脑程序自动、高效获取判决书的手段，这种被称为"爬虫"[2]的数据采集技术已经在科技、金融、医疗等众多领域得到广泛运用。[3] 简言之，爬虫是一道计算机程序，能够模仿和重复人类访问网站的行为（因此又被称为"Robot"）。通过爬虫访问提供判决书的网站能够快速、高效、低成本地获取判决书。

　　使用爬虫获取判决书的基本流程分为三步。第一步，确定一个提供判决书的网站作为爬取目标，了解其使用方法和一些技术参

---

　　① "脱库"是信息安全行业对信息系统数据遭受非法泄露的一种通俗称呼。互联网上的各种数据都是公开的，但不意味着数据所有者（或者说"控制者"）希望或允许任意用户在任意时间获取任意规模、任意形式的数据，特别是具有商业价值的数据。

　　② 爬虫的发生机制和互联网应用层的超文本传输协议（HTTP协议）密切相关，更多信息可参见〔美〕Clinton Wong, *HTTP Pocket Reference*, 2000。

　　③ 王悦：《基于数据挖掘算法的金融数据采集与分析研究》，天津大学，2016年硕士学位论文；卞伟玮、王永超、崔立真等：《基于网络爬虫技术的健康医疗大数据采集整理系统》，载《山东大学学报（医学版）》2017年第6期。

数,关键的参数如向网站请求判决书的真实 URL 地址、检索判决书时所提交的各项 URL 参数等则必须掌握,这些信息是编写爬虫的基础。比如,在威科先行法律信息库检索包含"受贿罪"关键词的裁判文书,浏览器上方显示的 URL 地址是 http://law.wkinfo.com.cn/judgment-documents/list?q= 受贿罪,而通过抓包软件分析可发现请求判决书的真实地址是 http://law.wkinfo.com.cn/csi/filtertree/causeOfAction?searchId=03718c7cf25448e98ca4ed5e0e021f49, 使用爬虫访问该地址才能正确获得判决书。

第二步,制定爬虫策略,编写爬虫程序。[①]第一,对爬虫访问网站的速度应当予以控制,使爬虫速度不至于过快或过慢,速度过快会给目标网站的服务器造成较大压力,容易遭到封禁,速度过慢则无法顺利完成采集任务。第二,设计断点续传功能,[②]提高程序的容错性。否则,爬虫在采集海量判决书时无法在短时间内迅速完成,运行过程中的一个轻微错误就可能导致当前采集进度全部丢失,只能重新采集。第三,选择适当的方式保存采集的数据。如果对存储效率要求较高可让程序直接写入磁盘,但更普遍的做法是存入数据库,[③]有利于数据的整理、备份和转移。

---

① 笔者在此提供一个自己编写的爬虫程序供参考:https://github.com/tsfnzjy120/paper_crawler(最后访问日期:2019 年 3 月 13 日),该爬虫曾在一周的时间内爬取了三千多万份裁判文书和二百多万份法律文件。

② 断点续传是指计算机程序能够保存执行进度,每次执行时从上一次停止执行的地方继续执行。

③ 此处"数据库"是一个专业术语,指数据库管理系统(DBMS),它是一个计算机软件,提供一个方便、有效、安全的数据存取环境。参见〔美〕Abraham Silberschatz 等:《数据库系统概念》(第 6 版),杨冬青等译,机械工业出版社 2012 年版,第 1 页。

第三步，了解和规避目标网站的反爬虫措施。"反爬虫"是指网站采取技术保护措施，甄别访问其网站的爬虫程序并加以限制，以防自身数据被大量下载。比如，中国裁判文书网在搜索结果页下方的"公告"处声明："任何商业网站不得建立本裁判文书库的镜像"，并设计了非常严厉的反爬虫机制作为技术保障。[①] 判决书具有一定的商业价值，而获取大量判决书究竟是出于商业目的还是研究目的仅从行为本身来看又不可能区分，因此，绝大多数网站都是不做区分地设置了严格的反爬虫措施；而且，公开程度越高的网站其反爬虫措施越严厉。对于非公开的付费网站，由于其访问用户已经受到一定限制，它们的反爬虫措施相对弱些。任何反爬虫措施的首要任务是区分访问其网站的正常用户和爬虫程序，因此，规避反爬虫措施的核心在于混淆或者绕开这种区分机制，尽可能将计算机程序伪装成人类用户。

爬虫不是对手工采集方式的彻底否定，大多数案由的判决书数量都较少，只有民间借贷、机动车交通事故等少数民事案件和盗窃、交通肇事等少数刑事案件的判决书数量规模在数十万份以上，基本不可能手工采集。对于低频案由，编写爬虫所带来的时间成本远高于手工方式，直接使用网站自带的"批量下载"功能也许更加方便。此外，手工采集的数据也可作为爬虫的补充。本文所采集的两万多份受贿罪一审判决书是通过爬虫程序采集。[②]

---

① 中国裁判文书网在 HTTP 请求中混入了 vl5x、number、guid 三个加密参数，并且在访问速度稍快时会弹出验证码。对用户所能访问的数据总量也有控制。

② 笔者在此提供一个自己编写的爬虫程序供参考：https://github.com/tsfnzjy120/paper_crawler（最后访问日期：2019 年 3 月 13 日），该爬虫曾在一周的时间内爬取了三千多万份裁判文书和二百多万份法律文件。

（二）数据提取的基本步骤之准备工作：数据预处理

在提取要素之前，为避免原始数据中存在的瑕疵，防止产生程序问题或者得到错误结论，有必要预先处理和解决一些数据本身存在的问题。判决书的预处理过程通常包括文件格式统一、文本内容清洗、数据去重、数据筛选、生成标识码几项内容，这些处理不仅能够提高数据的质量，解决原始数据中存在的数据不完整、不一致、有异常等问题，而且能够让数据更好地适应信息提取工具或技术。

第一，文件格式的统一。计算机程序自动处理判决书，首先要求判决书在计算机中的存储格式必须一致。人工下载的判决书基本是 word 格式，这种文件格式便于人类浏览和编辑，但不适合计算机程序访问和处理，因此，通常的做法是将 word 文件转换为 txt 文件，或者直接将判决书的内容存入数据库，等到使用时再从数据库中取出。统一文件格式时还需要处理文本的编码方式问题，[①] 使用正确的编码方式读取文件，并用统一的文件编码存储文件。本文在处理两万份受贿罪判决书时将全部文件统一为 UTF-8 编码的 txt 文件。

第二，文本内容的清洗。它包括三个方面的内容：首先，除去判决书中的商业标识。通常互联网上的各种案例搜索引擎都会将自身的商业标志、标语或者其他标识信息放入判决书，比如从威科先行法律信息库下载的判决书就带有公司的商标、名称和二维码。

---

① 文本编码方式是指将计算机底层二进制数据映射为各种字符（数字、字母、汉字等）的规则，使用错误的编码方式会导致二进制数据被解释为不正确的字符，即产生乱码。

其次，除去一些不可见字符，比如 \n（换行符）和 \r（回车符），这些不可见字符虽然实际存在，但不会显示在电脑屏幕上，可能会影响数据提取的准确性。最后，标准化标点符号。由于录入的不规范，一份判决书内可能会大量混用中文标点和英文标点、半角标点和全角标点，引发计算机程序的断句困难。

第三，数据去重，即除去重复的判决书。即使是从同一网站采集的数据，也无法完全保证样本之间互不重复，需要程序专门处理判决书的重复问题。通常的做法是先提取判决书的案号，根据案号判断出重复的判决书并删除。

第四，筛选符合条件的判决书。虽然在检索和采集数据时已经采用一系列检索条件保障判决书符合标准，但大多数情况下仍然会混入一些"脏数据"。比如，虽然在检索判决书时已经通过"高级检索"功能将案由限制为受贿罪，但本文所采集受贿罪判决书中仍然混有大量的非国家工作人员受贿罪案件和判处其他罪名的案件。

第五，为每一份文书生成标识码。常用的编码方案有多种，本文建议采用的方案是根据全部样本的数量生成一套从 0 开始的序号，分配给每一份文书。这样可以使计算机程序依次有序读入判决书内容，同时提取要素出错时能够快速定位出错的判决书。

（三）提取要素的通用过程和方法

数据预处理后可以开始提取要素了。计算机处理文书一般有两条技术路线：第一是使用一种名为"正则表达式"[①]的字符匹配技

---

① 详见〔美〕Jeffrey E. F. Friedl:《精通正则表达式》（第 3 版），余晟译，电子工业出版社 2007 年版。

术，编程人员首先大量阅读和归纳判决书中的常用表述，编写不同的"正则表达式"，可以直接定位判决书中的相关语句和提取有关要素。比如，判决的结果经常使用诸如"根据中华人民共和国……法……判决如下：……"这样的表述，通过正则表达式"根据中华人民共和国(.+?)，判决如下：(.+?)。"[①]可以定位这一语句，并提取出援引的法条和判决结果。正则表达式的含义丰富、功能强大，不仅能够直接定位语句和要素，而且可以对目标要素周围的语言表述情况展开检查，进一步确认该语句所表达的真实含义。比如，正则表达式在捕获"构成受贿罪"类似表述的同时，有能力检查它的周围是否存在"不"等否定意义的词汇，避免对语句真实意思的误解。另一条技术路线是近年来在计算机领域逐渐兴起的"自然语言处理"[②]技术，它是人工智能学科的一个分支，以让计算机完全理解人类语言的真实意图为最终目标。自然语言处理技术在判决书处理的运用，简单来说，就是根据中文词汇被使用的概率分布，并结合中文语言本身的构词构句规律，对判决书文本进行分词、句法分析、语义分析等技术处理，提取语言所表达的逻辑和意思。自然语言处理技术适合处理那些表述灵活的文本，这些文本在判决书中表现为对案件的事实描述和说理论证。不过，由于判决书的格式较为规范、表述相对固定，提取判决书中的要素更适合采用正则表达式路线；自然语言处理则更广泛地直接运用在罪名预测、刑期预测等

---

① 这里的符号"."表示任一字符，"?"表示尽可能少地匹配字符，"（）"将它所括起的部分组成一个新的整体。

② 详见俞士汶等：《自然语言处理技术与语言深度计算》，载《中国社会科学》2015 年第 3 期。

方面。[①] 本文处理判决书时采用了正则表达式路线。

基于正则表达式提取判决书要素的过程可以概括为读入判决书内容——按照文本结构分解文本——设定待提取要素——编写正则表达式提取要素——输出提取结果——准确度检查和程序改进。下文以 Python 编程语言对两万份受贿罪判决书的要素提取为例展开详细说明。

Python 是一门入门简单、语法简洁，特别适合非计算机专业人员处理文本和分析数据的编程语言。Python 可以通过下面的语句将判决书文本读入计算机：[②]

```
with open('C:\paper.txt'', r', encoding='utf-8') as f:
paper_content = f.read()
```

判决书由法官撰写，遵循一个固定的写作范式，文本质量非常高。本文根据受贿罪判决书的写作特征，将判决书分成标题、诉讼程序、控辩理由、事实认定、审理意见、判决结果和审判人员七个部分，要素提取程序首先通过捕获对应部分开始和结束的标志，实现对文本的分割，而后根据分割的结果在各个部分展开要素提取任务。此时，每个要素提取逻辑的作用范围被限制在特定的文书区域，只要文本分割本身不存在较大误差，就可以有效提高要素提取的准确率（表 1）。

---

① 邓文超：《基于深度学习的司法智能研究》，哈尔滨工业大学 2017 年硕士学位论文。

② 示例 Python 语句中的 C:\paper.txt 表示判决书的文件路径，r 表示读取文件，utf-8 表示文本编码方式。该语句将判决书的全部内容读入计算机，并用 paper_content 指代。

表 1 判决书分区

序号	区域名称	包含信息	通用开始标志	通用结束标志
1	标题	法院名称、文书类型、案号	—	"号"
2	诉讼程序	原被告主体信息、案件进入诉讼程序的流程信息	"号"	"现已审理终结"
3	控辩理由	原告起诉理由、被告抗辩理由	"现已审理终结"	"经审理查明"
4	事实认定	法院认定的事实和证据	"经审理查明"	"本院认为"
5	审理意见	法院审理意见和重要结论	"本院认为"	"判决如下"
6	判决结果	判决结果	"判决如下"	"审判长"
7	审判人员	合议庭成员姓名、宣判日期	"审判长"	—

设定待提取要素和案件类型、研究需求有关，不同类型的案件和不同的研究需求衍生了各种各样不同的要素。有些要素如案号、法院名称、审理程序等是通用的要素，出现位置比较固定，提取程序往往可以在不同类型的判决书之间复用。这些要素构成了案件信息完整性的重要组成部分，同时有可能影响提取其他要素的准确性，其研究价值虽然普遍较低，但通常不可缺少；有些要素和案件类型高度关联，尤其是涉及犯罪事实和量刑情节的要素，它们蕴含在判决书对案件事实的描述中，根据灵活多变的研究需求而呈现出多种不同的形态。设定这种非通用的要素要求设定人不仅具备抽象的法律知识和实践经验，而且具有一定的技术基础，能够考虑计

算机具体的实现能力和提取要素的现实可能性。此外，要素的取值
类型和变量特征也是设定要素时应予考虑的重要内容。提取要素
的取值有文本型、数字型和时间型三种基础类型，其中，数字型和
时间型要素可作为统计变量直接运用于数据分析，但必须注意分类
变量、顺序变量和数值变量具有不同的计量意义；[①] 而文本型要素往
往需要进一步归纳和抽象，转化为数字型或时间型要素后方可用于
统计分析。

　　评价设定的提取要素有两个指标较为重要，可称为提取要素的
广度和深度，即设定要素数量占全部可挖掘信息数量的比例和对要
素加工和延伸的程度。许多实证研究提出的量刑预测模型解释力
不足，其重要原因之一是用于解释判决结果的变量短缺或者过于浅
显。[②] 本文结合受贿罪的案件特征和有关法律规范设定的提取要素
可见附件。[③] 下面就提取要素的具体方法和主要困难展开讨论。

　　1. 直接提取位置相对固定的要素。

　　位置相对固定的要素可通过正则表达式直接提取，首先确定要
素在判决书中出现的位置，而后根据经验和知识产生提取逻辑，提
取逻辑融入用编程语言描述的正则表达式之中，再由计算机程序执
行和获取结果。正则表达式形式上表现为一些特殊符号或者符号
的组合，用以指代提取内容。

---

① 　贾俊平：《统计学》，清华大学出版社 2004 年版，第 5 页。

② 　白建军：《基于法官集体经验的量刑预测研究》，载《法学研究》2016 年第 6 期。

③ 　相关文档、数据、代码和算法完全公开、持续更新，详见 https://github.com/tsfnzjy120/extract_bribe_infos（最后访问日期：2019 年 3 月 13 日）。

表 2　正则表达式基础语法[①]

序号	特殊符号	指代的内容	序号	特殊符号	指代的内容
1	\d	1 个数字（0～9）	7	法 +?	"法"出现 1 次或多次，但取最少的次数
2	.	1 个字符（数字、字母、汉字等）	8	法 {2,4}	"法"出现 2～4 次
3	[受贿罪]	"受""贿""罪"三个字符取 1 个	9	(?= 刑) 法	"法"，同时"法"的前面是"刑"
4	法 ?	"法"出现 0 次或 1 次，取最多的次数	10	法 (?<= 学)	"法"，同时"法"的后面是"学"
5	法 +	"法"出现 1 次或多次，取最多的次数	11	(?! 民) 法	"法"，同时"法"的前面不是"民"
6	法 ??	"法"出现 0 次或 1 次，但取最少的次数	12	法 (?<! 律)	"法"，同时"法"的后面不是"律"

　　分析正则表达式提取判决书要素的实例有助于理解这些抽象的语法规则以及它们实际的运作过程，以对(2014)铜王刑初字第00014 号判决书提取判决结果要素为例，该判决书的有关表述为"判决如下：一、被告人许某某犯受贿罪，判处有期徒刑八年六个月（刑期从判决之日……）"，将此语句（在程序中记为 sentence）输入至下述功能逻辑中，即可获得提取结果：

import re

——导入正则表达式功能模块

result_regex = re.compile('判决如下：一、被告人 (.+?) 犯 (.+罪)，判处 (.+?)(')

---

　　① 〔美〕Jeffrey E. F. Friedl:《精通正则表达式》(第 3 版)，余晟译，电子工业出版社 2007 年版，第 1 章。

——编写正则表达式，分别对应被告人姓名、罪名和刑罚

match = result_regex.search(sentence)

——正则表达式搜索 sentence 语句，搜索结果存入 match

name, crime, penalty = match.group(1),match.group(2),match.group(3)

——从搜索结果中提取被告人姓名、罪名和刑罚，分别存入 name, crime 和 penalty

至此，提取程序将部分判决书内容转化成为结构化的信息，即要素。提取位置固定的要素是正则表达式作用于判决书一部分内容的结果，因此，面临的问题也主要在两个方面：一方面是编写的正则表达式对同一要素可能存在的其他表达方式考虑不足，导致无法从正确的文本中提取要素。通过分析无法正常提取要素的判决书样本，归纳同一要素的不同表达方式，提高正则表达式的兼容性是解决本问题的主要方法。除了考虑表达方式的多样性，编写正则表达式时还应注意兼容判决书中可能存在的错别字，比如"辩护"和"辨护"[①]。另一方面是输入正则表达式的判决书内容不准确。输入的判决书内容过"窄"，可能其中不存在要素，或者存在的要素不完整；过"宽"，则可能获取不必要的内容。预先分割文本[②]并以分割结果作为输入可以部分避免发生过窄或过宽的情况，同时根据提取要素的具体情况灵活调整输入内容。

[①]　判决书原件和录入中国裁判文书网的判决书基本不可能存在错别字，但是其他案例搜索引擎上的判决书有相当一部分是通过 OCR（光学字符识别）方式扫描纸质判决书生成，存在错别字的概率较高。

[②]　见表 1。

　　提取的数字型要素或时间型要素还需格式化，统一表达形式和计量单位。比如，本文在提取受贿金额时，就遇到"一万三千""1.3万""13000""壹万三仟"等诸多表达形式，通过建立中文数字和阿拉伯数字之间的映射关系，统一转化成阿拉伯数字，以万元为单位，保留两位小数；在提取主刑结果时，为便于量化研究，把拘役2天折算成有期徒刑1天，无期徒刑计为人均寿命减去被告人平均年龄，死刑计为人均寿命，死缓计为无期徒刑和死刑和的一半。①

　　2.提取位置不太固定、表述多变的要素。

　　提取固定位置的要素有时也会遇到位置不固定、表述多变的问题，但一般可通过改进正则表达式或精确输入内容解决；而对于本部分所讨论的要素，单纯的正则表达式无法提取，需要制定更加灵活的提取策略。

　　提取位置不固定的要素，基本思想是让正则表达式在更大的文本范围内展开检索，获取尽可能多的检索提取结果，再根据提取结果的具体情况筛选或计算出最终结果。首先，由于要素出现的位置极其不固定，输入正则表达式的内容应尽可能宽泛，凡是要素可能出现的文本区域均应按照一定的规则组合成整体作为正则表达式的作用域，必要时也可以直接输入判决书全文。其次，正则表达式不再试图提取一个准确的要素，而是适当放宽提取条件，获取更多的"模糊要素"，再从中筛选符合条件的要素。本文在提取"受贿次

_____

　　① 定量研究中对拘役、缓刑、无期徒刑、死缓、死刑等的处理方法有多种，包括另外设置类型变量。这里仅指将其转换为数量的一种方法。参见白建军：《死刑适用实证研究》，载《中国社会科学》2006年第5期；褚红丽、孙圣民、魏建：《异地审理与腐败惩罚：基于判决书的实证分析》，载《清华法学》2018年第4期。

数"要素时采用了这一方法，提取程序首先对判决书的事实认定部分划分句子，随后以句子为基本单位，获取尽可能多的有关"财物"的表述，比如"××元人民币""一辆轿车""购物卡"等，再检查这些"财物"的周围是否出现被告方的姓名、是否有"送""收受"等谓语，如果存在"受贿主体"和"受贿动作"则作为一次受贿计入提取程序。[①] 在提取过程中，分析产生"模糊"的原因，不断优化筛选规则，可以逐步提高算法的准确率。

提取表述多变的要素，单纯的正则表达式无法处理的情形有两种。第一，要素在不同的判决书中表述不同，且各种表述之间差异较大，无法为正则表达式所统筹。比如，"为他人谋取不正当利益，致使公共财产、国家和人民利益遭受损失"这一法定加重情节在判决书中就有多种差异较大的表述。提取这种要素的方法是逐步积累所有的表述，编写多个正则表达式同时提取。第二，要素在同一判决书中的前后表述不一致。这种要素通常包含在一些意见性表述里，比如，公诉意见认为被告不构成自首，辩护意见认为被告构成自首，而在法院的审理意见里不仅有认定被告是否构成自首的结论，还可能有对控辩双方"构成自首"和"不构成自首"的评价，导致提取要素的不一致。解决该问题时经常会使用一些关联要素对提取结果进行验证，比如，在出现不一致的情况时，"自首"可以根据"坦白""配合追缴"等关联要素进一步确认。

---

① 该算法存在重复计算的问题，在实际运用时需要保证每次计入程序的"财物"与已计入程序的"财物"不重复。判决书在"本院认为"部分一般对被告受贿的总金额有明确表述，但对受贿次数通常只用"多次收受"一笔带过，因此采用该算法。提取受贿次数的算法并不唯一，本算法可供参考，用以启迪思路。

3. 提取间接要素。

提取前述两类要素提高了数据挖掘的广度，而提取间接要素实质上是对已提取要素的加工和延伸，决定了数据挖掘的深度。再加工的关键在于如何寻找和确认一种科学可信的算法，并通过该算法确定一个格式固定且具有研究价值的输出。这种算法大部分和人的某些判断逻辑相类似，但不局限于对人思维过程的模拟，也可能是数学计算、统计推论等，极其灵活且富有创造性。

提取间接要素可分成根据要素提取和根据要素组合提取两种类型。根据要素提取的一个典型实例是提取受贿罪案件的适用法律，[①] 它以已提取的"最后一次受贿行为发生时间"为依据，遵循一个简单的时间先后判断逻辑并根据"从旧兼从轻"的原则获得输出。[②] 这里也体现了算法设计者掌握法学知识的必要性。已有定量研究不加讨论地只以审判时间为准来确定该案所适用的法律。[③] 根据要素组合提取的一个实例是"量刑区间"，该要素是量刑的决定

[①] 2015 年 11 月 1 日起实施的《刑法修正案（九）》（简称"刑修九"）对贪污贿赂犯罪的量刑标准做出较大修改，另外 2016 年 4 月 18 日最高院和最高检颁布和实施了《关于办理贪污贿赂案件的司法解释》。据此，受贿罪案件可分成适用原刑法、适用刑修九但不适用司法解释、适用刑修九和司法解释三类。

[②] 余亚宇、石魏：《刑法修正案（九）实施后从旧兼从轻原则的准确适用》，载《人民司法（案例）》2016 年 35 期。

[③] 褚红丽、孙圣民、魏建：《异地审理与腐败惩罚：基于判决书的实证分析》，载《清华法学》2018 年第 4 期；过勇、李松锋：《贪污受贿案件刑事量刑的实证研究》，载《经济社会体制比较》2018 年第 1 期。这些研究均是以审判时间为准确定所适用的法律。其原因也可能是如果要以犯罪行为发生时间来确定难以实现，所以退而以直接、明确的审判时间为替代值。本文也不主张所有刑事领域的定量研究都要以最后犯罪行为发生时间为准来确定，但至少这应该是一个首选项。

性因素，根据法律规定，[①] 涉及适用法律、受贿金额、次数和加重情节三个直接要素，遵循一个稍显复杂的判断逻辑，基本上模拟了法官审理案件的思维过程。

表3   根据要素组合提取"量刑区间"[②]

处理（有期徒刑）		量刑区间	判断逻辑	
原刑法	刑法修正案九	（由低到高）	适用原刑法	适用司法解释
二年以下	三年以下	第一档	Sum<0.5+H	1<=Sum<3+H Or 3<=Sum<20
一至七年	三至十年	第二档	0.5<=Sum<5	10<=Sum<20+H Or 20<=Sum<300
五年以上	十年以上	第三档	0.5<=Sum<5+H Or 5<=Sum<10	150<=Sum<300+H Or Sum>=300
十年以上	—	第四档	5<=Sum<10+H Or Sum>=10	—

间接要素一般根据研究需要设定，有时提取难度很高，计算机无法返回一个完全准确的结果，但可以通过一定的算法设计使提取结果逼近真实结果，将误差控制在可接受的范围内。比如，要探究受贿罪中被告人的职务级别对量刑的影响，根据提取的职务判断出对应的级别即使是人也无法做到百分百准确，职务的庞杂性又导致

① 刑修九实施前的《刑法》第383条，《关于办理贪污贿赂案件司法解释》第1—4条。

② Sum表示受贿金额，以万元为单位；H表示法定加重情节之一。该表仅根据有期徒刑划分量刑区间，根据研究需要可以进一步融合其他刑罚种类，划分更多层次的量刑区间，设计更复杂的逻辑判断。有关代码和算法会陆续更新，参见邓文超：《基于深度学习的司法智能研究》，哈尔滨工业大学2017年硕士学位论文。这里是提出本文作者设计的有关量刑区间的算法，希望能以此为基础，引发大家关于该算法的逻辑是否严密、是否符合法律规定和审判实践等的讨论。

不太可能建立一个完整的职务和级别之间的映射关系库，因此，针对无法判断的职务获取其近似的级别是一种经济可行的方案，在误差合理的条件下对研究结论的影响有限。具体做法是，如果职务名含有"科长""处长""调研员"等头衔，可直接确定对应的级别；如果缺少级别明确的头衔，则可以职务名中含有的地区行政级别为基础，根据所在单位的性质（国家机关、事业单位、国有企业等）确定一个修正参数，经运算得到一个级别的近似结果。

（四）提取要素的输出

要素被提取后要让计算机进行自动输出。提取要素的输出主要注意要素的保存和再利用问题，至少有两方面的要求：第一是面向研究者友好。提高要素准确率和制定数据分析策略基本上还是由研究者的思维主导，因此要求要素的输出清晰、直观，易于人类理解；而人工操作在处理细粒度数据时亦有机器不可比拟的优势，因此要求要素的手工查找和修改操作简便。第二是兼容主流的数据分析工具和软件，比如 Stata、SPSS 等常用的统计分析软件。结合这两方面的原因，本文建议采用 CSV 格式输出提取的要素信息，一方面，CSV 可直接被 Excel 软件打开，方便研究人员查看和处理；另一方面，CSV 也能够被大多数数据分析软件直接使用。在 Python 程序中，CSV 文件可以使用 pandas 类库中的 DataFrame.to_csv 函数直接生成。

（五）提取要素的准确率检查

检查提取要素的准确率是提取判决书要素必不可少的环节，直接影响研究结论的正确性。一份具有规范性和科学性的法学实证研究成果应当提供从判决书中提取要素的准确率指标。下面就准确度检查的原理和方法展开讨论，并就程序改进提出一些建议。

计算机提取的要素基本不能再由计算机检查其准确性，因为计算机程序始终按照一个预期无错误的逻辑在提取要素，不具有发现错误和纠正错误的能力。因此，人工抽样检查准确率成为必要。人工抽样检查方法的重点在于确定科学的样本容量和抽样方法，本文提出的方案如下：首先，提取要素的准确率定义为：对某一要素，经人工检查正确的要素数量和要素总数之比。

其次，抽取的样本容量和判决书总量无关，它由下列公式确定：[①]

$$n = \frac{z^2 \times \pi(1-\pi)}{E^2}$$

其中，n 为样本容量；z 是由置信水平确定的一个常数，科学研究中置信水平一般要求达到 95%，对应的 z 值为 1.96；E 为边际误差，一般要求不超过 5%；π 是一个对提取要素准确率的先验估计值，根据等式，当 π 取值 0.5 时 n 达到最大值，为保证更多的样本量 π 取 0.5。将 z、E 和 π 值代入等式，得 n=385，即当判决书总量大于 385 时，人工抽样检查的样本容量恒为 385，此时有 95% 的把握认为样本准确率和总量准确率的误差不超过 5%。举例来说，对于某一个要素，如果人工抽检的样本准确率为 90%，那么总体的准确率应该在 90% ± 90% × 5% 之间，即 85.5% 到 94.5% 之间，这种判断的可靠性有 95%。如果人工检查 385 份样本仍有困难，则可

---

① 贾俊平：《统计学》，清华大学出版社 2004 年版，第 191 页。

适当调大 E 值，比如调大至 10%，此时只需检查 n=97 份样本，但是上例中总体准确率所在区间会变成 90%±90%×10%，即 81% 到 99% 之间。

最后，使用有放回的抽样方法，即重复抽样。这种抽样方法是适用上述公式的前提，此时每份判决书被抽中的概率相同。可通过计算机程序实现[①]。

人工抽样检查的结果为改进准确率较低的要素提取程序指明了方向。要素提取程序存在误差的根本原因在于程序内部的提取逻辑和判决书实际内容的不匹配，因此，改进提取程序可从两方面着手：一方面可以直接手工提取判决书的内容，如果存在误差的判决书数量较少，不失为一种简单有效的方法；另一方面则需要修改和完善程序提取逻辑，不断分析各种误差的产生原因，形成新的提取逻辑，并整合到原有的程序逻辑中。经过反复几轮人工检查和程序改进，提取要素的准确率能够逐步上升到较高水平。

四、结语

本文论述了一种新型的法学研究方法，即计算法学方法的独立价值、基本思维和特点，指出了在这类研究领域存在的实践先行、理论单薄、研究视域过窄、重复劳动、合作困难、研究缺少接续能力等问题，抽象了计算法学方法的一般步骤，将判决文书信息的提

---

① 使用 Python 语句 numpy.random.choice(n1, n2, replace=False) 能够直接返回重复抽样结果，其中 n1 表示判决书总量，n2 表示样本容量 385。

取分为三类要素，说明了针对不同要素运用计算机提取信息应当采取的计算方法和通用程序。[①] 本文也讨论了计算法学生态的形成对这个领域的发展和计算法学方法价值的充分发挥有至关重要的作用，而实践、具体、可传承的严谨的学术探讨和尽可能开源的程序才能更好地促进生态的形成。如此，法学研究才能更好地在目前正在进行的智慧司法软件的研发中发挥作用。虽然这些软件模型是用来辅助实践的，但是标准的建立向来是应当接受充分的学术探讨的，而不应由某个部门或企业来决定。所以，本文提供了作为这些研发任务基础的判决文书处理的一部分方法，希望能抛砖引玉，吸引更多的同仁来检测这些方法，并进行更为深入的研究。

计算机科学是目前将学术产业化做得最好的学科。计算机图灵奖得主往往都创办了公司或研究院，所做的研究都能在产业上得到运用，所以它是一门实践性、专业性、技术性非常强的学科。而法学学科无论是规范解释、价值判断还是现实描述也具有很强的实践性和技术性。虽然两个学科有各自独特的话语体系，但是二者的研究对象并不是互斥的，而是有不少重合，并会随着虚拟世界的不断现实化而越发紧密；两种研究方法也不是不相容的，而是可以互补。计算法学的出现和发展就是为了搭建架接这两套话语体系的桥梁，探索将可能需要计算机帮助的法学问题转化为可计算问题的方法，寻找和培养能够解决已转化问题的计算方法和能力，检测、修正和更新既有的算法，从计算结果中获得有法学价值的信息，丰

---

① 相关文档、数据、代码和算法完全公开、持续更新，详见 https://github.com/tsfnzjy120/extract_bribe_infos（最后访问日期：2019 年 3 月 13 日）。

富法学研究的领域和方法。

　　计算法学不只是一种法学研究方法，还有更广泛的内涵，有很多争议的问题需要讨论厘清才能更好地促进它的发展。比如前文所述的反爬虫策略，虽然其本意是网站为了防止用于商业目的的"脱库"下载行为，但是却造成了用于学术研究的下载也难以进行，提高了判决使用的成本和难度。关于爬虫和反爬虫等攻防措施的正当性、合法性的争议，以及更深层次的数据权利属性和数据权益分配的讨论都尚未定论。我国和美国都出现了类似的有关公开数据权利的案件，比如我国的大众点评诉百度地图抓取其页面用户评论、美国的 hiQ Labs, Inc. 诉 LinkedIn（领英）设置严密的反爬虫策略妨碍其抓取领英用户公开的教育背景信息等案件，而两国的法院目前则做出了相反的判决。[①] 所以这类问题还需进一步的研究。随着计算法学的发展，计算法学生态的形成，计算法学研究成果的学术化和去商业化，如果能够建立学术圈内共享的法律文书或数据库，便于从事学术研究的人员使用，则能更好地解决这个问题。

　　　　　　　　　（本文原载《法学》2019 年第 4 期，第 104—122 页）

---

　　① Cheryl B. Preston, "Lawyers' Abuse of Technology", *Cornell Law Review,* Vol.103:879, p.894。领英案目前仅有美国联邦基层法院做出的要求双方友好协商的临时禁止令（preliminary injunction order）。大众点评案已经二审终审，终审维持了一审要求百度地图等原告方赔偿大众点评 323 万损失的决定。参见《百度抓取大众点评用户评论，一审被判赔 323 万》，http://www.sohu.com/a/77647804_410381（最后访问日期：2019 年 3 月 13 日）。

第二编

基于大数据和机器学习的法律信息学

迈向大数据法律研究

左卫民[*]

内容简介：大数据法律研究是实证法律研究的最新发展，将会带来法学研究范式的革命性变化。当前这项研究存在若干误识，如将"大量数据""结构化数据"等同于大数据；在如何使用大数据展开研究方面，也存在方法的科学性不足等问题。未来的大数据法律研究不仅应思考如何更好地获取法律大数据，还要探讨如何正确认识与适当使用"大量数据"，更要充分利用统计方法展开大数据法律研究，探讨如何科学使用机器学习等新方式分析法律大数据。此外，继续重视对法律"小数据"的挖掘与运用，以及加强复合型研究人才的培养，也同样重要。

一、大数据法律研究时代的来临

受惠于互联网与大数据技术的迅猛发展，数据正以前所未有的

* 左卫民，四川大学法学院教授、院长，实证法学与智慧法治四川省社科重点实验室主任，教育部"长江学者"特聘教授。

感谢叶燕杰同学、郭松博士、王禄生博士、刘方权教授、洪凌啸同学、詹小平博士、张潋瀚博士、朱奎彬博士对本文初稿提出的修改意见。

速度巨量生成，海量的数据资源由此产生。大数据资源日渐成为国家与社会的基础性战略资源，推动世界大步迈向大数据时代。因应于此，法律机关，尤其是司法机关大力推进部门信息的电子化、数字化、公开化，使得法律大数据逐渐兴起并进入公众视野。

法律大数据的出现，使得基于法律大数据的司法实践与新型实证研究成为可能，并可能带来法学研究方式的革命性变化。这种可能性源于大数据所具有的独特优势：（1）数据的"全样本性"。大数据通常是特定领域的全面数据，具有数量巨大与内容全面之特性。基于全样本数据的实证研究，能够显著减少传统抽样方法可能导致的误差，增强对研究对象的整体把握，发现传统抽样数据中难以或根本无法获取的信息，带来研究视角、研究素材、研究方法的根本性转变。（2）数据产生、收集、分析的快捷性。"数据分析的速度越来越快，经常在数据刚刚敲进去的时候就可以看到实时的分析结果"，[1] 这有助于研究者及时有效地掌握相关法律实践状况的全貌，从而克服传统实证研究方法耗时、滞后的缺陷。（3）数据收集与分析技术的客观性、科学性。

与具有亲历性的传统手工作坊式实证研究"大多是自己收集、整理数据""存在因为研究动机需要而选择性收集、运用数据"不同，[2] 海量材料与数据远非"人工作坊时代"研究者所能亲自、逐一地审阅、统计和分析。大数据的收集和分析往往直接依托于数据技

---

① 〔美〕伊恩·艾瑞斯：《大数据思维与决策》，宫相真译，人民邮电出版社2014年版，第12页。

② 左卫民：《一场新的范式革命？——解读中国法律实证研究》，载《清华法学》2017年第3期，第51页。

术自动处理、完成。在开源条件下，研究过程具有相当的透明度，研究结论可复盘检验，数据收集、分析的客观性、科学性明显增强。[1] 特别是，利用不同渠道收集的数据集产生了海量数据，当这些数据聚合到一起，可以对其进行挖掘，并开展更深层次的分析，该深度分析能揭示出各种模式、相关关系，并进行有统计意义的各种预测。[2] 这不仅能够开展历时性与变迁性的研究，也能够进行预测性研究与趋势分析，[3] 最终促进研究科学水准的提升。

在国外，法律大数据已广泛渗透到公权力与私权利领域的法律实践。在公权力领域，法律大数据在两个方面得到较多利用：一是在警务活动中。美国、澳大利亚等国家早已开始利用法律大数据开展警务预测。在美国，法律大数据被充分运用于犯罪趋势分析、发案情况预测、警力分配以及调查工作重心的确定等。[4] 二是在审判活动中。法律大数据已大量应用于司法管理活动和程序性司法决策。例如，法官通过对法律大数据进行分析、评估，建立"何种情况下将影响嫌疑人到庭接受审判，何种情况下容易诱发新的犯罪"的保释风险预测模型，以此决定嫌疑人能否被保释；法官利用法律大

---

① 刘佳奇：《论大数据时代法律实效研究范式之变革》，载《湖北社会科学》2015年第 7 期，第 143 页。

② Timothy J. Kraft, "Big Data Analytics, Rising Crime, and Forth Amendment Protections", 2017 *University of Illinois Journal of Law, Technology & Policy* 259(2017).

③ Andrew Guthrie Ferguson, "The Big Data Jury", 91 *Notre Dame Law Review* 960(2016).

④ Generally Ric Simmons, "Quantifying Criminal Procedure: How to Unlock the Potential of Big Data in Our Criminal Justice System", 2016 *Mich. St. L. Rev.* 948—949(2016).

数据对罪犯是否符合假释条件进行评估，以此作为判断罪犯能否被假释的重要参考。[①] 在私权利领域，律师（律所）和当事人也高度重视对法律大数据的利用。例如，律师（律所）利用法律大数据进行律所管理、成本控制以及诉讼（律师）费用的评估、预测，[②] 律师、当事人利用大数据挑选对自己有利的陪审团、[③] 进行诉讼结果预测。[④] 在大数据法律研究方面，国外学者除开始利用大数据对具体的法律问题展开研究外，对大数据法律研究与法律实践的理论与方法问题（例如，如何确保数据本身的可靠性、公开性，如何克服算法的非透明性、非归责性以及"数据歧视"），[⑤] 大数据运用是否与美国联邦宪

[①]　Lyria Bennett Moses, Janet Chan, "Using Big Data for Legal and Law Enforcement Decisions: Testing the New Tools", 37 *UNSW Law Journal* 643—678(2014).

[②]　Jared D. Correia, Heidi Alexander, "Big Data, Big Problem: Are Small Law Firms Given a Sporting Chance to Access Big Data?", 37 *W. New Eng. L. Rev.* 144(2014—2015).

[③]　Andrew Guthrie Ferguson, "The Big Data Jury", 91 *Notre Dame Law Review* 935(2016).

[④]　当前美国的诉讼预测主要集中在知识产权诉讼和医疗过失诉讼领域，通过诉讼预测来决定是否诉讼与如何做出妥协。参见 Lyria Bennett Moses, Janet Chan, "Using Big Data for Legal and Law Enforcement Decisions: Testing the New Tools", 37 *UNSW Law Journal* 644(2014)。

[⑤]　Lyria Bennett Moses, Janet Chan, "Using Big Data for Legal and Law Enforcement Decisions: Testing the New Tools", 37 *UNSW Law Journal* 643—678(2014); Timothy J. Kraft, "Big Data Analytics, Rising Crime, and Forth Amendment Protections", 2017 *University of Illinois Journal of Law, Technology & Policy* 249(2017); Kevin Miller, "Total Surveillance, Big Data, and Predictive Crime Technology: Privacy's Perfect Storm", 19 *Journal of Technology Law & Policy* 105—146(2014); Neil M. Richards, Jonathan H. King, "Big Data Ethics", 49 *Wake Forest L. Rev.* 393—432(2014).

法第四修正案产生冲突及如何协调①尤为关注。

目前，中国利用大数据开展的法律实践方兴未艾。例如：基于司法公开而大力推进的裁判文书上网工作；依托大数据技术建立犯罪信息判断和趋势预测；②运用大数据建设"检察大数据标准体系、应用体系、管理体系、科技支撑体系"；③利用大数据建立案件权重系数和评价指标体系，确定法官工作量，并进行科学的员额分配、案件分流；④基于大数据开展的多种法律人工智能实践，尝试如类案推荐、量刑辅助与偏离预警等应用。⑤其中，裁判文书大规模上网，使得中国第一次有了全国性、公开的、细节化的法律数据。但总体而言，目前国内对于法律大数据的实践性运用还相对有限，具体运用并不普遍，在一定程度上呈现出"话语热、实践冷"的现象：一方面，应用主体范围有限，主要集中在少数司法机关、法律数据公司；另一方面，应用领域相对较窄、实际运用较少，主要集中在类案检

---

① Sohayla M. Roudsari, "Fourth Amendment Jurisprudence in the Age of Big Data: A Fresh Look at the 'Penumbers' through the Lens of Justice Sotomayor's Concurrence in United States v. Jones", 9 *Federal Courts Law Review* 139—174(2016); Ismail Cem Kuru, "Your Hard Drive is Almost Full: How Much Data Can the Fourth Amendment Hold", 2016 *U.of Ill. J. L. Tech.& Pol'y*. 89—134(2016).

② 卢国强：《北京警方利用大数据预测犯罪趋势》，载《科技日报》，2014 年 6 月 18 日，第 3 版。

③ 曹建明：《最高人民检察院关于人民检察院全面深化司法改革情况的报告——2017 年 11 月 1 日在第十二届全国人民代表大会常务委员会第三十次会议上》，载《检察日报》，2017 年 11 月 2 日，第 2 版。

④ 周强：《最高人民法院关于人民法院全面深化司法改革情况的报告——2017 年 11 月 1 日在第十二届全国人民代表大会常务委员会第三十次会议上》，载《人民法院报》，2017 年 11 月 2 日，第 1 版。

⑤ 王禄生：《司法大数据与人工智能开发的技术障碍》，载《中国法律评论》2018 年第 2 期，第 46 页以下。

索、法律文书草拟、文书智能纠错等辅助办案方面。

　　近年来，国内也出现直接利用大量数据展开法学研究的探索，并已经注意到法律大数据所面临的伦理规范等问题。[①] 其中，有学者就如何开展大数据法律研究，提出了有启发性的见解。[②] 不过，国内的大数据法律研究整体上还处于探索阶段，一些研究缺乏对法律大数据的基本认识，研究方法和过程其实建立在某些误识上。因此，检视大数据法律研究现状，澄清若干误识，对于大数据法律研究的健康开展具有基础性意义。

二、大数据法律研究中基本问题的澄清

（一）大数据还是大量数据

　　大数据具备"4V"（Volume，Velocity，Variety，Value）特征，是关于某一领域（行业）全样本、能够快速流转、多样化且富价值的

---

　　① 徐明：《大数据时代的隐私危机及其侵权法应对》，载《中国法学》2017年第1期，第130页以下；顾理平：《大数据时代公民隐私数据的收集与处置》，载《中州学刊》2017年第9期，第161页以下，等等。

　　② 例如，白建军讨论了大数据时代利用大数据进行裁判预测的可能和限度问题，大数据时代如何科学取样的问题（白建军：《法律大数据时代裁判预测的可能与限度》，载《探索与争鸣》2017年第10期，第95页以下；《大数据对法学研究的些许影响》，载《中外法学》2015年第1期，第29页以下）；胡凌探讨了大数据时代"法学研究方法的深化"（胡凌：《大数据兴起对法律实践与理论研究的影响》，载《新疆师范大学学报（哲学社会科学版）》2015年第4期，第108页以下）；张吉豫研究了大数据时代法学研究如何"开展交叉学科研究和应用"（张吉豫：《大数据时代中国司法面临的主要挑战与机遇——兼论大数据时代司法对法学研究及人才培养的需求》，载《法制与社会发展》2016年第6期，第52页以下）。

数据。其中,"全样本"是其最显著的特征,"全样本数据"意指相关的所有数据。然而,目前国内的法律大数据基本上只是部分的、非完整的数据,远非"相关的所有数据",称其为"大量数据"或许更合适。基于这些大量数据展开的研究,似乎很难视为严格意义上的大数据法律研究。

从某种意义上讲,中国的法律大数据肇始于裁判文书统一集中上网;在裁判文书上网之前,中国并没有法律大数据研究,法律实证研究基本上是基于"小数据",即研究者自己在局部范围或特定领域所收集的数据,而展开的"手工作坊式"研究。裁判文书网的诞生与发展,使得丰富的全国性数据第一次制度性涌现,其与既有实证研究所使用的数据在数量级、广泛性上大不相同。然而,裁判文书网已经公布的裁判文书数据整体上并不完全具备全样本特征:公布文书数量与实际结案数量相差较大,数据缺失问题相当严重。根据全国法院 2014 年和 2015 年的裁判文书上网统计显示:按省份看,上网裁判文书占实际结案文书比重最高的达 78.14%(陕西),最低的仅为 15.17%(西藏);最高人民法院在这两年的上网裁判文书仅占其实结案件量的 46.13%,这一比重与全国的总体情况大体持平。[①] 截至 2017 年 7 月 11 日,四川省的法院在 2012—2016 年间的裁判文书上网 1134249 份,而根据四川省高级人民法院工作报告,2012—2016 年全省共审结案件 3865125 件,[②] 上网量不足审结

---

① 马超等:《大数据分析:中国司法裁判文书上网公开报告》,载《中国法律评论》2016 年第 4 期,第 208 页。

② 根据四川省高级人民法院的工作报告,四川法院 2012—2016 年间年审执结案件总量分别为 685300 件、738857 件、750254 件、821285 件、869429 件,五年合计3865125 件。

量的 1/3。此外，上网裁判文书所涉及的案件类型并不全面，特别是一些重大职务犯罪类案件，其裁判文书往往并不上网。

概括起来，刑事案件的公开比率优于民事案件，一般刑事案件的公开比率优于敏感刑事案件。裁判文书上网的数量、地域、案件类型等方面的局限，使得相关数据往往并非全数据，远离标准的大数据，这容易导致一些基于裁判文书的实证研究存在支撑证据不足，甚至观点可能错误的问题。此外，部分地区法院在公开裁判文书时还对文书内容进行了删减，其删减往往并非对当事人身份信息的屏蔽处理，而是对文书特定段落的删除。这也会使得某些依靠从裁判文书网获取的文书对特定问题的分析，存在不同程度的数据偏差。因此，尽管特定领域、特定区域的分类数据可能较为齐全，但从整体上看中国当下的法律大数据，虽然数据量可能较多，许多领域均可能有 20%—70% 左右的全国性或全局性数据，但其实仍多是大量数据。

如何认识大量数据的学术研究价值？一方面，完美的法律大数据往往难以强求。作为官方化的数据，公开与不公开往往并存，法律、政治、传统的各种因素都会影响法律和司法数据的公开程度。欧洲国家地方法院裁判文书的公开度往往不如中国，美国法院刑事审判中同样少有关于裁判心证的公开信息。无论中外，法律数据都均非丰富、完整，难以完全反映法律和司法实践。由此，有缺失的大量数据往往可能是"现实中的大数据"。另一方面，大量数据不仅在数据量、丰富性方面远超小数据，而且经过清洗后可以具有相当的全局代表性。在求全不得的条件下，如果能够正确清洗数据，正确把握数据缺失的程度，特别是有无系统性缺失，大量数据就具有不可替代的学术研究价值。

（二）法律数据的官方性、结构化

相比于商业、社会领域的大数据，法律大数据具有自身的独特性：商业、社会领域的大数据往往是非官方的机构收集并使用的，而法律领域大数据则具有"官方化"的特征；这种差异深刻影响数据的生成和使用。官方化特征不仅使得法律数据的公开程度受到影响，也影响到法律数据的内容、类型及格式。基于法律机关的政策考虑，相关法律数据的内容多表现出格式化、预设性与法律化特征，据此向社会公开的法律数据其实是按照司法机关的管理目标所生产的内容，而非公众所欲知晓的有关法律实践的充分、真实数据。这与商业、社会领域的大数据颇不相同，后者常常是更为自然的非结构性数据。

比较典型的结构化数据，主要是来源于司法机关工作报告与法律统计年鉴的数据。此类数据都经过"精细加工"，数据发布主体自身的价值偏好也潜藏其中。目前，"公开的司法统计数据不完整，许多应当公开的数据并未公开，公开比例也难以令人满意"，[①]诸如刑事案件律师辩护率、民事案件律师代理率等数据难以获得；数据的统计口径往往也不一致，甚至同一主题在不同年份的统计口径也会出现变化，以致数据的连贯性较差。这些结构化或半结构化特征明显的大量数据，对司法管理具有一定的参考意义，也有

---

① 易霏霏等：《我国司法统计数据的公开：现状与建议》，载《中国应用法学》2017年第2期，第68页。

相当的研究资料价值，但由于其生产目的的特定性，整体上并不充分和全面，尤其是中观、微观层面数据的缺失，使得它并不完全具备大数据的特征。对于此类数据，或许视作"重要和宏观的司法数据"更恰当。[①] 而裁判文书的结构性则要弱一些，或可称为半结构化的数据。裁判文书的事实认定与法律适用的表述思路和风格，是由众多风格各异的法律实践者个人或集体完成的，但其基本写作逻辑和格式仍然受到制度与实践层面的严格规范，大体上还是半结构化的。

真正丰富的法律大数据应兼具大数据的自然特征与法律特征，主要由各种法律主体参与生产、制作并发布，具有全样本、即时性、多样化特征。现阶段中国法律大数据整体上是以裁判文书网为主要来源的官方化、结构化或半结构化的大量数据，实质上只是法律领域中的有限数据，也是角度特定的数据。

（三）数据在研究上的应用：方法和目的

作为实证研究的一种新形式，大数据法律研究应当遵从实证研究的一般范式，即利用大数据分析、发现经验现象，并基于经验现象提出、证实或证伪假设，最终发展和创新理论。同时，大数据与小数据的分析方式在研究模式方面有着共性：都应用数理统计的一般规律，采用统计学的许多方法，尤其是回归分析。当然，实践中"大小数据"研究的界限时常有所模糊。一些小数据并不小，特别

---

① 倪寿明：《充分挖掘司法大数据的超凡价值》，载《人民法院报》，2017 年 6 月 23 日，第 2 版。

是一些区域性数据研究涉及的样本可能高达十几万甚至几十万个，其研究方式可能与大数据研究并无二致，甚至有的小数据研究已经在使用复杂的机器学习。[①]

尽管如此，大数据法律研究有其独特性，与小数据研究存在诸多不同：(1)研究者的亲历性不同。由于小数据的有限性，研究者一般亲自、逐一收集、审阅和分析每一个研究样本，具有很强的亲历性。然而，面对全国性的裁判文书或者某个领域的裁判文书时，研究者便无力如此操作了。对于此类研究，如果没有好的数据收集、分析方式与技术，研究根本不可能有效地开展。因此，小数据研究中的判断一般是亲历性、实感化的判断，大数据研究中的判断往往依赖计算机软件，是一种间接性的判断，实感性较弱。(2)数据量的差异使得大数据研究更依赖诸如机器学习等新方式。面对海量数据，应用计算机软件和机器学习在所难免。巨大的数据量使得精细梳理变量间关系的研究受到挑战：大数据本身既可能粗糙，也可能信息过载，干扰因素与各种相关变量较多，研究者往往难以有效把握。这或许也是很多实证研究者依然致力于小数据研究的重要原因。

就当前的研究现状来看，虽然中国的大数据法律研究已经开始使用爬虫软件等抓取数据，但内容分析仍以描述性的数据分析为主，很少有研究者能够使用统计软件与统计学分析方法对数据资料

---

① 例如，有学者研究了新奥尔良地检署包含 145000 个被告人的 280000 起案件，通过机器学习的方法建立了被告人的再犯可能性模型。该模型可以降低 5%—9% 的再犯危险，并有效区别出人类检察官所蕴藏的主观因素。参见 Daniel L. Chen (TSEIAST), "Algorithms as Prosecutors: Lowering Rearrest Rates Without Disparate Impacts and Identifying Defendant Characteristics 'Noisy' to Human Decision-Makers", The 11th Digital Economics Conference, Toulouse, January 11, 2018。

进行精确的定量分析。[1] 对于如何整理与分析大数据，法学研究者大多"还不能科学、熟练地运用数理统计等分析手段与方法对问题展开统计学意义上的定量分析，更遑论在研究中进行数理模型的建构，从而在定量研究的方法上与统计学、社会学、经济学等其他学科展开对话"。[2] 如果不得不采取数据科学方法，研究者往往也只能依靠统计学家和数据科学家进行数据收集、挖掘、统计与分析。但技术专家经常不能把握法学研究者的真正意图，对基本法律问题也缺乏相应判断，这无疑增加法学研究人员与统计学家、数据科学家之间的沟通成本。或许不得不承认，当前"对大数据的收集、研究和应用还处在一个比较粗浅的层面上，司法大数据可能具有的超凡价值远远没有得到挖掘"。[3]

对于经验性法律现象，如律师辩护率、刑民事案件二审的改判率等，基于法律大数据的描述性分析可能是适当的。然而，法律实证研究毕竟是一种可量化的社会科学研究，需要归纳出法律运作过程的规律，并对其背后的因果关系进行深度阐释，或至少指出需进一步探究的相关性。一旦需要进行更多的因果关系或相关性研究，描述性分析则明显力有不逮。例如，通过大数据来分析家庭经济收入、父母受教育程度、父母情感关系、同辈朋友中的犯罪情况、未成年人的学习情况等，是否对未成年人犯罪具有直接影响以

---

① 左卫民:《一场新的范式革命？——解读中国法律实证研究》，载《清华法学》2017 年第 3 期，第 51 页。

② 同上。

③ 倪寿明:《充分挖掘司法大数据的超凡价值》，载《人民法院报》，2017 年 6 月23 日，第 2 版。

及影响的强弱时，传统的描述性统计分析可能就难以胜任。更加深入的法律大数据研究，还涉及机器学习与算法应用，尤其在对法律大数据进行应用研究时更是如此。例如，对于通过数据关联分析在大量散乱的数据中如何发现数据之间的相关性，并将这些数据形成一个数据集，从而描绘出某个事物或事件的发展规律或趋势，传统的统计学方法往往力不从心，需要通过机器学习实现研究目标。Jon Kleinberg 等人利用决策树、迭代算法等机器学习算法，分析了美国15 万余件重罪案件的法官假释决定，认为机器学习算法的预测要优于人类法官的判断。①

实际上，大数据法律研究是一项综合性、系统性工程，研究者掌握与运用相关研究方法的能力在很大程度上决定了研究的深度与层次。法律大数据研究的核心在于对海量数据的价值挖掘、处理，这就涉及上述数据的获取、清洗与使用。以典型的裁判文书大数据分析为例，由于目前上传的裁判文书达到 4000 万以上的量级，传统人工下载的方式远远无法满足研究的需要。这就必须借助爬虫软件自动从互联网上下载海量文书。然而，文书的获取只是大数据研究的第一步。由于爬虫软件抓取的文书是典型的无标签非结构化数据，其中包含重复文书、空白文书等"脏数据"，此时就必须借助数据清洗手段处理这些文书，添加案号、案由、审级等常规标签。在数据清洗的基础之上，才可能进行数据挖掘。由于人工统计

---

① 机器学习在法学研究中的展开与运用，参见 Jon Kleinberg, Himabindu Lakkaraju, Jure Leskovec, Jens Ludwig, Sendhil Mullainathan, "Human Decisions and Machine Predictions" (February 2017), 113(1) *The Quarterly Journal of Economics* 237—293(2018)。

无法完成数据挖掘的任务，因而需要运用正则表达式等数据挖掘方法。可见，大数据本身为法学实证研究设定了先天的技术门槛。

舍恩伯格等认为，"大数据时代绝对不是一个理论消亡的时代，相反地，理论贯穿于大数据分析的方方面面"，"大数据不会叫嚣'理论已死'"，反而会"从根本上改变我们理解世界的方式"。[①] 目前有关大数据的法律研究，在研究取向上偏重于实践型、应用型，而非学理性、抽象性，侧重数据的调查与描述，过度沉迷于让数据"自己说话"甚至"自己思考"，疏于开展深度的理论剖析与建构。很多冠以"大数据"的实证研究不过是运用大数据或大量数据对某个法律现象或问题的简单描述，各种法律数据的简单归类统计，以及在此基础上提出问题与解决对策。对大数据所呈现的普遍现象进行深度剖析与理论解读的研究还较为缺乏，更遑论相关理论建构。

（四）作为方法的大数据法律研究

基于大数据的法律研究对法律研究方法到底意味着什么？这是否一场新的研究范式革命？法学界目前更多只是将之看作一种实践现象。大数据法律研究的一些基本理论问题，如它的内涵、特征、优势与局限，大数据法律研究与社科法学、实证法律研究之关联，如何适当运用、科学展开等，至今尚未得到充分讨论。如果说基于小数据法律实证研究的理论图景已日渐清晰，那么基于大数据法律实证研究的理论问题似乎未昭未揭。这可能会使研究者陷入

---

① 〔英〕维克托·迈尔-舍恩伯格、肯尼思·库克耶：《大数据时代：生活、工作与思维的大变革》，盛杨燕、周涛译，浙江人民出版社 2013 年版，第 94 页。

"过分关注技术分析，忽视创新思维和思辨分析"[1]的窠臼中。有论者在谈到大数据对社会学研究的影响时指出，"'大数据'概念的广泛应用和巨大影响，对社会学研究的冲击更为直接。这种冲击涉及数据来源、研究方法、社会测量等诸多重要领域"。[2]事实上，这种冲击和影响甚至已经开始波及法学研究。从研究对象看，大数据法律研究扩展了法学研究的问题域，使法学研究不再拘泥于传统的研究对象和素材，从而拓展了法学研究的领域和格局。从研究范式看，大数据法律研究可能推动实证研究的跨越式发展，特别是机器学习方式的引入，会使法学研究从法教义学、社科法学和实证法律研究等范式转向数据科学式的法学研究，形成"数据驱动 + 理论假设驱动"的范式革命，最终重构传统法律实证研究。[3]就此而言，或许可以将其视为法律实证研究的新阶段。

大数据法律研究应当具有什么样的问题意识？当前，一些大数据法律研究缺乏必要的问题意识，主要是描述式研究，沦为"调查报告式"的数据展示。针对法律实证研究，曾有论者提出"受众是谁"的问题，[4]大数据法律研究同样应重视此问题。从某种程度上讲，"受众"不仅是指知识生产所面向的市场，也意味着知识生产者与消费者之间的互动。一方面，大数据法律研究应该面向司法

---

① 孙建军：《大数据时代人文社会科学如何发展》，载《光明日报》，2014 年 7 月 7 日，第 11 版。

② 孙秀林、陈华珊：《互联网与社会学定量研究》，载《中国社会科学》2016 年第 7 期，第 119 页。

③ 刘涛雄、尹德才：《大数据时代与社会科学研究范式变革》，载《理论探索》2017 年第 6 期，第 29 页。

④ 唐应茂：《法律实证研究的受众问题》，载《法学》2013 年第 4 期，第 28 页。

实践与司法改革，从司法机关与公众真正关心、急欲解决的现实问题中寻找研究灵感，从而使大数据法律研究具备较强的实践性。例如，最高人民法院和最高人民检察院正围绕"智慧法院""智慧检察"，深入推进法院与检察院办案、办公的阳光化、网络化、智能化，人工智能开始运用于司法改革推进和司法建设之中，而司法领域人工智能的运用显然无法离开法律大数据的支撑。因此，大数据法律研究应该回应"智慧司法""智慧检察"的实践需要，并借此获得更大的致用空间，在理论与实践的互动过程中形成问题意识，推进大数据法律研究的发展。另一方面，大数据法律研究也应该直面一些传统的法学理论命题，借助法律大数据分析工具对其进行检验或创新发展。当然，基于大数据发现新的法律现象、提出新的理论命题，并利用大数据分析技术进行论证，亦是大数据法律研究的应有之义。

对大数据法律研究规范与伦理问题的讨论亦很重要。大数据法律研究涉及海量数据的收集、整理和分析，这对数据收集、分析主体的专业水平，特别是研究规范提出了较高甚至是苛刻的要求。如果大数据研究人员的专业水平有限，对研究规范不够重视，很有可能导致收集的数据失真、分析结果失准，不仅不能对法律现象进行客观量化，甚至可能形成错误结论，以致谬以千里。在数据本身有限且运用相对简单的条件下，其他主体可以对研究结论进行重复性或经验式验证，但在大数据背景下，这种验证无疑困难得多，成本也更为高昂。特别是，在当前数据公司与研究者普遍不愿公布数据来源、内容、收集工具、分析标准的情况下，如果研究者不能对大数据法律研究抱持严谨态度并恪守必要的研究规范，甚或不遵守相关学术伦理，基于功利动机而突破学术底线，将导致相应的大数据法律研究存在研究标准不科学、研究结论荒谬甚至数据造假等问题。此外，大数据法律研究表面上是围绕数据展开，但由于很多数据其实指涉或反映主体的行为、意识与习惯等，这使得大数据法律研究不可避免地牵涉"人"的问题，甚至可能会将作为研究对象的"人"置于相对危险的境地。这样的伦理问题目前似乎并未引起研究者的注意，对此更应有意识地采取相应的技术处理策略。

三、迈向大数据法律研究

（一）致力于获取全面、多样的法律数据

第一，尽力获取全面化的法律数据。数据的官方化，是法律大数据不同于商业性、社会性数据的特殊之处，这就决定了法律大数据的获取与应用水平在相当程度上取决于法律机构是否充分、及时公开其收集、掌握的法律信息。所以，法律机构基于共享理念推行数据公开机制是法律大数据获取和应用的关键之一。前已述及，裁判文书网所收集、整理、统计的数据往往并不能称作"法律大数据"，甚至有时数据质量可能还不如抽样调查中的"代表性数据"。虽然2016年最高人民法院修订了《关于人民法院在互联网公布裁判文书的规定》（法释〔2016〕19号），但由于其约束力不强、操作性较弱，事实上并未实现"（除不予公布的）其他裁判文书一律在互联网公布"[①]的目标。为了提高司法的公开水平，促进法学实证研究的发

---

① 最高人民法院编：《中国法院的司法改革：2013—2016》，人民法院出版社2017年版，第38页。

展,法学界需要呼吁最高人民法院进一步健全裁判文书发布的责任机制,加强对裁判文书不上网的审查力度,大力推动并真正实现裁判文书网络发布的"应上尽上"原则,[1]促进裁判文书网不断由大量数据平台向大数据平台转变。

第二,努力扩展法律数据的来源。数据是大数据法律研究展开的基础,"只有具备足够的数据源才可以挖掘出数据背后的价值"。[2]然而,在法律大数据的来源上,目前过度依赖官方尤其是法院的主动发布,内容、渠道存在单一性、有限性等问题。中国法治和中国司法的整体样貌不可能据此充分展现,司法决策信息更不是裁判文书所能充分显示的。当前,除了对外公布的法律裁判文书,法律决策过程中的关键行为,如形成决策的内部讨论,往往是高度非文字化、非数据化的。"一方面,'庭审笔录不是一种公开的法律证明文书',其亦未实现充分的数据化;另一方面,大量的程序过程如警察的侦查过程、检察院的起诉过程、法院庭审前后的过程也没有公开的、正式或非正式的文字记录,更遑论在此基础之上的数据化了。"[3]为此,首先要拓宽法律大数据的领域。只有将检察机关、公安机关、司法行政机关所收集和制作的、符合公开条件的数据全面纳入公开范围,才可能"推动形成有利于平台互联互通、信息共享共用、

---

① 最高人民法院最新发布的《最高人民法院司法责任制实施意见(试行)》中,再次重申"裁判文书送达后7个工作日内,承办法官应当督促指导法官助理或书记员完成拟公开裁判文书的技术处理和裁判文书上网公开工作"。裁判文书的上网公开有望更具规范性。

② 刘鹏主编:《大数据》,电子工业出版社2017年版,第4页。

③ 关于法律数据尤其是法律大数据如何在法律人工智能中进行运用,可以参见左卫民:《关于法律人工智能在中国运用前景的若干思考》,载《清华法学》2018年第2期,第108页以下。

业务衔接联动的体制机制"，①进而实现公、检、法、司的相关数据接驳、联通共享，提高法律大数据的集成化水平。其次，要丰富法律大数据的类别与内容。其他类型的诉讼文书（或材料），如庭前会议笔录、庭审笔录、案卷材料等，尚未成为法律大数据的来源。检察机关虽然公布了部分诉讼文书，但存在数量少、不全面以及可获得性较差等问题。一些相当重要的司法数据，如检察机关的批捕、公诉与抗诉等数据，并未充分公开。随着语音识别、文本抓取等人工智能技术在实践中的运用得到普及，对更多诉讼活动进行电子记录、数据提取，将一些"僵尸数据"转化为可计量、可使用的统计数据已成为可能。因此，未来应将视野拓展到裁判文书和司法统计之外的信息，更加重视对起诉书、庭审笔录等记录诉讼活动与程序的结构化数据、非结构化数据的收集和整理，尤要思考如何将实践中大量的非结构化数据、半结构化数据转化为有价值、可运用的结构化数据，确保大数据的有效性、有用性。另外，电子卷宗的推广、证据标准判断的数据化，也为更多地使用裁判文书以外的其他数据来源提供了重要机遇。这有助于我们获得裁判文书网以外的丰富材料，进而助力开展更为多元的研究。只有当法官乃至所有法律行动者的行为模式与决策信息充分数据化时，法律大数据才能真正被称为"大数据"。

第三，重视和利用好当下的大量数据，包括区域性的全样本数据。受制于各种客观条件，大量数据而非大数据可能是研究者在很长一段时间内所面临的窘境。但大量数据也是法学研究的重要材料，值得高度重视与充分利用。为此，一方面，要避免数据样本带

---

① 孟建柱：《主动拥抱新一轮科技革命，全面深化司法体制改革，努力创造更高水平的社会主义司法文明》，载《贵州日报》，2017 年 7 月 12 日，第 1 版。

来的数据偏误，特别是系统性偏差。了解现有数据公布的偏差情况，是利用好已有的数据材料，尤其是裁判文书网所公布的裁判文书的前提所在。例如，由于不同案件公开的比例差异，在进行裁判文书的数据挖掘时，刑事类的分析所包含的数据偏误就天然小于民事类；一般刑事案件的分析就优于贪腐类犯罪；离婚纠纷由于大量采用调解的方式结案，而调解文书通常不予公开，这就决定了有关婚姻类的大数据挖掘报告需要谨慎对待。基于数据本身的局限性，在利用裁判文书网进行研究时，可以适当缩小研究范围，并限定研究对象，确保在有限的数据条件下尽可能地收集、获取某领域或某类别相对完整、具有一定代表性的真实数据。此外，还可运用诸如"贝叶斯方法"和"大数定律"等数理统计方法对现有数据进行推断，从而正确识别并验证数据的代表性。另一方面，重视区域性的全样本法律大数据。我国疆域辽阔，不同地域之间的人文、地理环境差异巨大，收集全国范围内的全样本（或近似于全样本）数据无疑具有相当难度，如果转而收集若干具有代表性的区域性全样本数据，则可以提高数据收集的成功率。

（二）探索并深入展开大数据法律研究的科学方式

第一，探索新型、专门的大数据获取、分析技术，并充分运用于大数据法律研究。"基于大数据技术而获取的数据，已经不同于社会科学研究中普遍使用的随机数据"，因而，"在统计推断等方面需要因应调整"。[①]在大数据挖掘、整理、分析方面，目前已经有较为

———————————

① 　马亮：《实证公共管理研究日趋量化：因应与调适》，载《学海》2017 年第 5 期，第 199 页。

成熟的统计方式和数据科学方式，而与统计学相关但又颇为不同的机器学习方法也已崛起并运用于大数据分析之中。如何甄别大数据的有效性、真实性，如何分析、判断数据之间的相关性与因果关系，还应有更多的方法与技术。在目前的大数据法律研究领域，数据挖掘依然主要通过正则表达式的方式。该方式在处理高度规整的文书表达时具有很强的准确性，如从海量文书中自动提取辩护人的数量、身份等表述高度一致的数据。然而，正则表达式在面临高度多元化的表达时，由于无法穷尽表述，就多少显得力不从心。例如，"自首"也许在文书中并不会以"自首"的关键词出现，而是以"家属扭送"等诸多样态的语词呈现，此时就需要用自然语义识别技术（NLP）。这类技术在法学领域才刚刚起步，主要出现在大数据与人工智能的司法实践中，还较少被应用于法律大数据的研究中。

专门的数据分析机构具有得天独厚的技术与人才优势，法律研究者和司法部门必须思考如何更好地借助专门数据分析机构和人工智能科技公司的优势，充分挖掘、分析与利用数据。中国电子信息产业发展研究院在 2017 年发布的《中国大数据产业发展水平评估报告》中指出，"我国大数据产业发展将迎来'黄金期'，产业聚集将进一步特色化发展，技术融合创新将更加深入"。[①]法律研究者也应搭乘大数据发展的"快车"，充分发挥专门的大数据获取、分析技术的作用。这些技术往往既非传统法律实证研究的方法，也不全是当下分析小数据所运用的统计方法，而是数学与计算机内容交叉、不断发展进化的、以机器学习为主的新型方法。当然，研究者

---

① 《首个年度大数据产业评估报告发布，将为我国大数据产业健康发展提供有力支撑》，载《信息技术与标准化》2017 年第 9 期，第 7 页。

也需要注重对技术的深度学习与直接使用，努力做到自己掌握、使用现有技术工具进行数据收集、挖掘与分析。

　　第二，充分利用数据进行深度分析。简单的描述性统计分析方法在面对海量数据时显得力不从心，特别是当大数据获取的信息本身就"漫无边际""支离破碎"而"根本不可能直接用于任何量化分析时"更是如此。[①] 为了提升大数据的利用水平与分析效能，需要将小数据社科研究中已普遍运用和相对成熟的数据分析方法，如列联表分析、相关性分析、回归分析与统计学中处理高维数据的方法等，运用到大数据分析中，熟练运用 SPSS、SAS 等统计分析软件深度挖掘隐藏在法律大数据之中的宝藏。"只有通过对数据的大量输入并加上复杂运算，让数据不断产生又不断拆分、整合，融合生成新的产品，然后输出、使用，才能形成'数据生产信息，信息改善决策'，这正是大数据发挥作用的基本原理。"[②] 考虑到大数据分析的重要性，必须思考如何在中短期内提升大数据深度分析水平。当然，大数据法律研究在多大程度上真正需要运用以及如何运用统计学之外的其他分析方法，还有待进一步思考与探索。此外，面对法律大数据在数量、内容上的急遽增加，特别是面对"来源更加广泛，数据粒度更小，记录单元更加碎片化，结构更加多元化"的大数据，[③] 现有的分析工具和统计手段可能无法满足处理需求，此时就要借助

---

① 〔美〕伊恩·艾瑞斯：《大数据思维与决策》，宫相真译，人民邮电出版社 2014年版，第 12 页。

② 倪寿明：《充分挖掘司法大数据的超凡价值》，载《人民法院报》，2017 年 6 月23 日，第 2 版。

③ 孙建军：《大数据时代人文社会科学如何发展》，载《光明日报》，2014 年 7 月7 日，第 11 版。

人工智能。通过将人工智能与法律大数据结合，对巨量数据进行智能筛选与算法分析，从而提升海量数据的分析效能。

　　随着数据来源以惊人的速度扩展，人们会逐渐加深对大数据的依赖，[①] 也需要保持对大数据及其相关技术的超脱。一方面，大数据的分析手段如人工智能的算法本身就面临诸多"技术陷阱"，甚至被一些研究者认为是在黑箱中运作，[②] 因此必须警惕其潜在风险。另一方面，特别"要防止为技术所裹挟，避免成为简单的技术主义者"。只有如此，才能保持"人文社会科学工作者的思想高度、理论品格和价值定位"，[③] 进而产出更有温度的优秀成果。

　　第三，推动研究的团队化与多学科的交叉融合，并致力于培养复合型大数据法学人才。以往的法律实证研究注重研究者的专业性和个体性，表现为研究者独自收集资料、分析问题、撰写文章，个人的冥思与独创发挥着主要作用。在小数据研究中，这种模式能基本胜任。但大数据法律研究时常所处理的是海量杂乱数据，这"意味着人类的记录范围、测量范围和分析范围在不断扩大，知识的边界在不断延伸"。[④] 大数据时代的到来，"提供了人文社会科学学者

[①]　Jared D. Correia, Heidi Alexander, "Big Data, Big Problem: Are Small Law Firms Given a Sporting Chance to Access Big Data?", 37 *W. New Eng. L. Rev.* 144(2014—2015).

[②]　Lyria Bennett Moses, Janet Chan, "Using Big Data for Legal and Law Enforcement Decisions: Testing the New Tools", 37 *UNSW Law Journal* 646(2014).

[③]　欧阳康:《大数据与人文社会科学研究的变革与创新》,载《光明日报》,2016年11月10日,第16版。

[④]　涂子沛:《大数据:正在到来的数据革命,以及它如何改变政府、商业与我们的生活》,广西师范大学出版社2015年版,第57页。

大规模协作的可能"，[①]也使之成为一种必要。在大数据法律研究及相关人工智能应用研究中，无论是数据的收集、整理，还是其分析、运用，都需要研究者具有多学科的知识与经验，如数据挖掘就涉及数据库技术、机器学习、模式识别、知识库工程、神经网络、数理统计、信息的可视化等众多领域，[②]知识结构单一的研究者甚至研究团队，往往难以应对。为了更好地开展大数据法律研究，法学研究者需要通过加强团队建设，特别是加强与计算机科学、软件科学、统计学等相关学科的专业人士以及大数据、人工智能科技公司之间的合作，以更好地应对大数据法律研究带来的机遇与挑战。同时，大数据法律研究者自身更需要突破知识储备、学术理念、价值方面的障碍，学习、掌握和应用统计学、数据科学的知识与研究方法。就此而言，面向未来的大数据法律研究复合型人才培养极为重要。目前，国内一些高校已经相继开设了大数据课程。未来，具备资源优势和技术条件的院校可以制定"大数据——法学复合型人才培养计划"，系统培养既懂技术又懂法律的复合型人才，为大数据法律研究与实践储备更多生力军。

　　第四，长期以来，基于小数据的法律实证研究一直是主流研究方式，有其重大学术价值。大数据研究在数据不足、方法把握不够的情况下，如何确保研究的科学性呢？对此，将小数据研究和大数据研究相结合应该是重要思路。具体而言，一是要在同一研究中就同一问题既应用大数据研究，也开展小数据研究，共同验证研究结

---

① 孙建军：《大数据时代人文社会科学如何发展》，载《光明日报》，2014 年 7 月 7 日，第 11 版。

② 刘鹏主编：《大数据》，电子工业出版社 2017 年版，第 4 页。

论；二是在大数据研究中适当使用小数据研究的精细化思路与方法，把大数据研究细致化，从而提升大数据法律研究的科学性。

总之，身处大数据时代，我们正无时无刻不受到大数据广泛而深刻的影响。这不仅为大数据法律研究的发展提供了空前机遇，也是传统法律实证研究乃至法学研究范式升级转型的一个重要契机。立足眼下，更为要紧的工作可能是正视并努力突破大数据法律研究所面临的困境与羁绊。要正确理解法律大数据，科学、有效地开展大数据法律研究，开发大数据法律研究独特的技术与方法，提升数据获取与分析技术，注重培养复合型的研究人才。

（本文原载《法学研究》2018 年第 4 期，第 139—150 页）

从法律计量学到法律信息学

——法律人工智能 70 年(1949—2019)

熊明辉 *

内容简介：法律人工智能是法律信息学的研究对象，关注的是信息技术在法律中的运用，其思想渊源最早通常都追溯到 1949 年洛文杰提出的"法律计量学"想法。作为一个学科，法律人工智能形成于 20 世纪 80 年代末和 90 年代初，其标志是国际法律人工智能系列学术大会的出现（自 1987 年起）、国际法律人工智能协会的成立（1991 年）和《法律人工智能》杂志的创刊（1992 年）。回眸法律人工智能这 70 年的发展史，她经历了一个从法律计量学到法律信息学的发展历程。

"法律人工智能"属于人工智能的一个子领域，这一汉语术语

---

　*　熊明辉，浙江大学光华法学院求是特聘教授，浙江大学数字法治实验室（浙江省哲学社会科学试点实验室）主任。

　本文系 2019 年国家社科基金重点项目"法律论证学研究"（项目编号：19AZX017）的阶段性成果。

源自英文术语"Artificial Intelligence and Law"，其直译应当是"人工智能与法律"。在我国，目前学界出现了两个极其相似却十分不同的术语"法律人工智能"和"人工智能法律"，而我们采取了"法律人工智能"这一译法。我们采用这一译法的理由是：前者体现了这一学科关注的是人工智能在法律中的具体应用问题，它本质上是人工智能问题，因此，可被称为"法律人工智能"；后者关注的是人工智能技术的运用会带来什么样的新法律问题，它本质上是法律问题，与本学科研究初衷并不吻合。

一、法律人工智能问题的提出

作为一个学科概念，"法律人工智能"最早出现于1987年在美国波士顿东北大学召开的"第一届法律人工智能国际学术大会"（The First International Conference on Artificial Intelligence and Law，简称 ICAIL），会议程序委员会主席由罗格斯大学计算机系教授麦卡蒂（L.Thorne McCarty）担任，组织委员会主席由东北大学计算机科学系哈夫纳（Carole D.Hafner）担任，他们俩也因此成为那个时代法律人工智能领域的领军人物。大会会议论文集由国际计算机学会（ACM）正式出版（ISBN 0-89791-230-6）。

1895年，霍姆斯法官就有一个想法："理想法律体系应该从科学中得出它的假设和立法证成。"[1] 通过把取自计算科学和人工智能

---

[1]　S. Erdelez, S. O'Hare, "Legal Informatics: Application of Information Technology in Law", *Annual Review of Information Science and Technology*, 1997, 32:367—402.

研究的方法应用于部分法律自动化，这会对法律实践可能有好处的推测，至少可以追溯到 20 世纪 40 年代中期。1946 年，凯尔索（Louis O.Kelso，1913—1991）在《洛基山法律评论》上提出了"法律需要技术革命吗"之问。[①]

　　法律人工智能的一大主要目标就是要让法律与法律推理变得可计算。追随霍姆斯的思路，1949 年美国法学家、律师洛文杰（Lee Loevinger，1913—2004）在《明尼苏达法律评论》上发表了《法律计量学：下一个前进步骤》一文，开启了法律人工智能研究的先河，提出要用概率统计方法来测量证人、法官和立法者的行为。[②]1963 年，洛文杰又进一步提出法律计量学是法律探究的方法。他认为，法律计量学是在法学领域运用科学方法的一种尝试。数据检索是律师执业的最重要的功能之一，而法律计量学涉及使用电子计算机来存储和检索法律数据。[③]根据梅耶（Perry Meyer）的说法，洛文杰主要关心的是如何充分利用当代技术，特别是数字计算机所提供的工具来发展法律研究。从这个意义上说，法律计量学可以被认为是控制论的一个分支。他在计算机技术领域的主要兴趣是数据存储和检索的字段，也就是说，通过使用计算机存储法条、案例、文章、书籍等法律信息，并快速有效地指向所有相关信息所面向的具体法

---

　　① L. O. Kelso, "Does the Law Need a Technological Revolution?", *Rocky Mountain Law Review*, 1946, 4(18):378—392.

　　② Lee Loevinger, "Jurimetrics: the Next Step Forward", *Minnesota Law Review*, 1949, Vol. 33, No. 5, pp.455—493.

　　③ L. Loevinger, "Jurimetrics: The Methodology of Legal Inquiry", *Law & Contemporary Problems*, 1963, 28(1): 5—35.

律问题。[①]

　　法律人工智能的核心问题是自动法律推理的逻辑建模。毫无疑问，符号逻辑是一种建模法律推理的可能逻辑工具。耶鲁大学法学院教授、数理逻辑学家艾伦（Layman E.Allen，1927—2018）是将数理逻辑作为法律分析工具以及在法律研究领域使用计算机的先驱。1956年，他发表了《符号逻辑：一种起草与解释法律文件的锐利工具》，提出要用符号逻辑数学记号来起草和解释法律。[②] 他给出了一套法律关系逻辑的形式体系，其中包括命题逻辑、谓词逻辑、类逻辑、道义逻辑、动作逻辑、时间逻辑等。法律关系逻辑及其伴随的法律关系语言的主要应用是起草和解释从宪法和成文法到合同和章程的法律文件。在法律人工智能领域，法律关系语言产生了可生成的专家系统，这些系统有助于分析法律条款，这些法律条款具有多种解释，这些解释源于逻辑结构的模糊表达。

　　1958年，在英国国家物理实验室举办的具有里程碑意义的"思维过程机械化论坛"上，梅尔（Lucien Mehl）发表了《法律世界的自动化：从法律信息机器处理到法律机器》一文，提出要用逻辑进行法律信息检索与推理。[③]1970年，美国匹兹堡大学计算机科学系教

---

① P. Meyer, "Jurimetrics: The Scientific Method in Legal Research", *The Canadian Bar Review*, 1966, 144(1): 1—23.

② L. E. Allen, "Symbolic Logic: A Razor-Edged Tool for Drafting and Interpreting Legal Documents", *Yale Law Journal*, 1957, 66(6): 833—879.

③ L. Mehl, "Automation in the Legal World: From the Machine Processing of Legal Information to the 'Law Machine'", in National Physical Laboratory (ed.), *Mechanisation of Thought Processes*, London: Her Majesty's Stationery Office, 1959, pp.755—780.

授布坎南（Bruce G.Buchanan）与美国巴法罗大学法学院教授海德里克（Thomas E.Headrick）在《斯坦福法律评论》上发表的《关于法律人工智能与法律推理的几点思考》被视为首个真正法律人工智能提案，因为他们第一次正式把"人工智能"与"法律推理"关联起来思考问题。[①] 在他们看来，尽管计算机已经走出实验室，进入了人们的日常生活，但法律人在寻找有用的计算机应用程序方面却进展甚微。人工智能是计算机科学的一个分支，其研究已经证明了我们利用计算机来模拟人类思维过程的能力。这项研究表明，计算机科学可以帮助律师学习和执行他们的推理过程。他们的断言是：在律师和计算机科学家之间进行严肃的跨学科工作的时机已经到来。

　　法律人工智能的关注点通常反映或预测的是人工智能研究的宏观方向，从逻辑到专家系统与逻辑编程，从框架与脚本到案例与案例推理再到混合系统，从定理证明到可废止的非单调推理再到电子商务代理，如此等等。毫无疑问，作为应用软件系统，法律人工智能首先必须提及 1977 年麦卡蒂在《哈佛法律评论》上发表的一篇具有里程碑意义的论文，[②] 文中他致力于用定理证明方法来涉及公司税法问题的推理，给出了他的"纳税人系统"（TAXMAN System），在他的这一早期系统经验基础上，他开始了其研究方案，以解决开放结构问题，提出法律概念深层模型，如税法背景下的股票所有权。1978 年，哈夫纳在美国密歇根大学计算机科学系完成了

---

① B. G. Buchanan, T. E. Headrick, "Some Speculation about Artificial Intelligence and Legal Reasoning", *Stanford Law Reviewiew*, 1970, 23(1): 48—62.

② L. T. McCarty, "Reflections on TAXMAN: An Experiment in Artificial Intelligence and Legal Reasoning", *Harvard Law Review*, 1977, 90(5): 837—893.

她的博士论文《基于法律知识计算机模型的信息检索系统》。[①] 这也是法律人工智能领域的第一篇博士论文。她超越了纯粹关键字方法，利用语义网络表示，构建了一个利用人工智能方法改进票据领域的法律信息检索系统。毫无疑问，法律信息检索系统是当代法律人工智能研究的一个主要方向之一。

二、法律人工智能学术共同体的形成

法律人工智能学术共同体正式形成于 20 世纪 80 年代后期和 90 年代初期。其形成有三大标志性事件：

（一）法律人工智能系列国际学术会议的出现

虽然 20 世纪 80 年代初，在英国斯温西、意大利佛罗伦萨、美国休斯敦等均有过与法律人工智能相关的会议召开，美国斯坦福法学院（1984 年）、哈佛法学院（1985 年）等领军法学院也组织召开法律人工智能相关会议。但是，1987 年在美国波士顿东北大学召开的"第一届法律人工智能国际学术大会"才是法律人工智能学术共同体正式形成的标志，因为与会者达成共识，每两年召开一次学术大会，形成了一个常规系列国际会议。[②] 首次会议由哈夫纳和伯曼（Donald H.Berman，1935—1997）组织，那一年他们还组建了一个

---

① C. Hafner, *An Information Retrieval System Based on a Computer Model of Legal Knowledge*, Michigan: The University of Michigan, UMI Research Press, 1981.

② 国际法律人工智能协会编：历届法律人工智能国际学术大会 [EB/OL],http://www.iaail.org/?q=page/past-icails（最后访问日期：2019 年 10 月 7 日）。

计算机科学与法律研究中心。程序委员会主席和大会主席分别由麦卡蒂和哈夫纳担任。自那以后，每两年一届的系列会议就成了法律人工智能整个学术圈的支柱和展示窗口，标志着名实相符的"法律人工智能时代"的到来。

（二）国际法律人工智能协会成立

1989 年第二届法律人工智能国际学术大会在加拿大温哥华召开。会后，与会者成立了一个委员会来为这个可能的法律人工智能国际组织拟订章程。这推动了 1991 年国际法律人工智能协会的成立。1991 年在牛津大学召开的第三届法律人工智能国际学术大会上成立"国际法律人工智能协会"（IAAIL），委员会由 7 人组成：主席 1 人，副主席 1 人，秘书长兼财务主管 1 人，其他委员 4 人，实行轮执主席制，每届任期两年，不得连任，原则上若无意外，副主席是下届主席候选人，而且到目前为止还没有发生过意外。[①] 第一届任期为 1992—1993 年度，主席由麦卡蒂担任，副主席由里斯兰（Edwina N.Rissland）担任，秘书长兼财务主管由哈夫纳担任。如我们所知，一个国际组织，主席、副主席、委员可能主要起到象征性符号的作用，而秘书长兼财务主管才是最重要的志愿者和贡献者，哈夫纳自 1992 年起直到 2007 年，一共担任了 7 届 14 年的秘书长兼财务主管，其中，仅 2004—2005 年由荷兰蒂尔堡大学法学院教授雷昂内斯（Ronald E.Leenes）担任。从 2008 年起，秘书长兼财务

---

① 国际法律人工智能协会 [EB/OL],http://www.iaail.org/?q=article/message-after-icail-2019-bart-verheij（最后访问日期：2019 年 10 月 7 日）。

主管一直由加德纳（Anne Gardner）担任，如今她已经 80 多岁了。第 17 届国际法律人工智能学术大会于 2019 年 7 月在加拿大蒙特利尔召开，其间选举产生了国际法律人工智能协会新一届执行委员会，加德纳的秘书长兼财务主管一职才得以卸任。2020 年 1 月 1 日由波兰雅盖隆大学的阿拉斯凯维茨（Michał Araszkiewicz）接任。

　　国际法律人工智能协会是一个非营利组织。其成员遍布世界各地，致力于促进法律人工智能领域的研究和发展，每两年组织一次会议（ICAIL），为最新研究成果和实际应用的介绍和讨论提供一个论坛，以及促进跨学科和国际合作。说到法律人工智能，还有一个欧洲的国际组织必须提及，那就是 1988 年在荷兰成立的"法律知识系统基金会"（The Foundation for Legal Knowledge Based Systems，简称 JURIX）。[①] 该基金会（JURIX）是一个由工作在荷兰以及荷兰语区的法律与计算机科学领域的研究者所组成的。自 1988 年以来，每年举行一届法律知识与信息系统的国际学术年会，到 2019 年为止，已举办了 32 届，是法律人工智能领域历史第二悠久的系列学术会议，与国际法律人工智能学术大会一起，成为法律人工智能领域两大顶级国际会议。自 2005 年起，该年会的论文集由荷兰 IOS 出版社纳入由 EI 收录的"人工智能与应用前沿系列"（Frontiers in Artificial Intelligence and Applications）出版。

（三）《法律人工智能》杂志创刊

　　《法律人工智能》（*Artificial Intelligence and Law*）杂志（季刊）是由荷兰克鲁尔出版社（现整合到斯普林格出版社）出版发行的

---

　　① 法律信息系统基金会 [EB/OL]，http://jurix.nl/（最后访问日期：2019 年 10 月 7 日）。

一本专业杂志，现为科睿唯安下属的新兴科学文献索引（ESCI）数据库收录，在 SCImago 期刊排名的人工智能杂志中位居前四分之一，现任共同主编分别是美国匹兹堡大学法学院教授阿什利（Kevin D.Ashley）、英国利物浦大学计算机科学系荣退教授本奇-卡鹏（Trevor J.M.Bench-Capon）和意大利博洛尼亚大学法学院教授沙托尔（Giovanni Sartor）。[①] 该杂志不仅钟情于那些致力提出法律知识、法律推理以及法律决策的形式模型或计算模型的论文，而且还偏爱对法律领域正在使用的创新人工智能系统所进行的深入研究。同时还为那些致力于法律人工智能相关的法律、伦理和社会影响问题研究提供了空间，而其他跨学科研究进路也受到该杂志的欢迎，如逻辑学、机器学习、认知心理学、语言学或哲学。总之，该杂志刊发论文的议题十分广泛，包括了人工智能、信息技术法律、媒体法、知识产权、法哲学、法律计算、信息存储与检索相关的原创性研究、书评乃至富有挑战性的研究笔记等。

《法律人工智能》杂志最初由美国东北大学计算机科学与法律研究中心资助和主办，由前面提及的伯曼和哈夫纳担任主编，1999年改为美国匹兹堡大学法学院资助和主办，由阿什利、本奇卡鹏和沙托尔担任共同主编。1992 年 3 月第 1 卷第 1 期正式面世。首创刊包括 6 篇文章，其中原创性论文 4 篇，分别是斯卡拉克（David B.Skalak）和里斯兰的《论证与案例：不可避免的交织》[②]、琼斯（Andrew Jones）

---

① 法律人工智能杂志 [EB/OL],https://link.springer.com/journal/10506（最后访问日期：2019 年 10 月 7 日）。

② D. B. Skalak, L.R. Edwina, "Arguments and Cases:An Inevitable Intertwining", *Artificial Intelligence and Law*, 1992, 1(1):3—44.

和塞科特（Marek Sergot）的《法律表达的道义逻辑：迈向方法论》①、本奇-卡鹏和克楠（F.P.Coenen）的《同构与法律知识系统》② 以及劳里森（Marc Lauritsen）的《科技报道：用当今的商业计算机程序编写工具构建法律实践体系》③。此外，首创刊还包括一篇主编的话和一篇书评。从主编的话中，我们可以清楚了解到当时法律人工智能的研究现状以及法律人工智能研究所要达到的目标：正如法律学者已经认识到人工智能为表达法学理论提供了一种更精确的新方法，人工智能研究者也认识到义务、责任、过错和权威等规范性概念在人类推理中的重要性，这些学术共同体正越来越多地合作，以打造一个在某种程度上体现形式化法律规则和判例结构以及社会规范的计算模型，以及人们在建构论证和做出决策时对这种模型的操控方式。与此同时，实务工作者和专家学者都认识到，基于人工智能的信息系统有可能彻底改变律师、法官和其他法律决策者的日常实践。将人工智能技术，包括专家系统、规划和自然语言处理，应用到法律领域是一个日益激起人们兴趣且让人兴奋的话题，它既受益于基础科学研究的发展，也对基础科学研究提出了挑战。④

书评是挪威奥斯陆大学计算机与法律研究中心宾乔恩（Jon

① J. I. J. Andrew, M. Sergot, "Deontic Logic in the Representation of Law: Towards a Methodology", *Artificial Intelligence and Law*, 1992, 1(1):45—64.

② T. J. M. Bench-Capon, F.P. Coenen, "Isomorphism and Legal Knowledge Based Systems", *Artificial Intelligence and Law*, 1992, 1(1):64—86.

③ M. Lauritsen, "Technology Report:Building Legal Practice Systems with Today Commercial Authoring Tools", *Artificial Intelligence and Law*, 1992, 1(1):87—102.

④ D. Berman, C. H. Hafner, "From the Editors", *Artificial Intelligence and Law*, 1992, 1(1):1—2.

Bing)针对阿什利的专著《建构法律论证：案例推理与假设推理》所写的。[①]该书是在阿什利 1988 年在麻省大学计算机科学系里斯兰（Edwina Rissland）教授指导下完成的博士论文基础上扩充而成的。早在 1984 年，他们师徒二人便首次报告了他们的法律论证方案——海波方案（HYPO）及其维度机制。里斯兰开创了法律人工智能的案例推理（Case-Based Reasoning）建模研究学派。在博士论文中，阿什利设计并开发了"海波"系统（the HYPO System），一个在商业秘密法领域进行案例推理和法律推理建模的程序。海波系统利用真实法律案例知识库，对涉及由代理人输入的事实情形的法律论证进行建构和评估，同时可对争议的事实情形进行假设性修改，并对如何加强或削弱论证提供建议。

三、法律人工智能的研究走向

法律人工智能的核心问题是法律推理逻辑建模。到目前为止，建模法律推理大体可归结为四条研究进路：一是规则推理进路（Rule-Based Reasoning）；二是案例推理进路（Case-Based Reasoning）；三是对话论证进路（Dialogue-Based Argumentation）；四是数据推理进路（Data-Based Reasoning）。前两条进路属于传统研究进路，第三条进路产生于 20 世纪 90 年代的欧洲，而第四条进路是进入 21 世纪以来随着大数据时代的到来才出现的。

首先，规则推理研究进路是法律人工智能研究者最早的尝试。

---

① Kevin D. Ashley, *Modeling Legal Argument: Reasoning with Cases and Hypotheticals*, Cambridge: The MIT Press, 1990.

20 世纪 80 年代,法律人工智能领域工作得以大大加强。1981 年,兰德公司民事司法中心沃特曼(Donald Waterman)和彼得森(Mark Peterson)已经建立了一个专家系统,用于解决侵权法中产品责任案件的法律裁定问题。[①] 伦敦帝国理工学院的塞科特等人用逻辑编程对《英国国籍法》的某些部分进行了建模,形成了一个庞大的独立法条体系,但后来他们在《计算机学会通讯》的一篇重要论文中,[②] 对这一项目进行了反思,并讨论了规则推理进路的几个待研究问题,比如,法律预测的开放本质以及对否定、例外和反事实条件进行建模的困难。当然,其他早期研究者,如沃特曼和彼得森也遇到过类似的问题。

斯坦福大学计算机科学院加德纳 1984 年的博士论文,关注的问题是"当规则运行"时会如何,也就是,当规则前件使用了一个为进一步规则否定谓词时,特别是涉及语词专业含义与常识含义之间关系的法律概念与问题所固有的开放结构时,会发生什么情况。[③] 她向人们强调了一个现在众所周知的事实:我们不能仅通过规则进行推理,为了应对失败、不确定性,甚或是仅仅为了回应对推理进行全面检查的愿望,我们应当对示例进行检查。加德纳系统分析了法学院和律师考试中所谓的"议题侦察员"问题,涉及合同法要约

---

① E. L. Rissland, K. D. Ashley, R. P. Loui, "AI and Law:A Fruitful Synergy", *Artificial Intelligence*, 2003, 150(1—2):1—15.

② M. J. Sergot, F. Sadri, R. A. Kowalski, F. Kriwaczek, P. Hammond, H. T. Cory, "The British Nationality Act as a Logic Program", *Communications of the ACM*, 1986, 29(5):370—386.

③ A. Gardner, *An Artificial Intelligence Approach to Legal Reasoning*, Cambridge: The MIT Press, 1988.

与接受。她的目的就是要寻找一个区分疑难案件和简易案件的原则性计算模型。她用可废止推理来勾勒其讨论，这在今天仍然是人们非常感兴趣的话题。

20 世纪 80 年代规则推理进路仍在继续发展，但另一法律人工智能研究共同体也出现了，他们专注于用案例和类比进行推理，也就是案例推理进路。20 世纪 80 年代早期，里斯兰研究了用假设性案例进行推理。1984 年，她和她当时在读的博士研究生阿什利首次报道了海波（HYPO）法律论证项目及其维度机制。这项研究源自里斯兰早期在基于实例的推理以及数学中的"约束示例生成"方面的工作。海波系统最初关注的是生成假设问题，因此得名，后来阿什利在其博士论文中对一个案例论证程序进行了充分发展，使之成为法律人工智能第一个真正案件推理系统。

事实上，规则推理进路和案例推理进路之间的分歧由来已久。有人（如布坎南）更钟情其中一种进路但也不否定另一种进路作为补充的作用；有人（如麦卡蒂）也在两种进路之间不断切换关注点；有人（如加德纳）则试图在两种进路之间架起一座桥梁；有人（如帕肯、沙托尔和本奇-卡鹏）试图通过重构来调和两种进路的冲突，还有人（如里斯兰）干脆提出一种混合进路。①

1992 年，里斯兰和她的学生斯卡拉卡给出了第一个真正案例推理与规则推理的混合推理系统，被称为"卡巴莱系统"（CABARET），其中采用议程式架构，把经典的规则推理与海波式

---

① E. L. Rissland, K. D. Ashley, R. P. Loui, "AI and Law: A Fruitful Synergy", *Artificial Intelligence*, 2003, 150(1—2):1—15.

案例推理整合在一起，探讨美国税法中涉及家庭办公减免的法条。[①]
从人工智能视角看来，本项目试图探讨案例推理进路和规则推理进
路使用所需要的架构与控制问题，以实现互补，卡巴莱系统并非简
单地按顺序依次调用，而是动态随机交错着调用它们；从法律视角
来看，该项目试图探索如何实施法律解释理论，其中把用案例推理
和用规则推理交织在一起，形成了一个论证策略、步骤和基本类型
的三重理论。

　　20 世纪 90 年代中期，法律人工智能在处理法律推理中的一些
核心问题上已经取得了明显的进展，如规则推理（尤其是冲突规则
推理）、案例推理以及法律预测的开放结构。自 20 世纪 90 年代以
来，致力于探讨法律人工智能论证模式的学术共同体出现了，如：
沙托尔和路易（Ron Loui）专注于规范推理模型研究；戈登（Thomas
Gordon）提出了一种对话，给出了一个法律诉答的对话模型，并把
他的对话进路发展成为基于网络的芝诺系统用于促进德国高新区
和住宅区的公众意见；[②] 路易和诺曼（Jeff Norman）专注于界定对抗
性论证中所使用的基本原理范畴，比如将具体的复杂规则"压缩"
成更通用的简单规则，以及适合每条规则的攻击形式；[③] 路易还开发
一个基于网络的"5 号房间"，允许用户就美国最高法院案件中涉及
的言论自由问题进行讨论；此外，来自荷兰的哈赫（Jaap Hage）、帕

---

① E. L.Rissland, D. B. Skalak, "CABARET: Rule Interpretation in a Hybrid Architecture", *International Journal of Man-Machine Studies*, 1991, 34(6):839—887.

② 戈登的 ZENO 系统简介 [EB/OL], https://www.ercim.eu/publication/Ercim_News/enw25/gordon.html（最后访问日期：2019 年 10 月 7 日）。

③ R. P. Loui, J. Norman, "Rationales and Argument Moves", *Artificial Intelligence and Law*, 1995, 3(3):159—189.

肯（Henry Prakken）和维赫雅（Bart Verheij）的博士论文以及后来的几本书在探讨论证模型方面取得了重大进展，其中有许多都涉及用海波系统及其后代实现论证。[①]1996 年，由帕肯和沙托尔作为客座主编的《法律人工智能》专刊专门讨论法律论证的逻辑模型；2000年，由菲特丽丝（Eveline Feteris）和帕肯担任客座主编的《法律人工智能》专刊专门讨论了论辩式法律论证的形式模型和非形式模型；2003 年，在里斯兰、阿什利和路易担任客座主编的《法律人工智能》专刊中，本奇-卡鹏和沙托尔的文章给出了一个非常成熟的基于案例的法律论证理论，其中涉及海波维度和规范因素的使用，维赫雅的文章展示了如何运用论辩论证思想来建构环境以帮助论证创建。

准确地说，数据推理进路其实应当是"大数据推理进路"的简称，是进入 21 世纪之后法律科技公司热衷的一种自动法律推理建模进路，其目标是实现类案推送。从某种程度上讲，这一进路应当是案例推理进路的拓展。类案推送主要是建立在类比推理基础之上的。类比是两个对象或系统之间的比较，它突出了人们认为两者相似的地方。类比推理即是取决于类比思维方式。类比论证是类比推理的一种明确的形式表述，它引用两个系统之间公认相似性来支持进一步相似性存在的结论。

诉诸先例和诉诸类比论证是诸多法律体系中可以找到的两种主要推理形式，特别是在英美等"普通法"体系中更是如此。先例

---

① E. L. Rissland, K. D. Ashley, R. P. Loui, "AI and Law: A Fruitful Synergy", *Artificial Intelligence*, 2003, 150(1—2):1—15.

是指在后来案件中要遵循先前裁判，因为这两种情况是相同的；类比涉及在后来案件中应遵循先前裁判，因为后案与前案相似。然而，诉诸先例和讨论类比提出了三个哲学问题：(1)就先例而言，两个案例在什么情况下是"相同的"？(2)要进行类比时，两个案例如何是"相似的"？(3)在这两种情况下，为何前一情形的裁判会影响后一情形的裁判呢？第一个问题涉及法律人经常提及的"同案同判原则"，第二个问题涉及法律人经常提及的"类案类判原则"。

要判断同案和类案，均涉及类比要素问题。从严格意义上讲，不可能存在两个完全相同的案例，但肯定会存在两个类似的案例。过去提取同案或类案的比较要素主要是从文本中提取，但大数据的出现，使得我们可以提取出来用于比较的要素大大拓宽了。鉴于多样性是大数据的一大重要特征，因为它不仅取自文本、图像、音频、视频，而且还通过数据融合补充出缺失的部分，这使得我们可以把两个案例进行深度比较，而且不是通过人工比较，而是通过非常规软件工具来捕捉、管理和处理的数据集。然而，大数据也许会使得"同案"的提法成为不可能的情形。

对于法律人工智能的研究进路，特别值得一提的是，维赫雅将人工智能的发展概括为"四阶段，两进路"说。其中，"四阶段"是指：从1950年起，每25年为一个阶段，即1950年智能系统阶段、1975年知识系统阶段、2000年数据系统阶段以及2025年论证系统阶段。"两进路"是指：知识系统进路和数据系统进路。知识系统是逻辑取向的，其中有效规则被视为知识的结构；数据系统是概率取向的，其中案例模型被视为数据，可用于学习。在他看来，在知识系统与数据系统之间存在着空缺，而论证系统正好可以把论证、案例和规则有机融合在一起，从而在两种系统之间架起一座桥梁。①
论证取向似乎不仅仅是法律人工智能研究者热衷的一大议题，而且
已成为整个人工智能关注的热点问题，一个有力证据是：人工智能
领域顶级刊物《人工智能》在2007—2012年高被引前20篇论文有
9篇，前10篇有5篇，前5篇有3篇都是讨论论证问题的。②

四、法律人工智能的学科归属

在里斯兰、阿什利和路易看来，法律人工智能是人工智能研究
的经典领域，它提出了一个困难但有趣的人工智能问题，不仅为其
重点领域——法律本身提供信息，而且也为人工智能提供信息。③然
而，法律人工智能不仅仅是一个应用领域，因为其关注点触及了人
工智能的推理、表示和学习核心问题。对于那些对符号化方法感兴
趣并专注于提供解释和辩护的人工智能研究者来说，法律人工智能
是一个绝佳的领域。无论推理者如何得出一个法律答案，它都必须
被解释和证成，要与其他选择进行比较和对比。对于那些对谈判、
决策、电子商务、自然语言、信息检索与提取、数据挖掘等领域感兴
趣的研究者来说，法律人工智能则是丰富的问题和灵感之来源。

20世纪80年代法律人工智能学术共同体形成之后，法律人工

---

① B. Verheij, *Arguments for Good Artificial Intelligence*, Groningen: University of Groningen, 2018.

② F. H. Van Eemeren, B. Garssen, E. C. W. Krabbe, H. A. Snoeck, V. B. Franscisca, J. H. M. Wagemans, *Handbook of Argumentation Theory*, Dordrecht: Springer, 2014, p.617.

③ E. L. Rissland, K. D. Ashley, R. P. Loui, "AI and Law:A Fruitful Synergy", *Artificial Intelligence*, 2003, 150(1—2):1—15.

智能首先是被当作人工智能的一个分支提出来的，主要研究人工智能在法律信息学中的应用及原创性研究。同时，人工智能与法律也将在法律领域发展的技术和工具输出给一般的人工智能，如：法律决策理论，特别是有助于知识表达和推理的论证模型；基于规范的社会组织模型中多主体系统的重要组成部分；法律案例推理有助于基于案例的推理；并为以满足存储和检索大量文本数据的需求的概念信息检索和智能数据库做出了贡献。

　　根据维基百科全书英文版的梳理，法律人工智能研究目前主要关注下列 11 大问题：(1)法律推理的形式模型；(2)法律论证与决策的计算模型；(3)证据推理的计算模型；(4)多主体系统中的法律推理；(5)可执行的立法模型；(6)法律文本的自动归类与总结；(7)从数据库和文本中法律信息的自动提取；(8)面向电子取证与其他法律应用的机器学习和数据挖掘；(9)基于概念或模型的法律信息检索；(10)少量重复性法律任务的自动执行；(11)利用机器学习和人工智能进行诉讼的风险评估、定价和时间轴预测。[①] 前五个问题明显属于理论层面研究的问题，其中核心概念是"模型"；后六个问题明显属于应用层面研发问题，核心概念是"自动"。法律推理的形式模型被列为 11 大问题之首，是有原因的。人们常把能否通过图灵测试认为是人工智能得以真正实现的根本标准，即判断机器是否会思维的标准。[②] 机器思维也就是要让机器实现自动推理，

---

　　① "法律信息学"词条 [EB/OL]，https://en.wikipedia.org/wiki/Legal_informatics（最后访问日期：2019 年 10 月 6 日）。

　　② K. C. Cheun, "Top 10 Applications of AI in Law"[EB/OL], https://algorithmxlab.com/blog/top-10-applicationsartificial-intelligence-in-law/（最后访问日期：2019 年 10 月 3 日）.

对于法律人工智能而言，就是让机器实现自动法律推理。这就是法律人工智能的本质所在。

2019年英国伦敦的算法-X实验室概括出了人工智能在法律中应用的十大顶级问题：(1)增加检索与合同审查；(2)用人工智能起草法律文件；(3)尽职调查；(4)数据分析；(5)用人工智能来预测未来后果；(6)用人工智能将案例流程自动化；(7)基本任务的自动化；(8)培育进一步创新的智能应用；(9)知识产权自动化；(10)支付流程数字化。[①]这些问题对于那些热衷法律科技的人士来讲，可能特别具有吸引力。

随着法律人工智能研究受到热捧，"计算法学"(Computational Law)作为一个学科概念被提出来了。根据斯坦福法律信息中心杰内塞雷斯(Michael Genesereth)的观点，计算法学是法律信息学的一个分支，它与法律分析的机械化有关，这种法律分析不管是由人类还是机器完成的，都强调显而易见的行为约束，避免隐性的行为规则。更重要的是，在详细说明足以支持整个机械加工的法律时，承诺了一定程度的严谨性。[②]尽管机械化法律分析的想法并不新鲜，但由于最近技术发展——包括计算逻辑的进步、互联网的发展以及自动系统(如自动驾驶汽车和机器人)的普及，它的前景将前所未有的光明。基于计算法学的法律技术有可能极大地改变法律行业，提高法律服务的质量和效率，但也可能扰乱律师事务所的现有业务

---

① A. M. Turing, "Computing Machinery and Intelligence", *Mind*, 1950, 49(236): 433—460.

② M. Genesereth, "Computational Law: The Cop in the Backseat[R/OL], http://complaw.stanford.edu/readings/complaw.pdf(最后访问日期：2019年10月8日).

方式。更广泛地说，这项技术有可能将法律理解和法律工具带给社会上的每个人，而不仅仅是法律专业人士，从而提高获得司法公正的机会，并改善整个法律体系。从这个意义上讲，我国的智慧法院、智慧警务、智慧检务等工程就是要达到这些目标，其在理念上已处于国际领先水平。

从哲学上讲，计算法学应当属于形式主义法学派。由于计算法学强调的是严格规定的法律，故它最适合于大陆法系环境。在这一环境中，法律或多或少是按字面意思理解的。它不太适用于普通法法系，因为普通法给未具体指明规范的考量提供了更多的自由裁量空间。然而，即使在普通法体系中，计算法在具体成文法情况下以及在处理案件时产生事实规则的情况下，仍然具有相关性。从实用角度来看，计算法学则是计算机系统进行有用的法律计算的重要基础，如合规审查、法律规划、法规分析等这类系统已经面世。[①] 计算法学有许多不同的进路：（1）算法法律进路。该进路试图创建一种可以被机器读取和执行的法律语言代码。（2）实证分析进路。该进路着眼于经常用于法律的引用以分析和创建引文索引以及被称为引文网络的大型法律有向图。（3）可视化进路。该进路是将法律代码以及法律与决策之间的关系进行可视化，揭示用其他分析方法所不能揭示的大规模模式，而且这种可视化来源于引文网络。

计算法学不仅可用于法律实践和法庭场景，而且还可用于其他领域，比如，美国人研发的税务软件（TurboTax）就是利用计算法学

---

① 法律机器人 [EB/OL]，https://www.lawbots.info（最后访问日期：2019 年 10 月 6 日）。

根据税法进行计算处理纳税申报的。[①] 当然，我国国家税务总局开发、2018 年正式上线的"个人所得税 APP 软件"也是属类似应用。目前法律分析使用大数据、专家评论和用户友好的工具来提供商业智能和绩效测量解决方案。自动驾驶汽车在选择最安全的驾驶方式时，会考虑很多因素，包括交通法规的综合信息。虽然法律还没有像数学和科学那样进行形式化研究，但提出这样做的尝试并非什么石破天惊的想法，因为先驱者在 300 年前就试图将法律问题化归为计算问题，也就是莱布尼茨法律公理化体系之梦。莱布尼茨试图重新编纂法律法规，希望通过使用少数几个基本法律概念，定义所有的法律概念；从很少的一套自然、正义且不容置疑的原则中，演绎出所有的具体法律法规，从而把法律法规整理好。如今进一步推进计算法学的尝试主要关注于打造一种语言，可以明确定义法律，并允许人工智能做出自动裁决。由于法律语言的特殊性，法律很适合通过计算机语言来定义。

　　到底如何界定法律人工智能的学科属性呢？在维基百科全书英文版上，早期词条直接取自于法律人工智能协会的名称，即列出了"法律人工智能"词条，2019 年曾一度短暂地更名为"人工智能在法律中的应用"（The Application of Artificial Intelligence in Law），但很快就将这一研究领域命名为"法律信息学"（Legal Informatics）。什么是法律信息学呢？1997 年，在美国图书馆协会给出的信息学定义基础上，艾德里兹（Sanda Erdelez）和奥黑尔

---

① 美国税务软件主页 [EB/OL]，https://turbotax.intuit.com/（最后访问日期：2019 年 10 月 7 日）。

（Shiela O'Hare）将法律信息学界定为信息科学在法律语境中的运用，其中涉及与法律有关的组织机构，如律师事务所、法院和法学院，以及这些组织内信息与信息技术的用户。

五、结语

把法律信息学与诸如计算法学和信息法律之类术语相区别开来很重要，因为每个术语都描述了法律和信息技术的不同交叉研究部分。1977 年瑞典的塞佩尔（Peter Seipel）就提出应当把计算法学（Computing Law）、数据处理法学（Data-Processing Law）和法律信息学（Legal Informatics）区别开来。他认为，计算法学属于计算机科学与法学作为一个整体的领域，数据处理法学属于与计算机产品与服务相关的实质法律问题，而法律信息学则属于计算机或计算机取向的方法在法律中的运用。① 但艾德里兹还认为，与信息技术相关的实质法律问题的各种不同名字有关，如计算机法学（Computer Law）、信息学法学（Informatics Law）和信息法律（Information Law）。② 而计算机法学可能是三个概念中最常用的，涉及与计算机技术相关的法律问题：计算机合同、软件许可、计算机犯罪、软件专利权等，处理的问题属于传统实体法律学科，但又被计算机技术的独特特性所修改了；信息学法学一般涉及与信息自动处理相关的

---

① P. Seipel, *Computing Law: Perspectives on a New Legal Discipline*, Stockholm: Liber Foerlag, 1977, p.368.

② S. Erdelez, "Computer Law, Informatics Law or Information Law", *Information Age*, 1990, 12(4):223—239.

法律问题，比计算机法学更宽泛；信息法律是指信息周边而非信息技术周边的法律，这一术语涵盖了信息政策、监管问题以及与诸如信息自由和隐私等与信息关联的个体权利法律，显然是三个术语中最宽泛的，而不局限于信息技术。不管计算机法学、信息学法学还是信息法律所涉及的均大体相当于或并不完全是法学家，特别是当代中国法学家们热衷的人工智能法律或人工智能法学的问题，与前述法律人工智能显然不属同类范畴，根据前述艾德里兹和奥黑尔的定义，后者关注的焦点是信息技术在法律中的应用，如此看来，法律人工智能与计算法学（Computational Law）很难区别开来就很正常了。从这个意义上讲，法律人工智能是法律信息学或计算法学的研究对象。

（本文原载《自然辩证法通讯》2020 年第 6 期，第 1—9 页）

法律信息学大要

熊明辉[*]

内容简介：法律信息学属于计算机科学与法学的交叉领域，探讨的是法律与科学、技术的融合问题，研究对象是法律人工智能。作为信息学的分支，法律信息学通常会被追溯到美国法律逻辑学家洛文杰 1949 年提出的"法律计量学"，其目标是利用计算机对法律进行定量分析。洛文杰的研究是站在莱布尼茨和伯努利两位巨人肩上的：前者首创性地从逻辑出发探讨含混法律情形，提出了法律公理化体系之梦；后者开启了从概率论视角对法律问题进行定量分析的先河。有鉴于此，可以把法律信息学的研究路径概括为两条：一是莱布尼茨–洛文杰路径，二是伯努利–洛文杰路径。正如"法阳图"所示，两条路径深度融合以臻和谐统一，应当是法律信息学未来的发展方向。

法律信息学，又称"法律信息技术"，属于信息科学的分支，更

———————

* 熊明辉，浙江大学光华法学院求是特聘教授，浙江大学数字法治实验室（浙江省哲学社会科学试点实验室）主任。

本文系 2019 年度国家社科基金重大项目"语用逻辑的深度拓展与应用研究"（项目编号：19ZDA042）的阶段性成果。

具体地说，它是计算机科学之人工智能的一个子领域，其研究对象
是法律人工智能，即人工智能在法律中的应用。要注意的是，"法
律人工智能"与"人工智能法律"是两个完全不同的概念：前者是
人工智能分支，后者是法学分支。法律信息学的主要研究对象是前
者。国际学界通常都把法律信息学的源头追溯到美国法律逻辑学
家洛文杰提出的"法律计量学"，那是因为洛文杰 1949 年在《明尼
苏达法律评论》第 33 卷第 5 期上发表了《法律计量学：下一个前进
步骤》一文，提出了一种利用概率与统计来回答法律问题的方法，
并将其命名为"法律计量学"（Jurimetrics）。[1] 事实上，"Jurimetrics"
这一术语由洛文杰首创。该术语由两个部分构成：一是"juris"，即
"法律"之意；二是"metrics"，即"计量学"之意。2014 年巴西南里
奥格兰德卡托大学（PUCRS）技术学院的萨巴拉和西尔韦拉提出了
法律计量学"三棱"：立法者、法官和律师。[2] 比较有趣的是，2016 年，
受太极图的启示，他们还绘制了一个"法律计量学识符"（jurimet-
rics symbol），并命名为"法阳图"（Juri-yang），[3] 用三个黑点和三个
白点代表法律计量学的"三棱"，以揭示法律计量学的内在机理，寓
意是法律与计量学之间的和谐统一：白鱼代表"法律"，由三个黑点
组成一个三角形，象征着风格化的平衡；黑鱼代表"计量学"，由三
个对齐的白点组成风格化的散点图。如今，"法阳图"已被写入维

---

[1]　Lee Loevinger, "Jurimetrics: the Next Step Forward", *Minnesota Law Review*,
1949, Vol. 33, No. 5, pp.455—493.

[2]　F. J. Zabala, and F. F. Silveira "Jurimetrics:Statistics Applied in the Law" (in
Portuguese), *Revista Direito e Liberdade*, Vol.16(2016), No.1, pp.87—103.

[3]　F. J. Zabala, and F. F. Silveira, "Decades of Jurimetrics", https://arxiv.org/
abs/2001.00476v1（最后访问日期：2019 年 12 月 30 日）。

基百科全书英文版"法律计量学"词条之中。

法阳图

一、问题的缘起

1913 年 4 月 24 日，洛文杰生于美国明尼苏达州首府圣保罗市，父亲是明尼苏达州地方法院的一位法官。1933 年和 1936 年，洛文杰以优异成绩在明尼苏达大学取得了学士和法学硕士学位。毕业后，在密苏里州的堪萨斯市当了一段时间的律师。1942 年，洛文杰成为了纽约国家劳资关系委员会的明尼阿波利斯地区律师，同年参加美国海军，二战期间被派往北非和欧洲。战后，他回到明尼苏达州，在拉森-洛文杰-林德奎斯特-弗里曼和弗雷泽律师事务所（现称林德奎斯特和维纳姆律师事务所）工作，并任明尼苏达大学客座教授，还短暂担任过美国参议院小企业委员会小组委员会的首席法律顾问。1960 年，洛文杰被任命为明尼苏达州最高法院大法官助理，但任职时间很短，因为 1961 年约翰·肯尼迪总统邀请他与罗伯

特·肯尼迪一起到美国司法部反垄断部工作。1963 年，肯尼迪总统
任命洛文杰为联邦通信委员会专员。1968 年，洛文杰离开联邦通信
委员会，加入华盛顿的霍金-豪森律师事务所，继续从事反垄断、联
邦通信和行政法领域的工作，直到 1985 年退休。退休后，洛文杰
热心公共事业，在美国律师协会下创设了"科学与技术法部"并担
任主席，同时担任全国律师与科学家会议的联络人。洛文杰还陆续
发表了 100 多篇文章，涉及法律、经济、通信和反垄断等多个领域。
2004 年 4 月 26 日，洛文杰在华盛顿逝世，享年 91 岁。

　　1949 年，洛文杰在《明尼苏达法律评论》发表了种子论文《法律
计量学：下一个前进步骤》，提出了法律计量学的概念、基本设想及
其相关问题，如证人、法官和立法者的行为度量、法律语言与交流的
语义分析，法律程序与记录处理，非异常的个人适应不良、畸变行为，
非故意人身伤害以及宏观侦查技术。[①] 他所关心的是：一方面，能否
用源自科学中的概率和统计方法来度量和处理这些问题；另一方面，
这些问题能否用机器来处理。前者主要是要解决法律与科学的关系
问题，洛文杰认为，"几个世纪以来，在人的言语和思考中，科学和
法律联系在一起。事实上，早期人们经常提到他们所谓的'法律科
学'。然而，今天我们可以有把握地假定，任何严肃地使用这样一个
短语的人，不管他对法律了解多少，都并不真正理解科学"。[②] 他的

---

①　Lee Loevinger, "Jurimetrics: the Next Step Forward", *Minnesota Law Review*, 1949, Vol. 33, No. 5, pp.455—493.

②　Lee Loevinger, "Jurimetrics: Science and Prediction in the Field of Law", *Minnesota Law Review*, Vol.46 (1961), No.2, pp.255—276.

思路应当是受到了霍姆斯思想的影响①，因为霍姆斯不仅于1895年提出，一个理想法律体系应该从科学中得出它的公设和法理依据，②而且还在1897年预言："对于理性的法律研究而言，现在的专家是那些擅长白纸黑字的人，但未来的专家将是掌握统计学和经济学的人。"③当然，从概率、统计方向探究法律问题的思路还可以继续追溯到瑞士数学家尼古拉斯·伯努利。伯努利出生于数学世家，他的两个叔叔雅各布·伯努利和约翰·伯努利都是非常有名的数学家。事实上，他1704年在巴塞尔大学取得数学硕士学位，导师就是叔叔雅各布·伯努利。1709年，伯努利的博士论文《猜想技术在法律中的运用》所研究的就是概率论在某些法律问题中的应用。

根据密歇根大学法学院教授、《法律计量学：法律、科学与技术杂志》创始主编雷曼·艾伦的评价，洛文杰对于法律与科学交叉研究的杰出贡献或许鲜为人知，但他对计算机技术在法律领域应用的培育贡献更大。④洛文杰是法律信息应用的先行者，20世纪50年代末期和60年代初，他们在美国律师协会律师活动部电子数据检索专业委员会旗下每年有两次聚会，而当时其他法学家还没有注意到即将到来的革命，也就是不断发展的通讯技术会在法律和其他

---

① Lee Loevinger, "Jurimetrics: Science and Prediction in the Field of Law", *Minnesota Law Review*, Vol.46 (1961), No.2, pp.255—276.

② Oliver W. Holmes Jr., "Learning and Science", in Mark DeWolfe Howe ed., *The Occasional Speeches of Justice Oliver Wendell Holmes*, Cambridge: Harvard University Press, 1962, pp.84—84.

③ Oliver W. Holmes Jr., *The Path of The Law*, The Floating Press, 1897, pp.24—25.

④ Layman E. Allen, "Festschrift: Lee Loevinger", *Jurimetrics*, Vol. 40(2000), No.4, p.394.

领域扎根。而那些最早致力于利用计算机技术检索法律文件工作的人们，则激赏洛文杰对委员会的英明领导和可靠的实际判断。正如委员会早期主席之一霍蒂（John Horty）所说，正是他让他们"打开了潘多拉的盒子"。而用洛文杰自己的话来讲，"法律计量学旨在法律之屋上开几道窗户，让里面的人能够看出去；再开几道门，让外面的人可以进来"。①

电子数据检索专业委员会的开拓性工作之一是资助了有史以来第一本致力于法律、逻辑和计算机交叉研究的出版物。1959年创刊时，委员会将刊物命名为"MULL"，后改为"M.U.L.L."，即"Modern Uses of Logic in Law"的首字母缩写。创刊之初非常艰难，洛文杰是其最坚定的支持者，可以说，没有他的支持，刊物根本生存不下来。随着从最初对逻辑的关注拓展到计算机和通信技术领域，1966年刊物改为现在的名称《法律计量学：法律、科学与技术杂志》，学界习惯上简称其为《法律计量学杂志》（*The Jurimetrics Journal*）。然而，选择现在的杂志名称并非偶然。事实上，该名称取自洛文杰1949年的那篇开拓性论文《法律计量学：下一个前进步骤》。在艾伦看来，洛文杰在计算机与法律这个领域的影响是巨大的，那些熟悉他的人希望在他退休之后这个影响及他的许多其他贡献能够得以继续下去。②

1960年，洛文杰在《逻辑在法律中的现代运用》杂志上发表了

---

① Lee Loevinger, "Jurimetrics: the Next Step Forward", *Minnesota Law Review*, 1949, Vol. 33, No. 5, pp.455—493.

② Layman E. Allen, "Festschrift: Lee Loevinger", *Jurimetrics*, Vol. 40(2000), No.4, p.394.

《法律中的工业革命》一文 ①，将自己倡导的法律计量学取向的法律研究称之为"法律中的工业革命"。他预言，1985 年的律师业务仍与 1960 年一样，将从对问题的分析开始，并将这些问题归入法律范畴，但不同的是，律师有在任何规定的范围内对任何特定问题进行全面法律研究的机会，电子研究保证了法律研究的及时、完整和有效。因此，当律师遇到法律问题时，他会提炼自己的摘要，搜索相关的判例或规则标题，从每个摘要标题中归纳一个编码，并将其写在一张合法的数据请求卡上，以适当的形式打印出来。洛文杰预言的理论基础——现代逻辑学和实验科学的发展至少表明，在诸多法律领域这种新思维指日可待。从目前法律行业的现状来看，随着大数据时代的到来，法律职业在数据存储和处理方面发生了巨大变化，而传统人工处理数据的方式显然不可能实现大数据的处理。换句话说，洛文杰 1960 年的预言已基本成为现实，只不过还有许多工作可以做，可提升的空间还相当大。

后来，围绕"法律计量学"这一主题，洛文杰又发表了一系列论文，其中，直接讨论法律计量学的论文有两篇。1961 年，他在《明尼苏达法律评论》上发表了《法律计量学：法律领域中的科学与预测》，② 讨论了科学在法律领域中已经扮演的角色以及未来会扮演的角色，认为电子学等科学在数据检索领域为律师业务提供了巨大的发展潜力。文章得出的结论是，如果想保持其在这个国家的智力领

---

① Lee Loevinger, "The Industrial Revolution in Law", *M.U.L.L. Modern Uses of Logic in Law*, 2(1960), pp.56—62.

② Lee Loevinger, "Jurimetrics: Science and Prediction in the Field of Law", *Minnesota Law Review*, Vol.46 (1961), No.2, pp.255—276.

导地位，律师将不得不适应人类最新智力成就的不断发展和新兴的奇迹。1963年，他在《法与当代问题》杂志上发表了《法律计量学：法律探究的方法论》，[①] 其中的标志性成果是利用他担任反垄断部门负责人时构建的一个反托拉斯法律专家系统，尝试使用机器来储存和检索法律材料。基本思想是：（1）法律计量学是一门新科学；（2）数据检索是律师和法官执行的所有职能中最基本、最普遍和最重要的职能之一；（3）法律计量学并不关心法律的生命到底是逻辑还是经验的论争，只研究与法律有关的所有经验的结构与维度。

法律逻辑是法律计量学的理性基础。从法律信息学的早期发展历程来看，逻辑学在其中扮演了不可替代的角色。早期的法律信息学研究首先聚焦于逻辑在法律中的运用。前面提及的《逻辑在法律中的现代运用》杂志的名称及发稿倾向充分说明了这一点。在西方英语世界，洛文杰事实上是"法律逻辑学"这一逻辑学分支的先行者。如我们所知，如今在英语世界，学界很少有人使用"法律逻辑学"（Legal Logic）这一术语，其主要原因是：在弗雷格1879年提出一阶谓词逻辑演算之后，"逻辑学"曾一度被等同于"形式逻辑学"，认为逻辑学在研究推理和论证的分析与评价时，总是排除了所有语用要素，因此，根本不存在特殊的法律逻辑之说。[②] 于是，那些试图关注"法律逻辑"这一领域的学者往往不得不改头换面，将自己的研究兴趣称为"法律推理"（Legal Reasoning）或"法律论

---

① Lee Loevinger, "Jurimetrics:The Methodology of Legal Inquiry", *Law and Contemporary Problems*, Vol.28 (1963), No.1, pp.5—35.

② Arend Soeteman, *Logic in Law*, Dordrecht: Kluwer Academic Publishers, 1989, p.22.

证"（Legal Argumentation）。① 尽管如此，洛文杰仍然坚持"法律逻辑"作为逻辑学分支的学科地位。1952 年，他在《印第安那法律评论》上发表了《法律逻辑引论》一文，开篇便说："大多数人都会承认自己不够潇洒，许多人会承认自己不够强大，但没有人会承认自己不合逻辑。"② 由此可见逻辑在洛文杰眼中的角色重要性。当然，文中提出的更重要的观点是，现代逻辑方法的社会用途的内在假设是，调查、讨论和说服能够产生足够的准确性和对问题的认识，至少要在社会共识的某个领域产生共识。这就是民主的理论和方法，也是法律计量学的理论和方法。把现代逻辑运用到实践中去，并不要求人们完全接受它所隐含的理论意义。另一方面，法律计量学，以及"实验法学"的几个当代变体，确实需要这里所概述的这种性质的法律逻辑：（1）所有重要术语的含义应分析到具体行为层面；（2）所有隐含的假设都应尽可能地加以解释；（3）对事实假设进行实证验证；（4）任意给定数据可选推论的多样性应该得到承认和考虑，因为事情常常是某种程度的灰色，而非非黑即白；（5）应评估所有推论的强度，推论不应被视为已确定的"事实"，而应被视为概率值；（6）实质性结论只能通过其实质结果而不能通过其形式意义来验证。在他看来，法律逻辑虽然是一种民主逻辑，但并不要求每个公民都是学者或理论逻辑学家；如果这些假设为未来的领导人所接受，那么在法庭、立法机构和公共论坛上对这些问题的公开讨论将会更有见地、信息量更大。

---

① Ch. Perelman "What is Legal Logic", *Israel Law Review*, Vol.3 (1968), No.1, pp.1—6.

② Lee Loevinger, "An Introduction to Legal Logic", *Indiana Law Journal*, Vol.27 (1972), No.4, pp.471—523.

二、研究的现状

第一位系统描述法律信息学这一学科领域的是美国杜克大学法学院教授巴德。1963 年,《法与当代问题》(1933 年由杜克大学法学院创刊的杂志)第 28 卷第 1 期整期刊发了"法律计量学"专辑,该专辑包括前言一共有 11 篇原创性论文。第一篇就是洛文杰的《法律计量学:法律探究的方法论》,主要贡献是给出了一个反垄断专家系统,其他文章涉及"机器制造的正义""电子数据处理的法理意蕴""控制论与苏联法学""作为法律研究工具的计算机""司法态度和投票行为""联立方程和布尔代数在司法判决分析中的应用""司法程序的定量分析""法律与行为科学"以及"现代逻辑与司法决策"。特别值得关注的是,巴德在《法律计量学:前言》中概括了当时法律计量学家所关注的三个主要领域:一是电子数据的存储与检索,二是决策的行为分析,三是符号逻辑的运用。[1]第一个定义衍生出现在的法律信息学概念,在美国法律信息学通常又被称为法律信息技术。要把计算机法学与法律信息学区别开来,因为计算机法学关心的问题与信息应用的社会影响有关,相当于现在的人工智能法学;法律信息学涉及信息学在法律领域中的所有应用,如法源的存储和自动检索、律师业务与司法行政管理自动化以及计算机在法律领域的其他所有应用(数据基地、信息系统、教育项目、专家系统、计算机辅助法律起草等)。我国的智慧法院、智慧检务、智

---

[1] Hans W. Baade, "Jurimetrics: Foreword", *Law and Contemporary Problems*, Vol.28(1963), No.1, pp.1—4.

慧公安工程中的有关司法人工智能均属于后者而非前者，但目前国内法学家讨论的热点似乎是前者而非后者。

根据美国加州大学伯克利分校法学院在法律信息学课程介绍中所列出的领域，法律信息学可分为三种类型：一是管理法律信息学，主要涉及管理法律与行政程序的软件工具、法律职业中的计算机应用、司法程序的自动化、立法文本起草；二是文件法律信息学，主要涉及信息检索与法律文件数据库，其中，信息检索领域包括针对文本索引、分类和摘要、信息提取、法律同义词典和检索模型技术的设计和开发；三是决策法律信息学，主要涉及法律专家系统、决策辅助软件和法律咨询软件，其中，计算机辅助司法分析的结果，有助于预测案件可能如何判决，而且可通过列出过去案例、预测标准以及表明案例胜诉理由的每个事实元素的概率来做到这一点。因此，他们把法律信息的主要关注领域圈定在以下7个子领域：（1）计算机在法律中的运用；（2）智能数据库；（3）智能法律信息系统；（4）计算机辅助法律起草；（5）数据库管理系统；（6）专家系统；（7）知识系统。

2010年，《欧洲法律与技术杂志》更名后的创刊号刊发了一组"法律信息学专题"论文，共刊发了8篇原创性论文和帕利瓦拉撰写的导言《法律信息学史》。该专辑由贝尔法斯特女王大学法律系教授利斯和英国华威大学法学院教授帕利瓦拉共同担任客座编辑。利斯是杂志更名后的创始主编之一，帕利瓦拉是杂志更名前的创始主编。可以说，该专辑所讨论的许多议题至今仍然有继续讨论的必要。

第一，帕利瓦拉简要梳理了法律信息学发展的历程。尽管要定义法律信息学是不容易的，但他还是从艾德里兹和奥黑尔的定义出发展开了他的讨论。[①]1997 年，在美国图书馆协会给出的信息学定义基础上，艾德里兹和奥黑尔将法律信息学界定为："信息科学在法律语境中的运用，其中涉及与法律有关的组织机构，如律师事务所、法院和法学院，以及这些组织内信息与信息技术的用户。"[②]帕利瓦拉似乎非常认同这个定义，他认为这一定义的优势在于它的广度，它没有严格区分高级技术应用（如人工智能）和普通应用（如文字处理和数据库），还将信息技术法或有关使用信息技术的实体法与法律信息学区分开来，后者涉及将信息和通信技术应用于法律。前者实际上是今天我国法学家热衷讨论的人工智能法律或人工智能法学，而后者则是目前在我国讨论不太多但国际上相对比较成熟的法律人工智能。

第二，挪威计算机与法律研究中心和奥斯陆大学法学院教授宾乔恩简要介绍了法律信息检索的历史。宾乔恩是国际法律人工智能学界一位活跃的学者。1992 年《法律人工智能杂志》创刊号发表了一篇关于阿什利著《建模法律论证》的书评，而这篇书评的作者正是宾乔恩。作为大会组织委员会主席，1999 年他在奥斯陆大学成功举办了"第七届法律人工智能国际大会"（ICAIL）。宾乔恩首先描绘了挪威以及全球法律信息系统的发展，包括 LEXIS 等商业系统、挪威政府资助的国家系统以及"世界法律信息研究院

①　Abdul Paliwala, "Socrates and Confucius: A Long History of Information Technology in Legal Education", *European Journal of Law and Technology*, Vol.1 (2010), No.1.

②　Sanda Erdelez & Sheila O'Hare, "Legal Informatics: Application of Information Technology in Law", *Annual Review of Information Science and Technology*, Vol.32 (1997), pp.367—402.

（WorldLII）"①框架下的免费访问系统；然后，他认为由于技术的变化和司法制度的复杂性，国家综合电子信息系统的设想可能无法实现；于是，他提出了多元主义和全球合作发展的建议。②"法律信息检索（Legal Information Retrieval, 简称 LIR）是一门应用于法律文本的信息检索科学，这些文本包括立法、判例法和学术著作。无论对于外行还是法律专业人士，准确的法律信息检索都是其了解法律很重要的途径。法律信息检索一直是法律人工智能领域一个非常重要的议题，2012 年本奇-卡鹏等人共同撰写了一篇法律信息（法律人工智能）领域的总结性论文——《法律人工智能史上的 50 篇论文》，梳理了自 1987 年第一届法律人工智能国际大会以来的 50 篇标志性论文，其中有 7 篇与法律信息检索有关。③

第三，澳大利亚新南威尔士大学法学院法与信息系统教授格林列夫探讨了全球免费获取法律信息的发展概况。在他看来，自 20 世纪 90 年代中期以来，互联网的全球网络提供了必要的技术平台，使人们能够免费获取电脑化的法律信息；在网络出现之前，有许多法律信息系统和大量以只读光盘形式分发的法律信息产品，但在世界任何地方都没有提供大量免费获取法律信息的服务；政府和私营部门的在线法律出版商都对访问收费，但网络提供了免费公共访问所需的关键元素——一个低成本的分发机制；对于出版商来说，如

①　http://www.worldlii.org（最后访问日期：2020 年 3 月 30 日）.

②　Jon Bing, "Let There Be LITE: A Brief History of Legal Information Retrieval", *European Journal of Law and Technology*, Vol.1 (2010), No.1.

③　T. Bench-Capon, M. Araszkiewicz, K. Ashley, et al., "A History of AI and Law in 50 Papers:25 Years of the International Conference on AI and Law", *Artificial Intelligence and Law*, Vol.20 (2012), No.3, pp.215—319.

果不要求他们为输出带宽付费，它就接近于一种"零成本"的分销机制；在 1994 年左右，图形浏览器和超文本的使用，提供了一种简单且相对一致的即时访问网络方式，通过这种方式可以提供和访问相关法律信息，从而替代了商业在线服务主要依赖的专有的、昂贵的和训练密集的搜索引擎，进而使免费接入互联网法律服务的发展成为可能。①

　　第四，美国康奈尔大学法学院教授马丁探讨了美国司法系统的结构特征如何影响法院对数字技术的采用问题。② 马丁自 1972 年开始直到退休一直在康奈尔大学法学院工作，1980—1988 年期间任法学院院长。1992 年马丁与布鲁斯共同创办了一个非盈利机构——康奈尔法律信息研究所，该所创设了美国第一个互联网法律资源，而且至今仍然是使用最多的非盈利法律网站，其宗旨是让每个人都能够免费阅读和理解管理他们的法律。马丁认为，在数字革命早期，爱好者们设想新技术会给这个重要领域带来戏剧性的变化；政府管理专业的学生和顾问们把私营部门正在发生的转变（如电子商务和分布式、虚拟企业的出现）与政府可能、应该或将要成为的电子政府进行类比，认为更高效、更好的可访问性与性能，甚至在公共责任方面的收获均可预见；虽然数字技术在过去十年里给商业领域带来了巨大的变化，但美国法院对数字技术的接受却很缓慢且不均衡，这其中有制度性原因。

---

　　① Graham Greenleaf, "The Global Development of Free Access to Legal Information", *European Journal of Law and Technology*, Vol.1 (2010), No.1.

　　② Peter W. Martin, "How Structural Features of the U.S. Judicial System Have Affected the Take-up of Digital Technology by Courts", *European Journal of Law and Technology*, Vol.1 (2010), No.1.

第五，英国格雷沙姆学院荣休法学教授、英国首席大法官顾问萨斯坎德是法律人工智能事业的推动者之一，他通过自己的亲身经历阐述了信息技术在法律领域的前景和进展。自 2016 年以来，萨斯坎德每年都会以特邀嘉宾身份出席上海百事通信息技术股份有限公司主办的"法律＋科技"领军者国际峰会，并做主题演讲。他认为，律师行业当前并没有充分适应法律信息学和信息社会所提供的机会；他们面临着对自己专业技能认同的挑战，但认为自己的专业能力根本不是高级系统、由技术或标准流程支持的低成本人工或那些在线自助工具能够取代的；不过，对于指导、建议、起草、研究、解决问题等法律业务，市场越来越不可能容忍昂贵的成本，这些工作同样或最好通过技术手段而不是由服务费用昂贵的专业人士来完成；许多传统律师业务将受到严重的侵蚀，可能会被取消；但新的法律工作机会将会出现，尽管其形式、内容与今天的工作有着很大的不同，但这可能非常有益；市场可能会淘汰过剩或低效的法律资源，消除不必要的摩擦，反过来，我们将见证过时的法律实践的终结和过时律师的失业。[①] 很显然，萨斯坎德对法律信息学的应用前景相当看好。

第六，荷兰鹿特丹大学计算机与法律研究中心退休教授德米尔德等人对洛文杰提出的法律计量学持拥抱态度，他们的论文题目很有趣，叫"有请法律计量学！"（Jurimetrics please!）。不过，他们对法律计量学发展的现状很不满意。在德米尔德看来，对法律进行实证研究的法律计量学从未真正出现过；虽然考虑到社会在信息时代

[①]　Richard Susskind, "Legal Informatics—A Personal Appraisal of Context and Progress", *European Journal of Law and Technology*, Vol.1 (2010), No.1.

的发展方式，可以预期法律计量学将成为一门重要的学科，但直到现在，在大学内外它还都没有征服多少领地。他们介绍了法律计量学发展历史中的一些要素以及这门学科的学术潜能与实践潜力；对法律计量学的缓慢发展进行了解释，并提出了未来可能的发展方向。有趣的是，他们给出了一个自己的法律计量学的定义，即把法律计量学等同于实证法律科学。在他们看来，法律计量学即是借助数学模型，将方法论意义上的个人主义作为解释与预见人类行为的范式，从实证视角研究律令和授权的形式、意义、语用学及其相互间关系的学问。该定义包括三个要素：一是法律现象的实证研究，二是借助数据模型，三是以等同于理性的方法论意义上的个人主义为基础。

第七，利斯讨论了法律专家系统的兴衰。什么是专家系统呢？正如美国麻省理工学院计算机科学与人工智能实验室教授戴维斯（Randall Davis）所说，"建立专家系统是试图获取稀有的重要专业知识，并将其嵌入在计算机程序中。这是通过与那些有专业知识的人交谈来实现的。从某种意义上说，建立专家系统是一种智力克隆。专家系统的构建者，即知识工程师，从专家那里了解他们知道什么，以及他们如何应用他们的知识来解决问题。一旦完成了任务汇报，专家系统的构建者就会将一般知识和专业知识整合到计算机程序中，使这些一般知识和专业知识可以很容易地复制、传播，并最终永垂不朽。"[1] 然而，情况并不总是那么乐观，因为批评者甚至拒斥者也不少。利斯的问题是：那些对 20 世纪 80 年代初期法律专

---

① Randall Davis, "Amplifying Expertise with Expert Systems", in P. H. Winston, & K. A. Prendergast (eds.), *The AI Business: Commercial Uses of Artificial Intelligence*, Cambridge: MIT Press, 1984, pp.17—40.

家系统的兴起持批评态度的极少数人在闲暇之余可能想知道，是否有可能恢复一种曾经多种多样但现在却变得晦涩难懂的方法呢？在经历了几起几落之后，法律专家系统研究项目有可能再次复兴吗？是什么条件推动了这一领域的发展，它们是否可重复呢？他的结论是：尽管专家系统失败了，但将法律专业知识商品化的吸引力还是会吸引着某些人。①

　　第八，西班牙萨拉戈萨大学刑法、法哲学与法史系的加林多介绍了西班牙阿拉贡数据保护与电子签名研究会小组近三十年的贡献。20 世纪 80 年代中期，西班牙阿拉贡自治区的数据保护与电子签名跨学科研究小组就开始进行与法律文件的储存和检索有关的跨学科研究，目的是利用专家系统的技术可能性，利用适当的对话和论证，检索地方法律文本，特别是阿拉贡自治区的立法，目标用户是普通人和法律专家，所选择的方法是构造一个智能的法律知识宝库。这个小组的想法太超前了，在当时的西班牙语境下，根本无法取得实际效果，最终研究结果只有哲学意义。不过，随着互联网成为现实，20 世纪 90 年代中期另一种研究对象开始出现，那就是如何保证电子法律通信中的身份安全？这种安全将有助于法律活动，同时保护个人在检索信息时自由交流思想的权利，涉及身份管理和电子签名方面的工作。于是，该小组采取了带电子签名的知识宝库的方式，试图实现利用因特网建构一个尽可能为"网络"社会中的所有公民免费提供存取和恢复法律文件渠道系统的目标。不过，互联网的合作潜力给他们带来了另一个机会：他们从关注阿拉

---

　　① Philip Leith, "The Rise and Fall of the Legal Expert System", *European Journal of Law and Technology*, Vol.1 (2010), No.1.

贡地区和西班牙的区域发展转向欧洲和国际基础上的合作，在计算机和法律领域的研究中心之间开展了合作。这成为该小组建立信息社会法律框架（the LEFIS network）的起点。[①]

第九，要特别介绍一下《欧洲法律与技术杂志》创始主编帕利瓦拉的一项非常有趣的研究成果《苏格拉底与孔子：信息技术在法学教育中的悠久历史》。他认为，法律教育通过柏拉图的著作继承了伟大的希腊哲学家苏格拉底的方法，在此基础上，哈佛大学法学院的兰德尔提出了"苏格拉底案例教学法"，如今通常称为"兰德尔教学法"，或简称"兰德尔方法"。这种方法使美国的法律教育产生了根本性转变。不过，马歇尔认为，兰德尔方法更像普罗泰戈拉方法，因为其中不仅包含问与答，还包括反馈，苏格拉底方法中只有问与答，而普罗泰戈拉方法则包含了三种要素。[②]无论如何，帕利瓦拉认为，纵观科技在法律教育中的历史，苏格拉底、孔子以及中世纪的讲座发明者们都是电子教学方法的推动者。在他看来，早期在法律教育中涉足信息技术的尝试，要么受到了"兰德尔案例教学法"的影响，要么受到了"讲座教学法"的影响，但后来更富创新性的电子教学形式则受到了学生中心理论和整体现实主义的启发，与杜威方法和儒家方法有相似之处。[③]

---

① Fernando Galindo, "From Legal Thesaurus to E-Signatures", *European Journal of Law and Technology*, Vol.1 (2010), No.1.

② Donald G. Marshall, "Socratic Method and the Irreducible Core of Legal Education", *Minnesota Law Review*, Vol.90 (2005), No.1, pp.1—17.

③ Abdul Paliwala, "Socrates and Confucius: A Long History of Information Technology in Legal Education", *European Journal of Law and Technology*, Vol.1 (2010), No.1.

　　此外，在法律信息学领域中有两个国际顶级研究中心，其研究领域非常值得关注。一个是斯坦福大学法律信息学研究中心。该中心的宗旨是让研究人员、律师、企业家和技术人员并肩努力，推动法律技术的进步，提高法律的效率和透明度，并使世界各地的法律体系更容易应用，重点工作是推动作为法律信息学分支的计算法学的研究和发展。什么是计算法学呢？根据斯坦福大学计算机科学教授、法律信息学研究中心创始人吉纳塞雷斯的说法，计算法学是法律信息学的一个分支，它与法律分析的机械化有关，不管这种分析是由人还是机器来完成的。[①]计算法学强调显性的行为约束，回避隐性的行为规则。重要的是，在详细说明足以支持整个机械加工的法律时，要承诺某种程度的严谨性。尽管机械化法律分析的想法并不新鲜，但由于最近的技术发展——包括计算逻辑的进步、互联网的发展以及自动系统（如自动驾驶汽车和机器人）的普及，它的前景比以往任何时候都要好。基于计算法的法律技术有可能极大地改变法律行业，提高法律服务的质量和效率，并可能重构律师事务所的业务方式。更广泛地说，这项技术有可能将法律理解和法律工具带给社会上的每个人，而不仅仅是法律专业人士，从而提高获得司法公正的机会，并改善整个法律体系。另一个是意大利国家研究委员会法律信息理论与技术研究中心。该中心的使命是，从事法律语言、立法技术、法律决策和律师培训等领域的信息与通信技术研究与研发，研究与法律、公共信息和计算政策相关的主题。换句话说，既要从事法律人工智能研究，又要从事人工智能法律研究。该研究所

―――――――――

　　① Michael Genesereth, "Computational Law—The Cop in the Backseat", http:// logic.stanford.edu/complaw/complaw.html（最后访问日期：2020年3月29日）.

探索信息和电信技术对法律和法律相关活动的影响问题,并在法律计算和计算法领域打造高级应用,服务对象是公共和私营部门的法律从业人员,其自然对话者是来自高校和研究机构的相关学者。

三、相关的资源

在法律信息学领域,有许多学术资源值得关注,这里不可能也没有必要介绍所有资源,故只介绍笔者认为比较重要的一些学术资源,并将其概称为"三本权威期刊""两个顶级会议"和"一个联合博士点"。

(一)三本权威期刊

第一本权威期刊是《法律计量学杂志》(*the Jurimetrics Journal*,季刊,ISSN:0897-1277,电子杂志)。如前所述,它的全名是《法律计量学:法律、科学与技术杂志》。该杂志是美国法律信息学甚至国际法律人工智能和法律信息学界的第一本专业学术杂志,由美国律师协会科学与技术法律部主办,创刊于1959年。杂志最初的名称是《逻辑在法律中的现代应用》,是一本逻辑取向的杂志,创始主编是密歇根大学法学院教授艾伦。如我们所知,《斯坦福法律评论》《哈佛法律评论》等许多美国著名法学杂志的主编均由在校学生担任,《法律计量学杂志》现由亚利桑那州大学法学院学生负责编辑,现任主编纽祖姆是一名在读法学博士生(JD)。该杂志虽为在线期刊,但仅对美国律师协会下设的科学与技术法律部会员免费开放,并不免费对外开放。尽管霍姆斯早在1881年就提出了极富挑战性的判断——"法律的生命从来不是逻辑而是经验"①，但对法律逻辑的探索并没有因此而终结，艾伦就是其中一个标志性人物。不过，在 20 世纪上半叶，逻辑学，特别是形式符号逻辑，在整个学术界的影响非常大，似乎不把自己的理论体系建立在形式符号逻辑之上，这个理论体系就显得过时了。艾伦不仅是将数理逻辑作为法律分析工具的先驱，也是在法律研究领域中使用计算机的先驱。他提出了一套法律关系逻辑的形式体系，其中涉及命题逻辑、谓词逻辑、类逻辑、道义逻辑、行动逻辑和时间逻辑。这种法律逻辑的研究路径当然是中规中矩的逻辑学研究路径，与洛文杰进路略有差别。在法律人工智能领域，法律关系语言产生了"生成专家系统"。这些系统有助于分析法律条款，这些法律条款具有多种解释，这些解释源于逻辑结构的模糊表达。艾伦喜欢为律师讲授数理逻辑，从而开发了一系列逻辑游戏、数学游戏和法律游戏，其中最著名的有WFF'N 证明、方程和法律关系的法律论证游戏。

　　了解艾伦的学术背景和志趣之后，要理解他为何在美国律师协会推动创办《逻辑在法律中的现代应用》杂志就不难了。当然，艾伦还有一位志同道合的伙伴一直支持着他的逻辑在法律中的应用事业，这位伙伴就是洛文杰。如我们所知，洛文杰也是法律逻辑的倡导者，并认为法律逻辑是一种民主的逻辑。事实证明，洛文杰对艾伦的学术影响相当大，因为 1966 年他决定将自己心爱的《逻辑在法律中的现代应用》正式更名为《法律计量学：法律、科学与技术杂志》，而"法律计量学"正是洛文杰 1949 年所创的术语，而且

---

① Oliver W. Holmes, *The Common Law*, Cambridge: Harvard University Press, 2009, p.3.

他一直在推进这一学科的发展。不仅如此,该杂志还设立了"洛文杰论文奖",并规定:除了杂志编辑、工作人员和亚利桑那大学法学院教师、亚利桑那大学编委会成员和美国律师协会科学与技术部成员之外,所有在该杂志发表论文的作者均自动获得提名资格。

如今,《法律计量学杂志》已发展成为一个出版和交流各个领域有关法律、科学和技术间关系的思想和信息的论坛,其涉及领域包括:(1)物理学、生命科学和经验社会行为科学;(2)工程学、航空航天、通讯与计算机;(3)逻辑学、数学、统计学与定量方法;(4)科学技术在法律实践、立法、法院和机关管理中的运用;(5)科学技术的法律规定和政策影响。可见,其议题涵盖了法律人工智能和人工智能法律。

第二本权威期刊是《法律人工智能杂志》(*Artificial Intelligence and Law*, 季刊, 纸质版 ISSN: 0924-8463, 电子版 ISSN: 1572-8382)。该杂志创刊于1992年,最初由荷兰克鲁维尔学术出版社出版,该出版社后来与施普林格出版社合并,故改为由施普林格出版社出版。现任主编是美国匹兹堡大学法学院的阿什利教授、英国利物浦大学计算机科学系的本奇-卡鹏教授和意大利博洛尼亚大学的沙托尔教授。他们三人均是当代法律人工智能学界的领军人物和活动家,都担任过国际法律人工智能协会主席、法律人工智能国际大会的程序委员会主席和组织委员会主席。该杂志的创始主编是美国东北大学法学院教授伯曼和哈夫纳。他们二人还是国际法律人工智能大会的发起者和国际法律人工智能协会的缔造者。伯曼是东北大学法律与计算机科学中心的创始人。为表彰他对法律人工智能的贡献,国际法律人工智能协会自1999年开始在法律人工智能国际大会上设立"伯曼最佳学生论文奖"。1978 年，哈夫纳在密歇根大学获得博士学位，她的博士论文也是法律人工智能领域的第一篇博士论文。不仅如此，哈夫纳还是法律人工智能领域的社会活动家，自国际法律人工智能协会 1992 年正式开始运行，直到 2007 年，一直担任协会秘书长兼财务秘书，除了 2004—2005 年由荷兰蒂尔堡大学法律、技术与社会研究中心雷昂里斯教授担任之外。

　　杂志创刊之始所设定的目标是，提供一个论坛，分享关于法律和法律推理的计算模型研究成果、问题和想法，探讨人工智能在法律领域的应用以及法律人工智能系统对法律行业和社会的影响等问题。最初设定的具体议题包括：如何表达规范性概念以及它们与其他常识性概念（如行为、意图和因果关系）之间的相互作用；通过实例或原型定义"开放结构"概念，并使用这种方式定义的知识进行推理；开发法律论证过程的对抗性模型，并给出该过程支持决策的方式；为法律领域打造人工智能的创新应用；发现并解决为法律领域打造人工智能系统时出现的技术问题；进行将人工智能系统应用于法律领域的各种尝试，包括生产性应用实验以及案例研究，无论这些尝试成功与否；评估人工智能系统对法律体系的效率和公平性以及对公民合法权利的影响。如今，该杂志聚焦于对法律知识、法律推理和法律决策的形式模型和计算模型的研究，对正在法律领域使用的创新人工智能系统的深入研究，以及人工智能在法律上运用的法律、伦理和社会影响研究。换言之，它涉及的领域包括了法律人工智能和人工智能法律。此外，《法律人工智能杂志》欢迎跨学科研究，不仅关注人工智能和法学，也关注逻辑学、机器学习、认知心理学、语言学和哲学。

　　第三本权威期刊是《欧洲法律与技术杂志》(*European Journal of Law and Technology*, 一年三期，ISSN：2042-115X，电子杂志)。该杂志创刊于 1996 年，由英国华威大学法学院主办，原名《信息、法律与技术杂志》(*Journal of Information, Law & Technology*)，创始主编是华威大学法学院教授帕利瓦拉，2010 年改为现刊名并重新编排卷号，并由帕利瓦拉和贝尔法斯特女王大学法律系教授利斯共同担任主编。该杂志是一本免费、开放杂志，用稿范围涵盖了与信息技术法律以及信息技术在法律中应用相关的主题，宗旨是尽可能广泛地传播学术作品和观点，以造福作者和读者，这一宗旨与法律信息学的兴起背景一脉相承。杂志现任主编是英国阿斯顿大学的耐尔。

　　杂志创始主编帕利瓦拉是英国华威大学法学院教授，目前被借调到华威大学全球化与区域化研究中心负责法律与数字全球化研究项目。他同时是英国与爱尔兰法律、教育和技术协会秘书处的负责人，还是一名律师，拥有伦敦大学法学学士和博士学位，曾在巴布亚新几内亚大学、达累斯萨拉姆大学和贝尔法斯特女王大学任教。他的两个主要研究领域是信息与通信技术法律以及法律、全球化与发展。2010 年改名重新编排卷号后，利斯参加进来担任共同主编。虽然是法学教授，但利斯对法律逻辑编程有自己的独到见解。正如他自己所说，他不是从计算机科学视角而是从计算领域之外的立场来向法律人工智能建模唱反调的，但其基调不是否认而是帮助改进法律人工智能。[①] 根据法律人工智能学界的通常说法，法律人

---

　　① Philip Leith, "Fundamental Errors in Legal Logic Programming", *The Computer Journal*, Vol.29 (1986), No.6, pp.545—552.

工智能中法律推理的建模有两种主要方案：一是规则推理方案，二是案例推理方案。1986 年塞科特、科瓦尔斯基等人合作在《国际计算机学会通讯》上发表的《作为逻辑程序的英国国籍法》无疑是规则推理建模方案的一项标志性成果。[①] 可是，同年利斯便在《计算机杂志》上发表了一篇题为《法律逻辑编程中的基本错误》的文章，直截了当地批评塞科特等人的成果，并因此招致了塞科特和科瓦斯的人身攻击。[②] 由此可见，学术批评虽然很重要，但始终让人不爽。其实，利斯并非一个计算机科学的门外汉，他不是法律人工智能的反对者而是倡导者：1989 年出版了一本法律人工智能的专著《人工智能与计算机中的形式体系》[③]；1991 年出版了《计算机化的律师：法律职业中计算机应用指南》[④]，该书于 1998 年再版。也许正是利斯对法律信息学和法律人工智能的这种执着，驱使他于 2010 年加入了帕利瓦拉的主编阵营。

（二）两个顶级会议

"法律人工智能国际大会（ICAIL）"是国际法律人工智能协会（IAAIL）主办的两年一次的官方会议，其目的是为展示和讨论最新

---

① M. J. Sergot, F. Sadri, R. A. Kowalski, F. Kriwaczek, P. Hammond, and H. T. Cory, "The British Nationality Act as a Logic Program", *The Communications of the ACM*, Vol.29 (1986), No.5, pp.370—386.

② Philip Leith, "Legal Logic Programming", *The Computer Journal*, Vol.31 (1988), No.1, pp.92—93.

③ Philip Leith, *Formalism in AI and Computer Scienc*, Sydney: Halsted Press, 1989.

④ Philip Leith, *The Computerized Lawyer*, London: Springer, 1991.

的研究成果和实际应用提供一个论坛，并促进跨学科和国际合作。
第一届会议由国际计算机学会人工智能特别兴趣组（SIGAI）发起，
于 1987 年在美国东北大学召开，大会组织委员会主席是该校的哈
夫纳，程序委员会主席是美国罗格斯大学计算机系的麦卡锡教授。
麦卡锡教授是法律人工智能界标杆项目——"纳税人工程"（the
Taxman Project）的负责人，该项目的目标是探讨人工智能在美国
税法中的应用，并试图推而广之给出一种迈向法律论证认知理论。[①]
这次具有里程碑意义的法律人工智能会议能够在东北大学召开，得
益于该校法学院教授伯曼的直接推动。会议甫始就已正规化，大会
论文集由国际计算机学会（ACM）出版社正式出版，并被 EI 收录，
而且历届会议论文集均可通过国际计算机数字图书馆检索到。大
会目前已经举办 19 届，除了 1997 年第 6 届在墨尔本大学召开之外，
其他均在欧美地区召开。准确地说，该系列会议 1993 年才成为国
际法律人工智能协会的官方会议，因为该协会在 1991 年温哥华会
议上才正式宣告成立。虽然 1993 年该会议成为国际法律人工智能
协会的官方会议，但仍然由国际计算机学会人工智能特别兴趣组主
办，而国际法律人工智能协会只是协办。有趣的是，2019 年在加
拿大蒙特利尔大学召开的第 19 届会议上，人工智能界最权威的国
际学术组织——人工智能促进会（AAAI）也加入到该系列国际会议

---

① L.T. McCarty, "Reflections on 'Taxman': An Experiment in Artificial
Intelligence and Legal Reasoning", *Harvard Law Review*, Vol.90 (1977), No.5, pp.837—
893; L. Thorne McCarty, "The TAXMAN Project: Towards a Cognitive Theory of Legal
Argument", in B.Niblett (eds.), *Computer Science and Law: An Advanced Course*,
Cambridge: Cambridge University Press, 1979, pp.23—44.

的协办方之列，由此可见该会议在业内的国际影响力。

　　"法律知识与信息系统国际大会（JURIX）"是由荷兰与其他荷语地区法律与计算机科学领域研究人员组成的组织——法律知识系统学会（JURIX）的学术年会。自 1988 年召开第一届会议以来，每年固定召开。该会议起初只是一个地方性会议，目前已发展成为一个顶级国际会议，不过到目前为止只在欧洲召开，会议组织者和与会者则向全球开放。1991 年，该会议开始正式出版论文集。自 2005 年起，会议论文集由荷兰 IOS 出版社以电子图书形式纳入"人工智能与应用前沿"系列会议论文集出版，而该系列会议论文集已被工程检索（EI）收录。

（三）一个联合博士点

　　"法律、科学与技术：物联网权联合博士点（LAST-JD-RIoE）"是一个三年制博士点项目，由欧盟居里夫人行动计划（the MSCA Actions）提供资助，每年有 15 个博士生指标，涉及欧盟内意大利、卢森堡、西班牙、立陶宛、比利时、德国、奥地利等 7 个国家的 9 所高校，它们是博洛尼亚大学、都灵大学、卢森堡大学、巴塞罗那自治大学、马德里理工大学、维尔纽斯大学、鲁汶大学、汉诺威莱布尼茨大学和维也纳大学。

　　该项目拥有一支理论与实践相结合的跨国师资团队。参与项目的导师均有至少 10 年的国际博士生培养和博士项目协调经验，其中包括博士项目协调人。他们共同为项目的所有领域带来卓越的成果，并成功地为所有早期储备研究者提供科学知识指导。根据《欧洲研究宪章》第七章关于监督和管理职责的规定，以最高专业标准重视他们作为导师、职业顾问、领导、项目协调员、经理的多方面作用,并与早期储备研究者建立建设性的积极关系。将有两位来自不同机构的导师共同指导早期储备研究者:一位来自与他们的跨学科项目(计算机科学、法律、伦理)相关的某个科学领域,另一位则为行业导师。两位导师每3个月一次对早期储备研究者进行联合评估。博士研究生与两位导师会面很频繁,通常每周一次,并且不受地理位置限制,可以通过电话会议系统会面。导师将协助早期储备研究者制定个人职业发展计划:概述清晰的结构,包括任务和职责,帮助早期储备研究者在其"国内机构"中扎根,促进流动性,并改善早期储备研究者的职业生涯。个人职业发展计划将根据欧洲委员会标准建立,由同事与导师协作每6个月更新一次。

该项目的培养方案具有如下特点:(1)所有项目都是根据至少4个参与同伴、互补部门和不同国家的交叉专业知识设计的;(2)早期研究者要花费总时间的1/3在网络上与其他两个同伴进行交流;(3)最后一年必须到企业单位实习;(4)学生可以通过年度网络活动接触非学术部门。

四、结语与展望

萨巴拉和西尔韦拉对从洛文杰1949年提出"法律计量学"设想到2019年这70年的发展历程进行了梳理,他们的结论是,法律计量学不过是旧瓶装新酒罢了。[1]

---

① F. J. Zabala, F. F. Silveira, "Decades of Jurimetrics", https://arxiv.org/abs/2001.00476v1(最后访问日期:2020年3月29日).

　　首先，旧瓶至少有两个。一是"莱布尼茨之瓶"。莱布尼茨的博士论文是《论含混法律情形》，他的目标就是要通过一种一般化的数学来消除这些含混情形，即"法律公理化体系之梦"。具体地说，莱布尼茨试图重新编纂法规，希望通过使用少数几个基本法律概念，定义所有的法律概念；从很少的一套自然、正义且不容置疑的原则中，演绎出所有的具体法规，从而把法规整理好。这被认为是定量思维与法律结合的里程碑。二是"伯努利之瓶"。如前所述，1709 年伯努利在他的博士论文中讨论了作为猜想术的概率论在法律中的运用。如果说莱布尼茨之瓶属于逻辑学取向的话，那么伯努利之瓶应当属于概率论取向。2019—2020 年国际法律人工智能协会主席和现任法律知识学会主席维赫雅在其 2018 年就任荷兰格罗宁根大学伯努利数学、计算机科学和人工智能研究院人工智能系主任的就职演讲中，将法律人工智能的发展概括为两条进路：一是逻辑进路，二是概率进路。[①] 事实上，两条进路可分别称为莱布尼茨-洛文杰进路和伯努利-洛文杰进路，因为洛文杰的法律计量学在逻辑进路和概率进路中均有所体现。

　　其次，新酒总是在更新。洛文杰的法律计量学、法律人工智能、法律知识系统、法律信息学等均属于新酒。[②] 毫无疑问，萨巴拉和西尔韦拉 2014 年在洛文杰思想基础上提出的"法律计量学之三棱"

---

　　① B. Verheij, *Arguments for Good Artificial Intelligence*, Groningen: University of Groningen, Inaugural lecture,2018.http://www.ai.rug.nl/ ~ verheij/oratie/（最后访问日期：2020 年 3 月 29 日）.

　　② F. J. Zabala, F. F. Silveira, "Decades of Jurimetrics", https://arxiv.org/abs/2001.00476v1（最后访问日期：2020 年 3 月 29 日）.

也属于新酒。第一棱是法官的看法。法律的主要活动就是在不确定性情况下做出裁判。考虑到计算、定量方法和法律两两之间的交叉，要建造一种现代计算器以支持法官的裁判是可能的。第二棱是立法者的看法。考虑到技术路线和立法影响研究，预期立法者的一项主要活动就是制定以数据为基础的法案，而且他们认为，巴西的立法已经走上了这条道路。第三棱是律师的看法。律师可以用技术研究来支持其需求，评估可能性甚至预测价值。专业人士可以利用定量分析来衡量和提高自己的绩效。事实上，法律信息学涉及的议题也在不断更新之中。比如，根据维基百科英文版的界定，法律信息学的主要议题包括：(1)法律推理的形式模型；(2)法律论证与决策的计算模型；(3)证据推理的计算模型；(4)多主体系统中的法律推理；(5)可执行的立法模型；(6)法律文本的自动归类与总结；(7)数据库和文本中法律信息的自动提取；(8)面向电子取证与其他法律应用的机器学习和数据挖掘；(9)基于概念或模型的法律信息检索；(10)少量重复性法律任务的自动执行；(11)利用机器学习和人工智能进行诉讼的风险评估、定价和时间轴预测。[①] 而第 11 个议题是 2019 年下半年才添加上去的。

总之，正如洛文杰 1985 年在《现代社会中的法律、科学与技术》中所预言的，未来的乌托邦式工作条件和生活条件，在短短几年内，将由技术提供；这些新技术将改变我们的生活方式以及处理商业和政府事务的方式；律师们将在他们的案件中携带相当于完整的档案

---

① 熊明辉：《从法律计量学到法律信息学——法律人工智能 70 年(1949—2019)》，载《自然辩证法通讯》2020 年第 6 期。

柜和大型法律图书馆的电子文件。现在来看，彼时洛文杰预言称之为"乌托邦式"的工作条件和生活条件如今已成为现实。[①] 我们相信，随着人工智能与通讯技术的改进，这些条件会不断得以改善。

（本文原载《山东社会科学》2021 年第 9 期，第 100—117 页）

---

① Lee Loevinger, "Law, Science and Technology", *Jurimetrics*, Vol.26 (1985), No.1, pp.1—20.

信息化与智能化：司法语境下的辨析

刘奕群　　吴玥悦[*]

内容简介：当前的司法智能化建设者，肩负着保持全球司法信息化领跑姿态，抢占智能化战略制高点的重大历史使命。这就要求我们应当厘清信息化与智能化在产业发展阶段和技术原理属性方面的根本差异，充分认识到司法信息化与司法智能化的孕育与进化关系，并明确认识误区可能造成的后果。从理念创新、科技创新和模式创新入手，加快实现由信息化、智能化梯次发展向融合并进、由点状积累向体系突破转变。

随着我国司法信息化建设逐步从跟跑、并跑走向领跑，以往可以借鉴的域外司法信息化建设经验越来越少，而以区块链、大数据、新一代人工智能技术等为代表的信息技术变革方兴未艾，这些因素使得司法信息化建设逐渐走入"无人区"，需要进行更加深刻与长

　　* 刘奕群，清华大学计算机科学与技术系教授，清华大学互联网司法研究院院长；吴玥悦，清华大学计算机科学与技术系助理研究员。

　　本文系国家重点研发计划"智能司法公开关键技术研究"项目（项目编号：2018YFC0831700）的阶段性成果。

远的战略规划与思考。面对前所未有的机遇与挑战，"信息化"与
"智能化"这两个基本概念问题亟待辨析。这种辨析不仅是简单的
技术层面的"名词纠错"，更是为进一步明晰智慧法院的建设目标
和数字正义的实现路径所做的必要准备。

一、信息化与智能化的概念界定

"信息化"一词最早是与"信息产业""信息化社会"联系在一
起的。1963 年日本学者梅棹忠夫在《信息产业论》一书中描绘了"信
息革命"和"信息化社会"的前景，预见到信息科学技术的发展和
应用将会引起一场全面的社会变革，并预言人类社会将进入"信息
化社会"。[1]《2006—2020 年国家信息化发展战略》将信息化定义
为："充分利用信息技术，开发利用信息资源，促进信息交流和知识
共享，提高经济增长质量，推动经济社会发展转型的历史进程。"[2]
概括而言，信息化是指信息技术的应用引起的社会产业结构的变革
过程。

信息技术是指对信息的获取、传输、处理和应用的技术，包括
检测技术（主要负责信息的获取）、通信技术（主要负责信息的传
输）、计算机技术（主要负责信息的存储和处理）等。从广义上讲，
自人类社会形成以来就存在对信息的获取与利用，信息技术本身随

---

[1]　谢阳群：《信息化的兴起与内涵》，载《图书情报工作》1996 年第 2 期。
[2]　《2006—2020 年国家信息化发展战略》，中华人民共和国中央人民政府网，
http://gfagzc112eefb48ed4fffhv5vfw6uvxxnq6onq.fyac.oca.swupl.edu.cn/test/2009—
09/24/content_1425447.htm（最后访问日期：2020 年 9 月 29 日）。

着科学技术的进步不断变革。从语言、文字、印刷术、电话电报广播等传统信息介质技术，到近现代的计算机、互联网等数字化技术，人类社会先后经历了四次信息技术革命。[①] 狭义上讲，信息技术特指电子计算机数据处理技术和新一代通信技术，即第四次信息技术革命。本文所讨论的信息化限定在狭义层面开展。

智能化是指人工智能技术的应用引起社会产业结构的变革过程。一般认为，现代人工智能起源于 1956 年召开的达特茅斯会议，在此次会议上首次较为系统地使用了"Artificial Intelligence"的概念。人工智能是研究、开发用于模拟、延伸和扩展人的智能的理论、方法、技术及应用系统的一门新的技术科学。[②] 通常可以认为人工智能存在两个层次的定义：有部分研究者（如 Bellman,Haugeland,Kurzweil 等人）认为，人工智能旨在构建像人类一样思考及行动的系统；而另一部分研究者（如 Nilsson,Winston 等人）则认为，人工智能的目标是构建超出人类水平的完全理性地思考及行动的系统。

尽管科学界对什么是"人工智能"尚无统一定义，甚至对于人工智能与计算机科学的关系也有诸多不同意见，但人工智能技术对社会产业结构的革命性影响，已经得到了学界和政府一致的高度认可。2015 年，中国科学技术协会组织了近 300 位院士及专家对智能化大趋势进行了细致的研判和评估，认为"人工智能科技将引发产业变革风起云涌，带来人们生产生活方式和社会结构的深刻变化，推动

① 黄正洪：《信息技术导论》，中国工信出版社 2017 年版，第 8 页。

② 同上书，第 150 页。

人类社会从工业化、信息化社会向智能社会进行历史跨越"。[①] 也有学者将由大数据带来计算机智能水平提高的过程称为智能革命。[②]

党的十九届五中全会不仅在科技创新方面提出发展人工智能技术的要求，更在提升产业链供应链现代化水平、发展战略性新兴产业、统筹推进基础设施建设、加快数字化发展、加快国防和军队现代化等多个方面提出了智能化的发展方向。这是在深刻理解全球信息化发展趋势，精准把握我国信息社会建设实践基础上提出来的新理念和新论断。

尽管信息化和智能化都是技术应用所引发的社会产业结构变革的过程，但二者处于产业发展动态过程的不同阶段。厘清这种不同是深刻认识信息化和智能化辩证关系的前提和基础。

通常认为一个完整的产业发展动态过程从内部到外部可以分为：理论、技术和应用三个部分。现阶段的信息化建立在较为成熟的信息科学理论和信息技术的基础之上，主要内容是信息技术的应用推广。[③]

在科学理论层面，信息技术的理论根基在 20 世纪中叶就已基本奠定。1936 年图灵设计了图灵机，奠定了现代计算机进行计算的科学原理；1948 年香农提出了超越通信领域的"信息量"概念，奠定了信息处理和通信的基本定律；1966 年英籍华裔学者高锟提出

[①]　国家创新力评估课题组：《面向智能社会的国家创新力智能化大趋势》，清华大学出版社 2017 年版，第Ⅸ页。

[②]　吴军：《智能时代大数据与智能革命重新定义未来》，中信出版社 2016 年版，第 40 页。

[③]　根据中国互联网络信息中心发布的《国家信息化发展评价报告（2019）》，中国信息化发展指数排名位列全球第 25 名。

了利用光纤进行信息传输的可能性和技术途径，奠定了现代光通信——光纤通信的基础。在具体技术层面，信息技术在 20 世纪中后期就已取得了革命性突破。1945 年冯·诺伊曼提出了清晰的、可存储程序的通用计算机可实现的原理性结构，也被称为"冯·诺伊曼结构"，奠定了现代计算机的结构基础；1958 年得州仪器（Texas Instruments）公司发明了现代电子工业的第一个用单一材料制成的集成电路；1970 年美国康宁（Corning）公司成功研制出第一根低损耗石英光纤。同时，在过去超过半个世纪的时间里，信息技术都以"摩尔定律"（甚至超"摩尔定律"）的速度高速发展。[①] 当前的信息化处于技术产业发展的应用阶段，是建立在科学原理体系化和具体技术成熟化基础之上的技术推广应用。受到"后摩尔定律"的影响，信息化的技术应用主要集中在软件应用领域。

技术性产业的发展几乎都是在基础原理和技术不再成为应用的发展瓶颈时才进入成熟阶段的。而"人工智能领域不仅没有科学原理层面的成果，而且至今也没有能够产生支撑一个产业的基础共性技术"。[②] 比较信息化已经进入成熟发展阶段，当前的智能化进程尚处于幼年时期。

在科学理论层面，人工智能的基础性理论研究仍然缺少原理性的创新突破。人工智能的根源本质问题之一是"智能是什么？"它至少包括两个层面的内容：一是智能生成机理，搞清楚什么是智能，

---

① 摩尔定律（Mooer's Law）是指当价格不变时，集成电路（Integrated Circuit，简称 IC）上可容纳的晶体管数目，约每隔 18 个月便会增加一倍，性能也将提升一倍。近年来，越来越多的学者认为信息技术的发展已经进入"后摩尔定律"时代，面临摩尔定律失效的科学停滞风险。

② 谢耘：《智能化未来》，机械工业出版社 2018 年版，第 185 页。

智能是如何产生的；二是智能表示和智能模拟，通过人工的手段实现对智能的表示和模拟，创造具有自主认知和思维功能的与人类智能相仿（甚至超越）的仿生智能体。传统的人工智能方法，"简单地讲，就是首先了解人类是如何产生智能的，然后让计算机按照人的思路去做"。①

对于第一个问题，我们已经积累了一定的心理学知识，对大脑在应用层面的表现即"智能类活动"有着比较全面的理解；我们也知道大脑由众多的神经元连接而成，并且知道在正常的情况下，不同的区域主管着哪些活动。但是我们尚且不知道神经元内部过程的智能意义，也不明白这些神经元动态组织的机制。所以，我们对人类外在的上层智能活动有了相当多的了解，据此可以做出深蓝、Alpha Go 那样的系统战胜人类，但是我们对大脑的本质，对智能的底层机制和过程知之甚少。随着人工智能的发展，虽然我们对表层能力的理解与物化更加有效，但对智能的深层机制的认识却依然举步维艰。

对于第二个问题，人工智能自诞生以来就存在符号主义和连接主义两个相互竞争的研究范式。符号主义从 20 世纪 50 年代到 80 年代主导着人工智能的发展，认为人工智能的实现必须用逻辑和符号系统；连接主义从 20 世纪 90 年代进入复兴，认为可以通过仿造大脑实现人工智能。然而，这两种范式只是从不同的侧面模拟人类的心智（或大脑），距离触及人类真正的智能产生原理还有较大差距。

---

① 吴军：《智能时代大数据与智能革命重新定义未来》，中信出版社 2016 年版，第 47 页。

人工智能自诞生以来经历了两次低谷：第一次低谷是 20 世纪 70 年代，机器翻译系统开发的瓶颈使得 1966 年美国政府取消所有学术性翻译项目。而 1969 年明斯基和佩珀特（S. Papert）所著的《感知机》一书关于单层感知器的局限性证明则导致了全球范围对神经网络和人工智能研究的经费削减。第二次低谷出现在 20 世纪 90 年代，苹果、IBM 等公司开始推广第一代台式计算机，其费用远远低于专家系统所使用的专用计算机，政府投入智能研究的经费开始下降，人工智能的低潮再次来临。

第三次人工智能浪潮不再把探索本质的通用的智能作为目标，一般意义上"智能"是什么，以及如何定义"智能"便不再重要。重要的是针对每一个具体的特定"智能"活动做出界定和分析，并试图用适当的方法通过逻辑计算操作对其进行人工复现。尽管依靠大数据和算力的升级，人工智能迎来了计算性能不断提高的通用计算机与日益丰富的应用软件相结合的应用繁荣，但依然缺乏科学原理层面的突破。

在技术层面，人工智能仍存在难以解决的系列挑战性问题。人工智能技术面临的挑战性问题至少体现在如下三个方面：第一，可解释性问题。人工智能的可解释性问题产生的根本原因在于机器决策过程的数据特征空间和人类决策过程的语义空间鸿沟。[1] 尽管人工智能的专家们已经从后验的解释技术和内在可解释模型等方面进行了探索，但"这种解释是否符合神经网络的内在机理仍然是需要讨论的问题"。[2] 第二，鲁棒性问题。由于网络采集的数据本

---

① 张钹：《后深度学习时代的人工智能》，载《杭州科技》2017 年第 2 期。

② 张拔等：《迈向第三代的人工智能》，载《中国科学》2020 年第 9 期。

身伴随着诸如虚假信息、垃圾信息等噪声，与经过预处理的训练数据相比，在网络真实场景下模型鲁棒性表现相对较差。同时对抗攻击的精准性和传递性，也给深度学习模型的实际应用带来了严重的安全隐患。当前大多数防御性方法都存在被短时间攻破的问题，其原因主要在于缺乏像人一样理解和处理问题的能力。第三，扩展性问题。人工智能技术研究的后期延伸涉及模型能否迁移到未知场景的可扩展性问题。尽管迁移学习的相关研究受到了当今学界的高度关注，并发展出强化迁移学习、终身学习等分支，但迁移学习仍然面临通用化和自动化的瓶颈。

综上所述，当前的智能化在科学理论层面尚未确立原理性的基础理论突破；在技术层面还存在尚未攻克的技术天花板，缺乏基础共性技术的研究。这也是人工智能更容易被仅仅当成计算机科学的一个应用技术类分支用以解决不同的智能应用问题，而不是一门独立科学的主要原因。所以，当前的主要任务是在理论研究与需求驱动的双重作用下开展智能科学研究，促进智能技术的进化，为智能技术作用于社会产业结构性质的变革准备充足的技术燃料。

二、信息技术与智能技术的属性差异

尽管信息化和智能化都是技术应用所引发的社会产业结构变革的过程，但信息技术和智能技术的原理属性却有着根本差异。下文将从技术目的、技术特征、发展确定性以及应用场景四方面进行比较分析。

首先，二者的技术目的不同。信息技术的目的是获取、存贮、传递、处理分析信息,从而将感知信息转换为可用信息。信息化的发展过程,就是如何使上述过程"更高效"的过程。从广义上讲,从语言、文字、印刷术、电话电报广播等传统信息介质技术,到近现代的计算机、互联网、大数据等数字化技术,都属于信息技术的范畴。尽管技术在不断发展,但是信息转化的目的没有发生改变。而智能技术以人或更抽象的理性的智能为研究对象,其目的是把可用信息转换为知识,进而在知识指导下以具有智能的方式达成目标。智能化的发展过程,解决的是如何实现机器"更智能"的问题。

其次,二者的技术特征不同。判断一项技术是否属于智能技术,可以从四个基本方面考察:感知能力、预测能力、记忆能力和决策能力。[1] 在感知能力方面,传统的信息技术只能记录图片、音视频等输入信息,并按照程序的预设进行有限的处理,并不理解输入信息的内容;而智能技术可以"理解"语义、图片、视频等外界输入的内容和逻辑关系;在预测能力方面,传统的信息技术是若干人为设定好的规则的组合,在任何情况下都只能按照这些规则执行操作;而智能技术一般可以主动优化最初设定或自动生成的规则,具有一定的推理和预测能力,并可能产生超出人类预测能力的结果;在记忆能力方面,传统的信息技术可以储存信息,而智能技术可以对不同重要程度的信息分配不同权重的注意力,并且自主完成迭代更新;在决策能力方面,传统的信息技术不能自动设置目标,只能根据规则自动运行;而智能技术可以自主确定具体局部目标,在无人干预的情况下通过反馈不断优化行为来实现总体目标。

---

[1]　Yann Le Cun, *Predictive Learning*, In Neur IPS, 2016.

再次，二者的发展确定性不同。信息技术的发展具有确定性，不论是在"摩尔定律时代"还是"后摩尔定律时代"，信息技术的短期发展都呈现相对可预期的图景。而智能技术的发展即使是在短期也具有较高的不确定性，其根本原因在于智能技术的研究目标是创造"类人智能"甚至"纯粹理性"，其核心动力是创新能力，而创新能力本身具有高度的不确定性。智能技术发展的不确定性体现在：第一，智能技术创新的理论方向选择不确定；第二，智能技术创新的实现路径不确定；第三，智能技术创新成果的具体形态不确定。① 在过去的60多年时间里，人工智能先后经历了两次技术寒冬。尽管我们现在正处于第三次发展浪潮，但也无法准确预见下一次低谷何时来临。

最后，二者的应用场景不同。信息技术的重点应用场景在于基础设施建设，包括计算机硬件和软件等计算设施、网络和通信技术，及其支持的物联网、云计算等系统平台。信息技术最为典型应用的是20世纪90年代在全球范围开展的"信息高速公路"计划，② 而智能技术则主要在于上层应用，可以归纳为四个方面：一是专家系统、智能体系统和智能机器人系统；二是机器学习、数据挖掘和数据库知识发现；三是基于图搜索等智能算法的问题求解；四是单机环境

---

① 谢耘：《智能化未来》，机械工业出版社2018年版，第47—49页。

② "信息高速公路"的全称是"国家信息基础设施"（National Information Infrastructure，简称NII），是指高速计算机通信网络及其相关系统。它是通过光缆或电缆把政府机构、科研单位、企业、图书馆、学校、商店以及家家户户的计算机连接起来，利用计算机终端、传真机、电视等终端设备，像使用电话那样方便、迅速地传递和处理信息，从而最大限度地实现信息共享。1992年美国提出"信息高速公路"建设规划之后，日本、加拿大和欧洲工业发达国家紧随其后，全球信息化进入迅猛发展时期。

下的智能程序和在线平台的分布式智能系统等。

三、司法语境下的信息化与智能化

广义的司法信息化,是指将信息技术应用于司法活动的信息获取、传输、存储以及处理等场景,从而引起司法规则治理和制度构建转型的过程。广义的司法信息化的范围与我国独特的司法体系语境紧密相关,包括法院、检察院、公安机关以及司法行政机关的信息化。狭义的司法信息化特指法院信息化,是指将信息技术应用于法院案件审理、政务办公、公共服务等场景中的信息获取、传输、存储以及处理,从而促进审判体系和审判能力现代化的过程。与之相对应,广义的司法智能化泛指智能技术在司法活动的应用,狭义的司法智能化特指智能技术在人民法院各项工作中的应用。下文的司法信息化和司法智能化均在狭义层面开展讨论。

信息化和智能化既存在本质差异,也具有紧密联系。这种联系在司法应用的语境中主要表现为司法信息化孕育了司法智能化,司法信息化需要进化为司法智能化。

(一)司法信息化孕育了司法智能化

以 1996 年 5 月最高人民法院召开的"全国法院通信及计算机工作会议"为起点,我国法院的信息化建设先后经历了以"数字化"为核心的法院信息化 1.0 阶段,以"网络化"为核心的法院信息化 2.0 阶段,以"智能化"为核心的法院信息化 3.0 阶段,以及以"智能化、一体化、协同化、泛在化、自主化"为特点的法院信息化 4.0

版。[①]法院智能化是在法院信息化发展到一定成熟阶段后提出的科学发展路线。

经过 20 余年的强势推进，2016 年全国法院已"基本建成了以互联互通为主要特征的法院信息化 2.0 版"，[②]审判执行、司法人事和司法政务三类数据的集中管理都实现了突破。此阶段的法院信息化成果主要体现在：(1)在网络建设方面，建成了办公内网、法院专网、外部专网、互联网和涉密网五大网系平台，全国各级人民法院通过法院专网实现了互联互通。(2)在场所建设方面，建成了诉讼服务大厅、诉讼服务网和 12368 诉讼服务热线的"三位一体"信息化服务体系；建成科技法庭 1 万余个。(3)在系统建设方面，建成 2000 余套远程提讯系统；全国超过 99% 的法院建立了案件信息管理系统。(4)在技术应用方面，建成全国法院数据集中管理平台，实现了全国法院案件信息和人事政务管理全覆盖；建成执行信息管理系统，实现了全国四级法院的执行网络纵向互联，以及与部分外部单位网络横向对接；建成中国审判流程信息公开网、中国裁判文书网、中国执行信息公开网、中国庭审公开网等审判和管理信息网络；建成集成工作质效评估系统；法院电子签章被广泛应用于诉讼和行政工作；全国法院司法统计与人民法院大数据管理和服务数据

①　2020 年 12 月 3 日，在最高人民法院召开的第七次全国网信工作会议上，周强院长提出"十四五"期间将建设以智能化、一体化、协同化、泛在化、自主化为特点的人民法院信息化 4.0 版。

②　中国社会科学院法学研究所法治指数创新工程项目组：《中国法院信息化第三方评估报告》，中国社会科学出版社 2016 年版，第 10 页。2016 年中国社会科学院法学研究所与中国社会科学出版社首次对全国 3512 个法院的信息化建设情况开展了整体评估，并发布评估报告。

并轨，实现司法统计报表全自动生成，人民法院彻底告别了人工司法统计时代。

法院信息化 2.0 版本为法院智能化奠定了坚实的网络支撑、场所支撑、系统支撑以及多样化应用，实现了诉讼流程全在线、多平台信息共享，奠定了司法审判和管理工作全流程全方位智能化的基础。

2015 年 7 月，最高人民法院首次提出"智慧法院"的概念，[①] 开启了以智能技术应用为核心的司法智能化建设时代。[②]2016 年，"智慧法院"被相继纳入《国家信息化发展战略纲要》和《"十三五"国家信息化规划》。根据国家战略规划，最高人民法院先后出台《人民法院信息化建设五年发展规划(2016—2020)》《最高人民法院信息化建设五年发展规划(2016—2020)》等政策文件，引领智慧法院建设的持续深入推进。

2017 年 4 月，最高人民法院印发《最高人民法院关于加快建设智慧法院的意见》，要求构建网络化、阳光化、智能化的人民法院信息化体系，以信息化促进审判体系和审判能力现代化。智慧法院的具体含义是："依托现代人工智能，围绕司法为民、公正司法，坚持司法规律、体制改革与技术变革相融合，以高度信息化方式支持司法审判、诉讼服务和司法管理，实现全业务网上办理、全流程依法

① 邓恒：《人工智能技术运用与司法创新》，中国法院网，http://gfagz01b33f4bb a8c4d2bsv5vfw6uvxxnq6onq.fyac.oca.swupl.edu.cn/article/detail/2017/12/id/3125385. shtml(最后访问日期：2020 年 10 月 16 日)。

② 孙航：《智慧法院：为公平正义助力加速》，中华人民共和国最高人民法院网，http://gfagzebe312f201aa4e2fhv5vfw6uvxxnq6onq.fyac.oca.swupl.edu.cn/zixun—xiangqing—185191.html(最后访问日期：2020 年 10 月 16 日)。

公开、全方位智能服务的人民法院组织、建设、运行和管理形态。"① 智慧法院的技术基础是"高度信息化"的支持，主要目标包括全业务、全流程的信息化升级，以及全方位的智能化服务。

总的来说，司法信息化对司法智能化的孕育作用体现在两方面：从发展阶段讲，司法智能化是司法信息化发展到一定成熟阶段的产物，智能化建设不能脱离或跨越信息化出现；从发展逻辑讲，司法智能化是建立在信息化基础设施之上的应用延伸，如果没有前期信息化的丰富积淀，智能化就无从谈起。当前智慧法院的建设目标正是通过推进法院信息化向智能化的转型升级，实现审判体系和审判能力现代化，其本质是智能技术在司法审判活动中的深度应用。

（二）司法信息化需要进化为司法智能化

中国社会科学院发布的《中国法院信息化发展报告（2019）》认为："中国法院信息化已经在世界上树立了网络覆盖最全、数据存量最大、业务支持最多、公开力度最强、协同范围最广、智能服务最新的样板，为信息时代的世界司法文明建设提供了中国方案，贡献了中国智慧。"② 在中国与葡萄牙语国家最高法院院长会议上，与

---

① 参见《［现场］首席大法官权威解读智慧法院》，中华人民共和国最高人民法院网，http://gfagz7afc1086abbb4c23sv5vfw6uvxxnq6onq.fyac.oca.swupl.edu.cn/a/147386827_162758（最后访问日期：2020年10月16日）。2017年6月8日，最高人民法院院长周强在"中国—东盟大法官论坛"上做了《中国法院新的运行形态——智慧法院》专题发言，明确了"智慧法院"的定义。

② 陈甦、田禾：《中国法院信息化发展报告（2019）》，社会科学文献出版社2019年版，第3页。

会各国最高法院高度评价中国法院信息化建设取得的成果，认为
"中国法院的信息化水平已处于世界领先水平"。[①] 我国的总体信息
化水平与美国、欧洲等发达国家还存在一定距离的背景下，[②] 司法信
息化建设弯道超车，实现了从跟跑者到领跑者的转变，为我国其他
领域的信息化建设提供了宝贵的参考样本，也为司法场景下的智能
化建设奠定了坚实的基础。

　　我国司法信息化向司法智能化进化是源于深度挖掘司法大数
据内在价值的客观需求，源于努力实现"让人民群众在每一个司法
案件中都感受到公平正义"的司法目的，源于全面推进审判体系和
审判能力现代化改革目标的共同驱动。

　　第一，司法信息化向智能化进化，源于深度挖掘司法大数据内
在价值的客观需求驱动。信息化发展的重要产物之一是提升了对
于各种社会活动的信息记录能力，从而催生了对于海量数据的生
产、存储和处理需求，进一步促进了大数据时代的到来。截至 2020
年 8 月 30 日，中国裁判文书网公开的文书总量超过 1 亿篇，实时
访问总量超过 480 亿次，成为目前全球最大的裁判文书网；[③] 截至
2019 年 10 月 31 日，人民法院大数据管理和服务平台已汇集全国

---

　　① 　高原平：《努力为构建人类命运共同体提供司法服务和保障》，中国法院
网，http://gfagz01b33f4bba8c4d2bsv5vfw6uvxxnq6onq.fyac.oca.swupl.edu.cn/article/
detail/2018/03/id/3250112.shtml（最后访问日期：2020 年 10 月 19 日）。

　　② 　信息化和产业发展部：《2017 全球、中国信息社会发展报告》，国家信息中心
网，http://gfagzd9b25a728cd044c1hv5vfw6uvxxnq6onq.fyac.oca.swupl.edu.cn/News/
566/8728.htm（最后访问日期：2020 年 10 月 19 日）。该报告显示，2017 年中国全球信
息化排名第 81 名。

　　③ 　姜佩杉等：《中国裁判文书网：法治中国的"亿"道亮丽风景》，载《人民法院报》，
2020 年 9 月 5 日，第 1 版。

3507 个法院的 1.925 亿案件数据，成为目前全世界最大的审判信息资源库；[①] 截至 2020 年 12 月 4 日，中国庭审公开网公开庭审的总量已突破 1000 万场。[②] 与此同时，我国的司法信息化也面临着"司法大数据资源的效用远未发挥充分"等问题，[③] 如何充分发挥我国司法大数据的世界领先富矿优势，解决司法数据的多源高噪异质性、知识特征抽取的专业复杂性、数据安全和隐私保护的脱敏精准性等技术难点，从司法大数据中正确认识和把握司法审判规律，深度挖掘司法大数据的潜在价值，是当前我国司法智能化的重要议题。

第二，司法信息化向智能化进化，源于努力实现"让人民群众在每一个司法案件中都感受到公平正义"的司法目的驱动。"努力让人民群众在每一个司法案件中感受到公平正义"，是新时代以习近平同志为核心的党中央对政法工作提出的明确要求。党的十八届四中全会对新时代司法公平正义的标准作了精准论述："坚持以事实为根据，以法律为准绳，事实认定符合客观真相，办案结果符合实体公正，办案过程符合程序公正。""十四五"规划也明确将"社会主义民主法治更加健全，社会公平正义进一步彰显"作为新时期经济社会发展的主要目标之一。"努力让人民群众在每一个司法案件中感受到公平正义"，不仅要求效率与公平价值兼顾，同时也要求形式正义与实质正义并重。

---

① 中华人民共和国最高人民法院：《中国法院的互联网司法》，人民法院出版社 2019 年版，第 25 页。

② 孙航：《中国庭审公开网公开庭审总量突破 1000 万场》，载《人民法院报》，2020 年 12 月 5 日，第 1 版。

③ 最高人民法院：《人民法院信息化建设五年发展规划（2019—2023）》，2019 年版，第 15 页。

　　首先,实现个案正义的理念不仅以降低司法成本、提高司法效率为目标,还以兼顾个案公正与普遍公正相统一的司法效果为价值追求。我国的智慧法院建设在提高司法效率方面已经取得了显著的成果。在司法内部管理方面,信息技术的应用为审判管理工作带来了颠覆性的变化。例如,人民法院大数据管理和服务平台支持通过案件数据和人事数据的关联融合,建立人与案、事与人关联信息的绩效管理体系。在司法审判辅助方面,信息技术的应用也极大地提高了诉讼效率。又如,以互联网法院为代表的在线诉讼模式,以及远程调解、数字法庭、异步质证等信息技术的应用,有效解决了司法机关定分止争的空间和时间差异问题。在促进个案的精准法律适用、促进司法公正方面,实践中已有不少探索构建法律推理、法律论证、判决预测等智能辅助裁判应用,尝试在模仿法官裁判过程的基础上,实现克服人类主观偏见和排除客观干预因素,从而提升裁判的公正性。然而,相比在提升司法效率方面的显著成效,司法信息化在有效推进公平方面则遇到更多困难,突出表现为智能化程度不高。例如,对于刑事领域智能审判辅助先行者的上海刑事案件"智能辅助办案系统"(也称"206"系统),有学者指出了其在智能化方面存在的局限性。[①] 同时,"206"系统的研发团队也认为,"应该进一步推进人工智能在审判执行、司法公开、诉讼服务、法院管理、司法监督、司法决策等方面的深度融合……实现法院工

---

　　① 有学者认为,("206"系统的)"'证据规格'本身更多地关注证据量和证据种类,即便涉及证据能力之审查,大多也止步于形式审查。以此为基础所涉及的人工智能系统,显然只是作为工具的'弱人工智能'"。参见谢澍:《人工智能如何"无偏见"地助力刑事司法》,载《法律科学》2020 年第 5 期。

作全方位、更高层次的智能化"。① 要实现"努力让人民群众在每一个司法案件中感受到公平正义"的司法目标，不仅要求应用信息技术提高诉讼效率，更要求通过智能化的技术实现个案中的准确法律适用。

其次，实现个案正义的理念不仅以达到法律适用严格依法裁判的形式正义为目标，同时也基于类案智能搜索和推送等技术推进具体案件中实质正义的实现。为了解决司法实务中长期以来存在的"同案不同判"问题，近年来我国在司法类案智能检索和推送方面进行了多种探索。2018 年最高人民法院在本院和指定高院试点运行"类案智能推送系统"，同时各级地方法院也积极开发类案检索系统，科技公司也推出了"法信""无讼案例""北大法宝""阿尔法"等类案检索平台。然而司法实践中的用户对现有类案检索和推送系统的使用率和满意度较低，普遍存在"类而无用"② "简易案件不需要，复杂案件不敢用"③ 的现实困境。2020 年 7 月，最高人民法院印发了《关于统一法律适用加强类案检索的指导意见（试行）》，明确要求"各级人民法院应当积极推进类案检索工作，加强技术研发和应用培训，提升类案推送的智能化、精准化水平"。类案强制检索制度的推行，进一步增加了提升类案推送和检索技术智能水平

---

① 崔亚东：《人工智能与司法现代化》，上海人民出版社 2019 年版，第 263 页。

② 左卫民：《如何通过人工智能实现类案类判》，载《中国法律评论》2018 年第 2 期；钟明亮：《类案检索机制研究——以类案识别技术在审判中的应用为视角》，载《黑龙江省政法管理干部学院学报》2019 年第 1 期；魏新璋、方帅：《类案检索机制的检视与完善》，载《中国应用法学》2018 年第 5 期，等等。

③ 谢澍：《人工智能如何"无偏见"地助力刑事司法》，载《法律科学》2020 年第 5 期。

的客观需求，使得加快司法智能化进程成为当务之急。

最后，司法信息化向智能化进化，源于全面推进审判体系和审判能力现代化的改革目标驱动。审判体系和审判能力现代化，是国家治理体系和治理能力现代化的重要组成部分，是全面依法治国的重要基础。

审判体系现代化包括法院立案、审判、执行以及行政事务管理的制度机制和工作体系的现代化。要求对具体的审判工作流程进行全方位管理监督，科学、合理调配审判人员，从而有针对性地配置审判资源。要求通过整体上对审判流程的规范管理和科学监督，辅助法官在案件审判中准确认定事实、精准适用法律。审判体系现代化意味着审判资源协调配置应当具有动态性、全局性、科学性，这就要求在当前数字化、信息化、网络化的基础上，利用智能技术深度挖掘审判流程和审判资源运行规律，实现对审判全流程开展实时、全局和精准分析；从管理角度对审判人员精准画像，建立审判人力资源利用最大化的管理机制，实现智能化的审判辅助、流程管理和监督预警。

审判能力是指正确适用程序法和实体法，确保公正司法、严格司法的能力水平，是审判制度机制执行能力的集中体现。有学者概括了当前案件审理能力提升的两大瓶颈：一是法官职业素质参差不齐，案件审理水平的地区差异较大；二是法官审判工作量日益攀升，疲于应付大量的简单重复劳动。[①] 审判能力现代化不仅要求运用信

---

① 刘艳红：《大数据驱动审判体系与审判能力现代化的创新逻辑及其展开》，载《东南学术》2020 年第 3 期。

息技术对案件进行繁简分流，实现审判事务性辅助工作的自动化，提高整体的诉讼效率；更要求运用智能技术辅助法官的个案审判工作，寻找我国司法语境下严格依法裁判合法性和法官自由裁量合理性的平衡点，实现法律适用过程由个人经验向司法知识的转变，从而达到提升审判质量的目标。

四、信息化与智能化的认识误区及其后果

综上所述，基于信息化与智能化的产业发展阶段不同，以及信息技术和智能技术的技术原理差异，信息化与智能化既有差别又有联系。具体到我国的司法语境中，二者的关系表现为司法信息化孕育了司法智能化，司法信息化需要进化为司法智能化。但是，在当前的理论研究和应用建设中，有部分观点简单地认为智能化是信息化的另一个"时髦"说法，或片面地认为按照传统的信息化建设思路再融入一些所谓智能模块，智能化就能自然实现。这些认识误区对于全面深化智慧司法建设，实现审判体系和审判能力现代化有害无利。

（一）导致计算机科学与法学交叉学科研究陷入困境

对信息化与智能化的属性差异和联系认识不足，可能导致计算机科学与法学交叉研究开展的困境，进而影响信息化建设和智能化建设，主要体现为：

首先，在当前计算机科学与法学交叉研究热潮背景下，对信息化和智能化的差异性认识不足容易导致概念附会，将信息技术的研

究范畴不当扩大到智能技术的范围，针对泛泛内容侃侃而谈。有法学专家已经指出这种"泛人工智能化"不是真正的学术研究，而是制造学术泡沫。[①]

其次，由于缺乏对信息化和智能化的基本内涵和内在原理差异的清晰认识，导致相关研究缺乏统一的对话平台，不同研究成果之间很难进行有效交流和借鉴。在司法场景中，哪些是信息技术？哪些是智能技术？信息技术可以解决哪些问题？其不能解决的问题智能技术是否能解决？客观上，计算机科学和法学存在专业鸿沟，所以从计算机科学的角度厘清信息化和智能化的差异和联系，对于促进在司法场景下对二者的研究有着重要意义。

最后，信息化和智能化的基础理论认识偏差，导致难以建立科学完善的司法人工智能理论体系。目前将人工智能技术在司法领域的应用定位为"法官的辅助工具"，大多是基于"审判是经验的长期积累，人工智能技术无法替代法官裁判""算法普遍存在偏见和黑洞""人工智能的运用已经开始改变法官在刑事诉讼构造中的地位，造成'控辩平等继续失衡、居中裁判更加困难'的局面"[②] 等理由，这些偏颇乃至错误的认知往往缺乏计算机科学知识的理性支撑。讨论智能技术在司法场景的应用边界，应当建立在厘清"什么是智能技术、智能技术能做什么"的基础之上，才有可能科学理性界定司法权力与智能技术的让渡和底线问题。

---

① 刘艳红：《人工智能法学研究的反智化批判》，载《东方法学》2019 年第 5 期。

② 胡铭等：《人工智能裁判与审判中心主义的冲突及其消解》，载《东南学术》2020 年第 1 期。

（二）导致司法智能化技术规划出现偏差

人工智能先后经历了三起两落，每一次研究热潮都是一个旧哲学思想的技术再包装，而每一次的衰败几乎都源于热潮时期的承诺不能兑现。在人工智能的第一次浪潮时期，1962 年塞缪尔研制的跳棋程序打败了美国一个州的跳棋冠军，1968 年费根鲍姆成功研制了化学分析专家系统 DENDRAL，这些成就使得当时的人们对智能技术的发展寄予了过高的期望。卡耐基梅隆大学的西蒙教授在 1958 年预言：不出 10 年计算机将成为国际象棋的世界冠军。然而这一断言直到 40 年之后的 1998 年才实现。强化学习作为 Alpha Go 的核心算法，引起了第三次人工智能研究热潮。但强化学习算法却发明于人工智能的第二次低潮期，其鼻祖巴托和学生萨顿利用麻省大学计算机系和 GTE 实验室的经费资助，坚持研究将强化学习应用到围棋博弈。若没有两位科学家在低谷时期的蛰伏与持续投入，也不可能有 Alpha Go 掀起第三次人工智能浪潮的辉煌。

在司法场景下，由于对信息技术和智能技术的差异认识不清晰，对司法智能化建设可能存在估计过高或者过低的问题。由于过于乐观，将司法信息化的成果作为智能化成果盲目自信，"已然屹立在'智慧'的高峰，一览众山小"[①]；或者过于保守，低估智能技术可以解决的问题范围。这些认识偏差可能导致在人工智能浪潮的整体红利消退之后，智能化的可持续发展推进困难。

---

① 刘艳红：《人工智能法学研究的反智化批判》，载《东方法学》2019 年第 5 期。

（三）导致司法信息化与智能化建设机制的错位

在过去一段时间，我国司法信息化建设取得了举世瞩目的成果，已处于世界领先水平。这些成功经验不仅为信息时代的世界司法信息化提供了参照样本，同时也为我国其他领域的信息化提速树立了典范。当前的司法信息化建设充分发挥了地方、部门的自主性，在调动本地、部门资源，有针对性地开发信息技术等方面具有优势，在短期内促进了信息技术的发展。然而，智能技术发展具有高度的创造性、探索性和不确定性，决定了传统的信息化建设机制无法满足智能化建设的制度保障需求。

相较于传统的信息化研发机构，目前在人工智能领域已经出现了一批新型研究机构，例如：2015 年英国设立的艾伦·图灵研究所、2018 年科技部和北京市政府设立的北京智源人工智能研究院等。以北京智源人工智能研究院为例，其统一规划体现在：组织开展跨学科、大协同的全方位合作平台，将政府、企业和社会数据集合到同一平台，整合大学的高水平人才和大企业的计算能力，建设新的开源人工智能工具，并向各类 AI 研发机构开放。其持续投入体现在：区别于信息化建设模式的项目投资目标，研究院以支持和培养顶级研究人才为投资目标，长期"施肥浇水"。同时，创新财政科技经费支持方式，实行经费使用负面清单制度，研究人才具有充分的自主决定权。人才的遴选实行同行评议、同行推荐，而不是专家评审。这种新型的研究机构是以"找到最好的人，给他自由支配的经费，提供他需要的资源"为核心，以期提高突破性创新成果的出现概率，本质上是人类的智能技术创造力的建设。

2020 年 9 月，习近平总书记在主持科学家座谈会时指出："我们必须走出适合国情的创新路子，特别是要把原始创新能力提升摆在更加突出的位置，努力实现更多'从 0 到 1'的突破。"[①] 智能技术的发展从本质上讲是原始创新能力的培养和提升，而我国的司法智能技术还面临着突破若干关键问题的现实挑战。例如，法律知识图谱的构建过度依赖人工、通用自然语言理解技术在法律长文本中表现欠佳、移植英美法系的类案检索和推荐技术存在排异反应等问题。建立符合智能化内在逻辑的全新机制，为司法智能技术的可持续进化提供制度保障，是当前司法智能化建设的当务之急。司法智能化建设应当以统一规划、持续投入、人才培养为核心原则，充分发挥我国社会体制"集中力量办大事"的制度优越性，同时充分吸收新型研发机构在推进人工智能研究中的成熟经验，为智能化建设提供强大的制度原动力。

（四）导致建设与评价机制的脱节

信息技术的成熟性和确定性，决定了信息化建设可以采用先行定时定量的确证指标评价方式开展。2001 年公布的《国家信息化指标构成方案》一共包括 20 项指标，其中有 17 项属于绝对数量指标。信息化的科研项目通常也采用确证指标的评价方式，在项目指南中明确规定在未来的 2 到 3 年，通过投入项目资金、人力和研究设备达到的预期目标，若实现这些指标，则项目可以通过验收。

---

① 习近平：《在科学家座谈会上的讲话》，新华网，http://gfagz1b9f5bd0800b407e hv5vfw6uvxxnq6onq.fyac.oca.swupl.edu.cn/2020—09/11/c_1126483997.htm（最后访问日期：2020 年 10 月 19 日）。

这种短、频、快的评价机制在信息化建设中确实起到了较好的激励作用。

但是与信息化建设常用的普及率、投入率、专利数等客观可量化成果不同,智能化的本质产出是技术创造力。基于智能化技术发展的不确定性特点,我们只能努力提高突破性可能产生的概率,但无法精准地预见投入与产出的回报周期和回报率,甚至无法预期和避免可能来临的长期技术困境。

所以,智能化建设的评价机制必须脱离传统确证指标的模式,为研究者营造良好的科研环境,鼓励开展前沿问题的自由探索,开展针对智能技术天花板的科研攻坚。自从 1999 年谷歌公司采用 OKR(Objectives and Key Results)目标与关键成果评价方式以来,这种区别于传统 KPI 的评价机制立刻受到了 Facebook 和 Linked in,以及百度等互联网科技巨头公司的青睐。相较于传统 KPI 评价机制的指标驱动,该评价机制既强调目标的挑战性,又确立了顶层目标设计依据来源于底层的逻辑。具体到智能化评价机制的转型,OKR 评价机制可以为我们提供以下启示:首先,应当充分尊重科研人员的能动性和自主性,由研究人员自己设定研究目标和关键成果;其次,采取弹性制的目标完成周期和量化指标;最后,以专家评审和同行评议相结合的方式确保建设成效评价的客观合理性。

另外,我国的司法智能化建设还存在信息化评价指标和智能化评价指标不均衡的问题。《智慧法院建设评价指标体系(201937)》一共包含 68 项评价指标,涉及智能化建设成效评价的指标共 12 项,仅占所有评价数目的 18%,专门对智能化建设成效评价的分值仅占整体评价总分值的 20%。[①]

　　综上所述，在以"智能化"为核心的法院信息化 3.0 阶段，当务之急是在厘清信息技术与智能技术区别的基础上，准确划分信息化与智能化建设成果界限，合理设计信息化与智能化的差异评价体系。迅速完成从司法信息化建设到司法智能化建设的思路转型，从分钱、分物、定项目向定战略、定方针、定政策和创造环境、提供条件、机制保障转变，发挥科学评价机制对司法智能化建设的良性引导和推动作用。

五、挑战与机遇

　　2019 年李克强总理在《政府工作报告》中首提"智能＋"，标志着我国信息化逐渐迈入智能化发展新阶段。以"智慧法院"为核心的法院信息化建设进入全面提速阶段，司法智能化建设正处于信息化向智能化转型的关键窗口期。随着我国司法智能化建设进入"无人区"，传统法学研究借鉴和移植英美法系和大陆法系等法治发达

---

　　① 《智慧法院建设评价指标体系（2019）》一级指标包括：规划引领能力（5分），主要考察高级法院信息系统总体设计和信息化宣传报道情况；基础支撑能力（15分），主要考察各级法院网络支撑、场所支撑、系统支撑等情况；网络化应用成效（30分），主要考察各级法院基于网络的法院审判、执行、信访、司法管理和数据管理等情况；阳光化应用成效（20分），主要考察各级法院面向当事人、律师和公众的法院业务的司法公开、诉讼服务和司法宣传等情况；智能化建设成效（20分），主要考察各级法院的审判、执行、诉讼等核心业务的智能辅助功能建设的情况和法院大数据智能化服务等情况；综合保障能力（10分），主要考察各级法院在安全、运维和组织人才队伍建设等方面的保障情况；附加项（±5分），主要考察高级法院及辖区法院信息化创新示范能力及是否发生安全事件情况。

国家经验的方法已难以适用。具体来讲，应当从理念创新、科技创新和模式创新三方面着手，探索适合我国司法智能化的建设路径。

（一）开放理念创新，抢占司法智能化战略的全球制高点

当前，我国司法信息化建设正处在信息化向智能化转型的关键窗口期，应当及时总结和发扬信息化建设的优秀经验，充分认识信息化与智能化的客观属性差异，促进信息化进化为智能化。探索智能技术与司法审判融合发展的新路径，从顶层设计层面尽快完成中国司法信息化建设向智能化建设的思路转型，为中国"智慧法院大脑"持续注入强劲的智力动能。这是我国司法信息化建设保持全球领跑姿态，抢占智能化战略制高点的重要战略机遇。

（二）聚焦科技创新，提升中国司法智能化的科技原始创新力

当前在司法场景中应用较为成熟的智能技术，例如，庭审语音识别、人脸图像识别、案件信息自动回填等，大多是移植通用领域的人工智能技术，而在法律长文本语义理解、法律信息检索、类案智能推送、精准量刑辅助、法律智能问答等司法特殊场景中的应用，则普遍存在应用效果方面的缺陷。中国法院信息化已经在世界上树立了网络覆盖最全、数据存量最大、业务支持最多、公开力度最强、协同范围最广、智能服务最新的样板。我们应当深入挖掘司法场景对智能技术研究的"反哺"优势，推动我国人工智能技术的原始创新取得"从0到1"的原始创新突破。

（三）探索模式创新，打造中国司法智能化建设的"政产学研用一体化"新模式

当前司法体制改革"深水区"和司法信息化建设的"无人区"，要求当下的建设者必须敢于模式创新，及时转变传统的以项目方式驱动的信息化建设模式。进一步尝试构建体制改革与信息化建设任务深度融合、法学领域与计算机科学领域相向而行，人民法院、高等院校、学术科研机构、科技企业与用户高度协同的"政产学研用一体化"建设新模式。

当前的司法智能化建设者，肩负着保持全球信息化领跑姿态，抢占智能化战略制高点的重大历史使命。这就要求我们应当充分认识到信息化与智能化技术原理的根本差异，认识到司法信息化与司法智能化的孕育与进化关系，及时总结和发扬司法信息化建设的成功经验，从理念创新、科技创新和模式创新入手，迅速完成信息化建设到智能化建设的思路转型。加快实现由信息化、智能化梯次发展向融合并进、由点状积累向体系突破转变。秉承"功成不必在我"的奉献精神，"持续用力，久久为功"，深耕司法场景智能技术的升级和进化，从而"实现现代科技与司法工作的深度融合，促进审判体系和审判能力现代化"。

（本文原载《中国应用法学》2021 年第 2 期，第 15—30 页）

大数据证据在刑事司法中的运用初探

林喜芬 *

内容简介： 在数据时代，大数据应用于刑事证据已然成为理论和实务的重要议题之一。当前在刑事案件中，大数据证据主要被用于侦查破案线索、弹劾被告辩解、补强言词证据、印证性的间接证据等，在作用方式上包括了基于海量数据的数据库比对和基于算法模型的大数据分析。关于大数据证据的法律定位及运用规则，不宜囿于刑事诉讼法的现有证据种类，而应回归到证据方法的概念，对基于海量数据的数据库比对宜采取庭上展示和辩方质证的证据方法，对基于算法模型的大数据分析宜采取专家辅助人提供检验意见和出庭接受质证的方法。在大数据证据的证据能力审查上，应能经受住相关性检验和科学可靠性检验；在证明力评价层面，应结合大数据应用的信息连接点选择、算法歧视可能性、逻辑架构合理性、算法结论稳健性等判断大数据证据的可信性以及对待证事实的证明程度。

---

* 林喜芬，上海交通大学凯原法学院教授、中国法与社会研究院副院长。

一、问题的提出：大数据时代的证据维度

　　作为一项引领世界的技术方法和思维方式，"大数据"已愈来愈广泛地介入到人们的社会生活、商业行为和政府管理之中。法律是大数据应用的重要场域之一，国家政策、科技公司、司法机关和专家学者都给予了充分的重视。近来，随着对法律领域特殊性的关注以及法律大数据"领域理论"的探讨，[①] 学界关于大数据在法律领域的研究正趋于自觉和深入。从目前的文献看，国内法学界关于大数据的研究主要集中于以下三个方面：其一，关于大数据对法学研究的助推作用。该研究脉络着重分析了法律大数据研究与传统实证研究的区别，以及对今后法学研究的范式转型意义。[②] 其二，关于大数据对法律改革和司法决策的推动作用。这一脉络主要表现在对智慧法院建设、司法信息化、类案推送、量刑辅助等方面的试点改革研究。[③] 其三，关于大数据对司法办案的影响。这一脉络重点体现在对大数据侦查的规制程序上，尤其涉及如何通过程序来保障公民基本权利

---

　　① 王禄生：《论法律大数据"领域理论"的构建》，载《中国法学》2020 年第 2 期。

　　② 左卫民：《迈向大数据法律研究》，载《法学研究》2018 年第 4 期；白建军：《大数据对法学研究的些许影响》，载《中外法学》2015 年第 1 期；左卫民、王婵媛：《基于裁判文书网的大数据法律研究：反思与前瞻》，载《华东政法大学学报》2020 年第 2 期。

　　③ 崔亚东：《人工智能与司法现代化》，上海人民出版社 2019 年版，第 106—120 页；程金华：《人工、智能与法院大转型》，载《上海交通大学学报》2019 年第 6 期；李鑫：《从信息化呈现到体系性构建：判例运用视角下判例检索系统的建设与发展》，载《四川大学学报》2020 年第 2 期。

免于大数据取证行为的不当干预。^①尽管有上述理论探索，但是，从
具体办案的角度讲，如何认识使用大数据应用技术收集到的证据材
料也是非常值得挖掘的领域。^②至少在刑事司法实务中，大数据侦
查和取证已然登场并正得到较广泛的应用，这势必会促使理论和实
务界去关注这种新型侦查方法获取的证据在后续诉讼程序中的运用
问题。^③可以说，证据维度乃是大数据技术介入（刑事）司法领域后
所绕不开的层面之一。正如以往任何一种证据资料一样，大数据技
术获取的证据材料也不得不面对诸如其作为诉讼证据的表现形态、
作用方式、证据属性、证据能力判断和证明力评价等基础问题。接
下来，本文拟结合裁判文书网中的典型案例和证据法的基础理论，
对与大数据证据相关的上述问题展开初步研讨。

二、大数据证据在刑事司法中的
表现形态与作用方式

（一）大数据证据在刑事司法中的表现形态

在数据时代，人们的犯罪行为会留存下越来越多的数据痕迹，

---

① 程雷：《大数据侦查的法律控制》，载《中国社会科学》2018 年第 11 期；裴炜：
《个人信息大数据与刑事正当程序的冲突及其调和》，载《法学研究》2018 年第 2 期；杨
文革、辛宇罡：《大数据时代查办涉黑案件情报监管机制研究》，载《情报杂志》2019 年
第 7 期。

② 有代表性的论述，参见刘品新：《论大数据证据》，载《环球法律评论》2019 年
第 1 期；谢君泽：《论大数据证明》，载《中国刑事法杂志》2020 年第 2 期。

③ 何家弘等：《大数据侦查给证据法带来的挑战》，载《人民检察》2018 年第 1 期。

这些构成了恢复案件真实的重要物质基础。在当前刑事案件中，大数据证据往往被（或可能）用于侦查破案线索、反驳被告辩解、补强言词证据、印证性的间接证据等，在作用方式上主要包括基于海量数据的数据库比对和基于算法模型的大数据分析两种基本类型。

第一，作为侦查破案线索的大数据证据。当前我国使用海量数据侦破刑事案件的实践方兴未艾，但是，在功能上却主要止于犯罪线索的搜寻和预期犯罪的预防，而且在未来一段时间，这一功能应该也是大数据介入刑事司法的主要方式。例如，在唐某抢劫案的一审刑事判决书中，法院查明：案发后，开江县公安局侦查人员通过现场走访、周边视频调取，通过大数据情报锁定唐某为嫌疑人，于2月8日下午14时许，在开江县普安镇天星坝村2组将唐某抓获。[1]准确地说，这里面的大数据情报充其量只是一种证据资料，还不具备法庭审理时作为定案根据的证据资格，更遑论被用作证明构成要件事实的关键依据。即使是在审前程序阶段，大数据侦查也并非是独立存在的，其往往被吸收在技术侦查措施的范畴中。对此，有研究表明，在中国裁判文书网2016年度的刑事案件中，共检索到570件明确表明适用过技术侦查措施的案件，其中有113件使用了大数据技术，但这些大数据技术均未能（被）转化为诉讼证据。[2]

第二，作为弹劾被告辩解的大数据证据。在理论上，证据根据其与实体真实之间是否具有"生成"意义上的证据相关性，可以区分为实质证据和辅助证据。[3]前者是证明主要事实及其间接事实的

---

① 四川省开江县人民法院（2019）川1723刑初181号刑事判决书。

② 程雷：《大数据侦查的法律控制》，载《中国社会科学》2018年第11期。

③ 周洪波：《实质证据与辅助证据》，载《法学研究》2011年第3期。

证据,后者是证明辅助事实(有关实质证据的可信性的事实)的证据。[1] 弹劾证据就是辅助证据的一种。它是用以攻击被告辩解(或证人证言可信性)的证据,其主要作用在于抵消言词证据的可信性,而非用于直接证明案件事实。[2] 虽然目前大数据侦查的证据生成功能总体有限,但是,在已有的裁判案例中,也确实存在大数据证据发挥刑事证据功能的情形。这首先表现为辅助证据中的弹劾证据,即用于弹劾被告辩解的可信性。例如,在最高人民检察院发布的第八批全国检察机关依法办理妨害新冠肺炎疫情防控犯罪的典型案例——郭某鹏妨害传染病防治案中,法院查明:在公安民警明确告知大数据显示其去过国外后,郭某鹏承认有过出境史。在调查、核实其出入境轨迹后,郭某鹏被送至二七区集中隔离点进行观察。[3] 严格来讲,弹劾证据主要是审判程序中针对被告辩解或证人证言的可信性而提出的。从裁判文书中的表述推测,在该案中,郭某鹏应是在侦查阶段先未承认有出境历史,后经出示大数据行踪报告而承认有过出境史。若该情景发生在审判阶段(即在法庭审理中,控方出示大数据行踪报告质疑被告的辩解),大数据证据所发挥的就是典型的弹劾证据之功能。

第三,作为补强言词证据的大数据证据。辅助证据中除了弹劾证据,还包括了补强证据。[4] 大数据证据对被告人供述或证人证言

---

[1]　〔日〕田口守一:《刑事诉讼法》,张凌、于秀峰译,法律出版社 2019 年版,第 438—439 页。

[2]　马朝阳:《对庭审翻供的审查及弹劾证据的运用》,载《人民检察》2018 年第 8 期。

[3]　最高人民检察院发布第八批全国检察机关依法办理妨害新冠肺炎疫情防控犯罪典型案例之二:河南省郭某鹏妨害传染病防治案。

[4]　〔日〕田口守一:《刑事诉讼法》,张凌、于秀峰译,法律出版社 2019 年版,第 439 页。

的可信性进行补强时，也同样是在发挥辅助证据之功能。例如，在受贿案件的证明过程中，针对某些客观方面的要件事实（包括犯罪嫌疑人实施受贿行为的时间、地点、方式、次数、金额等），控诉方在以往主要依赖书证、被告人供述、行贿人证言等证据形式，[①] 但是，这种证明比较薄弱的环节就是被告供述或行贿人证言的可信性问题，一旦可信性存疑，控方基于这些言词证据所构建起来的印证证明体系就会被动摇。毕竟，在言词证据的合法性招致质疑的情况下，言词证据的可信性也不能得到充分保证。该困境随着数据时代的到来或许会有一定改观。职务犯罪嫌疑人在实施受贿行为时往往会留下一些数据痕迹，如受贿人与行贿人的通话联络记录，出入某些供词中所提到的特定场所的行踪记录，行贿人的资金收取情况的电子记录，等等。这些数据痕迹可能藏匿于海量的、非可疑的数据中，对于案件的实体真实可能也并不具有证明价值，但是，通过运用大数据技术进行分析，却可以作为补强被告人供述或证人证言可信性的辅助证据。例如，通过大数据分析发现某一个特定时期受贿人和行贿人有过频繁通话记录，这虽然不能证明两者之间一定有过权钱交易，但却能够补强受贿人关于他与行贿人之间熟识程度的供述，有利于增强被告人供述的可信性。

第四，作为印证性间接证据的大数据证据。除了作为辅助证据之外，大数据证据还可能以实质证据的身份用于证明案件的主要事实，但往往以间接证据的方式呈现。与直接证据不同，间接证据是需要通过分析推理才能证明案件事实的证据。在司法实务中比较

---

① 朱小芹主编：《职务犯罪证据审查实务》，中国法制出版社 2019 年版，第 5 页。

常见的间接证据是实物证据和鉴定意见，它们往往需要与其他证据结合起来，一起证明待证事实。至于大数据证据，至今尚不存在通过大数据分析本身就能够证明犯罪事实的情况，即使假设如此，大量数据之间也必须通过算法模型和推理逻辑来建立联系，因此，将其定位为间接证据具有一定的合理性。例如，在高某开设赌场罪案中，法院的裁判文书指出，犯罪事实有受案登记表、立案决定书、户籍资料、到案经过、大数据情报工作，嫌疑人违法犯罪记录查询登记表、认罪认罚具结书，证人杨某、邵某、许某证言，被告人高某供述、辨认笔录、签认照片、现场勘验笔录等证据证实，足以认定被告人高某以营利为目的，结伙开设赌场聚众赌博，其行为已构成开设赌场罪。[①] 虽然裁判文书中记载的关于大数据证据用于证明的待证事实到底是哪一要件事实，但是，该表述似可以理解为一项独立的、对待证事实有证明价值的间接证据。

（二）大数据证据在刑事司法中的作用方式

第一，基于海量数据的数据库比对。在当前，犯罪行为人在实施犯罪的预备、实行、终了之后的整个过程中，不仅会遗留下传统的物理痕迹信息，还会在特定计算机系统、网络平台以及服务器中遗留下诸多电子痕迹信息。而所谓数据库比对，就是指将侦查中的有关个人遗留下的数据与其他为了侦查取证、刑罚执行、预防犯罪等目的而事先建设形成的数据库中的数据进行比对，以期实现数据信息的同一认定。在很多国家的刑事司法实践中，数据库比对在确

---

① 广东省茂名市电白区人民法院（2019）粤 0904 刑初 711 号刑事判决书。

定被追诉人身份、查明案件事实方面正扮演着越来越重要的作用。例如，在德国，数据库比对被区分为两种：栅网追缉和数据比对，前者是针对特定犯罪类型（如毒品交易或有组织犯罪），在有急迫必要的情形下，对一些数据集进行比较。[①] 后者是更一般意义上的数据比对，这种数据比对所使用的数据都是已经获得证实的，因此，这种比对不用满足栅网追缉的特别要件限制（如特定犯罪类型、补充性、法官准许等）。[②] 在我国，截至目前，公安机关内网运行的各类信息系统已达 7000 多个，已建成以全国人口信息库为代表的八大全国公安基础信息库（全国重大案件、在逃人员、出所人员、违法人员、盗抢汽车、未名尸体、失踪人员、杀人案件），存储了数百亿条基础数据。[③] 具体到个案运用中，例如，在罗某妨害公务案的再审刑事判决书中，法院查明：2019 年 3 月 28 日，江苏省公安厅刑警总队出具的《关于核查不明身份犯罪"许某"的相关情况》，其中记载：通过大数据信息研判、人像比对等手段，发现许某疑似身份信息为罗某，女，身份证号……，户籍在……。[④]

第二，基于算法模型的大数据分析。大数据的研究者预测，未

①　例如，在知晓恐怖分子在缴纳电费时，往往不会以自己名义直接缴纳，而是经由房东代缴。因此，侦查机关就会先筛查电力公司的用户数据，然后将用户数据与申报纪录比较，以此找到那些潜在的恐怖主义犯罪嫌疑人。参见〔德〕克劳斯·罗科信：《刑事诉讼法》，吴丽琪译，法律出版社 2003 年版，第 72 页。

②　〔德〕克劳斯·罗科信：《刑事诉讼法》，吴丽琪译，法律出版社 2003 年版，第 72—73 页。

③　艾明：《新型监控侦查措施法律规制研究》，法律出版社 2013 年版，第 169—170 页。

④　江苏省无锡市新吴区人民法院（2019）苏 0214 刑再 1 号刑事判决书。

来的数据爆炸会衍生出以下四种数据：过程数据（传统商务过程产生的数据）、环境数据（包括机器的状态、大气的各种参数、人体的各种指标）、社会行为数据（如微信、微博等社交媒体产生的数据）和物理实体的数据（未来的万事万物，任何一种物体背后都会有一个数据包与之对应）。① 这些数据痕迹将具备更可靠的信息存储机制，而不再只是依赖于人类稍纵即逝的记忆。除非基于"被遗忘权"制度被要求删除之外，这些数据痕迹会永久地留存在虚拟空间或特定的存储介质中。② 这些数据体量更大，结构更繁杂，既包括了结构化的数据，也包括了半结构化和非结构化的数据。此外，在对数据进行分析时，也并不存在一个现存的、直接相关的数据库可供比对，相反，需要设计一套算法模型去深度挖掘这些看起来杂乱无章的数据。甚至，今后会越来越多地涉及通过训练机器，进而让机器去识别、辨认和分析海量数据，最后形成分析报告。随着数据量几何增加，数据共享的增强，以及数据挖掘技术的发展，未来可供侦查机关获取的大数据证据可能涉及很多方面，包括资金数据分析、物流数据分析、发票数据分析、轨迹数据分析、通讯数据分析，等等。以资金流转数据的分析为例，"在资金流转过程中，会留下流转人、流转人电话、流转人邮箱、流转人微信号、流转人 QQ 号码、流转卡、流转卡密码、流转平台、流转终端 IP、流转时间、流转空间、流转账户、流转账目、与流转人之间的关联、支付密码等信息。"③ 通过运

---

① 涂子沛：《大数据》，广西师范大学出版社 2015 年版，第 358 页。

② 〔美〕麦尔荀伯格：《大数据：隐私篇》，林俊宏译，天下远见出版公司 2015 年版，第 21—27 页。

③ 李双其等：《大数据侦查实践》，知识产权出版社 2019 年版，第 26 页。

用大数据技术分析这些数据，就能够构建出流转账号之间的关联关系，也能够构建出流转人之间的关联关系，甚至还可以进一步推理资金流转的背后原因。

三、大数据证据在刑事司法中的属性定位

作为一种新生事物，诉讼法和证据法上首先面临的问题就是通过大数据技术获取的证据材料能否作为证据使用。由于民事诉讼并不采行严格证明的方法，因此，学界一般认为，经由大数据比对或分析等获取的大数据证据可以作为证据使用。[①] 但是，刑事司法的多数事项（尤其是实体事实）的证明乃遵循严格证明法则，因此，大数据证据能否以及如何作为证据使用就显得更加复杂。

从司法实务上看，笔者调研访谈的一些法官和检察官对大数据证据总体上还是持谨慎和保守的立场，这其中最主要的原因还是认为大数据证据的证据形式不好确定。此外，多数司法人员都对大数据分析的准确性和大数据证据的可靠性持怀疑态度，基本上不认为大数据证据在定案环节能够发挥直接证明待证事实的作用。当然，随着大数据侦查方法的广泛运用，如前所述，也确实有一些案例会涉及如何运用大数据证据的问题。目前，法院在定位大数据证据的证据属性和形式时，主要有以下四种操作：其一，将大数据作为一种鉴定意见或专家辅助人意见来对待。尤其是在一些涉及非法

---

① 张吉豫:《大数据时代中国司法面临的主要挑战与机遇》，载《法制与社会发展》2016 年第 6 期。

获取计算机信息系统数据、提供侵入、非法控制计算机信息系统程序、工具等案件中,犯罪嫌疑人本身就涉嫌使用恶意程序。黑产人员往往使用了某些人工智能技术来训练机器,并对大量数据进行清洗和识别(如破解互联网的验证码),从而实现其犯罪目的。[①] 在这些案件中,一般都会有鉴定人或专家辅助人对被追诉人编写、获取或提供的恶意程序提供鉴定意见或专家辅助人意见。实际上,这些鉴定意见或专家辅助人意见也相当于在运用一定的大数据技术对犯罪嫌疑人所使用的人工智能工具及其危害结果进行验证。其二,将大数据分析等作为一种破案经过材料或情况说明材料。例如,在何某贪污案中,到案经过证实:江苏省如东县公安局通过大数据比对,立即赶到广东省广州市海珠区中国人民解放军陆军第七十四集团军医院,将正在该医院骨科住院治疗的李某抓获。经讯问,李某供述其真实姓名叫何某,并如实供述其贪污关某农业银行公款一百多万元并逃跑到广东的犯罪事实。[②] 其三,将大数据分析结果转化为书证等证据种类,并予以使用。例如,在吴某走私、贩卖、运输、制造毒品案中,定案证据中包括有"广西玉林市城市大数据防控系统图片",该图片证实:胡某驾驶桂 D*** 白色小车分别于 2017 年 11 月 20 日 1 时 30 分经过自良镇容藤公路路段、1 时 43 分经过县底镇冠塘村路段、2 时 04 分经过容县容州镇城南车站路口进城、2 时 14 分经过容县 G324 线出城往玉林方向、2 时 33 分经过玉容卡口进城、2 时 37 分经过玉北大道五彩田园路口、2 时 40 分经过玉

---

① 万春主编:《网络犯罪指导性案例实务指引》,中国检察出版社 2018 年版,第 85—88 页。

② 贵州省关岭布依族苗族自治县人民法院(2019)黔 0424 刑初 99 号刑事判决书。

北大道龟山路口、2 时 42 分经过人民东路秀水收费站进入玉林城区的情况。[①] 其四，将大数据分析报告作为一种单独证据形式来对待，例如，在陈某盗窃案中，公诉机关提交了受案登记表、立案决定书、拘留证、逮捕证，鉴定意见通知书、抓获经过、被告人户籍信息、刑事判决书、刑满释放证明书、接受证据清单及手机发票，被害人黄某陈述，大数据警察支队视侦报告、价格认定结论书，被告人陈俊供述及辩解、现场指认笔录等证据证实。[②] 但是，这种情况并不多见，也很难判断该大数据视侦报告的具体形态到底是大数据分析报告本身，还是经由转换之后的图片或录像。

　　从诉讼学理上看，直接否定大数据证据作为刑事证据的观点并不多，相反，更多的学者会倾向于讨论大数据应当以何种证据形式在刑事司法实践中发挥作用。具体来讲，其一，有学者从应然的角度提出，"未来的证据法当中，大数据分析报告有必要单列出来作为独立的证据种类。"[③] 其二，更多的学者则倾向于支持将大数据证据作为鉴定意见或检验报告的观点，之所以会针对大数据证据的证据种类问题产生理论分歧，有一个症结就是我国法定证据种类（形式）的封闭性，即大数据分析报告等与大数据应用技术相关的证据资料无法被我国刑事诉讼法中所明确规定的法定证据种类所囊括。究其本质，第一种观点主张今后要单列一种新的证据种类，第二种观点则认为应稍做变通，在立法无法及时修订的情况下，先以最相近的证据种类来约束和规范大数据证据。

---

① 广西壮族自治区玉林市中级人民法院(2019)桂 09 刑初 39 号刑事判决书。

② 四川省泸州市龙马潭区人民法院(2019)川 0504 刑初 347 号刑事判决书。

③ 何家弘等：《大数据侦查给证据法带来的挑战》，载《人民检察》2018 年第 1 期。

　　在我国刑事证据制度发展史上，法定的证据种类在早期因为具有种类特定、易于把握等特点，曾经起到过指导法官采纳证据、规范法官自由裁量等功能，但是，随着新型证据（如视听资料、电子数据、大数据）的出现，封闭型证据种类制度陆续呈现出"规范滞后于实践"的弊端，导致刑事司法人员面对新型证据时的适用困境。在1996年之前和2012年之前的刑事司法实践中，是否承认和如何定位视听资料和电子数据就是讨论焦点之一，其根本原因也是因为当时的刑事诉讼法中没有任何一种证据种类能够很好地包容上述两种新的证据形式。后来，1996年和2012年刑事诉讼法分别通过修法方式增加了视听资料和电子数据作为新的证据种类，争议才逐渐平息。当前，对于大数据比对或分析是否能作为证据使用，又将面临类似的问题。其实，从证据法理论上讲，封闭型的证据种类制度一直以来就饱受诟病，有学者就指出，"我国刑事证据法如此重视对证据形式无一遗漏的封闭式列举的方式，并不是适应现实需要的唯一方式。"[1]一些学者也提出可以借鉴英美法系关于人证、物证、书证这一更具有开放性的证据分类方式。[2]事实上，对证据种类的精确界定也并非是沿袭大陆法系传统的证据法理论所强调的重点。在大陆法系国家，证据一般可以理解为包括了证据数据和证据方法，前者主要是指所有可能与待证事实直接或间接相关的信息内容；后者是指探求证据信息内容的调查手段，包括讯问被告人、询问证人、提示证物、朗读文书、鉴定人出庭提供意见、履行勘验等。

----

[1]　王敏远：《论我国刑事证据法的转变》，载《法学家》2012年第3期。

[2]　龙宗智等：《司法改革与中国刑事证据制度的完善》，中国民主法制出版社2016年版，第16—18页。

证据数据必须透过特定的证据方法才能彰显其证明价值。[1] 根据严格证明法则的要求，法定的证据种类并不是严格证明法则中的法定证据方法，因为证据种类只是证据信息存在的一种载体或形式，并不区分庭前阶段和庭审阶段，也就无法与刑事庭审的证据调查程序所要求的直接审理原则对应起来。而证据方法则是刑事庭审中所采用的法庭调查方法，与刑事庭审的实质化息息相关。正如林钰雄教授所指出的，"（证据之种类）如果是指证据数据或其来源，则毫无意义可言，因为任何可能提供或隐藏与待证事实直接或间接相关信息的人、地、物，都是潜在的证据数据或其来源，刑事诉讼法以及其证据法则存在的目的，根本不在于教导侦查机关或法院要如何发觉或侦探可疑的犯罪信息，因此也无所谓限制或未设限制。"[2]

　　在此，过于纠缠于证据种类分析，并不利于对某些新型证据形式进行深入分析，也不利于我国证据审查判断规则以及法庭调查程序的发展。可以说，如果将理论重心放置在法定的证据方法而非法定的证据种类，则关于"大数据证据无法在法定证据种类中定位"的问题就并非是无法逾越的屏障。具体而言：其一，我国刑事诉讼法在第一审程序中直接或间接提及的法定证据方法包括了讯问被告人、询问证人、宣读书面材料、出示物证、要求鉴定人和专家辅助人出庭并提供意见、询问鉴定人和专家辅助人，这其实给通过鉴定或检验对某些新的证据材料进行合法调查提供了可能。当然，我国关于鉴定业务的分类中并不存在大数据分析或大数据鉴定，但是，根据最高人民法院《关于适用〈中华人民共和国刑事诉讼法〉

---

① 林钰雄：《严格证明与刑事证据》，法律出版社 2008 年版，第 8—9 页。

② 同上书，第 24 页。

若干问题的解释》第 87 条规定，对案件中的专门性问题需要鉴定，但没有法定司法鉴定机构，或者法律、司法解释规定可以进行检验的，可以指派、聘请有专门知识的人进行检验，检验报告可以作为定罪量刑的参考。可见，大数据证据可以参照检验报告的方式。此外，公安机关的相关规范性文件也给大数据侦查预留了一定的制度空间，例如，公安部在《公安机关执法细则（第三版）》第 29-02 条中将"查询、检索、对比数据"单列为一种侦查措施，规定进行相关侦查活动时，应当利用有关信息数据库查询、检索、比对有关数据。①因此，可以考虑根据上述规范，将大数据比对或大数据分析纳入到电子数据勘验或检验的范畴。大数据证据的证据方法可以区分以下两种情况：基于海量数据的数据库比对和基于算法模型的大数据分析。对于前者而言，虽然数据是海量的，但是，数据库是现成的，其包含的数据往往是采用统一、规范的格式储存的，因此，并不需要编写复杂的程序去"挖掘"数据与数据之间的深层关联点。甚至，该数据库的比对也并不需要非常专业的数据处理知识就可以胜任数据之间的对比操作。鉴于此，该类大数据证据在证据方法上宜采用类似于电子数据勘验的方法，在法庭审理过程中由控方传唤从事数据库比对的操作人员当庭展示，并交由对方当事人辨识或质证即可。对于后者而言，可以考虑今后增加新的鉴定业务种类，由专门

---

① 包括以下侦查活动：（1）核查犯罪嫌疑人身份的；（2）核查犯罪嫌疑人前科信息的；（3）查找无名尸体、失踪人员的；（4）查找犯罪、犯罪嫌疑人线索的；（5）查找被盗抢的机动车、枪支、违禁品以及其他物品的；（6）分析案情和犯罪规律、串并案件、确定下步侦查方向的。关于大数据侦查的定位，也可参见程雷：《大数据侦查的法律控制》，载《中国社会科学》2018 年第 11 期。

的鉴定人出具鉴定意见和出庭接受质证的方式，或者在当前，以有专门知识的人提供检验报告和出庭接受质证的方式。其二，证据方法具有一定的开放性，并不必然对应某一种证据形式，相反，"同一种证据数据或来源，可能使用两种以上的证据方法及程序加以调查及证明。"[①] 这一原理也可以有效地应对大数据技术的内部多元性和复杂性。也就是说，当不能确定某一大数据证据到底是基于海量数据的数据库比对，还是算法模型的大数据分析而获取时，可以结合不同的证据调查方法，如电子证据的勘验或检验，而核心目的就是为了更好地审查和判断大数据证据的证据能力和证明力。

四、大数据证据的证据能力与证明力

（一）大数据证据的证据能力

作为一种新兴的且带有数据科学色彩的证据资料形式，大数据证据仍然需要经过司法机关对于证据能力和证明力的审查判断，方能在事实认定和裁判结论上发挥重要功用。具体而言，在大数据证据的证据能力审查上，应能经受住相关性和科学可靠性的检验；[②] 在证明力评价层面，应结合大数据应用的信息连接点选择、算法歧视

[①]　例如，犯案工具送请鉴定并作成书面鉴定报告，该书面报告应向被告宣读或告以要旨。并且，鉴定人出庭陈述鉴定意见时，原则上准用人证规定，并应于鉴定前具结，此外，法院应当庭提示该犯案工具令被告人辨认，这种提示，属于勘验之证据方法。参见林钰雄：《严格证明与刑事证据》，法律出版社2008年版，第14页。

[②]　除了相关性和科学可靠性检验之外，还应当包括合法性检验。因为这涉及大数据侦查程序的构建与分析，在此略去。

可能性、逻辑架构合理性、算法结论稳健性等判断大数据证据的可信性以及对待证事实的证明程度。

第一,相关性检验。证据材料与案件事实之间是否存在相关性,是决定证据是否具有证据能力的重要因素。因证据无相关性而导致证据无证据能力的,理论上称为"因无关联性而无证据能力"的证据。① 证据材料若要具备相关性,需要具备实质性和证明性两个特征。例如,美国《联邦证据规则》第401条规定,在决定一项证据材料是否具有关联性的时候,法官必须考虑两个问题:(1)实质性,即该证据材料与案件中的某个要素性事实是否有关。(2)证明性,即该证据材料具有逻辑上的证明作用——使某个事实更可能(或更不可能)。② 证据的相关性要求在我国刑事诉讼法及其司法解释也有体现。《刑事诉讼法》第50条规定:"可以用于证明案件事实的材料,都是证据。"该法条可以解读为,证据必须具备能够证明案件事实的能力和属性。③ 对于大数据证据而言,它实际上是大量数据集和大数据技术的混合产物,因此,审查大数据证据的关联性应主要包括两个层面:一是数据与数据之间的相关性。值得注意的是,这种基于机器逻辑在数据与数据之间建立起来的相关关系往往是一种弱相关关系,甚至在逻辑结构上与基于人的经验理性所能建立起来的相关关系有所区别。④ 在证据能力判断的层面,应当对这种基于机器逻辑的相关关系保持开放态度,肯认这种机器逻辑的可

---

① 万毅:《论无证据能力的证据》,载《现代法学》2014年第4期。

② 〔美〕罗纳德·J.艾伦等:《证据法:文本、问题和案例》,张保生等译,高等教育出版社2006年版,第149页。

③ 易延友:《证据法学:原则·规则·案例》,法律出版社2017年版,第101页。

④ 刘品新:《电子证据的相关性》,载《法学研究》2016年第6期。

采性。二是数据比对或分析结果与待证事实之间的相关性。这乃是法官经验理性的范畴，可以参照一般证据类型的判断原则。

第二，科学可靠性检验。作为一种以数据科学为依托的大数据证据，其证据能力的判断还应当借鉴科学证据的可采性规则体系。在英美证据法上，一般有弗赖伊判例确立的普遍接受标准和多伯特判例确立的可靠性标准两种。根据弗赖伊标准，科学证据只有在其所赖以成立的科学原理已得到普遍接受，才具有可采性。对于什么是普遍接受，判例要求该科学原理必须是公开发表且经过同行评议的，而且，这只是前提条件之一。也就是说，科学证据所依赖的科学原理在满足上述条件的情况下，法院综合考虑其他因素之后仍然可能做出该科学原理并未达到普遍接受的程度的判断。[1] 但是，在多伯特标准下，法院审查科学证据可采性的标准有所放宽或更加灵活，法院列举了五种参考因素：专家证言所依据的理论或技术是否能够（且已经）被检验，控制和标准是否得到了保持，该理论是否已经受到了同行评议且已经发表，是否有已知的出错率，该理论是否为科学界所一般接受。[2] 应当注意的是，该标准对于同行评议的发表并未作必须的要求。[3] 由于数据科学是一门新兴的前沿科学，要求大数据分析所依赖的机器逻辑或算法模型能获得普遍的同行认同似乎不太现实，因此，比较可行的是借鉴类似于多伯特判例中的可靠性标准。也就是说，依据科学可靠性来判断大数据证据的证据能力。

---

① 　易延友：《证据法学：原则·规则·案例》，法律出版社 2017 年版，第 260 页。

② 　〔美〕阿维娃·奥伦斯坦：《证据法要义》，汪诸豪、黄燕妮译，中国政法大学出版社 2018 年版，第 205—206 页。

③ 　同上书，第 204 页。

表1 大数据证据的证据能力

大数据证据的证据能力		算法透明度	
		透明度高	透明度低
算法可解释性	解释性强	白箱算法 (间接证据)	灰箱算法 (弹劾证据或补强证据)
	解释性弱	N/A	黑箱算法(侦查线索)

那么,如何具体判断大数据证据是否满足科学证据的科学可靠性呢?这取决于大数据证据所依赖的算法模型是否以及在多大程度上能满足可重复性、可解释性和可公开性等要求。其一,可重复性,是指采取同样的方法对同一对象重复进行测量时,其所得结果相一致的程度。"一个可靠的过程,是可重复、可信赖或具有一致性的过程。……只有当一个装置反复应用后给出了同样的读数或图像,这样的装置才是可靠的。如果该装置没有得到适当养护,就不能提供可靠读数。"① 由于刑事司法遵循严格证明法则,若一种大数据比对或分析所依赖的处理方法或算法不具有可重复性,则显然不能满足多伯特判例意义上的可靠性标准,因此,不予考虑。其二,可解释性和可公开性,主要是指算法模型是否可由开发者对其后台原理进行充分说理,以及是否可公开其核心算法。在大数据领域,基于算法的可解释性和透明性程度,可以将算法区分为以下三个等级:白箱算法、灰箱算法和黑箱算法。白箱算法是指算法可解释强,而且算法透明度也高。基于成熟数据库的身份、肖像、车辆等的数据库比对,以及一些能够合理解释,而且也能公开算法的数据挖掘,

---

① 〔美〕特伦斯·安德森等:《证据分析》,张保生等译,中国人民大学出版社2012年版,第86页。

可以称之为白箱算法。通过白箱算法获取的大数据证据（比对结果或分析结果）应认定为具有科学可靠性，可以作为间接证据使用。灰箱算法是指算法具有较强的可解释性，但透明度却较低。对于灰箱算法，其科学可靠性取决于某一个前沿领域的科学同行的评价和认定。若科学同行对其较强的可解释性有所认同，同时又能提供其透明度低的合理原因，则可以认定其具有科学可靠性。对此，可以考虑作为辅助证据使用，用于弹劾或补强被告供述或证人证言的可信性。此外，这种灰箱算法应当得到重视，发挥其在侦查阶段的证据生成功能。例如，经算法挖掘之后发现一些可疑的交易记录，经核实之后，很容易通过其他传统取证手段获取到书证等重要证据。黑箱算法是指算法的可解释性和透明度都较弱。对于黑箱算法，其虽然可以进行重复计算和分析，但是，因为涉及较难解释的机器学习，算法模型和运算进程也几乎无法公开，这种很大程度上还是应当将之作为侦查线索或情报信息对待。

（二）大数据证据的证明力评价

现代刑事诉讼针对证据评价普遍采行自由心证原则，即证据的证明力委诸于法官的自由判断，但这并不意味着法官可以恣意擅断、无所限制，相反，证明力评价还是要遵循论理法则和经验法则的内在约束。[①] 由于作为侦查破案线索、弹劾被告辩解和补强言词证据的大数据证据并不致力于实体案件事实的证明，这里主要讨论作为印证性间接证据的大数据证据。在事实证明上，间接证据蕴含

---

① 此外，还需要以具备证据能力为适用前提，以法律命定的评价法则为外在界限。参见林钰雄：《自由心证：真的很"自由"吗》，载《台湾本土法学》2001 年第 27 期。

着一定的悖论：虽然可靠性较高，但事实裁判者往往倾向于低估间接证据的证明力。[①] 然而，这一悖论并不适用于大数据证据。大数据证据可以作为间接证据使用，但由于其带有数据科学的光环，一旦被事实裁判者所接受并采纳为证据，其证明力就很容易被过度高估，从而强力影响甚至误导事实认定者。对此，不能不引起学界和裁判者重视。在评价大数据证据的证明力时，宜斟酌以下几个方面：

第一，信息连接点的选择。大数据分析本质上是一种针对一系列重要信息点的关联性分析，因此，首当其冲的乃是信息连接点的选择是否契合数据的特性以及待证事实的特定需要。在分析美国911 事件的时候，安德森等证据法学者就指出，事件发生后人们反复宣称该事件本是能够预测和避免的，因为美国情报机构此前已收到一些信息，但他们却缺乏整理和分析这些信息的能力。他们没有能力去连接信息点或者无法从大量数据中鉴别出某些有意义的信息。[②] 传统侦查方法的局限也许恰恰是当前大数据分析的优势。然而，在大数据分析逐渐流行之后，需要值得注意的也正是这些大数据分析所建立的连接信息点的选择是否恰当。因此，事实认定者应重点审查个案中大数据应用的信息连接点（尤其是原始数据）本身的时新性、完整性和准确性。这些信息连接点的恰当合理性的选择，由于具有一定的专业性，裁判者需要借助于对控辩双方所提供

---

① 刘静坤：《证据审查规则与分析方法：原理·规范·实例》，法律出版社 2018年版，第 57 页。

② 〔美〕特伦斯·安德森等：《证据分析》，张保生等译，中国人民大学出版社2012 年版，第 64 页。

鉴定人或专家辅助人等专业意见进行审查来实现。

第二，算法歧视的可能性。随着信息点数量的增加，可能的组合数量会呈几何数增加。算法模型的设计者需要决定采用哪些信息点以及采用何种组合模式，这其中，就要求在收集和审查判断大数据证据时，数据库的覆盖范围和算法模型的选择要避免歧视性和强入罪化倾向。美国学者罗思就指出，算法的主观性问题不仅在刑事司法之外的法律语境中很突出，例如，由大数据和人工智能技术进行的信用评分等看似客观，但算法基础几乎总是与种族、性别和阶级等相关联，[1] 其在刑事司法领域也很突出。侦查机关积极开发算法模型的核心目的，往往就是为了避免假阴性（错放无辜），而非假阳性（误判有罪）问题，"事实上，这些（算法）过程都存在隐藏的主观性错误，这些主观错误往往无法识别且不受控制，因此掩盖了镜像层和代理器背后的不合法或非法歧视。"[2] 为此，在进行大数据证据的证明力评估时，可以区分两种类型的大数据证据：针对数据库比对型的大数据证据，应注重对数据库本身的样本覆盖范围进行评估，如果数据库中的数据仅代表某一些特定的人群，甚至是专门针对某一特殊群体建立的，则裁判者应对比对结论的可靠性保持谨慎态度；针对数据挖掘型的大数据证据，也应注重对算法模型的选择是否存在歧视性和极端入罪倾向进行评估。

第三，逻辑架构的合理性。证据的证明力不仅取决于自身的可靠性，还取决于其与待证事实之间的关联程度。在刑事司法中，涉

---

① 赵万一、侯东德主编：《法律的人工智能时代》，法律出版社 2020 年版，第 190 页。

② 王禄生：《论法律大数据"领域理论"的构建》，载《中国法学》2020 年第 2 期。

及定罪量刑的待证事实被称为终极待证事实，它也是承担证明责任的控诉机关所需要证成的假说或主张。但是，终极待证事实的证明往往需要经由对一系列次级待证事实的证明得以实现。因此，一个证据的证明力乃取决于该证据与某一次级待证事实之间的推理链条是否牢固、合理和可靠；而对一批证据的证明力，不仅需要评估每一个推理链条（即每一个证据与次级待证事实之间的推理关系）的证明力，而且需要整合每一个单个证据的证明力，并进而决定这一批证据与最终待证事实之间的关联程度。[①] 对于大数据证据而言，其证明力判断同时涉及这两个层面推理链条的审查判断。一方面，裁判者需要保证每一个关键信息连接点与次级待证事实之间的推理关系为"真"，在大数据证据的审查判断中也需要警惕，"一根熔断的保险丝将要影响的，可不仅是造成其熔断的插座"，[②] 还有可能导致整个案件的证明功亏一篑。另一方面，裁判者还应当审查该大数据比对或分析所依赖的整体逻辑架构。对此，似乎不宜停留在证据能力意义上的智能理性，建立在机器逻辑意义上的弱相关关系并不能满足定罪量刑的证明要求。因此，为了保证刑事裁判结论的准确性和正当性，还是应当秉持法律理性，要求该逻辑架构能否符合一般有效的经验法则。如林钰雄所指出的，"如果法官想要采信某个并非一般有效的经验法则，应该予以论证，说明法官为什么认为该经验法则'可以'作为导出结论的基础。"[③]

---

① 〔美〕特伦斯·安德森等：《证据分析》，张保生等译，中国人民大学出版社2012 年版，第 93 页。

② 同上书，第 321 页。

③ 林钰雄：《自由心证：真的很"自由"吗》，载《台湾本土法学》2001 年第 27 期。

第四，算法结论的稳健性。在统计模型的建构中，为了保证统计结果的可信度，一般都会使用多种方法进行稳健性检验。在对大数据证据的可信性进行审查判断时，也应当考虑稳健性检验问题。如果大数据分析结果能够得到多种方法的检验，则说明该大数据证据的信度更佳。相应地，在用于证明待证事实时的证明力也相对更强。

结　　语

在域外，自从著名的科林斯案①将"数字"引入以"文字"为主要论证工具的司法场域后，其所激起的涟漪就一直未曾平息过，只不过不一定能称之为波澜。固然，法律人可以以审慎而稳健的价值观谬之以"数学审判"，并对带着数学精确性光环的证据保持警惕。但是，无可否认的是，虚掩的法律之门已不能对概率、数学、数据的浪潮回避太久。在我国，在涉及海量视频、文件或实物的案件（如快播案）中，或者某些有科学背景的被追诉人在辩护（如周文斌案）时，与数据和数学密切相关的抽样取证方式或概率辩护策略也已经悄然登场。然而，从抽样取证到大数据侦查，从概率统计到算法模型，这一切似乎来的太快，并未给司法工作者和理论学者过多的思考时间。随着数据时代的到来，大量数据无可避免地需要进行大数据比对和分析，并形成大数据证据。本文只是对大数据证据在刑事

---

① 关于科林斯案的介绍与阐述，参见〔美〕理察德·伦伯特：《证据故事》，魏晓娜译，中国人民大学出版社2011年版，第3—18页。

司法的表现形态、作用方式、属性定位、证据能力与证明力做了一个初步的讨论，值得进一步挖掘的深层论题还很多。至少对于大数据证据来讲，它仍然面临着工具理性和价值理性两个维度的悖论和困境，仍然需要大数据证据的收集者和审查者去面对。

首先，从工具理性的角度讲，传统侦查方法能获取证据的数量不足，留给追诉者和审判者的案件信息点也较有限，而大数据取证着力解决的是更松散、更零星、更海量的数据的提取和分析，形成大量案件信息连接点的有效组合，可以说，大数据应用技术生成次级待证事实与形成推理逻辑链条的能力更强了。然而，在此之前，抽样取证问题已经引发争议，包括抽样方法是否合理，抽样程序是否规范，抽样结论是否能推及整体，以及基于抽样取证进行刑事司法证明的可行性、风险及限度，等等。同样地，来源于大数据应用技术的大数据证据是否就一定能保证客观、真实和准确呢？正如罗思所指出的，"许多犯罪侦查设备和软件往往被'晦涩的黑匣子'所掩盖，这些'黑匣子'程序在闪亮的钢铁装置或计算机代码中'隐秘工作'。这些'黑匣子'程序，因为他们的机械外观和显然简单的输出，表面上具有客观性和确定性。"[①] 抽样取证建立在抽样统计的基础上，尚有一定的统计学基础作为支撑，但是，大数据比对结果所依赖的数据库以及大数据分析结果所依赖的算法模型（尤其是黑箱算法），其数理逻辑架构的合理性到底有多强，也十分值得审视。当然，并不能说大数据证据就一定劣于抽样统计获取的证据，至少

---

① 赵万一、侯东德主编：《法律的人工智能时代》，法律出版社 2020 年版，第 190 页。

在大数据时代，抽样统计有其无法回应的现实问题，大数据应用技术有其不可或缺的实际功效。也许，今后我国刑事司法不得不面对的尴尬是：既需要走出传统上严重依赖言词证据的窠臼，又需要面对一些新型证据（如大数据证据）所带来的困惑。对于后者，它是客观证据，但相关性和可靠性又存疑；它是间接证据，但又很容易因其数据科学的光环而误导裁判者的心证。

其次，从价值理性的角度讲，不得不面对的是，以国家公权力为后盾的算法开发是否能足以保证算法模型的无歧视性，刑事司法机关所利用的大数据侦查方法是否符合正当程序的要求，以及由此获取的大数据证据是否能经受住严格证明法则的合法性检验。此外，在大数据时代，追诉机关在大数据获取和分析上占有绝对的和支配性的优势，不仅享有国家巨额资金去建设的各种数据库，同时也有权在必要时调取社会机构数据库中的数据，相反，辩护方则处于明显的劣势。可以说，控辩双方在数据比对、数据挖掘和数据处理能力等方面存在巨大的实力差距。这不可避免地会加剧我国以往侦查中心主义和控辩失衡情况。这同样是检视大数据证据时无法绕开之问，也呼唤着未来更具法律正当性的算法模型和控辩格局的到场。

（本文原载《法学论坛》2021年第3期，第27—36页）

论法律大数据"领域理论"的构建

王禄生[*]

内容简介： 作为"领域大数据理论"的重要组成部分，法律大数据的基础理论研究由于过分受通用大数据技术的框架影响而在本体论、认识论与方法论方面存在不足。在本体论方面，将法律大数据视为通用大数据技术在法律领域的平移应用，并将大数据的通用特征视作法律大数据的领域特征；在认识论方面，奉行数据驱动的经验主义，忽视甚至排斥法学理论嵌入；在方法论方面，过度重视技术瓶颈的解决，而淡化"领域知识壁垒"的应对。下一步，要在充分认识领域特殊性的基础上展开法律大数据"领域理论"研究。在本体论层面，构建法律大数据的领域特征，实现"4V 特征"与"3A 特征"的结合；在认识论层面，打造"轻量级理论驱动"的法律大数据领域认识论；在方法论层面，关注法律大数据所面临的"领域知识壁垒"，并从提升法律人地位、推动领域大数据技术创新和打造法律知

---

[*] 王禄生，东南大学法学院教授、人民法院司法大数据研究基地执行主任。

本文系 2018 年度国家重点研发计划项目"面向诉讼全流程的一体化便民服务技术及装备研究"（项目编号：2018YFC0830200）的阶段性成果。

识工程师培养体系三方面予以应对。

引　言

大数据是时下学术界最热门的话题之一，它在气候、金融、医疗、法律等各个领域都具有巨大的潜力。随着研究的深入，大数据的相关探讨已经开始由"应用/技术导向"朝着"理论导向"转型。这其中一个重要的趋势就是"领域大数据理论"的萌芽与发展。具体而言，就是从每个领域的特殊性出发，围绕本体论与认识论展开对领域大数据技术的探讨，进而形成特定领域大数据技术的方法论指导。比如，在金融大数据的研究中，有学者就认为，通用大数据"4V特征"中的"多样性"（variety）并非金融领域的核心特征。此外，通用大数据依赖 MapReduce 实施 Hadoop 的数据处理策略尽管具有良好灵活性和易迁移性，然而，该策略依赖于离线批处理，因此不适应金融大数据高度强调实时性的领域需求。[①]与之类似，在教育大数据领域也展开了相关研究。有学者认为，相较于其他领域而言，教育大数据来源于对学生学习数据的全程数字化，并由此挖掘形成个性化的教育方针。上述特点决定了该领域需要特别面对隐私保护与数据安全问题。[②]有论者还认为，教育大数据具有特殊

[①]　尽管在金融大数据中，非结构化数据集已经开始用于情感分析和交易，但是从传统上讲，这些并不是对金融业务最重要的数据集，因此有学者认为数据的多样性或复杂性并非金融大数据的核心特征。参见 Bin Fang & Peng Zhang, "Big Data in Finance", in Shui Yu & Song Guo (eds.), *Big Data Concepts, Theories, and Applications*, Springer International Publishing, 2016, pp.396—397,404。

[②]　Yinying Wang, "Big Opportunities and Big Concerns of Big Data in Education", *Tech. Trends*, Vol.60:381, pp.381—384(2016).

的领域需求，需要在通用大数据的基础之上进行有针对性的技术迭代，嵌入基本学习理论以及领域专家构建的学习者模型。[①] 从哲学角度看，对领域大数据技术本体论的思考影响了该领域认识论的构建进而影响到领域方法论的形成，其意义自不待言。

法律是大数据最为重要的领域应用之一。近年来，我们见证了大数据在法律尤其是司法场景中的重大发展。我国已经成为法律大数据与人工智能应用的大国，"智慧法院"建设更是在世界范围内处于领先位置。[②] 与此同时，国家政策层面对科技的强调进一步提升法律大数据的重要性。党的十九届四中全会就明确提及"加强社会治理的科技支撑"。中央政法委书记郭声琨也强调："要善于把大数据、人工智能等现代科技与社会治理深度融合起来"。可以预见，在新时期制度变革与技术创新的话语体系中，法律大数据还会因为与"社会治理""公共安全""法治建设"等中心工作的紧密关系而持续受到关注。

然而，巨大实践需求的背后则是法律大数据应用在范围与成效等方面并未达到预期，以至于在实践中出现"话语分裂"。一方面是对法律大数据应用的顶层推动及其效用的媒体宣传；另一方面则

---

① Ben Williamson, "Who Owns Educational Theory? Big Data, Algorithms and the Expert Power of Education Data Science", *E-Learning and Digital Media*, Vol.14:105, pp.117—119(2017).

② 关于中国法院在大数据与人工智能等方面建设成效的第三方评估可参见李林、田禾主编：《中国法院信息化发展报告 No.1(2017)》，社会科学文献出版社 2017 年版；李林、田禾主编：《中国法院信息化发展报告 No.2(2018)》，社会科学文献出版社 2018 年版；陈甦、田禾主编：《中国法院信息化发展报告 No.3(2019)》，社会科学文献出版社 2019 年版。

是一线实务人员相对保守甚至略显负面的评价。[①]"上热下冷""内热外冷"成为法律大数据应用重要的实践面相。[②]法律大数据行业仍然不得不面对"未来还未来"的现实。[③]对于成效与期待之间的断层,不少学者展开了相关的研究。其中,有学者采用技术进路分析了法律大数据在自然语义理解、模型训练等领域遭遇的技术瓶颈限制了法律领域智能化应用的效果;[④]也有学者采用制度进路,认为法律大数据应用推广需要制度设计予以保障。[⑤]上述进路从不同侧面观察了法律大数据应用存在的问题,一定程度上为法律大数据应用的优化提供了参考。

尽管如此,中国法律大数据的研究仍然处于初级阶段,充其量刚刚形成了科学启蒙的共识,并实施了有限的科学实验。[⑥]更为重要的还在于技术进步的话语使我们因被主题新颖性所迷惑而忽视了法律大数据"领域理论"的构建,尤其是结合法律领域特殊性的本体论、认识论与方法论反思不足,许多相关主题和相关理论尚未

---

① 王禄生:《大数据与人工智能司法应用的话语冲突及其理论解读》,载《法学论坛》2018年第5期,第138—139页。

② 左卫民:《热与冷:中国法律人工智能的再思考》,载《环球法律评论》2019年第2期,第54—58页。

③ 程金华:《人工、智能与法院大转型》,载《上海交通大学学报(哲学社会科学版)》2019年第6期,第35页。

④ 王禄生:《司法大数据与人工智能的技术障碍》,载《中国法律评论》2018年第2期,第50—53页。

⑤ 周佑勇:《智能技术驱动下的诉讼服务问题及其应对之策》,载《东方法学》2019年第5期,第17—18页。

⑥ 程金华:《未来还未来:反思中国法律大数据的基础建设》,载《中国法律评论》2018年第2期,第161页。

得到清晰界定。这具体表现在三方面。其一，在本体论上，对法律大数据的定义模糊、领域特征有待扩展，表现为将通用大数据的特征视为法律大数据的特征，片面追求在法律大数据的大体量、全样本、实时性与多样性。对于法律领域的适配性、正确性、易变性等需求关注不足。其二，在认识论上，套用通用大数据的思维方式，强调从海量数据中自动提取知识，追求算法的准确性并排斥理论预设，忽视了法律领域对知识获取过程因果性和可解释性的特殊需求。其三，在方法论上过度关注技术逻辑，忽视法学基本理论的有机嵌入。在实际研发与应用过程中出现技术人员与法学专家脱节、技术开发与一线需求断层的现象。面对上述挑战，作为中国司法改革乃至社会治理的重要方案，法律大数据研发需要进行领域本体论、领域认识论与领域方法论的反思，以服务于即将进一步扩展的法律大数据应用。

本文将在充分反思法律领域特殊性的基础之上，从本体论、认识论和方法论的角度出发，尝试构建法律大数据"领域理论"。具体任务主要有三个方面：(1)尝试构建法律大数据的基本知识谱系，探讨法律大数据的"3A"领域特征；(2)尝试更新法律大数据的知识表示逻辑，提出"轻量级理论驱动"领域认识论；(3)结合法律大数据的本体论与认识论，构建技术与法律深度融合的领域方法论。

一、问题的提出：法律大数据
"领域理论"的现状与不足

近年来，围绕法律大数据的研究逐步成为"显学"。在现有研究中，技术分析、实践观察、制度反思等相关主题较为丰富，结合法律领域特殊性而展开的"领域大数据"理论研究则相对有限。这就导致对法律大数据本体论、认识论与方法论的反思及建构不足，直接影响了法律大数据的实际应用效果。

（一）法律大数据领域本体论有待构建

大数据是具备海量性（volume）、高速性（velocity）、多样性（variety）、价值性（value）"4V 特征"的数据集。[①] 国务院出台的《促进大数据发展行动纲要》就指出，大数据是以容量大、类型多、存储速度快、应用价值高为主要特征的数据集。由于对法律大数据的领域本体论反思还较为缺乏，因此学界一般认为，法律大数据就是在法律领域中使用的具备"4V 特征"的数据集。实际上，"4V 特征"并不完全适用于法律领域。

1. 海量性的再认识

数据规模的海量性并非法律大数据的根本特征。在当前法律大数据的开发过程中有一种主流声音，认为"海量性"就是要求数据样本的"大与全"。然而，从法律大数据的实际应用来看，该观点值得商榷。第一，不同时期数据存储能力不尽相同，人们衡量数据规模的尺度也存在差异。过度拘泥于体量"大"与"小"势必会给区分大小数据带来困难。第二，不同领域数据规模也绝不可等量

---

① 对于大数据的特征，从"3V 说"开始逐步过渡到"6V 说"，并以"4V 说"最为普及。同时对于大数据特征具体内容的表述也略有不同，比如对于价值（value）的表述就有"价值大""价值密度低""单体价值低""整体价值高"等多种不同的表述。

齐观。"有些领域几个 PB 的数据未必算大,有些领域可能几十 TB 已经是很大的规模。"[①] 按照麦肯锡全球研究院的估算,各行业之间的数据差距悬殊,数据量最大的制造业是最小的建筑业的接近 19 倍。[②] 目前,我国法律大数据来源有两方面:一是法律活动(立法、执法、司法等)过程中直接产生的数据,比如执法视频、裁判文书等;二是法律活动中采集的数据,比如当事人基本信息。尽管我国法院已经公布了 8778 余万份文书,[③] 这也是绝大多数法律大数据研发主体的核心数据来源,但其体量为 5TB 左右。[④] 如果转换为文本文件(TXT)格式,则体量只有 500G 左右。即使算上中国庭审直播网公开的近 636 万件庭审视频,[⑤] 其原始体量大致为 6PB 的量级。[⑥] 与之形成鲜明对比的是,2018 年度,全球制造、金融、零售、基建、娱乐和医疗保健行业的数据规模依次达到 3584EB、2074EB、

---

① 周英、卓金武、卞月清:《大数据挖掘:系统方法与实例分析》,机械工业出版社 2016 年版,第 371 页。

② McKinsey Global Institute, "Big Data: The Next Frontier for Innovation, Competition, and Productivity", *McKinsey Digital*(June,2011),at http://gfagz2a7a88281b 8d4af1sv5vfw6uvxxnq6onq.fyac.oca.swupl.edu.cn/business-functions/mckinsey-digital/ our-insights/big-data-the-nextfrontier-for-innovation(最后访问日期:2020 年 1 月 19 日).

③ 数据来源于"中国裁判文书网",截止时间为 2020 年 1 月 19 日 16 时。

④ 此处是指文书电子档的原始体量大小(xml 格式),如果给这些文书添加各种标签、索引(比如案由、法院层级、审级等)进而储存在相应的数据仓库中,实际上存储的数据项就会相应增加,数据体量也会有所增加。按照现有的文书量级,索引数据(html)大致为 200G。

⑤ 数据来源于"中国庭审公开网",截止时间为 2020 年 1 月 19 日 16 时。

⑥ 视频的原始体量为 6PB,在直播过程中由于各种格式转换,体量可能达到 10—15PB。

2212EB、1555EB、1296EB 和 1218EB。[①] 可见，法律领域大数据的规模与医疗、交通、金融、通信等领域比较起来有一定的差距。从域外的法律大数据应用平台来看，主要也是围绕文书展开，体量同样相对有限。[②] 第三，绝对意义的全样本并不存在。无论中外，现有法律数据公开与不公开往往并存。与过度追求全样本相比，对现有大样本的正确处理与使用才是关键所在。[③] 第四，"大量数据"（a bulk of data）不等于"大数据"（big data）。"大数据思维的核心是要具有利用数据的意识，无论量小还是量大。"[④] 法律大数据之"大"不在于"容量之大"，而在于可以"分析与使用"。[⑤] 无法处理的海量司法数据只是一堆结构或者非结构的数据集合。[⑥] 一个显著的例子是当前对于庭审视频的结构化处理就较为有限，使得上述视

---

① 1EB=1024PB，1PB=1024TB，因此 1EB 相当于约 105 万 TB。参见 David Reinsel,John Gantz & John Rydning, "Data Age2025:The Digitization of the World", *Seagate*(November 2018),at http://gfagz2423a51748484e20sv5vfw6uvxxnq6onq. fyac.oca.swupl.edu.cn/files/www-content/our-story/trends/files/idc-seagate-dataage-whitepaper.pdf（最后访问日期：2020 年 1 月 19 日）。

② 美国知名的法律大数据挖掘平台 Lex Machina, Premonition, Ravel Law, Litigation Analytics 等以法院司法公开的信息为依托，通过自然语义处理技术进行数据挖掘，形成法官画像、法院画像、律师画像、律所画像、当事人画像等应用版块，可视化呈现办理案件的总数、案由分布、诉讼标的区间、案件平均处理效率、案件胜诉率等信息。具体内容可参见上述平台官方网站。

③ 左卫民：《迈向大数据法律研究》，载《法学研究》2018 年第 4 期，第 142 页。

④ 周英、卓金武、卞月清：《大数据挖掘：系统方法与实例分析》，机械工业出版社 2016 年版，第 20 页。

⑤ 涂子沛：《大数据：正在到来的数据革命，以及它如何改变政府、商业与我们的生活》，广西师范大学出版社 2014 年版，第 57 页。

⑥ 姚海鹏、王露瑶、刘韵洁：《大数据与人工智能导论》，人民邮电出版社 2017 年，第 15 页。

频的价值并未被充分挖掘。在 2018 年科技部发布的国家重点研发计划（司法专项）（下称"国家重点研发计划"）中就有专门针对庭审视频的项目，并要求开展对包括庭审视频在内的司法公开信息资源有效融合和探索式搜索技术。这是对庭审视频结构化处理的重要一步。[①]

2. 高速性的再认识

尽管对于"高速性"的解读存在一定的差异，但一般认为，它是指数据增长和处理速度的显著提升。一方面，全球数据量以每年 30%—50% 的速度加速增长；另一方面，数据处理速度达到秒级、毫秒级。对于 PB 量级的数据处理耗时甚至可以做到完全实时——数据在到达时即被处理。[②] 比如在金融领域，一支股票在 1 毫秒内将经历大约 500 次报价变化和大约 150 笔交易，"毫秒意味着数百万"[③]。因此，在通用领域乃至部分特定领域的分析框架中，高速性是大数据的核心特征，甚至有人认为，相较于规模性和多样性而言，高速性才是真正的关键所在。[④] 然而，数据挖掘的高速性并非法律大数据的根本特征。一方面，法律领域数据的增速与其他领域

---

　　① 科技部发布的《"公共安全风险与应急技术装备"重点专项（司法专题任务）2018 年度第二批项目申报指南》"1.1 智能司法公开关键技术研究"。

　　② 赵刚：《大数据技术与应用实践指南》（第 2 版），电子工业出版社 2016 年版，第 14 页。

　　③ Shui Yu & Song Guo eds., *Big Data Concepts, Theories, and Applications*, Springer International Publishing, 2016, pp.1,394.

　　④ Brent Dykes, "Big Data: Forget Volume and Variety, Focus On Velocity", *Forbes*(June 28,2017), at http://gfagz017be547e69a43bcsv5vfw6uvxxnq6onq.fyac.oca.swupl.edu.cn/sites/brentdykes/2017/06/28/big-data-forget-volume-and-variety-focus-on-velocity/#556251486f7d（最后访问日期：2020 年 1 月 19 日）.

相比仍有一定差距。以数据规模较大的医疗系统为例，如果医疗过程完全数据化，那么一个三甲医院一天产生的数据增量就可以达到90—100TB。[①]另一方面，由于前文提及的体量相对有限性，当前法律大数据常规应用中对于数据处理速度的需求在所有垂直领域中并非最高，甚至对于法律大数据而言，原始数据的信息抽取也并不一定要求是实时的，其对硬件的需求与金融等领域也不可等量齐观。举例而言，在判决结果预测的开发应用中，研究人员按照特定的知识图谱从文书中抽取案件情节，并基于不同情节的组合拟合为特定的量刑模型。在这个过程中，每个案由的训练样本从数万到数十万不等，对于情节的抽取通常并无实时性的需求。

3. 多样性的再认识

"进入信息时代之后，'数据'这个概念的内涵扩大了，它不仅仅指代传统的数字，还包括文字、图片甚至音频、视频等。"[②]从表面上看，当前法律大数据应用已经不仅仅限于传统司法统计报告中沉淀的数据，还包括裁判文书、案件卷宗、庭审视频、音频、图片等。然而，数据形式上多样性的实质是数据结构的多样性——结构化、半结构化与非结构化。对于大量结构化数据，小数据时代的工具便可高效处理。也正因如此，有学者直言不讳地指出"用现有数学方法处理的数据多不能算作大数据"[③]。大数据技术的实质不在于对多

---

① 邹北骥：《大数据分析及其在医疗领域中的应用》，载《计算机教育》2014年第7期，第27页。

② 涂子沛：《数据之巅：大数据革命，历史、现实与未来》，中信出版社2014年版，第270页。

③ 吴宗敏：《大数据的受、想、形、识》，载《科学》2014年第1期，第37页。

形式数据的处理，而在于对多结构数据，尤其是半结构化与非结构化数据的自动、高速处理。现阶段，主流的法律大数据应用仍然主要针对法律文书。虽然在通用的大数据著作中将 word 等文档视为标准的非结构化数据，但实际上对于裁判文书而言，由于有相对固定的结构，如首部、正文、尾部，每部分的内容也大致相同，因此从技术处理角度来看，裁判文书应该是半结构化数据，这与国家公文类似。也就是说，除了半结构化的裁判文书之外，主流的法律大数据研发对于非结构化的图片、视频、音频的关注还较为有限。多样性往往只是停留在形式层面的话语表达。以图片的结构化处理为例，法律领域的相当部分卷宗以图片的格式存在，而受限于通用光学字符识别技术（OCR）在法律领域的准确性不足，对这些图片进行有效的结构化处理面临实质的障碍。

4. 价值性的再认识

大数据的"价值性"意指单体价值低、整体价值高。从这个角度来看，个体数据无足轻重，只有达到足够的数量才能呈现出整体价值。部分个体样本的失真或者错误难以对基于海量整体数据的挖掘结果形成实质影响。然而，从法律领域来看，无论是大陆法系或是英美法系国家，判例的存在都使得法律大数据不仅要关注整体，更要关注个体。具体来说，法律领域的判例通常是针对全新情形而做出的法律适用，具有一定的创新性。我国虽然并非判例法国家，但最高人民法院却通过发布指导案例来规范特定法律的适用。从指导案例的选择标准来看，以"社会广泛关注""法律规定比较原则""典型性""疑难复杂""新类型"为前提条件。可以说，每个指导案例基本都具有特殊性。尽管数量较少，甚至是孤例，但一经发布就会形成特定的裁判规则并对司法实践有指导作用。换言之，传统大数据的价值性来源于对海量历史数据的挖掘进而实现行为的预测，而此种路径实际上无法适应司法领域的"创造性演变"。[①]从法律大数据的实践来看，对单个指导案例法律规则技术提取的价值实际上可能远高于基于海量文书归纳总结的规则。

综上所述，通用大数据的"4V 特征"并不完全适用于法律领域。当然，对"4V 特征"的反思并不意味着全盘否定。在法律大数据开发过程中数量规模、处理速度、样本形式、数据价值仍然是重要参考标准。实际上，反思的目标旨在避免那种片面强调大体量、全样本、高速度、实时性、多种类的观点，尤其要避免人为设定标准来固化地区分"大数据"与"小数据"，如 PB 量级才是法律大数据、没有全样本不是法律大数据等。更进一步，反思"4V 特征"的目标还在于吸收其合理元素之后实现通用特征之上的领域发展。

（二）法律大数据领域认识论有待更新

大数据是应用导向的技术。当我们提到"大数据"时，其指代不仅包括具备"4V 特征"的数据集，还包括基于工具、程序而进行的大数据分析。有学者就认为，"大数据"的全称应该是"大数据分析"（big data analytics）。"大数据应用"的实质就是通过"大数据分析"，从海量数据中发现知识的过程。因此，在计算机科学领域，"大数据分析"（BDA）与"知识发现"（KDD）通常可以互换使用。尽管，大数据认识论可以一定程度上追溯到培根对演绎推理的

---

①　Caryn Devins, et al., "The Law and Big Data", *Cornell Journal of Law and Public Policy*, Vol.27:357, p.359(2017).

反思和对自下而上归纳推理的强调,但在技术进步的话语表达中,它仍被视作对传统科学认识论的重新配置,[①]是人类科学知识发现的"第四种范式"。[②]

从科技哲学的视角来看,大数据分析在认识论上具有显著的经验主义、技术主义和数据主义特征。概括起来,这种认识论可以从三方面解读。(1)数据前置:大数据应用过程中的知识发现完全基于数据产生,奉行"无数据、无知识"的经验主义归纳逻辑。(2)技术驱动:对于大数据应用而言,重要的是支撑从大量数据中直接转换知识的复杂算法和统计工具。[③]相较于技术而言,理论预设显得可有可无,甚至在相当部分大数据应用中基本实现了"假设中立"与"去理论化"。[④](3)去因果分析:大数据分析是对给定数据集中变量的相关性归纳。知识发现的过程由技术和算法驱动,没有因果关系的介入。因此,大数据最重要的思维特征就是"追求相关、放弃因果"。[⑤]有鉴于此,《连线》杂志主编克里斯·安德森(Chris Anderson)就曾总结道,随着数据量的大幅度增长以及数据处理能

[①]　Rob Kitchin, "Big data, New Epistemologies and Paradigm Shifts", *Big Data & Society*, Vol.1:1, p.9(2014).

[②]　黄茂荣:《大数据如何看待理论、因果与规律——与齐磊磊博士商榷》,载《理论探索》2016 年第 12 期,第 35 页。

[③]　A. Elragal & R. Klischewski, "Theory-driven or Process-driven Prediction? Epistemological Challenges of Big Data Analytics", *Journal of Big Data*, Vol.4:19, p.21(2017).

[④]　Fulvio Mazzocchi, "Could Big Data be the End of Theory in Science?", *EMBO Report*, Vol.16:1250,pp.1250—1255(2015).

[⑤]　〔英〕维克托·迈尔-舍恩伯格、肯尼思·库克耶:《大数据时代:生活、工作与思维的大变革》,盛杨燕、周涛译,浙江人民出版社 2014 年版,第 68—94 页。

力的显著提升,大数据的认识论似乎将接管一切,并且可以通过在没有先验理论的情况下从数据中提取知识或者见解。大数据认识论将带来理论的终结。[①] 大数据在认识论上的特征还直接引发了人工智能的范式转型,推动以深度学习为代表的人工智能应用的质变。[②] 可以说,近年来人工智能在语音识别、图像识别等感知智能场景中取得的突出成就大都与大数据技术密切关联。在大数据认识论的支撑之下,人工智能领域长期存在的符号学派与联结学派的认识论争议似乎开始暂时向联结学派倾斜。[③] 由此,人工智能的应用开始大比例地由"决定论"(专家系统)向"概率论"(数学统计)转型。[④]

由于缺乏对领域认识论的充分反思,当前法律大数据应用较

---

① Chris Anderson, "The End of Theory: The Data Deluge Makes the Scientific Method Obsolete", *Wired*(23 June 2008),at http://gfagza61677399dd64766sv5vfw6uvxx nq6onq.fyac.oca.swupl.edu.cn/2008/06/pb—theory/(最后访问日期:2020 年 1 月 19 日).

② 季卫东:《人工智能开发的理念、法律以及政策》,载《东方法学》2019 年第 5 期,第 5 页。

③ 人工智能长期存在"符号学派"与"联结学派"的道路之争,前者是基于规则的逻辑演绎,后者是基于经验的归纳总结。详细讨论可参见〔美〕佩德罗·多明戈斯:《终极算法:机器学习和人工智能如何重塑世界》,黄芳萍译,中信出版社 2018 年版,第 3、4 章。

④ 以图像识别为例,在符号学派的认识论中,如果需要教会计算机如何识别猫(专家系统),需要先构建一套"猫"的识别规则,然而,无论是"四条腿"抑或是"两个耳朵",符号主义的规则系统难以对"猫"进行准确的描述。而在联结主义的认识论中,不需要构建识别猫的规则,只需要让计算机训练大量照片,一组为猫的照片,一组为其他动物的照片,在足够数据量的训练之下,人工智能能够自主地"学会"区分猫。对于联结主义的认识论而言,每次图像识别都是一次概率分析,而非逻辑演绎。也正是在这个意义上说,大数据的知识获取是"知其然、不知其所以然"——知道是猫,但是不知道为什么是猫。

多采取基于大数据分析的知识发现范式。具体而言，就是借助数据挖掘技术从大量判决书、案件卷宗等非结构化、半结构化数据中发现法律规律并加以应用的过程。与之相关，法律人工智能也发生了由符号主义的专家系统向连结主义的概率系统转变。以量刑预测为例，符号主义的专家系统将该任务视为由计算机处理法律条文的三段论推理。因此，量刑预测就是将法律条文转换为计算机识别的规则系统，并在此基础上执行推理。推理结果具有决定论意义上的唯一性。与之形成鲜明对比的是，在联结主义的概率系统中，量刑预测是计算机通过对海量裁判文书自主学习之后总结的决策模型。每次决策的过程都是概率论意义上的数学统计。也正因如此，肇始于 2003 年前后的"电脑量刑"与近年来兴起的"智能量刑预测"虽然在任务和目标上具有共通性，但两者的认识论却有云泥之别。后者采用经验主义认识论，只是基于海量裁判文书训练出特定情节组合的量刑函数，并不知悉其背后的法律条文以及法学理论。

必须承认，此种认识论在大数据与大算力的支撑之下取得了一定的成效，但却与法律领域的特殊需求不完全匹配。这体现在：其一，演绎思维冲突。法律是一种社会规范，有不同于自然科学的应然追求。法律的施行，是在三段论的逻辑框架下进行的演绎。与之相反，法律大数据认识论则强调经验主义的归纳。其二，因果思维冲突。在法律思维和法律方法中因果性占据着十分重要的地位。[①]这与经验主义的法律大数据认识论强调的"去因果分析"不相兼容。其三，说理思维冲突。司法过程通常被视为一种重要的凝结共识机

---

① 马长山：《面向智慧社会的法学转型》，载《中国大学教育》2018 年第 9 期，第 36—37 页。

制。任何决定都必须在证明、推理与审议的基础上做出。[①] 因此，法律思维强调解释说理。当前，在法律大数据中使用较为普遍的深度学习算法，尤其是神经网络算法就因为可解释性的不足而持续面临法律人的质疑。可见，为了避免在法律大数据应用中方法论与法律思维的冲突，就势必需要更新法律大数据的领域认识论。

（三）法律大数据领域方法论有待优化

由于在本体论与认识论上套用了大数据的一般分析框架，当前法律大数据在方法论上就表现为"通用技术＋通用流程"的特点，也就是在数据获取、预处理、训练、解释、应用等的常见步骤中使用通用的大数据分析技术、算法与模型，没有考虑技术在法律领域的兼容性，更没有针对法律"领域知识壁垒"而进行专门的技术与流程优化。

实际上，有些在通用领域取得巨大成功的技术无法适应法律领域的特殊需求。以 IBM 开发的问答机器人 Watson 为例，它在 2011 年的美国知名节目"危险边缘"中一举击败两名人类冠军选手而名声大噪。Watson 的原理是从海量的文本中提取关键信息，与问题进行比对，进而选择概率最高的答案。这可以用"知其然而不知其所以然"来概括。然而在法律领域中，用户的需求不仅仅是答案，更包括支撑答案的原因。对此，Watson 的技术框架则显得无能为力。[②] 类

---

① 季卫东：《人工智能时代的司法权之变》，载《东方法学》2018 年第 1 期，第 132 页。

② Kevin D. Ashley, *Artificial Intelligence and Legal Analytics: New Tools for Law Practice in the Digital Age*, Cambridge University Press, 2017, pp.14—18.

似情况还包括文本自动生成技术。当前通用领域新闻文本的自动生成已经取得了重大的突破，然而在法律领域中，法律摘要的自动化仍然面临一些特有的领域困境。究其原因就在于其他领域，如体育新闻具有相对结构化和标准的格式，比赛之后通常只需要预先插入特定的短语，如运动员人名即可生成，而法律则要求一定的概念创造力和灵活性，尤其需要分析法律与事实之间存在的复杂相互作用。因此，法律领域的特殊性使得法律大数据遭遇了特定的技术障碍。[①]

　　更令人担忧的还在于，方法论上的反思不足使得现阶段法律大数据应用领域已经出现了完全不考虑法学理论而进行的应用开发。典型的例子比如采用通用的文本相似度模型——"词频—逆文本词频模型"（TF-IDF）来计算案件相似度。TF-IDF 模型的实际是将文本划分为词与词的组合，根据不同词出现的词频来计算两篇文本之间的相似度。比如某篇法律文书上共有 1000 个词，其中"孳息"出现 10 次、"债务"出现 20 次、"赔偿"出现 150 次，那么这三个词的"词频"（TF）就是 0.01、0.02 和 0.15。按照该思路，每一篇法律文书都可以表示为由不同词频组成的向量。[②]如果另外的法律文书中的词频向量具有较高相似性，那么则认为这两篇法律文书具有相似性。[③]该模型的理念是认为相似的文本在用词上也近似，并且

---

　　①　Dana Remus & Frank Levy, "Can Robots be Lawyers? Computers, Lawyers, and the Practice of Law", *The Georgetown Journal of Legal Ethics*, Vol.30:501, pp.519—520(2017).

　　②　标量（scalar）是一个数，向量（vector）是一列数。向量表示可以实现文本向数据的转换，形成可供训练的数据集。

　　③　实际上，该模型除了"词频"（TF）外还要考虑"逆向词频"（IDF），比如"的""地""得"等虚词不计入词频。参见吴军：《数学之美》（第 2 版），人民邮电出版社 2018 年版，第 104—110 页。

其在区分新闻相似度上取得了很好的应用效果。然而，这一通用模型几乎完全脱离了法学理论。一方面，法官、检察官对于相同的问题可以存在差异化的表述；另一方面，法律上认为的相似案例也绝非情节完全一致，而可能是法律关系相同。采用 TF-IDF 模型获得的相似案例只是两篇写法高度一致的法律文书，并非真正意义上的"类案"。正因如此，采用上述方法论进行的类案推荐开发在准确性上与实践需求有较大差距，可解释性更是无从谈起。有趣的是，随着 2019 年"基于 Transformer 的双向编码器表示模型"（BERT）在自然语义理解等领域取得的重大突破，部分研发主体又开始将该算法平移至法律领域，用以类案推荐的研发。BERT 模型的研发思路类似于 TF-IDF，仍然是把法律文本转换为向量进行表示，进而通过不同文本之间的向量计算相似度。所不同的是，TF-IDF 只关注词向量，而 BERT 不仅关注词向量，还关注句子、段落、位置等信息——通过双向编码、三层嵌入等方式完成向量表示。尽管在特定样本上准确性有所提升，但仍然没有法律领域中专业知识的介入，其在扩展性和可解释性等方面的困境并未从根本解决。[①]

二、领域本体论的构建：
法律大数据的"3A 特征"

　　法律大数据是一个新兴的研究主题，在基本概念与领域特征等

方面模糊不清。因此，法律大数据本体论的构建需要结合法律领域的特殊性，厘清法律大数据的基本概念，并以此为基础分析法律大数据的领域特征。

（一）本体论视角下法律大数据概念的厘清

"法律大数据"本体论的构建首先需要实现"法律领域中大数据"（big data in law）向"法律领域的大数据"（legal big data）转变。换言之，在本体论的视角下，"法律大数据"是指在立法、执法、司法等法律过程中形成或依法获取的，既在一定程度上具备大数据的通用特征，又满足适配性、正确性和易变性的领域需求，必须结合法律领域的特定算法与模型来实现辅助法律决策、优化法律过程目标的数据集。上述概念有三个关键点：其一，法律大数据是"领域大数据"而非"领域中的大数据"；其二，除了通用领域的部分特征之外，法律的特殊性使得法律大数据具有特定的领域特征；其三，法律大数据的领域特征决定了通用大数据分析工具也需要结合法律领域进行优化。

在明确"法律大数据"概念的基础上，我们还有必要对"法律大数据"与"法律人工智能"的概念作一个基本的界定。尽管两者确实存在一定的差别，但从技术逻辑来看，"法律大数据"与当前主流的"法律人工智能"具有相当大程度的承接性与一致性。究其原因则在于当前主流的"法律人工智能"实际上采用的是"大数据智能"的路径。所谓"大数据智能"是指从客观存在的全量超大规模、多源异构、实时变化的微观数据中，利用机器学习等技术抽取知识，转换而来的决策智慧的方法与过程。"大数据智能"由"大数据"驱动,① 没有大数据就没有人工智能。② 详而言之,"大数据智能"中最为依托的机器学习技术可以被视为数据挖掘的一个子集,其原理实质是通过观察大量数据来识别模式并建立连接的数据挖掘过程。③ 一言以蔽之,"大数据"技术以数据挖掘为核心,通过海量数据获取潜在的规律,进而实现预测与预警。当数据挖掘采用传统的算法时,则属于单纯的大数据应用,而当人工智能的算法被嵌入数据挖掘的过程时,"大数据"就进化为"大数据智能"。④ 也正因如此,本文的"法律大数据"采用广义的视角,既包括传统意义上的"大数据",也包括实践中广泛存在的基于学习算法而实现规律挖掘的"大数据智能"。⑤

（二）本体论视角下法律大数据的领域特征

法律领域的特殊性决定了法律大数据除了部分具有通用大数

---

①　张华平、商建云、刘兆友编:《大数据智能分析》,清华大学出版社 2019 年版,前言。

②　Andy Patrizio, "Big Data vs. Artificial Intelligence", *Datamation*(May 30,2018),at http://gfagz3cec176a04ab4989sv5vfw6uvxxnq6onq.fyac.oca.swupl.edu.cn/big_data/bigdata_vs._artificial_intelligence.html(最后访问日期: 2020 年 1 月 19 日)。

③　Quanovo Data Technologies, "Data Science for the Legal Profession", *Quanovo*(Jan.19,2020),at http://gfagzea89de0bd19d4ac6hv5vfw6uvxxnq6onq.fyac.oca.swupl.edu.cn/Content/Whitepapers/data-science-for-the-legal-profession.pdf(最后访问日期: 2020 年 1 月 19 日)。

④　传统的算法主要包括局部加权线性回归、奇异值分解、主成分分析、高斯判别分析等;机器学习算法则主要包括支持向量机 SVM、决策树、朴素贝叶斯、神经网络等。参见张华平、商建云、刘兆友编:《大数据智能分析》,清华大学出版社 2019 年版,第 7 页。

⑤　"大数据智能"并非人工智能的唯一路径,我国《新一代人工智能发展规划》就将人工智能分为大数据智能、跨媒体智能、群体智能、混合增强智能、自主智能等领域,但这些领域都不同程度运用到大数据作为基础。

据的"4V 特征"之外，还具备从属于法律领域"3A 特征"。

1. 法律大数据的适配性（Adaptability）

与其他领域强调样本的"大与全"相比，法律大数据特别强调样本的适配性，而并不必然要求大量的全样本。举例而言，考虑到刑事案件，尤其是侵财案件标准的地域差异性，[①] 在刑事案件量刑辅助技术的开发过程中，全国数据的训练结果势必无法有效应对各省标准的多样性。基于此，在法律大数据的开发中通常并非直接使用全国的刑事文书，而必须对数据进行本地化处理。换言之，也就是将全国样本人为地分割为若干区域（通常按照省域）。更进一步，为了提升判决结果预测的精准性，在省域之内还需要再做次级区域样本的适配。此外，法律大数据的运用是高度主题相关的，不同主题的开发应用所使用的数据集也不尽相同。以"国家重点研发计划"发布的涉诉信访案件风险排查为例，[②] 其技术路径之一是将涉及信访的案件作为单独的数据集进行分析，挖掘其核心要素，进而形成风险提示的指标。同样的例子还有虚假诉讼预警系统的研发，其技术路径之一也是人为地将虚假诉讼的文书抽取出来，整合形成单独的数据集进而挖掘其中的要素，形成预警的指标。也就是说，对于涉诉信访风险提示与虚假诉讼预警的开发而言，重要的并非全样本，而恰恰是符合研发需求的适配样本。总而言之，对于法律大数据而言，没有最好的数据，只有最适合的数据。

---

① 以盗窃罪为例，在沿海省份，可能 10 万元才被视为"数额巨大"，而在内陆地区的司法实践中，3 万元可能就达到了"数额巨大"。

② 科技部发布的《"公共安全风险与应急技术装备"重点专项（司法专题任务）2018 年度第二批项目申报指南》"1.2 多源涉诉信访智能处置技术研究"。

2. 法律大数据的正确性(Accuracy)

众所周知,与商业领域相比,司法领域的容错率相当有限。民事司法可能涉及公民的人身与财产、刑事司法甚至涉及公民的生命与自由。错误的数据可能带来错误的关联,继而给公民权利带来直接损害。[1] 因此,与其他领域相比,法律大数据特别强调样本数据的实质正确性。在通用领域中,样本大数据质量的高低判断标准通常是纯技术的形式判断,比如数据缺失、数据重复、数据格式不统一等。一般而言,研发者并不需要对样本数据进行"对"与"错"的实质价值判断。以电商领域应用颇广的用户画像为例,网络运营者会根据用户在互联网上留下的网络足迹,分析不同主体的差异化爱好,进而进行个性化广告推送与差异化商品(服务)定价。在用户画像的过程中,研发者并不需要考虑何为"对"的兴趣/爱好、何为"错"的兴趣/爱好。与之形成鲜明对比的是,在法律领域中,作为各种算法训练基础的法院判决则很可能存在对错之分,法律大数据训练样本质量的高低判断除了借助技术逻辑进行形式审查之外,还需要依托专业逻辑——基于法学知识的专业判断。以现有的"同案不同判预警系统"的技术逻辑为例,其通过对历史海量判决的深度学习形成对法官在办案件判决是否偏离的评断。然而,若机器学习的历史判决中存在偏离法律原意的情形,那么"同案不同判预警"无疑会将历时性的"错误"进一步固化。[2] 同样,现阶段正在开发的

---

① 程雷:《大数据侦查的法律控制》,载《中国社会科学》2018年第11期,第163页。

② 如何从训练的判决文书样本中挑选出符合法律的"正确文书"系当前法律大数据研发的一个难点。目前,有部分研究主体给不同法官的判决赋予不同的权重,或者根据是否上诉来识别判决正确与否。整体而言,还没有受到一致认可的解决方案。

起诉状自动生成系统的思路是通过海量历史起诉状的学习，形成特定的文书结构，并根据当事人的输入基础信息自动生成文书。[①] 在这个过程中，起诉状的训练样本质量极为重要。在我国的诉讼实践中，相当部分的起诉状由原告自己撰写，质量参差不齐。此时，摆在研发者面前的突出问题就是如何从中遴选出质量高的文书作为深度学习的样本。可见，在法律大数据中，基于法学专业知识对数据正误的价值判断是需要优先考虑的问题。

3. 法律大数据的易变性（Astability）

对于通用领域而言，数据的价值是相对稳定的，可以通过多次挖掘进行深度的运用，而对于法律领域而言，部分数据具有易变性，情境一经调整，原有数据将失去挖掘价值。这里可以举两种情形。其一，法律需要面临不同频率的修订与创制，相关法律更新与调整可能带来原有规则的彻底改变。换言之，法律调整之后，基于旧法而做出的相当部分法律判决将可能失去挖掘价值，或者说失去对未来法律决策的指导意义。其二，法律条文具有高度的概括性，其内涵并非完全明确。这就使得即使在条文未修订的情况下，特定法律的适用也可能随着社会环境或是司法政策的变化而变化。[②] 以"醉驾入刑"为例，司法实践中对入刑尺度的把握与特定时期的司法政策紧密相关。这也就决定了即使在相关法条不变的情况下，针对不

---

① 科技部发布的《"公共安全风险与应急技术装备"重点专项（司法专题任务）2018 年度第一批项目申报指南》"2.1 面向诉讼全流程的一体化便民服务技术及装备研究"。

② Caryn Devins, et al., "The Law and Big Data", *Cornell Journal of Law and Public Policy*, Vol.27:357, p.371(2017).

同时期量刑大数据的挖掘也可能得出完全不同的量刑模型。概而言之，通用领域中，数据储存的量越大、时间越长，从中获取的信息往往就越多。然而，法律大数据则具有"保质期"，其效用可能随着法律和政策的调整而迅速地降低甚至失效。

三、领域认识论的更新：
法律大数据的知识发现逻辑

前文已经提及，大数据认识论所呈现出来的数据前置、技术驱动与去因果分析虽然在通用领域取得了良好的成效，然而，却不可避免地与法律领域形成演绎思维、因果思维与说理思维等方面的冲突。因此，在法律大数据基础理论的构建过程中，需要对其认识论进行更新，打造"轻量级理论驱动"的法律大数据领域认识论，进而形成符合法律领域需求的知识发现逻辑。

（一）轻量级理论驱动的法律大数据认识论

科技哲学的思想源远流长，在此过程中，科学知识的生产方式一直面临大量的认识论挑战，因为如何获得知识的普遍基础从未出现，每种认识论都会受到来自不同角度的批评。大数据技术的应用本质上是建立在大数据分析基础之上的知识发现，是一种没有理论预设、基于数据驱动的经验主义认识论。该认识论产生之初，在技术进步话语的加持之下一度受到各界的追捧。"理论已死""追求相关、放弃因果""传统科学的重新配置"等论调开始进入人们视野。然而，随着大数据技术的发展，科学界对于数据驱动的经验主义认识论的反思也逐渐丰富起来。论者认为，尽管大数据提供了令人难以置信的知识和信息，但是却缺乏哲学基础，[①] 其在认识论上容易陷入经验主义的陷阱。[②]

大数据认识论排除理论预设、以数据分析为前置，相信只要拥有足够数据，数据本身就能够说明问题。然而，数据产生于更广泛的知识生产操作，每个学科都有自己数据想象的规范和标准，就像每个领域都有自己被接受的方法和实践的演进结构一样。[③] 完全脱离理论的大数据挖掘势必会在数据到结构化知识再到因果推断之间形成鸿沟。图灵奖获得者朱迪亚·珀尔就认为，大数据分析和深度学习都在因果关系之梯的最低层级，没有任何智能可言。[④] 理论支撑与因果分析在大数据应用于社会科学界的过程中显得更加重要，因为在社会科学中，观察和数据收集更多依赖于研究者的世界观，而世界观又深受理论知识的影响。事实上，随着数据量的增加，在高度专业化的细分领域中，理论在大数据分析中的角色越发重要。[⑤] 在此基础上，科学界提出"轻量级理论驱动"（lightweight theory-driven）的大数据认识论，优化单纯以数据驱动的认识论。具体而言，"轻量级理论驱动"认识论是指将特定领域的理论结构

---

① David M. Berry, "The Computational Turn: Thinking About the Digital Humanities", *Culture Machine*, Vol.12:1, p.8(2011).

② Rob Kitchin, "Big data, New Epistemologies and Paradigm Shifts", *Big Data & Society*, Vol.1:1, p.9(2014).

③ Lisa Gitelman, *"Raw Data"is an Oxymoron*, The MIT Press, 2013, p.3.

④ 〔美〕朱迪亚·珀尔、达纳·麦肯齐：《为什么：关于因果关系的新科学》，江生、于华译，中信出版集团 2019 年版，第 10 章。

⑤ A. F. Wise & D.W.Shaffer, "Why Theory Matters More than Ever in the Age of Big Data", *Journal of Learning Analytics*, Vol.2:5, p.5(2015).

映射到大数据的知识发现过程中,指导数据选择、参数设定、架构设计、结果分析。[①] 它试图超越单纯定量分析的经验主义范式,实现大数据与理论的协同。在协同过程中,理论支撑领域本体构建,而领域本体又形成了大数据挖掘与解释的结构、关系和边界。[②]

作为社会科学的重要领域,法学有鲜明的领域特殊性。考虑到通用大数据认识论与法律领域因果思维、演绎思维等方面的不相兼容性所造成的负面影响,结合法律领域特殊性的法律大数据认识论反思就显得至关重要。笔者认为,这就需要更新通用大数据数据驱动的经验主义认识论,构建结合法律领域特殊性的"轻量级理论驱动"法律大数据认识论,将法学理论结构映射到法律大数据的知识发现过程中。具体而言,可以从三个方面展开:首先,通过法学理论构建法学领域知识本体,明确法律大数据挖掘的结构、关系和边界;其次,通过法学理论确定适合特定目标的法律大数据子集;最后,将法学理论作为法律大数据挖掘结果的解释性框架。需要特别强调的是,"轻量级理论驱动"的法律大数据认识论中的"轻量级"是指新的认识论是以大数据经验主义的认识论为基础,是对现有认识论的更新,而非从根本上颠覆。它主要是借助法学理论提供数据挖掘和结果分析的框架,对于法律大数据认识论中数据训练与模型生成等关键环节仍然依据经验主义的认识论。

---

① A. Elragal & R. Klischewski, "Theory-driven or Process-driven Prediction? Epistemological Challenges of Big Data Analytics", *Journal of Big Data*, Vol.4:19, p.20(2017).

② Arun Rai, "Editor's Comments: Synergies between Big Data and Theory", *MIS Quarterly*, Vol.40:iii,iv(2016).

（二）新认识论驱动下的法律大数据知识发现逻辑

在"轻量级理论驱动"的法律大数据认识论的指导下，法律大数据知识发现的逻辑也会产生相应的调整。所谓法律大数据的"知识发现逻辑"是指针对法律领域的特殊需求而专门设计的、围绕法律大数据展开的知识表示、知识抽取与知识输出。在技术领域长期存在着"道"与"术"的区分。具体的做事方法是"术"，做事的原理和原则是"道"。技术的更新迭代往往日新月异，而原理则具有一定的稳定性。[①] 从这个角度上说，法律大数据的"知识发现逻辑"实际上是法律领域大数据分析的"道"，它虽然也关注具体的技术点，但并非以技术点为核心，而是将技术点放置到法律大数据的认识论中去理解。"轻量级理论驱动"认识论指导下的法律大数据知识发现就是结合法学理论，对符合"3A 特征"需求的法律大数据进行知识表示、知识抽取和知识输出的过程。具体而言，就是针对不同的主题（如类案推荐、办案证据辅助）进行知识本体构建，在知识本体构建的基础之上从各类大数据集抽取信息、训练模型、形成法律知识、装载到法律大数据仓库中并根据用户需求输出的过程。因此，法律大数据应用通常就是一个从某种法律数据中获取实质性的、有意义的知识（见解）的文本 / 数据挖掘过程。[②]

---

① 吴军：《数学之美》（第 2 版），人民邮电出版社 2018 年版，第 82 页。

② Daniel M. Katz & Michael Bommarito, "Legal Analytics-Introduction to the Course", *Computational Legal Studies*(Feb.18,2014),at http://gfagza266ac3855ca45f4s v5vfw6uvxxnq6onq.fyac.oca.swupl.edu.cn/2014/02/18/legal-analytics-introduction-to-the-course-professor-danielmartin-katz-professor-michael-j-bommarito/（最后访问日期：2020 年 1 月 19 日）.

1. 法律大数据的知识表示

借助法律领域本体的知识表示是法律大数据新认识论在知识发现过程中与传统大数据认识论最大的区别。原有经验主义的认识论以数据为前置，遵循去理论化的思路，其数据挖掘框架缺乏法学理论的指导，也就容易导致数据挖掘失去领域针对性。在此背景下，将法学理论与大数据分析相结合，构建领域"本体"（ontology）就成为应对这一挑战的重要方式。[1] 因此，法律大数据分析的第一步便是通过本体的构建来实现法律知识表示。本体原本是一个哲学方面的概念，后被运用到计算机科学领域，用以指代某一领域的概念定义以及概念之间的关系。本体使特定领域（如法律、医疗、金融）中的概念变得明确，以便计算机程序可以对它们进行推理。因此，"法律领域本体"是指在通用本体的基础上，以法律领域为描述对象的本体，它为计算机提供法律领域概念、定义、原理、理论与活动，[2] 其实质是以一种计算机可以理解的方式构建法律领域的概念体系，如刑事司法领域的罪犯特征、从轻情节、从重情节、犯罪地点、累犯情况等。实践中，法律领域本体由相互关联的"法律要素"构成，"法律要素"则通过"维度"表示。举例而言，盗窃罪的领域本体由"盗窃金额""盗窃地点"等法律要素构成，而"盗窃金额"这一要素又可以通过不同维度表示，如"较大""巨大""特别巨大"。只有完成本体构建，计算机才知道法律文书大数据中什

---

① Kevin D. Ashley, *Artificial Intelligence and Legal Analytics: New Tools for Law Practice in the Digital Age*, Cambridge University Press, 2017, p.171.

② 佘贵清：《基于规则和案例推理集成的刑事案件量刑决策支持研究》，电子工业出版社 2016 年版，第 7 页。

么需要读取，什么可以不必关注。法律大数据应用开发的有用性很大程度上取决于法律本体的构建质量。如果法律领域本体构建中出现问题或偏差，那么即使面对高质量的法律大数据也无法得出高质量的法律知识，基于知识之上的大数据智能应用便成为无源之水、无本之木。也正是在这个意义上说，法律知识的正确表示才是法律大数据应用开发过程中需要最优先考虑的问题，它搭建了从数据到知识的技术桥梁。

2. 法律大数据的知识抽取

领域本体并非法律知识本身，此时还需要借助信息抽取技术从每个个案中抽取领域本体框定的信息进而装载到法律知识仓库中。其中，信息抽取技术是数据挖掘领域对半结构化、非结构化的文书数据进行预处理的关键技术，旨在从文本中抽取指定的事件、事实等信息，并形成结构化存储。[①] 结合法律领域的特殊性，法律大数据的信息（知识）抽取过程可以概括为法律数据获取、法律数据标注、法律数据训练和法律模型生成四个环节。

第一，法律数据获取。法律大数据知识抽取的第一个环节是获取相应的训练数据。正如前文提及的那样，法律大数据具有适配性，不同主题需要的数据样本不尽相同：判决结果预测的开发主要借助的是生效判决文书；证据有效性审查则更多需要卷宗中证据的支撑；起诉状自动生成则需要海量的起诉状作为训练样本。数据的获取使得法律大数据的开发具备了"原始数据"。考虑到法律大数据的"正确性"和"易变性"的特征，在选择训练数据时需要选择正

---

① 佘贵清：《基于规则和案例推理集成的刑事案件量刑决策支持研究》，电子工业出版社 2016 年版，第 75 页。

确的样本集并特别关注法律更新与政策调整所带来的样本变化。

第二，法律数据标注。前文已经提及，法律大数据绝不能简单等同于大量数据，大量数据也不必然产生高质量法律知识。法律大数据的实质在于对海量非结构化数据的结构化处理进而形成法律知识。理论上，法律大数据分析的重要一步是将海量非结构化、半结构化的数据转换为法律大数据应用所需要的变量。这是因为非结构化、半结构化的数据并不适合用于数据挖掘与预测。[1]此时，就需要根据知识表示环节建构的领域本体对"原始数据"进行标注。标注是大数据开发的关键环节，其实质是"原始数据"向"训练数据"的转换。目前实践中普遍采取自动标注与人工标注相结合的模式。以半结构化判决书大数据为例，对其分析与使用的前提是通过信息抽取技术按照领域本体自动挖掘案件被告人、案件起因、经过、结果、证据等关键要素及其维度，进而满足后续精准检索、类案推荐、量刑辅助的应用需求。其中，信息自动标注遵循"篇章分析→句级抽取→词级抽取→标注"的过程，[2]难度逐步提升。具体而言，首先需要自动识别判决书的篇章结构，准确分割为首部、正文、尾部，并细化各部分的次级结构。在识别了篇章结构之后，进一步根据符号进行句子分割。然后，按照法律领域的专有词典进行分词，[3]进而

---

① J. Luo, J. Liu & K. Yang, et al., "Big Data Research Guided by Sociological Theory: A Triadic Dialogue among Big Data Analysis, Theory, and Predictive Models", *The Journal of Chinese Sociology*, Vol.6:11, pp.20—21(2019).

② 关于裁判文书信息抽取的具体内容可参见佘贵清：《基于规则和案例推理集成的刑事案件量刑决策支持研究》，电子工业出版社 2016 年版，第 75—77 页。

③ 比如"善意第三人"是一个专有名词，按照通用词典则可能被分割为"善意""第三""人"，由此文本提取的准确性就将大大下降。

识别、抽取关键信息。由于缺乏面向分词的专用法律词典，实践中连篇章结构划分都无法达到100%的精确性。更为重要的还在于法律文书表述具有高度多样性，以"自首"为例，可能表述为"被亲友扭送至公安机关"。此时就势必需要借助自然语言处理技术（NLP）识别文字之下的真实含义。[①]令人遗憾的却是，目前法律领域的专用 NLP 技术仍较为匮乏、功能有限，[②]这就使得文书挖掘技术中自动抽取信息的精准性较低，往往需要大量人工标注予以校正。

　　第三，法律数据训练。在获取足够样本的、经过标注的训练数据后，就可以根据不同的主题对数据进行训练从而发现相关性。比如判决结果预测是发现各种案件情节与判决结果之间关联的过程；再犯风险预测则是发现被告人各要素与再犯风险之间关联的过程。从数学角度来看，法律数据的训练实质是在不同法律要素的维度之间拟合出特定的函数关系。当然，法律领域中，法律规律挖掘的准确性固然重要，但正如前文强调的那样，数据训练的过程还需要特别关注可解释性，这就需要对机器学习的技术进行优化进而形成可解释性的数据挖掘过程。在当前的模型训练实践中，既有采用传统的算法，也有采用深度学习算法，[③]两者的关键区别在于算法是否具

---

　　① NLP 是研究能实现人和计算机之间自然语言进行有效通信的各种理论与方法。参见张华平、商建云、刘兆友编：《大数据智能分析》，清华大学出版社 2019 年版，第14页。

　　② 关于司法领域 NLP 技术的瓶颈可参见王禄生：《司法大数据与人工智能的技术障碍》，载《中国法律评论》2018 年第 2 期，第 50—51 页。

　　③ 在介绍大数据挖掘技术的专业书籍中，也将传统算法与智能算法一块介绍。参见周英、卓金武、卞月清：《大数据挖掘：系统方法与实例分析》，机械工业出版社 2016 年版，第 6—13 章。

有"自我适应性"。不过，随着人工智能技术的不断发展，深度学习的诸多算法已经日益成为法律大数据挖掘中模型训练的主流选项。

第四，法律模型生成。将训练过程中发现的相关性进行固定，就可以形成各种预测与预警类模型。由此便完成了由数据到知识的转换。以量刑预测模型为例，其涉及的"法律知识"实际上就是不同情节与不同结果之间相关性的模型化函数表达。也正因如此，法律大数据主要是一种监督学习的模式——从已知结果中训练出特定的函数模型。

3. 法律大数据的知识输出

在完成了知识抽取之后，海量的法律大数据就完成了从"数据→知识"的转换。此时，就需要将这些知识装载到法律大数据仓库之中，便于后续的知识输出。知识输出实际上是法律大数据分析结果的应用过程。它又可以被区分为预测性分析（predictive analytics）与指示性分析（prescriptive analytics）两大类。前者关注将要发生什么，后者关注如何使其发生。无论是类案推荐、结果预测还是风险预警，均系将发现的法律知识依据需求进行输出的过程。以类案推荐为例，"类案类判是当前法律大数据与人工智能在司法领域最为热门的一项实践尝试，司法实务部门对类案类判抱持强烈的需求与期待"，[①] 类案推荐应用的技术逻辑围绕"领域本体构建→法律文书抽取→类案模型生成→类案推荐"四个步骤展开。首先，研发者根据每个罪名构建领域本体。其次，根据领域本体从法

---

① 左卫民：《如何通过人工智能实现类案类判》，载《中国法律评论》2018年第2期，第26页。

律文书中抽取相应的情节。如果我们将每一个案件视为一个单独的数据条，那么领域本体构建就是给数据条添加维度（变量），而信息抽取则是在维度中填充属性值。在前两环节的基础之上，将目标案件的属性标签与原有法律大数据仓库中所有案例的属性标签进行比对，计算相似度之后反馈给用户便实现了类案推荐。

尽管法律大数据的原始体量不大，但是经过知识表示和知识抽取两个环节的结构化处理之后却呈现出维度多、属性多、要素多的复杂性特点。由此按照维度抽取的数据信息存储在法律大数据仓库中就会造成数据量呈几何级增长。因此在法律大数据的运用过程中，保障数据仓库知识输出的高效性才是关键所在。具体而言，就是法律大数据仓库的索引体例必须满足法律知识属性多、要素多、复杂性高的特点，可以保障数据仓库的高可扩展性和高可用性进而实现大数据仓库法律知识的高效输出。[①]

四、领域方法论的优化：
法律大数据的知识壁垒及其应对

法律大数据基础理论构建的重要方面还包括方法论的优化，尤其是需要明确法律大数据在知识获取过程中各种方法论的挑战与需求。从技术视角来看，大数据的方法论主要关注知识发现的详细步骤及其可能面对的技术困境。一般而言，大数据分析包括目标定

---

① 从全球数据库来看，大数据仓库的主流部署方案有 10 种之多，包括 Hadoop，No SQL，Map Reduce，Sybase 等，各种部署方案各有优劣。参见李军：《大数据：从海量到精准》，清华大学出版社 2016 年版，第 63—73 页。

义、目标数据创建、数据预处理、建模、测试、解释、评估、应用等步骤。[1] 在每个步骤都可能面临各种平台伸缩性、数据可用性、算法精确性、模型拟合性等诸多技术挑战。尽管上述技术瓶颈确实也在法律大数据应用中存在，然而，它们却不是本文方法论优化关注的核心内容。实际上，除了技术瓶颈之外，法律大数据的"3A 特征"以及"轻量级理论驱动"的知识发现方式相结合，形成了法律大数据在方法论上面临的"领域知识壁垒"。把握"领域知识壁垒"的成因与表现，进而有针对性地提出应对之策才是本部分领域方法论优化的题中之意。

（一）法律大数据"领域知识壁垒"的表现

对于法律大数据开发面临的困境，许多学者站在通用技术角度，探讨了数据孤岛、数据难以互联互通等难点，但鲜有围绕法律领域特殊性，从方法论角度思考其面临的领域难题。实际上，在技术进步话语所凸显的技术瓶颈之外，法律大数据分析的每个环节还面临明显的"领域知识壁垒"。

首先，在法律知识表示中法律领域本体的构建需要大量法律专业知识的支撑。在技术人员的视角中，法律领域由规则构成，而规则的逻辑表达便于计算机进行演绎推理。因此，有人认为法律领域本体构建的难度低于其他领域。然而，实质的情况却是，法律通常是模糊的，句法及语义有时模棱两可，并且受到结构不确定性的影

---

[1]　Wenjie Zhang & Liehui Jiang, "Algorithm Analysis for Big Data in Education Based on Depth Learning", *Wireless Personal Communications*, Vol.102:3111, p.3112(2018).

响。这些都导致了法律本体构建具有不同于通用领域建模的复杂性。对此，我们可以从三个方面展开。其一，法律大数据的知识表示通常是在法律专家的知识之上建立的专家规则。由于本体的构建是面向一线司法应用的研发展开的，因此不仅需要有丰富的理论知识指导，更需要有充足的实践经验支撑。其二，不同主题的知识本体有着不同程度的差异。量刑辅助系统开发过程中的知识表示主要关注罪犯特征、从轻情节、从重情节、犯罪地点、累犯情况等与量刑密切相关的情节体系构建，而"统一证据规则"的知识本体则主要是构建待证事实与不同证据之间的关联结构。基于法条的法律推理建模方式也不同于基于案例的法律推理建模方式。其三，法律的领域本体还具有维度多、属性多、要素多的复杂性特点。由是观之，即使面对具备"3A特征"的样本数据，但如果在法律领域本体构建时未能进行慎重考虑与筛选，就不可能形成完备的本体框架，数据挖掘方向将可能偏差，造成"失之毫厘，谬以千里"的结果。实际上，当前法律大数据研发面临的核心障碍就是法律领域本体的构建。尤其考虑到各类诉讼案由众多，每种案由的领域本体不尽相同，同案由不同主题应用的领域本体也存在差异。

其次，在法律知识发现的数据获取和数据标注环节也离不开专业知识。前文已经提及，法律知识发现分为数据获取、数据标注、

---

① Kevin D. Ashley, *Artificial Intelligence and Legal Analytics: New Tools for Law Practice in the Digital Age*, Cambridge University Press, 2017, pp.38—39.

② 前者关注情节与判决结果的关系，以江苏法院推出的"同案不同判预警系统"为代表，后者关注案件事实与证据的关联，以上海法院的"206工程"为典型。

③ 王禄生：《司法大数据与人工智能技术应用的风险及伦理规制》，载《法商研究》2019年第2期，第103页。

数据训练和模型生成四个环节，其中前两个环节是后两个环节的基础。没有合适的训练数据就无法进行有效的数据训练，也就更无法获得准确的法律大数据模型。诚然，教育、金融等垂直领域的大数据技术开发在数据获取方面也面临一定困难，比如数据量不足、过程数据未完全记录、数据标准不一、数据质量不高、数据系统分散、数据获取方式单一等。这些问题，法律领域也一定程度上存在。[①]然而，本文提及的数据获取难更大程度上是由法律领域大数据"3A特征"所导致的。具体而言，法律大数据具有适配性和正确性的特征，这使得对于训练样本的选择需要法律专业人员提供知识支持，由此无形之中提升了样本获取的难度。此外，前文已论及，当前法律大数据标注环节受限于 NLP 技术的准确度不足，因此需要人工辅助标注，在此过程中同样需要专业知识的嵌入。在通用大数据领域，常人使用常识就可以实现高质量、高效率的样本标注，比如无人驾驶研发时对图片中各种人、车、路等元素的识别，或者图像识别开发中对物品、动物、颜色、大小、形状、产地、价格等日常生活熟悉对象的标注。而在法律领域中，标注就变为动产、孳息、过错、物证、书证等专业术语和专业的法律关系。以近年来名声大噪的法律问答机器人的研发为例，其技术路径重点关注如何为用户的提问寻找最合适的答案。在技术开发过程中，这一工作通常需要分为三个环节。第一个环节确定问题的实质。如果用户询问"工商局什么时候可以吊销营业执照？"那么问题关注的实体是"工商局""营业执照"，实体间的关系是"吊销"。第二个环节需要从已有的知识库

---

① 关于教育领域数据存在的问题，可参见杨现民等：《教育人工智能的发展难题与突破路径》，载《现代远程教育研究》2018 年第 3 期，第 30—38 页。

中寻找可能相关的答案。第三个环节是为可能相关的答案计算相似度，从而获得最佳答案的概率。在此之前，要通过神经网络进行有监督的学习，即法律专家将特定的问题与特定的答案进行对应，从而形成问题与答案之间的大数据（问答对）；在此基础上通过深度学习的算法对海量问答对进行训练，得到相应的问答模型，以实现更加精准的对应关系。考虑到人类语言表述的多样性以及法律领域中日常用语与法律用语的"语义鸿沟"，这一工作面临极大的难度。有专家就无奈地指出，很难想象能够将法律领域的数据标注工作分解成足够简单的任务，以供人工注释者在没有一定程度的法律专业知识或培训的情况下从事标注。[1] 在很多时候，标注者实际上需要了解案件的整体事实和法律背景，从而做出准确的标注。这无疑进一步强化了标注工作的"领域知识壁垒"。因此，在实践中，开发主体通常需要聘请资深的律师负责数据的标注。[2] 国外的法律技术应用研发中，已经开始安排法学院学生参与数据专业标注。同时，将法律知识标注与法学教育结合的探讨也开始出现。[3] 更为重要的还在于法律领域的标准还面临标准统一性的难题。法律知识表示过程由于推论的间接性和文本来源的分散性，使得多人标注标准难以统一。不同标注人员，即使都具备深厚的法学专业知识，其对同一

---

[1] Kevin D. Ashley, *Artificial Intelligence and Legal Analytics: New Tools for Law Practice in the Digital Age*, Cambridge University Press, 2017, p.375.

[2] Dana Remus & Frank Levy, "Can Robots be Lawyers? Computers, Lawyers, and the Practice of Law", *The Georgetown Journal of Legal Ethics*, Vol.30:501, pp.550—552 (2017).

[3] Kevin D. Ashley, *Artificial Intelligence and Legal Analytics: New Tools for Law Practice in the Digital Age*, Cambridge University Press, 2017, p.375.

标注对象也可能会形成不同的判断，比如对裁判文书争议焦点的判别。[①] 也正因如此，法律领域的标注中标准统一性至关重要。这也决定了法律大数据的标注不能仅仅通过通用领域的众包标注的方式。概而言之，数据标注的可靠性是后续研发成功的关键，法律领域的特殊性使得数据的获取难度和成本要大大高于通用场景。[②]

最后，在法律知识应用环节也存在着专业知识障碍。在通用领域大数据应用的过程中，通常会面临"单向度"的认知障碍——需求者有时候不清楚技术能够解决哪些问题，缺少对于技术能力和实现逻辑的理解，[③] 但是对于技术者而言，理解需求者提出的通用诉求并无根本障碍。然而，在法律大数据的应用过程中却出现了典型的"双向度"认知障碍：一方面，法律人，尤其是实务部门一线工作人员由于技术知识背景的缺乏，对技术逻辑十分陌生，不清楚技术能够解决哪些业务问题，也就无法向研发主体提出准确的大数据需求；另一方面，法律人提出的同案同判、财产保全风险预警等诸多业务需求对于技术人员而言也往往具有一定的理解障碍。横亘在

---

① "国家重点研发计划"中设定的"类案推荐"课题就要求实现基于争议焦点推荐"类案"。因此，精准而高效地识别争议焦点就成为关键。在该技术开发过程中需要专业人群从训练样本中先行标注出每个案件的争议焦点。在此过程中，不同人员对同一文书争议焦点的差异化标注是常见现象。对于该项目的相关指标设定，可参见科技部发布的《"公共安全风险与应急技术装备"重点专项（司法专题任务）2018 年度第一批项目申报指南》"2.2 高质高效的审判支撑关键技术及装备研究"。

② 笔者主持了科技部国家重点计划有关法律智能问答机器人研发的课题，在研发过程中笔者发现法律领域对话语料（用户的询问意图）的标注成本是通用领域对话语料标注的数倍，更为重要的是法律场景除了标注用户询问的法律知识点之外，还要进一步标注用户的询问意图对应的法律关系、法条关系，由此成本将会更高。

③ 华宇元典法律人工智能研究院：《让法律人读懂人工智能》，法律出版社 2019 年版，第 6 页。

法律大数据技术研发人员面前的鸿沟往往并非技术的瓶颈而恰恰
可能是法律人的"常识"。

（二）法律大数据"领域知识壁垒"的应对

面对法律大数据的"领域知识壁垒"，需要在领域方法论上予
以应对，通过推动法学与技术的有机融合，提升法律人在法律大数
据研发中的地位。与此同时，结合法律大数据的领域特征，开展专
有的法律大数据技术创新。更为重要的还在于，要转变法学人才培
养的模式，打造法律知识工程师的培养体系，以形成破除法律大数
据"领域知识壁垒"的有生力量。

1. 强化法律人在法律大数据研发中的地位

法学理论与技术研发的对话合作，是破除法律大数据"领域知
识壁垒"最基本的方式和途径。[①] 对于法律大数据行业而言，需要
强化法律人在大数据研发中的角色与地位，树立法律人与技术人
共同主导的理念。长期以来，法律大数据的研发奉行技术主义的路
径，计算机技术人员占据主导地位。法律人在这个过程中常常游离
于核心环节之外，无法实质介入法律大数据的研发过程。随着法律
大数据本体论的构建以及"轻量级理论驱动"的法律大数据认识论
的形成，法律大数据研发不仅要充分考虑技术障碍的解决，更要关
照"领域知识壁垒"的突破。由此，法律人的角色就应该由"游离"
转向"嵌入"，不仅关注理论研究、伦理规制、实践观察与成效评估，
还要实质参与技术研发，扮演法律知识工程师的角色。当然，笔者

[①] 马长山：《AI 法律、法律 AI 及"第三道路"》，载《浙江社会科学》2019 年第
12 期，第 10 页。

对法律人在技术研发中地位的强调并非以"专业主义"来构建一种"法律人保护主义"。从域外法律大数据开发的过程来看，法律人扮演着极为重要的角色，比如斯坦福大学法学院就孵化了一系列的法律大数据创新项目。不少法律科技公司也采用"法律人＋技术人"的双创始人结构。可以说，法律大数据的开发离不开法学与计算机科学的深度融合。具体而言，法律人需要在以下环节中结合专业知识扮演积极角色。（1）法律需求分析：从专业角度分析法律大数据的实际需求，确定大数据开发的目标与方向。（2）法律领域本体构建：根据不同主题建构差异化的法律领域本体，为法律大数据分析提供基本框架。（3）数据训练集确定：法律大数据具有适配性的特点，法律人需要结合专业知识为技术人员选定合适的原始数据集。（4）法律数据标注：法律大数据的模型训练需要借助高质量的数据集，这就需要法律人通过专业知识完成高质量的数据标注，将非结构化、半结构化的原始数据转换为结构化的训练数据。（5）法律模型的校验：法律大数据的训练过程需要借助各种算法，训练结果也可能形成差异化的模型，此时法律人还需要借助专业知识对模型准确度进行校验，为技术人员优化算法与模型提供方向。同样以类案推荐为例，当前对于案件相似度的计算采用多种不同的算法。对于算法推荐的准确度，则需要法律人员结合专业知识来判定两个案件之间的实际相似度。当然，必须承认的是，法律人远离技术的现状也在逐步改变。在2018—2019年两年间，东南大学、中国社会科学院大学、清华大学、四川大学、西南政法大学等高校法学院都成功申报了科技部发布的国家重点研发计划（司法专项），获得1000—3000万元不等的科研经费支撑。这一现象具有里程碑式的意义，它既体现了传统法学学科对于前沿科技的重视，同样也体现了科技界对于法律人主导部分技术研发的认可。

2. 推动法律领域专属大数据技术的创新

法律领域大数据的"3A 特征"及其技术路径，决定了法律大数据应用的研发需要面临更高的专业门槛、技术需求和成本投入。因此，就需要结合法律专业知识着力推动法律领域的专有技术创新。[①] 通俗而言，就是要做"创新者"而不是"搬运工"。

第一，推动法律领域本体的半自动化构建技术。前文已反复提及，法律领域的本体构建与主题高度相关，差异化的业务需求对应不尽相同的领域本体，由此也就不存在法律领域的通用领域本体。也正因如此，现阶段的法律领域本体通过分主题人工构建的方式推进，大大限制了法律大数据应用对案由和业务需求的覆盖程度。从技术路径来看，法律本体构建分为"自顶向下"和"自底向上"两种模式，前者是指事先人为设定好的知识框架；后者则是事先不设定案件知识结构，通过对海量裁判文书的深度学习自主获得领域本体的框架。目前，由于法律领域高度的专业性，"自顶向下"的模式成为主流，因此法律领域的知识本体构建主要是人工构建。尽管随着NLP 技术的发展，自动化的标注方法可以识别语料库中看似重要的概念和关系。然而，当前自动化仅可以标记候选概念和关系，以供人类专家考虑。[②] 换言之，仍然需要大量人工的介入。从未来的发

---

① 刘艳红：《大数据时代审判体系和审判能力现代化的理论基础与实践展开》，载《安徽大学学报（哲学社会科学版）》2019 年第 3 期，第 104—105 页。

② Kevin D. Ashley, *Artificial Intelligence and Legal Analytics: New Tools for Law Practice in the Digital Age*, Cambridge University Press, 2017, p.178.

展路径看,如果不解决"自底向上"的自动化/半自动化构建的瓶颈,那么将极大地限制法律大数据应用的覆盖面。因此,下一阶段需要着力推动法律领域本体的半自动化构建,通过"机器学习+法律专家校验"的方式提升构建效率与准确性。

第二,推动法律训练样本的质量控制技术。"垃圾进、垃圾出"是大数据领域的共识。数据质量直接决定着训练的结果和模型的准确性。然而,正如前文强调的那样,法律领域大数据的质量控制与通用领域截然不同,前者需要进行价值判断(对与错、优与劣),而后者通常只需要形式判断(数据格式、完整度等)。因此,摆在法律大数据研发面前的重要技术瓶颈就是如何将"对"的文书从海量的文书中遴选出来进行模型训练。这一技术瓶颈恰恰是由"领域知识壁垒"所形塑的。当前,不少研发主体采用了"鸵鸟政策",比如告知实务部门虽然样本可能有"错误"的文书,但由于数量较少,不会影响模型的训练。应该说,此种解释值得商榷。从机器学习的训练路径来看,其采用的是情节与结果拟合运算的方式,任何量刑与结果的组合都会不同程度影响到量刑模型。因此,从法律领域的特殊性出发,势必要求独特的样本质量控制方案,诸如将被上诉的一审文书剔除或提高资深法官判决的权重。

第三,推动法律知识库的自动更新技术。法律领域的知识可能随着法律修订而改变,因此对于业已构建的法律大数据知识库就必须慎重对待法律制度的变迁。这就需要结合深度学习和注意力机制,从最新的法律法规、裁判文书、用户数据中抽取新的关系与属性,同现有知识库进行比对替换,从而实现法律知识库的更新。

第四,推动法律领域大数据模型的可解释性迭代。由于机器学习中神经网络的特殊结构，导致数据训练和模型构建过程中缺乏可解释性。这一技术瓶颈阻碍了大数据在法律领域的深度运用，因为对于法律从业者而言，量刑预判过程的透明性可能比预判结果的准确性更为重要。换言之，在法律人工智能的研发进程中，需要斟酌的不仅是技术上的障碍，还应该考虑法官等法律人的接受度。[①] 故而，面对一线干警对算法可解释性的高度关注，研发人员也决不能用"神经网络天生不具备可解释性"而一带而过。值得关注的是，可解释性的神经网络已然成为技术研发的全新方向。其主要思路包括特征可视化、在特征粒度理解模型决策、将深度模型进行可解释性优化等。

第五，推动法律领域专有大数据支撑技术的研发。首先，大力推进法律领域自然语义处理技术研发。当前法律领域的自然语义理解技术平移运用通用领域的相关技术，与法律领域需求不完全适应，尤其无法回应法律领域中法言法语与日常用语的语义鸿沟。同时，法律领域的自然语义理解技术是法律知识自动抽取过程中提升准确性与效率性的关键所在。该技术若无法得到有效突破，法律领域的数据标注就要依赖大量人工的介入。同样，法律领域自然语义理解技术还潜在地对法律文书生成等应用领域形成制约。因此，在下一步要推动法言法语与日常用语在语义空间层面的协同映射与对齐。其次，大力推进法律领域光学字符识别技术（OCR）的研发。对卷宗材料中图片的准确 OCR 识别是实现非结构化数据向结构化数据转换的关键一步，也是批量产生训练大数据的关键环节。当

---

① 吴习彧：《裁判人工智能化的实践需求及其中国式任务》，载《东方法学》2018年第 2 期，第 110 页。

前,通用领域的光学字符识别技术在面对通用领域识别需求时已经有着极高的准确率(尤其是面对标准的打印后扫描件)。然而,在法律领域中,OCR 技术则面临极大的挑战:一方面,案件卷宗,尤其是证据中有大量手写体文件、非规范文件的扫描版;另一方面,案件卷宗文件中还包含大量下划线(如讯问笔录)、指纹按印、加盖公章与文字重叠等问题。面对上述特殊的领域需求,OCR 技术的准确率急剧降低。因此,下一步还需要针对法律领域的特殊需求,推动 OCR 技术的优化迭代,尤其要突破手写体、重叠体、下划线、指纹覆盖、公章覆盖等图像识别的技术瓶颈。

3. 打造法律知识工程师的培养体系

法律大数据应用的研发离不开大量"既懂业务、又懂技术"的法律知识工程师的参与。不具有计算思维的人难以意识到怎样的法学问题是可计算的问题,而没有法学思维的人根本就提不出有法学研究意义的问题。[①] 因此,摆在法学院校面前的重要任务还包括建设人才培养平台,构建"大数据+法学"学科建设与复合专业人才培养体系。考虑到法学院学生的专业知识背景,复合人才的培养并非要求其实质掌握算法、模型的开发方式,而是要对法律人工智能的技术逻辑有整体的把握,对前沿技术有基本了解。举例而言,法律知识工程师只需要知道类案推荐中相似度的计算可以采用基因算法(GN)、最近邻算法(KNN)等方式,并且知道各种算法的优劣即可,至于如何开发上述算法则不在其关注之列。尽管法律知识工程师需要重点掌握的是法律大数据的"道",而非"术",但数

---

① 邓矜婷、张建悦:《计算法学:作为一种新的法学研究方法》,载《法学》2019年第 4 期,第 112 页。

学、统计学的基础知识同样不可或缺。唯有真正意义上构建交叉学科人才培养模式，法律人才能更好地成为一线实务部门与技术研发主体之间的沟通桥梁。一言以蔽之，法律人应该更多地参与到法律大数据的研发之中，贡献应有的力量，而不是敬而远之、置身事外、听之任之。

上述培养模式的改革与当下如火如荼进行的"新文科"建设不谋而合。2018 年 10 月，教育部等部门决定实施"六卓越一拔尖"计划 2.0，"新文科"的概念正式浮出水面。在此背景下，各地高校法学院也开始探索"新法科"的建设。一般认为，当今时代科学技术迅猛发展，社会需要更多高素质的复合型人才，"新法科"建设的重点内容之一就是推进法学与其他学科，尤其是自然科学的真正交叉、融合。由此，法律知识工程师培养中注重的"法律 + 大数据""法律 + 人工智能"的理念也就顺应了"新法科"建设的整体要求。尽管如此，新法科建设仍然面临不小的障碍，尤其是法科学生较为普遍的文科背景。因此，下一阶段，如何设定符合法科生实际的培养方案与课程体系，组织合理的师资力量和充足的制度支撑就成为新法科建设中各高校法学院需要共同面对的问题。

结　语

目前，法律大数据的开发与应用尚处于起步阶段。相当部分研发主体并未充分意识到法律领域的特殊性。在实践中，表现为借助通用大数据技术分析法律大数据，并将法律大数据视为通用技术在法律领域的平移运用。更有滥竽充数者将传统信息化技术包装成法律大数据与人工智能技术制造噱头、博取关注。[①] 任由上述现状的存在最终将不利于法律大数据的发展。大数据道路尽头法律行业的终极样貌固然值得眺望，但从当前法律大数据真实现状出发的反思同样重要。因此，识别法律大数据的真实特征、把握其技术逻辑，进而从实践中去伪存真就成为推动法律大数据健康发展的重要前提。本文正是在这个意义上展开的一次有限尝试。法律大数据"领域理论"的构建并非为了给大数据技术的应用设置障碍。相反，领域大数据理论的构建恰恰是从优化法律大数据应用、提升成效的思考出发，推动"通用"与"领域"的有机结合。具体而言，"3A特征"是在"4V特征"之上的扩展；轻量级理论驱动是在大数据认识论之上的优化；"领域知识壁垒"的破除有利于技术障碍的扫清。当然，本文对法律大数据基础理论的构建只是"领域大数据理论"的开端。未来，还可以在法律领域内不同细分场景中进一步深化法律大数据本体论、认识论与方法论的相关研究，以期为法律大数据的应用与推广提供充足的理论支撑。

（本文原载《中国法学》2020 年第 2 期，第 256—279 页）

---

① 刘艳红：《人工智能法学研究的反智化批判》，载《东方法学》2019 年第 5 期，第 120—121 页。

非线性递推辨识理论
在量刑数据分析中的应用

王芳　张蓝天　郭雷[*]

内容简介：司法大数据已成为法律实证研究和智慧司法工程建设的重要基础，相应地，数据计算结果的可解释性与可靠性等基础性问题愈加重要。为此，我们对非线性递推辨识理论进行了相应创新，并应用于量刑数据分析。具体来讲，依据相关法律建立了更加符合法逻辑的非线性随机量刑模型（S-模型），应用我们提出的非线性递推辨识算法和建立的关于有限数据样本下辨识精度的数学理论，对近20万故意伤害罪判决数据进行了计算分析。研究发现，与传统线性模型及最小二乘算法相比，基于我们的S-模型和非线性递推辨识算法所给出的计算结果，更符合量刑

　　* 王芳，山东大学数据科学研究院、法学院教授，山东系统与计算机法学研究中心执行主任；张蓝天，中国科学院数学与系统科学研究院博士研究生；郭雷，中国科学院数学与系统科学研究院院士。

　　本文系国家自然科学基金资助项目（项目编号：12288201）。感谢最高人民法院司法大数据研究院提供的判决数据支持，感谢中国科学院数学与系统研究院刘念和甘叠的讨论和帮助。

基本原则和具体规则，可以更准确地反映量刑要素的影响及变化，并具有更好的预测能力。

一、前言

量刑问题，关乎刑罚公正，是刑事正义的终极体现。为实现"努力让人民群众在每一个司法案件中感受到公平正义"[①]，国家持续推进量刑规范化改革，规范刑罚裁量权，促进量刑公正。随着国家智慧法院建设工程的不断推进，智能审判辅助系统在全国司法审判实践中广泛应用，公众对于司法规范性和公正性的关注和期待不断上升，相关研究也越来越关注定量分析与规范研究的结合，量刑预测以及相关因素的因果关系分析成为研究热点。这就对基于司法大数据的计算模型和计算方法的可解释性和可靠性等提出了更高要求。

目前，国内外关于基于司法判决数据的量刑问题量化研究和应用主要有两种思路。一是遵循经典的统计模型或实证方法，二是基于机器学习和自然语言处理技术挖掘法律文本中的关键信息预测分析法官决策。目前，在我国法律实证研究领域第一种思路仍为主流。其中，研究实际场景中量刑的规范性和客观性是关注焦点。白建军[②]以14万余交通肇事罪案件为样本对量刑进行确定性检验，发现通过限缩量刑情节的裁量幅度，控制样本离散性程度可以提高量

---

① 习近平在中央全面依法治国工作会议上发表重要讲话，http://gfagzc112ee fb48ed4fffhv5vfw6uvxxnq6onq.fyac.oca.swupl.edu.cn/xinwen/2020—11/17/content 5562085.htm（最后访问日期：2020年11月17日）。

② 白建军：《基于法官集体经验的量刑预测研究》，载《法学研究》2016年第6期，第140—154页。

刑的确定性,并在此基础上建立量刑的预测模型。左卫民[1]基于案件数据和访谈资料,对检察机关在认罪认罚案件中量刑建议的实践机制进行实证检验和理论反思。同时,特定因素如何影响量刑也是研究热点。魏建等[2]对2014—2016年贪污罪和受贿罪一审判决书进行实证分析,运用最小二乘回归和机制分析方法研究了异地审理与腐败惩罚的关系。唐应茂等[3]基于西部某基层法院的随机抽样构造庭审直播实验组和对照组,通过实验方法研究庭审直播对公正审判的影响。王芳[4]分析故意伤害罪样本发现通过不同途径实现的民事赔偿对量刑的影响力存在明显差别,并基于故意伤害罪致人轻伤样本研究认罪认罚对量刑的实际影响。

国外特别是美国的实证研究学者较早地将机器学习方法应用于法官决策研究中,对法官经验和法律决策模式进行分析,构造和模拟出同人类决策类似的决策模型,应用于裁判结果预测等智能系统的研发。[5]Kleinberg等[6]通过决策树、随机森林、梯度提升算法

---

[1] 左卫民:《量刑建议的实践机制:实证研究与理论反思》,载《当代法学》2020年第4期,第47—54页。

[2] 褚红丽、孙圣民、魏建:《异地审理与腐败惩罚:基于判决书的实证分析》,载《清华法学》2018第4期,第23—34页。

[3] 唐应茂、刘庄:《庭审直播是否影响公正审判?——基于西部某法院的实验研究》,载《清华法学》2021年第5期,第146—162页。

[4] 王芳:《刑事诉讼中积极赔偿对量刑的影响及其合理控制研究》,载《法学论坛》2020年第3期,第95—103页;王芳、甘叠、刘念:《认罪认罚量刑从宽实效研究——基于故意伤害罪轻罪的数据解读》,载《山东大学学报(哲学社会科学版)》2022年第3期,第65—77页。

[5] H. Surden, "Machine Learning and Law", *Washington Law Rev.*, 2014, Vol.89, pp.87—115.

[6] J. Kleinberg, H. Lakkaraju, J. Leskovec, et al., "Human Decisions and Machine Predictions", *The Quart. J. Econ.*, 2018, Vol.133, pp.237—293.

等机器学习方法构建和训练计算模型，对比法官决策结果与算法预测结果之间的差异，进而探索差异形成的原因。Berk 等[1] 通过机器学习算法对家庭暴力案件审讯前被告人是否可以保释的问题进行研究，并量化不同特征元素对预测精确度的贡献，预测再犯风险。Medvedeva 等[2] 采用欧洲人权法院数据，研究如何使用自然语言处理技术挖掘法庭审判文本，进而通过机器学习方法实现对司法判决的自动预测。我国近年来在这方面也开展了一些研究工作，如 Lyu 等[3] 提出了一种基于强化学习的犯罪元素提取网络，并使用多任务预测算法进行判决预测。Huang 等[4] 将机器学习与逻辑推理相结合的"反绎学习"方法应用在盗窃案辅助量刑工作中。尽管深度学习方法在量刑预测等方面受到广泛关注和应用，进一步的成果也值得期待，但目前在结果的可解释性和算法可靠性保证等方面仍存在不足。本文研究重点在于量刑特征要素作用大小的辨识问题，因此暂不考虑深度学习方法。

值得指出，对于法治场景，特别是涉及人身自由与财产等方面

① R. A. Berk, S. B. Sorenson, G. Barnes, "Forecasting Domestic Violence: A Machine Learning Approach to Help Inform Arraignment Decisions", *J. Empirical Legal Studies*, 2016, Vol.13, pp.94—115.

② M. Medvedeva, M. Vols, M. Wieling, "Using Machine Learning to Predict Decisions of the European Court of Human Rights", *Artif. Intell. Law*, 2020, Vol.28, pp.237—266.

③ Y. Lyu, Z. Wang, Z. Ren, et al., "Improving Legal Judgment Prediction through Reinforced Criminal Element Extraction", *Inf. Processing Manage*, 2022, Vol.59, p.102.

④ Y. X. Huang, W. Z. Dai, J. Yang, et al., "Semi-supervised Abductive Learning and Its Application to Theft Judicial Sentencing", in Proceedings of IEEE International Conference on Data Mining, 2020, pp.1070—1075.

基本权利的数据分析及预测，其背后的数学模型的适用性与计算方法的可靠性至关重要。尽管司法大数据分析在法律实证研究领域已取得了许多重要进展，但在数学模型的适用性和计算结果的可靠性方面仍鲜有深入研究。首先，建立能够适应具体法治场景的数学模型，依赖于对法律关系的深入分析和对法律推理逻辑的准确把握，而目前常用的统计学中的多元线性回归模型等仍有明显局限，本文中所讨论的量刑问题就是这方面的例子（详见本文第二部分第二小节）。其次，经典的统计学计算方法，其理论依据主要基于大数定律和中心极限定理等概率统计中渐近性质的经典结果，往往需要先验性地假设数据满足良好的统计性质（如独立同分布等），并且在数据样本量有限的实际情况下，难以给出对计算结果可靠性的精准估计。

为克服传统线性模型的适用性局限并保证计算结果的可靠性，我们依据《刑法》和量刑规则，提出了新的非线性量刑模型；考虑到相关法律法规和刑事政策可能随时间动态变化，我们利用在相伴论文[①]中提出的非线性递推计算方法，对故意伤害罪判决数据进行计算，实现了以下三个方面的创新。

第一，模型创新。建立了更加符合法逻辑的，具有可解释性的非线性量刑模型（S-模型），体现了量刑所固有的非线性饱和特性。详言之：（1）增加了基于犯罪构成要素对量刑起点和基准刑的考虑，更加符合量刑的法逻辑；提出了处理量刑起点与基准刑的不确定性所引起的非适定性问题的方法。（2）在此基础上，进一步引入非线

---

① L. T. Zhang, L. Guo, *Adaptive Identification with Guaranteed Performance under Saturated-observation and Nonpersistent Excitation*, 2022, Ar Xiv:2207.02422.

性饱和函数，以体现实际量刑中对宣告刑的法定刑区间限制，即对于根据量刑情节调节计算后超过或低于相应法定刑区间的案件，其宣告刑应限定在法定刑区间内，但允许宣告刑因"减轻"情节而向下浮动。这一对法定刑区间限制的建模考虑弥补了传统线性模型的相应不足。(3)缓刑与有期徒刑之间的关系是许多研究者关注的问题，我们通过对比实验讨论了缓刑因素在建模中的适当作用。

　　第二，理论保证。针对我们建立的新的非线性量刑模型，需要创造相应的能保证计算可靠性的新算法。作者在相伴论文[①]中构建了两步骤随机拟牛顿（two-step quasi-Newton，TSQN）递推辨识算法，并建立了相应的算法收敛性理论。运用这一递推算法，可以从理论上给出根据司法数据所计算的未知参数估计值的可靠性保证，还可以观测估计值随时间的可能变化趋势。换言之：(1)算法具有全局收敛性理论保障，并且不需要数据满足传统的独立同分布等假设条件，更加适合司法判决这一类实际数据的基本性质。(2)鉴于全国刑事司法审判在空间上的一致性和时间的关联性，通过递推算法可以观察主要量刑影响因素的实际作用随时间的可能变化趋势。(3)从理论上给出在有限数据样本下参数估计的可靠性保证，准确界定量刑情节的实际作用大小。

　　第三，计算效果。利用故意伤害罪判决数据，对司法判决与量刑规则的符合程度进行了实际检验，使用的数据集包括2011年1月到2021年6月的故意伤害罪刑事一审判决。从检验效果来看：(1)根据我们建立的非线性模型和相应的新计算方法，给出的刑期

---

① L. T. Zhang, L. Guo, *Adaptive Identification with Guaranteed Performance under Saturated-observation and Nonpersistent Excitation*, 2022, Ar Xiv:2207.02422.

预测的准确度明显高于线性回归模型，具有更好的预测能力；（2）基于非线性模型的计算结果更符合量刑基本原则和具体规则，可以更好地反映量刑情节的实际影响。这对于发现司法审判事实，推动司法公正具有重要意义。

二、量刑模型的建立

（一）量刑的逻辑基础及过程

量刑，是法院根据犯罪行为及刑事责任的轻重，在定罪的基础上对被告人是否判处刑罚，判处何种刑罚、何种刑度以及是否立即执行的刑事审判活动。① 量刑的结果承载着刑罚公正，在某种意义上是罪责刑相适应的刑罚基本原则的终极体现。现代刑罚观，一般既强调基于报应主义的一般公正，满足一般人的法感情；也蕴含基于人身危险性的差别处遇，满足对社会的防卫需求。我们可以将其理解为惩罚犯罪行为的确定性与预防再犯的不确定性的统一。注意，上述两个方面的作用或功能并不是均分的。虽然在预防主义刑罚观的思想推动下，人身危险性要素逐渐在量刑中发挥越来越重要的作用，但无论人身危险性要素如何发挥作用，刑罚适用的轻重程度都必须以法定刑为标准，并且不能超出刑事责任范围。因此，在责任主义刑罚观为主的现代刑罚体系中，确定性或一致性仍占据主导地位。对于确定性因素相同或相近的案件给予相同或相近的刑罚处罚，是目前我国司法改革所强调的"同案同判"的主旨，它体

---

① 张明楷：《刑法学》，法律出版社 2021 年版。

现了以责任为基础的刑罚公正。但同时，有关"人"和政策的一些不确定性要素仍可以在量刑中发挥一定作用。对这些"不确定性"要素的考量，体现了更为广泛的法官自由裁量权。总之，量刑的模型化并不意味着机械化，更不意味着绝对的整齐划一。它应当是共性与个性的统一，一致性与多样性的统一。因此，一个好的量刑模型及计算方法，应该能够达到比较高的预测精度，但不可能也不应该达到 100% 的预测准确性。建立量刑模型的目的在于，借助"法律规范"和"司法共识"推动量刑的规范化，实现刑罚公正；同时，也为法律实证研究提供一个可计算、可依照的基本出发点。

就量刑的基本方法步骤，2009 年之前最高人民法院颁布的《人民法院量刑指导意见（试行）》（简称《量刑指导意见》）要求在法定量刑幅度内划分若干刑格，在刑格中确认基准刑，然后确认宣告刑。自 2010 年修订后，《量刑指导意见》改变了刑格方式，而采用了"量刑起点—基准刑—宣告刑"的量刑模式。参考 2010 年以后的《量刑指导意见》，具体的量刑过程如下：在定性分析的基础上，结合定量分析，依次确定量刑起点。基准刑和宣告刑。量刑起点应根据基本犯罪构成事实在相应的法定刑幅度内确定；再根据其他影响犯罪构成的犯罪数额、犯罪次数、犯罪后果等犯罪事实，在量刑起点的基础上增加刑罚量确定基准刑；然后根据量刑情节调节基准刑，并综合考虑全案情况，依法确定宣告刑。根据《量刑指导意见》，量刑情节调节基准刑的方法，是根据量刑情节的调节比例直接调节基准刑；对于具有多个量刑情节的，一般根据各个量刑情节的调节比例，采用同向相加，逆向相减的方法调节基准刑。这一按比例调节的方法，在模型中表现为乘积关系。

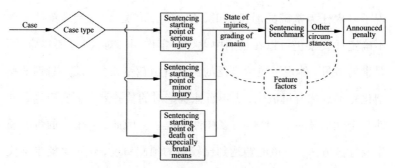

图1 故意伤害罪量刑逻辑过程

　　我国《刑法》中涉及罪名众多，每个罪都有独立的犯罪构成要件和量刑阶梯，因此，很难建立一种准确适应所有类型犯罪的通用量刑模型；或者说通用模型很难实现计算的精准性目标。因此，我们需要根据具体犯罪的犯罪构成，还原符合个罪特征的量刑逻辑过程。本文以故意伤害罪为例进行建模。图1展示了故意伤害罪基本的量刑逻辑过程，包括了致人重伤、致人轻伤、手段特别残忍或致人死亡等三类量刑起点类型。

　　值得指出，在量刑建模过程中，宣告刑具有浮动边界。一方面，量刑情节对基准刑的调节结果并不等同于宣告刑，宣告刑需受法定刑边界的限制，并且这一边界是浮动的。在实际的案件中，多量刑情节共存是比较普遍的情况。按照"同向相加，逆向相减"的计算规则，可能经常会出现超出法定刑区间的计算结果。当出现超出法定刑区间的计算结果时，需要考虑以下两种情况对计算结果进行调整。第一种情况，法定刑边界，即宣告刑边界，宣告刑不能突破法定刑区间限制。这种情况适用于有"从轻""从重"情节时（依据《刑法》第62条）。第二种情况，可以在法定刑底线以下确定宣告刑，宣告刑边界向下浮动。这种情况适用于具有"减轻"情节时（依据

《刑法》第63条）。具体就故意伤害罪而言（《刑法》第234条），根据罪行的轻重，法定刑区间分为三类：（1）致人轻伤的，处3年以下有期徒刑，拘役或者管制；（2）致人重伤的，处3年以上10年以下有期徒刑；（3）致人死亡或者以特别残忍手段致人重伤造成严重残疾的，处10年以上有期徒刑、无期徒刑或者死刑。另一方面，有期徒刑总量存在区间控制。就一罪（不考虑数罪并罚）而言，根据《刑法》第45条，有期徒刑的期限为6个月以上，15年以下。亦即刑期总量控制的区间为6个月至15年。

　　总之，有期徒刑量刑除受罪行轻重（致人轻伤、重伤、死亡或手段特别残忍）的影响，还受具体情节的性质（从重、从轻、减轻）的影响，也受有期徒刑刑期总量控制。因此，在构建数学模型时，需要根据这些规则通过饱和函数的变化来体现宣告刑的边界。

（二）非线性量刑模型（S-模型）及特点

　　基于上述量刑逻辑过程和建模要点，我们将所有样本按照判决时间先后排序，可以得到如下的饱和（saturation）非线性回归模型（简称S-模型）：

$$y_t = S_t \left(\overbrace{(\underbrace{a_t}_{\text{量刑起点}} + \overbrace{bx_t^{(1)} + cx_t^{(2)} + dx_t^{(3)}}^{\text{刑罚量}})}^{\text{基准刑}} \right.$$

$$\left. (\underbrace{1 + \phi_t^T \vartheta + e}_{\text{量刑情节因素的影响}}) + w_t \right), \tag{1}$$

　　其中，非线性主要体现为饱和函数 S_t 的非线性，以及模型参数的乘积所体现的非线性。值得指出，模型中的乘积非线性项可以通过扩展回归向量维数或根据数据性质分组转化为多个线性项，而饱和非线性特征无法转换。饱和函数具体定义如下：

$$S_t(x) = \begin{cases} U_t, & x > U_t, \\ x, & L_t \leqslant x \leqslant U_t, \\ L_t, & x < L_t. \end{cases} \qquad (2)$$

模型中 y_t 为第 t 个案件的有期徒刑刑期（单位：月）；同一天发生的案件可以随机排序，对计算结果没有实质性影响。a_t 表示量刑起点（单位：月）；$x_t^{(1)}$，$x_t^{(2)}$，$x_t^{(3)}$ 分别表示第 t 个案件中决定刑罚量的轻伤人数、重伤人数、死亡人数；b，c，d 分别代表每多造成一个轻伤、重伤、死亡所增加的刑期；ϕ_t 表示所选取的量刑特征因素构成的回归向量（特征因素的选择问题，将在下一小节讨论），其各分量的值为 0 或 1；θ 表示量刑特征因素所对应的未知参数向量，每一个分量体现了对应特征因素作用所占的百分比；e 是建模的偏置项，代表可能未考虑到的其他量刑特征因素的综合影响；w_t 是可能存在的随机噪声；U_t 是相应法定刑区间的上限，分别取为 36（月），120（月）和 180（月）；L_t 是相应法定刑区间的下限，分别取为 6（月），36（月）和 120（月），它们因轻伤、重伤、死亡（手段特别残忍）案件性质的不同而不同，并且根据法定量刑情节的性质而浮动；$(\cdot)^T$ 表示向量转置符号。

值得指出，相较目前法律实证研究中常用的线性模型，上述 S-模型的特色至少体现在如下三方面。

第一，体现了量刑中固有的非线性饱和特性。饱和函数 S_t 体现了法定刑区间，弥补了传统线性模型无上下界的不足。在具体取值时，具有"减轻"情节的死亡案件，饱和函数的下界可取为重伤案件饱和函数的下界；对于有"减轻"情节的重伤案件来说，饱和函数的下界可取为轻伤案件饱和函数的下界；但对于有"减轻"情节的轻伤案件来说，饱和函数的下界取为 6（月）。

第二，依据量刑起点、基准刑、量刑情节因素在司法中的逻辑关系，明确了它们在模型中的具体作用。量刑起点与基准刑的确定是量刑中一个基本问题。在以往的研究中，通常利用的是多元线性回归模型，犯罪构成与量刑情节等诸多要素的影响是以线性叠加的方式出现的。根据《刑法》和《量刑指导意见》的相关规定，量刑情节对基准刑的调节是"比例（乘积）"型的逻辑关系，据此，我们在 S-模型中明确了量刑起点、基准刑、量刑情节因素的应然作用，由此可以通过判决数据合理判断各要素的具体作用大小与法律规范的符合程度。

第三，模型不但考虑了上述"确定性"因素的影响，而且考虑了未建模或"不确定性"因素的影响。对此，我们设置了未知偏置项 e 和随机噪声项 w_t 以体现未建模或不确定性因素对量刑的可能影响。

此外，可以根据各省具体规定进一步细化模型，提高模型的准确性。以山东省为例，根据山东省高级人民法院《关于常见犯罪的量刑指导意见》关于量刑起点及基准刑确定的规定[①]，追加考虑轻微

----

① 山东省高级人民法院《关于常见犯罪的量刑指导意见》故意伤害罪量刑起点：(1)故意伤害致一人轻伤的，轻伤二级的，在一年至一年六个月有期徒刑幅度内确定量刑起点；轻伤一级的，在一年六个月至二年有期徒刑幅度内确定量刑起点。基准刑确立：(1)每增加一人轻微伤，增加一个月至二个月刑期。(2)每增加一人轻伤，轻伤二级的，增加六个月至一年刑期；轻伤一级的，增加一年至一年六个月刑期。(3)造成被害人六级至三级残疾，每增加一级残疾，增加一年至一年六个月刑期；造成被害人残疾程度超过三级的，每增加一级残疾，增加二年至二年六个月刑期。(4)使用刀具等锐（接下页）

伤人数、被害人人数、被害人伤残等级、持械伤人等情况，并可以给出"基准刑"的确定值。因本文主要研究全国判决数据样本，故在此不详细讨论各省具体情况。

（三）量刑特征选择

对于样本数据，最高人民法院司法大数据研究院在人工标注基础上运用自然语言处理技术提取了量刑相关字段302个。在此基础上，我们根据不同的计算目的，分别进行了进一步的特征选择。

首先，按照这些字段的法律属性归类（比如将"前科"与"因**受过刑事处罚"合并），得到如下64个"自然特征"用于刑期预测：缓刑、提出附带民事诉讼、致人死亡、重伤一级、重伤二级、重伤、轻伤一级、轻伤二级、轻伤、致人轻微伤、残忍手段、一级伤残、二级伤残、三级伤残、四级伤残、五级伤残、六级伤残、首要分子、一般主犯、雇佣他人、从犯、主动自首、准自首、劝说自首、避免严重后果发生、坦白、揭发同案犯共同犯罪事实、被害人过错、民间矛盾、家庭纠纷、累犯、前科、初犯偶犯、认罪认罚、当庭自愿认罪、谅解、积极赔偿并达成谅解、刑事和解、积极赔偿并刑事和解、积极赔偿、抢救被害人、持械斗殴、是否有辩护人、75周岁以上、互殴、结伙聚众斗殴、又聋又哑的人或盲人、刑事责任年龄（14—16）、不满18周岁、胁从犯、教唆犯、正当防卫、防卫过当、紧急避险、避险过当、精神病人犯罪、立功、犯罪预备、未遂犯、中止犯、涉黑涉恶、寻衅

（接上页）器、棍棒等钝器伤人的，每次犯罪增加一个月至三个月刑期；使用枪支伤人的，每次犯罪增加六个月至一年刑期。事先准备或者携带上述工具并使用的，在增加刑期幅度内从重考虑。

滋事、犯罪对象特殊、未造成损害后果。

其次，进一步选择"主要特征"，用于对主要特征因素影响的辨识。

第一步，根据相关性对自然特征进行合并。直观上讲，用于建模的特征因素之间的相关性越大，辨识区分这些特征对量刑的影响程度越困难。理论上讲，特征间的相关性越大，相应的"信息矩阵"所包含的信息量越少，辨识结果的可靠性越差。[①] 因此，为了得到良好的辨识结果，我们根据法律中相关规定对相近或相似的自然特征进行必要的合并。比如，将"首要分子""一般主犯""雇佣他人"合并为"主犯"。

第二步，根据具体特征的分布情况，删除了部分过分稀疏的特征（频次少于 200，加入后不足以产生影响）。为进一步排除这些特征的影响，我们把含有这些特征的案件也相应删除。最终在建模中确定了 28 个主要的特征因素：重伤人数、轻伤人数、轻微伤人数、手段残忍、伤残等级/人数、缓刑、死亡、自首、坦白、和解、谅解、积极赔偿、认罪认罚、附带民事诉讼、主犯、从犯、民间矛盾、抢救被害人、持械、是否有辩护人、初犯偶犯、当庭自愿认罪、被害人过错、累犯、前科、75 周岁以上、又聋又哑盲人、互殴。注意到，其中"缓刑"与其他特征因素的性质有所不同，因此有必要专门讨论其在建模中的作用方式。

---

① L. T. Zhang, L. Guo, *Adaptive Identification with Guaranteed Performance under Saturated-observation and Nonpersistent Excitation*, 2022, Ar Xiv:2207.02422；郭雷：《不确定性动态系统的估计、控制与博弈》，载《中国科学：信息科学》2020 年第 50 期，第 1327—1344 页。

第三步,确定缓刑(特征因素)在建模中的作用及方式。

缓刑是一种刑罚执行方式,是附条件的暂不执行原判刑罚。根据《刑法》第72条规定,对于被判处拘役,三年以下有期徒刑的犯罪分子,可以宣告缓刑,对其中不满18周岁的人、怀孕的妇女和已满75周岁的人,应当宣告缓刑。从相关法律规定看,缓刑与有期徒刑并无明确的因果关系。但是,我们尚无法排除在司法实践中缓刑与有期徒刑之间存在影响的可能性,更缺乏对有期徒刑与缓刑之间定量关系的恰当描述。为此,我们利用数据做了以下三组对照实验,以探究缓刑(特征因素)的实际作用。

表1 缓刑对刑期预测的影响

	(a) Without probation	(b) Probation variable (dummy)	(c) Probation variable (with length)
Prediction accuracy	0.9088	0.9120	0.9074

(a)假定缓刑不影响有期徒刑刑期。选取除缓刑外的全部其他自然特征进行建模,并利用TSQN算法对刑期进行递推预测,记录预测精度。

(b)假定缓刑影响有期徒刑刑期,但缓刑期限不影响。在量刑情节中加入缓刑哑变量(即若有缓刑为1,否则为0)作为特征因素,进行递推预测计算并记录预测精度。

(c)假定缓刑影响有期徒刑刑期,并且缓刑期限也有影响。在模型中加入缓刑期限变量,进行递推预测计算并记录预测精度。

表1展示了上述3种情况下缓刑(特征)对刑期预测精度影响

的实验结果。可以看出，在情形（b）下，预测精度最高。这说明把缓刑哑变量作为建模的特征因素之一更恰当。

三、计算方法及说明

（一）样本数据说明

本研究数据来源于最高人民法院司法大数据研究院。样本取自 2011 年 1 月至 2021 年 6 月的故意伤害罪初审判决。为减少文本结构化过程中的误差，提高数据准确性，我们排除了多被告、数罪的判决文书，即采用了故意伤害罪一罪的判决，并选取其中判处有期徒刑的判决，共计 19.959 万。其中，致人轻伤案件 17.1666 万，致人重伤案件 2.4503 万，致人死亡案件 0.3421 万。由于致人死亡的结果与死刑和无期徒刑的判决有较大关联，且有期徒刑判决数量相对较少，本文主要考虑致人重伤或轻伤的样本（共计 19.6169 万），致人死亡案件另文研究。

同时，由于司法判决数据随着时间的增加而逐渐积累，而且可能因法律或刑事政策的变化而变化，司法判决数据在本质上是关于时间的流数据。进一步，全国的刑事司法审判还具有空间上的一致性和时间上的关联性，其依据在于：第一，《刑法》《量刑指导意见》在全国范围内具有一致的法定指导作用，各省在量刑上虽然可能存在地域差异，但差异不能超出法定范畴。第二，类案推送系统在全国范围的适用，以及最高人民法院批量指导案例与典型案例的发布，对后续的全国司法审判均有显著的引导作用。因此，按判决时间进行排序并进行相关分析是合理的。

（二）不适定问题处理

根据《量刑指导意见》，量刑起点是一个区间。在审判实践中，需要根据基本犯罪构成事实在相应的幅度内确定一个具体的起刑点，但其具体值可能因地区或司法习惯的差异而有所不同。关于量刑起点如何确定，理论界曾有一些讨论和建议，但并未转化为司法实践的确定性规则。为此，我们需要通过计算实验并结合司法实践，确定模型中量刑起点的计算值。

从 S- 模型可以看出，在量刑起点、刑罚量系数、量刑情节因素系数和偏置项都未知的情况下，对量刑模型进行求解是一个数学上的不适定问题，即解不具备存在唯一性。进一步，从 S- 模型可以看出，基准刑与量刑情节因素以乘积的形式出现在模型中，前者减小或增大总能通过后者增大或减小来补偿。换言之，从方程求解的角度，同时估计量刑起点、刑罚量、量刑情节作用和偏置项大小，是不适定的数学问题。因此，为了估计量刑情节因素的真实作用，我们需要额外信息和其他方法来确定合适的量刑起点。值得指出，如果我们的额外信息是"偏置项为零或可以忽略"，那么上述"不适定"问题将变成可以解决的适定问题。

表 2 量刑预测精度随量刑起点的变化

	Range 0	Range 1/6	Range 1/3	Range 1/2	Range 2/3	Range 5/6	Range 1
Prediction accuracy	0.9119	0.9120	0.9120	0.9120	0.9119	0.9118	0.9116

表3　偏置项估计值随量刑起点的变化

	Range 0	Range 1/6	Range 1/3	Range 1/2	Range 2/3	Range 5/6	Range 1
Biasterm estimate	0.1062	0.0346	−0.0289	−0.0854	−0.1359	−0.1814	−0.2226

在一般情形下，我们可以通过进一步的计算实验并结合司法实践经验给出解决不适定性问题的方案。首先，我们构造并开展如下计算实验：将量刑区间六等分，分别取量刑起点为量刑区间的1/6，1/3，1/2，2/3，5/6处以及区间的最低点和最高点进行计算，得到7组不同的预测精度及偏置项估计值，结果如表2和表3所示。

由表2可以看出，量刑预测精度受量刑起点变化的影响很小（小于0.04%），尤其是换算为天数后误差小于一天，故误差可忽略不计。从数学模型上看，量刑起点选择的差异性，可以通过量刑情节作用的大小进行调节，从而能够保持刑期的预测精度。

进一步，在7种不同量刑起点计算情形下，通过计算我们发现量刑情节因素系数的估计值变化不大。然而，偏置项估计值 e 的变化相对比较显著（见表3）。这说明，偏置项的变化主要受量刑起点选择的影响。因此，考虑到偏置项在建模中的意义，对量刑起点的合理选择，应使其所对应的偏置项绝对值最小。根据上述实验结果我们发现，偏置项的绝对值在量刑区间的1/3处达到最小值（见表3）。

同时，我们调研访谈了山东省三地市以及上海市某区基层法院刑事审判庭，获知法官一般也将量刑起点选择在量刑区间的三分之一处。因此，我们在模型构建和数据计算过程中，将量刑起点选在相应量刑区间的 1/3 处。具体到故意伤害罪,根据《量刑指导意见》,可以根据致人轻伤、致人重伤、致人死亡或手段特别残忍三个等级所规定的量刑起点区间(分别为 2 年以下, 3 年到 5 年, 10 年到 13 年)[①],确定出具体的量刑起点。当然,也可以通过实验来进一步寻找可能更小的偏置项所对应的量刑起点值。但那样做对参数估计和量刑预测结果都没有显著影响,因此可不必作进一步讨论。

(三)具体计算方法

针对当前 S- 模型的双重非线性,有两种方法可以将饱和函数内部的乘积非线性项转化为线性回归的形式:一是升高回归向量的维数;二是根据数据性质分组。在本文中两种方法的计算结果基本一致,以下只介绍第一种方法。引入新的高维回归向量 ϕ_t 如下:

$$\varphi_t = \left(a_t, x_t^{(1)}, x_t^{(2)}, x_t^{(3)}, a_t\phi_t^{\mathrm{T}}, x_t^{(1)}\phi_t^{\mathrm{T}}, x_t^{(2)}\phi_t^{\mathrm{T}}, x_t^{(3)}\phi_t^{\mathrm{T}}\right)^{\mathrm{T}}, \tag{3}$$

相应地,定义如下未知参数向量:

$$\theta = \left(1+e, b(1+e), c(1+e), d(1+e), \vartheta^{\mathrm{T}}, b\vartheta^{\mathrm{T}}, c\vartheta^{\mathrm{T}}, d\vartheta^{\mathrm{T}}\right)^{\mathrm{T}}. \tag{4}$$

则上述 S- 模型可以转换为如下形式上的饱和非线性随机模型:

$$y_t = S_t\left(\varphi_t^{\mathrm{T}}\theta + w_t\right). \tag{5}$$

显而易见,只要从模型(5)中辨识出未知参数 θ,就可以根据

---

① 故意伤害罪可以根据下列不同情形在相应的幅度内确定量刑起点:(1)故意伤害致一人轻伤的,可以在二年以下有期徒刑、拘役幅度内确定量刑起点。(2)故意伤害致一人重伤的,可以在三年至五年有期徒刑幅度内确定量刑起点。(3)以特别残忍手段故意伤害致一人重伤、造成六级严重残疾的,可以在十年至十三年有期徒刑幅度内确定量刑起点。依法应当判处无期徒刑以上刑罚的除外。

（4）确定出原模型（1）的参数（e，b，c，d，ϑ^{T}）。对上述模型，为了提高非持续激励数据条件下的辨识精度，我们在相伴论文[①]中提出了两步骤随机拟牛顿（TSQN）递推辨识算法并建立了相应的估计误差理论。该算法具体公式如算法 1 所示。

算法 1 TSQN 算法

Step 1. 对 $t \geqslant 1$，递推计算初步的估计值 $\overline{\theta}_t$：

$$\overline{\theta}_t = \Pi_{\overline{P}_t^{-1}} \left\{ \overline{\theta}_{t-1} + \overline{a}_t \overline{\beta}_t \overline{P}_{t-1} \varphi_t \left[y_t - G_t \left(\varphi_t^{\mathrm{T}} \overline{\theta}_{t-1} \right) \right] \right\},$$

$$\overline{P}_t = \overline{P}_{t-1} - \overline{a}_t \overline{\beta}_t^2 \overline{P}_{t-1} \varphi_t \varphi_t^{\mathrm{T}} \overline{P}_{t-1},$$

$$\overline{\beta}_t = \min \left\{ \underline{g}_t, \frac{1}{2\overline{g}_t \varphi_t^{\mathrm{T}} \overline{P}_{t-1} \varphi_t + 1} \right\},$$

$$\overline{a}_t = \frac{1}{1 + \overline{\beta}_t^2 \varphi_t^T \overline{P}_{t-1} \varphi_t}. \tag{6}$$

Step 2. 对 $t \geqslant 1$，基于 $\overline{\theta}_t$ 递推计算改进的估计值 $\hat{\theta}_t$：

$$\hat{\theta}_t = \Pi_{P_t^{-1}} \left\{ \hat{\theta}_{t-1} + a_t \beta_t P_{t-1} \varphi_t \left[y_t - G_t \left(\varphi_t^{\mathrm{T}} \hat{\theta}_{t-1} \right) \right] \right\},$$

$$P_t = P_{t-1} - a_t \beta_t^2 P_{t-1} \varphi_t \varphi_t^{\mathrm{T}} P_{t-1},$$

$$\beta_t = \frac{G_t \left(\varphi_t^{\mathrm{T}} \overline{\theta}_{t-1} \right) - G_t \left(\varphi_t^{\mathrm{T}} \hat{\theta}_{t-1} \right)}{\varphi_t^{\mathrm{T}} \overline{\theta}_{t-1} - \varphi_t^{\mathrm{T}} \hat{\theta}_{t-1}} I_{\left\{ \varphi_t^{\mathrm{T}} \hat{\theta}_{t-1} - \varphi_t^{\mathrm{T}} \overline{\theta}_{t-1} \neq 0 \right\}} + G_t^{\mathrm{T}} \left(\varphi_t^{\mathrm{T}} \hat{\theta}_{t-1} \right) I_{\left\{ \varphi_t^{\mathrm{T}} \overline{\theta}_{t-1} - \varphi_t^{\mathrm{T}} \hat{\theta}_{t-1} = 0 \right\}},$$

$$a_t = \frac{1}{\mu_t + \beta_t^2 \varphi_t^{\mathrm{T}} P_{t-1} \varphi_t}, \tag{7}$$

其中，函数 $G_t(x) = \sum \left[S_t(x + w_t) \big| \mathcal{F}_t \right]$ 是在给定 $\mathcal{F}_t$ 下的条件数学期望，$\{\mathcal{F}_t\}$ 是由噪声产生的非降 $\sigma -$ 代数族；$\Pi_{\overline{P}_t^{-1}}$ 是投影算子，详见到文献[13]；$\underline{g}_t = \inf_{x \in D} \left\{ G_t' \left(\varphi_t^{\mathrm{T}} x \right) \right\}$，$\overline{g}_t = \sup_{x \in D} \left\{ G_t' \left(\varphi_t^{\mathrm{T}} x \right) \right\}$，其中 $G_t'(x)$ 是 $G_t(x)$ 关于 x 的导数；μ_t 可以选取为任意 $\mathcal{F}_t$ 可测的随机变量，但满足 $0 < \inf_{t \geqslant 0} \{ \mu_t \} \leqslant \sup_{t \geqslant 0} \{ \mu_t \} < \infty$；算法初始值 $\overline{\theta}_0$ 及 $\hat{\theta}_0$ 可以任意从未知参数所属的先验凸紧集 D 中选取，而初始矩阵 $\overline{P}_0 > 0$ 及 $P_0 > 0$ 可任意选取。

---

① L. T. Zhang, L. Guo, *Adaptive Identification with Guaranteed Performance under Saturated-observation and Nonpersistent Excitation*, 2022, Ar Xiv:2207.02422.

该算法的突出特点如下：第一，是针对量刑中具有饱和性质的S-模型所设计的，不同于传统的线性最小二乘等算法。第二，可以证明，算法不但具有全局收敛性理论依据，并且当数据的样本量有限时，也可以从理论上给出参数估计误差的可靠上下界，详见文献[①]。第三，不需回归向量的独立同分布性等传统上难以满足的统计假设，更加适合司法判决这一类复杂社会数据的特性。第四，算法具有自适应性，即下一时刻的估计值是当前时刻的估计值根据新数据所做的实时更新，因此通过自适应算法能够观察模型中量刑特征因素作用大小可能随时间变化的情况。

具体到本文考虑的量刑数据分析，通过数据对噪声 w_t 进行估计，启示我们其分布可以用均值为 0，标准差为 5 的正态分布来建模。因此，在具体量刑计算和由 Monte Carlo 方法给出的参数估计误差不等式中，我们假设了噪声独立并服从 $N(0,25)$ 分布。事实上，对这样建模的噪声，我们用近 20 万的司法判决数据，可以给出对刑期的高精度自适应预测（见第四部分第一小节），由此也说明对噪声这样建模的合理性。此外，在本文考虑的量刑数据计算问题中，函数 $G_t(\cdot)$ 可以具体表达为 $G_t(x)=U_t+(L_t-x)F(L_t-x)-(U_t-x)F(U_t-x)+25[f(L_t-x)-f(U_t-x)]$，导数 $G_t'(\cdot)$ 的表达式为 $G_t'(x)=F(U_t-x)-F(L_t-x)$，其中 $F(\cdot)$ 及 $f(\cdot)$ 分别是正态分布 $N(0,25)$ 的分布函数及概率密度函数；特征因素"重伤人数"对应参数的投影区间为 [0，40]，特征因素"轻伤人数"对应参数的投影区间为 [0，10]，偏置项

---

① L. T. Zhang, L. Guo, *Adaptive Identification with Guaranteed Performance under Saturated-observation and Nonpersistent Excitation*, 2022, Ar Xiv:2207.02422.

投影区间为 [−1，1]，其余特征中增刑特征因素（如，持械）对应参数的投影区间为 [−0.1，1]，减刑特征因素（如，自首）对应参数的投影区间为 [−1，0.1]；μ_t=25；初始值 $\overline{P}_0$=P_0=I，$\overline{\theta}_0$ 及 $\hat{\theta}_0$ 选取为 θ 的线性最小二乘估计值作为上述算法的初始值。进一步，针对当前给定的有限数据样本集，本文利用 Monte Carlo 模拟方法及相应误差估计理论[①] 给出参数估计误差的上下界，其中可调参数选择为 α=0.09，t=0.01，K=100000。

表4　S-模型预测 vs. L-模型预测

	Prediction accuracy
S-model	0.9120
L-model	0.8494

四、结果分析及意义

（一）量刑预测精度

本小节将依据实际判决数据对刑期进行预测，并对式（5）所给出的 S-模型与式（5）中没有饱和函数时的线性（linear）模型（简称 L-模型）的预测精度进行比较。当我们只关注致人轻伤案件时，从数据中可以看出大部分判决的刑期都在相应的饱和区间之内，在此情况下，饱和函数并不发挥本质性作用。但是，在致人重伤的情形

---

① L. T. Zhang, L. Guo, *Adaptive Identification with Guaranteed Performance under Saturated-observation and Nonpersistent Excitation*, 2022, Ar Xiv:2207.02422.

下，13429 个判决达到致人重伤的法定刑区间（饱和函数）下限（3年），11074 个判决位于法定刑区间内；在此情况下，饱和函数可以发挥关键作用（可以充分体现模型的饱和性质）。我们定义量刑预测精度为

$$\frac{1}{T}\sum_{t=1}^{T}\frac{|y_t - \hat{y}_t|}{y_t},\tag{8}$$

其中，y_t 是第 t 个案件判决的实际有期徒刑，$\hat{y}_t$ 是根据前 t-1 个案件的判决数据对第 t 个案件刑期的自适应预测，T 为判决总数。上述定义给出的是相对预测误差的平均值。作为对比，我们同时实验了 L- 模型下递推最小二乘（RLS）算法的量刑预测精度。表 4 展示了总体数据集下，两类模型在精度预测方面的对比，可以看出，针对故意伤害致人重伤案件的刑期预测，S- 模型与 L- 模型相比总体平均提高了约 6.26%。图 2 展示了 2011—2021 年预测精度的变化趋势，可以看出，S- 模型的预测精度始终远高于 L- 模型的预测精度。

（二）参数辨识的合理性与可靠性

本小节利用故意伤害罪实际判决数据进行计算，给出 S- 模型中关于特征因素影响大小的具体估计值，说明其合理性与可靠性。与此同时，我们也将讨论 L- 模型给出的估计值与 S- 模型估计值的差距。

随着近年来我国全面依法治国战略的推进，特别是量刑规范化改革的不断深入，我们认为，刑事司法审判在总体上符合《刑法》和《量刑指导意见》的相关规定。在这一前提下，我们对 S- 模型和

L- 模型估计值的合理性进行比较，详见表 5。其中，S- 模型估计误差的上下界是在有限样本（19.6169 万）下基于 Monte Carlo 方法得到的 90% 置信界，置信上下界分别代表估计误差（$\theta-\hat{\theta}$）的 0.95 分位数和 0.05 分位数的估计值，具体计算公式参见文献[1]；L- 模型估计误差上界为 90% 概率误差绝对值上界，具体由有限样本下最小二乘算法估计误差不等式进行计算。[2]

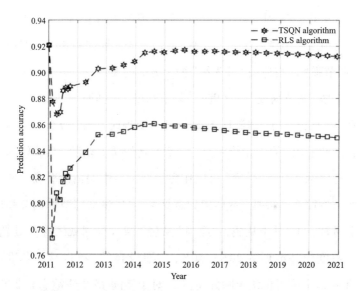

图 2　重伤案件量刑预测精度对比（2011—2021）：S- 模型 vs. L- 模型

通过表 5 可以看出 S- 模型的两方面特点。

第一，S- 模型的建模更合理。如前所述，在量刑模型中偏置项

① L. T. Zhang, L. Guo, *Adaptive Identification with Guaranteed Performance under Saturated-observation and Nonpersistent Excitation*, 2022, Ar Xiv:2207.02422.

② 郭雷：《时变随机系统：稳定性与自适应理论》，科学出版社 2022 年版，第 155 页。

体现了未建模因素对量刑的可能影响。偏置项的绝对值越小，说明未建模因素的影响越小或建模误差越小。由表 5 可以看出，L- 模型的偏置项估计值（0.04—0.05）大于 S- 模型估计值（0.0289），S-模型的建模误差更小，因此更合理。

第二，S- 模型对具体量刑情节的估计更合理。根据表 5，我们将说明 S- 模型相较 L- 模型对具体的量刑情节的估计更加合理，特别是对从犯、75 周岁以上、自首、和解谅解等情节的估计，更加符合法定预期。为说明这一合理性，我们首先需要回顾相关量刑情节的"调节强度"与适用"优先级"两个方面的要点。

一是"调节强度"。这里的"调节强度"包括两个维度：第一个维度是，是否具有"强制性"，即该情节出现时，是否应当适用而不是选择性适用；第二个维度是，对基准刑的调节幅度，具体体现为调节的比例。"调节强度"可以作为量刑情节影响估计准确性或合理性的参照系。根据《量刑指导意见》，上述量刑情节的调节强度如下所述：（1）对于从犯，"应当"从轻、减轻处罚或者免除处罚，调节幅度为基准刑的 20%—50%，犯罪较轻的，可以减少基准刑的 50% 以上或者依法免除处罚；（2）对于年满 75 周岁故意犯罪的，"可以"从轻或者减轻处罚，调节幅度为基准刑的 40% 以下；（3）对于故意犯罪后自首的，可以从轻或减轻处罚，调节幅度为基准刑的 40% 以下，犯罪较轻的可以减少基准刑的 50% 以上或者依法免除处罚；（4）对于积极赔偿被害人经济损失并取得谅解的，"可以"减少基准刑的 40% 以下；（5）对于达成刑事和解协议的，可以减少基准刑的 50% 以下，犯罪较轻的可以减少基准刑的 50% 以上或者依法免除处罚。

表5　S- 模型参数估计 vs. L- 模型参数估计

Feature	Estimate $\hat{\theta}$ of S-model	Estimation error bound of S-model		Estimate $\hat{\theta}$ and estimation error bound of L-model
		Lower bound	Upper bound	
Bias term	−0.0289	−0.0108	0.0104	−0.0458 ± 0.0082
Number of people suffering a serious injury	25.67	06.292	5.634	24.65 ± 5.2558
Number of people suffering a minor injury	6.55	−0.733	1.0655	6.59 ± 0.8566
Probation dummy variable	−0.0838	−0.0231	0.0075	−0.0541 ± 0.0055
Surrender	−0.1506	−0.0080	0.0060	−0.091 ± 0.0047
Confession	−0.0454	−0.0073	0.0073	−0.0238 ± 0.0045
Reconciliation, reconciliatory	−0.2987	−0.0142	0.0084	−0.1815 ± 0.0057
Compensation	−0.0654	−0.0122	0.0074	−0.039 ± 0.0063
Admitting guilt & accepting punishments	−0.1110	−0.0229	0.0248	−0.0695 ± 0.0111
Incidental civil action	0.1303	−0.0080	0.0116	0.084 ± 0.0052
Principal criminal	0.0387	−0.0266	0.0240	0.058 ± 0.0173
Accessary criminal	−0.3440	−0.0783	0.0564	−0.1099 ± 0.031
Civil dispute	−0.0398	−0.0130	0.0060	−0.0216 ± 004
Rescuing the victim	0.0650	−0.0455	0.0475	0.0785 ± 0.0268
Armed	0.1829	−0.0068	0.0074	0.1422 ± 0.0041

Having a defender	−0.0089	−0.0149	0.0068	0.037 ± 0.0043
First offender	−0.0038	−0.0088	0.0132	−0.0009 ± 0.0055
Pleading guilty in court	−0.0001	−0.0121	0.0073	0.003 ± 0.004
Victim's fault	−0.0436	−0.0109	0.0056	−0.042 ± 0.004
Recidivism	0.1983	−0.0090	0.0110	0.143 ± 0.0084
Criminal record	0.0358	−0.0123	0.0139	0.0125 ± 0.01
Aged 75 and over	−0.2396	−0.0620	0.0453	−0.1287 ± 0.0238
Deaf and mute, blind	−0.0040	−0.0281	0.0227	0.0083 ± 0.0125
Assaulting each other	−0.0155	−0.0085	0.0063	0.0003 ± 0.0048

a) The parameter estimates corresponding to main features are the proprotions of their adjustments to the sentencing benchmark except the two features about the numbers of people suffering serious and minor injuries.

二是适用"优先级"。具体量刑情节的适用存在"优先级"的不同。自 2013 年至今三版的《量刑指导意见》均规定，"具有未成年人犯罪，老年人犯罪，限制行为能力的精神病人犯罪，又聋又哑的人或者盲人犯罪，防卫过当，避险过当，犯罪预备，犯罪未遂，犯罪中止，从犯，胁从犯和教唆犯等量刑情节的，先适用该量刑情节对基准刑进行调节，在此基础上，再适用其他量刑情节进行调节"。在具体计算时，具有多个量刑情节的，一般根据各个量刑情节的调节比例，采用同向相加，逆向相减的方法调节基准刑。这可以作为量刑情节参数估计准确性或合理性的一个重要法律依据。

在明确上述两个要点的基础上，我们发现，S-模型给出的关于量刑情节调节作用大小的估计值更符合《刑法》与《量刑指导意见》的相关规定，对于分析研究我国刑事司法审判实践具有重要意义。

首先，S-模型能够合理估计"从犯"的作用，而L-模型给出的估计甚至部分偏离《量刑指导意见》。考察上述两方面要点，我们可以发现从犯具有"强制性""优先适用"和"幅度大"三个基本特征。其中"幅度大"，是指从犯对量刑的减轻调节作用的上限为50%，并且是除未成年人犯罪外唯一的写明了调节幅度"底线"（20%）的量刑情节。因此，从犯对量刑的合理影响应当较大，并且落在20%—50%的调节区间之内。根据表5的计算结果，S-模型估计结果为 -0.3440，L-模型估计为 -0.11 左右；分别对应着从犯对量刑的调节作用为 -34% 和 -11%。可以看出，S-模型的估计更加准确，而L-模型的估计则远离合理区间，偏差较大。

其次，S-模型对75周岁以上（老年人犯罪）、自首、和解谅解等情节的估计似乎也更加符合法定预期。考察前述两方面要点我们发现，老年人犯罪具有"优先适用"和"幅度较大"（40%以内）两大基本特征，因而"75周岁以上"这一量刑情节的调节作用应当较大。相似地，根据《量刑指导意见》，"自首""谅解和解"对量刑的减轻作用较大（根据不同情况可以减少基准刑的40%以内或以上）。由表5的计算结果，S-模型对上述3个情节作用的估计值分别为 -0.2396，-0.1506，-0.2987，对应的调节作用分别为 -23.96%，-15.06% 和 -29.87% 左右；而L-模型估计为 -0.1287，-0.091，-0.1815，对应的调节作用分别为 -12.8%，-9% 和 -18%。这再次说明，S-模型中饱和函数的作用是显著的，使得估计结果更加符合法律预期，在建模中不可忽视。

与以往的研究不同，我们还同时给出了参数估计的可靠性保证。从表5可以看出，我们不但给出了在有限样本量下特征因素的估计值，并且计算出了估计误差的上下界。注意到这一误差界比估计值本身普遍小一个数量级，即使考虑其对估计值的最大可能影响，也足够小，因此足以保证估计值的可靠性。

进一步，我们的辨识递推算法可以呈现量刑特征要素的影响随时间的变化趋势，进而发现司法的变化规律及其背后的法治变迁轨迹。分析发现，总体来看，建模中的量刑特征因素随时间变化的表现平稳，但也存在个别特征变化明显，如图3所示。

从图3可以看出，偏置项和认罪认罚两个特征出现了随时间的明显变化。

第一，关于偏置项的变化，由于前端数据数量小，所含信息不足以给出参数的合理估计，导致瞬态估计值波动明显，不具参考意义；随着数据量随时间的增加，偏置项的具体值不断降低，说明我国刑事司法实践中未建模不确定性因素的影响越来越低，量刑规范化改革不断取得显著成效。另一方面，偏置项的具体值逐渐发展为负值，这说明未建模调节因素的综合效果逐渐呈现出减轻刑罚的作用，间接地表现出一种刑事政策上的刑罚轻缓化趋势。

第二，认罪认罚作为一项创新的刑事诉讼制度，2016年9月开始在北京、上海、天津等18个地区开展试点，2018年10月纳入《刑事诉讼法》，在全国正式实施。因为2018年之前相关数据很少，在此之前算法的估计值无法有效更新，表现为常值（算法初始值）。因此，算法的瞬态响应的波动推迟至2019年前后，其未来发展趋势值得进一步关注。无论如何，从图 3 看出，认罪认罚估计值呈现减轻刑罚的作用，符合认罪认罚从宽制度改革的政策预期。

　　总之，根据 S- 模型的计算结果，说明在我国刑事司法审判中，量刑情节的适用在总体上符合法律和相关司法解释的规定。与此同时，也存在一些值得进一步关注和探讨的问题。例如：（1）关于坦白情节，《量刑指导意见》给出的基础的从宽幅度为"减少基准刑的20% 以下"（有进一步从宽情节，这一幅度还可以增大）。根据我们的计算结果，坦白的从宽幅度（平均）为 4% 左右。（2）关于认罪认罚情节，《量刑指导意见》给出的基础的从宽幅度为"减少基准刑的30% 以下"（具有其他从宽条件的，这一幅度也可以进一步增大）。根据我们的计算结果，认罪认罚的从宽幅度（平均）为 11% 左右。

五、结语

　　信息技术正在以前所未有的深度和广度助力法治中国建设，对司法大数据的分析利用也成为目前广泛关注的热点。法治场景的数据分析特别需要建立在可解释性与可靠性的基础上。然而，目前相关研究在数学模型、计算方法和理论保证等方面，还存在许多基本问题需要研究解决，迫切需要信息科学与法学研究的实质性交叉融合。特别地，需要构建符合法律基本逻辑的具有可解释性的数学模型，提出相应的新的数据分析算法，给出关于计算结果可靠性的理论保证，为科学立法和公正司法等提供更加可靠的决策支撑。在上述背景下，我们根据《刑法》和《量刑指导意见》给出的法逻辑，针对故意伤害罪建立了非线性量刑模型（S- 模型），并利用我们建

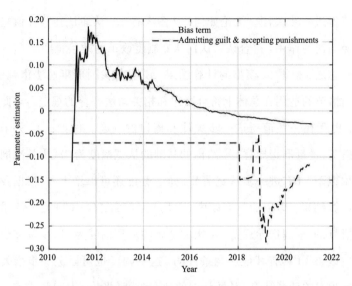

图 3　S-模型部分关注变量变化趋势（2011—2021）

立的非线性递推辨识理论，对近 20 万判决数据进行计算分析和刑
期预测。在模型创新方面，我们建立的 S-模型体现了量刑逻辑过
程所固有的非线性饱和特性，具有针对性和可解释性；在理论保证
方面，我们运用非线性递推辨识理论，给出了在有限数据样本下对
量刑要素辨识结果的可靠性估计；在计算效果方面，利用故意伤害
罪刑事判决数据进行检验，发现与传统线性模型相比，基于法逻辑
建立的 S-模型的计算结果更符合量刑的基本规则和法定预期，具
有更好的预测能力，体现出非线性量刑模型的优越性与非线性递推
辨识理论的有效性。此外，在具体计算中也发现了一些值得进一步
探讨的问题。笔者认为，本文建立的模型和所利用的理论，可以推
广至我国刑法各罪的量刑分析与预测，具有基础性意义。

（本文原载《中国科学》2022 年第 10 期，第 1837—1852 页）

第三编

数据伦理与算法公正

构建数字化世界的伦理秩序

王国豫　梅宏*

内容简介：伴随着数字化转型和数字中国的建设，一个与现实世界平行的数字世界正在诞生。历史地看，数字塑造了我们对世界和人类自己的认知。数字化转型将进一步拓展人类的认知空间和认知手段，释放生产力，改变人们的思维和行为方式。然而，数字化世界中的人和物的虚拟性与"脱域"特征，引发了数字世界的伦理问题，因此亟待建构和完善数字世界的伦理秩序。本文总结了现有的科技伦理学介入数字化进程的三条路径：对"数据主义"的批判、伦理嵌入算法和道德物化，以及通过法律和政策调控的负责任创新；提出塑造数字化世界的伦理秩序必须提高数字化时代民众参与数字化转型和治理的能力；建议要像花大力气建设数字化基础设施那样，提升数字化时代公众的数字能力。

---

* 王国豫，复旦大学哲学学院教授，复旦大学应用伦理学研究中心主任；梅宏，中国科学院院士，高可信软件技术教育部重点实验室（北京大学）主任。

本文系中国科学院学部科技伦理研究项目成果（项目编号：XBKJLL2018002）。

现实世界数字化，构建一个与现实世界平行的数字世界，正在逐渐成为现实。借助于对数字化世界的深度解析，人类不仅拓展了认识世界的视域，而且通过数字技术和实体经济、产业创新的深度融合，释放出了巨大的市场和经济能量。从电商、共享出行、共享教育、网络协作到在线金融……数字技术不仅改变了人们的生活方式，而且改变了人们的思维习惯和模式，改变了社会的发展模式和动力。正因为如此，建设数字中国、发展数字经济、推动各行各业数字化转型已经成为新时代我国建设社会主义现代化强国的战略。

然而，我国与数字化转型相应的数字化社会的法律、伦理和制度体系尚未完全建成，现有的现实世界的制度体系并不能完全涵盖和满足数字社会的要求，因而在一定程度上出现了网络空间和数字世界的伦理失序。因此，在加快数字化建设的当下，构建数字世界的伦理秩序与数字化建设一样，不仅必要，而且非常迫切。

一、数字化世界的历程

数字塑造了我们对世界和人类自己的认知[1]。人类使用数字描述世界由来已久。据研究，涉及数、量、形等观念的原始概念，可以追溯到人类种族最早的时期；而数学概念的雏形，则可以在更古老的生命形态中找到——它们或许比人类还要早数百万年[2]。数的概

---

[1] C. Everett, *Numbers and the Making of Us: Counting and the Course of Human*, Cambridge: Harvard University Press, 2017.

[2] 〔美〕卡尔·B.博耶：《数学史（上）》，〔美〕尤塔·C.梅兹巴赫修订，秦传安译，中央编译出版社2013年版。

念的发展是一个漫长的过程。最初的数学直接与我们的感官经验世界相联系，有人甚至认为人类种族的延续跟数学观念的发展或许并非毫不相干。源自古希腊的现代科学预设了宇宙世界的规律性，而这一思想则与毕达哥拉斯学派的"万物皆数"的宇宙观不无关系。"一切可知的事物都有数字；因为，如果没有数字，任何事物都既不可能被构想，也不可能被理解。"[2]

毕达哥拉斯学派提出的数字构想事物的假设，在数字化时代已经得到部分验证。数字化概念出现在 20 世纪 50 年代。英语中的"digitize""digitization"来自拉丁文"digitus""finger"和英文"digit""number"，是指将物体、图像、声音、文本或信号转换成数字格式的文件的过程。这场肇始于 20 世纪 50 年代的数字化技术带来了巨大的社会变革。如果说早期的数字化还仅仅聚焦于物理世界，借助于二进制代码将数据与知识引入计算机内部，以形成可识别、可存储、可计算的数字数据，再据此建立相关的数据模型进行处理分析的话，那么今天，借助于互联网、大数据、人工智能、物联网、云计算等技术的集成创新和融合应用的数字化技术，则将触角延伸到整个经济和社会系统，从物理世界蔓延到人类社会生活世界，逐步实现了对整个社会组织、管理和运行系统及人的数字化。一个人可以用一组数据来表示，一个社会、一个国家同样也可以用一组数据来描述，人和物的身份都可以用数据来表示——数据成了联结万物的基础。在经济生活中，数据成为继自然要素和人工物以外的新的生产力要素，在工业界也有"数字石油"和"数字能源"之称。而对于知识生产来说，数据则成为我们认识世界的本体和知识的新来源。正因为如此，世界各国都在致力于与数字化相关的基础建设和转型。

　　"数码物"（digital object）[①]已经引起哲学家关注。虽然数与物的关系还有待于进一步深入研究，但根据数据的知识论解释，数据是事实的集合[②]，数据可以表征世界。在某种情况下，你的数据甚至比你更了解你自己。在 Bogen 和 Woodward[③]看来，数据就是与某种现象所对应的有待阐释的事实的表征。"只要满足一定的状态，或者当满足一定的状态的时候，相关的事实就可以进行解释，它们（数据）就可以表征相关的事实。"[④]因而，人类对世界的认识转而可以通过对数据的解析而获取，而构建的世界图景在一定意义上取决于数据。图灵奖得主吉姆·格雷（Jim Gray）[⑤]认为，科学研究已经进入"第四种范式"——数据密集型科学范式。在此范式下，数据不仅成为科学研究的新方法和新路径，而且，与采用演绎方法的知识驱动的科学相比，数据驱动的科学对世界的解释力更强。因为传统方法通常是建立在小数据集或局部数据基础上的，因而只能获得局部片面的知识，缺乏对事物系统、宏观与整体的认识；而基于大数据的科学研究理论上则可以通过对统计规律的解析，寻找普遍性

---

　　① 　许煜：《论数码物的存在》，李婉楠译，上海人民出版社 2019 年版，第 42 页。

　　② 　William A. Darity Jr., *International Encyclopedia of the Social Sciences (2nd Ed)*, Dublin: The Gale Group, 2008: 234—237.

　　③ 　J. Bogen, J. Woodward, "Saving the phenomena", *The Philosophical Review*, 1988, 97(3): 303—352.

　　④ 　L. Floridi, *The Routledge Handbook of Philosophy of Information*, London: Routledge, 2016: 191—202.

　　⑤ 　T. Hey, S. Tanskey, K. Tolle, "Jim Gray on Escience: A transformed Scientific Method", in T. Hey, S. Tanskey, K. Tolle (eds.), *The Forth Paradigm: Data-intensive Scientific Discovery*, Remond: Microsoft Research, 2009: XVIII.

知识，进而从整体上或全局上认识世界。

以精准医学的研究为例：2011 年美国国家科学研究委员会的《迈向精准医学》报告，将精准医学定义为"通过整合每个患者的分子研究和临床数据发展一种更加精确的分子疾病分类的知识网络，以此提升诊断和治疗水平，从而能够根据每个患者的个体差异为其量身定制更好的卫生保健"[①]。因此，生物医学大数据的获取是精准医学的前提。生物医学大数据包括各类组学数据，如基因组、蛋白质组、代谢组、表型组等，以及环境数据和家庭及个人行为数据等；既涉及个体的基因遗传和生活数据，也包括家族、群体和外部环境的数据，还包括社会经济等方面的数据。通过整合、分析这些多维度的数据，从中找出规律，最终获得影响个体健康的全景图像，取得在小数据的情况下不可能获取的知识。从这个意义上讲，数字化不仅从本体论上改变了我们认识世界的基础，也从方法论和认识论上改变了我们认识世界的途径。

二、数字化世界的特征与双重效应

基于对数据是事实的集合或世界的表征这一认知，世界各国、各行各业都在推动数字化转型。将含有某种信息的物变成数字形式，借助于数字技术可以更好、更方便地管理来自不同设备和系统

---

① National Research Council (US) Committee on A Framework for Developing a New Taxonomy of Disease, *Toward Precision Medicine: Building a Knowledge Network for Biomedical Research and a New Taxonomy of Disease*, Washington DC: National Academies Press, 2011: 7.

的海量数据，实现跨区域、跨团队的合作，实现知识共享。例如，当医院文件柜中的纸质病历转变为数据存储在云端的时候，那些数据又可以成为人们随时随地用以生产知识或解除疾病的对象物。对于社会生活来说，也许数据是什么并不重要，重要的是这些物的价值的释放。摆脱了"域"的局限，数据作为物的载体在无限的时空中流动。因为服务业的数字化，远道而来的客人可以不必再去一家家旅店询问是否有空床位，或者为了寻找一件商品而跑遍整个城市。在河南郑州"7·20"特大暴雨灾害的危急时刻，一些志愿者通过网上信息传输和协作的方式，不仅让救援者知道哪里最需要人和物，而且在关键时刻，数字化世界和实在世界的有机无缝衔接还创造出拯救生命的奇迹①。

　　然而，一个新世界的诞生必然伴随着初始无序的阵痛。数据是物的载体，而物本身是有限时空中的存在。从物到数据，再从数据到物的双向流动，释放出了巨大的生产力和价值，但也带来了伦理上的诸多挑战。本质性原因在于，数字化将有限时空的人的活动扩展到了没有物理和时间疆界的虚拟空间，而我们现有的各类伦理和社会规范都是针对现实世界确定时空中的人、在特定的社会网络中的人。当网络和数字化空间解构了现有的社会关系网络，虽然人还是社会中的人，但这个社会关系网络变得无形无影。网络和数字化空间的行为可以影响到现实世界的人与社会，但是现实社会的秩序却不能简单地适用于数字化环境。这就带来了数字化世界的伦理

---

① 参见《郑州暴雨时，一位女性隔空救助自己亲妈和俩孩子，体现出了大智慧》，https://baijiahao.baidu.com/ s?id=1706418806817711597&wfr=spider&for=pc（最后访问日期：2021年10月12日）。

失序。数字化世界的伦理失序至少表现在两个层面。

（一）个体层面

对于个体而言，个人在数字化世界获得了新的身份——数字身份（digital identity）。数字身份简单地说是指用于描述和证明一个人的一组代码。借助于数字身份，人们可以在数字化世界证明"我是我，你是你"。数字身份不同于电子身份，传统的电子身份仅仅是身份信息的电子版，而数字身份与数字身份技术系统相关——通过引入生物识别技术和大数据等数字化技术给人"画像"，以确认数字"我"和实在"我"是同一个人。常见的有银行系统、铁路和机场交通系统的身份识别或认证。通过身份识别，可以为人们高效、安全地进行金融业务的交易和通行带来极大的方便。疫情中的健康码也是一种数字身份。"绿码"和"红码"不仅勾画出一个人的生活轨迹，还包括他的社交网络。网上的推送也是基于个人的数字身份：根据行为足迹、在网上的浏览习惯推断和分析某人行为偏好，甚至其职业和工作场所。于是，一个人至少可以得出三种身份：（1）社会身份；（2）生物信息身份；（3）行为和心理的身份。这三种身份信息在大部分情况下都属于个人的私人信息，如果其他人需要获取这方面的信息，需要征得本人的同意。但是，在数字化空间，这种"画像"大部分是数字化技术构建的。尤其是关于个人生物信息、内心情感和偏好的推断，属于个人极其敏感的隐私。人类是一种情感动物，也是极其脆弱的动物。个人隐私的不恰当暴露常常会带来对个人和家庭的极大伤害，有时还会带来对个人和家庭的出身、健康、种族与性别的歧视。

　　个人情感属于人的私人领域,保护私人领域也是为了保护人的尊严和自由;然而,数字化世界几乎没有私人的领域。在网络和智能时代,只要上了网就等于进入了公共领域。这在某种程度上是网络世界的逻辑所决定的。目前,我们还没有足够的技术与规范来构筑对个人的完全的保护。2018 年 11 月 9 日,Erlich 等[①] 在 *Science* 上发文称,通过使用远亲和其他人口统计信息,而无须特别具体的信息,便可以相对容易地在数据库中追溯到某人的身份,如目标的年龄或可能的居住地;在理论上只需要大约 2% 的成年人在数据库提交 DNA 信息,就可以追踪到任何人的远亲,进而揭露他们的身份。类似个人生物信息的暴露不仅可能改变一个人的生活现状,还可能影响到其未来甚至其子女的生活。

　　数据的"脱域"使得其权属不明确,因此一旦产生价值,便可能产生价值分配的冲突。数据的生产者和数据的供给者都可以提出自己的权利诉求。如果发生了数据转移和数据共享,那么,就不仅涉及知识产权和利益分配问题,还涉及知情同意问题。特别是生物医学数据(如基因数据)不仅涉及个人的隐私,还可能涉及群体的隐私。谁有权获取、谁有权同意和分享,这些不仅涉及数据的分配伦理,而且涉及对数据的支配权和自主权。

　　私人信息被数据化进而转化为社会记忆后,其作用之正面或负面未尝可知。人是一种会遗忘的生物。人的遗忘是常态,而对于人工物来说,一般不被删除或破坏,信息就会永远保存。今天我们可以了解到先人的文明程度,"断代"和"断源"常常更主要是依靠物

---

　　① Y. Erlich, T. Shor, I. Pe'er, et al., "Identity Inference of Genomic Data Using Long-range Familial Searches", *Science*, 2018, 362: 690—694.

的"记忆"。然而，遗忘虽然是人类的"缺陷"，却也是人类向前的必要前提。没有遗忘的人，其生活将会变得非常沉重。舍恩伯格在《删除：大数据取舍之道》一文中讲了一个故事。2006年的某一天，生活在加拿大温哥华的60多岁的心理咨询师菲尔德玛，打算通过美国与加拿大的边境，就像曾经上百次做过的那样；但是，这一次边境卫兵用互联网搜索引擎查询了一下菲尔德玛，搜索结果中显示出菲尔德玛在2001年为一本交叉学科杂志所写的文章中提到，其在20世纪60年代曾服用过致幻剂LST，因此菲尔德玛被扣留了4个小时。期间，菲尔德玛被采了指纹之后还签署了一份声明，内容是他在大约40年前曾服用过致幻剂，而且以后将不再进入美国境内。[①] 由此可见，在数字化世界，一旦私人信息被数据化进而转化为社会记忆，那么带来的有可能不是自由，而是包袱和控制。这也是为什么在"文明码"刚一出台的时候，就有学者竭力反对的重要理由[②]。

（二）社会层面

数字化对社会的影响是多元的、全方位的：(1)数字化释放了巨大的生产力。大数据的采集、分析、应用进一步改变了生产模式和消费方式，并以此不断促进产业升级和发展，数据已经成为继自然资源和货币资本之后的核心生产要素。借助于数字化工具对生产

---

① 〔英〕维克托·迈尔-舍恩伯格：《删除：大数据取舍之道》，袁杰译，浙江人民出版社2013年版，第1页。

② 段伟文：《文明码：表面"大数据"，实则"伪科学"》，https://www.bjnews.com.cn/detail/159953012215054.html（最后访问日期：2021年11月5日）。

与物资调配信息的及时收集与分析，可以使得各产业链、供应链上下游之间迅速完成信息交换，及时调整产销结构，合理配置资源，生产模式也变得多元化和灵活。消费方式的线上转移，为商品供应者了解消费者的实际消费需求和消费偏好，以及实施个性化的服务提供数据。(2) 数字化在社会生活方面，包括在医疗、养老、教育和社会治理等方面都带来了巨大的改变。远程医疗和数字影像可以为远在山区的民众就医问诊，远程监护不仅可以及时帮助孤独老人解决生活问题，还可以通过视频聊天弥补老人对儿女的思念之情。而对于交通困难的山村教育来讲，数字化有可能让山区的孩子也享受到优质的教育资源，在一定程度上缓解城乡教育资源配给的不平衡。

数字化必然带来社会结构的改变，包括社会的就业结构、城乡结构、区域结构、组织结构、社会阶层和权力结构的改变。这些改变将是牵一发而动全局的事情：对于一个家庭来说，一个人的失业可能会影响全家；对于一个社会来说，大批的失业将会带来巨大的社会动荡。每一次转型首先受到冲击的必然是社会的弱势群体。那些简单的重复性劳动将是最先被替代的劳动——在工厂的流水线上已经不需要"卓别林式"的工人；实体商店的被取代意味着大量的售货员将不再被需要；无人驾驶的汽车将会在不久的将来淘汰出租车司机，银行的出纳也不再被需要——电子货币正在取代货币在网络市场上流通；医院的护士、饭店里的服务员都可能将逐渐被机器人取代。如果没有及时的就业指导和培训，社会阶层将会依据是否具备或掌握了多少数字化技能而划分。谁掌握了数据，谁就掌握了权力：一边是通过集聚海量数据而崛起的精英群体，另一边则是被数字技术取代的"数字穷人"。数字化将带来劳动的"无人化"①、贫富差距和数字鸿沟的扩大化，而最终凸显的是数据的无情甚至绝情。

对于数据驱动的科学研究来说，数字化的影响更是巨大的。科学技术领域也是最早开始了数字化转型的领域。今天无论是在物理学、天文学、生物学还是在生态环境科学领域，大数据都已经是科学研究的重要手段；甚至在传统的人文与社会科学，在历史学、图书馆学和文学艺术领域，数字化都打开了新的天地。科学技术数据的生产就像人造物的生产一样，也是一个由人与技术共同作用的过程。数据可能来自各种不同的渠道（特别是通过互联网收集的），其可靠性本身就需要检验；信息和知识只有通过复杂的数据挖掘和分析过程才能获得。因此，数据计算，包括高性能计算、超大数据存储系统、快速高效的数据收集和分析软件等数据生产加工的基础设施和工具的性能也影响着数据的质量。这些技术本身处于一个不断更新迭代的过程中。而数据的真实性、有效性首先取决于这些数据技术的可靠性和精确性。数据质量差（包括不完整的数据、错误或不合适的数据、陈旧的数据或在错误的上下文中使用的数据）不仅会限制系统的学习能力，还可能对未来的推断和决策产生潜在的负面影响②。Ormond 和 Cho③ 指出，大规模 DNA 测序产生的伦理

---

①　孙伟平：《人工智能与人的"新异化"》，载《中国社会科学》2020 年第 12 期，第 119—137 页。

②　Artificial Intelligence/Machine Learning Risk & Security Working Group (AIRS), Artificial Intelligence Risk & Governance, https://ai.wharton.upenn.edu/artificial—intelligence—risk—governance/（最后访问日期：2021 年 11 月 2 日）.

③　K. E. Ormond, M. K. Cho, "Translating Personalized Medicine Using New Genetic Technologies in Clinical Practice: The Ethical Issues", *Personalized Medicine*, 2014, 11(2): 211—222.

问题本质上不同于那些医学遗传学中产生的问题,部分因为全基因组或外显子组测序产生的庞大的数据量增加了大量"未知意义的变式",这些"未知的未知"(unknown unknowns)被当前不成熟的技术、分析有效性的共同标准的缺乏、不同的测量平台及不完整的或不恰当的引用数据库等放大。

数据生产也离不开人,而且不止一个人,是多人协作的结果。特别是该领域的带头人,其诚实可信和严谨作风不仅影响着其生产的数据,而且有可能改变整个行业的方向,对社会产生极大的影响。据美国《纽约时报》2018年10月15日报道,曾在哈佛医学院工作的著名心脏病专家皮耶罗(Anversa Piero)博士曾在31篇论文研究中伪造和篡改实验数据,其中第一篇论文发表于2001年[①]。皮耶罗的研究声称,使用干细胞可以令受损心肌再生。尽管其他实验室纷纷表示无法复制其研究,但他的研究工作仍促成了数个初创企业的成立,使得众人投入研发治疗心脏病和中风的新方法;而美国国立卫生研究院(NIH)更是注入资金,供其做临床实验。最后,因为皮耶罗作为学术权威提供的虚假数据和成果,从而带来了整个领域大量公共资金和无数科研人员时间和精力的巨大浪费。

数字化为社会治理和全球治理提供了新的工具。始于2019年底的新冠肺炎疫情对社会治理带来了极大的挑战,能否及时控制疫情关系到人民的生命财产安全。在这场与新冠病毒争夺时间和生命的比赛中,大数据和数字化技术发挥了重要的作用,可以说功不可没。虽然世界各国数字化的程度和水平,以及对其应用的边界的

---

① 王雅林:《31篇论文造假!哈佛心脏病专家骗了全世界17年》,https://www.sohu.com/ a/260323376_617717(最后访问日期:2021年11月2日)。

态度有很大的差异，但是几乎全世界都在使用数字化技术跟踪和检测病毒，以及控制疫情的发展。

但是，数字化也可能对社会乃至国家层面带来安全问题。数字化转型与数字共享是相伴而生的。网络世界几乎是没有国界的；数字一旦进入云端，即便不想共享，有时候也会面临黑客的攻击。攻击者可以通过分析参数或查询模型，从训练数据集中推断出潜在的敏感信息。此外，有些安全问题并不能马上被意识到，如涉及合成生物学的研究成果和生物、生态数据的发表。虽然知识生产具有公共性，但是有些数据特别是生物信息和涉及国家安全的数据的公开发表，一旦被恐怖分子掌握，就有可能威胁国家和人类的安全。[①]

三、如何构建数字世界的伦理秩序？

数字化所带来的伦理问题早已在国际国内引起广泛注意。构建新的数字和网络空间的伦理秩序，在促进数字化转型和数字化技术发展的同时，保证数字空间高效、有序的发展，是一个迫切但并非容易的过程，需要不断从理论和实践两方面探索。

（一）理论层面

从理论上来说，科技伦理学正在从三个方面介入数字化的进程。

首先，延续科技伦理学的批判性反思传统，揭示数字化是一种将"信息流"看作是"最高价值"的"数据主义"。这种新的意识形

---

① P. Gao, S. W. Ma, D. R. Lu, et al., "Prudently Conduct the Engineering and Synthesis of the SARS-CoV-2 Virus", *Synthetic and Systems Biotechnology*, 2020, 5(2): 59—61.

态的本质是将宇宙看作"是由数据流组成的，任何现象或实体的价值都取决于它对数据处理的贡献"，同时"把整个人类物种解释为一个单一的数据处理系统，每个人都是它的芯片"[①]。在这一批判性范式的引导下，对"数据主义"的冷漠无情和反民主、内卷化的批判，成为当下人文主义介入数字化的主潮流。当数据和算法连同资本一起，在一定程度上已经成为主宰人类生活的权力，并将个体和社会不知不觉地带入"算法困境"的时候，这一批判无疑起到了"恐惧的启迪"的作用——提醒人们数据虽然可以成为生活世界的镜像，但数据是抽象的，而生活世界是丰富多彩的。数据背后的人是有血有肉的，数字化还得有"温度"。

其次，从理论走向实践，主张哲学介入设计，伦理可以"嵌入"算法。荷兰学派的"道德物化"理论代表了这一方向，主要体现在将道德的理念通过设计嵌入到物或计算系统中。包括数据审计识别技术、加密技术和密钥管理技术、安全多方计算技术在内的各种数据保护技术的开发，都希望通过数据清洗、数据屏蔽、数据交换、数据泛化、随机干扰等数据扰乱技术来进入到对伦理的调节之中，这种调节可实现对个人隐私的保护。而在大数据和智能技术业内流行的隐私计算、公平计算等也可以看作是这方面的实践，其目的都是在追求通过算法实现保护隐私和公平公正，这显然是一条非常重要的路径，但是却让技术人员承担了他们单独难以承担的伦理之重。

最后，塑造行动者网络，主张将负责任创新贯穿于从研发到市场的的全过程。该理论主要是强调"负责任研究和创新是一个透明

---

① Y. N. Harari, Homo Deus, *A Brief History of Tomorrow*, UK: McClelland & Stewart, 2016: 428.

交互的过程；在这一过程中，社会参与者和创新者彼此相互交流、反馈，充分考虑创新过程及其市场产品的（伦理）可接受性、可持续性和社会可期待性（desirability），使科学技术进展适当地嵌入到我们的社会中"[1]。负责任创新包括四个维度：预测（anticipation）、反思（reflexivity）、协商（inclusion）和响应（responsiveness）[2]。它的特点是打通了从研发到企业创新，以及和公众的对话。欧盟从 2013 年开始就在提倡和宣传这一理念，并且以此指导欧盟各国的科技创新。这可能也是欧盟最早提出号称"史上最严"的《通用数据保护法》（GDPR）的原因之一。

（二）实践层面

在实践层面，各国都在加快建设数据保护法律法规。在我国，一个从国家大法到企业和行业规范的数据精准治理的网络正在不断完善，并已经成为现代国家治理体系中的重要环节。一个从现实世界延伸到虚拟世界的"天罗地网"正在逐步形成中。

我国在个人数据和信息保护方面的法制建设工作一直在稳步推进。2021 年 8 月 20 日第十三届全国人民代表大会常务委员会第三十次会议通过的《中华人民共和国个人信息保护法》已于 2021 年 11 月 1 日正式生效，它将与 2021 年 6 月 10 日第十三届全国人

---

[1]　R. von Schomberg, "Prospects for Technology Assessment in a Framework of Responsible Research and Innovation", in M. Dusseldorp, R. Beecroft, *Technikfolgen Abschätzen Lehren: Bildungspotenziale Transdisziplinärer Methoden*, Wiesbaden: VS Verlag für Sozialwissenschaften, 2012: 39—61.

[2]　J. Stilgoe, R. Owen, P. Macnaghten, "Developing a Framework for Responsible Innovation", *Research Policy*, 2013, 42(9): 1568—1580.

民代表大会常务委员会第二十九次会议通过的《中华人民共和国数据安全法》和2016年11月7日经第十二届全国人大常委会第24次会议通过的《中华人民共和国网络安全法》一起，构成我国数字化时代数据和网络安全治理的基石。这三部法律与2020年5月28日第十三届全国人民代表大会第三次会议通过《中华人民共和国民法典》从不同角度和层级规范了从数据开发利用到个人信息处理与网络安全审查的活动。

　　除了国家层面的法律正在逐步完善以外，企业和行业也发布了不同的保障数据安全的行业准则和规范标准。国家互联网信息办公室、公安部、工业和信息化部、全国信息安全标准化技术委员会等部门也已发布了一系列行政管理办法，如《数据安全管理办法（征求意见稿）》《个人信息安全出境评估办法（征求意见稿）》《网络安全等级保护条例（征求意见稿）》《APP　违法违规收集使用个人信息自评估指南》等，进一步明确网络运营者应当参照国家有关标准，采用数据分类、备份、加密等措施加强对个人信息和重要数据保护。《网络安全等级保护条例（征求意见稿）》还将网络安全等级分为5级；要求网络运营者在规划设计阶段即必须确定网络的安全保护等级；要求App运营者对其收集使用个人信息的情况进行自查自纠。

　　但是值得注意的是，数字化的伦理问题不是全部依靠法律、法规可以解决的。法律不等于伦理，法律也不能替代伦理的作用。法律是伦理的底线，而数字化转型中的伦理问题很多是属于多元价值下的规范和规则冲突。并非所有的冲突都可以诉诸法律解决。有些问题很大程度上属于公众的接受性和技术的规范要求在时间和空间上的错位，属于不同价值群体之间的价值冲突。因此，除了上述法律法规和行业规范、企业自律和工程师负责任以外，塑造数字化世界的伦理秩序还有一个重要的方面——提高数字化时代民众参与数字化转型和治理的能力。要像花大力气建设数字化基础设施那样，提升数字化时代公众的数字化素养和能力，包括：理解和使用数字技术的能力，参与建设和分享数字化转型红利的能力，识别数字化交往中的各类风险的能力，以及依法依规保护个人信息安全和数字权益的能力。真正让广大的人民能够共建共治共享数字化世界和数字化社会的新格局。数字化不是目的，数字化经济也不是目的，让全社会共享数字化转型的福祉才应该是数字化真正的宗旨。为此，必须将教育、培训、转岗，以及提升个人的"数能"纳入数字化转型时期的基础建设实施框架；要引导人们树立风险意识，提高伦理风险敏感性。

　　数字化与全球化相辅相成，相得益彰。国家主席习近平[①]在二十国集团（G20）领导人第十四次峰会上指出，当前，数字经济发展日新月异，深刻重塑世界经济和人类社会面貌。我们要营造公平、公正、非歧视的市场环境，不能关起门来搞发展，更不能人为干扰市场；要共同完善数据治理规则，确保数据的安全有序利用。面对世界百年未有之大变局，数字化世界的伦理治理更需要包括政府、企业与社会组织在内的国际社会的互相信任与合作。数字化世界伦理秩序的建构一定离不开全球协作。

（本文原载《中国科学院院刊》2021 年第 11 期，第 1278—1285 页）

---

　　① 杜尚泽、管克江：《习近平出席二十国集团领导人第十四次峰会并发表重要讲话》，载《人民日报》，2019 年 6 月 29 日，第 1 版。

人工智能开发的理念、法律以及政策

季卫东[*]

内容简介：当人工智能因深度学习而从他律系统转化为自律系统，特别是在人工智能网络之间的相互作用及其连锁反应不断进行的情况下，黑箱化和失控的风险会不断增大。"透明社会"与"黑箱算法"，这是数据驱动社会的一对根本矛盾，对国家治理方式的改革提出了新的挑战，也提供了新的机遇。为此，如何对人工智能进行适当的、合理的、充分的规制，确立人工智能开发的规则、伦理以及政策就势必成为极其重要并非常紧迫的一项课题。国务院印发的 2017 年《新一代人工智能发展规划》提出了人工智能发展的中国式制度安排以及九条主要原则，与国际社会已经形成的基本共识是相洽的；但在不同价值取向发生冲突时，怎样决定取舍的元规则和优先顺序还有待进一步明确。为了在甄别和防范风险的同时保护人工智能开

---

 *　季卫东，上海交通大学文科资深教授、计算法学与 AI 伦理研究中心主任，教育部"长江学者"特聘教授。

 本文系国家社科基金重大项目"大数据与审判体系和审判能力现代化研究"（项目编号：172DA130）的阶段性研究成果。

发的积极性和创造性，有必要更多地采取软法方式，而不是简单地提高硬法的惩戒力度。

前言：人工智能的网络化与互联互通

"走得太快了，灵魂跟不上"——这是一个游牧部族的古训，也可以用来描述人工智能开发在中国突飞猛进却隐患频仍、局部失序的现状。[①]

从自动驾驶的汽车到机器人运营的酒店，从电脑量刑到高频度金融交易，人工智能已经渗透到经济、政治、社会生活的各个方面，各种新奇事物层出不穷。[②]但是，对由此产生的风险以及必要的对策和规制方式，我们还缺乏足够的认识和深入研讨。人工智能的开发和利用大都还处于高速增长阶段，相关的制度条件尚不完备，在很多重要方面还没有制定明确的、适当的、统一的伦理标准、法律原则、规则、规格以及政策。我们不能让这样的事态长期持续下去，否则将留下严重的后患。2017 年 7 月 21 日由国务院印发的《新一代人工智能发展规划》已经指出研究相关法律问题和建立问责制度的必要性，提出了一些重要举措。当然，人工智能开发的具体规制

---

① 参见《中国改革》2017 年第 5 期封面专辑"人工智能：昨天、今天和明天"，特别是其中收录的刘朝的文章《近忧重于远虑：对中国人工智能法律的思考》，第 14—17 页。

② 关于人工智能在社会生活各方面的影响，参见杨力：《人工智能对认知、思维和行为方式的改变》，载《探索与争鸣》2017 年第 10 期，第 16—18 页；郑戈：《人工智能与法律的未来》，载《探索与争鸣》2017 年第 10 期，第 78—84 页；季卫东：《人工智能时代的司法权之变》，载《东方法学》2018 年第 1 期，第 125—133 页。

方式和规范内容还有待进一步充实、完善。

实际上，艾萨克·阿西莫夫早在 1942 年发表的科幻短篇小说《转圈跑》中，就曾经提出了关于防止机器人失控的三大定律，即机器人不得伤害人或者对人受到伤害袖手旁观；机器人必须服从人的指令，除非该指令危害到人；在遵循上述两条定律的前提条件下，机器人必须保护自己。[1] 后来，为了避免允许机器人劫法场之类的逻辑漏洞，他在《机器人与帝国》中又追加了一条零定律："机器人不得加害于人类整体或者因为坐视危机而加害人类整体"。[2] 这些富于灵感和远见的主张为人工智能开发的规制展现了基本思路和雏形，对后来的制度设计产生了深刻影响，但却不能充分反映当今社会的崭新状况和需求。

为了正确把握人工智能在全世界的发展趋势以及问题群，我们首先需要对产业革命的进程进行简单的回顾。

迄今为止，人类社会经历了四次重大产业革命，采取了不同的基本生产方式。首先是机械化生产方式，由蒸汽机和纺织机的发明而启动，从 18 世纪后期持续到 19 世纪前期。其次是电气化生产方式，因电力和石油以及高度分工引发，从 19 世纪后期持续到 20 世纪前期。接着以产业机器人的研发为契机，[3] 从 20 世纪 60 年代开始出现了自动化生产方式，其驱动力量是半导体、电脑以及互联网。

---

[1]　收录于 Issac Asimov, *The Complete Robot: the Definitive Collection of Robert Stories*, London: Harper Collins, 1995。对机器人工学三法则的批判性见解，参见夏井高人：《アシモフの原則の終焉ーロ——ボット法の可能性》，载《法学論叢》第 89 卷 4·5 合併号（2017 年），第 179 页。

[2]　Issac Asimov, *Roberts and Empire*, Doubleday, 1985.

[3]　松田雄馬：《人工知能の哲学》，東海大学出版部 2017 年版，第 29 页。

就在这个阶段，人工智能的研究开始出现几经起伏的热潮。

初级的人工智能只不过是装载了控制程序的家用电器，例如具有自动调节功能的洗衣机、冰箱以及电动剃须刀。较高级的人工智能则是装载了知识数据库的推理和探索系统，例如象棋程序、扫地机器人以及对话软件。更高级的人工智能搭载检索引擎，可以按照既定算法进行机械学习，包括各种实用的专家系统。[①] 现在我们通常所说的人工智能大多数就是指具有机械学习功能的计算机信息处理系统。

至此我们迎来了大数据时代，新的产业革命条件也开始日渐成熟。[②]21 世纪初由万物互联互通、大数据、人工智能引发的智网化生产方式，可谓第四次产业革命。正在进行中的这次产业社会的结构转型是以数据驱动和人工智能网络化为基本特征的。其主要构成因素有如下三项：

第一，物联网（简称 IOT）。物联网导致数据的生成、流通、积蓄并不断增大，通过数据合作实现最合理化的供应链，可以针对顾客个人需求进行产品和服务的创新。

第二，由物联网形成和积累而成的大数据。对物联网而言，大数据的收集和运用是关键，而大数据具有经济价值，甚至被认为是一种新型通货。大数据也使得个人生活状态变得非常透明化，甚至

---

① 关于算法的本质和意义，参见ディヴィッド・バーリンスキ：《史上最大の発明アルゴリズム：現代社会を造り上げた根本原理》，林大訳，東京：ハヤカワ文庫2001 年版。

② 赵国栋等：《大数据时代的历史机遇——产业变革与数据科学》，清华大学出版社 2013 年版。

可以说我们面对的是一个极端化的"透明社会"。

第三，人工智能。没有人工智能，大数据的收集和运用都不可能实现，而基于大数据的机械学习和深度学习又给人工智能带来质变，可以不断开发新产品、新服务，并且大幅度提高效率和质量。

这三种因素互相作用、相辅相成，推动人工智能网络化程度不断加深，促进现实空间与虚拟空间之间互动和反馈的关系不断增殖，形成一种具备控制力的信息实体交融系统（简称CPS）。在这样的背景下，以多伦多大学开发的图像识别系统Super Vision以及谷歌的猫脸识别项目为标志，人工智能也从2012年开始进入了能够自己进行"特征表现学习"（深度学习）的崭新时代，为历史性突破提供了重要契机。[①]

在人工智能的网络化和万物互联互通的时代，阿西莫夫关于防止机器人失控的三大定律和零定律就显得有些捉襟见肘了。从控制程序、知识数据库到检索引擎，人工智能都必须按照人给出的指令或算法来运行。在机械学习阶段，即便有非常庞大的数据，人工智能也不会自动学习，需要有人来提供数据的特征量和规格化方式才能进行学习和预测；通过机械学习，人工智能可以提供更高的精确度，但却很难对复杂的、模糊的问题进行判断。然而当机械学习的数据输入不间断地高速进行时，对输出的预测就会变得非常困

---

① 关于人工智能发展的四种不同阶段以及产业革命的进展，参见松尾丰：《人工知能は人間を超えるか——ディープラーニングの先にあるもの》，株式会社KADOKAWA2015年版，第49—53页；I/O编集部（编）：《「ビッグデータ」&「人工知能」ガイドブック》，工学社2017年版，第16—49页（胜田有一朗、久保隆宏执笔）。关于人工智能与大数据之间的关系，参见西垣通：《ビッグデータと人工知能》，中央公論新社2016年版。

难。而在深度学习的场合，人工智能系统不仅按照算法进行数据处理，还采取多层次脑神经网络的模型和方法，能从大数据中发现和提取特征量，揭示迄今为止未知的问题、样式、结构以及原理，从而具有更高的自主性，因而更类似具有条件反射能力的动物或者自由意志的人。

当人工智能从他律系统转化为自律系统、从演绎系统转化为归纳系统，特别是在人工智能网络之间的相互作用及其连锁反应不断进行的情况下，预测、理解、验证、控制就会变得更加困难，甚至出现黑箱化现象。"透明社会"与"黑箱算法"，这是数据驱动时代的一对根本矛盾，对国家治理方式的改革提出了新的挑战，也提供了新的机遇。① 无论如何，既然人工智能有自我学习和创新的潜力，能通过统合复数的身体功能进行精密管理，还会按照某种节奏不断引起飞跃式的变化，甚至通过复杂的连锁反应造成混沌，那么如何对人工智能进行适当的、合理的、充分的规制，确立机器人研制的规则和政策就势必成为极其重要并非常紧迫的一项课题。

一、人工智能网络化的风险与社会治理

在考虑对人工智能开发进行适当规制之前，必须对人工智能本身进行比较精准的概念界定。

不言而喻，人工智能是相对于人类智能而言的，而人类的智能

---

① 贾开：《人工智能与算法治理研究》，载《中国行政管理》2019 年第 1 期，第 23 页以下。

活动通常表现为推理、学习以及自我改善。因此，人工智能就可以理解为借助电子计算机来实现推理、学习以及自我改善等活动的机制。换言之，人工智能就是能够形成和运作这类活动机制的数据处理系统，或者像人那样思考的电子计算机。由此可以推论，人工智能的本质在于信息的输入与输出之间的关系。[①] 电子计算机擅长进行大量的、反复的信息处理和逻辑演算，但人类擅长进行直觉的分析和判断，通过与环境的相互作用创造出主观的世界图像，并依此进行认识和预测。人工智能的发展目标就是要把这两个方面密切结合起来，提高认识和社会控制的精确度和实效性。

目前的人工智能热是由深度学习——利用脑神经网络进行的机械学习——而引起的。过去五十年间的机械学习是由人根据专业知识和经验来设计算法和特征量，通过反复试错逐步提高电子计算机判断的精确度，失误比例一般在 26% 到 27% 之间徘徊。从 2006 年开始研发的深度学习，在 2012 年给这种持续已久的沉闷局面带来了重大突破，使得人工智能识别的失误比例骤然降到 15% 到 16% 的程度。[②] 深度学习的技术诀窍就是人类不再事先设计数据的特征量，而由电子计算机通过多阶脑神经网络模型下的分层化学习以及自我符号化的信息压缩器，从输入的数据中自动抽出数据的更高级特征量。也就是说，人工智能从此开始真正介入本来只能由人类智能决定的领域。如果从图像数据到观测数据、行动数据以及语言

---

①　人工智能的不同定义，参见松尾豊：《人工知能は人間を超えるか——ディープラーニングの先にあるもの》，株式会社 KADOKAWA 2015 年版，第 43 页以下，特别是第 45 页图示的 13 种不同表述。

②　松尾豊：《人工知能は人間を超えるか——ディープラーニングの先にあるもの》，株式会社 KADOKAWA 2015 年版，第 144—147 页。

数据都可以进行深度学习，那就可以解决环境认识、行动预测以及知识获得瓶颈等问题，势必在很多领域引起科技和产业革命的连锁反应。

深度学习的网络结构以及各种人工智能之间互相联网，形成了所谓"智网社会"，向国家治理和法律秩序提出了新的课题和挑战。[①]人工智能的网络化的确可以为人类带来巨大的便利和效益，但同时也势必造成巨大的、缺乏清晰边界的风险社会。与过去的信息通信技术不同，人工智能通过深度学习而导致变化的结果很可能是人工智能开发者自己也无法预测和控制的。人工智能网络化势必引起自动的组合变更，实现自我生成式的成长和变异乃至人工智能判断的黑箱化，形成非常复杂的情况和网络混沌。在这里，存在人工智能不透明化的风险、安全性风险、失控的风险等。另外，各种人工智能网络相互间的目的竞争或冲突也会引起复杂的连锁反应，很可能在某种情形下造成利用者或者第三者的权利或利益受到损害，或者危及社会秩序和法律制度的框架。在这里存在事故的风险、智慧型犯罪的风险、个人信息和隐私被泄露和滥用的风险、人为操纵选举结果的风险等。为此，必须加强风险甄别和风险沟通。[②]

如何对这类风险进行评价和管控成为人工智能网络化社会的治理以及制度设计的核心问题。众所周知，智网社会的最大特征是

①　成原慧：《AI ネットワーク化をめぐる法的問題と規範形成》，载《自由と正義》2017 年 9 月号，第 35 页以下。

②　福田雅樹、林秀弥、成原慧（編著）：《AI がつながる社会——AI ネットワーク時代の法・政策》，弘文堂 2017 年版，第 14—18 页。关于风险社会的治理和政策应对，参见季卫东、程金华主编：《风险法学的探索——聚焦问责的互动关系》，上海三联书店 2018 年版，第 3—54 页。

通过互联网实现的越境性，无论效益还是风险都会突破国家和专业领域的既有樊篱进行传递和呈指数级扩散。因此，对人工智能网络化的相关问题进行讨论、采取对策不得不具备国际视野和全球视野，应该注重在互联互通的状况里寻求人类社会的最大公约数和基本共识。另外，由于相关的技术创新和市场培育还处于初级阶段，特别需要积极鼓励试验和竞争，为了防止压抑研究者和企业的能动性，对人工智能开发的规制也应该富于弹性，给试行错误及其纠正留下充分的空间。在这样的条件设定下，如何使规制的举措产生实际效力、具有可持续性就自然而然成为另一个需要强调的因素。总之，人工智能网络化社会的治理切忌"一刀切"的生硬强制手段，更适合采取多视角的、综合性的、社群指向的"软法"方式。只有这样，人工智能在中国的发展才能跳出"一管就死、一放就乱"的传统陷阱。

二、人工智能网络社会治理的基本原则和方法

国务院印发的 2017 年《新一代人工智能发展规划》在保障措施这一节里强调了人工智能发展的制度安排、开放包容的国际化环境以及社会基础等基本理念。鉴于人工智能的技术属性与社会属性高度交叉融合的特殊情形，关于制度安排，规划要求加强人工智能相关法律、伦理和社会问题研究，建立保障人工智能健康发展的法律法规和伦理道德框架。开展与人工智能应用相关的民事与刑事责任确认、个人尊严和隐私以及产权保护、信息安全利用等法律

问题研究，建立追溯和问责制度，明确人工智能法律主体以及相关权利、义务和责任等。通过法律规范和伦理规范的并用来实现社会交往的共享和互信。在立法方面，重点围绕自动驾驶、服务机器人等应用基础较好的细分领域，加快研究制定相关安全管理法规，为新技术的快速应用奠定法律基础。

由于人工智能是影响深远的颠覆性技术，国务院规划还重视围绕人工智能开展行为科学和伦理等问题研究，建立伦理道德多层次判断结构及人机协作的伦理框架。制定人工智能产品研发设计人员的道德规范和行为守则，加强对人工智能潜在危害与收益的评估，构建人工智能复杂场景下突发事件的解决方案，以夯实第四次产业革命"以人为本"的社会基础。除此之外，规划特别指出有必要积极参与人工智能全球治理，加强机器人异化和安全监管等人工智能重大国际共性问题研究，深化在人工智能法律法规、国际规则等方面的国际合作，共同应对全球性挑战，并且在全球范围内优化配置创新资源。在人工智能开发的规格、标准以及规制方式上与国际接轨，参与全球对话，这是值得高度评价的原则性立场。

关于技术标准框架体系和保障举措，国务院规划明确提出了安全性、可用性、可操作性、可追溯性等基本原则，要求逐步建立并完善人工智能基础共性、互联互通、行业应用、跨界融合、网络安全、隐私保护等技术标准以及行业规范，特别是鼓励人工智能企业参与或主导制定国际标准。针对相关的评估和安全监管，2017年规划注重人工智能对国家安全和保密领域影响的研究与评估，决定构建人工智能安全监测预警机制并加强对人工智能技术发展的预测、研判和跟踪研究。在风险评估和防控方面，从预防法学和因势利导政策的角度明确近期重点关注对就业的影响；远期重点考虑对社会伦理的影响，确保把人工智能发展规制在安全可控范围内。机制设计的思路是建立和健全公开透明的人工智能监管体系，实行设计问责和应用监督并重的双层监管结构，实现对人工智能算法设计、产品开发和成果应用等的全流程监管并加强惩戒力度。

在人工智能网络化和数据驱动社会成形的背景下，国务院规划特别注重人工智能行业和企业的自主操控、群智研发以及人工智能网络安全技术的研发，试图构建动态的人工智能研发应用评估评价机制，要求"围绕人工智能设计、产品和系统的复杂性、风险性、不确定性、可解释性、潜在经济影响等问题，开发系统性的测试方法和指标体系，建设跨领域的人工智能测试平台，推动人工智能安全认证，评估人工智能产品和系统的关键性能"。从这一系列制度设计方案和举措中，我们可以解读出通过人工智能网络来实现社会共生和普惠的原则、通过跨界协调和自律性尊重让企业和社会都充满活力的治理目标、通过利益相关者参与决策以及问责确保人工智能网络互动的可控性与透明性。

通过上述分析，我国人工智能开发的主要原则和实施方法不妨归纳为以下九条：(1)共享互信原则——人工智能的开发以社会共生、人与人交往的互信以及开发利益的普惠为根本价值目标；(2)个体尊严原则——在数据驱动的智网社会，人工智能开发必须切实保障网络安全、数据安全、个人信息安全以及公民的隐私权和名誉权；(3)民主参与原则——鉴于人工智能互联互通、渗透到生活的各个角落，仅靠自上而下的决定和监管必然存在盲点和漏洞，因而必须让利益相关者也参与相关决策；(4)国际合作原则——鉴于人工智能跨界互联互通的现状以及标准统一的经济合理性，人工智能开发应该立足于国际合作，对必要的规制也应该采取全球共同应对的方法；（5）相机规制原则——由于人工智能的技术复杂性和创新性，规范秩序的建构有必要让立法（刚性规范）与道德规范、政策（柔性规范）兼具并用，并对合规性问题采取多层化判断的方法；（6）公开透明原则——为了防止人工智能失控，确保设计者和企业的可问责性，对算法和程序应该要求公开、透明化，强调可说明性；（7）双重规制原则——对于人工智能开发实施设计问责和应用监督的双重规制方式；（8）追踪制裁原则——鉴于人工智能的本质在于信息输入与输出之间的关系，对有关产品和技术的研发、应用实行全流程监管，并对违法和违规现象加大惩戒力度；（9）预防响应原则——针对人工智能开发中的风险要加强预防举措，并建立危机处理的预警和应急处理体系。[①]

三、关于人工智能开发的法理和政策的国际主要动向

　　关于人工智能开发引起的法律问题以及相关规制的理论探讨的近况，上海交通大学凯原法学院彭诚信教授主持翻译的"独角兽

---

　　①　另外，北京智源人工智能研究院联合北京大学、清华大学、中国科学院自动化研究所、中国科学院计算技术研究所、新一代人工智能产业技术创新战略联盟等，在2019年5月25日共同发布《人工智能北京共识》，从研发、使用、治理三个方面，提出了以下十五条准则：造福、服务于人、负责、控制风险、合乎伦理、多样与包容、开放共享、善用与慎用、知情与同意、教育与培训、优化就业、和谐与合作、适应与适度、细化与落实、长远规划。

法学精品·人工智能"系列三本图书已经为我们提供了比较全面的概观。[①]其中关于机器人规制的内容也是从阿西莫夫三定律开始的，涉及机器人伦理学、人工智能管理规定、统一人工智能法典、联合国人工智能公约、电子法、自动化执法、法律责任与社会伦理等一系列问题和制度设计的构想，读来饶有趣味。在这里，只想介绍和分析一下主要国家和超国家机构在人工智能规制方面的最新立法活动以及相关规范的基本内容，作为中国相关制度建设的借鉴。

美国政府从 2016 年 5 月开始正式研讨人工智能的法律、伦理以及政策方面的问题，为决策进行准备。当年 10 月白宫发表了题为《为人工智能的未来做准备》报告书，提出人工智能的相关系统必须可控、公开透明可理解、有效发挥功能、与人类的价值和愿望一致等原则。[②]与此同时，国家科学技术会议网络和信息技术研究开发小委员会还发表了关于运用联邦政府预算研究人工智能的方针《美国人工智能研究开发战略计划》，提出了副作用最小化的要求。[③]随后美国电气电子学会也发表了关于人工智能设计伦理标准的报告书，提倡实现人权理念、人类与自然环境的效益最大化、减

---

①　〔美〕约翰·弗兰克·韦弗：《机器人是人吗？》，刘海安等译，上海人民出版社 2018 年版；〔意〕乌戈·帕加罗：《谁为机器人的行为负责？》，张卉林、王黎黎译，上海人民出版社 2018 年版；〔美〕瑞恩·卡洛、〔美〕迈克尔·弗鲁姆金、〔加拿大〕伊恩·克尔编：《人工智能与法律的对话》，陈吉栋等译，上海人民出版社 2018 年版。

②　Executive Office of the President, "Preparing for the Future of Artificial Intelligence" (National Science and Technology Council, October 2016).

③　Executive Office of the President, "The National Artificial Intelligence Research and Development Strategic Plan" (National Science and Technology Council, Networking and Information Technology Research and Development Subcommittee, October 2016).

少人工智能和自律系统等带来的风险和负面影响等三条原则。[①]由
亚马逊、Deep Mind、谷歌、脸书、IBM、微软五大公司发起，欧美
产业界在 2016 年 9 月还缔结关于人工智能的伙伴关系，旨在构建
一个研究和讨论人工智能技术改进和社会影响的开放性平台，并发
表了关于确保社会责任、采取防护措施等八项信条。[②]来自不同机
构和学科的专家也按照人工智能"可接受、有责任"的理念结成伦
理专题社群，进行关于失控风险的脚本分析并提出对策建议。[③]

　　欧盟的机器人法律项目从 2012 年开始活动，到 2014 年 9 月
发表了机器人法律指南。2016 年 4 月，欧洲议会法务委员会召开
关于机器人和人工智能的法律和伦理问题的听证会，并在 5 月公布
了与机器人相关的民事法律规则的报告书草案。2017 年 2 月欧洲
议会通过《向欧洲委员会提出的关于涉及机器人民事法律规则的提
案》，建议设立专门的欧盟机构、采纳智慧机器人登记制、明确严格
的损害赔偿责任、保障知识产权等，要求欧洲委员会制定相关的欧
盟法律。这个提案还建议确立机器人研发者的伦理行动规范，其中
包括尊重基本人权、预防原则、包容性、问责、安全性、可追溯性、
隐私权保护、效益最大化和危害最小化等内容。[④]2018 年 5 月 25

---

①　The IEEE Global Initiative for Ethical Considerations in Artificial Intelligence and Autonomous Systems, Ethically Aligned Design: A Vision for Prioritizing Human Wellbeing with Artificial Intelligence and Autonomous Systems, Version I — for Public Discussion(2016) & Version II— for Public Discussion (2017).

②　参见该平台的网站 PARTNERSHIP ON AI 的 TENETS 栏目。

③　例如 Masahiro Sugiyama and others, "Unintended Side Effects of Digital Transition: Perspectives of Japanese Experts", *Sustainability*, 2017, 9(12), 2193。

④　European Parliament, European Parliament Resolution of 16 February 2017 with Recommendations to the Commission on Civil Law Rules on Robotics (2015/2103[INL]).

日欧盟开始施行一般数据保护条例，要求人工智能开发涉及个人信息处理时要通知本人，受到影响的个人有权获得解释。其中有些举措比美国更加严格，对违反该法规的企业采取重罚政策。这项法规对数据向其他国家的转移业务也生效。[①]2018 年 12 月欧盟委员会 AI 高级专家组发布了《人工智能开发和适用伦理指南》草案，以《欧盟基本权利宪章》为基准，力争形成值得信赖的、负责任并且没有偏见的人工智能，为此提出了七条关键要求。[②]这个伦理指南将从 2019 年夏季开始进入试行，所有企业、政府部门以及社会团体都可以参加欧洲人工智能联盟，通过共同遵循伦理指南在数据、算法、技术等方面推进伙伴关系。

日本总务省信息通讯政策研究所通过系列研讨会在 2016 年 10 月制订了《人工智能开发指针方案（征求意见稿）》，经过讨论修改在 2017 年 7 月正式公布《为国际讨论而作的人工智能开发指针方案》。日本方案的基本宗旨是：尽管人工智能的技术创新和互联网化有望给经济和社会生活带来各种各样的效益，但也存在黑箱化和失控的风险。人工智能是跨越国界互联互通的，因此相关的效益和风险也势必跨越国界产生连锁反应。在这个意义上，智网社会的治理不可能局限在一国范围内，而应该形成全球化的治理框架。为此，有必要通过开放式讨论在利益相关者中凝聚国际共识。在人工

---

① 实施的情况，参见熊剪梅：《GDPR 实施近一年，数据隐私保护何去何从？》，载人民网·公共政策，2019 年 5 月 7 日。与此相映成趣的是，中国互联网信息办公室在 2019 年 5 月 28 日发布了《数据安全管理办法（征求意见稿）》，通知公众在 6 月 28 日之前反馈意见。

② 欧盟人工智能伦理指南的七条关键要求是人的管理和监督、稳健性和安全性、隐私和数据管理、透明度、多样性和公平性以及非歧视性、社会和环境福祉、问责制。

智能开发的初期阶段，通过立法来进行规制有可能导致创新活动的萎缩，因此对刚性规范的制定应持慎重态度，不妨更多地借助"软法"等非正式的有序化机制。[①]

日本的人工智能开发指针方案提出了五大理念：(1)人通过与人工智能网络共生而共享其恩惠，并建立一个尊重人的尊严和个体自主性的"以人为本"的社会；(2)利益相关者应该对作为非约束性"软法"的指针及其最佳实践经验进行国际共享；(3)应该通过创新的、开放式的开发活动和公平竞争增进社会效益，在尊重学术自由等社会价值的同时防范风险，确保效益和风险的适当平衡；(4)坚持技术的中立性，注意不给开发者造成过度负担；(5)对指针方案的内容不断斟酌，根据需要灵活进行修改。[②]

根据这些理念，指针方案具体阐述了人工智能开发的九项原则，即人工智能系统互相连接和互相运用的"合作原则"（包括与国际标准和规格保持一致、数据形式统一化、界面和通信协议的公开、知识产权特许合同及其条件的公开等），确保输入和输出的可验证性和判断的可解释性的"透明原则"（包括开发者公开算法、源代码、学习数据等），开发者能驾驭人工智能的"可控原则"（为此可以采取监督、预警、停机、断网、修理等有效举措），人的身体、生命、财产免于损伤的"无害原则"，保护人工智能系统本身的"安全

---

① 福田雅樹、林秀弥、成原慧（编著）：《AIがつながる社会——AIネットワーク時代の法・政策》，弘文堂 2017 年版，第 87 页以下。

② AIネットワーク社会推進会議：《報告書 2017——AIネットワーク化に関する国際的な議論の推進に向けて》(2017 年 7 月 28 日) および同報告書別紙 1《国際的な議論のための AI 開発ガイドライン案》，第 3—5 页。

原则"（包括系统的可信度、牢固性以及信息的机密性、完整性、可用性），防止人工智能利用者和第三者个人信息泄露和滥用的"隐私原则"，[①] 尊重人格的"伦理原则"，为用户提供选择机会的"支持原则"（包括设定系统默认、提示易懂的选项、及时反馈、紧急情况的警告、失误的纠正等），以及对利益相关者履行说明义务的"问责原则"。[②]

综合上述信息，我们可以发现在人工智能开发的原则和政策方面，国际社会已经初步形成了一些基本共识。例如对国际通用的指针、标准、规格采取合作态度，尽量使设计方案统一化；为确保人工智能系统和智慧网络之间互联互通，必须共有相关信息；数据形式应该标准化；应该公开包括应用程序编程接口在内的接口和协议、知识产权的特许合同条件；确保技术的中立性以及透明性，判断结果的可解释性，等等。另外，在不同价值取向发生冲突时，进行选择的元规则被公认为要优先保护人的安全，慎重对待生命伦理，不得毁损人性的价值。在与人相关的复数价值判断标准之中，优先顺位的排序如下：（1）生命；（2）身体；（3）财产。从"以人为本"的立场出发，人工智能的开发者在设计阶段就应该充分考虑私生活的平稳、个人信息保密、通信保密，相关企业和服务商必须对利用者和利益相关者充分履行说明义务，尊重客户的选择自由。为了落实上

---

① 具体的分析可山本龍彦：《AI と個人の尊重、プライバシー》，载山本龍彦（编著）：《AI と憲法》，日本経済新聞出版社 2018 年版，第 59—119 页。

② AI ネットワーク社会推進会議：《報告書 2017——AI ネットワーク化に関する国際的な議論の推進に向けて》（2017 年 7 月 28 日）および同報告書別紙 1：《国際的な議論のための AI 開発ガイドライン案》，第 6—7 页。

述要求，有必要加强问责机制，提高惩戒的力度。

结语：与人工智能相关的
主要法律问题和规制领域

以上重点分析了在数据驱动的智网社会进行人工智能开发的有关原则、规则以及政策，与人工智能的适当规制相关的法律和伦理问题当然绝不局限于这些。例如机器人造成人身损害的风险应该如何预防和分散、怎样承担法律责任、人工智能武器的开发和使用的边界在哪里等，都值得深入讨论，需要制定相应的标准。随着人工智能的广泛应用，即使不采取强制手段也可能左右人们行为的"间接管制"变得越来越容易了。[①] 人工智能对社会的间接管制实际上就有可能在很大程度上侵蚀个人选择的自我决定权，给那些不使用人工智能的人们带来经济损失以及其他各种代价。在这样的状况下，如果没有适当的机制设计，现代国家宪法和民法秩序的基础势必发生动摇。[②] 另外，还存在许多与人工智能相关的具体法律问题，这里也按照一定的逻辑关系略作概括性说明。

首先是人工智能生成物的归属问题。在智网社会，各种信息和

[①] 关于人工智能与间接管制之间的关系，参见 Lawrence Lessig, *Code Version 2.0*, New York: Basic Books, 2006；中译本参见劳伦斯·莱斯格：《代码2.0：网络空间中的法律》，李旭、沈伟伟译，清华大学出版社2009年版。

[②] 韩大元：《当代科技发展的宪法界限》，载《法治现代化研究》2018年第5期，第6—17页；王利明：《人工智能时代对民法学的新挑战》，载《东方法学》2018年第3期，第4—9页。

文化作品的素材——新闻、网络评论、照片、视频和音频、游戏、知识介绍、小说、音乐、画像等，都在周流不息地流布和扩大再生产。这些内容的发布机制是平面化的、自由的，但作为商业性活动又是由少数信息技术公司巨头所垄断的。其中有些作品还是人工智能以低成本大量创造的。例如自动翻译（科大讯飞）、自动着色和加工（"美图秀秀"和"天天P图"）、既有文章的加工和第二次创作，特别是自动文艺创作的软件（英国音乐科技公司Jukedeck、美国谷歌DeepDream、日本东京大学开发的自动作曲系统Orpheus以及中国清华、北大、北邮共同研制的"薇薇写诗机器人"）所产生的作品，著作权究竟属于谁，涉及复杂的法律上和伦理上的问题，也很容易助长免费搭车的侵权现象。对于那些具有创造性贡献的人工智能生成物要不要给予著作权上的保护、是否承认其垄断性地位、保护是否要附加条件、保护期间多长为宜，需要在政策上进行慎重的权衡。[1]

其次，但议论更多的是人工智能生成物的行为责任问题。例如2016年某公司开发的具有深度学习能力的对话系统在推特上登场后，由于受网络上大量流传的歧视性笑话的影响，不久这个系统就开始不断发表具有种族歧视倾向的推特短文，损害他人的名誉，引发了宪法上的问责，被迫停止服务，进行整改。更广为人知的实例是自动驾驶汽车造成事故时的责任。全球首例无人驾驶汽车撞人

---

[1]　吴汉东：《人工智能时代的制度安排与法律规制》，载《法律科学》2017年第5期，第128—136页；石冠彬：《论智能机器人创作物的著作权保护——以智能机器人的主体资格为视角》，载《东方法学》2018年第3期，第140—148页。2019年4月25日，北京互联网法院就全国首例计算机软件智能生成内容的著作权案〔（2018）京0491民初239号〕做出初审判决，以独创性表达和主体适格作为判断标准。

致死事件发生在 2018 年 3 月 18 日的美国亚利桑那州，导致加利福尼亚州开放上路测试的计划搁浅。[①] 实际上，当自动驾驶汽车造成交通事故时，按照现行法制追究民事责任是很困难的，因为无法确认驾驶者的过失，也很难证明控制运行的软件或人工智能的设计上存在问题；特别是在获取的信息和利用的服务非常多样化的情况下，责任主体势必复数化。算法黑箱很可能导致人工智能采取某种不能预测的动作，这些都是汽车所有者和驾驶者既无法预知、也无从回避的，因而难以追究他们的过失责任。当然，也可以把人工智能软件已经嵌入汽车作为理由，根据产品责任法向厂商请求赔偿；[②] 或者设立以人工智能为保险对象的服务，通过保险制度来解决问题。至于对自动驾驶汽车造成的事故追究刑事责任，必须通过修改法律或者制定新法另设犯罪类型。[③]

另外还有提供给人工智能进行学习的数据所伴随的权利问题。例如通过读取绘画进行深度学习是否侵害作者的复制权，个人的消费信息、健康信息、经历信息以及识别信息作为学习数据使用时是否侵害隐私权，把生产方法、销售方法以及其他营业活动的大数据提供给人工智能是否引起不正当竞争，怎样保护具有经济价值的数据，数据的大量积蓄和集中化会不会导致市场的垄断，这些都需要

---

① 美国加州圣何塞《信使新闻报》(*The Mercury News*) 2018 年 3 月 30 日报道。

② 关于精密机器人汽车与产品责任的详细分析，参见〔美〕瑞恩·卡洛、〔美〕迈克尔·弗鲁姆金、〔加拿大〕伊恩·克尔编：《人工智能与法律的对话》，陈吉栋等译，上海人民出版社 2018 年版，第 29—53 页。

③ 人工知能法務研究会（编）：《AI ビジネスの法律実務》，日本加除出版株式会社 2017 年版，第 51—76 页、第 195—199 页；刘宪权：《人工智能时代的"内忧""外患"与刑事责任》，载《东方法学》2018 年第 1 期，第 134—142 页。

深入研究，制定必要的法规、政策以及伦理标准。对于匿名加工个人信息以及相关数据库的建设也应该有统一的规格和方法。2018年5月开始实施的欧盟一般数据保护条例被称为21世纪的人权宣言，就是因为在网络化社会特别强调尊重个人的原则。该条例第21条规定数据主体对数据的存档具有异议权，如果数据管理者不能提供不得不这样做的正当性根据（例如防止传染病蔓延），就必须停止相应的信息处理。第22条还进一步规定，数据存档等信息自动化处理本身不得给数据主体带来任何法律效果。也就是说，关于个人特征的完全自动化评价，不得成为侵害该个人权益的决定的唯一根据。如果产生了诸如此类的重大影响，数据主体有权不服从。[①]这种机制设计是值得我国留意和借鉴的。

不得不承认，我国以及各国的现行制度在保护人工智能方面仍然存在一些明显的缺陷。我国的著作权法及其实施条例以及计算机软件保护条例承认软件产品、程序以及相关文书的著作权，以独立开发、登记以及固定在实体物件上为前提条件给予法律保护，但关于算法即人工智能本身还没有明文规定。如果算法是由附属的软件程序构成，当然可以作为程序作品申请著作权上的保护，但算法即人工智能本身仍然无法申请专利权。人工智能仅有算法并没有实用价值，而必须与数据的学习结合起来才能产生真正的意义。但对需要大量投入资源的学习用数据以及学习方法，法律却不能提供保护。还有学习完毕的模型也具有很大的经济价值，需要对其利用问题制定必要的管理规则。随着人工智能及其网络化的加速发

---

① 参见山本龍彦：《AIと個人の尊重、プライバシー》，载山本龍彦（编著）：《AIと憲法》，日本経済新聞出版社2018年版，第99—108页。

展，这些问题势必层出不穷，需要在制度和机制的设计上及时跟进甚至未雨绸缪。

此外，还有人工智能与行业法规之间关系如何处理，也是非常重要的课题。例如人工智能在相当程度上开始从事司法和法律服务，[①] 但从事法律实务活动本来是存在严格的门槛限制的，需要通过国家考试取得必要的资格。当中国的"睿法官"机器人（北京）、"明镜系统"（浙江）、"法务云"（江苏）、美国的 ROSS 律师机器人、JUDICATA 法官机器人纷纷用于业务处理时，是否有违反法官法和律师法的嫌疑？如果人工智能被赋予法律人格，那么能否也被赋予法官资格或律师资格？不言而喻，同样的问题也存在于医疗等行业。现在人工智能已经广泛应用于疾病的预测、预防以及诊疗服务，如果发生医疗事故应该如何追究责任正在成为热议的话题。以上描述的这一切都在告诉我们：讨论对人工智能怎样进行适当的规制，逐步建立和健全相关的法律、政策以及道德的规范秩序，此其时也。

（本文原载《东方法学》2019 年第 5 期，第 4—13 页）

---

① 〔英〕理查德·萨斯坎德：《法律人的明天会怎样？》，何广越译，北京大学出版社 2015 年版，以及《财新周刊》总第 783 期（2017 年）第 54—63 页封面报道《法律 AI 起步》。

探讨数字时代法律程序的意义

——聚焦风险防控行政的算法独裁与程序公正

季卫东 *

内容简介：本文以新冠疫情防控的实证素材为线索，深入分析了风险社会和数字国家在治理方式上的变异和问题，提出了在物联网、大数据以及人工智能普及的背景下重新强调法律程序公正的重要课题。风险防控、危机管理、算法助推、自动决策等新常态导致自由与安全的张力增强，也使行政裁量权进一步膨胀；为了保护公民基本权利，有必要在坚守正义底线的同时，探索程序性正当过程的多元化表现形态。在这里，要实现风险分配的社会正义，除了健全依法行政的"保障权利程序"之外，也要加强学习型政府的"反映民意程序"；还应特别重视"技术性正当过程"概念以及网络中立、人工沟通、平台透明等具体构成因素。在数字全覆盖的时代，程序正义发挥重要作用的典型场景

　＊　季卫东，上海交通大学文科资深教授、计算法学与 AI 伦理研究中心主任，教育部"长江学者"特聘教授。

是数据权利保护，特别是大数据流程的正当化处理。从上述角度重新审视行政程序法的制定，可以发现有效制约裁量权的方式除重构司法审查之外，还必须进一步加强风险沟通以及网络调整，借助反映民意的制度以及维护权利的实践来形成某种"关系-沟通-程序"三位一体的机制。另外，拟订更明确而具体的裁量基准并把它们转化为技术标准和代码嵌入行政系统的算法之中，也是实现数字程序正义的重要方式。

引　言

对于现代法治而言，程序正义是一个核心概念。因为法律程序要件可以限制政府的主观任意性，从而使国家秩序具有更充分的正当化根据。在改革、开放以及现代化的时代背景下，拙稿《法律程序的意义》于1993年初由《中国社会科学》发表，详编《比较程序论》同时由《比较法研究》推出，在中国法学界产生了较大的反响和共鸣，说明当时有很多学者和实务家也在思考和研究同样的问题。处于1990年代前期热烈讨论法律程序的独立价值和程序性正当过程的氛围里，各种诉讼法的制定或修改大都强调程序公正原则；以2002年11月8日宣读的中国共产党第十六次全国代表大会政治报告为标志，"制度化、规范化、程序化"被提升到社会治理基本目标的高度，从此频繁出现于各类规范性文件和权威话语[①]。然而在实

---

① 　详见季卫东：《法律程序的意义——对中国法制建设的另一种思考》，（接下页）

践中,程序公正的理念却并没有真正贯彻到底①。近些年来,尽管依法治国已然成为基本方略,但忽视以及践踏程序规则的现象甚至反倒还有愈演愈烈之势。因此,在社会大转型之际,我们有必要重新强调并深入讨论法律程序,特别是程序性正当过程与技术性正当过程互相组合的意义,充分发挥数字程序正义的作用。

影响法律程序发挥作用的因素,除了中国特有的传统文化观念、政治行为方式以及程序设计的漏洞之外,特别值得注意的是一些更具有普遍性的外部条件变化。首先可以举出中国快速进入风险社会后不得不面对的问题状况。在这里,过去威胁人类的那些无从回避的自然灾难和危险,因科技和经济的发展而转化成能够应对

(接上页)载《中国社会科学》1993 年第 1 期,第 83—103 页;江伟:《市场经济与民事诉讼法学的使命》,载《现代法学》1996 年第 3 期,第 4—13 页;陈桂明:《诉讼公正与程序保障——民事诉讼程序之优化》,中国法制出版社 1996 年版;陈瑞华:《刑事审判程序价值论(上)》,载《政法论坛》1996 年第 5 期,第 33—38 页;陈瑞华:《刑事审判程序价值论(下)》,载《政法论坛》1996 年第 6 期,第 42—48 页;吕世伦、贺晓荣:《论程序正义在司法公正中的地位和价值》,载《法学家》1998 年第 1 期,第 116—119,100 页;蒋秋明:《程序正义与法治》,载《学海》1998 年第 6 期,第 84—89 页;肖建国:《程序公正的理念及其实现》,载《法学研究》1999 年第 3 期,第 5—23 页;陈卫东、刘计划:《论刑事程序正当化》,载陈光中、江伟主编:《诉讼法论丛》,法律出版社 1999 年,第 3 卷,第 51—79 页;左卫民:《刑事程序问题研究》,中国政法大学出版社 1999 年版;汤维建:《关于程序正义的若干思考》,载《法学家》2000 年第 6 期,第 8—20 页;曹建明:《程序公正与诉讼制度改革》,人民法院出版社 2002 年版;韩强:《程序民主论》,群众出版社 2002 年版;田平安:《程序正义初论》,法律出版社 2003 年版;樊崇义:《诉讼原理》,法律出版社 2003 年版;孙笑侠:《程序的法理》,商务印书馆 2005 年版。

① 例如高敏:《程序正义在中国的缺失和实现——佘祥林案和刘涌案的启示》,载《杭州电子科技大学学报(社会科学版)》2006 年第 2 期,第 11—14 页;曾绍东、俞荣根:《程序:正义还是不正义——司法改革中的文化传统影响》,载《华东政法大学学报》2010 年第 2 期,第 129—134 页。

的风险，从而使社会的安全度大幅度提高；但是，应对风险的举措本身又会导致新的风险，形成风险扩大再生产的循环圈，带来层出不穷的不确定性和棘手难题。诸如此类的情形特别是在新冠疫情防控期间屡见不鲜，迫使政府必须在盖然性、流动性很强的背景下临机应变，在不断进行成本和效益的比较权衡的基础上做出决定，并且更倾向于采取统筹兼顾、综合协调的治理方式而不拘泥于形式理性，因而也就比较容易脱离法律程序的既定轨道，忽视与时俱进的法律程序建设，践踏程序性正当过程原则①。显然，如何防止程序空白和程序失效是风险法学要思考的一个重大问题。

其次，风险社会的特征势必进一步加强中国传统的家长制和家产制官僚机构的既有运行逻辑②，使行政权的主导地位更加巩固，因而在现代化过程中渐次形成的代表民主性的立法权和代表专业性的司法权都不得不随之弱化或者虚化。为了应对复杂多变的形势，在特定体制机制的促进下，各地政府能做出政治决断的"一把手"的裁量权会大幅度膨胀。这样的趋势固然有利于行政的弹性和效率，还有利于根据结果进行高度聚焦的问责，但却也为管理者的主观恣意留下了较大的流转空间，并在无从对个人问责的情况下导

---

① 参见季卫东：《风险社会的法治》，载《中国法律（中英文版）》2009 年第 1 期，第 16—18 页、第 74—77 页；季卫东：《风险社会与法学范式的转换》，载《交大法学》2011 年第 1 期，第 9—13 页。

② 关于家长制官僚机构的行政集权化、自由裁量高于一般法律以及实质主义伦理的特征，马克斯·韦伯曾经进行过经典的分析。参见〔德〕马克斯·韦伯：《中国的宗教：儒教与道教》，简惠美译，（中国台湾）远流出版事业股份有限公司 1989 年版，第 165—169 页；マックス・ウェーバー：《支配の社会学Ⅰ》，世良晃志郎訳，創文社 1960 年版，第四節「家父長制的支配と家産制的支配」，とりわけ，第 239—246 頁。

致无人负责的局面，甚至有可能最终严重削弱国家权力结构的合理性及合法性。由此可见，行政裁量与程序要件之间存在某种反比例关系：肥大的裁量权会压抑公正的程序规则适用，反之，强有力的程序规则将制约放肆的裁量权行使，降低或者分散决策风险，并根据权限和责任所在而逐一进行问责。因此，如何重构裁量与程序之间的关系，就是实施法治行政的关键。

再者，最近二十余年来，数字信息技术日益普及，形成了巨大的智能网络空间。物联网产生大数据，人工智能系统可以对这些数据进行收集、计算、分析以及应用。在这样的基础上，企业根据机器学习的模型不断改进营销策略，进行量身定制的信息推送并提供个性化服务；政府同样可以实施广泛的监控、精准管理以及预测式警务；俨然构成一个"数字占优者得天下"的局面。与此同时，个人也通过区块链缔结互联网协议，尝试各种形式的自治和共治，以抗衡企业和政府的数字化规制。其结果，公共领域呈现出多层多样、纵横交错的特征，规制主体复数化了，不同机构和主体通过沟通或博弈来做出共同决定的场景频繁出现并逐渐成为新常态，但数据的系统性偏误以及算法的黑箱化现象却使进行决策的权限关系、因果关系变得模糊化了 [1]。因此，社会的数字覆盖以及网络结构的多元化治理方式也在不同程度上妨碍着法律程序的严格履行，程序性正当过程的理念需要通过"技术性正当过程" [2] 的机制设计另辟蹊径。

---

① 详见季卫东编：《AI 时代的法制变迁》，上海三联书店 2020 年版，第 7 页、第 125—127 页、第 250—251 页。

② Danielle Keats Citron, "Technological Due Process", *Washington University Law Review*, Vol. 85, No. 6 (2008), pp.1249—1313.

本文拟把上述新情况、新问题作为基本线索，进一步探究程序正义的外延和内涵究竟发生了哪些变化、应该怎样与时俱进改善关于程序的制度设计、如何纠正实际上违背程序公正原则的偏颇。在1993 年发表的拙稿《法律程序的意义》及其详编，主要以现代化转型社会为背景，以审判程序作为基本模型，而把对于更复杂多样的行政程序的深入探讨留待日后[①]。这篇论文根据当今社会的现实调整了法学理论的视角，侧重考察与行政活动相关的公正程序，并以疫情防控以及数字信息技术在治理方面的应用为典型实例，把风险社会、风险的全球化扩散以及借助人工智能算法的危机应对作为论述的主要语境。

一、权利保障机制在风险社会的变化

站在保障公民基本权利的宪法学立场上来看，现代法治秩序的基本特征是分权制衡，主要是严格区别事先的政治决策与事后的司法救济。实际上，迄今为止的程序正义论，重点落在对基本权利受到侵害的公民提供司法救济方面。例如公正程序原则的主要内容包括：(1)禁止对自己案件进行审理，即运动员不得当裁判；(2)非经程序性正当过程不得剥夺公民的生命、健康、自由或财产等基本权利[②]；(3)充分听取对立各方的主张及其论证，当事人享有获得律

---

① 季卫东：《程序比较论》，载《比较法研究》1993 年第 1 期，第 16 页、第 18 页。

② 这里值得注意的是，约翰·洛克把健康也列为不可侵犯的自然权之一。参见〔英〕洛克：《政府论·下篇——论政府的真正起源、范围和目的》，叶启芳、瞿菊农译，商务印书馆 2013 年版，第 4 页。

师帮助和提交证据的权利，裁决必须说明理由；(4)应该对行政活动的合法性乃至立法的合宪性进行司法审查[①]。这些具体要求其实都是着眼于司法领域，强调审判权的独立性、客观性以及由此确立的公平性。审判机构被认为享有法律问题的终局性决定权，是捍卫公民基本权利的最后堡垒，因此特别强调处理案件、做出司法判断的程序要件。基于同样的理由，现代立宪主义体制也把对行政权乃至立法权的司法审查程序作为实施宪法的核心要素。

但是，在风险社会，正如反恐以及新冠疫情防控等事实所彰显的那样，在公共利益受到威胁的状况下，个人自治与集体责任、自由与安全之间的张力变得更加紧绷；一般而言，在恐惧心理的驱使下，公民可能反倒更倾向于安全保障，与此相应也就更能容忍自由的收缩、特别是容忍限制个人权利的公共卫生措施[②]。换句话说，在风险较大的情况下，安全优先、公益至上以及功利主义的思维方式会占上风。因此，在现代法治国家本来比较单纯明快的那种限制公权力的制度安排，在风险社会很可能被相对化，在很大程度上被转变成通过风险的概率计算对自由与安全之间关系进行调整和讨价还价的作业，程序性正当过程让位于实质性权衡过程。

不言而喻，如果公权力以安全或公益的名义对自由的限制有所增大，那么法律程序对个人权利的保障也就随之有所削弱。这时权

---

① 〔美〕约翰·V.奥尔特：《正当法律程序简史》，杨明成、陈霜玲译，商务印书馆2006年版，第33—37页、第63—66页。

② 〔英〕约翰·科根、基思·赛雷特、A. M.维安：《公共卫生法——伦理、治理与规制》，宋华琳等译，译林出版社2021年版，第233—241页。〔美〕凯斯·R.桑斯坦：《恐惧的规则：超越预防原则》，王爱民译，北京大学出版社2011年版。

利保障在很大程度上将取决于社会整体的成本效益分析 ①，取决于因政府行使权力所获得的安全利益与所丧失的自由利益之间的比较考量，取决于采取风险对策的支出与维持经济运转的收入之间的差额计算。在这个价值兑换过程中，限制公权力就从"或是或非"的问题转变成"或多或少"的问题，法治的存在方式也将受到经济学比较优势观点的影响，事先性政治决策与事后性司法救济相对峙的图式也会在很大程度上相对化。这时最关键的问题就是：如何让安全与自由之间的关系达成适当平衡？通过程序能否实现个人权利保障的合理程度？

在风险、风险防范以及防范风险举措的风险之间，各种不同类型的风险相生相克、不断循环、呈现出螺旋式上升的状态 ②。为此，所有公共部门都不得不进行敏捷的紧急响应，国家与社会之间不得不通力合作，民众出于安全利益的考虑也可能更拥戴一个积极有为的政府。在这种状况下，为了确保行政机构进行更加富于弹性、更加具有实效性的规制，人们难免会自觉或不自觉地放松对权力行使的程序限制。尤其是仅凭科学知识和法律规则无法克服不确定性的场景之中，公共选择不得不更依赖政治决断，民众也不得不寄希望于当局统筹兼顾、乾纲独断的洞察力和行动力。

---

① 戴昕、张永健：《比例原则还是成本收益分析：法学方法的批判性重构》，载《中外法学》2018 年第 6 期，第 1519—1545 页；金自宁：《风险中的行政法》，法律出版社 2014 年版，第 54—90 页。

② 关于风险的概念以及进行风险沟通和决策的法社会学分析框架，详见〔德〕尼克拉斯·卢曼：《风险社会学》，孙一洲译，广西人民出版社 2020 年版，第 13—55 页；郑作彧、吴晓光：《卢曼的风险理论及其风险》，载《吉林大学社会科学学报》2021 年第 6 期，第 83—94 页、第 232 页。关于风险螺旋式扩张问题，参见〔美〕史蒂芬·布雷耶：《打破恶性循环：政府如何有效规制风险》，宋华琳译，法律出版社 2009 年版，第 69—70 页。

　　但是，需要指出的是，在事态很难预测而又非常紧迫的状况下做出的政治判断，难免伴随着这样或那样的次生风险，难以打破风险的恶性循环。因此，我们不能鉴于上述新情况就简单地否定现代法治的制度安排、程序性正当过程原则以及对公民权利的基本保障，恰恰相反，应该固守法律程序正义的底线。甚至可以说，只有通过程序的制度走廊进行风险沟通，具体决策才能摆脱风险恶性循环。在这里，当然也不必局限于人大的立法程序和法院的审判程序，还可以通过更加多样化的程序以及互动关系来追究风险决策的政治责任和法律责任，从而确保权力行使的客观性和稳健性，并对受决策影响的公民进行及时而充分的权利救济。为此，有必要探讨多元化公正程序的机制设计。

　　总之，风险社会提出了一系列特有的问题，使现代法治范式、尤其是公正程序原则面临严峻的挑战。如果这种挑战只是暂时的，那么在紧急事态下的危机管理无论具有如何不同的特征，都可以在卡尔·施密特提出的"例外与日常"的分析框架之内进行解释和处理，不必改变理论和制度安排①。但是，就像反恐维稳压倒一切或者疫情防控的常态化那样，如果例外与日常的关系被颠倒，紧急响应和危机处理反倒成为一般化管理方法，并且无法终止和矫正，那就不得不考虑法与社会的范式变革。无论如何，为了厘清相关的情况和思路，首先应该对新冠疫情防控中亲身经历或真切见闻的各种现

---

　　① 何包钢：《保卫程序：一个自由主义者对卡尔·施密特例外理论的批评》，载《浙江学刊》2002 年第 2 期，第 73—80 页；李学尧：《应急法治的理想型及其超越》，载《中国法律评论》2021 年第 2 期，第 88—101 页；宾凯：《系统论观察下的紧急权：例行化与决断》，载《法学家》2021 年第 4 期，第 1—15 页、第 190 页。

象进行客观的、冷静的考察和分析，探索风险社会中实现法律程序公正、有效保障个人基本权利的可能性。

二、新冠疫情防控凸显的法律程序问题

（一）在疫情防控中崛起的"机器官僚主义"

新冠肺炎疫情全球大流行已经将近三年，病毒还在不断变异，感染者的数量还在不断增加。由于捐赠者私利的影响以及地缘政治之争导致世界卫生组织无法充分发挥国际协调功能[1]，所以各国实际上一直都在分别采取不同的应对策略，实际上也就形成了制度和政策的对照实验[2]。有些国家抗疫成功并维持了经济增长，但也有些国家为高感染率和高死亡率或者过度严苛的防范政策而付出了巨大代价。由此可见，因疫情防控成效的差异而引起的国家之间贫富悬殊势必日益扩大，最终将导致国际关系以及产业链分布格局的重新洗牌。

另外，为抑制疫情所采取的一些新方式和新举措还将深刻影响社会治理和经济运作的机制，甚至有可能导致国家体制以及法律秩序的范式转移。米歇尔·福柯 1974 年 10 月在巴西的里约热内卢

---

[1]　关于世界卫生组织的领导力衰退的实证性叙述，参见〔美〕索尼娅·沙阿：《流行病的故事：从霍乱到埃博拉》，苗小迪译，译林出版社 2021 年版，第 166—170 页。

[2]　季卫东：《疫情监控：一个比较法社会学的分析》，载《中外法学》2020 年第 3 期，第 565—589 页；戴昕：《"防疫国家"的信息治理：实践及其理念》，载《文化纵横》2020 年第 5 期，第 86—94 页、第 159 页；川上高司、石井贯太郎（编著）：《パンデミック对応の国际比较》，東信堂 2022 年版，第 35 页以下关于各国情况概述和分析的章节。

州立大学社会医学课程第二次讲座"社会医学的诞生"中，曾经把公共卫生和医疗也理解为一种统治社会的技艺。从这个观点来看，自 15 世纪以来，存在、人体以及行为已经成为越来越密集的医疗网络的组成部分，医学就是一种"生命政治"的策略；观察发病率的系统、医疗理论和实践的标准化、控制医疗的行政组织及其权力的发达，实际上可以理解为国家"医疗警察"的主要内容。在历史记忆中，法国以及其他欧洲国家的疫情防控应急计划，以隔离、监视、消毒、登记以及驱逐为主要特征。[①]

当今的新冠疫情防控，世界各国实际上仍然采取了同样的生命政治的模式：通过禁足令、口罩警察、封城、紧急事态宣告、核酸大筛运动、疫苗接种激励或强制以及类似全域静默、禁止堂食之类健康的生活方式的推行，社会得到某种医疗化的行政管理。因此，在欧美很多人拒绝防疫措施实际上并非出于无知或宗教信仰，也不仅仅在乎关于预防效果和安全性的争论，而是试图抵制借助公共卫生和医疗这种特殊的权力关系来进行监控的做法，目的是反对伦敦大学学院公共卫生学教授麦克·马穆（Michael Marmot）爵士所说的那种"健康不平等"以及抵抗所谓"健康极权主义"。[②]但毋庸讳言，

---

①　这篇讲演录由蓝江教授翻译成中文。参见〔法〕福柯：《社会医学的诞生》，https://xw.qq.com/cmsid/20211229A01BFP00（最后访问日期：2022 年 8 月 15 日）。通过防疫和医疗进行规训及社会统治的具体阐述，参见〔法〕米歇尔·福柯：《临床医学的诞生》，刘北成译，译林出版社 2011 年版。关于医疗行政与近代国家权力"利维坦"之间的关系，参见蓝江：《疫病、生命政治与现代主体的诞生——从霍布斯到福柯的治理体系》，载《求是学刊》2020 年第 3 期，第 1—10 页。

②　〔英〕麦克·马穆：《致命的不平等——社会不公如何威胁我们的健康》，洪慧芳译，香港中文大学出版社 2021 年版，第 55 页以下。

在很多地方，安全优先、公益至上已经成为社会最基本的价值取向。

从目前的事实和趋势来看，中国及其他不少国家和地区的实践证明，疫情防控还促使日常生活的数字化变迁大幅度提速，甚至达到数字信息技术对社会进行全覆盖的程度。例如健康码、行程码、场所码、核酸码以及远距离测温、刷脸识别已经在对中国所有公民的行踪进行精密管理，外卖、团购、快递、移动支付以及手机银行已经支配了日常生活的几乎所有场景，并且不断收集着个人的收入和消费等经济数据，不断进行有针对性的算法推荐或算法规制。可以断言，在后新冠疫情时代，人类社会将基本完成数字化转型，物联网、大数据以及人工智能会全面主导经济乃至群体行为方式。在这样的基础上，某种基于机器理性的、带有威权主义色彩的"数字国家"或者"智慧城市"也已经隐约可见，很有可能导致程序公正原则和权利保障机制在不同程度上遭到"机器官僚主义"的忽视甚至践踏，也有可能通过机械化操作的"程序闭门羹"让侵权行为的受害者求告无门。这些程序失效、程序扭曲的现实问题不妨从新冠病毒感染的模拟式遏制与数字式监控这样两个不同层面分别进行考察，这里论述的侧重点还是数字监控的潜在危险。

（二）数字技术滥用与比例原则以及公正程序

不言而喻，隔离、隔绝以及封锁等为疫情防控而采取的物理性强制措施，势必极大地限制人们的行为，剥夺某些日常生活权利，甚至危及财产和生命，因此会在疾控中心与确诊患者、检测阳性者、密接者乃至次密接者之间形成某种极不对称的特殊权力关系。特别是在强制隔离的场合，自由与安全直接对峙；关乎社会整体安全的公共健康(公共利益)具有优先性,而保障个人自由和权利的程序正义很容易被蔑视。

　　然则在安全优先思维导致法律程序也完全失效的场合,可以发现如下两种最常见的负面影响:第一,预防措施和强制措施超出抑制疫情的合理合法性和最小限度成本,在实践中违反了现代法治所要求的"警察(行政)比例原则"[①];第二,没有充分考虑防范风险的举措本身的风险,没有适当权衡利弊,因而违背了现代法治所要求的"预先衡量义务"[②]。如果上述法理问题没有得到适当而有效的解决,就势必造成国家权力对社会的过度监视和压制,侵害个人的自由、隐私、财产乃至健康权和生存权。因此,无论疫情防控多么重要而紧迫,隔离的要件是否客观具体以及做出相关决定的程序规则是否完备就成为建设法治政府承诺的重要试金石;即便有公共安全的大义名分,践踏程序规则的过度做法必将并且已经造成深远的负面影响乃至严重的后果。

　　例如在笔者亲历的 2022 年 3 月之后的各地奥密克戎疫情防控期间,"应收尽收"政策在有的基层执行时曾经导致高龄老人被移送到方舱医院或者幼婴一人被留在家中这类不近人情的荒诞事态

---

　　① 作为公法"帝王规范"的比例原则对警察以及其他行政权力都适用,是保障个人权利的重要机制设计。有关具体内容参见蒋红珍:《论比例原则:政府规制工具选择的司法评价》,法律出版社 2010 年版;刘权:《比例原则》,清华大学出版社 2022 年版。

　　② 参见王旭:《论国家在宪法上的风险预防义务》,载《法商研究》2019 年第 5 期,第 112—125 页;关保英:《论行政主体的利益注意义务》,载《江汉论坛》2019 年第 5 期,第 124—131 页;王贵松:《风险行政的预防原则》,载《比较法研究》2021 年第 1 期,第 49—61 页。

发生，违反法律规定和立法机关有权解释的"硬隔离"举措也曾经使一些生活小区或居民楼被铁丝网和高墙围住形同监狱，强制性"入户消杀"还曾经造成个人隐私和室内财物受到侵害。在不少其他地方，采取对不参加核酸检测的公民赋予黄码或红码，或者通过不同类型的"弹窗"来限制其通行自由等手段，以加强防疫措施的实效性。但不得不指出，有些剥夺公民自由和财产权的模拟式遏制做法缺乏充分的法律根据，大多没有履行正当的手续，显然违反了程序公正原则，在不同程度上损伤了政府的公信力。[①] 尤其是在不必隔离时继续进行隔离的过激做法引起混乱和抵制，被认为构成重大的人权侵犯，大有违宪之嫌。

对于防疫举措，特别是警察规制给公民权利造成的侵害，现行制度上的主要救济方法还是诉讼，包括停止侵权行为、撤销命令的诉讼，也包括请求损害赔偿的诉讼，还包括根据司法审查结果以及比例原则进行调整和纠正的诉讼[②]。这意味着对风险对策的重大失误，特别是违法的不作为或过度作为不仅要追究政治责任，而且还

---

① 当时自媒体的实况转播非常丰富，但信息良莠不齐。比较客观和学术性的分析，参见单勇：《健康码应用的正当性思考》，载《中国行政管理》2021年第5期，第53—60页；季卫东：《疫情防控政策的平衡度该如何把握》，载《知识分子》微信公众号，2022年4月12日发布，https://mp.weixin.qq.com/s/B7YGFNfJ9wfpuNxk5Gh—LA（最后访问日期：2022年8月15日）；刘润：《封控区里的社会学》，载刘润个人微信公众号，2022年4月24日发布，https://mp.weixin.qq.com/s/uhZuUfTvmUhc1e4IuEJJnw（最后访问日期：2022年8月15日）；盛洪：《防疫与宪法第35条》，载盛洪个人博客，2022年4月25日发布，https://five—woods.com/2022/04/25/（最后访问日期：2022年8月15日）；沈岿：《入户消杀与公民宪法上住宅权》，载澎湃新闻网，2022年5月20日发布，https://m.thepaper.cn/baijiahao_18184178（最后访问日期：2022年8月15日）。

② 何海波：《行政诉讼法》，法律出版社2011年版。

要追究法律责任。但是,据悉有的地方司法局却非正式地通知各律师事务所限制为当事人代理涉及疫情防控的争议案件,这实际上是以内部的政策性规则和暗中施压的手段蛮横地阻断了司法救济、法律问责之路,也使得行政诉讼法规定的对警察权力及其他具体行政行为的司法审查程序根本就无从启动。

通过媒体报道还可以发现,有些地方的基层公务人员、辅警乃至临时雇工打着疫情防控的旗号层层加码、率性而为,频繁进行过度监控,甚至滥用健康码系统来非法限制公民迁徙和行动的自由。特别是在村镇银行引起挤兑风波之后,当 1317 名外地储户从 2022 年 6 月 11 日起为了进入郑州而扫场所码时被恣意赋予疫情红码,以致失去行动自由、无法向有关机构提出保全个人存款的合法诉求;后来甚至还出现了为达到有效管制的意图而对全体居民一概赋予黄码和红码的极端化实例①。对防疫的数字式监控技术进行如此丧失底线的滥用,实际上无异于不经过任何法定程序就可以把人监禁数天甚至十余天。更有甚者,对这些给无辜公民任意进行"点穴

---

① 具体情节,参见冯皓:《人在家中坐,红码天上来,这群河南储户为何被强行变码》,载《第一财经》微信公众号,2022 年 6 月 14 日发布,https://mp.weixin.qq.com/s/F4oZM4afahT—XZFMcDIXeA(最后访问日期:2022 年 8 月 15 日);高亮:《郑州通报"部分村镇银行储户被赋红码":多名干部被处理》,载澎湃新闻网,2022 年 6 月 22 日发布,https://www.thepaper.cn/newsDetail_forward_18688970(最后访问日期:2022 年 8 月 15 日)。另外,在这个事件解决一个多月后,河南省商丘市民权县又公然违背 2022 年 6 月 28 日公布的《新型冠状病毒肺炎防控方案(第 9 版)》以及疫情防控"九不准"要求,在 8 月 3 日晚发出全域人员赋码管理通知,引起惊诧。参见徐秋颖:《全县居民被赋红黄码,有悖科学精准防控精神》,载《新京报评论》微信公众号,2022 年 8 月 4 日发布,https://mp.weixin.qq.com/s/7fNQukxd1F73H0LYnYLKSQ(最后访问日期:2022 年 8 月 15 日)。

式"弹窗赋码、戴上数字脚镣或者"电子手环"[①]的违法现象都缺乏必要的外部监督，也没有提供申诉和寻求救济的其他渠道，实际上是让决策者、肇事者们成了自己案件的审判者。所有这一切，都离关于程序正义的现代法治理念相去十万八千里。

（三）通过程序和论证性对话实现风险分配的正义

根据《中国疾病预防控制中心周报》2022年6月19日发表的华山医院等多家医疗机构的合作研究报告，从该年2月末到6月17日，上海共有本土确诊病例58101件、本土无症状感染者591499人，其中重症率为0.065%（高危组重症率为0.238%、非高危组重症率为0%）。另外，根据截到该年5月29日为止的统计，累计本土确诊病例57980件（治愈率96.22%）、无症状感染者568716人（占比90.22%），其中重症者死亡率0.094%，平均去世年龄为82.73岁。从这一组简单的数据就可以得出基本结论：只要给那些没有不稳定基础疾病的感染者一定程度的基础医疗支持，就可以避免流行高峰期的医疗资源挤兑；只要医疗系统不崩溃，就不必担心病毒流行；因而，科学的疫情防控政策应该是针对高龄者、未接种疫苗者以及罹患基础疾病较多的脆弱人群实施精准防控，尽量降低重症率和病死率，并把感染人数的规模始终控制在医疗资源能够承受的范围之内[②]。

---

① 北京多个社区居委会要求居家隔离期间佩戴电子手环，引起市民投诉。参见周信达：《北京多社区为居家隔离人员发放电子手环》，载财新网，2022年7月14日发布，https://www.caixin.com/2022—07—14/101913101.html（最后访问日期：2022年8月15日）。

② 参见蔡健鹏、艾静文、王森、张昊澄：《识别轻症患者，找出脆弱人群，降低奥密克戎伤害》，载《华山感染》微信公众号，2022年6月19日发布，https://mp.weixin.qq.com/s/_tTcds2qeyRUH8iHfITdtw（最后访问日期：2022年8月15日）。

这样就可以最大限度降低疫情防控的成本、最大限度减少疫情防控对经济以及日常生活的影响。

由此可见，为了更加合理而有效地防控新冠疫情，特别有必要大力加强风险沟通[①]。在风险沟通之际，政府和疾控中心应该公开信息和履行说明义务，还要让专家和利益攸关者在公正的程序中进行论证式对话和法律议论，以便通过参与决策的程序把风险评估以及预防的适当比例原则也嵌入决策，避免一刀切。鉴于新冠病毒非常诡异，从防疫学或公共卫生学专业的角度来看，应该根据病毒的变异及时调整应对的方法和举措，因而不得不临机应变；为此当然还要防止现场的裁量权被滥用，加强合法性监督并为相关公民提供申诉和寻求救济的通道。在这里，如何把握适当的平衡度始终是疫情防控的一大难题。但无论如何，都应该摒弃长官意志支配和强制命令的做法，要尊重科学，注意比较和借鉴其他国家的成功经验，充分发挥专家在理性抗疫、风险沟通方面的作用。

风险沟通还能防止疫情防控中出现风险分配不公正的问题。从现代法治精神的角度来看，对于疫情防控而言，最重要的显然不是财富的分配正义，而是风险的分配正义[②]。在今年三月中旬以后，各地极其严格的疫情防控举措导致其他重症、急症、基础病症患者

---

① 风险沟通具有有效解决问题的实用性与重新界定风险的建构性这样双重功能。参见 N. Laura Rickard, "Pragmatic and (or) Constitutive? On the Foundations of Contemporary Risk Communication Research", *Risk Analysis*, Vol. 41, No. 3 (March 2021), pp.466—479。

② 〔德〕乌尔里希·贝克：《风险社会：新的现代化之路》，张文杰、何博闻译，译林出版社 2018 年版，第 3—48 页；〔英〕珍妮·斯蒂尔：《风险与法律理论》，韩永强译，中国政法大学出版社 2012 年版，第 92—131 页；彭錞：《突发公共卫生事件中紧缺公共医疗资源分配的伦理方案与法律规则》，载《环球法律评论》2021 年第 3 期，第 39—51 页。

因无法及时就医用药而逝世的实例不一而足。例如 2022 年 3 月 23 日东方医院护士周盛妮、4 月 9 日交通大学退休教授吴中南、4 月 13 日小提琴家陈顺平都是因为受疫情防控措施的影响而无法及时进行抢救、治疗，导致或病逝或自杀的恶果。此外还有一些因氧气断供、无法透析、心脏病发作未能及时抢救而非正常死亡的实例[①]。为了让少量重症化的新冠病毒感染者存活，而在事实上迫使更多其他疾病患者辞世，风险分配的不公正莫此为甚！这样极其畸形的防疫举措只有通过公正程序中的听取不同意见、进行理性议论以及在此基础上的民主决策才能得到矫正。由此可见，要实现风险分配的社会正义，依法行政的"保障权利程序"，还需要通过学习型政府的"反映民意程序"来进行辅助和补充。

（四）就业歧视里折射出数据和算法的法律程序问题

对防疫数字技术的滥用除了郑州红码案余波未平之外，还有对病毒感染者就业的算法歧视也刚刚露出冰山一角。根据 2022 年 7 月 9 日《上观新闻》和 11 日《法制日报》微信公众号的报道，核酸检测曾经呈现阳性、进过方舱的公民以及新冠肺炎康复者在求职时屡屡碰壁，有些企业在招聘广告中也明确要求"历史无阳"。据国家卫生健康委员会官网公布的统计数据，到同年 6 月底为止全国新冠肺炎患者治愈出院的人数共有 22 万多。考虑到郑州红码案、核酸检测寻租问题等造成的大量假阳人数，波及面将更大更广。如果

---

① 宋华琳：《防疫中的正义：不论哪种病患，都应得到救治》，载凤凰网评论部《风声》微信公众号，2022 年 4 月 6 日发布，https://mp.weixin.qq.com/s/R4lExwUNXYevB7YcMzQUpg（最后访问日期：2022 年 8 月 15 日）。

这么多的群众在莫名其妙的状况下连谋生的基本权利都得不到充分保障，那可真是"兹事体大而允，寤寐次于圣心"（语出汉代班固《典引》）了。因此，同年 7 月 13 日召开的国务院常务会议特别强调要保障劳动者平等就业权，严禁在聘任上歧视曾经核酸检测阳性的康复者，并要求加强劳动保障监察，严肃处理就业歧视实例。

公民享有劳动的权利和义务，就业不得因民族、种族、性别、宗教信仰、生理状态不同而受到歧视是一项宪法性权利，也在《劳动法》《就业促进法》《妇女权益保障法》中做出了更详细的规定。《残疾人保障法》还明确保障残疾人劳动的权利，规定在招用、聘用、转正、晋级、职称评定、劳动报酬、生活福利、劳动保险等方面不得歧视残疾人。《传染病防治法》也禁止对传染病原携带者的就业歧视。实际上，早在 2020 年 3 月，国务院就专门颁发规范性文件禁止对新冠疫情严重地区劳动者的就业歧视，最高法院也做出了相应的司法解释，以便通过审判程序来进行救济，切实保障平等就业权。

因为这次新冠疫情防控广泛使用数字信息技术，推广了健康码、行程码、场所码、核酸码等数字管理系统，积累了海量数据并利用人工智能进行分析和预测，所以如何防止数据的收集、储存、分析、应用侵害个人信息安全和隐私，如何防止企业或保险公司利用疫情检测数据对公民进行分类贴标签，如何防止智能化管理和决策被算法黑箱和算法偏见左右，就成为防止新冠肺炎康复者免遭就业歧视的关键性问题①。也可以说，虽然对新冠肺炎感染者和治愈

---

① 季卫东：《电子手环、"历史无阳"就业歧视背后：如何防止数字技术滥用？》（访谈），载《知识分子》微信公众号，2022 年 7 月 15 日发布，https://mp.weixin.qq.com/s/7XAP4URb5UdHsu3gulC4YQ（最后访问日期：2022 年 8 月 15 日）。

者的就业歧视问题出在社会性权力方面，但根源却在威权主义数字国家那种方兴未艾、变幻莫测的权力结构之中。与新冠疫情相关的就业歧视，实质上是在毫无法律根据的状况下，仅仅通过数字技术的操作，就剥夺了相关人群的行动自由（工作），同时也剥夺了他们应该拥有的财产（收入）。这样的做法彻底违反了程序正义原则，也严重侵犯了公民的基本权利。

综上所述，我们可以汲取一条非常深刻而重要的法学教训：在诸如新冠病毒传染之类的风险社会，在数字覆盖的"机器官僚主义"的机制下，有必要重新强调法律程序的意义，采取切实的举措来防止程序失效。在自由与安全直接对峙之际，实际上更需要通过公正程序来保障权利、通过程序的公正体验来提高对决策的满意度，只有这样才能使法治政府的制度安排进一步优化，真正增强国家秩序的正当性。

三、如何通过程序制约行政裁量权

与司法过程中两造当事人在法律上地位平等、审判者居中裁决的格局不同，作为执法者的行政主体与行政相对人本来就处于不同地位并且存在力量对比上的悬殊。在风险社会，特别是在类似新冠疫情这样大规模风险迫在眉睫的形势下，行政权的地位和作用还会显著加强。因为与国家的其他机关相比较，行政机关的目的和手段都很明确，具有充分的资源调度能力，能根据具体情况进行政策权衡，比较有弹性和效率来应对不确定性。这也意味着在风险社会，行政机关酌情而定的裁量权将日益膨胀。另外，随着社会的流动性、复杂性、网络性的增大,行政管理方式也由传统的令行禁止转向当今的统筹兼顾、软法侧重、因势利导以及桑斯坦们所倡导的政府与社会合作式"助推"(nudge)[①]。显然易见,行政的助推也会助长审时度势的裁量。

正因为如此,为了防止裁量权被滥用的流弊,还是需要在行政活动中强调程序公正原则,以便通过程序的外部规制和行政自我规制双重作用,尽量在更强势的政府权力与更容易受到侵害的个人权利之间达成适当的平衡[②]。然而,紧急处置状态下通过程序来协调权力与权利,往往缺乏明文的规定。这时按照依法行政和法治政府的逻辑,应该遵循保护人民信任(维持公信力)的原则。对政府而言,信任利益其实也构成落实程序性正当过程原则的一种动力。在这里,基于社会合作的助推与基于社会信任的程序也是有可能相辅相成的。

(一)制约裁量权的具体标准和程序性正当过程原则

概而论之,裁量权是应对不确定性(风险)所需要,但也会反过

---

① 关于政府和社会的助推,详见〔美〕理查德·赛勒、卡斯·桑斯坦:《助推——如何做出有关健康、财富与幸福的最佳决策》,刘宁译,中信出版社 2018 年版;〔美〕卡斯·R.桑斯坦:《快与慢——人类动因与行为经济学》,王格非、路智雯译,中国人民大学出版社 2021 年版。

② 系统的研究成果可以参见姜明安:《论行政裁量自由权及其法律控制》,载《法学研究》1993 年第 1 期,第 44—50 页;姜明安:《行政裁量的软法规制》,载《法学论坛》2009 年第 4 期,第 5—11 页;姜明安:《论行政裁量的自我规制》,载《行政法学研究》2012 年第 1 期,第 5—12 页;章剑生:《行政程序正当性之基本价值》,载《法治现代化研究》2017 年第 5 期,第 102—121 页。亦可参见杰瑞·L.马肖:《行政国的正当程序》,沈岿译,高等教育出版社 2005 年版。

来带来新的不确定性（风险），所以需要特别防范这种风险螺旋式激增的变局。在中国，限制行政裁量权的主要方式可以列举出四种：(1)按照承包的逻辑追究决策者或执行者的结果责任，不具体过问达成目标的手段，也不考虑行政活动的过程是否正当，只在终点对裁量权的绩效进行评判和问责；(2)通过普遍化观众那种无所不在的视线交织而成的意义之网来对裁量权进行舆论监督，实际上是鼓励行政当局与群众之间进行风险沟通，允许权力与权利之间的话语博弈；(3)通过不断细化的具体规则和裁量标准来压缩裁量的空间，虽然能够切实防止对裁量权的滥用，但其代价是会在不同程度上削减行政的弹性和效率；(4)通过行政程序的完备和适当履行来确保裁量权行使的慎重性以及酌情判断的合理性，防止公权力对个人权利的侵害，进而增强行政决策的民主正当性。本文聚焦后面两种方式。

　　通过细则化的立法方式来否定乃至消除执法和司法中的裁量权，是中国传统性制度设计的一条重要思路[1]。但是，现代行政程序中制定、告知以及公开裁量基准，其本质不是否定裁量，而是要把裁量纳入一定的制度化框架之中，使裁量权的行使有规可循，使对行政行为的司法审查也获得充分的依据和判断标准[2]。在审批事项上的裁量基准，例如为疫情防控可以把实施交通阻断的期间限定在72小时之内，以免影响城市的生活必需品供应和妨碍其他疾病患

---

①　季卫东：《程序比较论》，载《比较法研究》1993 年第 1 期，第 31 页。

②　章剑生：《对违反法定程序的司法审查——以最高人民法院公布的典型案件（1985—2008）为例》，载《法学研究》2009 年第 2 期，第 150—165 页。

者的就医；根据病毒的类型把个人隔离的期间分别限定为 7 天、14
天、21 天，等等。在不利处分事项上的裁量基准，例如强制封控期
间超过 30 天就可以直接向中央主管部门申诉、要求行政复议；关
于入室消杀可以提起针对具体行政行为的司法审查之诉，等等。另
外，在数字信息技术已经广泛应用于行政的当今，还应重视与裁量
相关的数学模型、量化评价等技术性标准的完善。

在对行政裁量进行司法审查之际，如果缺乏明文的法律依据和
裁量基准，也应该允许动员宪法、主流学说以及惯习的约束力。这
就难免会把沟通和谈判的互动关系以及政治契机嵌入行政以及司
法过程。实际上，行政的政治化也是与裁量权增大相伴的必然趋
势。按照民主法治的构想，通过沟通和博弈把民意更充分地反映到
行政活动之中，其实也是提高行政可预测程度、加强法律体系稳定
性、维护政府公信力的题中应有之义。诸如此类的裁量基准以及过
程正当化的制度安排可以在保持行政活动的弹性和效率的同时，大
幅度限制权力行使的主观恣意。

（二）行政程序的基础设施建设以及互动关系

另外，就行政程序的完备和适当履行而言，要特别注意"作为
基础设施的程序"与"作为互动关系的程序"这样两个基本维度，
充分发挥程序在信息收集、争点整理以及利害调整等方面的功能。
迄今为止，中国的行政程序规定散见于各种行政法规乃至规章、通
知之中，难免出现重复、抵牾以及疏漏，缺乏整合化的体系性，因
此有必要尽早颁布一部行政程序法。很遗憾，行政权力似乎不愿意
被束缚住手脚，再加上涉及的事项也非常繁杂多变，行政程序法草

案一直停留在讨论审议阶段，尚未颁布 [1]。

从专家建议稿 2015 年 10 月版本的内容来看，中国的行政程序法将明确规定正当过程原则，其中特别强调有可能影响行政活动公正性的利害关系者回避、对行政行为的告知和理由说明以及行政相对人的陈述申辩权（第 8 条）。在风险社会的视域里，可以发现行政程序法建议稿试图确立的比例与利益平衡原则，不仅要在公共利益与行政相对人的私人利益之间保持平衡，而且还要在实现行政目的之际选择对私人利益伤害最小、成本最低的方案和行为方式（第 6条）。虽然根据《突发事件应对法》《传染病防治法》《食品安全法》《防洪法》《戒严法》等法律的有关规定，采取应急行为时可以适当变通或者部分省略有关行政程序，但还是应当履行表明身份、说明理由等程序义务（第 202 条）。这些条文实定化的重要意义，在新冠疫情防控期间公民面对层层加码的强制隔离措施时而自发维权的行动中展示得非常清楚。

这个专家建议稿在行政程序基础设施建设方面，除了行政主体通过政府公报、政府网站或其他形式来贯彻公开原则（第 7 条以及第三章第二节）之外，最重要的是为行政相对人形成陈述和申辩的

---

① 参见《人民日报》2010 年 6 月 10 日时事观察聚焦专栏《程序法制》的两篇专家约稿，姜明安：《建设法治政府必须健全程序法制》，季卫东：《没有程序就没有真正的法治可言》，载中国新闻网，2010 年 6 月 10 日发布，https://www.chinanews.com/gn/news/2010/06—10/2334243.shtml（最后访问日期：2022 年 8 月 15 日）；《中国新闻周刊》2010 年第 17 期封面专辑《程序治国》的系列文章，特别是《〈行政程序法〉难产25 年背后：权力不愿自缚手脚》，载中国新闻网，2010 年 5 月 14 日发布，http://www.chinanews.com.cn/gn/news/2010/05—14/2283088.shtml（最后访问日期：2022 年 8 月15 日）。

机会结构，为此应该建立听证程序（第三章第六节）、辨明程序（第91条、第144条）以及公听会程序（第117条、第129条）。这些制度装置的主要目的是确保行政决策的公正性和透明性，以便保护行政相对人和利害攸关者的权利并适当反映民意诉求。在通过行政程序促进互动关系方面，特别要注重充分的沟通以及相互作用整个过程的妥当性，此乃程序性正当过程的精髓所在。

需要指出的是，行政强制、行政处罚等活动与刑罚有很多类似之处，因此不能仅仅满足于依法行事，还要从宪法秩序的高度来严格审视，特别注重达成目标的手段和过程是否符合程序公正原则，加强对公民基本权利的程序性保障。从这个观点来看，不得不承认，新冠疫情防控越过法定的疫区认定程序而采取紧急措施的做法是不能苟同的。另外，按照行政程序法专家建议稿，紧急措施对行动自由和营业自由的限制尤其应该受到程序正义的严格约束（参见第七章），满足适当性要求（第203条）和科学性要求（第204条），绝不能放任基层执法人员"八仙过海、各显神通"。

综上所述，在社会风险化、数字化的背景下，为了让法治政府的宏伟目标落到实处、切实保障公民的基本权利、防止裁量权滥用的弊端，希望酝酿多年的行政程序法能尽早颁布。此外，在这里还要特意提出对有利害关系的第三者进行程序保护的课题，以便在法案审议阶段弥补专家建议稿的这一点不足。当然，如果行政法典编纂之议得到接纳，则统一的行政程序法当然构成其骨干，并且行政法体系也势必按照程序主义思路进行重构。

四、数字网络与公正程序之间的互动

（一）算法助推、人工沟通以及技术性正当过程

因疫情防控而大幅度提速的数字化，形成了一张几乎无所不在的智能物联网。在这样的电脑空间里，通过巨型网络平台收集大数据，通过人工智能对大数据进行计算、分析、预测，社会监控真正实现了"天网恢恢、疏而不漏"的目标。新兴科技的广泛应用，导致公共部门多层多样化以及通过互动的合力进行共同规制，行政机构也不得不在超国家的、复杂的非正式网络中进行实质性政策决定以及自动化决策。

在机器学习的条件下，人工智能的功能与数据的规模和质量成正比，与此同时，人工智能的功能又与算法的可理解性和可说明性成反比。当算法变得难以解释时，就犹如一个黑箱；基于黑箱化算法进行自动化决策，因果关系和归责关系也就随之模糊不清了。因此，在数字覆盖的社会，决策风险会不断增大，但问责机制却有可能瓦解。为了控制风险、加强问责，行政机构与社会之间的风险沟通、公共选择不同主体之间为了克服多元性引起的相互无知而进行的论证性对话将具有越来越重要的意义。这种点亮黑箱的对话和沟通，正是以程序为前提条件，并且构成程序的实质内容。为语言行为而形成适当的互动关系，就是实质性正当过程的基本表现形态。在某种意义上也可以说，数字时代的程序公正主要体现为合理而充分的沟通。当然，还需要用计算机也能懂的语言进行沟通，还

要通过程序规则和技术规则来解决算法语言复杂性问题，并且按照"技术性正当过程"和透明化的要求来重构算法设计方案，打破所谓"算法黑箱"①。

所谓"技术性正当过程"，主要是解决代码及其框架应该如何适当规制、代码的作者究竟是谁、谁能控制代码的作者、对代码的妥当性是否存在事先的论证程序或事后的纠正程序、作为中介机构的网络服务提供商的权力和责任应该如何配置、应用数据流的软件开发受到什么样的规制、数字监视和网络搜索是否设定了限制性条件等一系列涉及过程正当化的问题。一言以蔽之，技术性正当过程的本质是规制代码。如果这种对代码的规制也采取法律的形式，那么就可以发现技术性正当过程与法律程序正义或者"程序性正当过程"之间的交集和组合。

由数字信息技术编织的网络之中，与程序密切相关的沟通却

---

① 从程序性正当过程的角度来理解和分析算法治理之间关系的主要论述，可参见陈景辉：《算法的法律性质：言论、商业秘密还是正当程序？》，载《比较法研究》2020 年第 2 期，第 120—132 页；Cary Coglianese & David Lehr, "Transparency and Algorithmic Governance", *Administrative Law Review*, Vol. 71, No. 1 (2019), pp.1—56; Min K. Lee, Anuraag Jain, Hea Jin Cha, Shashank Ojha & Daniel Kusbit, "Procedural Justice in Algorithmic Fairness: Leveraging Transparency and Outcome Control for Fair Algorithmic Mediation", *Proceedings of the ACM on Human-Computer Interaction*, Vol. 3, No. 182 (November 2019), pp.1—26; 沈伟伟：《算法透明原则的迷思——算法规制理论的批判》，载《环球法律评论》2019 年第 6 期，第 20—39 页；刘东亮：《技术性正当程序：人工智能时代程序法和算法的双重变奏》，载《比较法研究》2020 年第 5 期，第 64—79 页；汪庆华：《算法透明的多重维度和算法问责》，载《比较法研究》2020 年第 6 期，第 163—173 页；丁晓东：《论算法的法律规制》，载《中国社会科学》2020 年第 12 期，第 138—159 页、第 203 页；衣俊霖：《数字孪生时代的法律与问责——通过技术标准透视算法黑箱》，载《东方法学》2021 年第 4 期，第 77—92 页。

存在前所未有的如下特征：通过对各种大数据的机器学习形成的模型和算法，企业和政府可以充分掌握特定个体和群体的偏好和行为方式，形成用户画像或公民画像，并据此提供有针对性的解决方案或者进行自动化决策，也会与行政程序发生摩擦[①]。这种基于算法的决策机制能够大幅度节约资源和提高效率，使产品、服务以及处理方法更符合个人需求，提高对象的满意度。然而这种机制实际上也是在纵横交错的关系中对社会进行柔性监控、对人们的行为和互动进行因势利导，并给公民的基本权利保障带来风险。从社会治理的视角来观察，在硬法与软法不断重组的规制过程中，人工智能系统的算法俨然成为一只隐形的手，在不公然限制当事人自由的状况下，千方百计把事态诱导到与行政目标相符合的方向。

借助桑斯坦们的术语和分析框架，不妨把上述机制表述为"算法助推"[②]。但是，不得不指出，这种通过网络空间的沟通实现算法

---

① 张凌寒：《算法自动化决策与行政正当程序制度的冲突与调和》，载《东方法学》2020年第6期，第4—17页。

② 关于算法助推，参见〔美〕克里斯托弗·斯坦纳：《算法帝国》，李筱莹译，人民邮电出版社2014年版；〔美〕卢克·多梅尔：《算法时代：新经济的新引擎》，胡小锐、钟毅译，中信出版社2016年版；谢雯雯：《网络平台差别化定价的规制路径选择——以数字信任维系为核心》，载《行政法学研究》2021年第5期，第19—32页（本文基于笔者在2019年11月15日中国政法大学中欧法学院主办的国际学术会议上所作的主题发言"算法助推：个体选择与平台责任"）；Mateo Mohlmann, "Algorithmic Nudges Don't Have to Be Unethical", *Harvard Business Review*, April 2021。关于行政领域的助推及其法制化，参见张力：《迈向新规制：助推的兴起与行政法面临的双重挑战》，载《行政法学研究》2018年第3期，第88—98页；苏宇：《算法规制的谱系》，载《中国法学》2020年第3期，第165—184页；王本存：《法律规制中的助推：应用与反思》，载《行政法学研究》2021年第5期，第3—18页；张吉豫：《构建多元共治的算法治理体系》，载《法律科学》（西北政法大学学报）2022年第1期，第115—123页。

助推的过程很可能是不透明的、无法解释和问责的。在这种背景下，人们根据自己价值取向进行互动和选择，还会逐渐形成所谓"信息茧房"、"群体极化"现象[1]，终究难以获得程序性法治国家所要求的那种合乎正义理想的对话条件和沟通场域。为此应该特别重视在数字网络空间和算法助推实践中的程序公正问题，也包括与诉讼程序中的言词原则、直接原则以及亲历性原则进行对接和替代的可能性探讨。毫无疑问，这里讨论的是法律的程序（procedures），是符合公平和正义理念的正当化过程，是确保论证性对话在自由而平等的条件下顺利进行的制度性装置，当然不是指电子计算机的程序（programs）或者通过人工智能系统进行的程序性控制。但在数字时代，程序的法律（law）往往需要转换成计算机程序的代码（code）来运行。正如马克斯蒂菲克所指出的那样：代码"决定了什么样的人可以接入什么样的网络实体……这些程序如何规制人与人之间的相互关系……完全取决于做出的选择"[2]。非常有趣的是，正是代码把程序与选择以及人际关系串联在一起。这也昭示了代码具有通过技术性正当过程对算法助推进行制约和改进的可能性。

　　事实上，近些年来在线沟通取代传统的对面互动、人工智能补充和增强既有的社会关系，已经成为全世界的普遍现象。也就是说，人们的沟通越来越以数字信息技术为媒介，越来越受到智能物

---

　　① 详见〔美〕凯斯·R.桑斯坦：《信息乌托邦：众人如何生产知识》，毕竞悦译，法律出版社 2008 年版；〔美〕卡斯·R.桑斯坦：《助推 2.0》，俸绪娴、孙梁等译，四川人民出版社 2022 年版。

　　② 转引自〔美〕劳伦斯·莱斯格：《代码 2.0：网络空间中的法律》（修订版），李旭、沈伟伟译，清华大学出版社 2018 年版，第 7 页。

联网的影响，越来越把与编程和算法的沟通也纳入沟通的互动关系之中，还使之呈现出借助"数字肢体语言"的线上交流以及代码化"人工沟通"的特征①。在人工沟通活动中对公正程序的算法助推，实际上就是要把伦理和正义的标准也纳入算法设计和机器学习，使沟通的过程能够充分正当化。这意味着把公正程序的原则和规则嵌入算法设计之中。如果说这种公正程序导向的算法助推可以改善用户体验和行政服务对象的满意度，那么可想而知，与之密切结合在一起的人工沟通实际上也不妨根据心理主观上的程序公正体验以及重叠共识的概念来对基于代码的人工沟通行为以及由数字网络构成的沟通场域进行考察②。

（二）数字网络空间的中立性与频率拍卖的透明化

另一方面，关于网络中立（network neutrality）以及平台透明治理的讨论以及立法和政策举措也特别值得关注③。网络中立性是指

---

① Elena Esposito, *Artificial Communication: How Algorithms Produce Social Intelligence*, The MIT Press, 2022, pp.17—19；Cf. also Erica Dhawan, *Digital Body Language: How to Build Trust & Connection No Matter the Distance*, St. Martin Press, 2021.

② 关于主观的程序公正体验，参见〔美〕艾伦·林德、汤姆·泰勒：《程序正义的社会心理学》，冯健鹏译，法律出版社 2017 年版；郭春镇：《感知的程序正义——主观程序正义及其建构》，载《法制与社会发展》2017 年第 2 期，第 106—119 页；冯健鹏：《主观程序正义研究及其启示》，载《环球法律评论》2018 年第 6 期，第 117—131 页。

③ 网络中立概念的提出及其内容，参见 Tim Wu, "Network Neutrality, Broadband Discrimination", *Journal of Telecommunications and High Technology Law*, Vol. 2 (June 2003), pp.141—179。奥巴马政府在 2014 年提出了关于网络中立的五项原则，并促使美国联邦通信委员会在 2015 年通过了关于网络中立的法案。但是，这个法案在 2017 年就被特朗普政府废止。关于美国在这个方面的最新政策和立法动向，参见（接下页）

对利用者平等开放、确保通信自由、不允许沟通的歧视，确保网络成本负担的公平性，例如美国的相关规范举措包括禁止网络服务提供商对合法的网站和服务进行屏蔽、降低网速、对特定的网站提供有偿优待等行为。平台透明性是要通过平台运营的公开化和用户意见表达系统的建构来确保数字市场竞争的公平性，例如欧盟的相关规范举措包括相关合同条件的明确化、利用要求和优待标准的公布、数据政策的明示、平台服务中止或停止的通知和理由说明义务、受理用户投诉的制度建设、纠纷解决方式的约定等等。这些讨论及实践与法律程序的中立性和透明性之间颇有些异曲同工之妙，可以理解为技术性正当过程的重要体现。

　　作为沟通媒介的数字信息技术与法律程序之间的联系，在无线电波频率拍卖模式以及电波利用状况的可视化中表现得非常典型。由于互联网和智能手机的普及以及人类生活越来越增强数字依赖的特征，最近十余年来移动通信量激增，导致无线电波利用的规模也不断扩大。电波的物理学特征是频率越低、传播损耗越小，覆盖距离也越远；反之，频率越高、传播损耗越大、覆盖距离也越近。因

（接上页）白起：《"网络中立"与互联网平台监管：拜登政府的新动向》，载复旦发展研究院网站，2021 年 4 月 1 日发布，https://fddi.fudan.edu.cn/51/e0/c21253a283104/page.htm（最后访问日期：2022 年 8 月 15 日）。另外，关于中国的平台透明治理，参见《2022 年平台企业治理"划重点"：经营透明度需提升，投资入股金融机构将被严管》，载《21 世纪经济报道》微信公众号，2022 年 1 月 20 日发布，https://mp.weixin.qq.com/s/iVCbF5i6h1CnwGtH4twH_w（最后访问日期：2022 年 8 月 15 日）；张欣：《"点亮"行动——平台透明治理的中国方案》，载中国经济网，2022 年 6 月 1 日发布，http://www.ce.cn/cysc/zljd/yqhz/202206/01/t20220601_37699318.shtml（最后访问日期：2022 年 8 月 15 日）。

此，低频段频率资源有限，很容易造成利用挤兑；高频段频率资源丰富，但在利用之际不得不克服技术难点、提高系统成本。为了更有效率地利用有限的优质频率资源，迄今为止很多国家采取了无线电机构开设的比较审批制、频率配置制、电波收费制，不仅行政业务量日益繁重，而且还很容易引起纠纷。因此，从 1989 年起新西兰首先采用频率拍卖这种完全程序主义的电波分配模式，至今已被欧美近三十个国家接受①。美国的新型频率拍卖制度从 2016 年开始实施②。与此同时，作为通信治理透明化的一环，通过在地图上标注无线电机构信息等方式使看不见的电波的利用状况可视化也成为日本法制改革的一项内容。③

上述这些机制设计和举措都是数字时代应用程序性正当过程原则和技术性正当过程原则的典型实例。

（三）自动化决策的法律程序规则再嵌入

实际上，数字时代的沟通活动与法律程序之间的主要联系倒是把相关规则以及技术标准嵌入各种智能系统和互动过程，在对他者的期待和行为进行监控以及对他者如何因应自我行为的反应进行监

---

① 山條朋子：《無線ブロードバンド時代の周波数オークション》，載《クラウド産業論　流動化するプラットフォーム・ビジネスにおける競争と規制》，勁草書房 2014 年版，第 149 頁。

② Federal Communications Commission (2017) "Broadcast Incentive Auction and Post-Auction Transition", https://www.fcc.gov/about—fcc/fcc—initiatives/incentive—auctions (accessed 15th August, 2022).

③ 日本総務省の：《電波有効利用の促進に関する検討会——報告書》，（2012年 12 月 25 日）5 頁による（http://www.soumu.go.jp/main_content/000193002.pdf，最后访问时间：2022 年 8 月 15 日）。

控的同时实现各种社会活动的目标的机制设计和运作。与对面沟通相比较，以数字信息技术为媒介而进行的沟通存在更加复杂多样的界面和局域性，因而呈现出更显著的关系本位的特征 [①]。如何使个人通过完全程序主义的方式进行更加充分的自我呈现，如何使对面沟通与线上沟通的不同组合实现更加适当的社会组织，如何通过法律的接口革命来构建更加畅通无阻的"走廊式制度"，就成为法律程序公正的崭新内容。当然，在受到数字技术冲击和挑战的既有法律领域，也需要重新探索坚守和捍卫公正程序底线的制度化路径 [②]。

　　特别值得注意的是，在数字信息技术嵌入旧的权力结构之后，因历史而造成的文化偏见或者大数据的系统性失误会形成和助长算法歧视，并且能够绕开正当过程原则的制约而进行不平等的自动化决策 [③]。在算法行政的场合，决策的责任人是匿名遁形的，相对人没有机会进行辨明、申诉以及参与，对理由的解释也很不充分。在这个意义上，数字时代的沟通和决策很有可能以一种让人难以察觉的方式削弱程序公正、损害平等，特别需要技术性正当过程以及公正程序规则再嵌入的视角。由此亦可见，确保人类对自动化决策过程的介入和审视，让算法反应和代表其他观察者的视点，对算法的公平性进行充分的论证并提供救济的渠道，通过"谷歌优化"之类的方式让那种根据结果和体验而不断调整的网络动态本身来评价

---

　　① 季卫东：《元宇宙的互动关系与法律》，载《东方法学》2022 年第 4 期，第 20—36 页。

　　② 参见裴炜：《数字正当程序：网络时代的刑事诉讼》，中国法制出版社 2021 年版。

　　③ 参见〔美〕弗吉尼亚·尤班克斯：《自动不平等——高科技如何锁定、管制和惩罚穷人》，李明倩译，商务印书馆 2021 年版。

以及改进人工沟通的运行方式，应该成为在新兴科技崛起的背景下实现程序正义的基本原理。

（四）大数据流程的权利保障和法律程序

在数字时代，作为经济和社会动力的数据具有重要的资产价值，甚至可以理解为生产要素和新型资源；个人数据涉及隐私和信息安全，是自由的基础。因此，程序性正当过程原则势必在数据权利保护方面发挥非常重要的功能，应该在包括数据收集、分析、应用、交易等环节在内的整个大数据流程中贯彻法律程序的理念和标准，确保数据主体的信息价值所有权、意思自治能力、社会信用、言论自由（除了屏蔽和封号外，也包括因个人信息泄露而引起的表达寒蝉效应）以及不受歧视等基本权利，即便在公共数据领域也要留意并解决其中潜在的隐私权问题。

在欧盟各国，通过 1995 年《数据保护指令》、2009 年起全面实施的《欧盟基本权利宪章》第 7 条和第 8 条、2018 年起正式生效的《通用数据保护条例》形成了数据权利保护的法律框架，通过个人的信息自决权来实现大数据流程的透明化以及对数字经济的公正程序控制。在数据处理之际，数据主体有权获知相关背景、数据来源、数据处理目的、可能的第三方受益者、数据留存的期限及其确定标准等，数据主体还享有对数据的个人访问权、更正权、删除权、撤回同意权以及申诉机会。特别是对通过大数据形成的个人画像或企业画像，数据主体有权表达异议并请求中止数据处理；对仅仅基于自动化处理就做出决策，数据主体可以进行抵制，并要求相关人员进行实质性介入和监督。总之，数据处理的程序性正当过程的判断标准主要是透明和同意①。

其中规定的个人数据携带权,也已经在我国《个人信息保护法》第 45 条实定化。然而数据的可携带性条款,既能扩大数据主体的选择自由、体现对信息价值的处分权,促进数据的流通和再利用,同时又有可能引起通过个人数据相连接的多元主体之间的权利冲突,引发利益分配公平之争,尤其需要注重相关过程的正当性以及法律程序的公平性②。在这里,考虑到人工智能时代的算法助推已经普及的现实,也许应该适当放宽对"个人"概念的理解,把它扩大到"以人为本"的那个泛化的"人",从而使对个体尊严和自由的保护能与数字国家的公共秩序以及数字经济的共同利益相协调。在这里,个人数据携带权就可以通过程序性正当过程和实质性合同关系,与数据信托制度不同设计方案进行最优化组合。

结　语

本文在新的时代背景下重新认识法律程序的意义,设定了风险社会与数字国家这样两个基本坐标。

---

① 对欧盟个人数据权利保护法律体系进行全面考察的代表作,可以举出〔荷兰〕玛农·奥斯特芬:《数据的边界——隐私与个人数据保护》,曹博译,上海人民出版社 2020 年版。关于欧盟模式与中国经验及制度设计特征的比较,参见季卫东:《数据、隐私以及人工智能时代的宪法创新》,载《南大法学》2020 年第 1 期,第 1—12 页;季卫东:《数据保护权的多维视角》,载《政治与法律》2021 年第 10 期,第 2—13 页。

② 参见汪庆华:《数据可携带权的权利结构、法律效果与中国化》,载《中国法律评论》2021 年第 3 期,第 189—201 页;王锡锌:《个人信息可携权与数据治理的分配正义》,载《环球法律评论》2021 年第 6 期,第 5—22 页。

在以新冠疫情防控为典型的"风险社会"，自由与安全的紧张关系成为关注的焦点，对灾害的恐惧导致安全指向和公益指向非常显著，个人权利保护的意识容易随之淡化。虽然法律对危机管理也有特殊的程序安排，并对强制性举措提出了比例原则，但很多情况下往往被忽视、被扭曲。在风险应对之际，成本效益分析成为决策的合理性依据，其结果势必倾向于功利主义、威权主义以及旨在平衡和妥协的关系调整。在这样的状况下，行政裁量权被过分放大，而法定的程序要件以及关于正当过程的理念很难落到实处。鉴于风险社会公民基本权利正在面临各种威胁和践踏，所以有必要在风险防控中坚守法律程序正义的底线，并根据复杂多变的现实情况和不确定性，探索程序性正当过程或者公正程序的多元化表现形态以及相应的机制设计。

新冠疫情防控极大地促进了人类社会的数字化进程，甚至形成了经济和生活被数字全覆盖的形势。以此为背景，互联网、大数据、人工智能等数字信息技术广泛应用于治理活动，电子政府、智慧城市已经基本普及，一种具有技术威权主义和机器官僚主义特征的"数字国家"正在崛起。所谓算法助推，不仅成为企业进行量身定制化经营的主要方式，而且成为政府实施精准细密化行政的主要方式。在机器学习不断提高功能的同时，算法黑箱化也日益成为严重的问题，不仅正在助长自由裁量以及算法歧视，还有可能导致问责机制形同虚设。为此，有必要强调与法律程序在功能上可以替代的"技术性正当过程"以及网络中立、人工沟通、平台透明等具体构成因素。鉴于行政决策自动化的现实，还需要通过法律程序规则再嵌入的方式进行改良，把法治精神编织到技术规则之中。在数字国家，程序公正原则发挥重要作用的典型场景主要有两种：一种是数据权利保护，特别是大数据流程的正当化；另一种是算法的可解释性和可信性验证，以便根据能对人工智能的过误进行问责。

通过风险社会和数字国家这样两个基本坐标来考察和定位行政程序法，可以发现权利保护程序、决策参与程序以及信息公开程序在风险社会以及数字国家都呈现出新的特征，制约裁量权成为更加复杂而重大的问题。为了有效制约裁量权，除了重构司法审查制度之外，还必须在法律程序之中进一步加强相互沟通以及关系协调，借助在反映民意的装置以及维护权利的过程等不同层面上的机制创新来形成某种"关系-沟通-程序"三位一体的机制。此外，制定更明确而具体的裁量基准并把它们转化为技术标准和代码嵌入行政系统的算法之中，也是数字时代制约行政裁量权的重要方式。鉴于数据泄露的防止以及隐私和个人信息安全保护正是当今迫在眉睫的重大问题、数据监管也已经成为行政机关的核心职责、数据权利保障又属于行政过程正当化的关键，因此，在加快行政程序法制定进程的同时，还应该从规制数据与算法之间关系的公正程序体系构建这个统一视角来对电子政务和个人信息保护这两个部分的内容进行深入推敲和整合，落实程序性正当过程和技术性正当过程的双重理念。

（本文原载《中国政法大学学报》2023 年第 1 期，第 83—99 页）

数字权利体系再造：迈向隐私、信息与数据的差序格局

申卫星[*]

内容简介： 作为计算法学的秩序概念，隐私、信息与数据具有体系构造与规范适用的双重意义。然而，三者在当下的权利话语中处于混乱无序的状况，由此引发了法律规制难题。为此，必须在严格区分权利客体与权利本身的基础上，先对隐私、信息、数据在权利客体面向进行有序呈现，再在三者之上构造个人权利体系的差序格局。具体而言，隐私、信息与数据分别处于事实层、描述/内容层和符号层，三者之上分别成立以消极防御为内容且保护相对严格的隐私权、兼具消极防御的保护与积极利用的信息人格权和数据所有权；隐私权、个人信息权属于人格权，位阶上

* 申卫星，清华大学法学院教授，智能法治研究院院长。

本文系国家社会科学基金重大项目"互联网经济的法治保障研究"（项目编号：18ZDA149）的阶段性成果。

文章观点形成由来已久，并在多所大学做过演讲，此次成文得到清华大学法学院博士后杨旭博士和张璐博士生的协助，在此致谢。同时，谨以此文祝贺母校中国政法大学建校 70 周年，也缅怀为北京政法学院创立和发展做出突出贡献的清华大学法学院先贤钱端升学长。

高于作为财产权的个人数据所有权。这种数字时代个人权利的差序格局不仅可以为数字经济的有序发展提供制度保障，而且能够完善和充实计算法学的基本范畴并推动其科学化进程。

一、引言：作为计算法学秩序概念的隐私、信息与数据

作为一门经由法律与信息技术相互交叉融合而成的新兴学科，计算法学形成了以数据、算法、平台等为基本范畴的知识与规范体系。[①] 而从数据这一基本范畴出发，还可以进一步延伸至与其紧密联系但又应予清楚区分的信息和隐私。隐私、信息与数据既在《民法典》中有所规定，又因应数字经济发展的需求而在特别法中得以发展，已成为计算法学的重要研究对象，并以其为基石范畴[②]进行理论建构。其中，最为重要也是最为基础的问题莫过于，究竟应当如何在隐私、信息与数据这三者之间做出清晰的界分？进一步而言，隐私、信息与数据之上究竟承载着何种权利，其彼此之间的联系与区别又究竟何在？面对这些传统法秩序面临的重大挑战，计算法学应当锐意进取，积极建构数字时代个人权利的规范体系，以利于数字时代法律的妥当适用。

[①] 申卫星、刘云：《法学研究新范式：计算法学的内涵、范畴与方法》，载《法学研究》2020 年第 5 期。

[②] 张文显：《论法学的范畴意识、范畴体系与基石范畴》，载《法学研究》1991 年第 3 期。

　　计算法学绝非凭空而来，毋宁需要传统法学的沁润和滋养。近百年前，德国法学方法论巨擘、利益法学的领军人物菲利普·黑克（Philipp Heck）曾指出法学所肩负的三项任务，以此对应三种不同的问题应通过三类概念分别加以解决：一是以规范获取为目标的"规范化问题"，为此需要应然概念（Sollbegriffe），其主要存在于制定法当中，也可能是经由学术补充而来；二是关涉事实的"纯粹认知问题"，运用由学术在事先的研究中或者法官对事实作判断时形成的实然概念（Seinsbegriffe）；三是旨在对结论予以呈现和整理的"表述问题"，与此对应的是秩序概念（Ordnungsbegriffe），其通常是学术积累和建构的产物，但在例外情形下也会由立法者直接确立。① 假如抛开事实问题而聚焦于规范层次，便不难发现，黑克所称的应然概念与秩序概念分别指向规范适用与体系构造两大领域。由是观之，隐私、信息与数据作为计算法学中相互交织的三大秩序概念，② 兼具应然概念的基本属性，构成了数字时代重构传统法秩序的重要基石，其重要性不言而喻。

　　当今社会数字经济蓬勃发展，引发了一系列新兴法律问题，成为学术研究的热点。而作为这诸多法律问题展开讨论前提的基础理论问题，就是隐私、信息和数据的关系。这三者之间关系的厘清，具有事实与规范的双重价值。事实层面，数据已经被作为了第五大

---

　　① Vgl. Philipp Heck, *Begriffsbildung und Interessenjurisprudenz*, J. C. B. Mohr（Paul Siebeck），1932, S.61—63.

　　② 有类似观点指出，信息与数据为"数字化之法"（Recht der Digitalisierung）的秩序概念，参见 Jan Oster, "Information und Daten als Ordnungsbegriffe des Rechts der Digitaliserung", *JZ*, 2021, S.167. 本文认为，将观察视角扩展至隐私、信息和数据三者之间的关系，能够更为全面、立体地展现问题并予以妥当解决。

要素，随之数字经济的发展日渐得到重视，但是围绕数据权利的制度设计却付之阙如，究其原因在于人们谈起数据，不由得想到数据上负载的信息，而由信息必然联想到了隐私，最终导致数据、信息与隐私混为一谈，纠缠在一起完全无法进行相应的制度设计；规范层面，我国《民法典》第 1032 条第 2 款规定私密信息也属于隐私，使得实践中隐私与信息的区分更加困难，特别是《民法典》第 1034 条第 2 款列举了自然人的姓名、出生日期、身份证件号码、生物识别信息、住址、电话号码、电子邮箱地址、行踪信息等个人信息类型，哪些属于私密信息，比如手机号码、家庭地址是否是私密信息从而成为隐私？申言之，第 2 款所列举的信息类型有无属于非私密信息的纯粹的个人信息？至于信息和数据的关系，受欧盟《通用数据保护条例》的影响，[1] 学者的讨论对信息和数据不加区分，二者混用极大地影响了数据的流通与利用。

出于社会急剧变迁、技术迭代更新、经济迅猛发展、立法继受多元等多重原因，当下对隐私、信息、数据的认识并不清晰，甚至处于较为混乱的无序状况。为此，本文首先分析此三者在权利话语中混乱无序的由来，并指明由此产生的规制难题及化解方向；然后在区分权利客体与权利的基础上，以个人信息为中心理清三者之间的关系，从而在权利客体层面让无序变有序；最后进入权利本身，对隐私、信息、数据三者之上所承载的个人权利加以证成，再造数字时代个人权利体系的差序格局。

---

① 欧盟《通用数据保护条例》第 4 条第 1 项将"个人数据"定义为"信息"，其英文原文为："'personal data' means any information relating to an identified or identifiable natural person ('data subject')……"。

二、数字时代权利话语中隐私、
信息与数据的混序

信息技术的迭代发展引发了经济社会的深刻变迁，影响了几乎所有活动领域和所有人的日常生活，隐私、信息与数据已成为理论界持续关注和反复讨论的重要议题。然而，当下在制度规范、司法裁判和理论研究等方面均存在三者混用的乱序，由此引发了法律规制的重重难题，亟需妥当解决。

（一）隐私、信息与数据三者混序的渐次生成

之所以产生隐私、信息与数据三者混用的乱序，其原因有二：一是，信息技术的迭代发展打破了以往只存在隐私及其权利保护的单一化秩序；二是，数字经济蓬勃兴起促使数据的经济价值陡然增长，但数据与信息及相关权利的区别却尚未被充分揭示。

1. 信息技术发展打破隐私的单一化秩序

我国法律上的隐私权概念源于美国法。受此影响，个人信息保护往往和传统的隐私权保护相互交织、彼此混用。美国法院基于普通法，尤其是侵权行为法创设隐私权。[1] 最初，隐私权是保护与个人私生活有关的信息不受公开以及属于私事的领域不受干涉的自由，表现为一种允许自己独处而不受打扰的权利。[2] 进入 20 世纪

---

[1]　王泽鉴：《人格权的具体化及其保护范围·隐私权篇（上）》，载《比较法研究》2008 年第 6 期。

[2]　Samuel D. Warren & Louis D. Brandeis, "The Right to Privacy", 4 *Harvard Law Review* 193, 193—220(1890).

六七十年代以后，计算机技术的不断发展和交流机制的根本性变革改变了信息产生、获得、使用、传播的方式，因生活交往、社会互动、合同关系、公共利益等，信息分享和利用已成为常态。个人信息因此具有社会属性，其现实基础在于信息由个人生产却脱离其控制。[①]个人信息被公共机构和私人机构大量收集和聚集，由此导致的滥用现象受到普遍关注。

这些个人信息中既有属于隐私的信息，也包括未必能称作隐私的内容。以计算机自动化处理为代表的新兴技术动摇了"作为秘密之隐私"（Privacy-as-secrecy）的单一化秩序，传统的隐私理论因此被架空。[②]于此背景下，开始从隐私权发展出个人信息自我控制权学说，构成个人信息保护制度的独立渊源。[③]从所要保护的法益来看，隐私与个人信息存在重合，对隐私权的保障是个人信息保护的主要目的和逻辑前提。[④]传统上具有消极、被动特点的隐私显得过于狭隘，因对个人信息具有积极利用的期待利益，隐私权开始发展出支配性特征，表现为权利主体对于与自己有关的信息之决定权，即依照自己的意志利用与自己有关的信息从事各种活动以满足自身需要的权利。[⑤]对于隐私和个人信息，因不同国家的传统和保护

---

① 王秀哲：《大数据时代个人信息法律保护制度之重构》，载《法学论坛》2018 年第 6 期。

② Ari Ezra Waldman, *Privacy as Trust—Information Privacy for an Information Age*, Cambridge University Press, 2018, p.49.

③ 〔日〕五十岚清：《人格权法》，铃木贤、葛敏译，北京大学出版社 2009 年版，第 172 页。

④ 周汉华：《中华人民共和国个人信息保护法及立法研究报告》，法律出版社 2006 年版，第 48 页。

⑤ 同上书，第 49 页。

模式不同而存在不同的话语体系。德国为保护个人信息发展出信息自决权（Recht auf infomationelle Selbstbestimmung）[1]，制定统一的《联邦数据保护法》并发展出独立的个人信息保护制度。而美国采取以隐私权一并保护个人信息的"大隐私"模式，许多学者将隐私解释为对个人信息的控制，个人信息在本质上就是一种隐私。[2]在美国法上，隐私权所保护的内容极其宽泛，甚至被学者称为"大杂烩"，[3]不仅承担德国法上一般人格权的功能，甚至还包含姓名、肖像等不少属于具体人格权的内容。

以此为背景，便不难理解我国法律上关于隐私与个人信息及相关权利之间关系的重大争议。比如在《民法典》编纂过程中，便存在两种截然对立的观点。有学者认为，隐私权与个人信息权是两个不同的概念，不能通过扩张隐私权来涵盖对个人信息的保护，应在清晰区分的基础上通过单独规定个人信息权，从而使得个人信息获得更为充分且全面的保护。[4]与此相反，有学者却认为，为应对大数据时代的隐私危机，最佳选择不是另起炉灶构筑新型的个人信息权，而是应通过完善有关隐私权的侵权规则并扩大救济的可能性，确立以隐私权保护而非个人信息保护为基点的路线。[5]从《民法总

---

①　Vgl. BVerfGE 65, 1ff.— Volkszählung.

②　Adam Carlyle Breckenridge, *The Right to Privacy*, University of Nebraska Press, 1970, p.1.

③　李永军：《论〈民法总则〉中个人隐私与信息的"二元制"保护及请求权基础》，载《浙江工商大学学报》2017年第3期。

④　王利明：《论个人信息权的法律保护——以个人信息权与隐私权的界分为中心》，载《现代法学》2013年第4期。

⑤　徐明：《大数据时代的隐私危机及其侵权法应对》，载《中国法学》2017年第1期。

则》第110条和第111条的规定来看,我国已明确采取对隐私和个人信息区分保护的二元模式。此后颁布的《民法典》人格权编第六章即"隐私权和个人信息保护",再次确认并拓展深化了隐私权与个人信息保护的双轨制,而私密信息则成为二者之间的制度桥梁。如此便形成不同于欧美模式的"第三条道路",但是,这种混合继受也给概念区分和权利构造带来了不小的难题。

2. 数字经济勃兴引发信息与数据的混用

当今时代,数字经济已成为各国经济发展的新动能。大数据持续激发商业模式的创新,不断催生新兴业态,成为互联网等新兴领域促进业务创新增值、提升企业核心价值的重要驱动力。作为数字经济得以扩张的驱动因素,数据成为创造和捕获价值的新经济资源。从2019年11月开始短短不到一年的时间里,中央连续发布三份重要文件,明确将数据作为基本生产要素,强调要加快培育发展数据要素市场,完善数据权属界定、开放共享、交易流通等标准和措施,发挥社会数据资源价值。① 而与此同时,数据经济价值提升所引发的有关数据权属和使用规则的纠纷也层出不穷。或许正如学者所言,网络治理已阶段性地演变为数据治理,而且可能会持续相当长的时间。②

---

① 2019年11月党的十九届四中全会发布的《中共中央关于坚持和完善中国特色社会主义制度推进国家治理体系和治理能力现代化若干重大问题的决定》、2020年3月发布的《中共中央国务院关于构建更加完善的要素市场化配置体制机制的意见》与2020年5月发布的《中共中央国务院关于新时代加快完善社会主义市场经济体制的意见》。

② 方禹:《关于我国数据治理法治构建的几点思考》,载《中国信息安全》2020年第10期。

　　然而，由于对数据及相关概念缺乏清晰界定，经常出现数据与信息的术语混用、属性不明晰等现象。据不完全统计，至少有 19 部法律、627 部部门规章在同一文本中交替使用"个人信息"与"数据"，而同时出现"隐私""个人信息"与"数据"三者的有 6 部法律、101 部部门规章。[①] 不仅如此，学界对于"个人信息"和"个人数据"的关系也存在多种观点。有学者认为个人信息就是个人数据，只是在称谓上存在不同，或者使用"个人数据"，或者采取"个人信息"。[②]也有学者认为"个人信息"不同于"个人数据"，或认为"个人信息"外延小于"个人数据"，个人信息只是能识别至特定自然人的那一部分数据。[③]虽有学者注意到二者的概念区分，但对于法律理论与规范体系因此所受影响，却还应再作探究。[④]在司法实践中，"信息"和"数据"随意切换的混用现象已成为常态。比如在"头腾大战"的民事裁定书中，同时出现了"个人信息""个人数据""敏感信息""用户数据""用户信息""用户个人信息等数据""用户个

　　① 本统计截止日期为 2020 年 3 月 30 日。

　　② 采用"个人数据"的做法，比如程啸：《论大数据时代的个人数据权利》，载《中国社会科学》2018 年第 3 期；张文亮：《个人数据保护立法的要义与进路》，载《江西社会科学》2018 年第 6 期；而采"个人信息"的做法，比如周汉华：《中华人民共和国个人信息保护法及立法研究报告》，法律出版社 2006 年版；叶名怡：《个人信息的侵权法保护》，载《法学研究》2018 年第 4 期。

　　③ 黄国彬、张莎莎、闫鑫：《个人数据的概念范畴与基本类型研究》，载《图书情报工作》2017 年第 5 期；吕廷君：《数据权体系及其法治意义》，载《中共中央党校学报》2017 年第 5 期。

　　④ 纪海龙：《数据的私法定位与保护》，载《法学研究》2018 年第 6 期；韩旭至：《信息权利范畴的模糊性使用及其后果》，载《华东政法大学学报》2020 年第 1 期；梅夏英：《信息和数据概念区分的法律意义》，载《比较法研究》2020 年第 6 期。

人信息"等多个术语指称同一内容的混淆。[①]

另需指出,比较法上对数据与信息完全不加区分的做法也是上述混序现象的重要缘由。如前所述,德国虽以信息自决权为核心展开个人信息保护的制度建构,但其基本立法却称之为《联邦数据保护法》。这种"以数据保护为名、行个人信息保护之实"的做法,在欧盟法上同样存在。欧盟《通用数据保护条例》第4条第1项便将"个人数据"界定为"与已识别或者可识别之自然人('数据主体')有关的信息"。这种数据即信息的界定方式进一步加剧了二者的混序状况,并不可取。

(二)混序状况引发的法律规制难题及其化解

1. 混序状况引发的法律规制难题

隐私、信息与数据之间关系的界定是数字时代构建个人权利的前提和起点,但既存的混序状态导致三者界限模糊,引发很多误解和立法规制的难题。近来关于个人信息权利、数据权属的研究可谓汗牛充栋,但却时常出现研究情境的"似是而非"或者研究对象的"张冠李戴"现象。为此,学者不免花费大量笔墨和篇幅澄清主题与问题,由此所生观点可谓"五花八门",难以达成共识。而在新闻报道和社会舆论的大力宣传之下,社会大众容易形成"个人信息 = 隐私"的思维惯性,认为只要平台在提供产品和服务时涉及或处理个人信息就侵犯隐私,有"动辄得咎"之嫌。而许多数字化商业平台以"隐私政策"而非"个人信息保护政策"之名对个人信息处理行为加以规定,更是加剧了这种模糊性。当下这种隐私与个人信息

---

① 天津市滨海新区人民法院(2019)津0116民初2091号民事裁定书。

混同、各种个人信息类型的混淆以及对个人信息与数据不加区分的混序状态，不仅不利于精准规范个人信息处理行为，也不利于促进个人信息的合理利用和数据的合法有序流动，不免给经济社会发展带来不良影响。

尽管在概念发展史上，欧盟所谓的"个人数据"即个人信息的确是从隐私权中发展而来，而且20世纪70年代在欧洲召开的多次人权会议已经认识到计算机技术大规模处理数据所带来的隐私风险，[①] 但严格意义上的数据并不能简单等同于个人信息或者隐私。隐私、信息与数据在使用上存有内在矛盾，因此引发权利设定之偏差，导致权利保护和法律论证的双重难题。[②] 在司法实践中，原告往往同时以侵犯隐私权和个人信息为由提起诉讼，法院为此必须不厌其烦地反复说理，分别论证构成或者不构成侵权的实质理据，从而增添了很大的思考负担。

将信息与数据不加区分地混为一谈，还导致在权利设计上顾此失彼，使得相关人格权益与财产权益纠缠不清，最终无法清晰回答数据能否成为财产权客体这一数据财产权构建的关键问题。有不少观点认为，企业不能控制个人数据，控制数据就是控制了隐私，从而得出个人数据不能被交易的误解，致使数据财产权制度难以建构。这既影响数据利用、数据共享和数据交易规则的建立，不符合数据要素市场发展需求的实际情况，也不利于对个人信息的保护。导致该利用的没促进，该保护的无法落实。

---

① Gloria Gozalez Fuster, *The Emergence of Personal Data Protection as a Fundamental Right of the EU*, Springer International Publishing, 2014, p.45.

② 韩旭至：《信息权利范畴的模糊性使用及其后果》，载《华东政法大学学报》2020年第1期。

2. 化解难题的基本思考框架：权利与权利客体的区分

如前所述，计算法学并非凭空而来，传统法学中具有新兴法学成长的一切理论滋养。具体而言，要在权利话语中对隐私、信息和数据予以清晰区分，我们应当遵循传统权利理论对权利客体与权利本身的区分，从而确立正确的思考框架。

主客体二分的世界观构成了整个法秩序的出发点，传统权利理论也由此展开。在最为严格的意义上，所谓权利客体（Rechtsobjekt）仅指权利主体以外的任何能够成为法律上支配力之对象（Gegenstand）的事物。[①] 不过，如此认识显然是以物权等支配权为原型，并不当然包括与主体本身密切联系的人格权在内，而隐私、信息、数据恰恰在不同程度上与后者相关。其实，人格权与物权等支配权同属于绝对权的范畴，除却宏观价值理念和微观制度设计上的重大差异外，人格权也应当与物权等其他典型的绝对权分享类似的逻辑结构。既然承认人格权属于权利的一种，并将其理解为尊重权利主体为人且不受他人侵害的权利，[②] 便无必要固守以支配权为原型的传统权利客体观念，应在权利所"指向"或者"关涉"的意义上将人格利益包含在客体的范围内。正因为如此，我国学说上也将人格（利益）作为权利或者法律关系的客体加以理解。[③] 据此便可以将隐私、信息、数据划归权利客体，而三者之上存在或者可能存在的隐私权、

---

① Vgl. Reinhard Bork, *Allgemeiner Teil des Bürglichen Gesetzbuchs*, 4 Aufl., Mohr Siebeck, 2015, S.100.

② Vgl. Jörg Neuner, *Der privatrechtliche Schutz der Persönlichkeit*, JuS 2015, S.962.

③ 梁慧星：《民法总论》（第 6 版），法律出版社 2021 年版，第 155 页；崔建远等编：《民法总论》（第 3 版），清华大学出版社 2019 年版，第 55 页。

个人信息权与个人数据权则属于权利本身。

之所以作此区分，其意义在于澄清权利人所处置或者被他人侵害之对象究竟为何。而这在关于隐私、信息与数据的权利话语中，经常被有意或者无意地忽视了。在一般意义上，权利对象可以区分为第一顺位的权利对象（Rechtsgegenstände erster Ordnung）和第二顺位的权利对象（Rechtsgegenstände zweiter Ordnung），分别对应支配的客体（Herrschaftsobjekt）和处分的客体（Verfügungsobjekt）：前者主要包括物和无体对象，其上能成立得对抗第三人的支配权或者使用权，如精神作品、发明、姓名或者商标；后者是权利或者法律关系，如物权、作为让与之客体的债权和能移转给他人的合同关系。① 将此稍加调整和拓展，便可以转用于隐私、信息与数据以及三者之上存在或者可能存在的权利。即一方面，尽管隐私、信息因为属于人格利益而不能被支配，但此二者连同数据依然属于权利所指向或者关涉的客体；另一方面，虽然人格权并不能像物权、债权等财产权一样被自由处分，但权利人依然在法秩序允许的范围内享有处置的权限（Dispositionsbefugnis），② 从而使人格权成为处置的客体。其实能被他人所侵害的并非隐私、信息和数据本身，而是在其上存在或者可能存在的权利。

---

① 〔德〕卡尔·拉伦茨：《德国民法通论（上册）》，王晓晔等译，法律出版社 2004 年版，第 377—380 页。参见 Jörg Neuner, *Allgemeiner Teil des Bürglichen Gesetzbuchs*, 12 Aufl., C. H. Beck, 2020, S.300。当然，在最严格的意义上，姓名作为人格权的客体并不能被支配。

② Vgl. Ansgar Ohly, *Volenti non fit iniuria, Die Einwilligung im Privatrecht*, Mohr Siebeck, 2002, S.179; Horst-Peter Götting, *Persön— lichkeitsrecht als Vermögensrechte*, Mohr Siebeck, 1995, S.142.

三、隐私、信息与数据作为权利客体的有序呈现

依此分析框架，下文首先理清作为权利客体的隐私、信息和数据三者之间的关系，然后以此为基础构建数字时代的个人权利体系。就权利客体而言，由于个人信息处于三者关系的中心位置，应当分别讨论个人信息与隐私的关系、个人信息与数据的关系，从而清楚揭示三者之间的区别与联系。由此，便可以彻底摆脱此前的混乱无序状况，从而有序地呈现数字时代最为重要的权利客体。

（一）隐私与个人信息的关系

那么作为权利客体，隐私与个人信息的关系究竟如何？《民法典》第 1032 条第 2 款规定，"隐私是自然人的私人生活安宁和不愿为他人知晓的私密空间、私密活动、私密信息"。这种"私人生活安宁"和"私密空间、私密活动、私密信息"的"1+3"模式即为现行法上关于隐私的基本界定。而对于个人信息，现行法作有不止一次的立法定义，而且在形式上存在显著变化。[①]《网络安全法》第 76 条

---

① 最初《网络安全法》第 76 条第 5 项以可识别性为核心，将个人信息界定为"以电子或者其他方式记录的能够单独或者与其他信息结合识别自然人个人身份的各种信息"。此后的《民法典》第 1034 条第 2 款延续可识别性标准，但将识别对象由"自然人个人身份"修改为"特定自然人"，从而将个人信息界定为"以电子或者其他方式记录的能够单独或者与其他信息结合识别特定自然人的各种信息"。而《个人信息保护法》第 4 条第 1 款却一改此前以可识别性为核心的基本立场，转而采取关联性标准，将个人信息界定为"以电子或者其他方式记录的与已识别或者可识别的自然人有关的各种信息"，但又将"匿名化处理后的信息"排除在外。

第 5 项、《民法典》第 1034 条第 2 款与《个人信息保护法》第 4 条第 1 款系针对同一事项，并无特别和一般规定之分，所以根据《立法法》第 92 条确立的新法优先适用规则，[①] 应主要以《个人信息保护法》第 4 条第 1 款为准。据此，个人信息是"以电子或者其他方式记录的与已识别或者可识别的自然人有关的各种信息"，但"不包括匿名化处理后的信息"。此外，《网络安全法》第 76 条第 5 项和《民法典》第 1034 条第 2 项的规定也可作为重要参考，尤其是后两者关于个人信息的具体列举，并未超出《个人信息保护法》第 4 条第 1 款的范围。据此，个人信息主要包括但不限于自然人的姓名、出生日期、身份证件号码、生物识别信息、住址、电话号码、电子邮箱、健康信息、行踪信息等。那么问题是，这其中哪些个人信息属于隐私中的私密信息？是否存在不属于私密信息的纯粹个人信息？

1. 隐私与个人信息的一般性区分

在进入私密信息前，有必要先就隐私与个人信息的区分标准作一般性研讨。如前所述，《民法典》第 1032 条第 2 款采取"1+3"的立法模式，将隐私界定为"私人生活安宁和私密空间、私密活动和私密信息"。但其实，隐私具有很强的不可定义性，而所谓的"1+3"立法模式只是一种相对抽象的列举。究其实质，"公共领域和私人领域之间的区分是构建隐私权法的核心"[②]。私密空间也可以称为

---

① 根据《立法法》第 92 条规定，"同一机关制定的法律"中"新的规定与旧的规定不一致的，适用新的规定"，此即新法优先于旧法的适用规则。

② Richard C. Turkington & Anita L. Allen-Castellitto, *Privacy Law : Cases and Materials*, 2nd ed., West Group Press, 2002, p.1.

"私人领域",属于静态的隐私,是个人预先保留、与公共空间隔离的封闭、独立空间,既包括物理空间又包括网络虚拟空间。私密活动也可以称为"私密事务",属于动态隐私的范畴,指不愿为他人所知(隐)且与他人利益、社会利益无关(私)的活动,主要包括个人的家庭生活、社会交往等事务。相较于前两者而言,私人生活安宁较为笼统、高度抽象,是一种安定宁静、不受干扰、自我决定的生活状态,属于隐私的兜底性内容。[1] 由此可见,尽管在具体含义和范围上有所区别,但私密空间、私密活动以及私人生活安宁所涉事宜均属于独立的事实状态,并不依托于信息的形式存在。

与此不同,个人信息并不等同于事实状态本身,而是以对事实进行表达的信息形式存在。假如说隐私具有不可定义性的话,那么对信息的界定就更加困难。在各种纷繁复杂的观念中,最基础也是各个学科所普遍接受的信息定义是,信息作为对某个系统之状态的描述(Aussagen über den Zustand eines Systems),能够减少或者消除其中的不确定性(Unbestimmtheit/uncertainty)。[2] 其中,所谓系统的特征在于,从某个整体中筛选出多个要素的集合,并将这些要素彼此联系起来。假如排除纯粹的思维系统,也可以说系统是现实的片段。而系统之状态尤其体现为结构,即多个要素组成系统的方式和各个要素之间关系的集合,其虽然从具体的系统抽象而来却可以转用于其他系统。所以作为对系统结构的描述,信息能被用来指称多

---

① 王利明:《隐私权内容探讨》,载《浙江社会科学》2007 年第 3 期。

② C. E. Shanon, "A Mathematical Theory of Communication", 27 *Bell System Technical Journal* 3(1948); Vgl. Herbert Zech, *Information als Schutzgegenstand*, Mohr Siebeck, 2012, S.14.

个系统。[①] 由此可见，信息虽然是从现实、具体、特定的系统中抽象而来，但往往具有一定程度的普遍性，从而区别于特定的系统本身。倘若不拘泥于典型的物理系统，转而承认作为事实状态的私密空间、私密活动以及私人生活安宁所涉事宜也属于特殊的现实系统，那么其与作为对系统状态之描述的个人信息便处于完全不同的层次。

再者，个人信息的重要特征为其直接或者间接的可识别性，由此决定其功能在于为人与人之间的社会交往建立基础，因而不同于旨在构筑私人领域的隐私。如前所述，《个人信息保护法》第4条第1款一改《网络安全法》第76条第5项和《民法典》第1034条第2款采取可识别性的立场，转而以关联性为标准界定个人信息，但也不应过分夸大由此带来的区别。因为一方面，《个人信息保护法》第4条第1款在定义中依然保留可识别性要求，只是未将其直接建立在所涉信息的基础上；另一方面，该款又将"被匿名化处理后的信息"排除在外，而根据第73条第4项，匿名化恰恰需要达到"无法识别特定自然人"的效果。因此，如果说关联性因明显突破可识别性而扩大了个人信息的范围，那么匿名化作为消极要件又从反面对此加以限制，从而重新确立了可识别性的核心地位。之所以如此，关键在于个人信息是正常社会活动和社会交往的基础。以《民法典》第1034条第2款所列举的电话号码为例，很多人担心电话号码泄露会引发骚扰，从而想当然地认为这些是隐私。其实，手机号码从其设立之初的功能就是出于社会交往的需要，没有人将在电信部门申请到的手机号迅速锁进保险柜保护得严严实实，恰恰相

①　Vgl. Herbert Zech, *Information als Schutzgegenstand*, Mohr Siebeck, 2012, S.15.

反，正是要通过作为个人信息的手机号码的分享，来促进社会交往。

　　概言之，法律对于个人信息和隐私保护的立场完全不同，个人信息的主要价值在于社会交往的可识别性，其功能定位于正常社会活动和社会交往的基础，个人信息在社会交往中发挥着个人与他人及社会的媒介作用。简单讲，信息不是为了保护而存于世间的，相反恰恰是为了利用。隐私则不然。其目的在于保护当事人独处的生活状态，并为此划出合理界限。[①]个人信息兼具私密性与社会性，后者在信息时代表现更为显著，而隐私只具有私密性。[②]其实，《民法典》第 1032 条第 2 款将"私人生活安宁"作为隐私的兜底内容即已清楚表明，隐私权制度旨在保护不愿为他人知晓的私密利益，从而保障个人安定宁静、不受干扰的生活状态和精神安宁。据此，前述具有可识别性的自然人姓名、身份证件号码、家庭住址、电话号码、电子邮箱等均不构成隐私，而是纯粹的个人信息。

　　当然必须强调的是，主张前述个人信息不构成隐私，绝不意味着这些信息完全不受法律保护。社会大众之所以混淆隐私和个人信息主要原因是担心不将手机号码、家庭地址等不纳入隐私，就不能得到法律保护了。其实，将个人信息从隐私中独立出来，不意味着不保护，只是不再按照隐私的标准去保护，同样要在个人信息自决权下得到信息主体的同意才能对个人信息进行利用。纵观《个人信息保护法》关于个人信息处理规则、信息主体的各种权利、处理者的各种义务、行政监管机关及其职权、各种不同的法律责任等

---

　　①　谢远扬：《个人信息的私法保护》，中国法制出版社 2016 年版，第 24 页。

　　②　项定宜、申建平：《个人信息商业利用同意要件研究——以个人信息类型化为视角》，载《北方法学》2017 年第 5 期。

规定，完全可以为信息主体提供较为周全的保护。归根结底，应当从概念上清楚区分隐私和个人信息，尽快摆脱隐私权"包打天下"的思维误区。

2. 私密信息乃是作为隐私在信息上的投射

以上所论隐私与个人信息的一般性区分仅就作为事实状态的私密空间、私密活动以及私人生活安定所涉事宜而言，但并不直接触及私密信息这种集隐私与个人信息于一体的混合形态。在当今自动化处理技术迅猛发展的背景下，"隐私信息化"和"信息隐私化"成为两个突出趋势，从而导致私密信息的范畴不断丰富，信息隐私化使得传统隐私的边界得以扩展。[①] 而在将私密信息以外的隐私定性为事实状态本身，并认为个人信息包括（但未必限于）对事实状态的描述以后，便不难发现，隐私与个人信息并非简单的平面式交叉关系，而是在立体上处于完全不同的层次。正因如此，私密信息便不仅仅是隐私与个人信息的重合部分，而是处于事实层的隐私在信息层上的投射。换言之，私密信息是对私密空间、私密活动、私密部位等隐私事实的信息化表达。

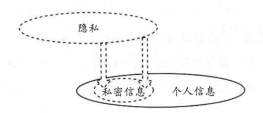

图 1　隐私、个人信息与私密信息关系

---

① 　王俊秀：《数字社会中的隐私重塑——以"人脸识别"为例》，载《探索与争鸣》2020 年第 2 期。

那么从个人信息一端观察，便存在私密信息与非私密信息的分别。[①]后者比如自然人的姓名、身份证件号码、家庭住址、电话号码、电子邮箱等，主要被用于满足社会交往的需要；前者比如自然人的行踪信息、健康信息、性取向信息、私密部位信息等，因其与自然人的行踪、健康状况、性取向、私密部位等隐私事实联系紧密，故而处于个人的私密领域，应受更高程度的保护。不仅如此，私密信息还应落入敏感信息的范围。对于后者，《个人信息保护法》第28条第1款规定，"敏感信息是指一旦泄露或者非法使用，容易导致自然人的人格尊严受到侵害或者人身、财产安全受到危害的个人信息"，而私密信息即符合此一标准。这将对私密信息的规范适用产生重要影响。

（二）个人信息与数据的关系

再看个人信息与数据之间的关系。在词源学上，数据（Datum）即存在者，据此任何客体均为数据；而所谓信息（Information），依其字面意思是指某个客体给观察者所留下的印象。[②]这种将观察者引入定义的做法看似消解了信息的客观性，但若严格区分潜在信息与事实上的信息，并将信息的概念主要限于前者，便可以消除其中的矛盾。潜在信息是假如要描述系统状态所必需的全部陈述，而不要求某个特定的观察者也作此陈述，所以系统的确定性只是对潜在观

---

① 黄薇主编：《中华人民共和国民法典人格权编解读》，中国法制出版社2020年版，第197—198页。

② Vgl. Jan Oster, "Information und Daten als Ordnungsbegriffe des Rechts der Digitaliserung", *JZ*, 2021, S.168.

察者而言可得确定，为此并不需要具体观察者。[①] 按当下的理解，尤其是在现代符号学（Semiotik）的意义上，信息能够促进人类知识的增长，因此具有语义上的意谓（semantische Bedeutung），而数据则是信息在符号中的句法呈现（syntaktische Repräsentation）。[②] 以模拟世界的纸质书为例，书中印刷的文本为数据，读者通过解读文本所获得的意谓是信息，书本自身则是数据的物理载体。[③] 而数字化则意味着将模拟信息转化为数据形式，但并非任何形式的符号化信息存储，特指计算机系统所使用的二进制符号。[④] 由此在数字时代一定意义上我们可以说，数据为机器所读取，而信息则由人来读取。

　　信息与数据之间彼此依存且互为依托，可谓"橘肉和橘皮"的关系，但并不因其紧密而不予区分，同样区分也不意味着割裂。其实，《民法总则》的制定过程已表明了区分信息与数据的立场。《民法总则（草案·一次审议稿）》第108条第2款笼统采取"数据信息"的表述，将其与作品、专利、商标等一并作为知识产权的客体加以规定。[⑤] 但严格说来，个人信息与数据上即便应当设权，也与知识产权存在本质区别，[⑥] 所以将"数据信息"不加区分地作为知识产权

①　Vgl. Herbert Zech, *Information als Schutzgegenstand*, Mohr Siebeck, 2012, S.15—16.

②　Vgl. Jan Oster, "Information und Daten als Ordnungsbegriffe des Rechts der Digitaliserung", *JZ*, 2021, S.168.

③　纪海龙：《数据的私法定位与保护》，载《法学研究》2018年第6期。

④　申卫星、刘云：《法学研究新范式：计算法学的内涵、范畴与方法》，载《法学研究》2020年第5期。

⑤　扈纪华：《民法总则起草历程》，法律出版社2017年版，第157页。

⑥　陈甦主编：《民法总则评注（下册）》，法律出版社2017年版，第782页。也有学者认为，知识产权制度能为大数据提供部分保护，但也存在有待填补的制度空缺，参见崔国斌：《大数据有限排他权的理论基础》，载《法学研究》2019年第5期。

的客体难谓妥当。《民法总则（草案·二审稿）》随即转变立场，将"数据信息"拆解为个人信息和数据，分别在第 109 条和第 124 条加以专门规定。[①] 这种明确区分的立场经由正式通过的《民法总则》而进入《民法典》总则编——第 111 条规定个人信息，第 127 条规定数据，清楚地表明了立法者对信息和数据从人格权和财产权进行分置的格局。以此为基础，现行法关于个人信息和数据的定义，则进一步指明了二者之间的区别所在：《个人信息保护法》第 4 条第 1 款等规定个人信息应"以电子或者其他方式记录"为形式要件，而《数据安全法》第 3 条第 1 款将数据界定为"以电子或者其他方式对信息的记录"。据此，数据与信息之间是记录与被记录的关系，或者更确切地说，二者之间是形式与内容的关系。由此，便为信息与数据的概念区分提供了坚实的规范基础。

　　总之，信息是内容、知识等，其功用在于解决不确定性；而数据是形式，是表现信息的载体。[②] 或者在符号学的意义上，信息处于语义（内容）层，而数据则处于句法（符号）层。[③] 就此而言，二者处于不同的层次，彼此之间的区别甚为明显。当然，信息与数据又是紧密结合的一体两面，形同"橘皮与橘肉"，我们既要区分信息与数据，又不能割裂开来。区分的目的在于分类规制，赋予其不同的权利类型。同时因为二者联系紧密，所以在对数据进行利用时一定

---

　　① Vgl. Philipp Heck, *Begriffsbildung und Interessenjurisprudenz*, J. C. B. Mohr (Paul Siebeck), 1932, S.186—187.

　　② 申卫星：《论个人信息权的构建及其体系化》，载《比较法研究》2021 年第 5 期。

　　③ 申卫星、刘云：《法学研究新范式：计算法学的内涵、范畴与方法》，载《法学研究》2020 年第 5 期。

要考虑到其上负载的个人信息，只有在匿名化去除识别性的信息之载体的数据才能进入到流通领域。负载个人信息的数据的利用，多为开放 API 接口等采取"可用不可见"的方式进行。此即为对信息与数据应予区分但不能割裂的规范立场。

四、隐私、信息与数据上个人权利的差序格局

如前所述，私人生活安宁与私密空间、私密活动等隐私事实处于事实层，个人信息作为与个人相关的事实状态之描述处于内容层，而私密信息则是对隐私事实的信息化描述；与个人信息处于内容层不同，个人数据作为个人信息的载体处于符号层。如此，理清作为权利客体的隐私、个人信息和数据三者之间的关系后，便可以进一步考察权利本身，从而构建数字时代个人权利体系的差序格局。

（一）隐私权与个人信息权的区分保护

在现行法上，隐私与个人信息的区分保护已成定局，关键在如何对二者予以准确的权利界分。其实，隐私之上应为个人设定具体人格权已无疑问，关键在于个人信息之上能否设权，此种权利的性质究竟如何，以及私密信息的规范适用等问题。

1. 个人信息权证成：基于同隐私权的比较

要证成个人信息权，不妨从其与隐私权的比较展开。在我国法上，隐私权获得立法承认经历了较长的探索与演进过程，[①] 大致分

---

① 黄薇主编：《中华人民共和国民法典人格权编解读》，法制出版社（接下页）

为三个阶段。第一阶段是借道名誉权对隐私予以部分地保护。被誉为"民事权利宣言书"的《民法通则》并未规定隐私权，但这并不意味着隐私在司法实践中完全不受法律保护，因为《民通意见》第140条、最高人民法院《关于审理名誉权案件若干问题的解答》将部分侵害隐私的行为纳入名誉权的范畴。第二阶段是直接承认隐私为一种独立的人格利益。《精神损害赔偿司法解释》第1条第2款将"违反社会公共利益、社会公德侵害他人隐私"的情形归为精神损害赔偿的事由，从而承认隐私为一种独立于名誉权的人格利益并予以相对全面的保护。此前，《未成年人保护法》《妇女权益保障法》等专门领域立法已对此加以确认。[①] 第三阶段是在立法上明文规定隐私权。这一概念最先见于修改后的《妇女权益保障法》，而《侵权责任法》第2条第1款则首次在民事基本法层面从保护对象的角度规定了隐私权。2017年的《民法总则》则从正面确认了"隐私权"这一具体人格权类型，随后2020年的《民法典》人格权编又对"隐私权"细化为"1+3"模式。由此可见，某一受法律保护的地位要想成为权利往往并非易事，有着一个权利化的发展过程。

也正因如此，对于个人信息之上能否设权的问题，学说上充满了争议。[②] 而从立法过程和现行规定来看，迄今也尚无定论。《民法

（接上页）2020年版，第192—194页；方新军：《一项权利如何成为可能？——以隐私权的演进为中心》，载《法学评论》2017年第6期。

① 黄薇主编：《中华人民共和国民法典人格权编解读》，法制出版社2020年版，第194页。

② 对此学术争议的梳理与评论，参见张新宝：《〈民法总则〉个人信息保护条文研究》，载《中外法学》2019年第1期；梅夏英：《在分享和控制之间：数据保护的私法局限和公共秩序构建》，载《中外法学》2019年第4期；李昊：《个人信息侵权责任的规范构造》，载《广东社会科学》2022年第1期。

典》总则编第 111 条第 1 句和人格权编第 1034 条第 1 款均规定"个人信息受法律保护"，由此至少可以确定的是，个人信息之上存在一种受法律保护的地位。至于其能否上升为一种民事权利，却不得而知。而在民法典人格权编草案的征求意见稿中曾一度出现"个人信息权"的表述，[①] 但旋即被删除，改为《民法典》人格权编第六章"隐私权与个人信息保护"等表述。随后的个人信息保护立法，承认个人信息之上存在民事权益的立场始终未变，最终体现为《个人信息保护法》第 2 条的规定，即"自然人的个人信息权益受法律保护，任何组织、个人不得侵害自然人的个人信息权益"。但问题在于究竟何谓"权益"？个人信息受法律保护的地位是否构成民事权利？

笔者主张，个人信息之上应当为个人设权，但此种权利并非如物之所有权般边界清晰的绝对权，而是一种边界相对模糊的框架性权利（Rahmenrecht）。由于此类权利并不具有清晰界定的保护范围，需通过个案权衡的方式判定其是否遭受侵害，因此也被称为"不完全的"绝对权。[②] 准此以言，个人信息权与隐私权有着类似的结构。仅从关于隐私权与个人信息保护的规定本身来看，二者之间似乎存在较大区别。因为对于隐私权，《民法典》第 1033 条详细列举了各种侵害行为的具体形态，而仅以"法律另有规定或者权利人明确同意"为例外；但对于个人信息的保护，《民法典》第 1036 条和《个人信息保护法》第 13 条第 1 款等规定却设置了无需信息主体同

---

① 何勤华等编：《新中国民法典草案总览（增订本）续编》，北京大学出版社 2020 年版，第 190 页。

② Vgl. Herbert Zech, *Information als Schutzgegenstand*, Mohr Siebeck, 2012, S.87.

意的各种例外事由，这表明了对个人信息和隐私保护的强度不同。但是，我们将目光转向个人信息保护的法律适用，特别是《民法典》人格权编的一般规定部分第 998 条关于精神性人格权责任认定与承担，该条对于判定侵害除生命权、身体权、健康权以外其他人格权的侵权责任所应考量的要素予以开放式列举，包括但不限于"行为人和受害人的职业、影响范围、过错程度，以及行为的目的、方式、后果"，明显采取了动态体系的规范技术。[①] 该条规定不仅对隐私权等精神性人格权适用，对于个人信息保护也应适用。[②] 对个人信息保护与否的判定，一定要在个案中考虑前述因素借助权衡方法予以妥当适用。所以从结构上看，隐私权与个人信息权无疑都属于框架性权利。

然而，个人信息权与隐私权的区别也至为明显。尽管二者均属于人格权，但隐私权原则上仅具有消极防御的功能，而个人信息权因个人信息能够被商业化利用，因此兼具消极防御和积极利用的双重功能。立法过程中对隐私权能否被商业化利用存在争议，但主流观点对此予以否认，并获得立法机关的赞同。[③] 这在现行法上尤其体现为，《民法典》第 1032 条第 2 句关于隐私权的规定主要通过行为禁令列举的方式表达，即"任何组织或者个人不得以刺探、侵扰、

---

① 王利明：《民法典人格权编中动态系统论的采纳与运用》，载《法学家》2020 年第 4 期。

② 关于《民法典》第 998 条适用于个人信息保护的详细论证，参见杨旭：《正当利益条款的中国法构造——基于〈民法典〉第 998 条》，载《法制与社会发展》2022 年第 1 期。

③ 黄薇主编：《中华人民共和国民法典人格权编解读》，中国法制出版社 2020 年版，第 195 页。

泄露、公开等方式侵害他人的隐私权"，而第 1033 条又对具体的侵害行为样态予以具体化。但个人信息权却并非如此。尽管《民法典》第 111 条第 2 句、《个人信息保护法》第 10 条等规定也详细列举有关个人信息保护的行为禁令，但《民法典》第 1034 条第 1 款、第 1035 条以及《个人信息保护法》第 13 条等关于合法性基础和免责事由的规定，显然是以不反对甚至鼓励在合理范围内处理个人信息为前提。再者，《民法典》第 999 条关于个人信息合理使用的明文规定、《个人信息保护法》第 1 条以"促进个人信息合理利用"为立法宗旨等，显然肯认了个人信息之上不同于隐私保护更多的立法价值。

再回到应否在个人信息上为个人设权的问题。既然在隐私上设置人格权在历经较长的探索和演进过程后已经为立法所确认，那么，相较于仅具有消极防御功能的隐私权而言，由于个人信息还能够被积极地利用，因此更应将其受保护的法律地位提升为民事权利。①尤需回应的是，在个人信息上设权并不会对信息的利用造成阻碍。一是在信息上设权才能进行科学的制度设计，从而促进信息得以健康有序地利用；二是个人信息权只是一种框架性权利，个案中仍然可以通过权衡的途径将特定的利用行为排除在权利侵害之外。而且，个人信息保护法的调整对象并非一切形式的个人信息处

---

① 一个法律地位何以可以上升为一种权利？换言之，一个法律地位成为权利的主要目的和意义在哪里？如果只是出于保护的考虑，一个法律未必需要成为一项权利，法律明确其受保护即可。相反，一个法律地位确认为一种权利，一是要赋予其支配地位；二是成为一项权利可以使其具有独立的权利机能，可以以其为标的进行充分的利用。就此而言，个人信息比隐私更需要成为一项权利。笔者主张个人信息之上设权，具体参见申卫星：《论个人信息权的构建及其体系化》，载《比较法研究》2021 年第 5 期。

理活动，而是受有一定程度的限制。从反面说，《个人信息保护法》第 72 条第 1 款便将"自然人因个人或者家庭事务处理个人信息"的情形排除在外。而从正面来看，受保护的个人信息也应满足特定的形式要件，即《民法典》第 1034 条第 2 款和《个人信息保护法》第 4 条第 1 款规定的"以电子或者其他方式记录"。而这对于私密信息的规范适用也具有重要影响。

2. 私密信息的规范适用

如前所述，私密信息是私密空间、私密活动以及私人生活安宁所涉事项的信息化表达。其特殊性在于：此类信息一方面具有私密性，因此落入隐私权的保护范围；另一方面又以信息的形式存在，应作为个人信息受法律保护。对于其规范适用，《民法典》第 1034 条第 3 款专门规定，应"适用有关隐私权的规定；没有规定的，适用有关个人信息保护的规定"。但应予明确的是，该条旨在解决隐私权与个人信息保护的规范竞合问题。由于《民法典》对隐私权的保护程度高于个人信息权，比如就作为免责事由的同意而言，第 1033 条对隐私权的要求是"明确"同意，而在第 1035 条第 1 款第 1 项关于个人信息保护的规定中就信息主体同意并无"明确"的要求，所以应优先适用隐私权的规定。[①] 就此而论，第 1034 条第 3 款之所以确立隐私权规定优先于个人信息保护的适用规则，其目的在于提高对私密信息的保护力度。

但在《个人信息保护法》施行后，因为该法对于个人信息权的

[①] 张文显：《论法学的范畴意识、范畴体系与基石范畴》，载《法学研究》1991 年第 3 期；王利明：《和而不同：隐私权与个人信息的规则界分和适用》，载《法学评论》2021 年第 2 期。

范围作有限定，而且增设不少强化保护的规定，那么《民法典》关于隐私权的规定能否优先适用，还应结合具体规定作进一步甄别。首先，《个人信息保护法》第72条第1款将"自然人因个人或者家庭事务处理个人信息"的情形排除在外，于此范围内，私密信息不适用个人信息保护的规定，而只能诉诸隐私权制度。其次，对于权利人同意的形式，是否可以完全适用隐私权而排除个人信息保护的规定不无疑问。鉴于《个人信息保护法》第14条第1款第1句一般性地要求同意应"明确"做出，与《民法典》第1033条的要求完全一致，就此继续适用隐私权规定尚无不可。然而，《个人信息保护法》第29条进一步对敏感信息要求"单独"同意，而私密信息因具有私密性也应属于敏感信息的范畴，所以应直接适用关于敏感信息"单独"同意的规定，从而实现更高程度的保护。此外，对于侵权责任的归责原则，《个人信息保护法》第69条第1款设定为过错推定，而《民法典》对于隐私权却无此类似规定，所以在此方面，私密信息应当优先适用个人信息保护的规定。[①]

　　总之，尽管《民法典》第1034条第3款规定，"个人信息中的私密信息，适用有关隐私权的规定；没有规定的，适用有关个人信息保护的规定"，但并不能机械地认为，就私密信息的法律适用隐私权的规定一定优先于个人信息保护。正如前文分析的那样，隐私和信息处于不同位阶，私密信息不是隐私和信息在平面上的交叉，而是隐私在个人信息上投射的产物（参见图1），所以私密信息既是信息也是隐私，它既要适用隐私的规定，也要适用信息保护和利用

---

① 李昊：《个人信息侵权责任的规范构造》，载《广东社会科学》2022年第1期。

的规制，二者构成规范竞合时应从强化私密信息保护的规范目的出发具体判断。只有隐私权规定在保护程度更强时才能优先适用，否则便应适用有关个人信息保护的规定。

（二）个人信息权与个人数据所有权的协同共存

如前所述，个人信息权为典型的框架性权利，尽管属于人格权范畴，但同时承载着信息主体的人格利益和人格要素商事化利用产生的财产利益，因此兼具消极防御和积极利用的双重功能。但仅有个人信息权并不能完整表达数字时代的个人权利体系，还应对载有个人信息的数据创设个人数据所有权。

个人信息权与个人数据所有权的区别主要在于二者的权利性质归属不同：个人信息权属于人格权范畴，而个人数据所有权则应归为财产权。这一结论的得出是有着现行法依据的。从体系解释上看，《民法典》第 111 条关于个人信息的规定位于第 110 条关于各项具体人格权的规定和第 112 条关于身份权的规定之间，再加上第 1034 条至 1039 条关于个人信息保护的具体规定位列第四编人格权编，由此便可以得出个人信息权的人格权属性。尽管个人信息可以被商业化利用，但这不过是人格权所包含的财产性内容，并不改变其属于人格权的基本定位。与此不同，《民法典》第 127 条关于数据的规定并未处于人格权的规范脉络，而且将数据与虚拟财产并列等同以观，由此便为数据成为财产权的客体提供了规范依据。所以第 127 条虽然看似单纯的宣示性规定，但其意义却不仅限于立法的有意留白，而是揭示了数据之上的财产利益及其受法律保护的地位，从而为在现行法上建构数据财产权的规范体系和将来的数据立法提供重要指引。如此，从作为权利客体的信息与数据的层次区分，便形成了数字时代信息与数据上个人权利的二元构造。

之所以将数据所有权归为个人所有，其原因一方面在于，此类数据上承载着个人信息。严格说来，数据是否具有个人关涉性并不取决于数据本身，而是取决于其所承载的信息，[①] 所以通常只有承载个人信息的数据才属于个人数据。为强化对个人信息的全面且立体之保护，有必要通过将数据所有权赋予个人的方式，实现个人权利从内容层向符号层的延伸。另一方面，进一步揭示了数据确权的逻辑和事实基础，作为记载个人信息的数据源于个人的网络行为（不论搜索、浏览，还是网络消费），由此生发的财产利益自应归该个人所有，因此需要在此类数据上设置个人数据所有权。确立个人数据所有权的主要意义有两点：一是要求信息处理者（多为平台企业）必须以得到个人的授权为前提才可以获取数据用益权；二是使得作为个人的全体网民参与数据红利的分配具有了正当性前提。但必须特别强调，个人数据所有权虽名曰"所有权"，但并非存于有体物之上具有绝对支配、排他效力的传统所有权，在结构上与个人信息权具有同构性，也属于一种框架性权利。两种权利的同构性源于其客体的"橘皮与橘肉"的紧密关联性。如前所述，根据《个人信息保护法》第 4 条第 1 款、《数据安全法》第 3 条第 1 款等规定，个人信息是"以电子或者其他方式记录"的形式呈现，而数据则是"以电子或者其他方式对信息的记录"。若从个人信息权的角度观察，这实际上是以数据对个人信息的范围加以限定；而从个人数据

---

① Vgl. Jan Oster, "Information und Daten als Ordnungsbegriffe des Rechts der Digitaliserung", *JZ*, 2021, S.170.

所有权的角度观察，则是通过信息的个人关涉性为个人数据所有权提供归属依据。如此实现"区分却不割裂"的规范立场，使得二者相互配合、彼此协作，便能在个人信息与数据的保护与利用之间求得平衡。

其实，个人信息权与个人数据所有权并立的二元结构是在客体层面严格区分信息与数据的必然推论。尽管现行法不总是严格区分信息与数据，但"信息"一词的含义具有相对性，既可以指语义信息即个人信息意义上的信息，又可以指句法信息即数据，以此为基础便可以深化对既有规定的理解。根据《民法典》第1037条和《个人信息保护法》第四章的规定，个人信息权包括知情决定、查阅、复制、携带、异议、更正、拒绝、删除等权能。[①]但立足于严格区分信息和数据的立场，以上各项权能往往不仅仅指向单纯的个人信息，有些可能指向个人数据，或者同时指向个人信息和个人数据。以知情同意权能为例，同意行为究竟是行使个人信息权还是个人数据所有权，取决于所授予权限的具体内容。在授权公开的情形，由于公开的对象为个人信息，但又必须通过读取个人数据才能实现，因此属于个人信息权和个人数据所有权的同时行使；与此不同，若是授权自动化决策，由于自动化决策是机器读取并处理数据，而不需要人工的直接参与，从而是对个人数据所有权的行使。再比如，可携带权能完全属于个人数据所有权的内容，而不直接涉及个人信息权。因为其要求处理者以机器可读的方式为个人移转数据提供

---

① 申卫星：《论个人信息权的构建及其体系化》，载《比较法研究》2021年第5期。也有学者将个人信息权（益）区分为"本权权益"和"保护本权权益的权利"两个相对独立的部分，参见张新宝：《论个人信息权益的构造》，载《中外法学》2021年第5期。

支持，尽管所要移转的数据之上承载了个人信息，但后者在单纯的移转过程中并不以人可读的方式呈现出来。由此，再次展现了个人信息权与个人数据所有权之间的区别和联系。

最后，确立个人数据所有权的意义尤其在于，以之为基础为作为处理者的企业创设数据用益权。假如只承认个人信息权或者以此吸收个人数据所有权，那么为数据企业赋权的最大理论障碍是，个人信息属于人格要素，其上承载了自然人的人格利益，因此不能成为被他人支配的客体。如此一来，便无法为数据企业创设在适当范围内具有直接支配和排他效力的数据权利。相反，倘若在权利客体层面严格区分个人信息与数据，并分别为个人创设个人信息权和个人数据所有权，便可以基于权利分割思想从后者分离出企业数据用益权。[①] 就此而言，个人信息权与个人数据所有权的区分并不是对现实世界的单纯再现，而是以信息与数据的区分为基础对个人权利在规范世界的技术性建构。

结　　语

法律旨在创设一种正义的社会秩序，实现正义和创造秩序是法律的职能。[②] 但要实现正义，就必须运用清晰、有序的法学概念作为分析工具。隐私、信息与数据分别处于事实层、描述／内容层与符号层，三种客体之上应分别设置隐私权、个人信息权与个人数据

---

① 申卫星：《论数据用益权》，载《中国社会科学》2020 年第 11 期。

② 〔美〕E. 博登海默：《法理学：法律哲学与法律方法》，邓正来译，中国政法大学出版社 2004 年版，第 318 页。

所有权三种不同的框架性权利。如此,便可以消除当下权利话语中关于隐私、信息与数据的混乱秩序,在有序呈现权利客体的基础上再造数字时代的个人权利体系,从而形成隐私权、个人信息权和个人数据所有权的差序格局。一言以蔽之,只有清晰界分隐私、信息与数据,才能化解混序状态引发的法律规制难题。对于此三者,使其各安其位,才能各展其才。为求直观,将本文所得主要结论具体展示如下表。

表1 隐私权、个人信息权、个人数据所有权的差序格局

权利名称	权利客体	所处层次	权利性质	利益内容	功能定位
隐私权	隐私	事实层	人格权	人格利益	消极防御
个人信息权	个人信息	描述/内容层	人格权	人格利益、财产利益	消极防御、积极利用
个人数据所有权	个人数据	符号层	财产权	财产利益	消极防御、积极利用

　　作为计算法学的秩序概念,隐私、信息与数据三者均具有体系构造与规范适用的双重意义,其所涉论题并不限于数字时代个人权利的规范体系,还有更为广阔的应用空间。若以此层次区分作为基础和分析工具,可以积极应对数字时代兴起的诸多疑难法律问题,推动数字经济健康有序发展的同时,实现计算法学理论的科学化。

（本文原载《政法论坛》2022 年第 3 期,第 89—102 页）

论数据安全的等保合规范式转型

杨力 *

内容简介：面对数据安全正在经受的全球性严峻考验，需要精准、实时和动态实现数据安全的风险识别与预警。《数据安全法》的"单独立法"，使数据安全的等保合规不再只是从属于网络安全，而具有区别性的独立研究价值。数据安全的等保制度既要强调对国外科技公司较高级别的等保合规，又要推动数据被更大幅度、更深层次应用，这需要借鉴国际基本规则、国家主权控制、行业自律指引三者之间的公约数平衡，形成高弹性、低耦合、模型化的等保合规体系。构建数据安全的等保合规体系除了基础性法律，还需借助"技术标准"对数据全生命周期加以规定。在此基础上，建立等保数标软法化、等保应用场景化、等保分级类型化的高水平集成数据治理模式。

---

* 杨力，上海交通大学凯原法学院教授，智慧司法研究院常务副院长。

本文系国家社会科学基金重大项目"数据中国背景下公共数据技术标准的法治体系研究"（项目编号：21&ZD200）、最高人民法院重大项目"矛盾纠纷源头治理体系化研究"（项目编号：ZGFYZDKT202117-03）的阶段性成果。

互联网时代几乎所有个人或组织都在产生数据，数据记录国家点滴，刻画国家在多个维度上的全景实时变化。"许多看似无关的多维异构数据在比对、关联和有效融合后，仍可以推断出具有穿透力、威慑力的致命信息，严重威胁国家安全和社会稳定。"[①] 不少国家依托在全球的跨国商业或研发机构，肆意搜集数据，监控数据传输，控制数据流向，操纵网上内容。[②] 斯诺登披露"棱镜门"、谷歌境外操纵利比亚大选、美国中情局"Vault 7"计划等标志性事件，[③] 更是挑战所有国家神经，改变对数据风险的传统认知，折射数据安全正在经受的全球性严峻考验。习近平总书记指出，"要以政治安全为根本，统筹外部安全和内部安全、国土安全和国民安全、传统安全和非传统安全、自身安全和共同安全。"[④] 面对泛全球化的数据安全问题，国家迫切需要建立等保合规体系。根据国家标准的有关规定，数据安全的等保合规是指依据数据和数据载体在国家安全、经济建设、社会生活中的重要程度，以及一旦遭到破坏、丧失功能或者数据被篡改、泄露、丢失、损毁后，对国家安全、社会秩序、公共利益及公民、法人和其他组织的合法权益造成的侵害程度，国家

[①] 杨力：《论数据交易的立法倾斜性》，载《政治与法律》2021 年第 6 期，第 2 页。

[②] 徐汉明、张新平：《网络社会治理的法治模式》，载《中国社会科学》2018 年第 2 期，第 49 页。

[③] 美国中情局（CIA）的秘密黑客项目"Vault 7"涉及美、俄、德政府和苹果、谷歌、微软等多家公司，致力于以 MacOS、Windows、Linux 等操作系统，iOS、Android 等移动应用，以及嵌入式系统、物联网设备等为研究对象，以合作或购买获取平台安全漏洞，精准针对漏洞研发黑客攻击工具。参见王丹娜：《维基解密爆料美国中情局文件事件综述》，载《中国信息安全》2017 年第 5 期，第 86 页。

[④] 习近平：《决胜全面建成小康社会夺取新时代中国特色社会主义伟大胜利》，人民出版社 2017 年版，第 24 页。

相关部门、业务和系统的等保义务主体分等级予以保护和响应的制度体系。①

一、数据安全"等保合规"的正本清源

网络是分散式终端的神经元连接，更是产生、运作和管理数据的"人"的连接和操控。"人"以代码方式的"技术驯服"及关系转化，②使数据流动超越地域，参与主体不确定，影响波及面大，防控难以及时响应。长期以来，数据安全识别和应对具有被动性、跟进式的明显特征。随着国外科技公司在中国境内的领域性数据应用日益广泛，破解这一局面的紧迫性不断增强。一方面，国外科技公司覆盖更多的国民经济重点行业，"包括公共事业、电信业、石油和天然气、教育、中小型商业、资本市场、银行业、保险业、高端媒体分析、装备制造、医疗保障、消费品、生命科学、零售等"。③与之相应，数据安全难以局限于单一化法律部门的考量，须根据立法格局辩证创新，以大安全视角实现制度精细化。另一方面，国外科技公司在中国业务几乎涉及数据产业链所有环节，不仅有该产业链后端的数据应用产品研发，而且触及芯片、服务器等存储、算力底层硬件设备，建模、补丁和更新的操作系统，以及全流程办公或商业软件的

---

① 国家标准化管理委员会 2019 年 5 月 13 日新修订的《信息安全技术：网络安全等级保护基本要求》（GB/T22239—2019），又被称为"等保 2.0"。

② 何明升：《中国网络治理的定位及现实途径》，载《中国社会科学》2016 年第 7 期，第 114 页。

③ 王成刚：《高技术跨国公司组织创新影响因素与路径研究》，载《科技和产业》2020 年第 5 期，第 82 页。

研发与运维。[①] 其间，技术创新附随的技术风险、操作风险，甚至诱发系统性风险的可能，使监管者须予以有力回应，面向网络和数据，构建分布式的等级监管、实时性的风险识别、科学化的合规体系。

为此国家设立了数据安全的等保合规制度，该制度最早规定在2007 年的《信息安全等级保护管理办法》，之后被《网络安全法》（以下简称《网安法》）加以固化，它规定了国家实施网络安全等级保护制度，尤其重点保护关键信息基础设施。近年来，国家在硬件和系统的国产化替代上先后推动"安可""信创"工程。但是，网络安全不等于数据安全，数据依附于网络，两者却在内涵、目标、实施机制等方面存在巨大差异。网络安全受到侵害，不一定危及数据安全；数据安全受到侵害，也可能并不危及网络安全。[②] 相较网络设施和运营安全，数据安全长期居于从属地位。《网安法》制定时尚未专门指向数据本身安全，因此数据安全被纳入了网络安全。随着《数据安全法》（以下简称《数安法》）出台，已形成了数据安全"单独立法"局面，专门研究数据安全的等保合规成为题中应有之义。

从本质上，数据安全等保合规的目标是以数据的完整性、保密性、可用性为原则，以安全等级保护为依据，重点禁止未经授权的访问、使用、披露、破坏、渗透、修改或销毁。其中，科学合理地设置安全等级保护的分级标准始终是该领域的核心议题。目前等保制度分为五级，其中"三级"以上等保涉及国家安全、社会秩序和公共利益；这些领域也是国外科技公司在数据安全上的主要锁定区

---

① 许可：《数据爬取的正当性及边界》，载《中国法学》2021 年第 2 期，第 173 页。

② J. A. Foulks, "German IT Security Law", *Journal of Law & Cyber Warfare*, 2018(2), Vol.6, pp.165—190.

域。国外科技公司影响数据安全的重点领域包括:(1)公共事务领域,涉及空天地海一体化数据,气象、水利、地理数据,领海、经济专属区、人工岛数据,航路、航道、航线等数据,多维社交平台数据,实时更新新闻、舆情数据,超大、重点城市治理数据等。[①](2)国民经济领域,涵盖国民经济统计数据,区域经济与规划治理数据,产业升级转型的结构调整数据,物资储备和物流运输数据,大宗资本流动、外汇管制与金融安全数据,稀缺战略资源与环境规划数据等。[②](3)社会治理领域,覆盖车联网、物联网、人流峰值等实时流动性数据,流行疾病预测与卫生防控大数据,移动终端的热点轨迹数据;电商平台不断更新的消费者偏好数据等。以上数据安全风险分为两类:一是敏感数据。需要在已有严格管制基础上,更多使用"隔离带""主权线""安全阀""制度墙"等多功能工具,完成立体化严密布控。二是非敏感数据。需要全面实时有效甄别,防止多样数据在完成集成比对、小样本集校验、概率模拟与决策、人机推理验证后,直接或间接产生潜在的数据安全风险。

国外科技公司产生的数据安全问题,导致了等保合规的领域性门槛提高、制度专业性增强、体系防控难度加大,以往针对网络设定的等保合规规范,不能完全适应和应对数据安全评估。同时,等保合规又不能一味以数据安全为由"一刀切",而是在数据安全严控底线的基础上,同时支持供应数据产品产生社会经济效益。对此,国

---

① 李华、范鑫鑫等:《空天地一体化网络安全防护技术分析》,载《中国电子科学研究院学报》2014 年第 6 期,第 593 页。

② 赵彦云:《宏观经济统计分析发展的基本问题》,载《经济理论与经济管理》2013 年第 5 期,第 23 页。

家按照"急用先行、分类推进、成熟一批、发布一批"的原则加以建设和完善，既要强调国外科技公司数据安全的较高级别等保合规，又要推动"要素级别"的数据被更大幅度、更深层次应用，甚至不少难题在世界范围内也属于"无人区"。因此基于数字化转型背景，需要在促进与规制的双重视角上深入探讨数据安全的等保合规。

二、国外等保理论和实践前沿的梳理

国外科技公司因其地位和业务特殊性，已成为国内外数据安全的等保制度重点对象。围绕这一问题的研究，理论上出现了"数据主权模式"[①]"利益相关方治理"[②]"数据安全层级化"[③]"互联网协商民主"[④]"数据社群主义"[⑤]等不同立场，但聚焦于数据安全的等保研究都指向以下三大问题。

第一个问题，是坚持数据本地化还是跨境流动。数据跨境流动包括跨越国界的数据传输和处理，或者数据在境内但被第三国主体访问。这个问题的分歧与国家数字化能力相关。一方面，数字化

---

① K. Singi, S. Choudhury, et al., "Data Sovereignty Governance Framework", ICSE 20:42nd International Conference on Software Engineering, June 27, 2020.

② Working Group on Internet Governance, Report from the Working Group on Internet Governance, Document WSIS-II/PC-3/DOC/5-E, August 2005, p.3.

③ R. Boncea, C. Cirnu, "Cloud for Europe Project: New Solutions for Addressing Cloud Security Issues", Proceedings of the 15th International Conference on Quality and Dependability, September 15, 2016.

④ E. Sorensen, J. Torfing, "Theories of Democratic Network Governance", *Public Administration*, 2008(3), pp.859—862.

⑤ D. Bunders, Kriszitina Varró, "Problematizing Data-Driven Urban Practices: Insights from five Dutch Smart Cities", *Cities*, 2019(4), pp.215—243.

强国依赖其在全球布局的国外科技公司，以场景应用牵引数据的跨境流动，试图产生有利于本国数字化发展的"虹吸效应"。在此基础上，等保制度表现为包括技术标准在内的软法更多、硬法较少；[①] 合规管辖限于本国领土；跨境流动的数据也以清单式列举为主。比如，美国坚决反对数据本地化，主张数据在全球市场的自由流动。[②] 目前影响最大的就是美国本土国安局"棱镜"计划，卷入了微软、雅虎、谷歌、苹果等科技巨头，美国军方的"情报界伙伴计划"[③] 更是主导了谷歌、AT&T、兰德公司、黑水国际等数以千计的科技公司。它们借助在全球业务，要么"收集电邮、照片、即时消息、视频、文件传输、存储数据、语音聊天、视频会议、登录时间、社交资料等数据"，[④] 要么加入母国安全攻击计划，窥探、渗透和侵入他国计算机信息系统。

另一方面，数字化弱国沉淀数据的能力相对较弱，更多强调数据主权的底线，严格防止数据的跨境"净流出"。因此，等保合规上的硬法偏多；数据立法管辖更多不限于领土内，而以营业地或控制地为原则，且实行"海外长臂管辖"；跨境流动数据也采取概括式定

---

① X. Sun, "Critical Security Issues in Cloud Computing: A Survey", 2018 IEEE 4th International Conference on Big Data Security on Cloud(Big Data Security), IEEE International Conference on High Performance and Smart Computing(HPSC), and IEEE International Conference on Intelligent Data and Security(IDS), 2018, pp.216—221.

② 美国也针对本土的部分数据实施了本地化要求。比如，美国国防部规定所有为该部门服务的云计算服务提供商须在境内储存数据；美国国家税务局也发布规定要求税务信息系统应当位于美国境内。

③ 高庆德：《美国情报界"一体化"的理论与实践》，载《情报杂志》2012 年第 3 期，第 67 页。

④ 熊刚、时金桥、郭莉：《棱镜计划幕后的技术分析》，载《保护科学技术》2013 年第 7 期，第 13 页。

义，目的是让本国拥有数据安全的更大话语权。根据这一逻辑，不少国家开始实行数据本地化与高标准限制跨境传输立法。作为等保合规的数据本地化典型代表，俄罗斯"对跨境数据流动管理，已从自由放任转向严格限制"。[①] 该国第 97、242 号法令确立了数据本地化的基本规则，明确国外科技公司收集、处理数据的数据库必须位于境内，且规定数据处理者应向监管机构报告数据库所在地。同时，近年来欧盟为降低数据跨境传输的安全风险，废止了欧美之间运行多年的《安全港协议》，即使以妥协后的《隐私盾协议》代之，也加强了国外科技公司等在域外获取或访问欧盟数据的限制。[②]

与之密切相关的第二个问题，是执法数据的跨境调取。数据主权主义认为，数据是"国家对其政权管辖地域范围内个人、企业和组织产生数据拥有的最高权力"。[③] 然而，世界各国对数据主权范围没有达成共识，[④] 导致执法管辖在国际留下不少空白，[⑤] 国外科技公司可以通过数据转移，绕开数据安全规制，这加剧了数据管控的

① K. Anna, K. Nikolay, "Survey on Big Data Analytics in Public Sector of Russian Federation", *Procedia Computer Science*, April 2015, Vol.55, pp.905, 911.

② M. Cuquet, A. Fensel, "The Societal Impact of Big Data: A Research Roadmap for Europe", *Technology in Society*, August 2018, Vol.54, pp.74—86.

③ Rebecca Tsosie, "Tribal Data Governance and Informational Privacy: Constructing Indigenous Data Sovereignty", *Montana Law Review*, 2019(2), Vol.80, pp.229—267.

④ Native Nations Institute at the University of Arizona, US Indigenous Data Sovereignty Network, at https://perma.cc/3W4H-C5CR(last visit on Jan.10, 2019); Stephanie Rainie, Desie Rodriguez-Lonebear, and Andrew Martinez, "Policy Brief: Data Governance for Native Nation Rebuilding"(Native Nations Institute, 2017), posted on website.

⑤ Tahu Kukutai, John Taylor(eds.), "Indigenous Data Sovereignty: Toward an Agenda", Australian National University Press, 2016, xxi, xxi–xxii.

复杂性。

为了调取境外等保违规数据，提升本国执法能力，欧美各国在立法上动作频频。2018 年，美国出台《合法使用境外数据明确法》（Cloud 法），旨在解决美国政府如何合法获取境外数据，以及外国政府如何合法获取美国境内数据问题。[①]针对前者，该法允许美国执法机构直接调取美国境外数据，除非被执行人有效抗辩且被美国法院认可；针对后者，为缓解国际数据本地化立法趋势给美国利益的冲击及现行司法协助体系压力，美国提出"执行协议"，即与美签订协议的外国政府可直接向美国境内企业发出数据调取令。随后，为应对 Cloud 法对司法主权等冲击，欧盟提出制定新法以便执法及司法当局获取电子证据，[②]且与 Cloud 法类似，主张不以数据存储位置决定管辖。

此外，围绕数据安全的等保合规关注的第三个问题，指向数据非法内容监管。国外科技公司对数据内容的不当利用，已成为各国等保合规重点。立法可以分为两种模式：实体性审查和透明度审查。实体性审查对象又可细分为三类：一是公然挑衅他国主权和领土完整，影响一国的政治民主进程。比如，万豪、美敦力、巴宝莉等公然把藏港台列为"国家"，网络军火商 Hackling Team 与多国合作实施网络攻击窃密等。[③]二是隐蔽地制造社会内在矛盾，国外科技

---

① 胡文华:《美国〈合法使用境外数据明确法〉对中国的影响及应对》，载《信息安全与通信保密》2019 年第 7 期，第 31 页。

② Open Communique from the Indigenous Data Sovereignty Summit, Canberra, ACT, to All Individuals Involved in Data and Data Infrastructure in Australia, Indigenous Data Sovereignty(June 20, 2018), at https://perma.cc/8VPR-9TTL.

③ Wallace Coffey, Rebecca Tsosie, "Rethinking the Tribal Sovereignty（接下页）

公司通过互联网，向他国输入非法内容数据，借助舆情热点事件煽动焦虑情绪、恐怖主义、极端主义、淫秽色情等，妄图引爆社会冲突。如罗斯柴尔德家族和共济会的阴谋命题、YouTube 网站的 ElsaGate 视频。[①] 三是借助数字产品推行"文化殖民"，[②] 影响国家文化主权，改写他国社会准则。对此，不少国家和地区出台规定，要求在线平台积极检测、有效移除在线非法内容，并采取措施预防再现。此外，透明度审查主要要求提升平台信息发布的透明度，特别是政治广告的透明度，以限制政治广告的市场目标选择，还要求提高算法的透明度，以应对虚假信息的传播等。比如，为了回应 Facebook 事件，欧盟发布《在线虚假信息的应对：欧洲方法》，德国专门颁布《网络执法法》等。

以上对国外等保理论和实践的梳理，目的是针对跨境的数据流通利用、执法调取和内容审查三个问题，体现国家之间在数据安全等保合规上的差别立场及其归因。根据德姆塞茨（Demsetz）的制度经济学理论，"在某一资源价值增值的背景下，人们对资源利用所产生的制度成本容忍边界，会根据主体间的竞争实力、资源占用量、受益程度有所不同。"[③] 这就决定了讨论等保理论不是简单从"安全"

（接上页）Doctrine: Cultural Sovereignty and the Collective Future of Indian Nations",
Stan. L.& Pol'Y Rev. 2011, Vol.12, p.191.

① Ming-Jen Lin, "More Police, Less Crime: Evidence from US State Data",
International Review of Law and Economics, 2009(2), Vol.29, pp.73—80.

② Desi Rodriguez-Lonebear, "Building a Data Revolution in Indian Country", in
Indigenous Data Sovereignty: Toward Agenda(Tahu Kukutai & John Taylor eds.), 2016,
p.253.

③ Harold Demsetz, "Toward a Theory of Property Rights", *Am. Econ. Rev.*,（接下页）

出发的非此即彼判断，毕竟过度的数据安全会限制数据使用的效率，让制度本身的正当性存疑。因此，需要从本质上进一步探索数据安全在制度成本上的"被容忍度"。随着数据价值和容忍的制度成本提升，需要引入在不同主体之间更为精细化的等保制度，建立起精细的权利及限制的利益平衡。

三、数据安全等保制度的法理依据

接下来的问题是，数据安全在制度成本上的"被容忍度"界定标准，以及主体之间设计精细化平衡的等保范式，都有赖于先在法理上建立基础认知。数据安全的等保制度既要强调对国外科技公司较高级别的等保合规，又要推动数据被更大幅度、更深层次应用，核心是数据权利主体、数据管理者、数据利用者之间的权义合理分配；在此基础上，除了参照国际上对国外科技公司的等保理论共识和实践，还要在借鉴国际基本规则、国家主权控制、行业自律指引三者之间公约数平衡，形成高弹性、低耦合、模型化的等保制度。根据这一立场，建立数据安全等保制度的法理依据主要包括以下五个方面。

第一，从主权单边规制到基于比例原则的竞争性规制。从全球范围看，数据安全存在跨境数据自由流动、数据保护自主权、良好的数据保护"三难选择"，[①]其根本原因在于国外科技公司的数据

（接上页）1967, Vol.57, pp.347—352.

① 黄宁、李杨：《"三难选择"下跨境数据流动限制的演进与成因》，载《清华大学学报（哲社版）》2017 年第 5 期，第 179 页。

安全等保既是国内问题也是国际问题。一方面，极端的数据本地化国内立法通过限制出口数据类型、实施歧视性标准，会对国际投资、贸易和技术研发产生不利影响。[①]另一方面，国际规制试图提供数据安全统一标准，目标是解决国内数据立法差异造成的跨境流动、执法管辖和内容审查障碍。[②]其中，又存在两种竞争性规制方式：美国主导的 OCED 指南、APEC 框架、FTAs 谈判，以国际组织或协定为基础，数据保护自主权主要依赖行业自律机制，致力于数据的跨国自由流动和执法调取，要求数据转出机构为转移后的数据保护负责；欧盟以地域为基础，把源于成员国的国内立法融合形成 GDPR，以法令形式确立数据保护自主权，全面主张对数据控制者的义务和数据产生者的权利，要求数据流入方提供充分、类似和对等保障，严格限制向欧盟外转移数据，尤为关注隐私保护和非法内容审查。欧美两种规制方式尝试以 BCRs、CBPRs 等实现局部融合，但从未形成统一、约束力较强的数据安全共识。基于现实主义考量，行政法的"比例原则"需要介入竞争性规制。它强调数据安全等保制度不是以主权单边规制下的"确定性指令"，以一种"全有或全无"方式被适用，而是体系化考虑其他对立面的存在，追求目的（数据安全）和手段（制度成本）之间的合比例性要求，从而建立具有"分量"的向度，强调在数据安全"被容忍度"判断上制度与效果之间的关联性、可适用性和预见可能性。

---

① ECIPE, "The Cost of Data Localisation: Friendly Fire on Economic Recovery", *ECIPE Occasional Paper*, 2014(2), p.2.

② 〔德〕Christopher Kuner：《欧洲数据保护法：公司遵守与管制》，旷野、杨会永等译，法律出版社 2008 年版，第 354 页。

第二，从完全契约的防御到基于不完全契约的等保平衡。诚然，既要实现跨境数据流动，又有良好的数据保护，理想方案是让国家放弃数据保护自主权，以国际共识或协定产生约束力。但正如以上分析，即使当前具有较大影响力的跨境数据安全等保规制也都限于区域范围，没有出现主导性的多边规制，各国对数据安全的等保合规目标差异，使更大范围的权力让渡十分困难。那么，既然终极意义的防御型数据安全共识尚难达成，等保制度设计可以转向"不完全契约"。① 其基本含义是，当国外科技公司与东道国达成数据安全的"完全契约"代价过大时，可以更多体现"不完全契约"特征，也就是把等保制度的"被容忍度"界定标准和主体之间的等保平衡重点，从设计数据安全等保制度之前能够预见和实施的规则，转向现有等保制度未覆盖到的数据安全风险剩余控制权讨论。根据这一逻辑，基于国家的数据保护自主权，围绕"跨境数据流动"与"良好的数据保护"之间的竞争权衡过程，除了已确定在容忍度范畴内的数据安全风险，寻找那些不能预先确定的数据安全平衡点在等保制度里变得尤为重要。事实上，"目标平衡点的选择、竞争主体的力量对比和规制本身的客观规律共同决定了竞争的结果，从而影响规制的演进方向"。②

第三，从硬法偏多的强干预到现代软法的引导性干预。国内《网安法》对关键信息基础设施的运营者、《数安法》对其他数据处

---

① Sanford J. Grossman, Oliver D. Hart, "The Costs and Benefits of Ownership: A Theory of Vertical and Lateral Integration", *Journal of Political Economy*, 1986(4), Vol.94, pp.691—719.

② 黄宁、李杨:《"三难选择"下跨境数据流动限制的演进与成因》，载《清华大学学报(哲社版)》2017年第5期，第176页。

理者在境内收集和产生的重要数据分别进行规制,但法理基础不受限于"法律控制模式",[1] 而是主张需要"在分级分类基础上建立数据安全认证、风险评估和危机应对等制度"。[2] 目前,尽管国内一系列数据安全法律法规趋于完善,但硬法偏多,推动法律实施的"工具箱"里的手段仍不够丰富,尤其在面对国外科技公司的数据流通利用、执法调取和内容审查等问题时,涉及竞争性规则、不完全契约的等保平衡分寸拿捏较难,导致不少执法者会"选择性忽略",直到后果较为严重。因此,除了构建数据安全的等保制度基础性法律,亟须借助"技术标准"对数据全生命周期加以规定,开发技术标准高度的敏捷性、迭代的灵活性、探索的前导性、自适应的流畅性、软法的规则性等独特功能。

第四,从法律框架性规定到设定重点议题的兜底效应。无疑法律的效力位阶更高,在等保制度上发挥着"议题设定"(agenda setting)的支撑引领作用。[3] 国外科技公司引起的数据安全等保合规涉及多元博弈等难题,对于境内的国外科技公司,东道国的等保合规标准精准、高效,数据安全尚在可控范围,但境外或跨境的国外科技公司潜在风险难以估量,且受到更为复杂的因素影响。比如,针对等保合规的数据本地化和安全出境评估,国内出台过的一

---

① S. Bambauer-Sachse, S. Mangold, "Do Consumers Still Believe What is Said in Online Product Review? A Persuasion Knowledge Approach", *Journal of Retailing & Consumer Services*, April 2013, Vol.20, pp.373—381.

② 翟志勇:《数据主权时代的法理新秩序》,载《读书》2021 年第 6 期,第 99 页。

③ M. Roberts, M. Mccombs, "Agenda Setting and Political Advertising: Origins of the News Agenda", *Political Communication*, 1994(3), Vol.11, pp.249—262.

系列法规、规章提出了明确要求,[①]《网安法》《数安法》又对此做出规定。但是,国际上的数据本地化反对者将之当成投资和贸易壁垒,甚至上升到破坏全球互联互通的高度,认为此类规定严重阻碍数据自由流动。[②]因此,中国正在讨论的数据安全出境评估办法,以及仍然未见实质性进展的配套技术标准,已成为当下推动基本法律实施的突出问题,同时也导致美国 Cloud 法出台后,面对"执法"数据跨境的洗牌式全新规则,国内难以提出有针对性的"跨境执法数据"的监管应对之策。

第五,从上位法的体系性协调到寻找共识性法律原则。国家需要在数据安全的细分领域建立分类分级、安全审查、跨境管制、评估反馈的等保合规标准。它作为法律法规的触角,将抽象、概括的条款转化为操作性、技术性、场景性更强的技术规范。当然,围绕"上位法"的等保标准制定,更易引起各方参与主体的关注和支持,且不会让其沦为争夺数据话语权的角斗场,造成数据安全的"公地悲剧"。但在缺少国际共识的情况下,针对多元、博弈、权衡和分裂的国外科技公司,只是围绕《网安法》《数安法》以及民法、行政法的"上位法"进行体系性协调是一个难题,因此,通过对法律法规

---

① 国务院 2012 年《关于大力推进信息化发展和切实保障信息安全的若干意见》、国务院 2013 年《征信业管理条例》、卫计委 2014 年《人口健康信息管理办法(试行)》、中央网信办 2014 年《关于加强党政部门云计算服务网络安全管理的意见》、国务院 2016 年《地图管理条例》、国家新闻出版广电总局及工业和信息化部 2016 年《网络出版服务管理规定》等,都对数据本地化提出过明确要求。

② Jonah Hill, "The Growth of Data Localization Post-Snowden: Analysis and Recommendations for U, S, Policymakers and Business Leaders", *SSRN Electronic Journal*, 2014, pp.19—23.

之间寻找共识的"法律原则",可以为等保合规标准的细化提供铺垫。与数据安全等保的软法标准、法律法规相比,法律原则的抽象层次更高,它将标准、法律与跨境数据安全的竞争性权衡勾连起来成为"中间桥梁",提供了更加抽象的政策讨论空间,指引对案例和标准的讨论。涉及数据安全的等保制度的原则包括知情原则、同意原则、比例原则、合法必要和正当原则、公开透明原则、最小化采集原则、保密原则、其他信息控制权等。

四、等保合规数标治理的实践效力

根据制度供给的主体来源,数据安全的等保标准(以下简称"等保数标")分为三类:政府颁布的强制性标准、标准制定组织的行业或地方标准、其他非正式标准,它们之间产生了等保数标的效力层级化。国际上对等保数标的本体研究,主要包括通用标准的政府干预、行业标准的市场供给、数标供给的激励政策、标准对技术创新的影响力分析等。国外体制的一个显著变化是:政府在等保数标的制定上具有"稳健""节制"的明显特征,同时,行业性、团体性、区域性的非官方标准数据正在迅速积累,且发挥了越来越重要的功能。

国内在等保数标生态上呈现较强的"举国体制"特征,政府部门牵头制定国家标准和行业标准,为迅速实现数字化转型起到重要保障作用。针对国外科技公司数据安全风险"蝴蝶效应",尤其对于三级以上等保,政府介入通用性、基础性的等保数标具有"正外部性",不能纯粹依靠市场机制提供。与此同时,行业性、场景化的等保数标可以更多探索采取"自下而上"的机制,这可以促进数据有效管理、建立数据开放市场、节约数据流通成本、提高数据加工质量。当然，非政府干预标准也存在弊端，比如，等保数标制定的利益相关方参与不充分、不透明，缺乏科学论证，会较难产生现实效力；同时，缺陷标准一旦发挥事实效力，又会阻碍市场准入、竞争中立和执法介入。因此，可以在等保数标的制定程序里采取引入利益相关方等方式，对等保数标的制定参与组织加以协调，在数标制定过程中反复权衡考虑质量、产出、交易均衡、第三方意见等因素，为各方参与者的成本和评估进行建模。[①]

在此基础上，进一步厘清国内存在的强制性标准与法律法规关系尤为重要，也是等保数标治理在法源研究上的核心问题。比较经典的标准定性观点认为，"强制性标准就是技术法规的主要表现形式。"[②] 从本质上讲，等保数标应与法律上的"强制性"具有依附性。尤其考虑到国外科技公司掌握国内海量业务数据的现状，以及高附加值的穿透性渗透、丰富关联点的数据派生等，推动制定等保数标与技术法规之间需要协调一致、同步进行、从粗到细和逐步过渡，探索建立技术法规与等保数标相结合的新型体制。

事实上，等保数标的效力界定也经过了一个变化过程。早期研究认为，技术标准与法律规范在效力上存在"功能等价性"。[③] 换言

---

① J. Farrell, T. Simcoe, "Four Paths to Compatibility", in M. Peitz, J. Waldfogel(eds.), *The Oxford Handbook of the Digital Economy*, New York: Oxford University Press, 2012, pp.34—58.

② 文松山：《再论技术法规与强制性标准》，载《中国标准化》1996 年第 4 期，第9 页。

③ 宋华琳：《当代中国技术标准法律制度的确立与演进》，载《学习与探索》2009年第 5 期，第 18 页。

之，即使等保数标不完全具有授权依据、订立程序、公布与否、文本形式等法律的外观，但法律条文会援引数标，裁判中也会用数标对事实界定，让等保产生合规意义上的事实拘束力。但是，近年来的研究开始关注等保数标的原因分析，提出了数据安全等保的"合规性"本身需要法律提供程序规范，法律甚至可能赋予等保合规强制执行力，让违规主体直接受到法律制裁。这表明等保数标与法律合规在效力上存在天然的依存性，为使之形成外在于法律系统的自给自足体系提供了坚实基础。

但是，国内基于"合规性"探讨等保数标的效力渊源仍处于起步阶段，这也让当下标准制定"举国体制"成为必然。其根本原因在于数据安全"等保合规理论"支撑不足，尤其对等保数标的基本概念、作用机制及与法律规范的互动，现实中仍表现为相互割裂和缺乏对话。

那么，接下来又如何进一步解决这一问题？"要素级别"的数据更大程度开发和流通势在必行，国家也在深入研究围绕数据安全的等保分级分类，尤其已在公共数据、行业数据上进行了局部探索。然而，数据一旦涉及开发和流通，会持续出现许多数据安全认知的有限理性、数据临界风险的非线性、数据算法的不透明性等"元问题"，尤其对更为复杂的跨境数据流动、执法调取和非法内容审查等会变得更为敏感。它们使数据安全在数据占有者、使用者和国家利益之间的内在特性不同于一般的民商事或行政契约，而是更多表现为一系列"契约的不完全性"。面对数据这样一个甚至改变了经济学"边际效益递减"规律、数量几何级增长、未知空间巨大、柔韧性又很强的全新领域，单纯以法律规则实现数据的法定性、稳定性和预见性不切实际；同时，试图在立法控制下建立一个法律与标准融合的宏观全局模式，目前也还不具备这种能力或可能性。因此，更多引入具有灵活、弹性和持续迭代特点的等保数标方式，敲定那些在数据安全竞争性规制上的"剩余控制权"归属，才是破解难题的关键。

当然，竞争性规制以场景、行业、地方试点为切入口，自下而上逐步建立的数据安全等保合规体系，需要充分吸收和考虑"洛沦兹曲线"的影响，毕竟其初始参数及其微小的差别会决定性影响最终结果。它主要包括紧密衔接"上位法"，等保数标制定程序合理合法，发挥类似法律规范的强制性约束力，同时释放多元主体参与技术门槛高、专业性较强的等保数标制定的能动性。

在此基础上，一是逐步建立数标治理的效力权威性，借助于数标提高《网安法》《数安法》的执法效果，包括避免执法的主动性而不是中规中矩，释放《数安法》、网络安全审查办法等实施之初的黄金时间段价值、增加对"重点"企业的上限执法等；二是强化数标治理的执法方式创新，不是法律机械套用违法场景，而是既强调对已有问题的精准应对，又要监管机关虚构场景和创造问题，防止保守、僵化导致的执法高代价；三是评估、利用境外数标治理经验，国外科技公司的数据风险会传导转化对国家产生影响，同时，任何国家的数标治理经验都必须进行适合本国的改造和调整，包括体系化层次性的等保数标系统构建、数标指引的叠加关联分析、DOA 数联网的中台建设、语义分析知识图谱、多主体联邦学习、场景式深度转化应用等。

五、等保合规的集成数据治理模式

根据以上分析，面对国外机构在数据上的"影子风险"对国家安全影响和程度加深，以及国际探索和践行的比较经验，为了迅速解决国内在数据安全上的突出问题，需要建立更高水平、更为有效的等保数标体系。下一步重点要顶层设计、敲定红线、软硬兼顾，在此基础上，推动制度配套、风险评级、有序合作、分类管理、技术为盾、失信关注、违法严惩等多角度立体治理，构建起全覆盖、全链条的数据治理模式。

首先，等保数标的"软法化"。当超越了标准与法律合一或分离的二元对立，通过对等保数标的规范性与效力分析，可以发现标准的规范性与法律的规范性存在本质区别：等保数标的法定效力不来自于标准本身，而来自法律规定。所以，标准根本上体现的是"软法"的理念和属性。

采取这种"硬法—软法"的分析框架，有利于廓清等保数标与数据安全立法之间的内在逻辑。毕竟在数据定位不清、数据治理过于原则、数据运营缺乏统一性、法律保障措施不足的情形下，以"软法"的等保数标方式为切入口，可以灵活、弹性地探索数据权益的层次划分、个人信息的精细化保护、"红旗规则"与"避风港原则"适用、重要数据的目录管理机制、数据中心的知识图谱索引、数据资产评估、数据生产要素统计核算、区域数据质量管理、数字认证等问题。可以说，数据安全立法与等保数标作为硬法与软法，体现为在立法上平行推进、在执法上协同运用的法治范式，它们理论上共同构成了现代数字治理格局。

当然，等保数标事项即使符合了强制性标准，被作为法律事实或证据在执法中加以援引，也并非一定能作为法定的抗辩事由。为了解决执法中的这一问题，达到一定等级以上的数据强制性标准须经立法程序转化为技术法规，才能作为"准据法"，获得在数据领域中的法律确定性。虽然强制性标准不完全等同于技术法规，不直接属于法律法规范畴，但调整技术法规体系或用技术法规代替一些强制性标准并不可行。国内数据领域的强制性标准与技术法规共同存在具有合理性，能够良性发展。可以说，将等保数标纳入"软法"视角，一定程度上终结了关于强制性标准到底是不是技术法规的争议，使关于等保数标的讨论从基本概念推进到技术标准的功能和影响层面。

其次，等保应用的"场景化"。技术标准是不是法，"软法"理论已做出回答，技术标准作为软法区别于硬法。但是，技术标准作为软法的作用机制，缺少令人满意的答案。毕竟多数等保数标并不具有强制约束力，那么数据处理者何以要遵守技术标准，对此需要借助数标作用机理做出解释。现有研究主要从法教义学角度讨论技术标准如何经由法律条文、司法审判或合同条款援引产生法律效力，更多停留在"纸面上的法"，缺乏在实践层次上的"数标建模"分析，限制了软法理论支撑等保数标研究的实用性。

根据这一倾向，目前以等保合规为对象的数据安全研究，主要聚焦于抽象意义上的技术标准与法律之间关系讨论，较少关注等保数标的技术性、场景性、实用性特征，导致论证的逻辑链条缺漏、论证强度不足，结论具有一定武断性。但是，规模化数据的治理和流通，除了通用性、基础性领域，正从以往的"数据供应"向"数据需求"转型，"场景再造"是高水平、精细化等保数标制定的起点和牵引力。它要求以场景为切入点，充分考虑技术标准在约束力类型、行业领域、实施主体等维度上的复杂性，实现业务引领的等保数标精细化分类。

最后，等保分级的"类型化"。数据所涵盖的数据类型具有多样性、广泛性的特点，无法"一刀切"规制。因此，分级分类是对数据收集、存储、加工、使用、提供、交易、公开等行为进行精细化、差异化管理的前提。但是，分级分类标准的制定需要立足于技术标准法治体系的大框架。从"上位法"的视角对数据的分级分类，需要综合参考一系列法律或规范性文件，大幅提升整全性与灵活性、闭合性与开放性之间的高度拟合度。包括国家标准《信息系统安全等级保护定级指南》、各地方政府数据分类分级指南、《网安法》《数安法》等。需要考虑不同领域数据共性，如敏感度、数据规模、隐私保护、使用价值等分级维度，设计一套通用性的数据分级分类标准框架；充分考虑到不同应用可能对数据分类的个性，保持标准框架的开放性。

在此基础上，建立数据的"法律与技术一体化"治理方案、面向规模化的数据安全生命周期，以"技术标准""法律规范"为双要素的等保合规方案。其特征包括：（1）相对确定性。这种稳定性和确定性可以让数据主体对照等保，完成投入研发、内控审计、外部认证、流程再造，毕竟朝令夕改的规则和标准难以提供明确的合规指引，其所产生的实际效力会有存疑。因此，规则和标准的制定需重视其相对确定性。（2）较大柔韧性。数据科技发展之快不断更迭着对数据的认知和治理，这也意味着数据规则和标准体系的构建必须具有足够大的弹性，避免其一经制定便被时代抛在身后的问题。（3）内容实质性。区别于规则，等保数标需要避免流于抽象原则和权利的列举，或只是对法律规则的照本宣科，而是要体现在执法上的强操作性，否则便失去了技术标准的存在意义，所以，必须在标准规范中规定更具有实质性内容的举措。

六、结语

毫无疑问，针对不少境外、跨境的国外科技公司在不同程度上挖掘和获取规模海量、授权模糊、边界不清的多种大数据，由于国家监管信息和执行力度有限，产生的违法非法使用数据风险往往难以估量，直接或间接威胁我国的社会稳定和政治安全，所以构建数据安全的等保合规体系变得尤为迫切。面对这种数据影响安全的深刻痕迹，以及国际探索践行的比较经验，我国需要迅速解决在数据监管上的短板，把等保合规推向建设更高水平、更为有效的全景式数据安全等保合规体系。在宏观上，高起点构建全覆盖、全链条的系统集成数据安全等保合规模式。重点是以顶层设计、敲定红线、软硬兼顾为原则，定位于分类建立领域性的数据安全动态风险识别和预警标准，实施更为精准的等保分级管理。在此基础上，以硬法和软法协同、核心技术自主原创、守法激励和失信惩戒、监管分工和综合执法清单、国家安全渎职问责机制等方式，逐步实现数据安全等保合规的立体化治理。在微观上，逐步建立一系列促进与规制之间的高水平科学治理模式。包括在个人信息保护上借助于

"红旗规则""避风港原则",探索数据安全的等保合规责任豁免机制;构建数据出境安全评价指标体系,以加强安全保障为要素强调数据本地化和有序跨境流动;通过关键性数据甄别例行比对、应对在线虚假信息传播、提高算法可解释性、发布在线非内容处理指南等,以提升透明度为导向加强内容监管审核。

(本文原载《法学》2022 年第 6 期,第 20—30 页)

数据科技伦理法律化问题探究

黎四奇*

内容简介：人类已在事实上步入一个无物不数据与无物不互联的时代。数字经济、数字社会与数字人生已成为这个时代的技术特征。技术、网络、数据、平台等不仅革新社会治理、经济发展的模式，而且也正在重塑人们对自己及对世界的认知观念。创新的本质是突破，数据科技在促进创新的同时，也对自由、平等、安全、和谐等产生了难以估量的冲击。新技术正使人类面临严峻的风险社会危机。伦理是人类共生共存的底线。数据科技治理中，除认真对待法律外，还必须从科技研发、推广与使用等环节系统性地植入伦理规则，使伦理成为法律创新的指南针，从而实现法律与伦理的有效对接。

数据与网络科技的结合不仅极大地提高了数据生产与循环的效率，而且也使得协作、开放与共享等成为互联网时代特有的品质

---

　　* 黎四奇，湖南大学法学院教授。

本文系 2021 年度教育部重大攻关项目"科学构建数据治理体系研究"（项目编号：21JZD036）的阶段性成果。

标签。技术本是一柄双刃剑，其在拓展人类自由空间的同时，也不可避免地给人类社会带来困扰与不安。在人类积极建构一心向善的社会体系与秩序中，虽然基于实证与科学等目的，法律人推崇法律与道德的两分，但是在格局上，"应该是这样的法"的道德远高于现实中"是什么"的法律，因为"法只能从伦理的有效性推导出自己的有效性，法的规则之所以有效，是因为它们作为伦理规范而拥有道德的品格"[①]。风险社会中，为了防止偏轨或脱轨，数据科技必须走一条法治化的路线，与此同时，还必须在相关法律中更多地植入伦理元素。

一、数据科技伦理风险梳理

（一）数据科技的伦理风险：宏观上的考证

在伦理学的研究视域中，现代科技与伦理的关联历来是一个被重点关注的时代性问题。虽然精进的数据科技极大地提高了生产效率，改善了生存质量，但是在另一方面，智能化的科技也使得人类必须认真面对严峻的"生存或毁灭"的伦理危机。科技文明之下，风险社会不期而至。协作共存是人类文明延续的底线。然而，"迄今为止，人的伦理行为的水准一直很低……但是技术成就的水准却急剧上升，其发展速度比有记录可查的任何时代都快。结果是技术和伦理之间的鸿沟空前增大"[②]。虽然数据科技再次彰显了人类的

---

① 〔德〕拉德布鲁赫：《法律智慧警句集》，舒国滢译，中国法制出版社 2001 年版，第 11 页。

② 《马克思恩格斯选集》，第 2 卷，人民出版社 1972 年版，第 78—79 页。

成功与卓越，但是科技"基因性"的伦理风险亦与科技化数据如影相随。

1. 不确定性社会风险的加剧

虽然数据科技意味着信息开放、共享与自由化的胜利，但是稳中求进的社会现实决定了安全、稳定与秩序仍然是整个社会法律治理的基石。或者说，决定法律改革的根本动因并不必然在于能否激励发展，而在于是否会危及社会和谐与稳定。数据与数据科技是比较新的概念，在时下的文献中还难以找到具有共识且清晰的定义。对于何谓数据，不仅学界缺乏共识，而且在法律上也欠周延，如我国《数据安全法》第 3 条规定："本法所称数据，是指任何以电子或者其他方式对信息的记录"。在表述上，"任何"过于绝对，欠严谨。"其他方式"也过于宽泛，不精确。虽然冠以"数据科技"或"数据技术"标题的文献数量繁多，但是鲜有对这一术语的凝练，即便有，也过于含糊，如"数据科技是开发网络空间数据资源利用的科技，是发展包括智慧金融在内的智慧产业的技术基础"[1]。也正由于底层概念的不明，直接导致其下位关联概念的欠精准，如金融科技。"从法律层面界定金融科技难度较大，金融科技公司通过不同的商业模式提供种类各异的产品和服务，承担不同的法律义务。迄今为止，各国际组织与主权国家对于如何界定金融科技并无约定。"[2]

概念代表本质与真理，是建构知识体系的基本单元，关乎秩序

---

[1] 朱扬勇、胡乃静：《数据科技：智慧金融的技术基础》，载《上海金融学院学报》2012 年第 1 期，第 16 页。

[2] 刘志坚：《2017 金融科技报告：行业发展与法律前沿》，法律出版社 2017 年版，第 1 页。

与稳定。休谟认为："概念先于理解，而当概念模糊时，理解也就不确实了；在没有概念的时候，必然也就没有理解。"[①] 若数据与数据科技的"真"表现得并不全面，或者更多的是"报喜而不报忧"，那么发现与释放其"善"与"美"就可能前途未卜。无须质疑的是，网络化与大数据化加速了信息的传递，缓解了"信息茧房"等问题，但是也给信息杂音、信息过剩、"信息投喂"等提供了温床，而这显然放大了社会治理的风险，如虽然货币数据化益于金融普惠、资金循环及节减核算成本等，但是它也对货币政策的运转提出了巨大挑战，并弱化了货币持有者对其财产的强力控制。在数据科技给人类带来福祉的同时，也毫不留情地将人类带入了风险社会之中。"在风险社会中，科学在两个方面表现出其有害性：其一，科学变成了一种类似于宗教的信仰，束缚了人们开展行动的手段；其二，科学所拥有的科学理性及其分析性思维与现实相冲突。"[②]

虽然数据具有静态性，但是数据只有在自由流动中才能体现其特质，而这也决定了数据必须在一个严密分工协作的系统中才能发挥其功能，如数据设备的有效运转必须依靠电力驱动，数据传输必须借助于有线或无线的网络，计算机系统的运行必须依赖于软硬件之间的兼容，整个系统的运转必须依托于专业技术人员的操控与维护等。在数据社会中，除了传统风险外，风险更多地表现为技术风险及为机器运行提供支撑的技术介质性风险，如瞬间或一段时间的断电或断网对于社会秩序与正常生活就具有致命性损害。严重的

---

① 〔英〕休谟：《人性论》，关文运译，商务印书馆 1980 年版，第 189 页。

② 张康之：《论科学技术进步与风险社会》，载《江汉论坛》2020 年第 6 期，第 29 页。

技术依赖已彻底革新了数据风险的表现形式，使得风险更加具有隐蔽性、难测性与不可控性。数据科技下，必须正视的是："在人类已经置身于风险社会的情况下，工业社会传统的政治以及整个社会治理模式都不再适用，反而源源不断地生产出更多、更大的社会风险，使人类在风险社会中越陷越深"①。

人类追求科技的目的在于"善的生活"，在于求得归宿感与安全感。然而，由于欲壑难填，人日益物质化与经济化。高歌猛进的科技化使我们步入了一个现代性的风险社会。对于现代性，我们为之贴上了一系列的标签，如信息社会、网络社会、科技社会等，但是在这种乐观的背后，该发生的总会发生的"墨菲定律"决定了"风险社会成了一个混合物，一个超越了旧的理论特征的混合的世界。风险社会里，现代社会成了反思社会，现代性自己成了自身的问题"②。大小数据下，"我们都是技术与官僚政治巨大机器上的小齿轮"③。数据化的初衷在于自由与确定性，但是数据失真、数据孤岛、数据滥用与数据割裂等使得人们不得不面临数据控制与奴役。尽管人类已不可能退回到小数据时代，但是自由与奴役本是一个问题的两个方面，从自由即不自由的悖论看，数据科技展示的一个蛰伏性命题就是数据依赖与数据奴役。数据科技化中，自由、平等、安全、秩序、和谐等愈加扑朔迷离与难以预判。

① 张康之：《论风险社会生成中的社会加速化》，载《社会科学研究》2020年第4期，第22页。

② 李谧：《风险社会的伦理责任》，中国社会科学出版社2015年版，第19页。

③ 〔德〕贝克：《风险社会政治学》，刘宁宁、沈天霄译，载《马克思主义与现实》2005年第3期，第43页。

2. 社会正义面临的时代性悖论

在社会秩序的营造中，无论是基于何种立场，对弱者的特殊关照是法律系统化与正义体现中不可缺乏的环节。当下，人们多认为，数据科技能促进社会资源的公正分配，增强正义认同及提升正义的层级，其逻辑是普适性的数据科技，如移动网络、智能手机、智能电视等能推进资源配置的阳光化与普惠化。对此，学者们也进行了相关论证，如"数字金融能够降低金融服务的成本，让传统金融'灯下黑'的人群也能够享受便捷的金融服务，同时又能让商业机构做到财务可持续"[1]。"金融科技的功能使它具有显著的金融包容效应，即缓解信息不对称、降低交易成本等金融市场摩擦，平衡金融包容公益属性与商业属性之间的矛盾，培养社会诚信意识，有效扩大金融服务覆盖率等。"[2]

数据科技促进正义，这是一个值得商榷的命题。数据科技掀起了数据研究热，虽然在形式逻辑中，出于功利，人们倾向于正向评价，但是"世界上没有所谓绝对确定的东西"[3]。正所谓：大道废，有仁义；智慧出，有大伪。只有蔑视流行，才能对数据与正义进行理性、综合地解读。为了阐述这一观点，在此以受人追捧的普惠金融为例。语义上，"普"彰显的是机会，"惠"强调的是福利结果。虽然数据金融扩大了金融的覆盖率，具有"天下普惠"的表象，但是能否"惠泽天下"却是另外一回事。金融机构作为企业，利润最大

---

①　叶婷：《普惠金融再扬风帆》，载《中国金融》2018 年第 1 期，第 72 页。

②　粟勤、魏星：《金融科技的金融包容效应与创新驱动路径》，载《理论探索》2017 年第 5 期，第 91 页。

③　〔英〕约翰·密尔：《论自由》，程崇华译，商务印书馆 1959 年版，第 20 页。

化是其本性所在，大数据不仅为其精准营销提供了技术支撑，而且也为大数据杀熟埋下了伏笔。若揭开其面纱，"普而难惠"的金融服务展示的有可能是另一种必须深度关注的非正义风险。

数据科技革新了人类记忆的方式，其不仅使得记忆久远，而且也昭示着一个全新的社会与自然之间生态圈的形成。"数据主义、万物皆数、数据永生等凸显数据科技强大效力的词汇悄然而至，延展记忆、外部记忆、记忆工业化、第三记忆等与记忆相关的词汇也逐渐进入哲学领域。"[1] 我们原来生活于遗忘与遮蔽之中，遗忘是生活常态，但是大数据使得遗忘成为例外。时下，"在信息权力与时间的交会处，永久的记忆创造了空间和时间圆形监狱的幽灵……让我们无助地徘徊在两个同样让人不安的选择之间：是选择永久的过去，还是被忽视的现在"[2]。网络时代，数据不是不可以被擦拭，只是看对谁而言。客观上，记忆与否、记忆时长不仅事关人类文明的演进模式，而且也关乎法律平等与自由。

不可否认，科技文明使人类业绩斐然，但其代价亦非常沉重。虽然科技进步会促进产能，但是利益集中、垄断、层级等亦是紧紧跟随。科技不仅意味着进步、自由与财富，而且更意味着控制、权力、话语与"盘剥"。科技文明下，不仅权力被进一步收缩，而且权力与商业日趋集中已是势不可挡，如国家干预的扩张、搜索引擎被谷歌等主宰、电脑操作系统被微软等掌控等。集中之下，机会与财

---

[1]　闫宏秀：《数据科技带来记忆哲学新发展》，载《中国社会科学报》2020 年 10 月 27 日，第 6 版。

[2]　〔英〕维克托·迈尔 - 舍恩伯格：《删除：大数据取舍之道》，袁杰译，浙江人民出版社 2013 年版，第 117 页。

富的"二八"现象更加凸显。数据科技的核心在于传统领域被区块链、人工智能、大数据等现代技术所"武装"与赋能。赋能之下,数据不仅被日益高度智能的机器所控制,而且有可能被这些机器背后的少数精英与权贵所操控。

值得警惕的是,"现代科技是造成社会不平等的重要原则,每个国家都在运用科学技术增强本国的国力,当强调本国的利益,而不顾及全人类的利益时,矛盾就会呈现出来……在这种技术霸权下,国家与国家之间、人与人之间失去了平等的权利"[1]。秩序与平等是正义体系的重要内容,但是秩序侧重的是法律与制度的形式结构,而正义关注的却是法律与制度的实体内容、权利与义务分配的公允。数据科技的"普及化"表面上契合了正义的形式要求,但是在探讨正义时,我们还必须知道,如果脱离技术本身对社会公平、和平与自由等所可能滋生的巨大负作用,那么这本身就是一种不正义与不自由。

3. 主体与客体关系的错位风险

在这个纷繁复杂的世界中,人是目的,而不是手段,人才是一切科学探索与技术发展的本位。正因为如此,越接近真理,我们就越自由、越幸福。虽然这种观点鼓舞人心,但是现实可能有些令人沮丧。在人类无尽欲求的驱使下,现代科技不仅将外界事物作为客体加以分析、拆解、组合、改造与征服,而且也在逐步地将处于弱势地位的绝大多数人作为客体来打磨、组装与"消费",它们因其不可或缺性与权威性正一步步地控制与奴役我们,并成为一种角色变换的权力。"在这个社会中,不仅技术的运用,而且技术本身就是对自然

---

① 潘建红:《现代科技与伦理互动论》,人民出版社 2015 年版,第 11—12 页。

和人的统治……统治的既定目的和利益，不是后来追加的和从技术之外强加的，它们早已包含在技术设备的结构中。"[1] 真理是如何被赋予价值，以至于将我们置于它的绝对控制之下？随着生活与社会科技化改造的加深，这一忧虑日渐被证明并非杞人忧天。"人创造出一个前所未有的人造世界，他构筑了一部复杂的社会机器来管理人建造的技术机器。但是，他所创造的一切却高踞于他之上，他没有感到自己是创造者、是中心，而觉得自己是他的双手创造出来的机器人的奴仆。"[2] 对于人是什么，时下出现了一些值得商榷的看法，如"人工智能的普及完全可能使得智能机器人在人类社会生活中的地位从普通工具上升至法律主体的高度"[3]。法律文明化进程中，"我是谁""我该是谁"、我与物的界限是一个绝对不能含糊的原则性问题。

数据科技改变了人、物、空间、时间存在与交汇的方式，使得生活更加多彩纷呈，但是在打开一扇扇窗户的同时，它也随之关上了一些窗户。除了效益、效率之外，和谐、人性与正义也是社会核心价值的体现。然而，格式化、标准化与计量化的数据模式使得人及其生活日益枯燥、单调与刻板。整齐划一的数据标签下，社会关系与服务正慢慢地失去其应有的脉脉温情与悲天悯人的人性关怀，如当高度智能的机器大面积取代人时，随之而来的是实体机构的裁撤与机构职员的减少，社会财富进一步被精英与权贵所垄断。强

---

① 〔美〕赫伯特·马尔库塞:《单向度的人》，张峰、吕世平等译，重庆出版社1988年版，第116页。

② 〔美〕艾里希·弗洛姆:《健全的社会》，孙恺详译，贵州人民出版社1994年版，第98页。

③ 刘宪权:《人工智能时代的刑事风险与刑法应对》，载《法商研究》2018年第1期，第5页。

弱对比的严重失衡必将加速社会分层，诱发不满与仇恨。高失业率无疑会抑制消费，而需求不足必然会联动地导致生产不足。在"投资—生产—消费"的矛盾无法消解时，经济危机或经济问题将常态化，而这又必然使社会稳定面临冲击。当传统岗位智能机器化，人就相应地失去了在社会结构中应有的位置与存在的意义。从这个角度看，与其说人工智能是服务于人，倒不如说在机器或人的选择中，芸芸众生被机器击溃而"臣服"于机器。在传统市场治理中，信用风险、市场风险是制度设计中的重点，但是数据科技彻底改变了这一切，因为高度人工智能的"机器风险"必将成为人类的心头大患，系列科幻电影《生化危机》就表达了这一担忧。虽然数据科技提升信息流动的速率，促进资源的分配，但是主客体关系的异化使人失去了位置，加深奴化、动荡与紧张。在数据科技狂飙突进中，应警惕的是："更高的效率并不一定意味着更好的社会。"[1]

4. 数据垄断

数字经济的核心是数据。"数据资产是产业兴衰、企业存亡的关键因素。"[2] 大数据时代，一个企业的规模、发展、市场份额及其影响力与其数据采集、存储、传输、挖掘、使用等能力成正比。一个基本的判断是，缺乏数据技术与资源，无以谈产业。缺乏大数据思维，无以言发展与未来。数据统摄下，数据已不再单纯地是一种资源，而更是一种"权力"与一种新型的"统治"。大数据笼罩之下，

---

[1] 〔美〕理查德·A.波斯纳:《法律的经济分析(上)》,蒋兆康译,中国大百科全书出版社 1997 年版,第 27 页。

[2] 赵国栋等:《大数据时代的历史机遇:产业变革与数据科学》,清华大学出版社 2013 年版,第 79 页。

每个主体都无处可逃地被算法所监视，数据预测标志着一个被监控时代的到来。同时，数据被精确界分，个体也不自知地处于不同的被歧视级别之中。数据攫取技术无孔不入，虽然掌握核心技术的数据科技公司会采取告知与许可、匿名化、模糊化或"隐私保护政策"来消除用户的顾虑，但是对于专业人士与机构而言，我们无时无刻不得不面临数据垄断下被"肆意侵犯"的风险。

"随着新一代信息技术的迅猛发展，尤其是移动互联网、云计算和智能穿戴等技术的广泛普及，数据呈爆炸式增长态势，人类社会进入到一个以数据为特征的大数据时代。"① 在这种语境下，重量化而非质化、重相关性而非因果性、重整体而非样本、量化一切、让"数据发声"成为一种方向与时尚。量化预测使社会中的每一个人都实时处于他人的窥视之下。数据垄断将导致数据资源被控制，消费者剩余将难以剩余，群体将进一步被算法控制与"剥削"。尤其是，数据垄断将使法律正义被诠释为，人们并不是因为违法行为而遭受处罚，而是因为将要做什么而遭受处罚。"基于未来可能行为之上的惩罚是对公平正义的亵渎，因为公平正义的基础是人只有做了某事才需要对它负责。"②

（二）数据科技的伦理风险：微观上的考究

让机器代替人，将人从繁杂的劳作中解脱出来，从而能"衣食

---

① 刁生富、姚志颖：《论大数据思维的局限性及其超越》，载《自然辩证法研究》2017 年第 5 期，第 87 页。

② 〔英〕维克托·迈尔-舍恩伯格、肯尼思·库克耶：《大数据时代：生活、工作与思维的大变革》，盛杨燕、周涛译，浙江人民出版社 2013 年版，第 205 页。

无忧"地享受闲暇与快乐，这是我们科技探索的初心所在。然而问题是，在初心的旅途中，我们往往会忘记为什么而出发。同理，数据科技化的宗旨在于改良人与世界的关系，但是殊不知，在这一进程中，我们有可能身不由己地陷入到科技之恶的伦理风险之中。

1. 开放与共享：一个伦理性的二律背反

互联网与大数据精神的实质是开放与共享。开放是共享的前提，数据资源共享是数据科技的真实意图所在。一个基本的认识是，大数据时代，若没有数据的开放与共享，数字经济、数字货币、区块链等都只能是纸上谈兵。基于这一现实，人们一般不会对数据的开放与共享存在大方向性的分歧。然而，我们脚下的世界并非一个恒定的世界，世间的万事万物，甚至包括人本身都必须遵循相对的刻度，如为了求得认同与和谐，法律必须恪守中庸之道。虽然理论上，互联网是一个虚拟、无边界的区域，但是这种虚拟并非是完全超脱于现实的存在。如何开放、对谁开放、开放与共享的程度等仍然必须遵守现实中应有的法度。由此就产生以下二律背反的矛盾："一方面，没有信息共享，就可能出现所谓的'信息孤岛'现象，信息价值开发更是无从谈起；另一方面，信息共享可能被滥用，数据被无序开发，造成侵犯隐私权和个人数据权、危及信息安全等问题，并引发一些伦理争端。"①

无开放，则无互联网；无共享，则无大数据与数字经济。欠缺开放与共享不仅悖于数据科技的本质，而且也会悖于正义与文明，

---

① 李伦、孙保学等：《大数据信息价值开发的伦理约束：机制框架与中国聚焦》，载《湖南师范大学社会科学学报》2018 年第 1 期，第 2 页。

如数据被平台企业锁定而只能内部循环，则不仅会形成事实上的数据集中或垄断，而且也导致数据控制者将数据主体作为肆意"狩猎"的对象。虽然数据化是时代发展的技术标签，并被社会中的主流贴上了文明的标记，但是数据开放意味着私人空间被进一步挤压，社会个体的所思所想所为被阳光化而隐秘不再，隐私保护异常艰难。"在开放的网络环境下，大数据信息价值开发更容易通过强大的大数据技术获取大量的原始数据，更容易将从前属于个人隐私领域的信息视为公共信息，从而导致对隐私权的侵犯。"[①]

另一方面，共享则意味着与社会主体相关的数据可以被商业化，个体的行为处于一种可以被他人监测的状态及法律正义的时代性嬗变。"一切可量化"不仅助长对他人隐私的窥探，而且也易于导致大数据相关性的极端化。在商事活动中，商事主体期望能在最快捷的时间内，用最低廉的成本实现最大的效益，"遍地撒网"式的营销必然会进一步助长企业对相关性思维的过度膜拜。数据开放与共享预期价值的实现必须依于全面、真实与准确的数据。然而，"除了数据质量方面容易让人产生顾虑，还有些数据造假行为更是成了数据开放共享过程中的拦路虎"[②]。在这样一个转折性的十字路口，何去何从？这不单纯是一个法律问题，更是一个伦理问题。如果忌讳于数据开放与共享的负面效应而因噎废食地排斥或拒绝数据科技，则无疑与人类追求物质文明与精神文明的宏伟目标背道

---

① 李伦、李波：《大数据时代信息价值开发的伦理问题》，载《伦理学研究》2017年第5期，第102页。

② 张莉：《数据治理与数据安全》，人民邮电出版社2019年版，第60页。

而驰。人类必须富足、自由地生活下去是毫无疑义的硬道理。从这个角度看，数据开放与共享必须基于伦理进行利弊的权衡。

　　2. 隐私与隐私保护：一个进退两难的伦理问题

　　隐私事关公民个体的生活安宁、人格独立与尊严，与每个人的幸福值息息相关。在前互联网与大数据时代，由于信息复制、存储、传播技术与手段的落后，信息处于一种封闭、割裂与非结构化的状态，即使缺乏严格的法律保护，隐私仍相对处于一种安全状态。然而，日新月异的网络与大数据技术使得这种相对封闭式的安宁不复存在。物物相联、人物互联的时代，由于互联网没有删除键，人们生活中的一举一动都可能被不折不扣地数据化记录，而数据本身就代表着流动性、可复制性、可交易性等。也正因为以前貌似一文不值的信息可数据化为"商品"，所以无论是在政府治理，还是在市场竞争中，数据成了人们竞相争夺或"专享"的"香馍馍"。学界对数据的"权性"争论就是最好的注解。"数据权有二个维度的含义：其一，指向公权力，以国家为中心构建的数据权力……其二，指向私权利，以个人为中心构建的数据权利，包括数据人格权和数据财产权。"[1]"大数据是与自然资源、人力资源一样重要的战略资源，是一个国家数字主权的体现……数据权包括个人数据权和数据财产权。"[2]

　　国家、社会、企业如同自然人一样，都具有求生的本能，而生

---

　　① 肖冬梅、文禹衡：《数据权谱系论纲》，载《湘潭大学学报（哲学社会科学版）》2015 年第 6 期，第 70 页。

　　② 齐爱民、盘佳：《数据权、数据主权的确立与大数据保护的基本原则》，载《苏州大学学报（哲学社会科学版）》2015 年第 1 期，第 65 页。

存必须基于利益。当数据成为稀缺资源而改变商业模式，决定市场额度与消费群体，并在事实上促成数据资产与数字社会时，数据封锁、数据争夺、数据侵权就成为一场场无硝烟的"战争"，如2017的顺丰控股与菜鸟平台、腾讯与华为之间的大数据"奶酪"争夺就是"冰山一角"。"京东和阿里都在从原来的流量竞争转化为用户黏度、用户数据之争。谁与用户关系密切，谁就能够抓住用户的潜在需求，这是未来新零售时代的竞争核心。"[①] "大数据时代，数据日益成为企业竞争的核心，承载着巨大的经济价值。其性质与权属也成为各方关注的焦点。"[②]

对"人为刀俎，我为鱼肉"的信息主体而言，在被"围猎"的夹缝中，就不得不面临以下伦理性风险：一是数据权属不清。虽然人们为数据区分了数据产权、数据主权、数据特权与数据权利等属性，但是对于"唐僧肉"性质的数据，其权与益究竟属于谁是一个比较难纠缠的问题。对此，研究者提出了不同的主张，如谁创造了数据，就属于谁。谁使用得好，就属于谁。权属不清不仅影响数据交易与流通，而且也会衍生连带性的负面效应，如交际障碍、资源浪费、保护不力与"公地悲剧"等。二是数据滥用。由于数据的非损耗性，大数据时代，数据就像一座神奇的矿藏，当它的初次价值被发掘后，其次生价值仍可以不断地得到开发，其绝大部分价值隐藏在初次价值之下。出于利益的最大化，数据占有平台就必然会加大数据的控

---

① 侯隽：《顺丰 VS 菜鸟：大数据争夺战》，载《中国经济周刊》2017 年第 23 期，第 34 页。

② 谌嘉妮：《我的数据谁做主？基于"头腾之争"对个人数据可携带权与企业数据权边界的研究》，载《互联网天地》2019 年第 6 期，第 23 页。

制与利用，从而增加数据滥用的风险。三是隐私保护艰难。宁静的生活不受他人侵扰是隐私保护正当性的体现。虽然在新形势下，各国不断升级其隐私保护法令，如美国 2016 年出台《电子通讯隐私法案》，我国在《民法典》中设专章保护隐私与个人信息，同时又专门推出《个人信息保护法》，但是层出不穷的信息技术，使得民事、行政与刑事上的法律保护面临"空头支票"性的风险。隐私将被迫屈从于数据技术，这是大势所趋。"大数据给人类生活带来的转变是多方面的，最显著的就在于数据融合造成的隐私权衰落。"① 四是价值观念失范。网络时代，数据流量具有强大的经济利益。为了"圈粉"，数据制造与传播日益缺乏伦理底线，唯利是图下的"黑红也是红"，不仅诱导恣肆无忌地编造信息，随意就他人隐私在网络上进行"吃瓜"，对他人进行侮辱或诽谤。这不仅使得人人自危，影响信任与和谐，而且失范的操作也日益摧毁人们应有的价值观、善恶观与是非观，如荒诞的土网红"郭老师"现象② 便令人忧心忡忡。

人是社会关系的总和。社会的基本事实是人存在于无法抗拒的连带关系之中。"人类社会最基本的一个客观事实是存在着社会连带关系。这是一个最基本的事实，不是一种道德判断。"③ 连带关

---

① 张继红：《大数据时代金融信息的法律保护》，法律出版社 2019 年版，第 252 页。

② "郭老师"原名为"郭蓓蓓"，河北沧州人，为"黑红也是红"的代表人物。为了圈粉、收割流量及"名"利双收，其打着"原生态"的名义，通过刻意扮丑与反套路的非主流自播，简单粗暴地迎合部分网民"逐臭审丑"的心理需求。因郭某粗俗、不修边幅、个性张扬、接地气的释放性表演，在网络中，其拥有多达 700 万的粉丝。2021 年 9 月，郭某的多个网络账号被封禁。

③ 严存生：《西方法律思想史》，法律出版社 2004 年版，第 335 页。

系不仅事关利益、生存、合作与团结，而且也决定着创新、未来、幸福与风险。现实说明，隐私保护与社会发展并不具有同向性，相反，以信息传播为核心的技术使得隐私保护面临一个伦理性的两难：一方面，人们渴望隐私得到甲胄式的法律保护；另一方面，数据记忆技术使得生活越来越透明。"大数据时代是一个开放的时代，数据的分享使得隐私的空间越来越小，分享与共享成为大众的共识。传统的小集团利益被打破，形成了一个透明、公开的社会。"① 由于互联网与大数据奉行的是开放与共享，表现的是人与人、人与物超越现实的虚拟交际，激励对个性与自由的追求与张扬。"这种网络文化造成的后果有可能是个人隐私的被剥夺，私人生活的价值流失。"② 人类的文明演进和信息公开与分享之间存在着正线数关系。然而，随着数据科技的发展，隐私、隐私权保护及如何保护等都成了一个个有名难实的命题。数据既是一种技术，更是一种观念与文化。虽然生活需要技术，但同时更需要给技术注入人文色彩，从而在科技与伦理之间达成和谐与统一。

3. 安全：一个充满风险的伦理挑战

无论人类有多少价值追求，安全的重要性是不证自明，因为安全给人以稳定、秩序与预期，能消除无序、恐惧与焦虑。"安全有助于使人们享有诸如生命、财产、自由和平等等其他价值的状况稳定化，并尽可能地维系下去。"③ 也正因为如此，霍布斯曾言：人民的

---

① 刘晓星：《大数据金融》，清华大学出版社 2018 年版，第 47 页。

② 李兰芬：《论网络时代的伦理问题》，载《自然辩证法研究》2000 年第 7 期，第39 页。

③ Christian Bay, *The Structure of Freedom*, Stanford University Press, 1958, p.19.

安全是至高无上的法律。一般安全中包含着社会利益。在利益表现形式上，除了经济性外，数据还具有强烈的政治性与社会性。客观上，"数据安全作为网络安全的重要内容，不仅关系到个人利益、企业商业利益，而且直接影响着国家安全"①。

　　数据价值依赖于数据的收集与开发，但是无论是对于私人，还是对于国家治理而言，这之中也蕴藏着不安全的风险。"随着大数据的价值越来越大，数据安全问题将更加严峻。"② 如在金融领域，由于严重数据科技依赖，金融风险与日俱增地科技化，日益深不可测、难以把控。同时，鉴于货币越来越脱离实物而数据化，产权主体不仅对其货币资产日益丧失控制权与支配权，且也不得不时刻面临高效率的铸币税对财富的抢掠。此外，对于金融消费者而言，其也不得不遭受金融科技化所带来的账户安全的进一步风险挑战，因为虚有其表的隐私保护使得金融消费者的个人核心信息成为不法之徒时刻"窥觊"的对象。

　　金融资源科技性配给的方式也会加深弱势群体的不安全感。诚如前文所述，金融科技促进金融普惠是一个真假参半的命题。为了生存与发展，金融机构必须获利，在逻辑上，金融机构更倾向于和富人、有产者进行交易，而不太愿意和穷人、无产者或半无产者进行交易。当下，大数据分析就给金融机构对客户进行贫富的筛选提供了机遇。其结果并不是金融的普惠，而是有限金融资源配置不

---

　　① 付霞、付才：《新时代数据安全风险的法律治理》，载《长江大学学报（社会科学版）》2019 年第 2 期，第 58 页。

　　② 祝守宇、蔡春久等：《数据治理：工业企业数字化转型之道》，电子工业出版社2020 年版，第 38 页。

均的"马太效应"。其带来的并不是金融安全感，而是对金融正义的排斥与抑制。同时，数据安全更是对国家有效治理的考验，如"邪教组织借用网络传播其教义，国际恐怖组织利用虚拟空间发表激进言论、发动恐怖袭击，国际间谍利用网络盗窃国家机密，网络战和信息战危及国家安全和世界和平"[①]。

除了数据本身的安全外，技术风险更加难以控制。虽然在最初的研发中，价值判断主导了算法，但是计算机自我学习能力的提升打破了算法产出的模式。虽然技术突破将人从算法研发中解放出来，但是也增加了人们对算法理解与掌控的难度。现实中，即使人们不理解算法，但是也乐于享受计算机学习带来的便利。由此产生的后果是：无人能准确知晓算法效力的边界与失效的条件，因而也难以对算法失效及失效可能带来的后果进行判断及规划预案。计算机发达的学习能力使得算法越来越脱离人的控制。是算法日渐控制人，还是人控制算法，这是一个令人焦虑的问题。"风险社会的主题是面对社会、技术和精神暴力，即辩证暴力而产生的典型的后现代恐慌。"[②]法律是特定时代的产物，风险社会决定了法律的变革必须体现安全思想。

4. 记忆或遗忘：一个两难的选择

人类的文明是一个持续不断记忆与分享的过程。现实中，拥有良好的内外部记忆被视为卓越的标志。为了使积累的知识与经

---

① 李伦：《网络传播伦理》，湖南师范大学出版社 2007 年版，第 203 页。

② 〔英〕提摩太·贝维斯：《犬儒主义与后现代性》，胡继华译，上海人民出版社 2008 年版，第 170 页。

验代代传承，人类通过语言的交流与分享来强化与拓展记忆。问题是，仅仅借助内部记忆来弱化或消除遗忘是远远不够的。针对这一困境，人们开始借助绘画、文字与书本等外在的物体来加强外部记忆，但是由于介质自身的因素，记忆仍然价格不菲，非常人所能及。随着印刷与造纸技术的提升，外部记忆工具已可以量化生产，但是这并没有改变记忆成本远高于遗忘的实质。

在飞速发展的信息科技带动下，网络、数据、云计算等日益嵌入世俗生活。数字革命、数字化、网络化带来了廉价的存储器、数据提取的便捷及全球性的覆盖。而且，由于数字拷贝是对原始文件的保真性复制，在数字社会，阻止他人分享信息及召回信息并非易事。时下，遗忘变得艰难且昂贵，记忆反而简易且便宜。事实是，遗忘与记忆之间的平衡已被颠覆。记忆成为常态，而遗忘成为例外。虽然数据记忆能让我们的思想、情感等恒久远，让生命以另一种方式延续，但是记住一切也会令人抓狂、痛苦与心绪难安。为了消除记忆纷扰，人们又基于隐私保护、言论自由等而提出被遗忘权新概念。"被遗忘权的提出代表了进一步扩张个人数据权利的倾向。在既往的删除权之上，增加数据主体撤回同意时的删除权，有其价值，尤其是针对社交网络服务而强调网络用户移除已发布个人信息的权利，体现了个人自治的法治精神。"[①] 记忆或被遗忘，这是一个具有伦理性的悖论，其也亟需法律上的本土化回答。

---

① 刘文杰：《被遗忘权：传统元素、新语境与利益衡量》，载《法学研究》2018 年第 2 期，第 40 页。

二、数据科技伦理的法律应对与窘境

（一）理论上的僵局：法律与道德的二分说

法律是什么？时至今天，虽然法律的体系日益庞杂、森然，但这依然是一个只可意会而难以明确言传的疑难杂症。实际上，这一法律中的"斯芬达克斯之谜"的症结在于"法律应该是什么"与"法律是什么"的两难困局。如果从"法律应该是什么"的角度来解析法律，那么法律就与讲究善恶的道德之间存在密切的关联，法律只是道德的另一种表述。反之，法律则与善恶无涉，而只是一个个是或不是的规范性命题。

道德与法律的纠葛不清是一笔历史旧账。沧海桑田中，法律与道德的论战并没有休止符。而且，在某种程度上，反呈愈演愈烈之势。为了确保法律的"纯洁性"，法律实证主义者对各类自然法学流派的观点展开了猛烈的抨击，如凯尔森即认为："法律科学一直是在毫无批判的情况下被人们同心理学的、社会学的、伦理学的和政治理论的因素搅合在一起"。[①] 为了清算"法应该是什么"给法学所带来的非科学性与不确定性，尽管奥斯丁、霍姆斯等一直高举法律实证的大旗，但是哈特对于他们的贡献并不满意，其认为："那些看上去同样奇怪的意见经常地被表达出来，不仅讲而且还以雄辩和

---

① Hans Kelsen, *The Theory of Law*, translated by M. Knight, University of California Press, 1967, p.1.

激情去呼吁，宛如它们即法律真正之显示，而长期以来，这些真理却被关于法律本性的大量虚谬之辞掩盖起来了"①。将法律从道德中准确地分离出来，是诸多法律人的梦想。然而，在这一长久的努力中，仍有以下问题值得我们穷根究底与质疑。

其一是在法律人的持续奋斗中，为什么非要将法律与道德分开？实质上，它折射出的是法律人的不自信。如果法律与道德、政治等盘根错节，那么从源流上考察，法律终将存在于道德与政治等学科的阴影之下，其后果就是法律丧失法律人理想中的科学性与独立性，并影响法律职业共同体的形成与被公众认可。是故，法律人的设想是，若能将自然科学数理的、能证伪的研究方法引进到法律中，那么从法律的"纯知识性"中就能水到渠成地推演出法律科学与独立的逻辑。"假如法学家能够将法律体系的各个原则、规则和概念厘定清晰，像'门捷列夫化学元素表'一样准确、直观，那么他就从根本上解决了千百年来一直困扰专业法律家的诸多法律难题。"②

其二是在法律的疆域中，为什么不采用法律与伦理，而采用法律与道德的表述？这是因为道德与伦理是等同性的概念，还是因为在词语自洽上道德优于伦理呢？如果法律是一门严谨性的学问，那么在对数据科技伦理的法治化进行抽象的逻辑探索中，就必须对这一困惑进行有理有据的释疑。实质上，作为日常生活中司空见惯的两个词，无论是在西方还是在东方的思想谱系中，"道德"与"伦理"的概念混乱问题并没有得到根本性的解决。然而，主流的认知是

---

① 〔英〕哈特：《法律的概念》，张文显等译，中国大百科全书出版社1996年版，第1页。

② 舒国滢等：《法学方法论问题研究》，中国政法大学出版社2007年版，第3页。

"伦理"是伦理学的一级性概念,而"道德"则是"伦理"层级下的二级概念。在核心语义上,伦理体现的是西方文化中的理性、规范、公共意志与科学等,而道德张扬的是东方的人文、个体修养与人生感悟等。"'伦理'概念适合用于抽象、理性、规则、公共意志等理论范畴,而'道德'概念适合于具体、情性、行动、个人修养等实践范畴。二者不能混同。"①

在人类知识的探索中,理论与实践是一个问题的两个方面,但是代表抽象逻辑的理论在位阶上高于作为形式逻辑的实践,因为理论代表的是思想的哲学性归纳与对事物规律的总结。基于此,庞德即认为:"法律记录着为理性所发展的经验和为被经验所考验过的理性这样一种教导传统"②。为了保证法律的纯正性,一些人试图将法律的归法律,道德的归道德,但这注定是不现实的。倡导与宣扬法律的科学性无疑值得称道,但是认为法律可以在一个密不透风的容器中自生自发地"茁壮成长"不免有些牵强与一厢情愿。在法律文明的阶梯中,如果放任法律纯洁思潮的肆意发展,将后患无穷。作为一种社会现象,法律并非一种孤立的存在,其与社会中的政治、经济等因素相互影响、相互作用,共同服务于善与美的远大目标。如果法律特立独行,那么在缺失其他滋养的情况下,法学的发展与正义的实现必然就会走上穷途末路。虽然数据科技需要法律的引导,但是"我们必须永远牢记,创制这些规则和概念的目的乃是为

---

① 尧新瑜:《"伦理"与"道德"概念的三重比较义》,载《伦理学研究》2006 年第 4 期,第 24 页。

② 〔美〕罗斯科·庞德:《通过法律的社会控制》,沈宗灵译,商务印书馆 1984 年版,第 27 页。

了应对和满足生活的需要，而且我们还必须谨慎行事，以免毫无必要、毫无意义地强迫生活受一个过于刻板的法律制度的约束"①。

　　作为存在之家的语言不仅影响、决定资源的分配与族群的划分，而且它更是理性与逻辑的象征。在知识分类中，伦理是一个规范的表达，其优于道德。作为正义的法律亦是隶属于理性的伦理性概念。虽然数据科技促进创新、改善生活，但这并不是我们对其伦理风险视而不见的理由。创新与破坏本是一个问题的两个方面。在数据科技大步向前时，为了防止正义异化、算法控制、人沦落为机器的奴隶及社会资源的进一步板结等，科技伦理要求反倒显得比任何时候都急切、紧要。然而，一些人的短视与急功近利及法律与伦理之间的张力使得现实中的伦理法治化的前景晦暗不明。

（二）法律困局：数据科技与伦理诉求之间的紧张

　　科学技术是人类对客观规律的正确认知，其主旨在于求真，而伦理是维护人类和谐共处的标尺，其主旨在于求善，因为"善是保持生命，促进生命，使可发展的生命实现最高价值"②。应然上，伦理高于技术与制度，但是在利益主导下，伦理诉求在法律中是否保有神圣不可侵犯的地位却可能是一个很骨感的问题。为了确立与巩固数据权利（力），近年来，我国快节奏地出台了多部法律性的文件，如《数据安全法》《个人信息保护法》等。一些地方政府也竞相推

---

① 〔美〕E.博登海默：《法理学：法律哲学与法律方法》，邓正来译，中国政法大学出版社 1999 年版，第 242 页。

② 〔法〕阿尔贝特·施韦泽：《敬畏生命：50 年来的基本论述》，陈泽环译，上海社会科学出版社 1996 年版，第 132 页。

出各自的数据管理条例,如《天津市数据安全管理办法(暂行)》《济南市公共数据管理办法》《深圳经济特区数据条例》等。然而,数据科技伦理是否得到恰如其分的体现仍值得认真检讨与审视。

其一是对数据科技的"力量"认识不足。权力滥用不单纯是一个法律问题,更是一个伦理问题。在当下的法律文本中,对算法控制的法律属性认知不够。法律语境中,权力是整个法律体系构建的一个基础词汇,代表着强制力,其行使者为国家职能机构,昭示国家权力与意志。然而,算法对人的影响与控制表明旧有的权力观正面临被摧毁,新的权力观正应运而生。算法之下,"个人已经并将继续深入地'智能利维坦客体化','人—人'关系模式化为'人—技术—人'关系模式,催生新的社会结构形成,国家与非国家力量、法律与算法、伦理与技术开始同构新秩序"①。如果在大数据时代,我们还固守传统的权力观念,则不利于我们深入地洞察数据科技的某些反伦理、反法治与反人性的因素。权力意味着对自由与选择的强力否定。遗憾的是,如何在时新的法律中结合数据科技的算法对权力做出时代性的解释并没有得应有的体现。毫无疑问,这是数据科技伦理法治化的底层性硬伤。

其二是有限的条文难以对伦理法治化提供足够的支撑。在评价法律规范文本的优劣中,虽然我们不能以条文的数量论"好坏",但是由于语言自身的开放性与社会关系的复杂性,为了准确界分关系与利益,条文数的多寡不失为一个重要指标。同时,鉴于在法律体系中,伦理属于一个边缘性主题,如果总体上,条文数有限,则

① 齐延平:《论人工智能时代法律场景的变迁》,载《法律科学》2018年第4期,第37页。

必然会进一步加剧伦理要求的边缘化。数字经济时代，数据私权、数据公权、数据主权、数据安全错综复杂、意义深远，但是《网络安全法》仅 79 条，《数据安全法》只有 55 条。大数据时代，个人信息的有效保护与公民对幸福生活追求之间的关联自不待言，但是法律人为之雀跃的《个人信息保护法》仅 74 条，略显势单力薄。在数据治理中，地方政府显得非常积极有为，但是其出台的规范文件的条文量亦是捉襟见肘，如《济南市公共数据管理办法》只有 40 条，《天津市数据安全管理办法》仅有 36 条，《深圳经济特区数据条例》有 100 条。客观而言，这些文本只是粗略地勾画出了数据治理的蓝图，并不细致，难以面面俱到。

大数据时代，无物不数据，无物不互联。不容置疑，数据是新时代的标签与前进的基础，但是对于关键词"数据"，正如前文所言，人们并无一个精确的描述。同时，数据、信息、资料等关联词汇之间的界限也并不清晰。有人认为，"数据是数字比特的结构化结合……数据是对信息的记录，而信息是人对数据的读取、解读和沟通"[①]。也有人认为，"数据与资料应属同一意义的词，两者无区分之必要"[②]。在相应的法律文本中，这一分歧并没有被消除。法律概念涉及利益配置。在规范文件不能细致划分并保障利益的现实下，还去对虚幻的科技伦理问题进行较真，这似乎是一种奢想或空谈。

其三是数据科技伦理在实体规则体现上的不足。科技伦理要求并非一个点，而是一条线。"科技伦理就其内容而言，包括三个基本方面：科学研究的伦理要求，技术创新、开发的伦理要求，技

---

① 李振华、王同益等：《数据治理》，中共中央党校出版社 2021 年版，第 5 页。

② 谢永志：《个人数据保护法立法研究》，人民法院出版社 2013 年版，第 6 页。

术成果使用的伦理要求。"① 如果依这一流程来考察当下关于数据治理的规范文件，则不难发现，在伦理法律化方面，其呈现出一种掐头去尾现象，即在法律规则的设计上，没有从生命周期的角度权衡科技伦理问题，如在《数据安全法》中，便是只规定数据处理与数据安全事宜，而没有从作为源头的技术研发、许可等视角来强化风险防范的伦理要求。

当然，更好的生活与科技水平密不可分。人类已绝不可能返回到刀耕火种与食不果腹的初民状态，但是这并不意味着，除了利益索取之外，科技就可以不接受伦理的任何检视。科技从一开始起就获得"伦理免检权"和知识界宣扬的"技术中立"不无关联。"通过科学活动所获得的知识，只有真假之分，而没有善恶之分；如果一项科研成果是经得起实验并且符合广泛的人类经验的，那么这一科研成果就是真的。"② 虽然作为理性与经验综合体的科技自身并无善恶之分，但是人的观念有善恶之分，在科技作为手段而服务于人的目的时，科技就自然存在善恶之别。工业文明下的气候问题、环境问题等无不说明应对科技中立论进行认真的审视。"无论科学可能会变得多么抽象，它的起源和发展的本质却是人性的。"③ 服务于人、满足人对真善美的渴求、生活得更加自由与体面等才是人类致力于科技最真实的意思表示。与科技和谐共处是理想使然，日渐暴露出

---

① 庄友刚：《科技伦理讨论：问题实质与理论自觉》，载《观察与思考》2017 年第 3 期，第 68 页。

② 李石：《论"基因编辑"技术的伦理界限》，载《伦理学研究》2019 年第 2 期，第 128 页。

③ 〔美〕萨顿：《科学史和新人文主义》，陈恒六译，华夏出版社 1989 年版，第 49 页。

的科技之伪之丑从另一层面说明，科技潜藏着成为不受绝大多数人控制的缺乏伦理的工具的风险。"随着科学与艺术的光芒在我们的地平线上升起，德行也就消逝了。"[①]

　　数据科技发展并不是背离伦理的理由，因为"任何技术在越是呈现出令人惊异的特征，越是改变人们生活的表象之下，也越是隐藏着深刻的风险"[②]。在功能上，法律并不全然在于关系界定、利益分切与定纷止争，而更在于良好社会风尚与理想价值的正义性引领。因此，在保障数据科技的前行中，基于数据科技可能的伦理风险，通过具体法律规则的方式来体现伦理底线是对人类明天的佑护。然而，法律的设定与伦理要求似乎并不同步。"不授权即不可用"是许多 App 运营商的恶行。现实中，作为基础的《网络安全法》《个人信息保护法》所载的"用户同意即合法"有给平台运营商背书之嫌，如《个人信息保护法》第 13 条第 1 项规定，取得个人的同意，个人信息处理者方可处理个人信息。这是一个创新的时代，又是一个破坏的时代，同时更是一个因风险而需要变革的时代。算法、网络、数据、人工智能正在刷新我们对时间、空间、位置、情感、信任与正义等的感觉与定义。人们引以为傲的平等、自由、公正等信念正遭受严重的挑战。"当今法律体系是在工商业革命进程中不断发展而来的，当它遭遇智能互联网所带来的双层空间、人机共处和算法主导的生活场景时，必然会出现某些难以适应的困境。"[③]数据科

---

① 〔法〕卢梭：《论科学与艺术》，何兆武译，商务印书馆 1963 年版，第 11 页。

② 张燕：《风险社会与网络传播》，社会科学文献出版社 2014 年版，第 35 页。

③ 马长山：《智能互联网时代的法律变革》，载《法学研究》2018 年第 4 期，第 23 页。

技伦理的强法律应对是这个时代的使命。

三、数据科技伦理法律化的路径思考

（一）伦理法律化的前提

在人类知识体系的建构中，逻辑拷问是保证一致性、合理性与严谨性必需的哲学性方法论。数据伦理法治化的逻辑是什么？任何事物从无到有、从始至终都存在一个规律性的生命周期，那么应从哪个点来切入数据伦理的法治化才能体现风险控制效率最优呢？此外，法律的创制是以人性恶为基点，而伦理则以人性善为依归，抽象的善恶如何具体化？诸如此类的困惑都是法治化中必须解构的范畴性问题。

伦理事关人与人、人与物之间以善为轴心的关系建构。在法律演进中，伦理突出的价值是为现代科技的创新划出了不得逾越的边界与红线。泛互联时代，虽然对于究竟是人控制了数据，还是数据控制了人，在各种研讨中，人们并不以为然，但是由于人自身的缺陷及机器智能的升级，人与智能工具之间的关系陡然复杂起来。"人类，既是使用者（受益者），又是被分析的对象；人工智能，既是服务于人类的工具，又是对人类（行动）的分析者。于是，人工智能在我们眼中，始终还是工具，但我们在人工智能的眼中，就变成了数据。"[1]大数据时代，算法是什么？这是一个必须正视的问题。有

---

[1] 陈景辉：《人工智能的法律挑战：应该从哪里开始》，载《比较法研究》2018年第5期，第144页。

人认为:"在人工智能时代,算法就是法律。"① 面对类似的逻辑混乱,法律人必须进行旗帜鲜明的反击。在这种反击中,必须准确无误地明确算法与人、算法与伦理、算法与法律之间的关系。利益可分为私人利益与公共利益。在法律上,则表现为权利与权力,而伦理则囊括了这两方面的内容。在科技伦理法治的条件上,应重点考虑以下因素:

一是底线约束。科技是否需要伦理约束,这并不存在分歧。实际上,当下科技伦理难题的根本原因在于利益的多元与对立。基于此,底线思维至关紧要。数据科技之所以要讲究伦理,其目的在于维护人类最基础的生存与繁衍诉求,在于实现人类团结、友善、互助、友爱等人性目标。如果数据科技突破了人类和睦共处的底线,如"人肉搜索""随意吃瓜"、数据滥用等,使人自身的人格迷茫、安全感丧失、人与人时刻处于"战争状态"等,那么就有必要将数据科技的伦理法律化,从而恢复人本位、人与人、人与环境等之间应有的正义关系。

二是以保障私人权利为伦理法律化的基础。若伦理要求并不能产生良好的约束效果,其结果就可能是对他人权益的侵犯。"任何不道德都能危害社会,而实际上通常也都或多或少如此,这就赋予法律发言权,而决不能置若罔闻。"② 客观上,从倡导数据科技伦理到高强度的法律化之间还隔着很长的一段距离,但是数据科技对

---

① 〔美〕劳伦斯·莱斯格:《代码2.0:网络空间中的法律》,李旭、沈伟伟译,清华大学出版社2009年版,第6页。

② 〔英〕帕特里克·德富林:《道德的法律强制》,马腾译,中国法制出版社2016年版,第21页。

伦理的挑战已严重冒犯私人利益，影响人们对自由、平等、安全、幸福等的美好预期。"法治所要求和禁止的行为应该是人们合理地被期望去做或不做的行为。"[1] 维护人的主体地位与尊严、确保大数据时代个人隐私不被他人时刻窥视与不法使用、确保资产安全、使人不痴迷于智能化机器中而不自知等，是当下合理的权利预期。

三是兼顾公共利益保护。虽然公共利益仍是一个莫衷一是的概念，但通识是，公共利益中包含着私人权利与利益，强化公共利益也能实现对个人权益的保护，并实现私益与公益的平衡。数据科技所产生的挑战不仅表现为对私人利益的侵犯，而且人工智能泛化所导致的主客体关系的模糊也说明，这是一个深度关涉公共利益的问题。"数据人"使人被深嵌于数据之中，人工智能正在破坏人与机器之间的主从关系，"我们都正在面对被我们的造物完全取代的未来"[2]。伦理法律化已是迫在眉睫。"道德要求在转化为强制性法律规范时，除应满足于基本道德范畴的条件外，还应考虑违背这一道德要求的行为是否对他人权利或公共利益造成了侵犯。"[3]

四是应体现可行性。法律泛化是逆法治的表现。在社会治理中，法律不能强人所难。如果违背这一原则，其后果不仅是有法难依，而且也会直接影响人们对法律的确信。"仁慈总是自由的，不能被强求，仅仅由于缺乏仁慈不至于受到任何惩罚，因为这并不意味

---

① 〔美〕约翰·罗尔斯：《正义论》，何怀宏等译，中国社会科学出版社 2001 年版，第 235 页。

② 〔美〕约翰·马尔科夫：《人工智能简史》，郭雪译，浙江人民出版社 2017 年版，第 86 页。

③ 吴俊、王璇：《道德要求转化为法律规范的基本条件论析》，载《伦理学研究》2020 年第 1 期，第 46 页。

着要实际作恶。"① 事实上,伦理法律化也是在挤占公民的自由空间,这势必也会触发人们的憎恨与怨愤,从而悖于法律和平、秩序与稳定等目标。是故,在数据科技伦理法律化中,必须适度平衡法律与伦理之间的抵牾,必须考虑人们对伦理法律化的接受程度与可行性。

(二)数据科技伦理法律化的现实进路

"在我们这个时代,每一种事物好像都包含着自己的反面。"② 虽然数据科技给自由与发展提供了助力,但是它也给压抑自由、阻滞发展、模糊人格与人性等提供了可能。法律为社会治理之利器,但是伦理更是人类生息与共存之标杆。人们对美好生活的向往为数据科技治理中的伦理与法律的耦合提供了应然的逻辑,但是除了前述的抽象指引外,如何使法律能恰到好处地体现数据科技的伦理精神,这是一个试错性的实验问题。

1. 确立人本主义思维

人之所以为人,就在于人的本位、独立与尊严。当被抛入这个世界时,人究竟处于一种什么样的位置,是严格服从于外在的必然性? 还是以人为中心将世界作为意志与表象? 这是一个人怎样认识自己存在的哲学问题。远古时期,人们认为,神才是世界的主宰,才是人生存在的出发点与归宿。在从理性自由步向意志自由中,"我思故我在"开启了人类中心主义的主体性哲学,而这也表

---

① 〔英〕亚当·斯密:《道德情操论》,余涌译,中国社会科学出版社 2003 年版,第 84 页。

② 〔英〕以赛亚·伯林:《卡尔·马克思:生平与环境》,李寅译,译林出版社 2018 年版,第 244 页。

明，在这个世界中，人才是世界的意义与中心，是人为自然立法，而不是相反。实质上，如何准确摆正人的位置不仅是一个高深的哲学问题，而且更可延伸为法律问题，或者说，所有法律关系的设立、变更或消灭，利益的取得、占有、保持或丧失等都是围绕人而展开，无论这里的人是自然人，还是人造的法人或其他非法人组织。也正因为如此，"人格尊严是一般人格权的基本内容之一，也是一般人格权三大利益中最重要的利益……所谓人格尊严，即把人真正当成'人'"①。

人格尊严是整个法律体系的核心。然而，数据科技使得这一核心价值面临坍塌的风险。在我们论及区块链时，人们显得十分乐观，如"区块链本质上是一个去中心化的数据库……由于巧妙的设计并辅以密码学和共识算法，区块链实现了数据库历史记录的不可篡改"②。为了分享与交流，互联网忠实地记录下了人们在网络中的一言一行，使片断的信息成为整体。"我们正处于一种不断变化但却日趋精密的被监视状态中。事实上，现在我们的一举一动都能在某个数据库中找到线索。"③ 如果说数据不可篡改、去中心化及人的行为从随意性变成可预测性代表了网络与大数据的优势性，那么这些所谓的优越也反衬出了新技术可能对人格尊严的剥夺与侵蚀。人不可能圣洁无瑕，是人都会犯错，而知错能改，善莫大焉。网络社会中，当事人不享有适度的被遗忘权与更正权是对人性的苛求。

① 王利明等：《民法学》，法律出版社 2015 年版，第 179 页。

② 徐忠等：《金融科技发展趋势与监管》，中国金融出版社 2017 年版，第 4—7 页。

③ 〔美〕阿尔伯特·巴拉巴西：《爆发：大数据时代预见未来的新思维》，马慧译，北京联合出版公司 2017 年版，第 11 页。

由于网络是兢兢业业的"史官",每个人都毫无保留地裸露于机器及掌控机器者面前,惶惶然于机器与他人的监控之下。大数据也使得法律正义体现为不是因为做了什么而要遭受处罚,而是因为将要做什么而遭受处罚。

国家的产生是源于人类共生共存的需要,去中心化能否保证安全、自由与秩序值得审视。网络、数据、科技并不会使人格得以升华,相反,人格尊严与独立会渐行渐远。人及人类将要走向何方?科技文明下,这是一个非常沉重的话题。"我们都能理解技术会产生生态后果,技术自由终究是一个生态事实。"[①]现代化危机不仅可能使人类最终无家可归,而且也会使人在这个世界中最终失去自己的位置。在数据科技伦理治理中,为了防止技术性迷途,就必须时刻坚守以人为本的法律伦理化底线,如日本于2019年推出的《以人为中心的人工智能社会原则》就开门见山地表明了这一人本立场。

2. 确立伦理性的权力观

如果法律是一种语言性的存在,那么就必须遵从"语言是存在的家"这个哲学命题。既然法律存在于语言之中,那么如何对当下法律体系中的"权力"语言进行与时俱进的解释也是数据科技伦理法律化中必须精雕细刻的基础性问题。在既有认知中,法律代表着强制力,为一种有组织的威胁和抵制。如凯尔森认为,法律为一种有关人的行为的强制性秩序,国家只不过是强制规范的总和。[②]基

---

① 〔德〕尼克拉斯·卢曼:《风险社会学》,孙一洲译,广西人民出版社2020年版,第106页。

② Hans Kelsen, "The Pure Theory of Law and Analytical Jurisprudence", *Harvard Law Review*, Vol.55:44, p.33(1941).

于法律人对权利与权力的理解，法律关系也随之被分切为民事、行政与刑事关系。在权力关系中，主体一方必须为国家有权机关。虽然权力是权利的另一种表达，但是为了防止权力之害，在伦理上，人们对权力始终保持高度戒备，权力导致腐败，绝对的权力导致绝对的腐败。"抽象的权力也许可能是高尚的、公正的、无私的，而现世的权力必然是偏私的、压迫性的，或者说是罪恶的。"[①]虽然数据企业属于民事主体的范畴，但是如何定位其对市场、社会、用户"说一不二"，甚至对国家的决断力，这需要法律审慎。

权力是什么？在权力格局中，究竟是为了学科体系的齐整，竭力固守传统的权力观而裹足不前，还是直面数据科技的挑战而吐故纳新，这需要高瞻远瞩与深思熟虑。数据经济中，"二选一""大数据杀熟""数据壁垒""数据割据"等是否为另一种弱肉强食的权力呢？"从政治学理论的视角来看，大数据既是一种权力范式，也是一种权力叙事，它遵循权力的逻辑，不断生产、重塑和支配的政治经济社会关系。"[②]实质上，算法正在摧毁传统的"权力—权利"体系，它正悄然地侵蚀正义、平等与自由。"算法权力正在逐渐形成一种准公权力，使得传统的权力格局发生了权力主体中心化、权力作用范围的延展化和权力互动的双向化之变迁，改变了原有的权利—权力格局。"[③]

---

① 〔法〕邦雅曼·贡斯当：《论社会制度与政治》，石磊译，中国商业出版社 2017 年版，第 10 页。

② 林奇富、贺竞超：《大数据权力：一种现代权力逻辑及其经验反思》，载《东北大学科学报（社会科学版）》2016 年第 5 期，第 484 页。

③ 郭哲：《反思算法权力》，载《法学评论》2020 年第 6 期，第 33 页。

妥协与平衡事关和谐、稳定与安全。在数据治理中，为了防范算法"权利"下的权力性暴力，必须基于权力的伦理，对权力进行综合性的解释，即并不必然将"国家意志"作为权力的标签，而改成将"强力意志"作为权力识别的标准。"权力乃是这样一种可能性，即处于某种社会关系内的一个行动者能够不顾抵制而实现其个人意志的可能性，而不论这一可能性所依赖的基础是什么。"① 鉴于传统的法律理论与法律机制已难以应对人工智能所产生的科技性风险，为了防止社会分崩离析与正义塌陷，就必须对权力进行中性的再造，而将控制力、影响力、意志力、选择力等强力特征作为权力及其体系重构的伦理标识。

3.代码植入法律化的伦理要求

在计算机的系统与计算运行程序中，代码是完成预定指令最底层的技术架构与现象。客观上，代码既是数据开发与利用的规范，同时也是急需治理的技术力量，因为代码体现的不仅是技术，更是决定了利益分配、风险程度、正义实现与政府治理。随着代码技术在社会学科中的渗透，有人在信息法概念的基础上，主张代码法律说。"尽管代码即法律具体表达各不相同，但其核心特征是利用代码来定义人们需要遵守的规则。"② 代码是网络安全、隐私保护、数据共享与数字经济等的源头。在信息科技中，代码具有原始性的规范力，不同的代码意味着不同的计算、风险与挑战，具有隐秘性与

---

① 〔德〕马克斯·韦伯:《经济与社会(上)》，林荣远译，商务印书馆2004年版，第81页。

② 赵蕾、曹建峰:《从代码即法律到法律即代码》，载《科技与法律》2018年第5期，第8页。

专业性，对人类的行为具有潜移默化的塑造与控制力。虽然代码是信息工程师的"游戏积木"，但是代码应服从于法律安排，同时必须遵循技术伦理的要求，因为"代码毕竟不是真正的法律……仅有社会学上的有效性，而缺乏法律和伦理上的有效性"[①]。

　　科技风险存在巨大的不确定性，预防原则应是法律创新的重点。为了防患于未然，必须居安思危地在代码研发与编写中植入法律性的伦理规则。有学者提出："计算机专业人士在软件开发过程中，应认真落实诚实、尊重、专业胜任、公正、适当关怀、效果、效率及无偏见等八个伦理原则。"[②]"应在操作算法之外，设置另一套独立于操作算法的监控机制，以对操作算法的具体工作进行防控。"[③]代码即规范与权力，是数据科技的基础。在重塑社会治理、经济发展模式及人际关系中，代码的作用举足轻重，而这也表明代码已是人类生活中不可缺少的部分。法律调整是对现实关系的反馈。除了针对代码"出生"设定伦理规范外，还必须通过制度化的方式对已存在的代码进行伦理性的筛查与复检。"机器学习已经广泛应用于恶意代码检测中，并在恶意代码检测产品中发挥了重要作用。构建针对恶意代码检测机器学习模型的对抗样本，是发掘恶意代码检测模型缺陷，评估和完善恶意代码检测系统的关键。"[④]代码控制的

[①]　许可：《个人信息治理的科技之维》，载《东方法学》2021 年第 5 期，第 64 页。

[②]　〔美〕特雷尔·拜纳姆、〔英〕西蒙·罗杰森主编：《计算机伦理与专业责任》，李伦等译，北京大学出版社 2010 年版，第 97 页。

[③]　A. Etzioni, O. Etzioni, "Designing AI Systems That Obey Our Laws and Values", *Communications of the ACM*, Vol.59(9), pp.29—31(2016).

[④]　闫佳等：《基于遗传算法的恶意代码对抗样本生成方法》，载《电子与信息学报》2020 年第 9 期，第 2126 页。

目的在于检测是否存在数据无节制挖掘的风险、是否存在信息安全漏洞、是否窥探隐私及对人行为控制的影响等。

4. 构建系统性的事中数据伦理法律治理机制

科技伦理治理是一个闭环性的体系工程。除了法定的伦理规范外，还必须将行业自律、内部治理、执业许可及职业伦理培育等纳入体系中，从而形成一个政府与社会、个体与企业、企业与行会共治的格局。在风险社会中，为了应对信息技术危机，信息行业组织也开启了伦理自治，如早在1972年美国计算机协会即推出《计算机协会伦理准则与专业行为规范》。1999年，该协会又与电气电子工程师协会联手发布《软件工程师职业道德规范与实践要求》。早在2002年，我国计算机行业协会就出台《中国互联网行业自律公约》，并倡导"积极发展、加强管理、趋利避害、为我所用"的基本路线。

为了防止数据伦理要求的纸上谈兵化，还必须通过"硬法"对"软法"进行提质。基于此，必须要求数据平台企业在内部设立数据伦理委员会，以专司对数据技术开发、数据传输、数据存储、数据处理与使用的合伦理性审查与处置。此外，在计算机执业认证中，加入计算机伦理的知识与水平测试。在这一点上，信息系统安全师认证（CISSP）的做法值得推崇。作为国际上最权威的注册认证，除了考察申请者的专业技能、法律、政策等常规知识外，还专门对伦理等职业操守提出要求。国民素质对于文明国家建设的意义不言而喻。科技发展的目的并不是要将人变成唯利是图的经济动物，而是使人在物质与精神上更加富足与文明。因此，除了掌握网络与大数据等新知识外，国家、社会、企业与学校等都有义务与职责脚踏实地去开展数据伦理的启蒙与再教育，使人知晓网络、科技、数据、平台等都必须恪守的伦理底线，并理性地认识到，数据科技并不是要将人变成数据的傀儡，不是要将数据科技变成控制人、侵犯他人权益的工具，而是服务于人类对真善美的追求。

四、结语：不忘科技的初心

卢梭曾言："人生而自由，却无往不在枷锁之中。自以为是一切的主人，反比一切更是奴隶。"[①] 理论上，人类科技文明之义在于自由、富足、安全、尊严等生存的核心价值。基于这一视角，科学与技术联袂的动因在于"人"与"人性"，人才是科技的中心。没有人的世界注定是荒凉、凄惨与虚无。"全部人类历史的第一个前提无疑是有生命的个人的存在。"[②] 人类的功利与短视注定了我们在应然与实然之间总是徘徊不定。客观地评价，在人类的知识体系与制度现实中，应然与实然总是表现出"两张皮"。高深莫测的哲学思考并不必然会成为人类改造世界与制度改良的指南。泛互联、数据统制的时代，如同核裂变般，大到经济发展、国家治理、国际关系，小到市井小民的衣食住行、人际交往等无不面临剧变。数据之下，数据与国家治理者、技术控制者、市场主导者及用户之间错综复杂的关系正在改变"权力—权利"组合的走向。

在这个新时代，变化为一种新常态。数据科技一路狂奔之际，我们是否因为可能走得太远，以至于忘记了出发的初衷。人工智能

---

① 〔法〕卢梭：《社会契约论》，何兆武译，商务印书馆 2003 年版，第 4 页。

② 《马克思恩格斯文集》，第 1 卷，人民出版社 2009 年版，第 519 页。

机器的学习能力节节攀升，最终超越人本身也只是个时间问题。到那时，究竟是人控制机器，还是机器控制人？对此，必须未雨绸缪。社会治理中，尽管法律旨在惩恶扬善，但是若法律缺失了以善为中心的伦理导航，法律就可能沦为科技"文明"下作恶的帮凶。初民社会，法律不存，但是在恶劣的生存竞争中，人类胜出依然体现了适者生存与物竞天择的自然法则。之所以如此，就在于道德底线守护了人与人之间的友善、团结与合作。数据治理中，伦理是法律的底线与航标。人是数据模式的创造者，同时更应是数据文明的主宰者。

（本文原载《中国法学》2022 年第 4 期，第 114—134 页）

计算正义：算法与法律之关系的法理建构

郑玉双 [*]

内容简介：基于算法的机器学习在社会应用过程中引发算法歧视、算法黑箱和个人权利受损等实践难题，使得对算法应用的法律监管和规制成为必需。然而，算法时代的首要命题是对算法与法律之间的关系进行界定，并展现算法对法律价值世界的冲击方式。理解算法和法律之关系的道德框架应当突出算法之技术和社会维度的共同善价值追求，并基于算法所产生的正义空间来提炼计算正义的基本内涵。计算正义的概念建构需要从两个问题展开，一是从算法实践中如何提炼出计算正义原则，二是法律如何基于计算正义原则应对算法产生的价值挑战。在计算正义原则的引导下，采取算法与法律之关系的重构模式，能够有效应对算法的价值危机和法律挑战，破解算法的法律规制难题，在智能时代实现算法善治。

---

* 郑玉双，中国政法大学法学院教授。

人工智能带来社会生活的智能化，算法从幕后走到台前，成为法学研究的热点。随着算法研发的发展和成熟，生产、社会生活、商业经营和公共决策等领域越来越多地利用算法来实现特定目标。在美剧《西部世界》中，机器人反抗人类的主要武器在于内置算法的超强学习能力。但在现实生活中，算法的巨大优势并非体现在科幻意义上的人机对决，而是人机协作：银行通过算法处理海量用户的贷款审批工作；个性化推荐算法可以帮助社交平台用户更快地找到自己的兴趣所好，也能帮助服务商精准投放广告；婚恋网站可以借助于算法更快地进行匹配；政府可以利用算法快速地进行审批。尽管距离社会生活的全面计算化还有时日，将我们所处的时代定义为智能时代或计算时代则毫不夸张。

目前学界研究大多基于回应型规制模式探讨如何对算法应用进行规制，但对于算法与法律之间的规范关联关注不多。本文尝试从法理学视角来理解算法与法律的关系并构建应对算法挑战的恰当路径。首先，算法的真正社会挑战在于社会生活和实践的计算化，其本质是计算正义问题，即如何从正义原则来引导新兴科技对社会和法律的重塑。其次，法律是权威性的社会规范，算法是执行指令的计算程序，二者在功能和社会价值上存在很大差异，但随着社会生活的计算化进程加速，在计算正义原则的价值指引之下，法律与算法产生共生关系。算法无法替代法律，但算法充实了法律的正义空间，且能够发挥制度性辅助角色。最后，算法应用的确带来了全新的法律挑战，包括隐私保护乏力、算法黑箱难以破解、自动化决策与程序正义的张力等。解决这些挑战的恰当路径是采取算法与法律的重构模式，通过将算法创造的价值空间与法律实现深层互动，从而提炼算法应用的伦理准则，为我国法律实践中的算法规制提供指引，以实现算法善治，为数字时代保驾护航。

一、理解法律与算法之关系的道德框架

（一）算法：通过计算实现基本善

尽管人们常常把人工智能与算法并列，但二者略有不同。人工智能强调的是运用机器学习原理承担一定智能分析任务的系统，而算法是贯彻在人工智能系统中执行特定指令的程序。人工智能在语音和图像识别、地图导航等场景中发挥着越来越重要的作用，从社会功能角度，是人工智能系统在承担这些重任。从技术原理来看，人工智能系统背后是计算机专家所开发的各种算法处理和分析海量数据并在特定场景中应用的过程。在实践中人工智能应用与算法并不严格区分，但算法规制的研究者所强调的是在数据分析和转化利用中发挥作用的算法，所以其法律问题不同于人工智能的设计开发者是否应当为人工智能所造成的侵权承担责任等。

算法的内涵有技术和社会两重意义。算法的技术意义并无太大争议，算法是一种计算方法，通过计算公式得出确定的结果。算法的社会意义则受制于科技发展水平和社会语境，计算机的发明和网络传输技术的提升使得大数据收集成为可能，在此基础上，算法通过对海量数据的深度学习可以实现自我更新和升级，最后形成更为成熟的算法。网络服务主体开发利用特定算法（决策树、贝叶斯算法等）并服务于社会公众，比如信贷机构、网约车、社交和外卖平台等。政府也发挥自动决策的优势，运用算法决定行政审批，包括公共资源审核、假释评估等。

算法的社会应用类型广泛，目的多元，追求效率、便捷和产能提升等，但算法在根本上服务于基本善，所以可以说算法是实现基本善的工具之善，其目的是促进个体美好生活和社会福祉。信息伦理学的开创者维纳认为人们"为了蓬勃发展，需要基本的推理、思考和学习，以最佳的状态产生灵活的、创造性的适应环境的内部信息处理活动和人类选择和行动的许多供选方案"。[①] 基本善的形式也是多样的，它们是道德和法律推理的价值基础，有菲尼斯所提出的生命、知识、社交、游戏和实践理性等，也有纳斯鲍姆所提出的健康、情感、依存等核心能力。[②] 算法首先是人类科学知识的结晶，体现了知识之善和人类充分运用实践理性的能力。算法应用促进了人们追求基本善的能力，改善了人们追求基本善的实践模式。例如，微信作为社交媒体促进了社会交往和互动，视频平台强化了游戏和审美之善。人们对善的追求形成了政治、经济和社会文化模式，人工智能和算法也嵌入到社会生产和生活形态之中，改变了产业模式和经济格局。[③]

按照菲尼斯的主张，共同善有三重维度。第一，共同善是构成

---

① 〔美〕特雷尔·拜纳姆：《诺伯特·维纳和信息伦理学的兴起》，载〔荷〕尤瑞恩·范登·霍文、〔澳〕约翰·维克特编：《信息技术与道德哲学》，赵迎欢等译，科学出版社 2014 年版，第 14 页。

② 参见 John Finnis, *Natural Law and Natural Rights*, Oxford University Press, 2011, pp.85—89；〔美〕玛莎·纳斯鲍姆：《正义的前沿》，朱慧玲等译，中国人民大学出版社 2016 年版，第 53—54 页。

③ 沈向洋、〔美〕施博德：《计算未来：人工智能及其社会角色》，北京大学出版社 2018 年版，第 18—19 页。

个人福祉和尊严的基本善好，是人们所追求的其他善好的依据。第二，共同善指引实践推理，为人们的行动选择进行辩护。第三，人们追求共同善的过程之中会存在冲突，道德原则和法律制度为人们提供道德指引和制度保障。

共同善为技术发展和应用提供了价值依据，无论算法应用于医疗、公共卫生、社会服务、商业经济还是公共决策，其最终的指向是算法实践过程中社会成员的共同善得以促进和提升，共同善展现了算法嵌入社会生活的技术维度背后的价值域。其次，技术发展和应用是一个复杂的社会协作和博弈的过程，技术开发者、用户和政府之间既存在共享价值追求和利益结构，也因立场、利益取向和社会角色不同而产生冲突，比如互联网平台倾向于最大限度获取用户的信息以实现商业利益，而个体权利极易受到平台的侵害。冲突的存在并不意味着共同善失去了意义。利益冲突、权利侵害和政府规制困境的解决依然需要放置在以共同善为核心的价值域中。法律制度的设计和各方主体之行为边界的划定在共同善所支配的价值空间之中进行，既充实了共同善的价值内涵，也形成了关于社会合作和治理的一系列具体价值原则，如正义、权利和平等。

尽管我们可以从共同善视角对算法应用进行评估，由于算法对社会交往和价值实践方式的革命性冲击及其潜在风险，如何让算法贡献于而非损害共同善，是当前需要回应的迫切议题。首先，算法改变了人们追求共同善的方式，因此也就带来一些特定价值的内涵转变。比如，传统上人们通过阅读新闻报道来获取知识和更好地参与社会，但个性化推荐算法的广泛应用却产生了"信息茧房"，其导致的结果是，个人虽然获取了大量信息，但并未转化为有效知识，而且反而会被这种信息获取机制反向支配,个人自治受到侵蚀。[1]
其次,共同善为法律制度设计提供了价值支持,当人们以法律为框
架参与社会实践时,法律所追求的平等、权利和正义等价值将人们
的选择和行动导向共同善。算法的出现同时对法律框架和其背后
的价值造成冲击,也撼动了法律在社会生活中的规范地位。由于法
律在社会生活中有着独特的制度意义和实现社会价值的特殊方式,
仅仅从功能上理解算法和法律的关系并不足够。算法实践中的乱
象引发对算法进行监管或者对算法规制本身进行法律规制的迫切
需求,但我们不能预设法律在这些目标的实现上一定是灵敏和高效
的。规制理论并不包含被算法重塑的价值世界和法律所内含的价
值世界如何调适的整全理论。

(二)算法不是法律

算法和法律是两个不同的范畴,尽管社会理论家倾向于强化算
法对法律的替代功能,比如莱斯格关于"代码即法律"的夸张表达。[2]
二者在概念结构和社会基础上仍然是两个完全不同的概念。法律
是权威机构制定的行为规范,算法是基于数学原理而设计出来的计
算程式。计算机是按照指令执行特定任务的机器,互联网是通过数
字技术传输分享信息的虚拟空间,算法的应用是在计算机所提供的
操作平台和网络空间中的数据传输的场景建构之下,执行特定的指

---

① 〔美〕杰克·M.巴尔金:《表达自由在数字时代的未来》,敖海静译,载《苏州
大学学报(法学版)》,2021年第1期。

② 〔美〕劳伦斯·莱斯格:《代码2.0:网络空间中的法律》,李旭、沈伟伟译,清
华大学出版社2009年版,第6页。

令和任务。法律的出现是为了解决合作难题，确立人们追求共同善和基本福祉的秩序。算法的社会应用在数据技术的支撑之下全面展开，促进了人类行为的数字化和社会生活的计算化。

算法与法律共同作用于人的实践结构，而且在影响社会决策的问题上日益融合，从而引发算法治理或规制的一系列难题。算法是一种特殊的解决问题的计算程序，算法依靠数据结构，通过特定的计算过程把输入转化为输出。人们需要参与到社会实践活动中，包括改造世界、交易活动和文化创造，计算是对实践活动的理性化和信息化展现。举例来说，金融活动是基于信用的资本流通，计算是将海量金融活动的信息化和数据化，通过对每笔交易的客户、地点和数额等进行分析，展现某个银行或地区的金融活动状态。金融活动古已有之，但金融活动的计算化和数据化是新兴事物。接下来的发展趋势是，社会实践活动的计算化，通过对实践活动过程——几乎所有的实践形式，购物、出行、社会交往和政治活动等——进行数据化。

社会生活的计算化和算法与法律的融合产生了三方面的难题，在很多研究者看来，算法的广泛应用会带来一定程度的社会危机和治理困境。

第一类是监管难题。社会生活的计算化改变了传统概念的内涵和社会理解，算法对社会生活的"入侵"使得隐私、自主和平等等概念变得模糊不定。运营商对个人数据的收集借助于算法而变得易如反掌，通过算法监测用户的举动也成为技术常态。社交平台收集用户信息并进行画像，定向推送广告，网络服务提供者运用数据进行特定的数据分析或者实验。

第二类是价值难题。从效用上看，算法具有巨大的社会利益。在商业领域，算法可以快速精准地判断市场商业需求。在公共领域，算法也潜力无限，"而算法决策对于建构性规则在作为证据和价值指引层面的作用得以增强，从而有助于规则的统一，并可以为立法提供依据"。[1]但从价值角度来看，算法引发一定程度的价值危机。算法一方面改变人的主体性理解，赋予人的自由、自主选择和决策以新的内涵，同时也在实践中引发固化歧视、侵犯隐私的担忧，构成对人之尊严的威胁。[2]再以算法黑箱问题为例。算法黑箱的难点在于算法决策过程完全由机器根据特定函数进行运转，人力无法干预，更无法解释算法运转的内在原理。[3]但我们需要对算法的价值难题保持清醒的认识，算法本身是技术应用程式，其价值问题本质上是算法设计者和使用者利用算法损害某些价值。

第三类是归责难题。算法应用必然伴随着法律责任配置，以防范风险和实施救济，"对算法应用所引致的风险设置一定的责任结构，是算法规制必不可少的制度设计"。[4]随着人工智能的广泛应用，其侵权问题也成为一个理论难点。人工智能的风险之一是算法侵权的救济途径难以确定。一个典型的例子是自动驾驶汽车致损的责任认定问题，汽车生产厂家、算法设计者和车主应该如何划分

---

[1]　陈姿含：《公共领域算法决策的几个问题探讨》，载《理论探索》2020年第3期，第114页。

[2]　洪丹娜：《算法歧视的宪法价值调适：基于人的尊严》，载《政治与法律》2020年第8期。

[3]　丁晓东：《论算法的法律规制》，载《中国社会科学》2020年第12期，第142—145页。

[4]　苏宇：《算法规制的谱系》，载《中国法学》2020年第3期，第174页。

责任，是自动驾驶汽车进入市场之前应该解决的问题。此外，算法歧视的救济也是一个复杂问题，特别是在公共决策之中，如果一个人因为性别或学历而受到自动化行政决策的不同待遇，他是否能够向政府主张救济？

　　这些难题的确引发人们对算法应用和算法权力的担忧，所以理论和实践之中都迫切要求对算法进行制度和伦理约束，算法透明是对算法进行监管的主要实施标准，而很多学者主张对算法进行解释则是实现透明和打破黑箱社会的重要途径。然而，如果关于算法与法律的两个前置性问题没有解决，算法监管或权力制约可能会错失重点。第一，算法权力概念需要放置在社会正义框架之中进行分析，如果算法具备了一定的公共权力形态，那么需要借助于社会正义原则对算法权力的边界及异化可能进行价值评判和划界，算法引发的正义问题建构则需要剖析算法在何种意义上重塑了社会互动方式。第二，算法监管和归责等问题需要在法律框架之中进行，但算法监管实践中出现了大量棘手问题，比如"大数据杀熟"是否构成价格歧视，算法决策是否会危及人的自治价值，或者算法能否得到充分地解释。

二、计算正义的内涵与法理层次

（一）计算正义的提出

　　在理解法律与算法之关系及如何通过法律来回应算法的问题上，共同善是价值基础和规范背景，计算正义则是从共同善导出的制度美德和法律规制依据。计算正义是正义原则在算法实践中的体现，是人的社会合作和创造活动被计算化过程中所应遵循的价值准则。学界探讨过数字正义、数据正义和算法正义，计算正义则具有更为丰富的内涵。数字正义或数据正义更多地强调数字化技术所构建的数字世界如何解决纠纷，特别是借助于信息技术和数据处理能力而提高司法的效率和公平性。[①]算法正义则针对算法这一新兴事物在现代世界中的角色而确立合宜的制度功能，以充分发挥算法的社会功效，典型的争论是将算法作为商业秘密，还是作为新兴知识产权形态而赋予其专利。[②]计算正义不仅关乎如何对算法进行法律定位，更针对社会生活借助算法而实现的计算化和数据化而产生的正义空间。

计算正义包含着两个维度，第一个维度是价值意义上的。算法冲击了传统的价值世界，政治决策、商业决策和个人生活因算法的参与而更新了价值实践方式，比如自动化决策压缩了执法权滥用的可能性，但同时也消除了执法主体与相对人的商谈空间。个性化推荐给个人生活带来便利，但会产生隐性歧视。算法冲击了价值世界，同时也产生新的价值形态，比如人的存在形态从生物体转向智能体，人的瞬时记忆、决定和行动轨迹都可以以数字化的形式永存，这在前算法时代是难以想象的。计算正义包含着如何理解这些价

[①] 〔美〕伊森·凯什、〔以〕奥娜·艾尼:《数字正义:当纠纷解决遇见互联网科技》,赵蕾等译,法律出版社 2019 年版,第 244 页;单勇:《犯罪之技术治理的价值权衡:以数据正义为视角》,载《法制与社会发展》2020 年第 5 期。

[②] 李晓辉:《算法商业秘密与算法正义》,载《比较法研究》2021 年第 3 期;张吉豫:《智能时代算法专利适格性的理论证成》,载《当代法学》2021 年第 3 期。

值的新兴实践形态及解决价值冲突的一般准则。但算法作为一种技术，其本身并不包含正义的元素，计算正义的提炼需要从算法实践与价值世界的互动之中开展。特别是在算法对传统价值产生冲击而需要对算法进行价值定位时，我们不能因为算法对某种价值构成威胁而否定算法，而是在算法所创造的新型技术空间和价值世界自身的动态诠释空间之间进行对应，建立一种促进共同善之更好实现的公允方案，这正是计算正义的题中之义。

计算正义作为理念，需要落实到具体制度实践之中，也需要法律实践充实其内容，因此其第二个维度是制度意义上的。正义体现在社会生活的方方面面，但只有通过法律的规范性实践才能以阐发计算正义的具体内涵，并展现其统合法律价值世界的能力。正义是法律的基本价值追求，既在法律自身得以体现，比如司法正义，也是法律在社会实践中的目标，比如环境正义、税收正义等。由于算法和法律的深度互动，计算正义既在算法的公共功能中得以体现，也在算法实现社会功能所受到的法律约束中发挥实质意义。

根据前述讨论，我们可以对计算正义的内涵做出初步界定。算法服务于人们追求和实现共同善的目标，但由于算法实践的多元和不同主体之间的利益冲突，需要以共同善为基础确立计算正义在算法实践中的价值统摄地位。计算正义对算法实践和价值世界之间碰撞进行整合，并引导算法以融贯和公允的方式追求共同善，而非满足某一方群体的利益。由于算法与法律在功能和价值上不断整合，因此计算正义需要在制度上落实，并且也需要从法律实践之中加以提炼。

（二）算法的正义空间

计算正义的概念建构需要从两个方面展开，一是从算法实践中如何提炼出计算正义原则，二是法律如何基于计算正义原则进行自身的调整。本节首先关注第一个问题，即算法实践如何与正义相关，及其正义属性在算法引发的各种社会和政治争论中的意义。计算正义只有在智能时代才具有意义，智能时代与传统技术时代的差别在于，数字技术的应用不断重构社会实践模式、交往方式和正义空间，而传统技术，比如电力、计算机技术只是改善人们参与社会实践的能力。能源开发与利用不会引发人们对自主性受限的担忧，但算法进入公共空间就意味着对自主的促进或制约。法律指引人们的行为，算法塑造了人们的观点，计算正义是在算法应用所产生的意义空间与法律公共实践的价值空间之间的碰撞的背景下，为了维护和促进共同善而建构的一系列价值原则。正义空间的构建和计算正义原则的提出是全面地理解算法挑战的理论前提。

罗尔斯在虚拟的无知之幕下，将社会合作和政治生活的公平构建为正义价值的核心。[①] 对正义的理解包含着正义环境和正义价值的要核。计算正义同样也包含正义空间和计算正义的核心价值两个方面。正义空间不同于正义环境。正义环境是确立正义以实现合作的充满不确定性的原初状态，正义空间是在既有正义环境之中形成的需要重构正义内容的不确定性社会状态。算法产生了新的

---

① 〔美〕约翰·罗尔斯：《正义论》，何怀宏等译，中国社会科学出版社 1988 年版，第 12 页。

正义空间，虽然既有的公平等正义原则可以对算法应用做出评价，但并不足够。搜索引擎的出现带来了人们享受知识之善的巨大突破，这满足了正义的要求。然而，搜索引擎在带来知识革命的同时，也通过不透明的算法机制重塑人们的观念和行动，甚至影响政治决策时，算法就产生了一个新的正义空间，正如帕斯奎尔所讲的，"搜索引擎的秘密运作机制深深地影响着我们的世界观"。[①]

理解算法的正义空间需要从两个方面进行。一是展现以算法为代表的新兴科技的社会意义，二是确立对算法进行价值分析的方式。计算正义的提出是对新兴科技的法律挑战的回应，解决算法各种规制问题的努力也是为了让社会进步与新兴科技发展良性互动，避免科技风险的扩张和人文危机的深化。

第一，以人工智能为主导的新兴数字科技在发展形态和技术逻辑上与传统科技存在很大差异，但既然都是科技，那么就都会共享技术的哲学本质，在价值意义上也会分享一些基础性的价值原则。正如布莱恩·阿瑟所阐述的，技术是一种函数，是改造世界的进化性力量。[②]数字技术渗入社会生活的能力不断迭代，新兴科技与社会形成粘合，很难分辨算法的技术意义与社会意义。算法的多重属性是算法实践引发分歧的重要原因，基于正义原则，算法与社会的互动需要采取一种诠释性方法进行算法的社会意义评估。互联网巨头借助算法创造出几十亿人深度参与的信息工具和社会互动平

[①] 〔美〕弗兰克·帕斯奎尔：《黑箱社会：控制金钱和信息的数据法则》，赵亚男译，中信出版集团 2015 年版，第 112 页。

[②] 〔美〕布莱恩·阿瑟：《技术的本质》，曹东溟、王健译，浙江人民出版社 2014 年版，第 54 页。

台，一个小小的算法更新都可能会影响几亿人的生活，而互联网巨头可以轻而易举地使用平台来达到他们的目的，甚至形成霸权，深刻影响社会格局。①

　　算法权力与传统权力的最大不同在于算法秉持技术理性，而政治权力则追求道德理性和正当性。当政府借助算法进行规制的时候，算法的技术理性与道德理性会发生碰撞，产生不对称和失衡。②在这个正义空间中，技术推理与道德推理同时进行才能确定算法参与的正义属性。权力实践包含着权威裁断与答责（accountability）两个方面，作为权力实施者的人在权力实践中依照政治目标和利益判断改变权力对象的行动理由，权力实践者在正当权威结构中对其决策承担责任。③算法权力的独特性在于通过技术理性主导决策过程，既不同于传统的权威关系，也没有一个清晰的答责架构。算法权力产生了失衡的治理关系，算法使得社会朝向技术理性支配、商谈理性空间限缩的计算化和非可逆的发展形态。④纯粹技术或者社会的视角都不足以揭示这一失衡的本质。如果按照权力行使的一般原理，显然算法权力的行使是一种异化，但是在计算正义的框架之下，不能以静态眼光看待算法权力，而是应该面向数字科技本身以及信息社会未来的发展可能性。

　　第二，价值分析是理解算法之正义空间的主体内容，人机协作带来了新的价值问题，人工智能的价值评判是当前困扰学界的一个

---

　　① 陈鹏：《算法的权力：应用与规制》，载《浙江社会科学》2019 年第 4 期，第 55 页。

　　② 周辉：《算法权力及其规制》，载《法制与社会发展》2019 年第 6 期，第 118 页。

　　③ 吴玉章：《法律权力的含义和属性》，载《中国法学》2020 年第 6 期。

　　④ 郭哲：《反思算法权力》，载《法学评论》2020 年第 6 期。

难题。一方面，人工智能带来巨大收益，将大大促进人类福祉。另一方面，社会和政府都对人工智能保持警惕，担忧其未知风险。在传统意义上，科技对法律的冲击体现为规范层面的冲击，比如互联网创造了一个虚拟空间，互联网上的行为逻辑不同于现实世界，所以需要在规范上重新定义网络行为和表达的法律意义，比如将互联网言论视为言论自由的体现。

（三）计算正义原则的提炼

计算正义是社会计算化的价值统摄和人机协作的伦理约束，也是对算法应用进行法律规制的正当性基础。本节采取一种分解策略，首先主张算法实践分为不同类型，所涉及的基本善也存在差异，因此在理论上应当进行不同的讨论。同时，不同算法场景所引发的问题最终都可纳入到计算正义框架之中进行整合，因为计算正义的基本原则能够为算法的价值论辩提供可靠的溯源。从方法论上来看，对算法实践的分解与整合是提炼计算正义原则的互惠性过程，算法实践蕴含着计算正义的质料，计算正义是对算法实践的规范建构和价值提升。

从算法应用的场景来看，算法在商业领域中应用广泛，在公共领域越来越受青睐。网络购物、社交娱乐平台、网约车和信贷领域的算法已经非常成熟，社会信用体系建设中政府部门使用算法对个体信用进行评估是算法的公共决策的典型情形。但相比之下，算法在公共领域的应用仍然受限，主要基于公共职能的民主和合法性维度无法被算法所掌握。公私领域在算法规制上存在差异，商业领域的算法规制偏重对用户私权的保护，公共领域的算法规制则强调受算法影响之个体平等与权利等价值的保障。

　　算法应用过程中暴露出来的主要问题是算法偏见和歧视、算法黑箱和算法公共决策的不透明等。计算正义也围绕这些问题展开，但仍然需要强调计算正义的两个层次。其一，算法应用的技术意义与社会意义纠缠，所以算法产生的实践困境往往是社会走向技术支配的复杂过程的代价，走出这种困境也需要直面新兴科技与法律的关系。其二，算法的实践难题应当从价值角度切入，并纳入到计算正义的价值网络之中。不可否认，未来的算法立法将围绕算法的合法应用范围、算法侵权的救济以及算法监管（比如反不正当竞争）等领域而展开，立法者的重任是为算法应用者确立行为规范，划定行为边界。但算法立法本身是一个将计算正义支配下的立法原则转化为具体行为规范的审议和制度化过程，"立法伦理为算法主体的技术行为提供了内在的制度准则和规范指引"。① 如果没有计算正义原则的支配，算法领域的执法和司法将陷入价值争议泥潭之中。

　　从这两个方面出发，可以将算法实践中的社会担忧提炼为两类正义实践问题。一类是算法在社会正义空间中所引发的价值冲击，另一类是算法参与决策的正当边界。

　　算法的价值冲击首先体现为对人的主体地位的影响和对传统价值的冲击。很多批评者认为，人的主体性是现代性的彰显，算法在一定程度上提到了人的决策，所以影响了人的主体性地位。算法还有一种令人担忧的社会重塑能力，即算法不只是指引人的行为，而在于塑造人的行为。弗洛里迪认为"信息与通信技术，特别是互

---

　　① 金梦：《立法伦理与算法正义——算法主体行为的法律规制》，载《政法论坛》2021 年第 1 期，第 35 页。

动社交媒体对我们的个人身份认同产生了重大影响"。[1]算法机制不只是在评价现实，而是在改变现实，增加或减少人们获得的机会。算法所引发的社会结构的改变也挑战了人的主体地位。在算法的广泛应用下，黑箱社会是不可避免的，甚至是大势所趋，是人类迎接算法时代的代价。人们担心计算时代会带来人文性的丧失或者人工智能支配人类。

算法参与决策的正当边界关注的是算法决策在何种程度上可以引导人们的行为选择。事实上，我们所处的社会生活已经离不开算法的引导。算法决策仍然存在正当性问题，主要体现在算法黑箱问题上。在商业领域，消费平台会基于人们的购买记录和消费习惯而差别定价，这种操作的依据并不透明，消费者也难以察觉。在公共领域，自动化决策引发更多担忧。算法运算过程是高度复杂的，因此是不透明的。公共决策涉及当事人的切身利益，算法的参与必须是可解释的，而算法的不透明性与可解释性之间冲突，如果算法无法解释，则构成对当事人的不公对待，而且可能带来系统性风险。

三、法律嵌入算法：迈向算法与法律之关系的重构模式

（一）算法与法律的重构模式

算法应用越来越广泛，社会规范和制度设计难以提出一种一劳

---

① 〔意〕卢西亚诺·弗洛里迪：《第四次革命：人工智能如何重塑人类现实》，王文革译，浙江人民出版社 2016 年版，第 69 页。

永逸的算法规制方案，但从算法与法律之动态关系的计算正义维度切入，可以形成关于算法规制、算法追责的价值论分析资源和图景。社会实践是复杂的，充满了价值冲突和利益分歧，算法应用在诸多方面加剧了这种复杂性。算法实践所引发的法律挑战和价值担忧，使得对算法进行规制成为必需。学界对算法规制问题做出了较为充分的探讨，但往往采取传统的回应型规制视角，将算法纳入法律监管之中。[①] 然而，规制所承载的回应型法律姿态不足以应对新兴科技的发展步伐，因为从实践来看，科技对法律的重塑效应反而比法律的规制意义更为强烈。也有学者强调科技与法律的互动，在此基础上提出算法治理的理论方案。[②] 但仅突出算法与法律的互动关系并不足够，而需要全面展现二者如何在价值和功能上互相构建。理解算法与法律之关系的更理想模式是重构模式，该模式强调的是法律在应对技术挑战时，应当对自身追求共同善的方式进行反思性重建。[③] 这种模式并非是要改变法律的属性，而是对法律展现其价值意义和实践意涵的方式进行更敏感于技术之社会意义的积极调整。在算法的法律应对上，重构模式可以发挥更为实质的作用和理论指导意义，主要体现在以下两个方面。

第一，在价值上，算法既冲击了传统价值的实践方式，也重塑了价值的呈现形态。算法的社会意义主要体现在决策上，包括公共

---

① 张凌寒：《权力之治：人工智能时代的算法规制》，上海人民出版社 2021 年版。

② 李牧翰：《数字时代下算法滥用法律治理之完善》，载《云南社会科学》2021 年第 3 期。

③ 郑玉双：《破解技术中立难题——法律与科技之关系的法理学再思》，载《华东政法大学学报》2018 年第 1 期，第 93—95 页。

决策和私人决策。决策的主要意义在于为利益分配和社会合作提供方案，引导人们追求共同善。算法追求的具体价值类型有很多，有一些价值是法律与算法共同追求的，比如效率。但二者同时也存在着很多价值差异，比如算法追求决策的客观性，法律则追求决策的公开透明。这些差异会带来实践张力。例如，人的决策会受到认知局限、价值偏好等方面的影响，算法决策则以客观数据为素材、借助海量数据分析引导决策。算法运行是客观的，但也会因为数据的选择、算法的设计而注入偏见和引发歧视。这种歧视并不同于人为歧视，而是一种被计算化的技术偏差。

如果单纯从结果上来判断算法对某个种族或者群体构成偏见，则会忽视算法决策自身的特性。某种实践方式是否构成对价值的损害，并不能按照价值的传统含义来理解，正如隐私的传统内涵是个人空间的私密性不受侵入，但据此不能得出结论说个人手机定位和行踪就不是隐私。合宜的做法是在价值维度上探索算法与法律的重构空间。法律的价值意义具有论辩性，通过对行为选择及其实现的目标进行调整和解释来彰显某种价值，比如赋予每个个体以参与竞争的机会以实现平等。算法的价值意义则是嵌入式的，算法运行的技术逻辑可能是相通的，但适用的场景不同，则其价值意义相应改变。重构模式强调以法律的价值论辩性嵌入到数据世界之中，需要改变的不是算法，而是算法价值的嵌入方式，即在算法场景中充分释放法律价值的论辩性。

第二，算法与法律都对人的行为选择进行引导和塑造，二者在角色上具有一个互惠空间。这一点在算法参与公共决策、司法活动和影响商业决策等方面都能充分体现。如果我们只关注算法的工具意义，则会忽视算法的计算化革命对社会生活的重构意义。尽管收益与风险并存，人机协作是大势所趋。重构模式有助于解释和展望算法与法律共同作用于社会实践的图景。算法在一定程度上发挥着替代法律部分功能的作用，通过重构模式可以确立算法承担这些功能的边界。

算法与法律的重构不是简单的功能融合，因为算法发挥技术功能，而法律发挥规范功能。二者的重构体现在算法对人的行为指引可视为法律指引功能的延伸，但算法的技术价值需要由法律价值加以约束并进行价值整合。这是一项复杂的技术和社会工程，但展现了算法融入法律并拓展计算正义之内涵的开放空间。例如，在司法实践中，算法的应用不只是提高审判效率，也重塑了司法公正观念。[1]算法不只是海量数据处理促进同案同判或者法官说理，而是改变了人们对法律适用的期待，也会更新人们对法律价值的理解。[2]吴修铭认为，机器决策部分替代法官智能会削弱司法的程序公正感，将人们的正义追求和情感认同放置在软件和算法之上。[3]

按照边沁的功利主义观点，法律判断和司法裁判本质上就是一种计算，因此算法会大大提升司法裁判的功能。[4]重构模式无须

---

[1]　孙海波:《反思智能化裁判的可能及限度》，载《国家检察官学院学报》2020 年第 5 期；章安邦:《人工智能时代的司法权嬗变》，载《浙江工商大学学报》2020 年第 4 期。

[2]　Jack Balkin, "The Path of Robotics Law", *California Law Review Circuit*, Vol.6, 2015, p.50.

[3]　Tim Wu, "Will Artificial Intelligence Eat the Law? The Rise of Hybrid Social-Ordering Systems", *Columbia Law Review*, Vol.119, No.7, 2019, pp.2022—2023.

[4]　翟小波:《功利原则简释》，载《河南大学学报(社会科学版)》2021 年第 2 期，第 22—23 页。

采取功利主义立场来展现算法对法律的构建意义。法律的丰富价值世界无法通过功利转化而加以计算，但算法的确可以以计算理性介入法律价值。算法与法律的重构将在多个层面上强化法律的功能和应对技术挑战的积极姿态。这种积极的功能转型代表了法律将迎来最深层次的价值调整，尽管其方向目前仍然不明确，因为算法时代究竟会呈现出哪些最终特征，目前无法定论。一方面，社会必须面对和处理算法实践所产生的各种价值问题，无论是互联网服务中的数据歧视问题，还是雇佣算法中的偏见问题。[①] 另一方面，需要从法律价值角度对算法所带来的透明问题、解释权问题进行剖解，在重构模式之下，确立法律应对算法之挑战的恰当模式。例如，在搜索引擎自动补足算法的应用过程中，该算法会随着技术设计更新、搜索服务商的目标转变、商业模式的社会变革等而不断更新，将向善原则纳入算法运行也成势在必行。[②] 然而，基本善并不能直接进入算法开发和设计过程之中，只有借助于法律关于网络搜索服务的基本定位和算法引擎的商业和公共价值的规范性评价语境之中，才能将基本善以制度化的方式纳入到算法运行的社会维度之中。

法律是政府进行技术规制的重要方式，但法律不只是发挥工具意义，否则法律内嵌的价值维度就会丧失。立法成本、执法压力和法律在应对实践之复杂性上的紧张等都模糊了法律价值判断的

---

① Aislinn Kelly-Lyth, "Challenging Biased Hiring Algorithms", *Oxford Journal of Legal Studies* (March 2021), at https://doi.org/10.1093/ojls/gqab006.

② 张凌寒：《搜索引擎自动补足算法的损害及规制》，载《华东政法大学学报》2019 年第 6 期，第 44 页。

清晰脉络，也增加了通过算法规制解决算法难题的难度。在这个意义上，算法与法律的重构模式超越了将法律作为规制工具的简易方案。从计算正义的角度整合算法应用创造出的新价值域，是算法善治的应然出路。

（二）重新理解算法的法律实践难题

学界对计算正义的关切集中体现在算法不透明和算法权力的扩张之上。所谓的透明性原则和解释权是应对算法决策的不确定性的约束，然而这实际上是权宜之计，主要是因为作为公共决策之基本原则的透明性和解释权对算法决策来说，是非结构性和外在的拘束，因此无法构成真正意义上的限制。这个问题涉及算法应用的技术意义空间与法律或公共实践的制度意义空间的碰撞问题。从宏观上来看，这是技术影响法律价值的展现。从微观上来看，它指向的是由人类理性无法完全掌控且无法做出价值评价的计算过程来影响公共行动，是否能够经得起价值检验。透明性原则和解释权是价值检验的可选方案之一，但并一定是符合计算正义的最佳方案。数字运行所产生的意义空间与法律的价值空间在性质上不同，对二者之间关系的阐述即是算法解释权所针对的对象，但显然这种解释不同于法律解释，也不同于社会解释，是一种新兴的独特解释。因此，算法解释权就成为一个不确定的概念，甚至是无法解释的。①

人们对算法透明的期待容易受到作为公权力之约束的透明原则的影响，然而，二者存在着根本不同。透明原则强调的是公共决

---

① 汪庆华：《算法透明的多重维度和算法问责》，载《比较法研究》2020年第6期，第169页。

策背后的理由的公开性和可辩护性，而算法透明强调的是算法决策的可理解性。[①] 权力实践的透明性指向的是权力对个体利益的影响与决策背后的考量能够达成辩护意义上的一致性和融贯性。但既有讨论对算法透明的追求通常强调的是算法决策和自动运行过程的公开性和可分析性。然而，这个追求在技术上并不现实，在价值上也没有太多实质意义。[②] 从技术上来说，算法的运行过程不可能实现完全公开，即使是专业技术人员也无法实现。从价值上来看，算法透明涉及算法实践的一系列价值争议，如果不从计算正义的视角对算法的社会和法律意义进行澄清，只会产生更多的困扰。

首先，人们对算法透明的情感认同与计算社会必须警惕和回应的"算法黑箱"紧密相关。帕斯奎尔揭示了信息技术的突飞猛进和数字经济的不均衡发展对社会透明度和公众知情权的损害。凯西·奥尼尔也强调了遍布式算法应用会加剧社会的信息黑洞和不公正，比如信用评分、大学排名等社会计算机制，反而会加剧阶层鸿沟和教育不平等。[③] 但是，我们应当客观地看待算法社会或自动化决策所产生的社会消极意义。基于人的主观认知和理性判断而做出的决策并不会使社会变得更加透明，因为人的理性的有限性和专断性显然要比机器更为严重。人们拥抱计算社会的一个重要理由在于，人工智能在特定领域显然比人的智能更具有优势。此外，

---

① Jenna Burrell, "How the Machine 'Thinks': Understanding Opacity in Machine Learning Algorithms", *Big Data & Society*, Vol.3, No.1, 2016, p.5.

② 沈伟伟：《算法透明原则的迷思——算法规制理论的批判》，载《环球法律评论》2019 年第 6 期，第 31 页。

③〔美〕凯西·奥尼尔：《算法霸权：数学杀伤性武器的威胁》，马青玲译，中信出版集团 2018 年版，第 58—59 页。

信用评比、大学排名、个性化营销等所产生的负面效应，并不见得是算法自身的问题，而是现代社会长期以来追求精细化和数字化管理所必然产生的结果，以及资本与国家之关系重塑的观念呈现。

其次，如果算法透明是法律所应追求的一项价值的话，那么我们需要在法律的价值网络中分析算法透明如何与其他价值融贯协调。算法透明是"可问责的算法"的体现，而可问责体现的是算法的权力决策是负责任的，也就是符合可辩护的合理性标准。算法像人的决策一样，也会出现失误，而且也会带来不合理的结果，造成不平等或损害。传统的价值冲突解决方案通常借助于价值重要性的排序，通过法律的理性论辩空间加以回应和落实，正如环境保护与经济发展之间的紧张关系需要通过确立环境权的基础地位而加以解决。

算法应用对价值的社会实践模式产生了重塑，也带来了法律权利归属、法律责任判断和法律运行模式的全面调整。在这种情况下，如果我们只是简单地按照传统的价值观念——比如对平等、自由和尊严等价值的理解——来展现算法的社会内涵和价值意义，并不足够。如果一个学校基于肤色而禁止某个人入学，这显然构成歧视。但决策者把各种变量通过算法进行计算，得出某个群体比另一个群体在特定方面有劣势的做法，是否构成歧视和平等危机，则涉及决策目标、计算变量、算法类型和计算结果的综合评估。一方面，算法的计算结果可能有着歧视的外观，但并非有歧视之实。[①]另一

---

① Cass R. Sunstein, "Algorithms, Correcting Biases", *Social Research: An International Quarterly*, Vol. 86, No. 2, 2019, pp.508—509.

方面，实践中的算法应用确实产生了一些歧视性的计算结果，引发人们的担忧。比如，在搜索引擎里搜索"出色的医生"，结果显示的男性医生会远远高于女性医生。这个计算过程构成歧视吗？从结果上看，当然构成对女性医生的歧视。然而，这个计算偏见的产生并不是因为算法刻意地无视优秀女性医生的存在，而是在社会中根深蒂固的性别偏见被转化为大量数据，经过算法以一种直观性的方式强化了社会偏见。

因此，算法歧视的源头不在于算法本身，而是机器学习所使用的那些数据。机器学习必须使用人类的生活和实践经验中所积累的数据，而计算结果反过来又影响人们的实践。如果没有算法的参与，人类决策和预测也会产生大量偏见。算法影响了偏见产生的方式，主要体现在决策过程的计算化和数据化改变了人们的价值推理方式和道德判断形态，也带来正义评价机制的改变。计算正义旨在揭示这种改变的社会和法律意义。算法应用范围的扩展和具体应用场景的实践积累不断重塑着计算正义空间的结构和道德内涵。机器学习的决策结果与传统的道德判断产生的社会意义不同。人的道德判断具有一个面向实践的开放性论辩结构，比如，男性是否比女性更具有能力优势的判断可以通过道德论辩、价值衡量和实践检验加以辨析。机器学习的技术性知识转化（社会理解转变为数据输入）和复杂化运作（数以亿万级的数据处理）赋予算法决策所承载的道德判断以全新的技术内涵。通过社会规范或者制度安排而表明的歧视性判断与通过计算过程而得出的智能化偏见在本质上是不同的，正如博克所主张的，"算法创造了它们自身的社会事实，当算法对现代商业交易的参与者和实践进行重塑的时候，这些效应变得更加明显，这种应用反而会提升算法输入和处理的透明性"。[1]

在重构模式之下，应对算法歧视或偏见的方案是将法律嵌入到算法实践的正义空间之中，重塑算法应用的社会结构。以算法歧视为例。歧视是基于不能得到证成的决策理由而对不同个体做出差异化对待的做法，歧视的不正义性体现在其决策理由与平等的价值内核相冲突。公正的法律制度应当致力于消除歧视，以彰显平等这一价值。

由于文化观念、制度缺陷和利益格局等社会因素，基于种族、性别和阶层等因素而产生的差别化对待仍然难以消除。算法歧视引发关注和担忧，主要原因在于当前日益广泛的算法应用过程中出现了直接或潜在的差别对待。社会歧视可以通过立法确立平等原则、禁止某些歧视举动和优化社会行动框架来克服，但算法歧视不同于一般的社会歧视。[2]算法的运行将算法设计者或社会公众的偏见加以数据化，其计算过程虽然是智能的，但也是不透明的。人们可以通过道德论辩展示社会歧视的推理过程，但算法的人工语言与自然语言不是一套系统，算法产生的道德影响也无法通过价值推理全面展示。然而，对算法输入元素的技术调整能够既客观地反映数据的输入属性，又能以中立的方式计算出符合平等原则的结果。比如 Crystal Yang 等学者所设计的犯罪预测算法虽然将种族作为数据识别的特征加以输入，但通过调整统计方式，将种族因素进行中立

---

[1] Dan L. Burk, "Algorithmic Legal Metrics", *Notre Dame Law Review*, Vol.96, No.3, 2021, p.1153.

[2] 李成：《人工智能歧视的法律治理》，载《中国法学》2021 年第 2 期，第 129—130 页。

化处理，在纽约市预审系统的实地应用中得出了比常规算法更为符合平等保护条款的计算结果。[①]

四、计算正义与算法规制

（一）算法规制背后的价值考量

随着算法应用场景的迅速扩张，将算法纳入法律规范框架是当务之急。然而，规制理论面临很多困境，政府在很多领域的规制边界也难以划定。[②] 由于算法在公共和商业领域的应用仍然属于新兴事物，目前仍然需要澄清的是，算法规制的落脚点在哪里。学界对于自动化决策的限度、算法评估制度和算法歧视治理等问题做出了较多探讨，并提出了一系列关于算法赋权和问责的相关方案。[③] 但算法规制背后的价值考量并未得到太多关注。从计算正义的视角来看，算法规制的首要难题并不是如何设计规制方案，而是展现规制背后的价值原理。

首先，从规制的内涵上来看，其要义在于为政府所追求的行政目标确立合宜的决策和行动方案，比如为了保护生态环境而设立排

[①] Crystal S. Yang, Will Dobbie, "Equal Protection Under Algorithms: A New Statistical and Legal Framework", *Michigan Law Review*, Vol.119, No.2, 2020, pp.346—350.

[②] 〔英〕罗伯特·鲍德温：《更好规制：探索与挣扎》，载〔英〕罗伯特·鲍德温等编：《牛津规制手册》，宋华琳等译，上海三联书店 2017 年版。

[③] 郑智航：《人工智能算法的伦理危机与法律规制》，载《法律科学》2021 年第 1 期；袁康：《可信算法的法律规制》，载《东方法学》2021 年第 3 期。

污制度，为了保护人体健康而实施严格的药品审批制度。规制并不只是包含如何解决规制领域的难题，而是建构出在规制目标与政府效率和行政成本之间有机协调的实践方案。但在算法规制问题上，政府规制目标和有效的规制方案这两方面都是不清晰的。一方面，算法应用的很多方面值得警惕，比如大数据杀熟、隐性歧视等，但政府在政务服务中也逐步地引入算法实现其规制任务。也就是说，政府既要对算法进行规制，同时也借助于算法实施规制。这表明，算法不只是一个引发实践困境的新兴规制对象，而是一种带来法律价值世界激烈变动的新兴技术形态。

其次，尽管算法规制可以成为一种应对算法之挑战的整体姿态或最低共识，但如果不具体呈现每一种算法技术应用所关涉的价值论辩，那么算法规制只能流于形式，治标不治本。算法技术应用指向共同善，但在具体领域中，算法应用所实现的价值与该领域所内含的价值世界之间进行融合协调，需要计算正义原则的引导，也需要在此语境下具体地克服算法不透明和难以解释等所引发的问题。在此基础上，才能展现算法规制的完整价值图景，而非简单地将算法作为规制对象，仅从后果消除算法的潜在风险。

举例来说，新闻推荐算法的广泛应用促进了公共知识传播和个人获取新闻的便利，但该算法的应用原理是抓取用户隐私偏好而在海量新闻中定向推送相关内容。这一做法对个人隐私构成威胁，也会产生信息茧房效应和算法反向支配。[1]有学者认为通过对新闻推

---

① 赵双阁、史晓多：《新闻算法推荐机制的技术价值与权力边界》，载《西南政法大学学报》2019 年第 1 期。

荐算法进行规制可以实现公共利益和个人信息保护。[①] 然而，如果不澄清新闻推荐算法如何引发价值冲突，单纯的政府规制可能会无所适从。个人通常都是通过阅读和知识获取来自我提升和参与公共生活，新闻推荐算法不同于传统著作和报刊，其本质是一种技术化的公共生活参与方式，即个体以技术化和理性化的方式参与到公共生活的构建之中。所以，用户同时也是出版者和创造者。[②] 对新闻推荐算法的规制当然需要对算法的潜在隐私风险进行回应，但其更重要的使命是辨析算法所带来的公共生活变革，并重新构建个人自治与公共生活之间的边界。如果个人经由与算法的互动而参与公共生活，那么个人隐私的内涵也会发生改变，按照里根的建议，隐私将会贡献于数字世界之共同善的因素。[③] 在这个意义上，完整的算法规制不只是针对算法所带来的价值危机进行回应，而是更为积极地介入到算法的价值重整之中。

最后，算法规制正以渐进的方式进入到政府对技术的规制工程之中，但在重构模式的引导下，应以算法引发的技术变革为契机，重新反思公权力和个人权利的法理边界。算法在政府决策中的应用和在商业场景上的应用在形式上存在较大差异，但二者的共同之处在于改变了社会决策方式，并以机器理性部分地取代了包含着沟通和磋商的交往理性。自动化决策可能会漠视个体的令人同情的

---

①　吴纪树：《算法推荐新闻的法律挑战及其规制》，载《电视研究》2020 年第 7 期。

②　〔加〕安德鲁·芬伯格：《技术体系：理性的社会生活》，上海市社会科学院科学技术哲学创新团队译，上海社会科学院出版社 2018 年版，第 158 页。

③　Priscilla M. Regan, "Privacy as a Common Good in the Digital World", *Information, Communication & Society*, Vol.5, 2002, No.3.

处境，市场经营者可能会使用算法共谋形成垄断地位，却把责任推给自动运行的算法以逃避监管。[①] 算法规制不应只是发现算法失范或滥用并加以防范，而是在算法更新社会决策方式的语境下，对机器理性参与决策的正义程度进行评估，为算法规制提供价值依据。

（二）计算正义理念对规制算法的启示

在算法与法律的重构模式之框架下，对算法的规制在本质上是将算法应用纳入到计算正义的评估体系之中，使得算法对公共生活的安排和社会合作的促进能够符合基本正义原则。社会正义的要求是抽象的，算法对个体生活的影响体现在具体生活的某一面向。正是借助于法律这种权威性公共论辩机制，才能将正义要求纳入到算法与法律的互动进程中。规制算法需要在框架上展现三方面的价值内涵。

第一，对算法的规制旨在促进算法的公平实践。公平实践是现代技术应用的价值约束性原则，但随着科技对社会结构的影响越来越深入，如何确立公平的内涵成为科技立法和监管的一项重大难题。对算法的规制最终需要落实到监管部门的具体决策之中，公平价值将在政府的决策方案和规制途径之中加以呈现，但这并非是算法监管的全部。基于算法与法律的重构模式，算法应用产生了一个法律与算法互相嵌入的价值空间，算法规制是这个价值空间的延伸和纠正。算法规制不只是从公平意义上划定算法应用的边界，同时也被算法实践所创造的新兴价值评价方式所重塑，比如算法与正当

---

① 刘佳：《人工智能算法共谋的反垄断法规制》，载《河南大学学报（社会科学版）》2020 年第 4 期。

程序的自然相近性使得算法的运行过程比起人类决策行为更容易受到正当程序原则的评价和制约。[①]

　　第二，对于用户创造的海量数据及其算法应用中可能出现的侵权，网络服务者和政府监管机构基于不同目标实施着不同的应对方式。然而，"无论是关乎私人信息保护，抑或是关乎国家安全，私人服务、公共服务和监管利益之间的界限本质上是模糊的"。[②]这既是挑战，也是机会。挑战之处体现在，如果计算正义的内涵未能形成定论，对算法规制的过多强调会加重算法监管机构的重任，也会产生法律能够承担监管工具之重任的假象。而且，算法权力的涌现也带来了规制上的新兴问题，政府监管权力之边界成为亟需回答的议题。[③]机遇则体现在，机器学习的运行逻辑和公共属性表明了算法在公共服务和有效监管上的巨大潜力，尽管在公共决策中算法发挥的作用非常有限，但智能社会和数字时代的来临，势必引发公共决策和服务的智能化和算法化。算法治理也应利用数字时代的计算化优势，建构数据开发利用、算法运行和平台运营的互惠性机制，"不应孤立、静态、割裂地就算法而论算法，而应秉持数据、算法和平台相互联结的聚合性视角统筹推进"。[④]

---

　　①　陈景辉：《算法的法律性质：言论、商业秘密还是正当程序》，载《比较法研究》2020 年第 2 期，第 131—132 页。

　　②　〔英〕马丁·洛奇、安德烈·门尼肯：《公共服务中算法规制的反思》，载〔英〕凯伦·杨、马丁·洛奇编：《驯服算法》，林少伟、唐林垚译，上海人民出版社 2020 年版，第 215 页。

　　③　张凌寒：《算法权力的兴起、异化及法律规制》，载《法商研究》2019 年第 4 期。

　　④　张欣：《从算法危机到算法信任：算法治理的多元方案和本土化路径》，载《华东政法大学学报》2019 年第 6 期，第 29 页。

　　第三，对算法的规制应强化算法应用的共同善维度。对计算正义的追求要求算法设计者和应用者以共同善作为基本价值追求。学界针对算法偏离共同善的危机提出了有针对性的方案，比如在算法设计中加入伦理元素，或者"教导"人工智能成为道德机器。① 然而，这些方案误解了机器学习的基本逻辑，也无法给政府监管部门提供有效的指引。算法的共同善维度体现在关于算法透明和公平实践的一系列正义要求，应当在社会实践的共同善追求、算法促进社会实践的独特原理和法律嵌入算法的创造性空间等方面进行反思性重建，提炼出能够展现共同善之辐射力量和客观规范意义的价值表达和实践方案。

　　举例来说，基于机器学习的基本原理，真正意义上的算法透明无法实现，但这并不意味着对算法的规制会落空。将共同善纳入到揭开"算法黑箱"的设计过程之中，意味着促进人类社会更好合作、不挫败每个有尊严之个体的人生计划的伦理追求应当纳入算法开发、设计和应用场景之转化的全部过程之中。法律对这种伦理追求的回应是，法律在与算法互动的价值分析网络之中确立应对价值疑难的最佳方案。规制是将法律的权威性判断评估社会主体之行动的决策过程，算法规制符合规制的一般原理，但突出算法与法律的互惠意义。算法透明无法成为算法规制的追求，但可以通过赋予算法纠偏机制或者重估机制以程序意义来克服算法不透明所引发的

① Philipp Hacker, "Teaching Fairness to Artificial Intelligence: Existing and Novel Strategies Against Algorithmic Discrimination Under EU Law", *Common Market Law Review*, Vol. 55, No.4, 2018, pp.1143—1185.

消极效应，反过来促进真正意义上的平等的实现。[①] 法律当然也要面对实践中不同价值之间的张力，比如算法效率的追求、算法作为商业秘密的保护必要性和规制成本等。这些价值论辩可能难以得出定论，但对共同善的强调可以促进不同价值之间的统合。在计算时代，通过强化计算正义原则的规范意义，算法规制的复杂工程能够得到有力的价值指引。

结　　语

在智能时代，算法的广泛应用既有巨大的前景，也给价值世界带来了巨大挑战。在技术结构上，算法是借助于计算过程实现特定目标的程式化步骤，而法律是沟通价值世界与人类合作实践的权威性机制，二者分属不同的社会实践层次。在社会和价值意义上，算法的社会性体现在通过最优计算实现决策的成本最小化，而法律的社会性体现在法律的规范世界与社会价值世界的互惠性建构，二者在功能上互补，但并非重叠和替代。因此，算法不是法律，也无法担负法律在现代社会的使命。理解算法的法律意义及挑战，恰当的方法论方案不是将算法和法律在概念上等置并简单地将法律作为规制工具，而是在计算正义原则的指引下，分析作为规范世界的法律如何受到纯粹技术化和计算化的决策机制的冲击，并确立计算正义在算法应用中的具体价值内涵。在社会生活数据化和算力高速

---

① Jon Kleinberg, et al., "Discrimination In The Age Of Algorithms", *Journal of Legal Analysis*, Vol.10, 2018, p.114.

提升的社会背景下，应基于重构模式理解算法和法律的互动方式和正义空间，为算法规制确立可靠的价值框架。在此基础上，才能更好地回应算法歧视、自动化决策的正当性困境和个人权利保障等紧迫难题。

（本文原载《政治与法律》2021 年第 11 期，第 91—104 页）